顧頡剛全集

顧頡剛日記

卷 三

中 華 書 局

目　　録

一九三三年

（民國廿二年）

一九三三年一月

一月一號星期日（十二月初六）

李安宅夫婦來賀年。子陵來。肖甫來。

擬北大考試題，凡二十餘，即付鈔印。

校《朱熹辨偽集語》。

夢慕愚以父大人生辰來，予適不在。繼而彼又來，問予曰："何那天生辰，但齋星官而無客至?"予曰："此散生日耳。"時履安適病，由彼扶掖而至於外室。予忽醒，時上午四時也。

一月二號星期一（十二月初七）

寫陳昌期信。作《尚書講義》序目，約三千言。子陵來。

鄭雲鶴女士來，長談，爲寫致任叔永夫婦函。

作《致北大選課同學書》三千言，未畢。

一月三號星期二（十二月初八）

續作《致北大選課同學書》，未畢。陳昌期來。劉太太送臘八粥來。

覆勘《職方正義》點句，約二十頁。牟潤孫來。容女士來。煨蓮招至其家談宴伯希和事。

與子通夫婦同自洪宅步歸。看蘇梅所作《棘心》，至睡。

今日報載榆關已開火，天津人民已多徙至租界。我們真不知逃死何所。聞湯玉麟實已與日人妥洽，且將其子爲質于瀋陽，而復假抵抗之名，向中央索款數百萬，軍閥之無天良一至于此。

一月四號星期三

記日記五天。修改《尚書講義》序目訖，交馮世五鈔印。

到北大，上課二小時（《職方》揚州）。紹虞來，商遷家事。

看《棘心》。

一月五號星期四

修改起潛叔所草致義莊提案。紹虞夫人來，商遷家事。豫備功課。

到校，上課一小時（雲夢等）。到圖書館，開會。

修改致義莊提案。

一月六號星期五

豫備明日功課。常維鈞來，留飯。

煨蓮來，同到校，赴教職員抗日會，七時出。

日來人心浮動之甚，遷家者甚多，各學校學生皆請求停考，且要求學校保障其安全。前門車站擠甚，買票者均須先數日，平漢路至須十八號方有票。日人未來，已恐慌至此，大有亡國之象。

一月七號星期六

盧季忱來，承適之先生之囑，見示駁我們《老子》説之文，留飯。何峻機女士來。紹虞來。

與季忱同游朗潤園，同乘一時車到北大，到書社，上"中國通史"課二小時，《秦漢的宗教》畢。到書社，晤何金二君。出，到以中家，吃飯。與履安同到市場購物。

到王姨母處，住宿。看《山海經》。

今日所以住在城內者，以明日約伴侯芸圻到公園相陸小姐也。不幸一宿而病，只得請履安代辦。

一月八號星期日

昨夜忽發熱，今日憊不能興，兩眼酸痛不能張，飯食吃不下。夜中熱更甚，周身骨痛欲絕。

本意停課之後，即可從事於論文之工作，今乃驟病，懼又成虛願矣。天之厄我，何其甚也。

一月九號星期一

病勢依然，熱度上午較低，夜中至一百零三度。仍不能進食物，小解尚有，大便不通，服藥打之。世五來。

日來每夜喝水極多，盡洋鐵吊子一吊還嫌不夠，熱度之高可知。履安為予病，終夜不得安睡，意甚憐之。

夢健常來，住我家後園小屋中。

一月十號星期二

口授履安，寫陳受頤信，說明明日考試不能到場。服藥後得大便，但熱仍不退。食物仍不能進。

殷英來。汪逢春來診脉。

汪醫謂予感冒甚重，食積亦多，加以脫力，故致此病，幸咳嗽耳，否則且成傷寒症。

在床悶損，思感冒者常進城之故也。積滯者多赴宴之故也。脫力者作工而無休息之故也。今當少進城，不赴宴，有休息，此事實大難，頗欲住在西山，非上課不歸，藉以謝絕許多無謂之糾纏。不知天能如我願否？

一月十一號星期三

昨服汪醫藥後，出汗太早，至今晨又覺冷，重發熱，幸熱度尚不高，吃了一點麵包湯。

李一非偕朱君來。

以連日熱度甚高，故唇上皮皆脫。左鼻孔又出血。

一月十二號星期四

熱未退淨，食仍少進。起潛叔來，囑代邀汪醫。口授履安，寫煨蓮信。

看北大送來試卷。汪逢春來診脉。

汪醫謂予食積不化，正在發酵，囑吃素幾天。

北大選予課者二十四人，然昨日赴試者僅六人耳，餘皆逃歸矣。

一月十三號星期五

熱雖退淨，而疲倦不減，仍臥床，飲食仍少。看《麗濮薈録》。

一月十四號星期六

上午起床。羅雨亭來，贈物。

紹虞來。履安雇一汽車，同歸。看各處來信，及贈書。

與紹虞，起潛叔等談話。

住此，頗勞王姨母，心不安，故急欲歸。幸天晴好無風，不再發寒。

此次一病，請醫服藥等又費二十元。想起窮人怎可生病，不勝慨嘆。

一月十五號星期日

剃頭。校對講義，理書。

點勘《職方正義》句讀。

以倦，仍到臥室，就藤榻睡，看《西北的剖面》。

八日不剃頭，活像一監犯矣。

一月十六號星期一

看《醒世姻緣傳》。

希白來。容女士來。士嘉來，贈物。

肖甫來，診脉，開一方。

臥病無聊，適亞東圖書館寄贈《醒世姻緣傳》一部，是一百回的大書，竟得從容翻讀。此書描寫世故人情，極好。以之鑑今，可知世態原是如此，非日下也。

今日予與博晨光，洪煨蓮，馬季明三君合讌伯希和，邀法國公使及本校國文歷史系同人及引得編纂處同人作陪，凡三桌。予不能到，囑朱士嘉君代表。

一月十七號星期二

看《醒世姻緣傳》。

芸圻來。紹虞，振鐸來。

夢健常來，予以題紙示之，彼搖首曰："難！"一日，忽歿於吾家。醒而思之，其有始有終之義乎？

一月十八號星期三

德坤來。看《醒世姻緣傳》。

劉廷佐來。容女士來。

肖甫來診脉，複開一方。

履安因綏真佟寒熱頗重而家中缺人，于今日進城伴之，約住四天。

近日頗怕脚冷，因燒炭基，烘脚爐。

一月十九號星期四

看《醒世姻緣傳》。

寫盛建人信。趙惠人送食物來。士嘉來，贈物。

起潛叔來談。

大便又多日不通，仍服藥。

一月二十號星期五

校《古今僞書考》序。寫履安，蕭克木，何殿英，李晋華信。看《醒世姻緣傳》。

校講義。賀昌群來。容女士來。袁子英來。

紹虞來談。

背之右部作痛已三日，恐成發背，姑貼百效膏試之。近日飯量依然不佳。中午進飯，一碗也勉强。是知積滯尚未消也。

今日教職員抗日會議決扣薪半年，其中提出五千元製辦鋼盔送前敵。

一月廿一號星期六

校講義。記日記十八天。盛建人來。寫田洪都信。

覆勘《職方正義》句讀。紹虞來。洪都來。理書。

點所鈔《尚書》文。

今日精神較强，因到書房治事。唉，就是從今日起得做工作，這兩星期已虛擲了！

一月廿二號星期日

理書。理講義。

看鍾雲父《戰國策釋例》，即去一函。煨蓮來。春晗，建猷，頤年來。紹虞來。

點所鈔《尚書》論文。

一月廿三號星期一

點所鈔《尚書》論文畢。寫洪都信，爲經香樓款事。修綆堂及通學齋來算賬。

羅雨亭來。編《東壁遺書》稿件。家昇來。士嘉來。寫碧澂信。德坤來。

未曉，夢見健常，渠堅決地對我說："你雖愛我，但我恨得你要死！"聞之，一憤而醒。念近日北方恐怖如斯，而彼曾無一札之貽，夢中語其果然耶？

修綆堂付二百元，尚欠二百八十元。通學齋付五十元，清。此外來青閣等，尚零星欠二十餘元。時局如斯，聚書興趣已完全打消。但已聚之書尚不忍其受劫于兵火，終思有以保全之耳。

一月廿四號星期二

點《東壁親友事文彙刊》文略畢。

潘由笙先生來。容女士來。看《東方雜志》。

作《大名成氏世系表》。

近日飯量漸佳，惟背上之疼移至右腕，履安日以碘酒涂之。

背上原來痛處已變癢。

一月廿五號星期三

寫父大人，叔父，簡香，朱惠淥，陳荇之，來青閣，錢南揚，胡愈之，白滌洲，誠安，張姑丈信。

文楷齋來。

吃年夜飯，十一時，客散。

積壓之信太多，即使一天能寫十封信，也須半個月方完，予安得有此半月功夫乎！

今晚同席：紹虞　碧澂　肖甫　子陵　仲呂　起潛叔（以上客）　予夫婦及二女（主）

一月廿六號星期四（正月元旦）

容女士來。整理《東壁先生親友事文彙輯》。希白來。

滕白也來。

一月廿七號星期五（正月初二）

整理《東壁先生親友事文彙輯》。李延增，鄧嗣禹，陳源遠來。

容女士來。與履安到劉廷佐處，田洪都處，李安宅處。

紹虞來談。

一月廿八號星期六（正月初三）

覆看馮家昇《滿州名詞之解釋》及鄭德坤《研究中國經濟地理計劃》，略爲潤飾，即寄《東方雜志》社。

整理《燕京學報》稿件，豫備議案。整理《東壁先生親友事文彙輯》。趙泉澄，陳懋恒來，贈物。

吳世昌來長談，留飯。聽留聲片。

世昌來，謂熱河義勇軍囑本校同人爲編教科書。因與同至紹虞處，勸國文系中添設"通俗文學習作"一課，不但編教科書，且作唱本，戲劇，小說，大鼓書，眞作民間宣傳。紹虞允之，不知校務會議能通過否？

世昌談，外國社交公開，不知費了多少犧牲。前代所作小說，常寫甲乙同愛一女，而女愛甲，乙即讓之，甚至甲犯死刑，乙願往代，使彼女得所者。若中國現在，則乙必破壞甲于女，或破壞甲與女于社會，完全表現自私自利之心，與西洋人之精神相差太遠。

一月廿九號星期日（正月初四）

寫成坤，紉就信。出外剃頭，未得。容女士來。作《東壁先生親友事文彙輯》總序。

與紹虞，容女士，洪愛蓮，愛梅，自珍同雇汽車進城，游東嶽廟及廠甸，予與紹虞又往訪王泊生，并晤其夫人吳瑞燕，友趙慧深女士。七時歸，到煨蓮處小坐，并晤張蔭棠，即歸。

翻覽費孝通《親迎》一文。

晚夢健常來書，謂南京必不可居，當于半年後來此。因覆一函，謂容與外國人諾克來商之。且與履安商，騰屋一間居之。

一月三十號星期一（正月初五）

立厂來。希白來。鈔《卅三種清代傳記》之有關于東壁親友者。宴客。

開《燕京學報》委員會，談至三時許別。寫煨蓮信。集東壁集材料。

看孝通文。

今日《世界日報》載內政部設立內政研究會，到四百餘人，選舉十一組組長，惕吾被選爲統計組副組長（正組長爲李昌熙），想見其努力服務，故爲人所信服也。

今日同席：吳校長　煨蓮　希白　季明　芝生　紹虞（以上客）　予（主）

一月卅一號星期二（正月初六）

鈔集東壁評論諸文字。寫翁國樑信。

與履安同雇人力車進城，到以中處。予出剃頭，回以中處，與履安同出，予又至廣浴園洗澡，到姨母處住宿。

談話。校《古史辨》稿。

綏真熱已退，惟體弱不耐任事，故履安決在城住一星期助之。

一九三三年二月

二月一號星期三（正月初七）

廣智來，寫王泊生信。校《古史辨》稿。到羅雨亭處。到賀昌群處。到北海，在漪瀾堂吃飯。到研究所，晤吳亞農，訪楊杏佛未見，留片。

到琉璃廠，待履安，姨母，兩表妹來。同游火神廟，商務，中華兩書局。予獨至景山書社，校《古史辨》目錄。出，訪玄同先生，未晤，還王宅。

校《朱熹辨僞書語》，畢。

到琉璃廠游玩的人甚多，但買物者絕少，尤其是火神廟的金珠瑪瑙，彷彿博物院中陳列品矣。

二月二號星期四（正月初八）

廣智來。寄荃先生來。校《古史辨》稿。與履安同到贊廷叔祖處，留飯。

與履安同到西四購物，分手。予到景山書社，校《古史辨》略
訖，即發改。出，訪趙澄，未晤。還王宅。

與表弟妹等及姨母談話。裁開《古史辨》樣本。

今午同席：贊廷叔祖　叔祖母　孟剛叔　嬸　礽儉姑　季堅
叔　和姑（以上主）　予夫婦（客）

履安自今日起住以中家。

二月三號星期五（正月初九）

到立厂處，談。到鍾雲父處兩次，未晤。回姨母處。到吳家
吃飯。

飯畢，到子水處談。乘電車到西直門，雇人力車歸。抵家已冥。
朱士嘉來。邱繼繩來。到紹虞處。看近日報紙及來信。

歸家，見有南京來飛機信，則祚萇爲平津不靖，勸我等南旋
者也。爲之心痛。

今午同席：孟心史　季明　希白　洪都　詩亭　子水　起潛
叔　予（以上客）　吳寄荃　玉年（主）　心史，寄荃兩先生，
今年皆六十六，都未留鬚，精力甚好，可喜也。

二月四號星期六（正月初十）

點家昇《契丹名號》付排。寫傅緝光信，寄仲德女士奠儀。寫
卓茲信。

容女士來。孫海波來。鍾雲父來。李戲漁來。李孟雄來，留
點，同到肖甫處。記日記六天。

校《古史辨》第四冊稿。子陵來，出讖緯稿付之。

寫祚萇信，告以非萬不得已，必不離平。生命財產，聽天
由命。

二月五號星期日（正月十一）

與自珍乘八時車進城，訪滌洲，盛成，皆未晤。訪今甫，遇之，長談編教科事。到叔父處，亦未晤。到同和居，小坐，即出。

到廣和飯莊。飯後到錫永處，到羅文仲夫人處，皆未遇。到麥太太處，遇之。到綏真處，小坐，到書社。到汽車行，與履安談，仍與自珍同車歸。

寫玄同先生，文玉，金甫信。

今午同席：李伯嘉　許楚僧　傅孟真　馮芝生　汪緝齋　周枚孫　予（以上客）　陶希聖（主）　又牟潤孫設宴同和居，座客爲朱士嘉　謝剛主　向覺明　趙憩之等

金甫正在編小中學教科書，且擬俟兩粵政變後去粵，予遂引爲同調，歸後作書貽之，謂燕京職務隨時可辭。

二月六號星期一（正月十二）

容女士來。爲容女士修改《學術界消息》。校夏癯禪文。

容女士來。趙澄來。作《古史辨》第四册自序三千言。振鐸來。德坤來。

李延增，謝國彥，偕劉學儒來。與紹虞談。

寫字多，右臂覺痛，予體未全復耶？抑臂病耶？

聞謝國彥言，小香水近來專唱鬚生，爲金鋼鑽之配。

二月七號星期二（正月十三）

重草《古史辨》序，約四千言。

士嘉來。到文如處，談功課。到振鐸處，未遇。

二月八號星期三（正月十四）

草《古史辨》第四册序約三千言。

宴客，飯後伴至燕大各處參觀，又到蔚秀園及達園，送客上汽車。振鐸偕地山來。與希聖同至振鐸處吃夜飯。子通來談，至十一時歸。飲酒就眠，已十二時外矣。

昨夜十一時眠，今日上午三時半即醒，竟不能睡去。倘以昨日作文故耶？

今午同席：李伯嘉　張雄飛　陶希聖　汪緝齋　周枚蓀　馮芝生　俞平伯　朱佩弦（以上客）　予（主）

二月九號星期四（正月十五）

續草《古史辨》序文約三千言。履安自城歸。

博晨光偕卜德來訪。看雁冰所作《子夜》，寫對聯等。十時眠，甚酣。

二月十號星期五（正月十六）

覆勘《周禮正義》，發稿十二紙。續草《古史辨》序。

到煨蓮處吃飯，與伯希和博晨光同歸，看書及起潛叔《窓齋年譜》稿。到校，聽伯希和講"西方藝術家在中國"。到振鐸處。留客飯，談至九時散。紹虞續談至十時。

今午同席：伯希和　司徒雷登　王克私　博晨光　黃子通　容希白　予（以上客）　洪煨蓮夫婦（主）

今晚同席：向覺明　賀昌群　牟潤孫　鄭振鐸　朱士嘉　郭紹虞　起潛叔　馮世五（以上客）　予（主）

二月十一號星期六（正月十七）

校講義。記日記三天。續草《古史辨》序二千餘言。

德坤來。

看《子夜》。

昨日下午以多交際，夜眠又不佳。以予體力，決不能過城市生活。

得王姨母電話，知毛姨母于陰曆初二得病，十一日逝世。年六十一。噫，我母之同母兄妹三人，至今盡矣。即異母者，亦僅存汪王兩姨母矣。同胞七人，已去其五，想王姨母亦必黯然不歡者也。

二月十二號星期日（正月十八）

將《古史辨》序作畢，將世五所鈔校畢，并修飾一過。文珊來，留飯。

王大玙，大琪兩表弟來。看《子夜》。

子陵來。

此序作了一星期，得一萬四千言。邇來少作長文，得此精神一振。本寒假中以病未多做事，此乃惟一之成績。

晨夢見毛姨母，一慟而醒。念予每次回家，必至姨母處，而彼亦最能與我作深談，轉出家中諸姑之上。今幽明永隔矣！如之何不悲！

二月十三號星期一（正月十九）

寫羅雨亭信，容女士，士嘉信。校《朱熹辨僞書語》，未畢。翻閱各書，校改《古史辨》序。

廉先來。

看歷史教科書之漢代部分。

二月十四號星期二（正月二十）

到校，上"漢代史"課一小時。豫備下午課。

到校，上"尚書研究"二小時（序文，題目）。侯芸圻來。

看子植所作陶希聖《中國古代政治思想史》批評。

“秦漢史”本鄧之誠先生課。今年以彼患肺病，醫囑靜養，由予代之。借此將漢史研習一過，亦好。

二月十五號星期三（正月廿一）

豫備下午功課。希白來。

進城，到書社，看北大試卷。到北大上課二小時。出，到庸莘處。六時車歸。

到田洪都處，開圖書委員會，吃晚飯，十時歸。

今晚同席：洪煨蓮　馬季明　博愛理　桑美德　王美桂　梁思莊　予（以上客）　田洪都夫婦（主）

北大開課已第六日矣，今日去，乃不見有教職員，學生寥寥，所遇無幾，上余課者亦僅六人耳。此真亡國氣象。

二月十六號星期四

到校，上“漢代史”一課。覆勘《職方正義》句讀畢。豫備下午功課。何峻機女士來，留飯。

到校，上“尚書研究”一課（《職方》豫州）。與士嘉同到司徒校務長處話別。寫注冊部信。

豫備《漢代史講義》篇章題目。

二月十七號星期五

燕京印刷所經理陳君來商合同。草《漢代史講義》兩章，三千餘言（第三編首二章）。

雨亭來。修改印刷所之合同。

看歷史教科書。

得以中電話，綏真決與子陵同回蘇，定下星期三行，招履安去代買物及理物。履安遂于今日午後去。

所編《漢史講義》，以演義體行之，爲將來編《通俗中國通史》之準備。

二月十八號星期六

草《漢代史講義》兩章，三千餘言（第三編三、四章）。

雨亭來。郭太太等返平。容女士來。

肖甫來長談。看《子夜》。

郭太太來，謂津浦道中見南行者多，北來者少。又見兵事甚多。

兩日寫七千字，右臂頗酸痛。此病是寒假中起，須急醫。否則此肢一壞，生趣立盡。

二月十九號星期日

看《子夜》，終九章。校講義稿。爲起潛叔改致義莊信。紹虞來談。改昨作畢。

記日記七天。家昇來。看費君所作《親迎》一文。

費孝通君來長談。

今日報載張學良等正式抵抗之電報，心中爲之一慰。明知平津從此多事，但此種痛苦勢必忍受，且遲早亦總必有此一次也。惟念老父在杭，見北方戰事必慮及我等安全問題，爲不安耳。

二月二十號星期一

寫趙澄信。覆看講義稿，即發出。校講義兩種。鈔賓四《漢魏史》目錄。

容女士來。劉太太來。到紹虞處。定燕大學生上學期分數。整理《月令》。

看子植評論陶希聖書一文。

未曉，夢見彭女士偕其夫來訪，辭不見，從玻璃窗中看其出去。既而悔之曰："對介泉之怨，何必施及于彼。"噫，七年前瑣事猶縈心頭，獨于最悲痛之事不見于夢，何耶？

二月廿一號星期二

到校，上課一小時（《漢代史》第一章）。歸，豫備功課。

到容宅吃飯。到校，上課二小時（《職方正義》豫州畢）。

校《古史辨》序及講義稿。

今午同席：張石公先生　子陵　周一良　予（以上客）　希白兄妹（主）

二月廿二號星期三

草《漢代史》第五章講義。子陵來，周一良來，均留飯。

王泊生來。孫海波，李延增，謝國彥來。與子陵及起潛叔同乘汽車進城，送子陵及以中夫婦南歸。與履安乘六時車歸，遇君珊。

校講義稿。碧澂來。

晨夢到某一女職員宿舍訪慕愚，至則已進城。其屋殊寬大，如北街姚氏宅。聞其同伴言，彼來此常唱歌。此等不倫不類之夢，亦可笑也。

二月廿三號星期四

到校，上《漢代史》一小時（三編二三章）。歸，豫備下午功課。

畫地圖。德坤來。到校，上《尚書》課一小時（《職方》青州）。與紹虞同到李安宅家。

到紹虞處，晤振鐸及安宅夫婦。到煨蓮處吃飯。十時半歸。

今晚同席：高君珊女士　李安宅夫婦　馬季明　蕭文安　郭紹虞　予（以上客）　洪煨蓮夫婦（主）

二月廿四號星期五

續作《漢代史》第五章，未畢。校《古史辨》序。

亮丞來，長談。賓四來，長談。與起潛叔同到大禮堂，聽義勇軍王慎盧司令及喻參謀長演説。

與叔及容女士同步歸。吳子馨來。擬《徵鼓詞廣告》。校《古史辨》序。

王慎盧演説，謂向時日人怕民團而收其槍械，今乃以義勇軍騷擾民間，遂假借人民痛恨義勇軍之心理，反給槍械與民團，使之與義勇軍相殺，而彼收其漁人之利。然義勇軍之騷擾豈得已哉，正以無給養故耳。

二月廿五號星期六

寫完第五章講義，即付印。寫寅恪信。草《漢代史講義》二千言（第六章，天變的觀念及其負責者）。

嗣禹來。家昇來。

集《灾異説》材料。

二月廿六號星期日

改昨作，即付印。校講義。草《漢代史講義》二千餘言（第七章，灾異説和西漢的國運）。

校《古史辨》序，訖。肖甫來。

記日記六天。

臂痛，貼一百效膏，未知能愈否。

二月廿七號星期一

點馮家昇《遼史源流考》付印。修改昨作。寫容女士信，送支銀單。

容女士來。看煨蓮《引得説》，豫備作評論。振鐸來。陳昌祺來。

豫備明日功課。

二月廿八號星期二

到燕京印刷所接洽印件。到校，上"漢代史"一課（漢代改制）。豫備功課。

到校，上"尚書研究"兩小時（《職方》兗州）。紹虞來。

草《五德終始説表》。

予令選"漢代史"之學生改講義，其中以王育伊爲最善。王君爲王舟瑤先生之孫，幼受庭訓，故所讀舊書頗多。

士嘉告予，譚其驤與俞大綱等交，專事看戲飲酒，學問已無望，聞之傷嘆。其驤此次來平，獨不見我，蓋畏我也，亦厭我也。

一九三三年三月

三月一號星期三

作《五德終始説殘存材料表》，未畢。平伯來。

乘一時半車進城，到北大補考。看北大試卷，即定分。到書社，晤介泉。到汽車行，晤梅貽寶。六時半車歸。

看起潛叔代寫毛姨母挽聯。略撰講義。

車上晤季明，悉不但湯玉麟受日人賄，即張學良亦受日人賄，故日人進一步，國軍即退一步，熱河終不爲我有矣。此等人真萬死不足以抵其辜！嗣聞湯玉麟讓出熱河，得日人賄六百萬元。

北大學生很有幾個用功的，當成就之。

三月二號星期四

到校，上"漢代史"一小時（武帝郊祀求仙）。與地山談。歸，校講義。

寫畢《五德説表》，即發出。豫備功課。到容女士處。到校，上課一小時（《職方》雍州）。安宅來。晤晋華。理書桌。

寫家昇信。鈔鄧文如《秦漢三國史》目。

三月三號星期五

校講義。寫德坤，安宅信。編《漢代史講義》第八章（黄老之言），三千餘言。

與家人同作衛生包，送前敵。到校剃頭。

每一衛生包，置繃帶一條，藥棉花兩方，藥粉一包，備傷後包裹。

三月四號星期六

德坤來。將昨作改畢，又續作一千餘言，畢。（共四千五百字）

乘五時半車進城，遇季明，與同宿燈市口同學會。到東興樓赴宴，談至九時半散。

今晚同席：李伯嘉　陶希聖　趙斐雲　予（以上客）　鄭振鐸（主）

承德于今日失守，湯玉麟于昨日先逃矣。聞此痛絶。我難道永遠讀書嗎！大學教育非今日事，脱離了罷！

三月五號星期日

與季明同在會中吃點。看《引得説》畢。陳槃，邵君樸來談，同到劉半農處，爲李光信休學事。出，到姨母處。

到五道廟春華樓吃飯。到汽車行，遇楊開道，潘由笙，談。乘四時半車歸。校改講義稿四紙。

今午同席：馬叔平　徐森玉　謝剛主　侯芸圻　容希白　商

錫永　趙斐雲　唐立庵　予（以上客）　于思泊（省吾）（主）

聞劉子植與于道源同到熱河調查古迹，適值此變，不知能脱險否，殊念。

三月六號星期一

豫備本星期功課，畫幽州冀州草圖二紙。

校講義。

未曉，夢予爲學生，一女生傍予坐，搶予之筆記觀之，旋低聲詢曰："你能愛我嗎?"予應之曰："豈不願受你的愛，只是我心中久有所愛者了，我已不能再愛別人了!"憮然而醒。夢寐中不作虧心事，亦可喜也。

三月七號星期二

到校，上課一小時（天變的信仰）。

到校，上課兩小時（《職方》幽州）。到圖書館，開購書會。

到季明家吃夜飯。談至十一時歸。

開會同席：馬季明　容希白　田洪都　予

晚餐同席：煨蓮　振鐸　紹虞　希白　傅振之　洪都　予（以上客）　季明（主）

三月八號星期三

寫北大注册課信，送分數單。寫容女士信。編《燕京學報》第十二期一整天。改容女士所編《學術界消息》。

容女士來。李延增，謝國彥來。吕健秋來談。改作《五十年來北平戲劇史材》書評。

北平市公安局抓車，自今日起學校汽車停開。

三月九號星期四

到校，上課一小時（災異說）。到哈燕社，與煨蓮談。

容女士來。豫備功課。到校，上課一小時（《職方》冀州》）。到李瑞德家開歷史系教授會。

到振鐸家吃夜飯，談至十時半歸。

開會同席：王克私　貝盧思　洪煨蓮　李瑞德　朱士嘉　予

晚餐同席：馬季明　祝廉先　黃子通　張壽林　郭紹虞　容希白　予（以上客）　振鐸（主）

近日心宕病又作，聞子通言，人參及哈士蟆均強心臟，當服之。但生活不改，終非究竟辦法。

三月十號星期五

記日記五天。編《禹貢札記選鈔》付印作丁種三之二。作《評引得編纂處所編引得十種》，約三千餘言，未畢。

滕白也來。德坤來，以《水經注》圖見示。容女士來。

晨夢適之先生以健常寄彼之兩函見示，囑爲作覆。予思彼有兩函而我不得其一，惆悵之甚，因自作函與之。此蓋由於健常上次來函中謂曾寄函適之先生而未得覆，故感而爲夢也。

三月十一號星期六

續作《評引得》一文，三千餘言。校講義。

何峻機女士來。肖甫來。振鐸紹虞來，同散步至清華園車站，又至平伯家談話。八時歸。

將所作文修改一過。

今日張學良通電下野，這不成材的東西到今日才完了。晚得消息，不幸古北口又失去了。晚何女士打電話來，謂女校已準備避難。

到平伯處，彼以新作之文見示，乃看不懂。此君一生，永在象牙之塔，極熟的朋友像我輩者尚不能讀其文，況他人乎！因思名士派必當打倒，否則徒然養一班吃閑飯的人。

三月十二號星期日

將《評引得》一文作畢（共八千餘字），又改畢，寫煨蓮信，送去。子魁來，肖甫來。

理書桌。校《朱熹辨偽書語》，訖。肖甫來，留飯，長談。

審核晋華文。

三月十三號星期一

寫容女士信。碧澂偕郝君來，與同到紹虞處。修綆堂孫君來。豫備明日功課，訖。畫并州圖。

廉先來。煨蓮來。肖甫來。士嘉來。點讀賈公彥《職方疏》。作《九藪》與《五嶽》札記兩條，約二千餘字，略畢，編入《禹貢札記選鈔》。

三月十四號星期二

到燕京印刷所。到校，上課一小時（《漢代史》黃老之言）。改昨作《五嶽》札記畢。校講義。

容女士來。到校，上《尚書》課兩小時（《職方》并州，《禹貢》與《職方》之比較）。到圖書館。到哈燕社，與容女士同出，到蔚秀園看湖社畫會。與容女士同歸。

理講義及書桌。豫備後日功課。

看湖社畫會，溥忻（雪齋）之山水，陳緣督之人物，金拱北之翎毛，晏君之竹，都佳。

三月十五號星期三

編《漢代史講義》第八章一千餘言。謝國彥來。

進城，到北大上課兩小時，晋華來。到書社。乘六時半車歸，與李榮芳談。

豫備明日課。趙澄來。

三月十六號星期四

到校，上課一小時（黃老之言）。到哈燕社，晤鄭侃嫕女士。文楷齋來。趙澄來。

到振鐸處吃飯，并晤斐雲，江清。到校，上課一小時（《禹貢》札記等）。到圖書館，開審查會。

侯芸圻來。鈔《孟子》中封國材料。陳源遠來。

予久欲整理孟姜女故事材料而未得暇，適趙澄賦閑久，請代謀事，因以付之，且借與百元。此事如能成，亦不枉予十年心血。

予又欲作中國通史，而不得一助手。適在《燕大月刊》中見鄭侃嫕女士所作《西游記補》，文筆極清利，且有民衆氣而無學生氣，最適于民衆教育，因由容女士之介，與之相識。此事如能成，必可收救國之效。鄭女士人甚質樸有爲，貌（眼與唇，及其笑態）頗似慕愚，又使我愴恨不已。

今午同席：地山　侃嫕女士　予（以上客）　振鐸（主）

日來所得消息，宋哲元軍在喜峰口打得很好，敵與我損失均大。聞蔣介石派邵元冲去，以慰勞爲名，勸其停戰。蔣氏殆思屈辱耶？此人真萬死不足蔽辜。聞我方不設糧站，前綫軍人至苦，蔣氏之罪通于天矣。日來報紙常説日兵將以關外戰事不勝之故將占平津，我甚望其來。必須將事件擴大，中國始有望。至于個人損失，實小問題耳。

三月十七號星期五

編《漢代史講義》第九章竟（尊儒術而黜百家）。競進人來數講義。通學齋來。

與起潛叔到清華訪寅恪，不遇。到廉先處談話。

校《評引得》一文。鈔楊向奎函入札記。

三月十八號星期六

修改昨編講義，付印。作《五嶽》札記附案一條。寫煨蓮信。校講義。

理講義。點西堂《左氏春秋考證》序。作札記（九州）一則，未畢。以中來。翻看《周禮》，尋封國材料。譚季龍來。

校改講義。

三月十九號星期日

容女士來。李子魁來。記日記四天。看莊務信件。

以中來。其驤來，留飯。寫子植信。仲呂來。向覺明來，與振鐸同游朗潤，蔚秀兩園。到三一園。爲贊廷叔祖寫致淵若叔祖信。到振鐸家題畫。

葛啟揚來。寫楊向奎，鄭侃嬔，何殷英信。

我應做的工作：

（一）《崔東壁遺書》

（二）孟姜女故事

（三）吳歌

（四）《古史辨》

（五）中國通史

（六）《辨僞叢刊》

（七）讖緯集

（八）《尚書》學

（九）《史記》

（十）《燕京學報》

（十一）地理沿革史

（十二）學生工作的指導

再加以應酬，我不該忙得兩脚向天嗎！

三月二十號星期一

寫玄同先生，晋華信。審核晋華文。編《漢代史講義》千餘言，即發印。文楷齋來。

豫備明日功課，未畢。劉子植來。

子植來宿。

三月廿一號星期二

伴子植至希白處。到校，上課一小時（道，儒）。豫備下午功課。

到校，上課兩小時（《尚書》札記，《職方》九服）。孟真偕希白來。張印堂來。

校講義。

中央研究院史語所一星期即遷往上海。僅留史料組在北平，以中舒爲留守。

三月廿二號星期三

趙澄來，以孟姜女材料付之。草《九州問題》千餘言入札記。

維華來。豫備明日功課，略竟。容女士來。

昨夜大雪，今晨醒來，樹枝積雪至寸餘，甚至一條鉛絲亦積至寸餘，群詫爲未嘗見。

趙巨淵自今日起，來我家整理孟姜女材料，約期半年，予給以二百元。

三月廿三號星期四

到校，上《漢代史》一課（儒家之起）。歸，豫備下午課。

宴客。趙斐雲來。到校，上課一小時（《職方》封國）。到圖書館，開書籍審查會。到哈燕社，與容女士商《學術消息》。

翻《周禮》，鈔出需要之材料。看《白雪遺音》。

春又至矣，晴和的日光只使我忧鬱得要哭。矣，冤孽！到校，見一女郎，後影酷似健常，予行其後，更惆悵矣。

今午同席：地山　振鐸　鄭侃嬞女士　容女士　起潛叔　馮世五（以上客）　予夫婦（主）

三月廿四號星期五

終日續草《九州問題》三千言。通學齋來。

德坤來。張壽林來。煨蓮來。

爲人書聯屏等五事。

三月廿五號星期六

寫希白，維華信。作《漢代史講義》千餘言，改畢發出。羅雨亭來。

看張印堂君《中國文化與地理關系》一文。到張印堂處談話。歸，校講義及《朱熹辨僞書語》。肖甫來。

陳源遠來。記日記二天。

三月廿六號星期日

編輯《燕京學報》及專號，寫陳君信，付印。

北大馬汝鄰君爲辦事來商。續草《漢代史講義》“經”之一章，畢。

　　未晚，夢覽《世界日報》星期刊，有署"健常"名之長文，占一版，已"續"而猶"未完"，急收儲之，并將覓其前所登者，未竟而夢易。

三月廿七號星期一

　　寫煨蓮信，爲辦報事。豫備明日功課。希白來。
　　校講義。容女士來。到振鐸處還書。
　　履安鈔《孟姜女》明劇，校一過。
　　《古史辨》第四冊于今日出版。

三月廿八號星期二

　　到校，上課一小時（經書）。到容女士處。到紹虞處，并晤振鐸。
　　到校，上課兩小時（《職方》封國）。德坤來，交其《禹貢川澤考》。
　　看鄭女士所作小説《允讓自傳》。

三月廿九號星期三

　　校講義。沈心蕪來。潘由笙先生來。吳世昌來，打印章。
　　看鄭女士所作小説。到呂健秋處，送所寫字。丁迪豪，魏建猷，張頤年來。
　　希白來，與之同到煨蓮處，并晤季明，商建設社事。
　　今日本應到北大上課，以黃花崗紀念日放假。客來遂多，竟未能工作。

三月三十號星期四

　　到校，上課一小時（六經）。寫林悦明信，修改《九州》一文付印。

到哈燕社，晤博晨光。到校，上課一小時（《職方正義》畢）。到哈燕社，晤鄭容兩女士。

馮家昇來。吳春晗來。嚴星圃來。

三月卅一號星期五

乘八時車，與士嘉同進城，到以中，子植處談。到北平圖書館，參觀書庫。到西四寄信，剃頭。到同和居吃飯。

到中華大辭典編纂處，看子書，有三之工作。到書社。到馬汝鄰處。到楊向奎處，未遇。到市場購鞋。回書社，晤晉華。乘六時半車歸。

德坤來。鄧嗣禹來。碧澂來，爲寫有三信。黃子通來。

今午同席：徐森玉　趙萬雲　向覺明　謝剛主　劉子植　王以中　朱士嘉　孫子書　王有三　予（以上客）　趙録綽　牟傳楷（以上主）

一九三三年四月

四月一號星期六

家昇來。容女士來。點德坤《禹貢》文及晉華《明史》文付印。德坤來。

補記日記。審核家昇《遼史》文。家昇來。容女士來。到煨蓮處問疾。乘五時半車，與容女士同進城，到同學會。到東來順晚餐。

到樸社，交覺明稿費。寫仲川信，爲社中借錢。到晉華處。到地山處。到市場購物。回同學會宿。與孟恒德，張頤年談話。十一時眠。

四月二號星期日

五時半起，六時乘汽車上車站。七時十五分，車開，在車與同人談話，略看書。六時二十分，抵正定，落宿站旁清華客棧。公安局巡警來查問。在棧晚餐。

與潤孫，起潛叔到站候北來車，訪子植，以中，覺明等。十時許，眠。

未曉，夢在燕大同學會，聽人呼曰"頡剛"，回顧之則健常也，喜極，迎前欲抱之，蘧然而醒，時上午三時也。旋又入夢，見二姨母謂予曰："你不要因我死而悲傷，須知天要我少吃苦，才教我臨死生病呢。"嗟乎，生離死別，乃一宵見之乎！

同行者：博晨光　劉兆慧　容希白　許地山　滕圭　張頤年　趙澄　翁德林　予（以上專調查大佛寺者）　容女士　熊正剛　郭笋女士　雷潔瓊女士　起潛叔　牟潤孫（以上到正定後又到太原者）

四月三號星期一

五時許起，至門外大便。九時許進點後往見縣長，商借住廟中事。與教育局長等同到隆興寺，晤方丈純三，事定。伴容女士等同游青塔，華塔等。

到永慶南樓吃飯，予所請。飯後同到磚塔及木塔，遇希白，地山。又至第七中學參觀。四時，乘車回棧。與到太原者別。携各人鋪蓋等物，雇大車押送到寺。

理什物。與方丈談甚久。看玄同先生文。

正定縣長劉樹人（卓生），教育局長張居仁（子安），公安局督察長李子振，第七中學校長于紀夢。

四月四號星期二

六時起，看玄同先生文。終日鈔《正定縣志》中關于隆興寺之材料。

助希白寫聯贈縣長等。寫聯贈方丈純三。

與博先生等談中西交通。

分工：博晨光——建築　許地山——佛像　容希白——金石　顧頡剛——寺史　滕圭——壁畫　張頤年——測量　趙澄——照相　翁德林——拓碑

自今日起正式工作，不幸下午天雨，有許多工作不能做了。

四月五號星期三

六時起，續鈔材料，除寺院一卷外，餘俱鈔畢。到方丈處詢問口頭材料，筆記出之。

與地山等到集慶閣，看大佛，尋有字之磚瓦。挖地出六師殿石像。回室，續鈔材料。爲司庫曇瑞寫聯一，又爲純三寫橫披一。

看地山寫梵文。純三來談。排明後日工作程序。十時睡，得眠。

今日天仍雨。以清明，飯食特別考究。

方丈純三，前在北平世界佛學會讀書，頗有新知識，年尚少。

得到有字之磚瓦：（一）大悲菩薩（大小兩體）　（二）孤舟（凹凸兩體）　（三）一文和尚　（四）重修……

四月六號星期四

六時起，記日記。終日鈔縣志中之碑文，擬“寺史”月。

作《正定寺院表》。繞寺及教堂一周。

續鈔碑文。

以寫字太多，半夜即醒，至曉又眠。

四月七號星期五

起潛叔，潤孫來。與希白潤孫同到清華棧，送容，雷，郭三女士及熊正剛，潤孫上車。十時，與希白仍乘騾車進城，訪舍利，鴻濟兩寺，又至崇因寺，又觀風動碑。歸飯。

到大殿。與希白，起潛叔同到天主教堂，又到開元寺。予買點心先歸。續鈔材料，看報。

鈔縣志材料畢。方丈來談。

今日始晴，大風揚塵，甚寒。容女士等受寒，悉病傷風。

四月八號星期六

寫劉縣長信，爲拓碑事。校所鈔縣志材料。第七中學訓育主任王貫之來商講演事。記日記及賬目。七中學生白肇傑等來。

與起潛叔游東門。上城樓，周南門，西門，由北門下，游崇因寺，步歸。

與地山，希白到第七中學講演。十時歸。

今日甚晴好，爲數日來所未有。昨夜二時許即醒，直至天明始得朦朧片刻。

正定城周二十四里，而僅七千餘家，故有空城之稱。北門外沙泥高積，皆滹沱遷徙時之遺也。

四月九號星期日

早餐畢，巡行寺中一過。八時許到站，與白也及起潛叔到站旁季發館吃肉餃，炒肉絲以爲開葷，又飲酒。十時半上車，在車看予同《群經概論》畢，看玄同先生《經今古文問題》未畢。本應於下午八時半到，因拖子彈，誤至兩小時，下站已十一時。到同學會，進點。十二時半就眠，與希白，白也同一室。

今日曉起，左目竟不能張，歷一小時許始愈，未知何故。

四月十號星期一

六時許起，希白等并坐公共汽車，予獨候地山車，押行李還校。十時，到校。向圖書館借《支那佛教史績》。歸，看信件，換衣服。地山來，容女士來。

韓叔信來。陳昌期來。葛啓揚來。整理講義。到校，與士嘉同赴王克私夫人葬儀，四時開會，六時半葬訖。書肆兩家來。

陳源遠來。嚴星圃來。算旅行賬。

王克私夫人病肺炎逝世，予參觀其葬儀，所謂追悼會即爲唱詩與祈禱。會畢即赴公墓，又唱詩，一小時許即已成冢。運棺以汽車，上下以友人，禮物以花圈，簡單之甚。自開吊至安葬，僅兩小時半耳。此與中國人辦喪事，糜費數月至數年者，相去一何遠哉！

四月十一號星期二

張子玉來。到校，上課一小時，因講義未編，只得講大佛寺調查情形。歸，豫備下午功課。

牟潤孫來。到校，上課兩小時（《漢書·地理志》序論及京兆尹）。德坤來。點《漢書·地理志》。到振鐸處，并晤君珊。

到煨蓮處吃飯，談至十一時歸（建設研究社改名事）。

今晚同席：韓叔信　希白　八爰　予（以上客）　煨蓮夫婦及二女（主）

四月十二號星期三

點德坤《禹貢》文訖。邱繼繩來。寫志希信。文楷齋來。豫備下午課。

乘一時半車進城，到書社。到北大上課兩小時（《職方正義》封國，分州）。與賓四談。李晉華來談。到書社。到胡不歸處。

肖甫來談。碧澂來。豫備明日課。

冷口，遷安失矣！

故宮檔案，全遷滬上，深恐黃梅雨後，箱中生蠹魚，數百年不亡于北平者而一二年中竟亡于上海。因作志希書，勸其在京設法，開館保存之，且用中央大學學生作整理之事。

四月十三號星期四

豫備功課。到校，上課一小時（經書）。到哈燕社，晤八爰及博晨光。歸，豫備下午功課。鄭侃嬺女士來談，留飯。

豫備功課。到校，上課一小時（左馮翊，右扶風）。歸，看鄭女士十五歲所作長篇文言小説《遲暮美人》。

理書桌。記日記。容女士來。

侃嬺女士真是文學天才，十五歲所作小説，遣詞已甚活，插入之詩與信做得也好。

四月十四號星期五

趙惠人，張子玉來。書肆兩家來。編《漢代史講義》三千言（博士），畢。

亮丞來。李安宅來。趙澄來照相。熊正剛來。馮家昇來。寫白也信。

補記日記。

頸之右邊忽發癢，生泡，恐係皮膚病，塗藥。

四月十五號星期六

改昨晚所編講義訖，即付印。士嘉，潤孫偕袁家驊，馮文炳乘汽車來，到女校接孫琦瑛，同赴西山。游黑龍潭，溫泉，到大覺寺，吃飯。

飯畢游大覺寺全寺。出，到傳松亭，關帝廟，塔院，大工，蓮花寺。回寺飲水，又出，至普照寺。五時半動身，六時半到校。

紹虞，振鐸來。與履安翻字典。補記日記，訖。

陽臺山之杏花，予聞之十餘年矣，終未一睹。今日予與士嘉公請潤孫等，始得睹，穠艷之甚。

普照寺，明弘治中重修，當時住持爲安南人，有二碑，當注意。

不見大工與大覺寺，十年矣。當時玄同寶塔尚未隳也。

四月十六號星期日

校講義，續寫三百餘字。嚴星圃來。乘十時半車進城，游前門外各市場。到富晋書社看書。

到大柵欄厚德福吃飯。到書社，到馬汝鄰處，并晤吳硯農，商辦報事。到侃懲，適之先生處，并未遇。乘四時半車歸。李子魁來。張頤年來。

寫鄭女士，高女士，吳世昌信。

今午同席：劉兆慧　容希白夫婦　許地山　牟潤孫兄妹　起潛叔　熊正剛　郭竽女士　雷潔瓊女士　寇思慈女士　滕圭　予夫婦　凡十四人，吃了四十二元。兩盤熊掌值二十元。又猴頭（嵩山之菌），燒鴨等。

熊掌是第一次吃，其狀與味都似極爛之肉皮，亦不見有特別滋味。

四月十七號星期一

作《今古文問題》畢，三千言，即修改付印。（到後園作的。）校講義。德坤來。

豫備明日功課。葛啓揚來。

陳源遠來。

秦皇島失了！

四月十八號星期二

點晉華文付印，寫晉華信。上課一小時（博士官）。歸，豫備下午功課。

上課兩小時（弘農，河東，太原郡）。到哈燕社。到振鐸處，并晤君珊。紹虞來。嚴星圃來。

爲肖甫覆核《封氏聞見記》。看賓四《漢魏史》。校講義。

四月十九號星期三

陳槃，邵君樸來，同游校中看花，歸，留飯。談至二時別。

搜集漢人通經致用之材料，備編講義。在後園種花。

肖甫來，爲他覆核《封氏聞見記》句讀。

四月二十號星期四

上課一小時（博士官畢）。豫備下午功課。

上課一小時（太原，上黨）。鄭女士來，長談。

點《七經樓文鈔》中之《尚書》文字。容女士來。

侃嬺女士是一個極熱烈的人，與健常相似。與連士升君結婚，過極簡單之生活，爲要讀書，辭掉教課，其堅毅可佩。

四月廿一號星期五

點《七經樓集》，畢。編《漢代史講義》三千言（第十三章，通經致用）。

許維遹，劉盼遂，羅根澤來。煨蓮，子通來。

葛啓揚來。爲肖甫覆核《封氏聞見記》。

洋價日漲，一元可兌銅元四百五十枚。物價日落，一元可買鷄子一百個。這不是好現象，農村真將完全破産了！

客來談，蔣中正的産業有十一萬萬，張學良有七萬萬。一個師長，可有一千萬。河南省公然賣缺，上等縣六千元，中等五千元，下等四千元，均以半年爲期。民團領袖，給劉峙槍斃了。

四月廿二號星期六

改昨作講義，未畢。昌群，振鐸來。

到煨蓮處，公讌海女士。碧澂來。江清，紹虞，賓四來。希白，金甫來。乘人力車進城。

到東興樓赴宴。乘汽車歸。

今午同席：海松芬　卞脱（以上客）　煨蓮夫婦　希白夫婦　八爰　予（以上主）

今晚同席：陸志韋　陳受頤　梁宗岱　嚴既澄　俞平伯　朱佩弦　趙萬里　郭紹虞　魏建功　許地山　予　楊丙辰（以上客）　鄭振鐸　劉廷芳（以上主）

四月廿三號星期日

嚴星輔來。北大學生劉紹閔，楊向奎，高去尋，王樹民，呂宗賓來，導游燕東園，朗潤園，留飯。邀德坤同飯。飯後參觀學校全部。歸，看相片。

點庸萃文付印。寫適之先生，高女士，鄜女士，劉半農信。

四月廿四號星期一

點馮家昇文付印，并校其已排之稿。張子玉來。

海波來。紹虞偕李素英女士來。豫備明日功課。

士嘉來。

四月廿五號星期二

張頤年來。上課一小時（今古文問題）。希白來。豫備功課。

上課二小時（河內，河南郡）。到由笙先生處。到振鐸處，與馬玉銘同歸。

改作《漢代史講義》第十三章，畢。

四月廿六號星期三

整理書室，理講義。適之先生來，子通來，同到校長室。適之先生講演《痛苦的反省》，予爲主席。

宴會，照相。偕適之先生進城，到北大上課二小時（《漢書・地理志》）。吳玉年來，李庸莘來。到書社，寫潤孫信。

六時半車歸，豫備明日功課。

今午同席：適之先生　　高君珊女士　　酆雲鶴女士　　子通　　振鐸　　趙巨淵　　起潛叔　　世五（以上客）　　予夫婦（主）

四月廿七號星期四

吳硯農來，同赴煨蓮處。上課一小時（通經致用）。陳昌期來。鄭侃嬝來。到哈燕社。到煨蓮處吃飯。

與煨蓮，八爰談社事。校講義等。上課一小時（東郡）。與巨淵同理照片。振鐸，紹虞來。希白來。

寫梁宗岱信。吳子臧來。芸圻來。寫侃嬝信。記日記六天。草講義（王莽的受禪）。

今午同席：吳硯農　　季明　　希白兄妹　　予(以上客)　　煨蓮(主)

四月廿八號星期五

德坤來。草講義二千五百言（王莽的受禪）。爲希白改《殷契卜辭叙》，并爲書籤。通學齋來。根澤來。

李子魁來。校講義。亮丞來。希白來。

趙豐田來。

昨夜夢見健常來函，拆之，不見有書，惟有妓女照片二紙，爲之憮然。按，近日趙巨淵正在爲我粘照片，故有此夢。

四月廿九號星期六

五時半起，由笙先生來，同到清華園車站，同游三人，由笙先生，起潛叔及予也。乘七點十五分車到沙河，行半小時到。雇驢到聶各莊，行二十五里，約二小時半。十一時，由北道上山。

經雙龍嶺，大峰口，磕頭嶺，葦子港等茶棚，于下午七時至山頂，以上山氣急，故行甚緩。落座後即進夜餐。晤江國珍君（號仲良），爲介紹認識住持宗鏡及慶博如。

進廟，看燒香。十一時許，席地眠。

今日進香者極多，故廟中無隙地，予等僅得臥于院中。夜中尚好，曉却寒矣。

今晨夢見健常著論駁予前函，載在報紙。又見其與某君書，亦如是說。

四月三十號星期日

五時許起頗寒。江君介紹識香會領袖□永立，談一小時。步行至滴水巖，一路小徑仄狹，且翻過幾嶺，甚苦。

在滴水巖吃飯，游洞，仍依原路歸。到靈官殿，渴極矣。赴澗溝，宿於十九號吳姓家，稍臥，進棚吃飯。

看往來香客，遇煨蓮夫婦。九時許眠，臥熱炕。

潘由笙先生年六十一，而走路乃與我等相若，殊自愧。

廟中兩次心卜，均得"重圓"之兆。噫，天其終憐我耶！

十六日，與侃嬑女士書云：（下略，見《顧頡剛書信集》）

一九三三年五月

五月一號星期一

六時半起，到棚內進點。離店，由中道行，經蘿蔔地，上平臺，寨爾峪諸地，到大覺寺，至北安河吃飯。

雇車歸，經白家疃飲茶，六時許抵家。紹虞來。

豫備明日功課。

今日風狂甚，下山路又滑，幾於吹倒。覽報，知確有連人帶轎跌入澗中的。

中道走的人極少，今日所遇，往者不過二十餘人，歸者不過十餘人耳。茶棚僅上平臺一處，餘均頹廢或無人。

五月二號星期二

到校，上課一小時（通經致用，畢）。寫連士升，適之先生信。爲李晉華勘《明史》稿。趙惠人來。

到校，上課兩小時（陳留，潁川郡）。到哈燕社，晤容女士。

校講義稿。

五月三號星期三

草《漢代史講義》二千言（漢的改德）。

看趙澄所粘照片冊。豫備明日功課。趙惠人，張子玉來。肖甫來。

爲日寇攻得多倫，察哈爾受迫，煨蓮恐將來不得游雲岡，約于後日同往，允之。

五月四號星期四

到印刷所送稿。到校，上課一小時（王莽受禪）。侃嬡來，導觀書室，留飯。希白來。

容女士來。李庸莘來。到校，上課一小時（汝南郡）。到印刷所送稿。到蔚秀園看畫展。到篠珊處談。看所徵大鼓書。

紹虞來。肖甫來。到煨蓮處，并晤季明及蘇恩柏。

五月五號星期五

記日記一星期。寫子通，振鐸，容，高，鄞三女士信。開《學報》支銀單四紙。草講義二千言（漢的改德，畢）。

三時汽車來，到希白處，到季明處，會合煨蓮及蘇恩柏，同赴西直門車站，乘四時四十分車。

到車厢外看塞外景色。至翌日上午一時許，張家口乘客下，始眠。

車過居庸關，風景美絕，但一過八達嶺，又平平矣。八達嶺山洞至長，車行歷四分半鐘。

五月六號星期六

上午七時到大同，到候車室小憩。晤站長向君，段長汝君。雇騾車行，先到大同城內略覽，即赴雲岡。至觀音堂休息。

騾車行五小時，到石佛寺已二時半，即吃飯。飯後游寺中各洞及寺西諸洞。寫履安，士嘉，注冊課信。

早眠。

大同城至雲岡三十里耳，西行五小時，適有風，塵沙撲面，下車時乃成鬼臉，急盥洗，并剃面，始復人形。

本定八日歸，然既到大同而不游張家口，太可惜，決於九日請假一天。季明先歸，托其帶函告假。

五月七號星期日

游寺東各洞，寒泉洞甚好，惜口塞未能進也。還，又在寺內周游一過。與小學教師索君談話。

十二時飯後乘騾車還城，三小時到。游上寺（華嚴寺），晤汝段長。又游下寺，九龍壁，酒樓巷久勝樓。出，至興華春，汝君設宴相款，飯畢赴站，乘七時車東行。汝藕青（號懷新，吳縣人）。廣玉（號澗岫，大同人，雲岡石窟寺住持）。

以翌日上午一時二十分到張家口，即住興隆旅館。

雲岡與龍門不同處，雲岡多出于帝王，龍門多出于民衆，力有強弱，物斯有異，一也。雲岡爲沙石，易刻亦易爛，往往整塊脫墜。龍門則爲青石，不易壞，二也。雲岡之洞出人造，龍門之洞出自然，三也。惟出人造，故可有計劃之鑿，四壁見方，中供大像，若柱然。惟出天然，故洞制各異，亦不求整齊也。雲岡設有看管所，故打去頭者不多，此則山西政治畢竟在河南之上矣。

五月八日星期一

六時起，與希白同訪張懋勤，未晤。到天津館吃點，還棧，待煨蓮及蘇君起，同出，又吃點。乘人力車游賜兒山及大境門，上長城。又游朝陽洞，公園。

以蘇君照相，爲大境門外五區警士所見，押解公安局，見司法科長謝繼達，交涉逾一時始出。到鼎豐園吃飯。乘汽車（張君者）到鹽務收租局，與張君同游古董鋪二家，與煨蓮，希白，蘇君同訪馮玉祥，談半小時。

回張家吃夜飯。十時歸棧，即眠。

今日爲予以新法計算之四十歲生辰，煨蓮，希白，蘇恩柏三君宴予于鼎豐園。

第一次被巡警押解，第一次受公安局之訊問。有此波瀾，殊添游興。

五月九日星期二

五時許起，六時上站，六時四十分上車，愈行愈熱，甚渴。看《國聞周報》等。

三時二十分到清華園站，雇車歸，即洗浴。紹虞來。

校講義。豫備明日功課。

在張家口穿夾衣二襲，北平則可穿單衣矣。

前數日右腿上忽發泡，痛癢殊甚。今日洗浴後頗愈。

五月十號星期三

檢理講義。德坤來。坐人力車進城，到侃㜍家，與士升（伯棠）談，留飯，二時出。

到書社，豫備功課。到北大，上課二小時。李晉華來。到書社，校《左氏春秋考證》序。到車行，遇張東蓀夫人，略談。看陳翰笙《人類的歷史》。

看前年旅行中與履安書。

五月十一號星期四

到校，上課一小時（王莽受禪，畢）。到哈燕社，晤容女士。與侃㜍同歸，留飯。出前年旅行中寄履安信示之，又贈《古史辨》一冊。希白來。

豫備功課。到校，上課一小時（南陽郡）。到李瑞德家，開歷史系教授會。容女士來。

看《古史辨》第一冊自序。陳源遠來。

五月十二號星期五

理書。終日校《隸古定釋文》。通學齋，松筠閣書估來。修綆堂，寶書堂書估來。

與德坤同到吳志順處。孫海波來。理講義。崔振河，翁順昌來。與自明同游圓明園。

到煨蓮家吃飯，定鼓詞等次，擬廣告二則，歸已十一時。

今晚同席：高君珊　馬季明　郭紹虞　吳世昌　鄭德坤　蘇恩柏　予（以上客）　煨蓮夫婦（主）

昨今二晨，日飛機均來散傳單。今晨中國兵發高射炮多發，皆未中。

五月十三號星期六

寫芸圻，世昌，守和信。校《隸古定釋文》。羅雨亭來。理書。

宴客。何格恩來。伴寄荃先生參觀圖書館，又到蔚秀園由笙先生處。吳春晗，魏建猷來。

到煨蓮處，與季明，八爰，叔信，書春，篠珊商辦印刷所事，歸已十一時半。

今午同席：吳寄荃　潘由笙　馬季明　煨蓮　希白　洪都（以上客）　起潛叔　予（以上主）

寄荃先生之子名豐培，號玉年，治明史，作有《皇明馭倭錄》校記及續補。

五月十四號星期日

碧澂來。到煨蓮處，繼續商辦印刷所事，到者七人。與叔信，篠珊，書春同歸，留飯。點吳世昌君文入《學報》。

校《隸古定釋文》，略畢。紹虞來談。記日記十天。容女士來。振鐸，紹虞來。肖甫來長談。

日人渡灤矣！北平城中已堆沙袋。振鐸，紹虞均怕得利害，聞明日日兵將騷動，未知確否。

由笙先生謂宋子文上次來平，挾公債二千萬元，張學良爲之銷去，得九百萬，遂自取之。張氏到滬，宋逼出之，又入了他的腰包。聞宋子文母未死時，一日須有三萬元進款，其一家所入可見。由笙先生又謂李蓮英以一代大奄，然死後止現銀六萬，殊令人有唐虞以上之感。

五月十五號星期一

草《漢代史講義》二千七百言（古史系統的大整理，畢）。侃嬚來，留飯。

整理舊信札。點《漢書補注·南郡，江夏郡》。豫備明日功課。爲北平大學女子學院畢業生數人寫紀念冊。

到煨蓮處赴宴。

今晚同席：蘇恩柏　博晨光　黃子通　馬季明　容希白　蔡一諤　田洪都　予（以上客）　煨蓮（主）

五月十六號星期二

豫備功課。到校上課一小時（漢的改德）。德坤來。豫備下午功課。

到校，上課二小時（南郡，江夏郡，廬江郡）。呂健秋來。肖甫來。

校《左氏春秋考》張西堂序及《漢代史講義》。

五月十七號星期三

續草《漢代史講義》一千言（古文學建立）。點鼓詞三篇，付印。謝國彥來道別。

校《左氏春秋》張序畢。豫備明日功課。到園內澆菜。

與履安共看照片册。看《縛住了嗎》。

得侃嬭書，謂讀予信札，甚感動，欲以一生之力爲我作傳。噫，我是到處被犧牲的人，安有足以自立者！勞人作傳，殊自愧也。

昨日唐山失矣。

五月十八號星期四

豫備功課。到容女士處。到校，上課一小時（古史系統的大整理）。歸，豫備下午功課。

何峻機女士來，長談，留夜飯。到校，上課一小時（廬江，九江郡）。李子魁來。振鐸來。

容女士來。鄷雲鶴女士來，談至十時。

鄷琴舫女士既得化學博士學位，來燕大任教。又不自足，定今夏以私費赴德研究染色。然積錢不多，僅够一年之用，如能補得官費，則可兩年。好學如此，女子中所希見也。復出小說一册，寫其讀書時之苦境，在美作女傭以自給之事。

五月十九號星期五

訂《入世的痛苦》第三册。德坤來。植新來。整理一年來書記們所鈔《尚書》學文字。通學齋，松筠閣人來。

容女士來。校《左氏春秋考證》錢跋。點高重源《禹貢真僞篇》入講義。記日記三天。

嚴星圃來。

今日日本飛機又來，我方發高射炮射之，不中，反而傷了三個中國人。

五月二十號星期六

編《漢代史講義》約三千言（古文學之建立）。

修改講義付印。碧澂來。孫海波來。張子玉來。以中偕戴仲呂來，留飯，并留以中宿。邀趙肖甫來，談至十時半。

國軍撤退，日軍後隨，三河，香河皆陷矣。三旗，海淀皆住兵，頓現恐慌之象。

五月廿一號星期日

與以中到吉祥胡同，晤德坤及頤年。校《左氏春秋考證》之張序，錢跋，訖。點西堂所作《詩辨妄》序付印。

整理講義。何峻機，鄧淑嫻，陳梯雲三女士來，留飯。振鐸來。牟潤孫來，留飯。葛啓揚來。

今日下午客來太多，多說話，遂致失眠。此疾久未發矣。幸至上午一時得眠。

與啓揚談話時，想得一偈，云："凡事知其難，勿以難自恕。奮勵汝精神，直向難處去！"

五月廿二號星期一

寫侃嬺信。通學齋來。容女士，郭太太來。豫備明日下午功課。校講義稿。

看陳懋恒，嚴星圃畢業論文。朱士嘉來。到呂健秋處，并遇曹敬盤及韋爾遜。紹虞夫婦來商行事，振鐸亦來，頓時現緊張之象。

爲自珍寫王主任信。到紹虞處計事，與子通談。校講義。十二時眠。

自清華園北挖戰壕，人心已浮動，今日傳交涉將決裂，且將作近郊抵抗。清華學生走的極多，燕大感染其風，亦陷于恐慌中。燕大教員太太有走的，遂使郭太太與履安亦覺得非行不可。今晚商定，請起潛叔進城包一節車，由平漢，平浦行皆可。履安即着手理物，予物無從理起，索性不理。

五月廿三號星期二

膺東表弟來。鄭德坤來。陸大年來。紹虞偕賓四來。爲德坤寫致圖書館書。到校，上課一小時（古史系統的大整理，畢）。口試陳懋恒女士。定生姊弟，鄧女士來，留飯。希白來。到燕京印刷所。到肖甫處。到容女士處。

吳志順來。子魁來。到校，上課二小時（山陽，濟陰郡）。口試陳源遠。容女士來。紹虞來。馮家昇來。肖甫來，留飯，談至九時許。碧澂來。

寫父大人，高君珊信。陳源遠來。葛啓揚來。

今日同試者：

（一）陳懋恒女士（明代倭寇）

　　煨蓮　地山　孟劬　健秋　予

（二）陳源遠君（唐代驛制）

　　煨蓮　地山　印堂　紹虞　予

上午仍極緊張，下午得妥協訊，人心即鎮定。起潛叔等到城接洽車輛未得，予等遂不行矣。履安愁眉爲之一釋，殊可慰，然思之亦可慚矣。

五月廿四號星期三

與履安進城，到姨母處。她送表弟行，予到鍾雲父處，到楊向奎處，均晤之。到賓四處，未晤。到書社。乘十二時車歸。

鄧嗣禹來。吳志順來。李晉華來，爲寫景山社信。寫羅志希，陳通伯信。與趙澄，葛啓揚，起潛叔，馮世五，自明同到清華園站看挖戰壕。游剛秉廟及王家花園。

陳源遠來，與同至吳志順處。

戰壕分兩種，寬而高者，防坦克車者也。低者小者，居兵士者也。此壕甚長，聞自通州至昌平。

五月廿五號星期四

振鐸偕紹虞來。豫備功課。到校，上課一小時（古文學之建立）。到容女士處。何峻機女士來。到銀行領薪。胡德煌，馮圃來，侃嬝來，均留飯。

豫備功課。到校，上課一小時（沛郡，魏郡）。寫賀昌群信。李延增來。容女士來。到哈燕社。

寫西堂信。芸圻來。點郭沫若《金文所無考》入講義。

芸圻來，謂共黨勢甚張，已得長沙。國事如此，非作徹底解決不可。今日之望共黨，正如清末之望革黨。但願成功之後，勿如國民黨之腐化耳。

五月廿六號星期五

送起潛叔行。校唱本。寫向覺明，陳子清信。肖甫來，爲寫《烈女贊》。修綆堂，通學齋，松筠閣，來熏閣諸書估來，索節賬，付二百十四元。整理書室。

寫汝懷新（萬青）信。到張頤年處，并晤建猷，植新。整理半年內所購書。寫江清，振鐸信。肖甫來。

校張西堂《左氏春秋考證》序（二校）畢。

今日履安送起潛叔上車站，予因出健常函件照片觀之，心中酸楚之甚，竟日不能治事，因以理書自遣。噫，何日能使予忘懷乎！予苟無極强之事業心，可假事業以爲慰藉者，予其久已入瘋人院乎！

五月廿七號星期六

校玄同先生《左氏春秋考證》跋（二校）畢。校講義。續草《漢代史講義》（祀典的改定）。

到季明處午飯，照相。子通夫婦偕凌太太來，留點，久談。張子玉來。

江清來。張同俊來，長談黨事。看鄺女士自述小説。

今午同席：林鵬俠女士　希白兄妹　張銓　煨蓮　予（以上客）　季明（主）　又雷潔瓊女士後至。

林鵬俠女士隻身調查西北，由蘭州至青海，中原女子至青海者第一人也。凌宴池夫人賀啓蘭女士小楷精絶，兼能繪事，亦于今日見過。一日而得見二才女，何其幸也。

五月廿八號星期日（端午）

寫楊向奎信。與履安同到郭宅，訪凌宴池夫人，并晤其母。同出，到子通家，與子通夫婦同出，到清華車站看挖壕溝。歸，順道游王家花園。到子通處談，歸。編《漢代史講義》三千餘言。第十八章草訖。

邀肖甫來午飯。飯後看照片，談甚久。振鐸，紹虞來，同到振鐸處，看其存滬書目，并晤君珊。

凌夫人真是理想中之閨秀。予從不能面諛人，顧于彼則稱之爲“現代的衛夫人”，此真不能自止之贊美矣。彼能畫，最擅長者爲人物；山水花卉，亦能爲之。有二子一女，尚能不舍棄翰墨，可佩也。

五月廿九號星期一

修改昨作講義，訖。與趙澄談。寫容女士信。點《漢書・地理志》。豫備明日課。

校講義。點吳其昌文入講義。李延增來。朱士嘉來。寫趙澄信。

續點大鼓書付印。校大鼓書。鈔《尚書講義》目録。

趙澄太無能，而脾氣甚大，真是廢材。予令之整理孟姜女材料，看錯了人了。

五月三十號星期二

到校，上課一小時（經古文學的建立，畢）。到容女士處。師大王廷獻來借錢。

到校，上課兩小時（魏，鉅鹿，常山）。點傅孟真文入講義。

看酆女士自述小説，畢。編《月令表》。

五月卅一號星期三

校李遇孫《隸古定釋文》，未畢。通學齋人來。校文楷齋所粘之《唐石經尚書》，畢。

葛啓揚來。

編《月令表》畢。

芳　楊玉珉　趙　素素姑娘　余亞南　高小王　無構氏
蘇玉琪　魏喜門　任月如　任景川　高育才　崔恕公　夏
懷璋　不聊生　張則程　趙玉田　張廣運　老朽　張建屏
（以上各酬本會所印鼓詞全份，印就即寄）　此外尚有聲
明不受酬金之齊如山君等，其所作當與第一二等稿件同時
付，并志謝忱

本會尚擬繼續徵求關于抗日之民衆讀物，不論鼓詞，劇
本，小説圖畫均所歡迎，所寫之故事，如明代倭寇，中日
甲午之戰，二十一條及臺灣，朝鮮，琉球，亡國後之慘狀
均可，惟請作者着力于結構及描寫，勿多發議論，文筆力
求通俗，少用新名詞，是爲至要，其對于前方接接之任
務，後方救護之工作及防空防毒之常識等等，如以極通俗
明暢之文筆寫出，亦所樂受，此啓。

到燕京四年矣，把這四年的工作作一總結束，如下：

第一年——編《上古史講義》三百餘頁。

　　　　　作《五德終始説下的政治和歷史》十二萬言。

　　　　　作《周易卦爻辭中的故事》。

　　　　　出《辨僞叢刊》三種（《詩疑》，《四部正譌》，《僞書考》）。

　　　　　出《古史辨》第二册。

第二年——生了半年心臟病，未作工，但整理書籍。

　　　　　到山東，河南，河北，陝西旅行，歸作報告。

第三年——編《堯典》講義兩册。

　　　　　作《從吕氏春秋中推測老子的成書年代》。

　　　　　出《古史辨》第三册。草《三皇考》。

　　　　　點讀《淮南子》及《吕氏春秋》。

第四年——編《禹貢》講義三册。

編《漢代史講義》一冊。

編刻《尚書學材料集》。

作《古史辨》第四冊序。

調查正定大佛寺及大同雲岡石窟。

予應在三年內出版的書：

（一）古史及故事

1. 古史辨一冊（今古文問題）或二冊

2. 三皇考（燕京學報專號）

3. 東壁遺書（亞東圖書館）

4. 辨僞叢刊（樸社）　希望在十種以上

5. 孟姜女故事研究（生活書店?）（趙澄助?）

6. 吳歌集（李素英助?）

（二）尚書學

1. 尚書文字（哈佛燕京社）（起潛叔助）

2. 尚書文字考（同）（起潛叔助）

3. 尚書學書録（同）（趙惠人助）

4. 尚書講義（樸社）（鄭德坤助）

（三）漢代史

1. 秦漢史談（商務印書館?）（鄭侃嬺女士助）

2. 漢郡縣圖説（樸社?）（李子魁，吳志順助）

一九三三年六月

六月一號星期四

豫備功課。到校，上課一小時（祀典的改定）。侃嬺來，留飯。吳志順來。

到校，上課一小時（清河，涿郡）。考嚴星圃，至七時畢。邀亮丞到家晚餐。遇平伯，佩弦，江清，振鐸。

校玄同先生《左氏春秋考證》。

今日同試：洪煨蓮　吳文藻　張亮丞　予（主席）　嚴之論文爲《五胡華化考》，頗不差，可供參考。

六月二號星期五

作《漢代史講義·讖緯的造作》，三千餘言，即修改付印。

吳志順來。李延增來。

到希白處，吃冰淇淋。點張蔭麟文入《學報》。

今日以作文較多，又不易入眠。

六月三號星期六

寫芸圻，容女士，吳文藻信。校李遇孫《隸古定釋文》，略畢。記日記六天。趙惠人來。

到校剃頭。與熊正剛偕歸。雨亭，以中來，與雨亭到紹虞處，又伴游燕農園及蔚秀園。子植來。校講義。

葛啓揚，趙豐田來。容女士來。趙肖甫來。

六月四號星期日

乘八時車進城，車上晤廷芳及薛覺民。與雷，容兩女士及履安到秀義齋購墨盒等。到文楷齋，又到吳縣會館參觀，又到小蔣家胡同十號買皮，未成。出，予與履安到適之先生處，并晤心史，守白，澤涵等。到地山處宴客，并看照片，談編輯《大佛寺》事。

飯後乘博晨光汽車返校。校講義。校西堂《左氏春秋考證》序（四校）畢。

葛啓揚來。

今午同席:梁思成　梁夫人(林徽音女士)　博晨光　劉兆慧
雷潔瓊女士　容媛女士(以上客)　地山夫婦　希白　予(以上主)

六月五號星期一

校《尚書隸古定釋文》。校講義。寫盧季忱，馬季明，子植信。
點《漢書·地理志》。豫備明日課。寫楊向奎信。
校《夏小正》與《月令》。又校釋文。

終日雨未停，北方所少見也。南方近日正在黃梅時節。天氣
頗寒，可穿重夾衣。

唱本第一冊《杜泉死守杜家峪》出版。

六月六號星期二

豫備功課。希白來。到校，上課一小時（讖緯的造作）。寫以
中信。

豫備功課。到校，上課二小時（涿郡，渤海，千乘，濟南）。
到滕白也處。紹虞，文藻，振鐸來。肖甫來。立厂來，留宿。

校講義。理書。

六月七號星期三

立厂談至八時別去。審核徐中舒，鄭德坤，馮家昇討論月氏與
虞氏問題，并爲改削。

到印刷所送稿。到會議室，爲趙泉澄口試。到容女士處。鄞女
士來長談，留夜餐。

修改容女士所作《學術界消息》。

今日同試:呂健秋（主席）　徐淑希　吳文藻　張印堂　予
論文題爲《有史以前之東北》。

鄞女士至十六歲始識字，至今日乃通三國文字，於得博士後

復自費赴德國習染法，其聰敏與毅力真十分可佩。

六月八號星期四

點《朱子語類》中之《尚書》，入講義。改容女士所作《學術界消息》，并自草兩則。改德坤，家昇所作《答徐中舒信》，訖，即發印。

煨蓮來。校講義。容女士來。點丁在君書入講義。

嚴星圃來。葛啓揚來。理書。記日記三天。

六月九號星期五

校《唐石經》。校《左氏春秋考證》序跋。寫酆女士信約餐。寫高雷二女士信允赴餐。看肖甫所點《封氏聞見記》一卷。到校，交件與容女士及肖甫。侃嬚來，留飯。飯後同到安宅處，晤其夫人及其父薌圃先生。

校講義。校《四部正譌》。馮國治來。到適樓赴教職員抗日會，到則已以人數不足而散會，與季明談。理信件。

點章鴻釗《銅器鐵器時代考》。紹虞來。校講義。

六月十號星期六

希白來。理書。點章鴻釗文，略畢。地山偕其侄來。作《讖緯的內容》未畢。侃嬚來，留飯。

由笙先生來。李子魁來，囑寫屏聯等，因將他人托書之件一起寫了。約書二十件。

仍寫字。

今日大雨，且下雹，大如銅元。

六月十一號星期日

續作《漢代史講義》（讖緯的内容）三千言。紹虞來。

士嘉來，爲陳源遠寫研究院信。

肖甫來談，留飯及宿。

六月十二號星期一

修改昨作畢，付印。通學齋來。嗣禹，獨健，子魁，維華來，看予工作，并到前吉祥胡同看畫圖人工作。還，留飯。

理書。李延增來。編集《詩辨妄》附録二，三，且加點。

宴客，至十一時散。商開印刷所事。

今晚同席：熅蓮　希白　八爰　季明　潔瓊　篠珊　書春　一謂　克剛（以上客）　予（主）

六月十三號星期二

容女士來。肖甫來。胡德煌來，爲寫志希信。點胡綏之先生《敦煌經典釋文跋》，入《學報》。嚴星圃來。寫肖甫信。作《詩辨妄》附録三（《六經奧論》）序千餘言，畢，即發印。

春晗來。日人高橋君平來訪。張壽林來。士嘉來。侃懋來，留飯。爲士嘉及侃懋等寫對聯九副。

以昨夜失眠，今晚甚倦，早眠。

六月十四號星期三

點唱本二付印。容女士伴高女士來。續草《漢代史》一千二百言（讖緯在東漢時的勢力），親送印刷所。

容女士來。王克思偕法人羅都爾來。嗣禹來。爲高貽昐女士改作《研究婦女著作計劃》。

與履安同到振鐸處訪其夫人，到女校赴宴。九時半歸，校講義。

今晚同席：希白夫婦　熅蓮夫婦　地山　八爰　蘇女士　予

夫婦（以上客）　　君珊　潔瓊（以上主）

　　Robert des Rotours，華名羅都爾，法國人，研究新舊《唐書》，譯爲法文，已成多篇，又作人名索引，計五萬餘片。

六月十五號星期四

　　續草《漢代史》一千五百餘言，即親送至印刷所。寫鍾雲父信。看適之先生《論衡》序。校講義。算《燕京學報》賑。

　　校張西堂《詩辨妄》序。點《詩辨妄》附録四。寫吕健秋片，辭宴。吴子臧來。記日記六天。

　　振鐸來。植新，建猷，戴偉凡來。子植來，留宿，爲芸圻寫通伯信。

　　近日以工作較多，胸又悶矣，肋骨亦作痛。但勢不可休息也。

六月十六號星期五

　　改《學術界消息》四則。子植早餐後行。到校上課，發講義（《漢代史》）。歸，續草《漢代史講義》，看《三國魏志》。

　　將《禹貢》講義丁種之一編訖。寫春晗，君珊信。校《漢書·地理志》索引。

　　點《詩辨妄》附録四。

六月十七號星期六

　　鄧文如來。點《詩辨妄》附録四，畢。昌群來，留飯。

　　校唱本。校《月令表》。彦堂，錫永，立厂，希白，孫海波，王振聲（鐵庵）來，留點。容女士來。

　　江清來。作《詩辨妄》附録四之序，八百言，畢。

　　鄧先生因予代其《漢代史》課，贈予顧雲美（苓）木印一（澄心如水），石印一（望風懷想），宋(?)甃瓶一，當轉奉父大人也。

六月十八號星期日

寫陳梯雲信。與李延增同乘八時車進城，到哈爾飛戲院購票，到王泊生處，出，分道。予到楊向奎處，又至景山書社，又至何殿英處。到西單商場吃飯。

到哈爾飛看戲，有陳富瑞《打嚴嵩》，時慧寶《雙獅圖》，吳彥衡《夜戰馬超》，邢君明《賣馬》，荀慧生《金仲仁》，王盛意《霍小玉》。七時散戲，乘電車到西直門，換人力車回家，已八時半矣。

士嘉來。肖甫來。休息。

自來燕大，城中之戲僅看三次。今日以有新排《霍小玉》，故與延增同往觀，使予陪不少之眼淚。噫，予既誓不爲李十郎，勢必爲另一方之霍小玉，又何怨！

六月十九號星期一

重勘《詩辨妄》附錄四。寫王泊生信。希白來。九時，到校，開研究生獎金審查會，至十一時半畢。到燕京印刷所囑其開賬。

檢出清閨秀集約二十種，給高女士參考。續編《漢代史講義》一千餘言（曹丕的受禪）。容女士來。

到希白處晚餐，并開觀摩社籌備會，十一時散。

下年研究生之領獎學金者：馮家昇　顧廷龍　張維華　翁獨健　鄭侃嬱　高貽紛　李素英　鄧嗣禹　李延增　葛啓揚　又華西大學一人，又鄭德坤爲特別研究生。

兩年前，予因欲迎養父母，校中允給予二千元。父母既不來，這筆款子永遠存在賬上。今以研究生請求獎金者多，即以此二千元充作獎學金，多得四個名額。

六月二十號星期二

校講義。容女士來。作《曹丕的受禪》二千餘言，畢。

雲南甘銘偕李君來。寫抗日會信，請求津貼（唱本）。希白來。德坤來。啓揚來。何叙父先生偕孫君來。

到紹虞處。重校《詩辨妄》序。校講義。

　昨晚同席：煨蓮　季明　一諤　篠珊　書春　洪都　克剛予（以上客）　希白夫婦　八爰（主）

　開會，舉予爲觀摩社社長，容女士爲秘書兼會計。

六月廿一號星期三

開《學報》支銀單。修改昨作畢，自送印刷所。到哈燕社，晤容女士。校《詩辨妄》附錄，《月令表》，及講義。

耿長來來。張同俊來。馮家昇來。振鐸，文藻來。定學生分數。

寫父，叔，懋恒，光明，封宗香信。

六月廿二號星期四

寫江清，德坤，素英，貽玢信。乘八時車進城，與希白同到金甫處，未遇。到何叙父處，并晤姚瑞芳，徐春圃兩女士。出，予至圖書館訪子植，以中，其驤，文玉，蜚雲等。到書社，吃飯，寫玄同先生信。

到仲澐處，到連伯棠處，即雇車歸。校講義。點姚明煇《禹貢注解》序目。叔信來。譚超英女士來。侃嬂來，留飯，質問《史記》疑義，至九時許去。

以倦，十時眠。

　奇哉，姚瑞芳女士乃是上海人，而乃有此沙場苦戰之勇氣，幾使人不信。其同伴徐春圃女士，則遼寧法庫人。

　姚女士之貌及其聲音均甚似慕愚。

六月廿三號星期五

校講義。點唱本。德坤來。子魁來。叔信來。李素英來。耿長來來。

宴客，談至四時散。李延增來。葛啓揚來。與履安到紹虞處，并晤子通。

校《漢書·地理志》索引。士嘉來。

今日同席：浦江清　鄭德坤　高貽玢　李子魁　陳梯雲　容八爰　馮世五（以上客）　予夫婦（主）

六月廿四號星期六

寫侃燮，子臧，吳寄荃，姚瑞芳徐春圃，汝懷新信。校《漢書·地志》索引。校講義及《詩辨妄》。

碧澂來。容女士來理信札。吳世昌來。祝廉先來。嚴星圃來。李延增來。徐文珊，樂植新來。肖甫來，留食宿。

校讖緯目録片。

六月廿五號星期日

校讖緯目片。編《尚書》講義丁種三之二，略畢。

容女士來理信札。馮國治來。校講義。

校《漢書·地理志》索引，未畢。

覽報，悉丁玲被國民黨暗殺，可憐！

後知非也，其夫胡也頻耳。

本日吳寄荃先生邀宴，又張鴻翔，王重民，孫楷第三君邀宴，均以結束事務甚忙，未能去。

六月廿六號星期一

覆校《漢志》索引，畢。寫楊向奎，玄同先生，子植信。校

《月令表》及《詩辨妄》。張子玉來。侃嬿來。覆核《燕京學報》
十三期《學術界消息》。

　　吳子臧來。姚瑞芳，徐春圃二女士來。煨蓮來。高，雷二女士
來。江清，李素英女士來。德坤來。吳志順來。振鐸來。春晗偕張
德昌來。

　　獨健來。到劉廷佐家談話。校講義。

　　姚徐二女士來，予欲導其參觀燕大，彼等謂自來北平，一聞
樂聲即起悲哀，故殊無參觀學校情興。這確是真情境，予前年自
秦豫歸，聞舞蹈聲亦有如此感覺。

六月廿七號星期二

　　趙叔玉女士來，談自明婚事，留飯。其驤來。叔信來。到芸圻
處。到會計課及哈燕社。

　　天熱，小眠。到郵局詢英法匯價。到會計處送《專號》餘款。
到哈燕社開支銀單。訪蔡一諤，談遷屋事。看辰伯所作《胡應麟傳》。

　　到博晨光處吃夜飯。十時半歸。

　　聾啞學校之高材生趙廣順君與自明頗有意，因由其姊來談姻
事，予允之。

　　今晚同席：艾立雪夫　季明　煨蓮　子通　地山　希白　予
（以上客）　博晨光（主）　Elisseeff，俄人，在日本讀漢書，并
研究宗教藝術，任哈佛大學哈佛燕京社游歷教授。

六月廿八號星期三

　　到希白家，付碑款。到會計處。到哈燕社及燕京印刷所，訪廉
先未遇。耿長來來，談開店事。寫潤孫，有三信。

　　西堂來，留飯。校講義，《詩辨妄》，唱本。士嘉來。孫海波
來。校胡綏之《經典釋文》一文。點《遼史源流考》。李延增來。

到煨蓮家吃飯。開會，予爲主席，十時半歸。

今晚同席：季明　克剛　希白　德坤　叔信　篠珊　書春
八爱　予（以上客）　　煨蓮夫婦（主）

下午大雨，東門外溝水自西直門衝來，不克受，溢于岸，遂
成巨流，勢極洶涌。予到煨蓮家，車涉水而過，殊險。車資五毛。

六月廿九號星期四

終日續寫札記《九州之説是怎樣來的？》三千餘言，畢。

與履安，紹虞夫人同到朗潤園，達園看屋，又至蔡一諤家，晤
其夫人。予又至校，晤一諤。

下年學校豫算虧九萬元，各處緊縮，予等蔣家胡同房屋遂退
租，囑遷至達園。達園房屋寬大，作予書室固極好，惟下房厨房
不便，又買菜過遠，喚車不易，游人嘈雜，故履安極反對。今日
與一諤商，能否仍住成府，彼囑我于八月中旬回校，俾有商量。

六月三十號星期五

校《詩辨妄》，講義，《漢書·地理志》索引，唱本。文楷齋
來。校《唐石經》。

作一年來工作報告，約一千字。鄧嗣禹來。祝廉先來。葛啓揚
來。趙惠人來。校《唐石經》，訖。

到蔡一諤家夜飯。九時半，與子通同歸，談至十時餘別。

今晚同席：黃子通　張束蓀　呂健秋　陸志韋　鄭振鐸　容
希白　洪煨蓮　予（以上客）　　蔡一諤（主）

子通來勸履安，當時履安亦首肯，但人去就反悔了。

一九三三年七月

七月一號星期六

校《詩辨妄》稿。德坤，頤年，志順來，寫田洪都信。呂健秋先生來。寫鄧文如信。

李安宅夫婦來。郭竿女士來。子通來。振鐸來。張亮丞來。孫子書來。與子通振鐸同到文藻家晚餐。

寫《詩辨妄》卷頭語。

今晚同席：黃子通　陸志韋　周學章　容希白　鄭振鐸　張東蓀　洪煨蓮　予（以上客）　吳文藻（主）

七月二號星期日

編《尚書講義》目錄。編《詩辨妄》訖。

以中來。校改《漢書·地理志》索引。容女士來理信札。士嘉來。

馮家昇來。以中偕江清來。高貽扮來。寫《尚書講義》書簽書端。

七月三號星期一

校改《地理志》索引。張西堂來。德坤來。張子玉來。理講義。校《四部正譌》。寫立廠信。張文理來。

校讖緯目片。校講義。寫文玉信，謝贈物。容女士來。鄾女士來。蔡一諤夫人來。安錫九來。劉廷佐夫婦來。

肖甫來。趙泉澄來。理講義。

文理來，謂此次過南京，再訪健常，健常亦訪之於旅舍，談極浹洽，并謂彼有意到北平一行。只消文理在經費上有辦法，彼來固不成問題也。

七月四號星期二

校講義及《詩辨妄》。理書。趙惠人來。寫德坤信。

叔信，西山來。容女士來理信札。校《漢書·地理志》索引。振鐸來。芸圻來。

宴客，談至十一時散。

今晚同席：煨蓮　季明　希白　文理　德坤　叔信（以上客）　予（主）　席上談編教科書事及辦書店事。

七月五號星期三

乘八時汽車進城，到北京印書局。到玄同先生處談。到向奎處，并晤李君。到伯棠，剛主處，談二小時許，留飯。

到西堂處，到地山處。到北平圖書館，未遇一人。到大辭典編纂處，訪王有三，孫子書。到剛主處，屋已易主。到和記印書局。到何殷英處。到吳三立處。到王姨母處。乘清華七時車歸。

編《州與嶽之演變》一文稿。

近日兩眼奇癢，今日晚飯後尤甚，至於不能張目。塗藥水，稍好。未知何疾。

七月六號星期四

編唱本。德坤來。終日編纂《州與嶽的演變》一文畢。約二萬五千言。耿長來來。

李退庵來。耿長來又來。寫立廠，剛主信。容女士整理信札畢。劉盼遂，羅雨亭來。德坤來。

士嘉，篠珊來。留士嘉宿。

九州，十二州，四嶽，五嶽諸問題，蓄於心者十餘年矣。三年來常發表于講義，今日乃以《史學年報》之索稿，以一日之力整理成篇，爲之一快。然只能算一開頭，離成功固甚遠也。

七月七號星期五

鄧嗣禹來，將昨所編成之文審核畢，即付之。馬紹强來。蔡一諤來。寫聶崇岐，王泊生，齊璧亭，王雲五，郝昺蘅信。付印刷所，競進款。校《詩辨妄》。

劉廷佐夫婦，郭太太，容女士來送行。雇汽車赴東站，士嘉伴往。與耿長來同到打磨廠看小書店房屋。五時一刻車開，王晋齋夫人同女同行。

　　到車站相送者：耿長來　侃嬿夫婦　孫子書　大玫表妹　謝剛主　牟潤孫　吳辛旨

七月八號星期六

早至德州，晤谷杏春。在車看李四光《中國治亂的周期》，陳翰笙《人類的歷史》，陶希聖《中國封建社會史》（未畢）。

天熱甚，中午及晚均未進餐。履安亦然。到濟南後人漸清，至徐州後人又多，此可見魯人在江南無勢力也。

七月九號星期日

八時許到浦口，渡江上滬寧車。在車看上海小報及《申報》。

三時許抵蘇州，雇車歸。見叔父母。寫父大人，自明珍，肖甫，世五信。到北局飲荷蘭水，剃頭，買藥。打起潛叔電話。

與叔父母談。九時眠，甚酣。

天熱甚，直似在蒸籠中，蓋有百度。到蘇時直將渴死。暑天南行，真苦事也。

七月十號星期一

理物，記日記及賬。起潛叔來。寫喻瀣澗，聖陶，伯祥，魯弟，玄同先生信。

略點《後漢書·郡國志》。

今日掃除住屋，雇傭女僕。仍到叔父處吃飯。

七月十一號星期二

包一輛車，到電氣廠陸君處，吳縣前張宅，到毛宅拜姨母靈座，到起潛叔處，并晤叔庵叔祖，到賓四處，歸吃飯。

飯後到北街吳岳母處，閶門陳梯雲家，到大康莊，到又曾家。到觀前購物，歸。

汪姨母及安之弟來，商訟事。

七月十二號星期三

又曾來，長談。起潛叔來。蔣司務來。

二時，雇人力車到車站，三時開車，在車看報。

十一時抵杭州，住城站旅館。

七月十三號星期四

六時許到父大人寓所，與繼母談話。看父大人新購書。萬太太來。朱惠涼來。

萬文淵，敬文，定域，簡香來。

簡香夫婦及和春來。

父大人下午發熱，未進夜飯。

七月十四號星期五

寫履安，容女士，程柏廬，容元胎，陳受頤，振鐸信。樊漱圃來。寫日記，記賬。爲敬文寫扇。

到敬文處。到定域處，并晤館長陳訓慈。到郵局寄信。到萬文淵處，到簡香處。

夜飯後到簡香處聽無綫電播音。

父大人今日愈，仍到衙。

七月十五號星期六

陳士奎來。看父大人書畫書籍。過祖母忌辰。和春來。

吃西瓜後出，到葵巷剃頭。到子匡處。到清和坊購書紙等。到文淵處打電話。

夜飯後洗浴。萬文淵來。

下午歸家，見父大人病又作，吐三次，作冷，發熱，知爲瘧。因即到萬律師處打電話與黃自雄醫師。

七月十六號星期日

朝陽來，簡香來，徐仰之來。寫愈之，香林，士升侃燧，自明自珍，世五肖甫，鄧文如，黃子通，履安，王顯詔，林培盧信。

黃自雄來診治。子匡來，同出，到旗營照相，坐船到樓外樓吃夜飯，遇胡健中。十時出，乘舟還旗營，歸。

七月十七號星期一

樊漱圃來。陳士奎來。寫履安，孟真，晉華，何殿英，德坤，緝熙，王有三，熊正剛信。

教和官讀《左傳》。夏樸山來，同到清華旅館訪朝陽，同出，到天香樓吃飯。九點許，歸。

父大人今日熱勢尚緩。

七月十八號星期二

看《唐文粹》。儲皖峰來。文藝書店屠繼叙來。寫田洪都，徐旭生，又曾，君疇，南揚，容女士，煨蓮，希白，地山，起潛叔，肖甫，自明珍，聖陶，馮世五信。作胡鉾子挽聯。

簡香來。洗浴。教和官讀書。

童藻孫（第德）來。到簡香處。

父大人今夜進飯。

七月十九號星期三

徐仰之來，朱菊人來。爲子匡，樸山寫條幅各一。寫徐文珊，張壽林，殷康伯信。

教和官書。爲壽林看《伊尹篇》，爲文珊改《馬氏族譜》序，爲肖甫看《封氏聞見記》附録。樊漱圃來，同到鹽警所訪簡香，又到運署。到城站剃頭，到經香樓看書。

七月二十號星期四

萬文淵母子來。爲父大人看稽核所試卷五十餘人，百五十餘本。點《郡國志》二卷。

教和官書。朱惠渌送書來。

簡香來。夜飯後，到經訓堂，爲朱菊人等寫條幅及扇十餘件，到車站接履安，已過時，即歸，十二時許眠。

七月廿一號星期五

萬文淵夫婦來，訪履安。爲父大人定試卷甲乙。陳士奎，朱惠渌來。婁子匡來。

點《郡國志》一卷許。教和官書。與履安到萬文淵，邵展成，吳簡香家，至晚歸。

簡香來談。翻閱朱惠涼送來書。

七月廿二號星期六

晨起將《郡國志》一册點畢。翻閱惠涼送來書。伴履安到清河坊購物，游胡慶餘堂，履安持物歸。予獨至周氏善本書室，到湖濱取照片。歸途遇萬里。

與履安同到萬里處，晤其夫人子女。出，到湖濱公園散步，履安先歸，予訪童藻孫及婁子匡，俱未晤，歸。

洗浴。鈎《後漢書》縣名。

晨夢見健常與一瘦男子上坐，予坐其左，健常之兄坐其右，同案而食。

七月廿三號星期日

五時起，萬氏夫婦及其女正純來，同出，到旗下買食物，雇舟，游三潭印月，汪莊，漪園（求籤），净慈（遇雨），劉莊，到杏花村吃飯。到孤山品茗休息。游平湖秋月，西泠印社（照相），紀念塔，到旗營，在湖濱公園散步，到西園吃飯。到書鋪購書。冒大雨歸，衣履盡濕，已近十時矣。

今日之游，除照相外皆係萬先生所請，厚意可感也。

七月廿四號星期一

董允輝來，爲定一《十三經注疏引書考》例。樊漱圃來。爲父大人鈔昆山田賬兩紙。

萬里來。夏樸山來。洗浴。到城站，到文藝書店及復初齋，略購書。

夜飯後，與履安同到簡香處聽留聲片。

七月廿五號星期二

作《粤風的前身》一文二千餘言。金元達來。周來善來。

小眠。將所購書遷入住屋。

與母，妻，和官，簡香夫婦，和春同看電影于城站杭州影戲院，九時歸。

　　所看電影爲艾霞之《現代一女性》，其自編而自導演者，寫都市女子之奢侈頗善。

七月廿六號星期三

　　將《粤風的前身》寫完，計三千餘字，覆勘一過。將《後漢書》縣名用紅筆勾出，盡一册。寫子匡信，樸山信。金啓疇來。徐仰之來。

　　爲周學普寫屏條四幅。記日記及賬。小眠。朱惠淶來兩次。同到簡香處。

　　洗浴。到萬先生處。

　　子匡獨力辦《民俗月刊》，甚可佩。予久欲作文而未得，今乃得此篇。

七月廿七號星期四

　　寫自明珍，世五，紹虞信。徐仰之來。劉朝陽來。萬先生夫婦來。向父大人拜壽。

　　到運署訪萬先生。到元達處看其書籍書畫。歸，爲樊先生寫袁守和，王雪艇信。

　　寫士嘉信。寫萬里信。到旗營聚豐園吃壽宴。飯畢，父大人先歸，餘人到第六公園挹翠軒品茗納涼，看小孩玩。十時半歸。萬先生送物來。就眠已十二時矣。

　　今晚同席：萬老太太　　萬文淵夫婦　　萬正純小姐　　吳簡香夫

婦　汪和春小姐（以上客）　父　母　予夫婦　和官（主）

七月廿八號星期五

寫起潛叔，聖陶，耿貽齋信。簡香夫婦來。萬夫人來。到車站送履安，并晤朝陽。寫德坤信。寫叔信信。

作文淵《時論集》序，未畢。到運署訪樊先生，與之同到文龍巷吳校長家，至則已行。獨到花市路石渠閣看書。與陳士奎同到寶記照相館買照片。又到保佑坊買鞋及和官，和春玩物。

洗浴。金元達來。簡香來。到簡香處談。

七月廿九號星期六

爲匯古齋陳駤竹寫扇面及聯。理所購書，以箱所不能容者付郵寄。陳士奎來送茶葉。

續作萬先生集序，仍未畢。文淵來。理物。

七月三十號星期日

到文淵家，簡香家道別。九時半，與父母和官到車站，十時，開車。在車看李璜《古中國之跳舞及神秘故事》。

二時到滬，叔信江啓泰到站談半小時許。五時到蘇，雇車歸。到叔父處。

與姑母，魯弟談話。

今日送行者：文淵　簡香　金元達　和春

七月卅一號星期一

在女廳方廳挂屏聯等。又曾來助。聖陶來談。

整理緝熙存物。

姑母，魯弟來談。

緝熙由北大至武漢大學時，將其傢具什物悉數運回蘇州，以其家無處存放，寄存我家。又以女廳翻造，遷至後進。四年以來，窗戶緊閉，室中悶濕，又以洋松木箱易爛，遂生白蟻，蛀得不像樣子。今日喚匠人遷出，爲之整理殘書，有的竟隨風而散，忙了整半天，真可惜也。

一九三三年八月

八月一號星期二

與父大人，和官，根榮弟同到觀前觀正興吃點，到方丈，祭廉軍公于長庚堂。

飯後送客，與企鞏，枕亞等談話。至五時許送佛而歸。

姑母，魯弟來談。

今日爲先祖廉軍公九十陰壽，在方丈設祭一日，到客六十餘人，坐八桌。

八月二號星期三

與父大人同到公園東齋進茶點，魯弟及冬官亦來。歸，姚仲虎夫人，王佩書夫人來，與父大人及姑母同碰老和，留午飯。理碑帖。又曾來，留飯。

魯弟來談，仲虎夫人來談。將甖器等遷出櫃子，移櫃架到新屋。匠人截緝熙器物之蛀壞者。

嬸母，姑母來。

今日在東齋所見之師友：蔡雲笙　吳癯庵　陳午欽　黃俊保　顏亞偉　王剛森

八月三號星期四

　　與父母同到拙政園進茶點，晤舜欽夫婦等。與父，母，又曾，佩書夫人等同游獅子林。到王宅，與受祉，寶鋆等談話。十一時，歸。父母姑母在王宅打牌。

　　擦書桌書架等。佩書，勤廬，陳子彝來，同到玄妙觀，閱肆，又到百擁樓，國學小書攤，來青閣。

　　到公園三民商店吃夜飯，勤廬所請。十一時歸。

　　雇厨役吳某，以佐履安。近日胃呆，恐係濕阻。愛食梅皮。

八月四號星期五

　　覺民書社陳君來。佩諍夫婦來。嚴伯明來。曬書，理甓器，移入新屋。

　　朱姨丈，姨母，杏妹等來。到佩諍處，同出，到護龍街藝芸齋等處買書，遇周克家。乘車歸。修電燈，修門鎖。

　　洗浴。看所購書。

　　姑母，魯弟，冬佺，今日下午乘三時車赴滬。

八月五號星期六

　　與父大人及和官同到平江路永興館吃點。歸，理甓器。君疇來。竹庵叔祖，起潛叔來。看《秀野草堂合編》。

　　理書畫入櫃。又曾來。酉生來。出，訪佩諍及欣伯皆不遇。到觀前剃頭，買物，吃冰淇淋。洗浴。

　　與朱姨丈談話。

八月六號星期日

　　與父大人同到吳苑對面吃點。買鎖鑰。記日記及賬。陶蓉初來。王佩書來。與父大人到過駕橋開族務談話會，予司記錄。議畢，即在莊中吃飯。飯後與父大人同歸。

又曾來。張伯母來。與朱姨丈，雪蘭，學漣，根榮，和官同游北寺塔。

與履安同到佩諍處吃飯，十時歸。

今午同會：竹庵叔祖　揚廷叔祖　淵若叔祖　父大人　起潛叔　廷蟾叔　仲魯　啓涵　有斐　予

今晚同席：起潛叔　予夫婦　陳子彝　沈勤廬（以上客）佩諍夫婦及二女（主）

今日拂曉，夢見健常在杭州丁慕三家，蓋亂中被人掠賣。予往見之，欲道"你雖和我絕交，但我心是不變的"，僅吐一"你"字，已泣不成聲。彼意良不忍，正欲訴別情，忽然醒矣。

八月七號星期一

與父大人同到永興館吃點。佩諍邀往大華書店看書。監木匠工作。到嚴衙前吃飯。

飯後大雨，霽，與起潛叔同到子清處談，看子清作畫，吃點後出。訪健卿，未遇，歸。

與朱姨丈談。

今午同席：潘由笙　吳癯庵　汪詩卿　吳志道　潘景鄭　父大人　予（以上客）　竹庵叔祖　起潛叔（主）

八月八號星期二

朱姨丈挈子女返角直。與父大人同到觀正興吃點。到覺民書社。歸，看覺民書社書目。理物。理新屋古物，畢。

佩諍邀至來青閣及文學山房，選書多種。歸，家中夜飯已吃過。予以近日肚中不舒服，未吃飯。

看《十年一夢》。

八月九號星期三

與父大人同到丹鳳吃點，到觀東買物。又曾來。安之來。欣伯來。寫樊漱圃，簡香信。

送父，母，和官到站，三時上車，予歸，吳世昌君來，同出，步行到起潛叔處。出，到東吳大學，到趙紫宸處，并晤其夫人。到公園，遇姨母，安之等。起潛叔來，同散步。與世昌到蘇州中學，晤毛汶。

到老全城吃酒及夜飯，起潛叔請。又步公園一周，飲冰淇淋，別歸。世昌宿我家。

八月十號星期四

與世昌到拙政園，吃茶及點心。出，到獅子林，穿假山，吃汽水。出，到北寺塔。予別世昌，獨到皮市街潘宅吃飯。

三時許歸。到佩諍處，同到覺民書社及其家，又至文學山房選書。出，到自然農場，赴健卿約，十時半歸。

今午同席：陸棣威　盛霞飛　吳癯庵　錢賓四　起潛叔　予（以上客）　潘由笙（主）

今晚同席：孫其敏　曹養吾　予（以上客）　潘健卿（主）

八月十一號星期五

與世昌同到玄妙觀，到松鶴樓吃點，又到吳苑參觀。出，到惠蔭園吃茶。歸，監銅匠修理鎖匣。留世昌飯，送別。

安之來。又曾來。大雨後，到北顯子巷訪陳振鵬表妹夫，謁九姨母。

洗浴，理物。

八月十二號星期六

　　五時起，整理物件。六時半，與履安乘車到閶門下塘戴生昌碼頭，上輪船。八時半，船開。十一時半，到甪直，與岳母，品逸，視之談。

　　飯後與視之同到伯堅處，并見其夫人，綏淑，綏真等。到康伯處，因他到真儀未遇。到區公所，晤克維。到古物館，看羅漢像，陸龜蒙祠。回區公所，晤金家鳳。到朱姨丈處，并見紉蘭妹及姨太太。

　　歸，洗浴。夜飯後與品逸等談。綏來來。

　　羅漢像配置尚好，惟以窗户少，室中潮濕甚重，恐轉足悶壞耳。

八月十三號星期日

　　伯堅來，看六十徵壽詩，爲複寫予所作壽詩。寫草橋中學同學會信。與視之，履安同到良才處，并晤嚴大椿。

　　小眠。沐浴。理信札，至夜。戴仲吕來。

　　飯後與品逸，視之談話。九時即眠。

　　今日下午一時眠，三時許才起。予一月來過於疲勞，今始得一休息。

八月十四號星期一

　　寫佩静，懋恒信。朱姨丈來。趙公紱來。與視之同到季達處。到朱姨丈家吃飯。

　　與視之同到沈伯安處談。歸，記日記九天。

　　與視之品逸談話。八時許即眠。

　　今午同席：視之　雲林　戴伯良　予(以上客)　朱蘊石姨丈(主)
　　午飯後忽腹痛，大便。

八月十五號星期二

伯堅來談，出示文衡山所書手卷，爲作題跋三百餘言。雲林來。綏淑來。到伯堅處吃飯。

吃西瓜後歸。康伯來談。洗浴。與雲林，視之同到金里千處吃飯，逢大雨。見里千夫人，予之内侄女也。九時許歸。

今午同席：予夫婦　視之　雲林　戴仲呂　戴叔聞（以上客）伯堅夫婦　綏淑　綏貞（主）　今日之菜，爲伯堅選角直最佳之味。

今夜同席：朱姨丈　良才　視之　克維　雲林　予（以上客）　里千　冠三　里千子（以上主）

在報端見董康領銜上教育部書論《四庫全書》事列有予名，事前未商同意。

八月十六號星期三

醒甚早，待久天始明。五時起，視之來。別外姑等出。視之邀至久華樓吃點，上蘇州船。良才來送行。七時半開，十一時到。乘車歸。看各處來信。龍弟來。在船看施注蘇詩。

洗浴。寫馮世五，植新，履安，晋華，南揚，家昇，洪都信。與根弟到胡想思橋寄信。

寫耿貽齋，容元胎信。到叔父處談話。與九嬸母談話。九時即眠。

八月十七號星期四

上午四時即起，寫徐仰之，自明珍信。六時，到觀前觀振興吃點，到各家買紙筆等物。終日整理《東壁親友事文彙輯》，改作案語，編排目録。

龍弟來，告以應注意各事。到嬸母處看報問疾。

與叔父談。看申報館書。

《東壁遺書》之債十年未清。昨囑門房，如有客來，告以未歸，俾得專心作此。

八月十八號星期五

終日整理《東壁親友事文彙輯》，重行改粘處極多。

略看申報館所印書。龍弟來。到嬭母處看報問疾，知已愈。

八月十九號星期六

到丹鳳吃麵，在觀前購筆及紅墨水等。歸，將《東壁親友事文彙輯》成氏一部重寫目錄，標字碼號數，訖。

將古書真偽及其讀法數條鈔入《評論》，約寫五千字。

飲酒。與九嬭母談話。八時許眠。

八月二十號星期日

上午二時起，鈔《要籍解題及其讀法》入《評論》，約寫三千字。將《評論續輯》編好。許自琛來。陶蓉初來。吳岳母送物來。

爲安之弟寫扇。將肖甫所作《東壁遺書校勘記》粗看一遍。理書。又曾來，與同到觀前購藤籃。歸，理物。

飲酒半斤。八時許眠。

《東壁遺書》，除序外均完成矣。明日到滬，即便交卷。

八月廿一號星期一

上午二時起，校《州與嶽的演變》。六時，出門，乘七時一刻車，十一點二十分抵滬。在車看《古中國之跳舞及神秘故事》。住孟淵旅社。寫履安信。到徽館吃蝴蝶麵當飯。

到亞東，到商務，晤朱慰元及李伯嘉。到開明書店，到開明編譯所晤聖陶，伯祥。到銀行公會晤誠安。又到亞東晤胡鑑初。還旅館，寫佩靜，起潛叔信。

　　誠安來談。聖陶伯祥來，同到四馬路高長興吃酒，予飲半斤。失眠，服藥。

八月廿二號星期二

　　五時起，記日記及賬。寫侃㦂信。到商務，晤雲五，緯平，慰元。到開明，打電話與聖陶。歸旅社，愈之來，文理來。

　　愈之邀至雪園吃飯。到棋盤街爲侃㦂買書。還旅社，寫李聖五信。魯弟來，同至秋白處，見姑母等。

　　到魯弟處，吃夜飯，并晤嚴子明，張姑丈，柔表妹，表妹丈姚君，順表妹等。九時半歸。文理來。

　　　昨日以初到滬，睡眠不佳。今日還旅社，已睡着矣。十一時半文理來，又失眠，服藥。

八月廿三號星期三

　　六時起，坐車到曹家渡，訪濟之，適已到寧，晤驥塵，亞農，思永，家瑞，綸徽等。出，驥塵伴游兆豐公園。坐車歸，寫潘健卿，莊恭天信。到大馬路新雅赴宴。

　　飯後到王綏珊處，接洽借《封氏聞見記》事。出，到秋白處，與姑丈同到金神父路廣慈醫院視午姑母疾，并晤沈心怡夫婦。六時許出，到秋白處吃夜飯。

　　九時許歸，麟經堂朱君來。魯弟來。理物。十二時，余昌之胡鑑初來，商《東壁遺書》事。

　　　今午同席：王撫五　楊端六　高夢旦　君珊　張菊生　劉聰强　潘光迪　李伯嘉　予（以上客）　王雲五　李拔可　夏筱芳（以上主）

　　　今晚已睡着矣，余胡兩先生來，又把我叫醒。他們去後，當然又失眠了。來滬三夜，無夜不服藥，苦甚。

八月廿四號星期四

五時半起，算賬出棧。乘七時快車還蘇。十時抵家。雇船掃墓。洗浴。

到濂溪坊 109 號錢家楨律師宅選購余文煐女士家藏書，佩靜邀也。與佩靜同到瓣蓮巷王宅，看其所藏書籍字畫。六時歸。

到叔父處。陶謀基來。與九孀母談話。九時眠。

瓣蓮巷王氏主人名景盤，其子名家鵬，蠹墅人。

數日未得佳眠，疲極。今夜九時就寢，得眠甚酣。

八月廿五號星期五

五時半起。又曾來。到平江路購信紙。上船，掃山東浜墓。龍弟，誦虞弟同行。十一時到，十二時上船。

在船看《汕頭歌謠集》。三時到車站訪問，四時返家，見履安已歸。即到嚴衙前，拜竹庵先叔祖母十周年。問竹庵叔祖疾，與起潛叔談。

到北倉橋九一八飯店吃飯。九時許歸。

歸來不及兩月，寫了三百張信箋了。

今晚同席：賓四　徐□□　予(以上客)　陳旭輪　孫其敏(主)

八月廿六號星期六

寫蔣慰堂父壽詩付寄。遇盛霞飛先生。到大乘庵拜蔣太太三周年。佩靜來。青崙來。

景春伯母來。記筆記二則。將緝熙物件整理。又曾來。揚廷叔祖來。

理物。

八月廿七號星期日

到叔父處借錢未得。草豫算賬。寫伯堅，康伯信。覺民書社人來。

到賓四處借錢。到中央飯店訪以中。到吳岳母處。歸，理物。理物。

八月廿八號星期一

八時上船，在船寫封條百餘紙，及光明，立厂，恭天，阮真，貽齋信。十一時到石湖，上祖母，母，妹墳。又步行至陳灣，上先妻墳。大雨後路甚不易走。到薛阿根宅小憩，并看墳地。

四時歸家，大雨。又曾來。理物。到叔父處。青崙來。

到新屋及新書房貼封條。誦虞弟助。

上方山上正建廟，九環洞橋亦在修理，治平寺，海潮寺皆新修，將來之石湖必擅勝景也。

八月廿九號星期二

寫起潛叔，父大人，受頤信。起潛叔來。孟鞀來。蔣二小姐來。理物。辭家人，到佩靜處，偕其女及夫人等赴車站，待履安又曾來。十二時車開。

在車與孟鞀談話，到常州分手。五時許渡江，上津浦車。

夜得眠，惟不餓。

今日熱甚，口渴不可言，飲茶亦不止渴，開汽水一瓶較好。

履安與王令嫻女士乘二等車，予與又曾乘三等車。

八月三十號星期三

到二等車訪履安。施壽慶來訪。忽畏冷，思吐，服阿司匹靈二次頗出汗，然熱終不盡。自兗州後，乘客增多，亦不能眠。坐了發熱，頗苦。夜中骨節酸痛，尤苦。

八月卅一號星期四

七時到津，十一時到平。身體本疲，爲取行李等不得不跑。到十二時，行李仍不來。與王穎婉，令嫻，蔣女士同車到西城。

歸家，看來信及購書。打了幾個電話，即眠。熱度甚高。請肖甫診治，服藥兩次。紹虞夫婦來。野鶴來。

半夜大便一次，較鬆動。

骨頭痛，肚子痕。借此休息一下也好。

此行以七月七日離平，八月卅一日歸，幾將兩月，正值盛暑，致歸後病了一場，殊不值得。

一九三三年九月

九月一號星期五

終日臥床，看《孽海花續編》畢。士嘉來，爲寫受頤信。黎靜修來。

李延增，李子魁來。馮家昇來。

林超來，留宿。履安大鬧，自投於地，與予分床臥。

今日上午尚有熱，服藥兩次。下午熱盡。無所苦，惟疲倦耳。

九月二號星期六

與林超談話。理箱中取出書籍。希白來。將樸社中文件交又曾。耿貽齋來。

碧澂來。到振鐸處。到文藻處，并晤張鴻鈞，瞿菊農。到季明處，未晤。到文如處。到講堂，晤王育伊，無人來補考。到圖書館，未晤田洪都。到達園，相度房屋，晤靜修。到孟劬先生處。到紹虞處。歸。

　　整理書桌物件。規劃達園房屋修改辦法。寫周學章片。

　　今日起，身頗軟。然下午出外，皆徒步，亦不覺得累也。飯，上午吃一碗，下午較多。

九月三號星期日

　　記日記三天。叔信，書春來，與他們及又曾同到引得校印所參觀。

　　與肖甫到紹虞處吃飯。飯畢，到學章處，晤之。到一謁，君珊處，未晤。到野鶴處，晤之。

　　予左股上部自上車日起一塊，初以為屈筋耳，今尚不消，且微痛，詢之肖甫，謂係橫痃，頗劇，當內外兼治。不意又多此一病！

　　今午同席：芝生夫婦　淮西　又曾　世五　肖甫　野鶴夫婦　予夫婦（以上客）　　紹虞夫婦（主）

九月四號星期一

　　寫芸圻信，催稿。與履安，世五同到達園，與金君商修改房屋事。到圖書館，晤洪都。

　　與又曾同進城，到北大二院，到書社，囑聯潤伴又曾游公園，予到北大考試。樹民，向奎來談。三時試，五時半出。在試場校改《州與嶽演變》一文。到書社，晤士嘉。與又曾到市場買藥。乘七時半車歸。

　　休息。

　　進城一次，腿部大痛，且左股之塊，肖甫謂是橫痃，此症甚劇，必當清理，明日只得臥床矣。

　　自一日之夕與履安口角後，三日不說話，今夜看履安不能成眠，起看書，又看月，心有不忍，挽其同臥，乃又言。

九月五號星期二

樂植新來。臥床看《孽海花》一，二編。盼遂，許維遹來。

與履安等同到外院劉宅，談遷居事。

今日起由肖甫開方，內外兼治。子龍丸是專治橫痃的，服了連連泄瀉。

今日仲良邀宴（爲芝生餞行），明日立厂邀宴，予皆未能去。

聞向奎言，張福慶君于今年上半年死矣！聞之悲嘆。

九月六號星期三

耿貽齋來，爲寫援庵信。看《孽海花》一，二編畢。

書春來。鄧嗣禹來。紹虞來。

容女士來。

九月七號星期四

起看北大卷，未畢，以欲作嘔而止。寫洪都信，告檢賬單未得。看《墨餘書異》畢。希白來。

看《品花寶鑑》。洪都來。勁修來。

聶篠珊來。

連日泄瀉過多，精神疲憊。

金君送估價單來，計二松堂等處修理費須七百餘元，加上裝電燈等須千元左右。履安商之蔡一諤總務長，謂不如仍租蔣家胡同屋之善，因囑劉治平君前往房東處商量，由我名義以三十五元租下，劉君出六元，予出二十九元，而校中將此數還我。於是此擾擾攘攘之住屋問題，歷三閱月，算解決了。

九月八號星期五

書春來，爲開《學報》印費單。看《品花寶鑑》。

紹虞，野鶴來。

今日早上醒來，腰痛如斷。貼百效膏三枚，肖甫謂是體虛所致。

九月九號星期六

看《品花寶鑑》。侃嬠來，留飯，長談。

碧澂來。貽齋來。紹虞來。守和來。

明日《四庫全書》委員會開會，守和來邀，予亦未能去。

九月十號星期日

看《品花寶鑑》，至夜十時許看畢。

肖甫來道別。勁修來談。

腿部足部大愈，夜中遂未塗藥。臥床幾一星期矣，明日可起。

肖甫住我家已兩月，今日遷至三松堂。

《孽海花》，二十餘年未看了。《品花寶鑑》，聞名了二十餘年而未見。此次因病得一覽，亦一快事。

九月十一號星期一

今晨起身，校《州與嶽的演變》一文訖。理寄來書入新作書架。希白來。

理書訖。謝國彥來，爲寫致教務處信。點《淞滬戰》劇本付印。吳玉年來。李書春來。

士嘉來，留宿。與自明談訂婚事。記日記八天。

今日起身後頗有精神做事，飯量亦好，惟小便仍赤。

九月十二號星期二

看北大卷畢。理書桌及抽屜。侃嬂來。寫王佩靜信。到希白處吃飯。

偕張石公先生，孫鵬，希白到家，參觀書房。與又曾談話。到呂健秋先生處。到季明處，遇容女士，晤張銓。

容女士來。校唱本。

接父大人信，魯弟婦又産一女，從此他們有三男三女了。魯弟近患神經衰弱，當亦以不易支持之故。

九月十三號星期三

點《書集傳·禹貢篇》，備入講義，未畢。到煨蓮處。到哈燕社，晤博晨光，容女士。

子魁來。子馨來。野鶴來。到君珊處。大珩，建人來。杜校長與趙廣順來，留飯。

到振鐸處。

九月十四號星期四

寫王雪艇部長信，請津貼三户書社。寫愈之信。到校，到哈燕社，到接待室晤亢虎及楊徐二君，邀歸吃飯。一時許别去。

寫王佩靜信。子馨偕譚誨英女士來。到季明處，交唱本及信函。到校，上課一小時。與履安，自明，又曾，世五同到海淀看房（大坑沿十號），到競進書社，步歸。到趙惠人處。

容女士來。書春來。寫致抗日會委員信。

日來四出接洽，均爲編印唱本畫片事。此事如能弄成，且弄好，其功必不在禹下。

本年選我課者有女生四，李素英，酈平樟，吳維亞，楊毓鑫也。予課太枯燥，女生恐不勝任，奈何！

九月十五號星期五

寫振鐸信，季明信。欒植新來。記日記，理物。耿貽齋來。健秋來。十一時，乘人力車進城。

到燈市口同學會定宿舍。與孟昭德談。出，剃頭，到七姨母處送物，又到鍾雲父處送物。到唐立厂處，并遇之。到打磨廠金利書店，晤耿君。到煤市街吃飯。

到廣德樓看小香水，金鋼鑽《汾河灣》劇。十二時，冒雨歸。

　　久不涉足歌場，聞香水來，不得自禁，藉今日住城，不管是什么戲，決定看了。十餘年不見，當然老了許多。嗓音亦無從前響亮。向挂正牌，今乃列在第三，在金鋼鑽，芙蓉花之下；且由青衣而改老生，大約長與金鋼鑽配戲矣。從前幕一揭，四面彩聲齊發，現在冷清清了。想二十年前事，直如一夢，差幸今日尚得重作此夢耳。今夜十一時，雷電大雨，不忍即歸，及散戲，冒大雨出園，雇一車歸，貴至一元。

九月十六號星期六

到受頤處，爲立厂事。到仲良處，謝其兩次見招而不赴，寫半農信，爲唱本事，托轉交。到向奎處，未遇。到書社，道遇澤涵，庸莘。到北平圖書館，晤文玉，桂良，孝孟，子植，以中，覺明，昌群，向女士，子剛等。覺明留飯。

到侃懃夫婦處。到其驤處。到王有三，孫子書處，并晤玄同先生。到和記印刷局。到殿英處。到贊廷處。

趕七時車不及，雇一汽車歸，與姚君談。歸，赴校印所開會。

　　今晚同席：煨蓮　希白　八爰　洪都　一諤　篠珊　安宅　式玉　克剛　予（以上客）　書春（主）

九月十七號星期日

清華木廠送書架二個來，放木炕上。鎮日點《尚書注疏·禹貢篇》付印。與履安同到校印所參觀，并校稿。

打開郵包，整理書籍。與履安，又曾游燕農園，晤金啓疇。

與康媛筆談。

九月十八號星期一

寫唐立厂，北大史學系，李晋華信。上英文課《尼羅河流域》。點《尚書注疏·禹貢篇》付印。紹虞來，同參觀印刷所。

煨蓮來。讀英文。

予久有志讀英文，苦無導者，自修固可，尚受他種事件之壓迫而停止了。日前子馨來，介紹譚誨英女士來教，從今日起，讀房龍《人類的故事》，希望半年內可讀畢。此後再讀較深之歷史及社會學書，以及《聖經》。希望兩年後便能自由閱書。如果此次英文再讀不成，此生也就無望了！

九月十九號星期二

上英文課《埃及》。勁修來。豫備下午功課。耿貽齋來。寫洪都信。

容女士來，草致博晨光信，爲之修改二次，留飯。到校上課二小時（《禹貢》，札記）。到振鐸處，與佩弦同歸。書春來。校講義。

讀英文。

女部主任司徒月蘭爲容女士造謠，謂其因怒砸破茶壺，違犯舍規，迫令遷出，容女士氣憤甚，作書與博晨光，予亦爲抱不平，勸其勿屈服，因代修改，使辭氣較嚴厲。

九月二十號星期三

上英文課《美索帕坦》。容女士來，商改信。

乘一時半車到北大上課，至則人已散。晤蒙文通，及向奎，樹民等，自出一布告。到景山書社，寫受頤信。到趙叔玉女士處。到澤涵夫婦處。到援庵先生處，并晤尹石公，馬宏道等。到其驥處。

乘六時半車歸。希白，書春來，發《古史辨》第五册稿。

北大辦事真顢頇。予前日去信，囑將功課排在三至五時，而他們未出布告，學生二時上課，予乘一時半汽車出，到校已二時半，學生已不及待而散去矣。思之頗憤，即自出一布告，向學生道歉，并再致陳主任函督促之。

九月廿一號星期四

上英文課《巴比倫》。寫起潛叔信。校講義。

到校，上課一小時（《職方》，《漢書·地理志》）。到紹虞處，廉先處。

獨健來。家昇來。子魁來。留肖甫宿。

接起潛叔快信，知竹庵叔祖月餘未下大便，病勢危篤，中西醫束手，恐將不起，因爲安排經濟方面事。

今日履安與又曾，肖甫，世五同游香山，玉泉，及卧佛寺，碧雲寺，周家花園。

九月廿二號星期五

上英文課，讀國際音標。爲編講義，讀地理及地圖。光明來。修緶堂來。侃嬡來，留飯。

亮塵來。容女士來。看《地學雜志》，搜集講義材料。校《尚書講義》。通學齋來。

與履安，自明，野鶴，肖甫，世五同赴迎新大會，十時歸。

迎新大會游藝爲聶士芬之口技，杜武，姚念媛，鄧淑賢等之新劇《獵虎之夜》。

九月廿三號星期六

上英文課，讀《摩西》。容女士來。芸圻來。記日記八天。賓四來，導觀校印所，留飯。

鍾雲父來。書春來。校講義。勁修來。看賓四所作《再論〈老子〉成書時代》，并看予所作《老子》一文。芸圻偕戴維蕃來。肖甫來談。

九月廿四號星期日

耿貽齋來，爲寫古柏良，瞿菊農信。爲勁修改文。理書，校講義稿。宴客。

余讓之來。又校講義。寫父大人，贊廷叔祖，旭生先生信。北大注册組信。

容女士來。寫蔡一諤，翁獨健，容女士信，開支銀單三紙。

今午同席：野鶴夫婦　王穎婉　令嫻姊妹　紹虞夫婦　又曾世五（以上客）　予夫婦（主）

昨夜夢翻日記，其上有"與湖南人結婚"數大字，予遂恍惚憶爲健常已適予，欲于其下記其事。適履安至，即掩卷。噫，予何日始不爲情顛倒乎！

九月廿五號星期一

讀《腓尼基人》。草《春秋戰國史》第一章《亞洲的形勢》，未畢。

李素英女士來。

與履安，又曾到禮堂聽音樂會。在會場中與文藻談話。讀英文。

Tanpula，印度樂器，不知何時流入中國。故宮博物院邀鄭穎孫君整理樂器，得之，乃仿製數具，爲作數譜，今夜王君所彈者是也。

九月廿六號星期二

讀《印度歐羅巴民族》。豫備下午功課。

到校，上課二小時（《尚書注疏》）。草《民衆讀物編刊會章》。到煨蓮處，談唱本事，至十時半歸。

得季明信，悉王雪艇部長對唱本極表贊同，惟謂須改名，因擬名曰"民衆讀物編刊社"，并草章程，以便正式請款。

九月廿七號星期三

讀《伊近海》之上半。點邵二雲《爾雅釋地正義》十餘頁，付印。乘人力車進城，到金利書莊。到飯館吃飯。

到中海，訪徐旭生先生，談印唱本事，遇張鴻翔。到北大，上課二小時，遇季忱，到其寓中談話。

遇郭筝，高君珊兩女士，談。乘六時半車歸。到振鐸處，爲唱本事。

今日校中教職員抗日會開會，議決，付唱本印刷費三百元。又津貼民衆讀物編刊社五百元，作籌備費，惟須下星期開大會議決。

旭生先生對此事甚熱心，謂夙所願爲，當捐助數百元，甚喜得此同調也。

九月廿八號星期四

讀《伊近海》之下半。張子玉來。鈔《春秋大事表》之諸國，依姓分類。

到校，上課一小時（《春秋戰國史》第一編擬目）。到引得編纂處。容女士來。到振鐸處。看石兆原所作《新豐樓》劇。李延增來。肖甫來。張全恭來。

王育伊來。讀英文。

九月廿九號星期五

　　讀《希臘人》。草《亞洲的形勢》入講義，畢。吳志順來。希白來。張聯順來。耿貽齋來。侃嬔來，留飯。

　　讀《錐指集》（翁文灝）。文藻來，商民俗學會事。謝午生，李延增，石兆原來。

　　欒植新來。讀英文。

九月三十號星期六

　　讀《希臘的城》。草《現代的中國與古代的中國》六百餘言，未畢。張頤年來。容女士來。

　　吳子馨來。黎勁修來。趙仲玉女士來，談自明訂婚事。趙豐田來。趙惠人來。

　　與希白夫婦等到葉公超家吃飯，九時半歸。

　　　今晚同席：史禄國夫婦　希白夫婦　容女士　佩弦夫人　予（以上客）　葉公超夫婦（主）

一九三三年十月

十月一號星期日

　　偕又曾及自明自珍乘汽車到西直門，換電車到天橋，游天壇及陶然亭，訪石評梅墓。到煤市街泰豐樓吃飯。

　　送二女上電車，與又曾游東交民巷，到金利書莊，吳縣會館，琉璃廠，遇寅恪。到先農壇，到天橋市場看雜耍。

　　寫耿貽齋信。乘六時車歸。嚴星圍來。讀英文。

　　　今日進城，則廣德樓餘人猶是，而香水與金鋼鑽皆無戲矣。其以衰老不受人歡迎而行耶？予此後尚得觀香水之劇耶？思之鬱伊。

十月二號星期一

讀《希臘的自治政府》。寫賓四信。修綆堂，通學齋，松筠閣來收賬。草《現代的中國與古代的中國》二千言，畢。到校印所，發講義稿。

校《古史辨》第五冊，即親送至校印所。來熏閣人來。李書春來。容女士來。孫海波來。

理書桌。記日記八天。

今日《世界日報》載內政部發表當鋪統計，其健常所爲耶？內政部得一健常，統計成績遂大顯，人之重要如此。

十月三號星期二

豫備功課。讀《希臘人的生活》。李退厂來算賬。耿貽齋來。

豫備功課。到校，上課兩小時（冀州）。到鄧文如處，談一小時。石兆原來，送《戰遼西》劇。

容女士來，商《學報》事。讀英文。

十月四號星期三　（中秋）

理講義。讀《希臘戲院》。九時，乘人力車進城，到書社，交報告。到王泊生處，晤其夫人。到前門吃飯。到金利書莊。

訪旭生先生，談一小時許，即雇車出城。四時半，到適樓開抗日會，予報告辦唱本事。

宴客。與履安，又曾，自珍等同到校中踏月。

今晚同席：碧澂　盛建人　王大珩　錢惠長　又曾　世五肖甫（以上客）　予（主）

今日進城，知香水已在崇文門外東茶食胡同廣興戲園演劇，不與金鋼鑽偕。今日所演爲《轅門斬子》，予尚能再見之。

十月五號星期四

讀《波斯戰争》。豫備功課，畫亞洲圖。

到校，上課一小時（亞洲的形勢）。與延增往訪世昌，未遇。張克黎來。家昇與維華同來。

吳世昌來。讀英文。改樸社報告付印。

十月六號星期五

讀《雅典與斯巴達》，《亞歷山大》。捷生行丁君來取講義稿（《山海經》）。終日校改植新所鈔《禹貢注疏》，尚未畢。希白來。

校講義。野鶴來。與野鶴又曾同到圓明園，游東西洋樓。

讀英文。

去年搬進城内之書箱，今日乘運動選手上東車站之便，由世五乘其汽車，到七姨母處取書箱二十餘隻歸，計送進城者已一年餘矣。此一年中，因書不在手頭而感到之不便不知有多少。

十月七號星期六

讀《二十課綱要》及《羅馬與迦太基》，未畢。校植新所鈔《注疏》畢，即發去。寫馬季明信。

爲編講義，點常燕生所作《中國民族之構成與發展》。石兆原來。開會，商校印所事，宴社員。勁修來。

讀英文。

今晚同席：李安宅夫婦　容希白夫婦　叔信　篠珊　書春
洪都　克剛（以上客）　予（主）

十月八號星期日

温英文。寫鍾雲父信。吳志順來。容女士來。到煨蓮處。與煨蓮，叔信同到家，留飯，世昌來，同商刊物及文學基本叢書事。叔信飯畢即去，煨蓮，世昌談至天黑方去，并邀植新來計劃。

蔣澈來。金啓疇來。紹虞來。

校《古史辨》第五册稿。

十月九號星期一

讀《羅馬與迦太基》，仍未畢。寫旭生，讓之，季忱信。文楷齋人來。讀《中國民族之構成與發展》畢，爲列一表。

來熏閣人來。羅雨亭來。李一非來。謝國彥來。馮家昇來，爲寫心史先生信。吳世昌來。

寫王姨母，芸圻信。校講義稿，寫志辛信。記日記七天。發請客片（康訂婚）。

十月十號星期二

乘八時車進城，與又曾，碧澂，容女士，李素英，譚超英，譚誨英，吳世昌，紹虞夫婦等同游北平圖書館，看地圖經卷展覽會，以中招待解釋。十一時，與容女士到金利書莊。

出，予獨到東興樓赴宴，并到《文學季刊》筵中小談。與諸友到金利書莊參觀。與建功及旭生先生到吳縣會館及天橋看游藝。晤郭竽，高君珊女士。

乘六時三刻車歸，與崇岐談話。到振鐸處赴宴，十時半歸。

今午同席：（爲希白祝四十壽）容希白夫婦及容琬（以上客）　于思泊　商錫永　趙蟄雲　徐中舒　孫海波　劉子植　胡文玉　魏建功　唐立厂　予（以上主）

今晚同席：（振鐸結婚紀念）蔡一諤　劉廷芳　顧一樵　紹虞　吳文藻　佩弦　希白　李天爵　予　聞野鶴（以上客）　振鐸（主）　女客宴于內堂。

今日進城，覓廣興園戲目不得，不知香水尚在平否。此君老境，如此頹唐，可憐哉！

十月十一號星期三

讀《羅馬與迦太基》，畢。理講義。十一時，早飯畢，乘人力車進城。到同和居定菜。到旭生先生處。到書社。到北大上課二小時。晉華，星圃，讓之，季忱來談。到賓四處還錢，彼送我到車行，七時許歸。

讀英文。校《古史辨》。

接報喪條，知竹庵叔祖竟于八日去世矣，義莊之事更無主者，恐遂翻案，奈何！

十月十二號星期四

讀《羅馬之崛起》。到校印所送稿。豫備功課。寫起潛叔吊信。石兆原來。到校，上課一小時（近代與古代之中國）。高貽紛女士來。到哈燕社，晤劉育才，容女士。振鐸，野鶴，紹虞來。

讀英文。張克剛來。鄧嗣禹來。

十月十三號星期五

讀《羅馬帝國》，未畢。士嘉來。終日草《中國民族由來的推測》一章，畢。侃嬔來。與紹虞振鐸到引得校印所，到一樵家吃飯。

寫煨蓮信。葛啓揚來。李延增來。張全恭來。

讀英文。肖甫邀我全家到大禮堂看電影《角聲釾影》，十時半歸。

今午同席：聞一多　吳雨僧　振鐸　梁忠岱　朱佩弦夫婦
紹虞　予（以上客）　顧一樵夫婦（主）

十月十四號星期六

讀《羅馬帝國》畢。修改昨作畢，即發印。校《古史辨》二十面，植新坐待。

草上教育部長呈文一千餘言，爲請求津貼通俗讀物，畢，即付鈔。王以中來。校《山海經》講義。

與又曾話別。寫仲川，起潛叔信。

十月十五號星期日

乘八時車進城，到盼遂處，并晤其弟。到雨亭處。到西長安街剃頭。到和記，何殿英處。

到同和居宴客，爲自明訂婚，到西安旅館照相。乘人力車歸，理書。張維華來。

讀英文。

今日同席：趙梯昆（紫珊）及其妻，子　趙家大姊　贊廷叔祖及其妻，子，女　王姨母　張又曾　吳碧澂及弟子磐　王以中　侯芸圻　杜校長夫婦　郭大增（以上客）　趙仲玉　叔玉　廣順　予夫婦及二女（以上主）

又曾今日携行李住城內，明早上車，予以事忙，只得不送矣。

十月十六號星期一

讀《挲撒勒的約書五》。校講義。植新來。校《古史辨》二十面。吳志順來。

記日記七天。豫備明日功課。馮家昇來。

到文藻處晚餐。

今早得視之自昆山來電，悉殷岳母去世，未詳何疾。消息突至，履安痛哭，甚憐之。此電如早一日來，履安即可與又曾同回南矣，真不巧。

今晚同席：希白　振鐸　予（以上客）　　文藻夫婦（主）

十月十七號星期二

讀《羅馬的滅亡》。玉山并雇工移動書籍，予爲助之。

到校，上課二小時（冀，兗）。到謝景升處，付呈文底稿。整理書籍。張全恭來，借《毛詩疏》。

寫梅貽寶信。

此次向房東租屋，連同外院三間。因此，將内屋之報紙，雜志，及不常用之書物悉移入外院，予之書房可得一清理。

昨夜在冰心處始見魯迅《兩地書》，其中駡予之語皆彼之"疑心生暗鬼"，我不但無是事，且無是心，然而彼固言之鑿鑿者也。

十月十八號星期三

讀《教會的興起》。鎮日移動書籍，奔走整理。

熊正文來詢經濟史料。

校《山海經》講義。

今日黎勁修君自達園遷入西耳房。

外院三間，又塞滿矣。予竟有十間書房，大可自誇。此予三十年來之唯一成績也。

十月十九號星期四

讀《穆罕默德》。豫備下午功課。清華送書架來，又將《圖書集成》移動。

到校，上課一小時（中國民族由來的推測）。鄧嗣禹，翁獨健來，商《史學年報》事。寫田洪都信。

理書。植新來。

今日繪圖員吳志順君遷來西耳房作畫。

現在內院正房三間，置叢書，類書及經學書。東耳房二間，置文學，理學，民俗書。西耳房二間，置歷史，地理書。

十月二十號星期五

讀《查理皇帝》。徐旭生先生來，留飯。并邀希白作陪。

與旭生先生到校印所及希白處。譚其驤來，留飯及宿，討論地理編輯事。葛啓揚來。振鐸來。

囑其驤作下列數事：

（1）寒假中來校所繪地圖。

（2）標點《方輿紀要》之歷代州郡形勢。

（3）合作古代地理書目，予任《禹貢》，彼任《山海經》，《漢書‧地理志》，《水經》。

旭生先生今日來，捐洋三百元印唱本，敬佩之甚。

十月廿一號星期六

讀《北方人》。寫陶蓉初，父大人，周予同信。開《學報》支銀單。

廣智自城內送書箱來，又理書。楊蓋卿來。叔信來。

趙肖甫來。與履安同理書至十時許。

今日得慕愚來書，知內政部長黃紹雄以內蒙古要求自治，將往巡視，渠亦隨行，將于北平逗留數日，屆時可以晤面。讀之，幾疑在夢寐中。

履安以喪母，時時啼哭，既不能慰，亦不能抑，悵甚。

十月廿二號星期日

讀英文。叔信來，留飯。煨蓮及容女士亦來，商校印所事。

飯後與煨蓮，容女士同到紹虞處，談印刷所事。出，同到競進分社。歸，寫邱東平書。

草《黄河流域與中國文明》，未畢。夜十時半，得慕愚來電話。

今日得季明先生自京來書，謂譚女士即日北來。閱報，果悉將于今日到，喜甚。及夜十時許，慕愚果來電話，則已于九時三刻到平，住入中央飯店矣。約其于明日旁晚來，爲其事忙也。精神興奮，不能自禁，遂不成眠，起服藥。

十月廿三號星期一

寫賓四信，寫慕愚信。編排日本寫本《古文尚書》付刻。讀《封建制》。草改昨作講義畢，即付印。

豫備明日功課。點《爾雅釋地邵疏》。

與自珍到校門待慕愚，步行到家，君珊已先來，即同飯，談至十時就眠（服藥）。

不見慕愚已廿一月矣，今日見之，丰姿猶昔，精神躍然。彼云：“前數月曾患肺病，服母所開補藥方，大愈，今仍服魚肝油。”又悉內政部共來十六人，僅彼是女子，父母勸阻之，不聽，其勇可想。（君珊女士比之于“昭君出塞”。）慕愚今在內政部之編審委員會任科長。

十月廿四號星期二

五時起讀英文。慕愚亦早起，七時早飯後，即同到君珊處，經行校園，送上車。歸，誨英未來，仍讀英文。豫備下午功課。

到校，上課兩小時（《注疏》青，徐，揚）。理講義。啓揚來。兆原來。寫田洪都信。

爲慕愚草代內政部長演說詞，凡二千五百言。服藥而眠，已十二時矣。

慕愚因部內秘書是官僚，爲黄部長所作演說詞必不懇切，不

足以激發蒙人，因囑予爲代草。予乞勁修爲我先作一稿而修改
之。白晝無暇，只得夜中爲之。竭三小時之力，寫成一篇，自謂
可用，而精神又緊張矣。

慕愚起極早，恒以五時，睡則在夜九時頃。

十月廿五號星期三

讀《武士制》。理講義。九時半，乘人力車進城，到書社。即
到中央飯店訪慕愚，并晤賀揚靈，慕愚留飯。

飯後與慕愚揚靈同乘汽車出，與慕愚同到北平圖書館，借蒙古
圖，昌群爲導。車返，經沙灘，予往上北大課二小時。課畢，金張
二女士來談救濟義勇軍事。星圃來。到書社，一非來訪。在車行遇
馬太太，談。

肖甫來。寫慕愚信，送文件去。又失眠，服藥。

今日訪慕愚于旅舍，見其忙甚，文牘，庶務，一身綜之。予
以十一時往，時渠正以部長之召，將往接洽也。待之近一小時，
始返。欲邀其外出吃飯，而諸事坌集，勢不可能，只得由她留我
吃了。到北平圖書館，匆匆而出。臨別時，予囑其塞外風寒，一
路當心。此時中心鬱抑，淚已在睫，亟咽住之。噫，天地何賦予
以情，多至于此！

十月廿六號星期四

讀《教皇與皇帝的對抗》。到印刷所。豫備下午功課。子魁來。
趙斐雲來。吳維亞女士來問秦良玉故事。鄺平樟女士來問研究
題目。到校，上課一小時（黃河流域與中國文明），畢。往訪煨蓮，
潔瓊，克剛，皆未晤。訪文如，晤之。到李瑞德家開史學系教授會。

與煨蓮同訪潔瓊，并晤諸女士。校《山海經》十數頁。

今日同會議：王克私　煨蓮　伍英貞　予　鄧文如　李瑞德

（主席）

昨賀揚靈君詢予以北平研究蒙藏史之專家，予舉孟森，吳燕紹，鮑汴三人。

堂堂中華民國內政部，竟無蒙古地圖。慕愚知其重要，忙裏抽閑，在北平圖書館借得內蒙圖四幅，亦日本人所畫也。此與甲午之戰，我國無朝鮮地圖同一可嘆。

十月廿七號星期五（重九）

讀《十字軍》。點《尚書注疏》，并校之。書肆三家來。侃燮來，留飯。

飯後與侃燮，履安，自明，同到電燈房，由劉廷佐指導參觀，并登水塔。振鐸來，同赴會。春晗偕其族兄來。

校《古史辨》。植新來，托校大全。

今日同會議：雷潔瓊　曾繡香　曹敬盤　田洪都　馬文綽　洪煨蓮　予　鄭振鐸（主席）　　（商通俗讀物徵求社員事）

今日下午一時，慕愚乘平綏車赴張家口。當夜可到。此一行人凡分三組：軍事，政治，經濟。慕愚在政治組。

十月廿八號星期六

讀《中古的都市》。乘十時半車與履安同進城，君珊同車。到泊生處，并晤林松年。到文楷齋，爲刻《尚書》事。

到慈慧殿梁宅赴宴。畢，與紹虞同到適之先生處，見師母。乘四時半車歸，紹虞，希白，振鐸，子植，覺明，昌群，以中同車。歸，晤吳文祺。

草《徵求社員小啓》。到聞宅赴宴。與肖甫同歸談。留以中宿。失眠，服藥。

今午同席：楊金甫　振鐸　佩弦夫婦　紹虞　顧一樵夫婦　王

愛芬女士　聞一多　嚴既澄　朱光潛　予(以上客)　梁忠岱(主)

　　今晚同席：覺明　子植　以中　昌群　紹虞　希白　振鐸
肖甫　予（以上客）　在宥（主）

十月廿九號星期日

　　讀英文。與以中談話。希白，子植來。容女士來。與子植，紹
虞同乘十時半車進城。到子植處（拉車者張福）。到援庵先生處。
訪趙叔玉，未遇。到書社。

　　到新陸春赴宴。與紹虞乘二時半車歸，與自珍，劉太太同歸。
記日記十三天。春晗來，為寫屏聯等四件。又為家昇寫。

　　早眠。

　　今午同席：劉半農　徐祖正　楊興棟　楊金甫　朱佩弦　趙
斐雲　紹虞　予（以上客）　幼漁先生（主）

　　閱報，悉慕愚等將于今晨到綏遠。自此以後，乘汽車赴百靈
廟矣。祝彼勿暈車！

　　一星期來，精神緊張，久不得佳眠。今日夜飯後覺倦，未及
九時即就寢，居然睡着。

十月三十號星期一

　　讀《中古的都市》，仍未畢。寫張東蓀，立厂，子植信。張子
玉來。

　　草《洪水的傳説》入講義二千餘言。讓之來。豫備功課。

十月卅一號星期二

　　讀《中古的都市》，畢。陳昌期來。豫備功課。

　　到校，上課二小時（揚州）。

　　紹虞來，同到洪都家吃飯，并開圖書委員會，十時許歸。

今晚同席：謝迪克　博愛理　王美桂　煨蓮　紹虞　希白
予（以上客）　洪都（主）

健常等一行，于廿七日下午七時抵張家口停宿。廿八日正午
啓行，晚七時左右到大同。停留數小時，觀華嚴寺及九龍碑。晚
十二時繼續前進，廿九日晨九時達歸化，下榻綏遠飯店。

一九三三年十一月

十一月一號星期三

讀《中世紀自治政府》。儲皖峰夫婦自城來，同訪希白，歸，
留飯。飯後同訪紹虞，游朗潤園。

草《茫昧的夏民族》，補入講義。

讀英文《天方夜談》。

譚女士教予甚嚴，英文課分作以下數類：

（1）《人類的故事》——讀。

（2）《天方夜談》——看了用英語述其大意。

（3）《五十軼事》——讀與我聽。

十一月二號星期四

讀《自治政府》及《中世紀的世界》。豫備功課。

到圖書館，囑查書賬。到校，上課一小時（洪水的傳說）。與
譚女士同聽印度某君講演。

讀英文《天方夜談》。

得健常三十日由歸化來片，知蒙事與京平兩處所聞大有不
同，因謂凡事不宜以耳代目。

今日勁修歸，向予哭，蓋渠謁孟真，告以《御倭軍考》一文
將在《燕京學報》發表，爲孟真所痛斥，謂不應以中央研究院研

究工作向他處發表，囑其取還送院之故。勁修在院三年，作文不可發表，且時加斥責，使其不得不回四川教書。今彼回平數月，作此一文，雖材料係在院所集，而文章實離院後作，遂以此剝奪其研究之自由，可乎！且希白，援庵，均燕大人也，而院中乃屢爲刊行，又何自反其主張也。

十一月三號星期五

讀《中世紀的世界》，畢。勘改《禹貢注疏》文字句讀付印，盡一日之力，只有七頁而已。到季明家赴宴。

文藻來，問研究工作。

到適樓，開會商募捐事。

今午同席：林鵬俠女士　煨蓮　克剛　予（以上客）　季明（主）

十一月四號星期六

讀《中世紀的商業》。立厂來，長談，邀希白來，同飯。寫沈鵬飛信，魏建猷信。賓四來，留飯。

作殷岳母挽聯，自寫之。得健常長電，知百靈廟不住女賓，附近亦無人家可寄宿，只得不去，欲與季明同游新疆，藉補損失，囑接洽。趙惠人來，爲寫煨蓮信。與自珍到譚女士家。

到振鐸處赴宴。與紹虞希白到季明處，談至十時許歸。寫健常信。

今晚同席：以中　覺明　昌群　子臧　春晗　李長之　畢庶□　紹虞　希白　予（以上客）　振鐸（主）

誨英女士家爲共產黨所破，携老母弱弟來平，且代友人撫養一女，以求學時代勉負一家食用，至可敬佩。

十一月五號星期日

以中來，同進城。與紹虞同車進城，到市場買鞋，到來今雨軒宴客（《文學》月刊之會）。

飯後看溥心畬書畫展覽會。與紹虞同出，到成生公寓訪郝君，看《蘭皋遺墨》。到皖峰處。乘六時車歸。

校《四部正譌》，未畢。

今午同席：廷芳　平伯　建功　忠岱　振鐸　既澄　蜚雲　受頤　楊丙辰（以上客）　紹虞　予（主）

本日原約訪孟真，以勁修事，恐去了打架，故不去。

十一月六號星期一

讀《中世紀的商業》畢。校《古今僞書考》及《四部正譌》，畢。援庵先生來，設宴。

編《茫昧的夏民族》一章，未畢。林松年來。張南濱女士來，問歌謠材料，爲寫半農信。

讀《天方夜談》。

今午同席：援庵　司徒雷登　煨蓮　季明　希白　東蓀　文如（以上客）　予（主）

燕大窮甚，每年不敷九萬元，因擬募集百萬元基金，教職員擔負十萬元。薪在三百元上者擬出百分之九。予定月捐三十元，由薪金內扣。凡四年，一千四百元。然個人生計，因此又受打擊矣。

十一月七號星期二

讀《文藝復興》。豫備功課。

到校，上課二小時（荊州）。到圖書館，開購書委員會。

肖甫來談，留飯。讀《天方夜談》。

購書委員會，嚮例兩星期開一次，今則一年開一次矣。本年經費，今日一會便已用盡。可嘆也。

得健常五日來書，悉百靈廟來電，謂已代覓住所，可以前去。惟新疆之游，亦備具興趣，仍望與馬先生同往。北來身體日健，曾于四日騁馬游昭君墓，一暢積鬱，墓上無別物，惟石碑荒草而已。

十一月八號星期三

讀《文藝復興》。寫援庵先生信。寫王雲五信，爲審查夏氏歷史。理講義。

十二時，乘人力車進城。到書社，叔玉來。到北大上課二小時（九江，沱潛）。庸莘，光信來。玉年來。到車行，與振鐸同歸。

讀《天方夜談》。

十一月九號星期四

讀《文藝復興》畢。豫備功課。

到校，上課一小時（夏民族）。與紹虞同到清華，聽適之先生演講。同車歸。讀《天方夜談》。

到清華梅校長處茶點。

得健常七日書，謂蒙事完畢如有餘時，當至平待期赴新。并謂林鵬俠女士已赴包頭，未得晤，深爲惋惜。甚望將來能與同行，以慰渴想。

十一月十號星期五

讀《自己表現的時代》。搜集"仰韶"材料。侃燧來，留飯。賀次君來。續集材料。兆原來。午生來。讀《天方夜談》。

與自珍到校看聖經會新劇《聖經的來歷》。訪振鐸，未遇。

明後日國文學系師生游明陵及南口，本約予，予亦願往。然講義未編，叔信將到，竟不能去矣。

今晨七時，健常等動身至百靈廟，下午五時半到。一天的汽車，不識勞頓何似，暈車否？

十一月十一號星期六

讀《大的發見》。亮塵來長談。搜集"仰韶"材料。

容女士來。譚女士偕其弟振飛來，吳子臧來，同游延仏園及西苑，八爰爲導。點《桀都安邑辨》。

到煨蓮家吃飯，談至十時半，商社事。

今晚同席：叔信　書春　洪都　八爰　安宅夫婦　季明　予（以上客）　　煨蓮（主）

延仏園係吳鼎昌（達詮）購自慶王府者，不大而頗敞。明春花盛時當再一游。

譚女士，壯飛先生之曾侄孫也。

十一月十二號星期日

寫林松年，適之先生，子植信。子魁來，留飯。家昇來。校閱付印劇本。叔玉女士來，留飯，與同游校印所，燕東園，朗潤園，自明偕。

季明來。健秋來。譚女士來，同到宗教樓聽英文禮拜，與同歸，留飯。

容女士來。

勁修亦擬游新疆，故約季明來談。除車費可免外，私人須備三四百元。渠即以《禦倭軍考》稿費作抵。

得健常九日晚告行之片。

[剪報]　　　　　　　　**本日《世界日報》:**

又: 燕大國文系教授馬鑑, 決於日內啓程赴新疆考查, 同行者有中國女飛行家林鵬俠女士, 及曾被派隨黃紹雄入內蒙, 因百靈廟不許女性入內而終止之譚惕吾女士及該校本年製革科畢業生胡民騰。馬等一行, 將乘車赴綏, 再由綏乘綏新汽車赴新疆迪化, 在該處聞將至少有三四月之勾留, 研究當地之經濟民生狀況, 及語言習俗之變易云。

十一月十三號星期一

終日續草《茫昧的夏民族》, 凡四千言, 畢。

羅雨亭, 孫道昇 (子高) 來談。校《古史辨》二十面。

一篇文字, 沒有做成時真苦, 做成時真樂。今日虧得下雨, 來客不多, 纔能把這文寫完, 我現在真的一聽門鈴響就害怕了!

十一月十四號星期二

續讀《大的發見》。到校印所送稿。履安爲寫又曾, 起潛叔信。豫備功課。

到校上課二小時 (荊, 豫, 梁)。到圖書館訪洪都。記日記十六天。

植新來。校《古史辨》二十面。

唉, 日記十六天一記了, 忙至如此, 前所未有也。

晨夢與健常久別重逢, 入其室, 有予書聯懸焉。

今日《大公報》載該報新疆特派員李天織君信, 謂自八月三十日離綏遠, 至九月二十八日始到哈密, 計程三十日, 較豫定時間超過一倍以上, 至十月十日始達迪化, 自典禮俗胡同以西, 約三千里未見人烟, 沿途水井均被沙土封閉, 蓋已二年無人行經此路。途中汽油斷絕，故僅一車到哈，而哈密仍不能得汽油。只得雇駱駝運送。讀此，因念季明先生一行人如于今日去，萬一在無人烟之三千里中汽油忽凍，既不能前，又不能回，食物與水均無供給，將如何？頗擬勸勿去，惟難出諸口耳。

十一月十五號星期三

續讀《大的發見》。寫健常信。植新來，校講義。爲肖甫作《封氏聞見記》序，爲庸莘作（實改）《明史纂修考》序，還了兩處債！希白來。

豫備明日功課。肖甫來。

讀英文《培根文集》等。

寫健常信，勸其于明春赴新，她或將笑我爲怯，但也顧不得了。

得魯弟書，知叔父病劇，吐血極多。他如有不測，魯弟太苦了。一家人家，有十二人，而謀生者只一人！

十一月十六號星期四

續讀《大的發見》。讀《培根文集》。豫備下午功課。

寫魯弟信。到校，上課一小時（夏民族，未畢）。校講義。

書春來。校《古史辨》二十面。讀英文。

報載新綏公司車，第一二次開赴新疆後，皆以戰亂未得回綏，故第三次車開行殊無期。

十一月十七號星期五

續讀《大的發見》。讀《培根文集》。校勘《尚書注疏》。

張靖華女士來，留飯，與履安伴赴學校參觀。到馬文綽處商捐款。陳戀恒女士來。林松年來。石兆原來。到寧德樓，聽趙紫宸講

《柏拉圖理想國中宗教》。

　　與履安，自明等到校看《斷頭橋》電影，肖甫所請。

　　譚女士督課嚴，而予事又忙，幾有不克支持之勢。每思必經痛苦始有成功，故仍勉爲之。

十一月十八號星期六

　　續讀《大的發見》畢。讀《培根文集》。終日整理《尚書注疏》標點。

　　世昌來。寫泊生信。爲肖甫改《聞見記》序文。肖甫來。楊敬之來。

　　到振鐸處赴宴，十時半歸。

　　　今晚同席：巴金（李芾甘）　章靳以　李長之　吳春晗　佩弦　文藻夫婦　劉師儀女士　予（以上客）　振鐸夫婦（主）

十一月十九號星期日

　　理書。希白來。趙豐田來。譚誨英女士挈季眉來，留飯。

　　聞野鶴來。整理《注疏》二十頁畢。校《古史辨》二十面。

　　到寧德樓聽高厚德演講。到校印所。讀英文。

　　覽報，悉內政部一行人于今晨起程還綏遠，下午到。未知此一旬中往返勞頓否也。

　　晨夢訪健常于旅邸。

　　得父大人信，知已回蘇視叔父疾，并悉疾已稍愈。

十一月二十號星期一

　　讀愛迪生文。讀《佛與孔子》未畢。振鐸來。植新來。聚古堂人來。寫晉華，子植，向奎，守和，孟真，北平圖書館信。士升來，留飯。侃嬱來。

豫備明日功課。吳本堯來。寫明年計劃付《東方雜志》。孫道昇來。安宅來。

植新來，與同到振鐸處。讀英文。

福建成立人民政府，以李濟深爲主席，陳銘樞爲行政院長，南京政府當又在被革命之列矣。

十一月廿一號星期二

讀《佛與孔子》，仍未畢。又讀林肯信札。植新來。郭太太來辭行。豫備功課。

到校，上課兩小時（雍州，導山）。寫李聖五信。容女士來。書春來。碧澂來，肖甫來，留飯。

記日記六天。讀英文。

十一月廿二號星期三

讀《佛與孔子》，畢。校劇詞。容希白來。

乘人力車進城，在車讀林肯信。到書社。到北大，上課二小時（夏民族）。石兆原來，與同到振鐸處。

讀英文。看北大學生筆記。

十一月廿三號星期四

讀《宗教改革》，未畢。豫備功課。

到哈燕社整理照片。到校，上課一小時（夏民族，未畢）。寫健常信。到校，爲演劇開豫備會。爲演劇寫劇名單。

陳懋恒女士來，留飯，與靜修同談，至九時許別去。

得健常二十日信，知已于十九日返綏，途中毫不顛簸，百靈廟氣候溫和，在廟住旬日，食羊肉不少，身體增壯。廟地甚廣，無事時隨黃部長行獵，特感興趣。在綏約有旬日勾留，在張家口尚須住數日，抵平將在兩周内外。

十一月廿四號星期五

讀《宗教改革》，未畢。草《殷民族》。到校，與振鐸布置禮堂。

懋恒來。伴吳世昌到引得校印所校英文説明書，并助理雜事。留世昌飯。

與履安等到大禮堂看崑弋劇，十一時半歸。

燕大國文學會邀慶生社員演劇：

侯益隆——《刀會》　　馬祥麟——《胖姑》

侯永奎——《夜奔》　　田瑞亭——《滑油山》

田柏林——《游園》　　白芸生——《刺虎》

魏慶林——《彈詞》　　郝振基——《花果山》

白芸生唱白俱清楚，做工亦細，爲最佳。侯永奎嗓音弘亮，郝振基舉動活潑，均可愛。

十一月廿五號星期六

讀《宗教改革》，未畢。校《古史辨》稿。譚其驤來，錢賓四來，均留飯。

與賓四到紹虞處。到振鐸處，算戲賬。野鶴來。草《殷民族的成長與發展》略畢。容女士來。理爲學校所購書。

士嘉來談，留宿。

十一月廿六號星期日

與士嘉談。理書。書春來。植新來。搜集殷民族材料。

到東門内理髮。到煨蓮家開會，與容女士同歸。理爲學校所購書。譚女士偕季眉來，留飯。

與譚女士同到宗教樓聽英文講道。肖甫來，留飯，談至十時去。

引得校印所昨日發生風潮，工頭李寶忠求去，全體工人隨之，今晨已相率離去，其故則由於李與樂植新君之積不相能，而爆發點則在印劇詞及秩序單。因於今日下午在洪宅開會，結果，交書春全權辦理。聞一部分工人願回來，當不至停頓過久也。

十一月廿七號星期一

張子玉來。寫子植，以中，仲澐，朱僑信。校《古今僞書考》。理爲學校所購書略畢，即開賬。侃儼來，留飯。到季明先生家吃飯。

到哈燕社，看書。嗣禹偕畢格來。芸圻來。紹虞來。

到振鐸處。讀英文二小時。

今午同席：沈士遠　吳雷川　祝廉先　張銓　容希白　洪煨蓮　予（以上客）　馬季明　（主）

畢格博士（Cyrus H. Peake），美國哥侖比亞大學中國歷史講師，戴聞達之弟子，來中國研究中國法律史，來詢此方面之材料。

十一月廿八號星期二

讀《宗教改革》畢。豫備下午功課。

到校刊課。到校，上課二小時（導山，畢；導水）。到振鐸處。焦沛澍來。記日記七天。李子魁來。林卓園來。

搜集商民族地理材料。

昨季明出示林鵬俠女士帶來健常信，悉林女士擬赴閩，彼亦欲同去，其勇真可佩。但新疆方面如能着手，正不必放棄此“生地”耳。

十一月廿九號星期三

讀《宗教戰爭》。作《商民族的成長和發展》數百言。

到哈燕社，讀書三小時許，輯編講義材料。到馬文綽處。寫林卓園信。

作《商民族的成長和發展》一千言。

十一月三十號星期四

讀《宗教戰爭》。作《商民族的成長和發展》一千言。豫備功課。

到校，上課一小時（夏民族畢）。希白來。張全恭來。

蕭文安來。振鐸偕章靳以來。

[剪報]　　　　　十二月四日《世界日報》：

[歸化三日下午三時四十分電]　　黄（紹雄），趙（丕廉），傅（作義），江（三日）晨由綏垣起程，同赴大同，轉往太原晤閻（錫山）。各界歡送甚盛，綏民政廳長袁慶曾，建設廳長馮曦，四子王潘德恭察佈，王靖國等，均到站送行。黄（紹雄）預定到并不久留，晤閻（錫山）商蒙事及其他問題後，即經平漢路轉贛謁蔣（中正）報告，屆時或赴平晤何（應欽）接洽一切。其女隨員譚惕吾，過大同時不下車，即徑赴平轉道南返。

一九三三年十二月

十二月一號星期五

譚女士未來，看英文小說 *The Good Earth* 一章。作《殷的都邑及其外邦》一千言。到哈燕社訪博晨光。

劉盼遂，許駿齋來。王有三來。耿長來來。寫雷女士信。章靳以來。校《古史辨》稿。維華來。

與容女士，履安等看電影《艷女賊》。遇劉小姐等。

晨夢至二姨母處，房櫳猶昔，惟陳設則煥然一新，二姨母在室，予進問其何以死，不禁大哭而醒。噫，吾母早死，見姨母如見母也，今又不可見矣！

十二月二號星期六

讀《宗教戰爭》，仍未畢。終日作《殷的都邑及其外邦》二千言，畢。

林松年來，與同到振鐸處。紹虞來。肖甫來，留飯。到校印所送稿。

作《新年試筆》三千言。服藥而眠。

晨夢健常遺書與其家人，謂彼必死，但不願我隨着死，囑家人防衛云云。爲之慘痛而醒。噫，使此人而死，“臣無以爲質矣”！此夢何來，所不解也。

十二月三號星期日

八時起，車已在門，即到煨蓮，季明處。先至市政府晤袁文欽市長，同到大佛寺看殘像。袁別去，予等同到平則門外天主教堂。

與煨蓮到正陽樓吃烤羊肉。到金利書莊，來熏閣，景山書社。五時許歸。與譚女士談，季眉玩。

植新來，校講義五頁。與譚女士同往教堂，聽趙紫宸講。

西直門外大佛寺像，忽於月前自焚。煨蓮爲袁市長道之，今日同往勘驗。然重修費鉅萬，未必能爲也。

烤羊肉之名，聞之十餘年矣，今日始一嘗，味美而嫩。

平則門外天主教堂，有利瑪竇，湯若望，南懷仁，龍華民，徐日昇之墓，俗唤鬼子墳。

十二月四號星期一

讀《宗教戰爭》，仍未畢。校《古今偽書考》，畢。定日用豫算。寫于思泊，章希呂，胡鐵巖信。校講義。侃姪來，留飯。

安宅來。季明先生來長談。捷生行來。理講義。

嗣禹來。維華偕吳君來。豫備功課。記日記六天。

覽報，悉黃紹雄于今日由綏去并，健常則由綏來平。

季明先生來談，謂聞林鵬俠女士言，健常在綏頗有流言，且聞在百靈廟與黃部長同室。林女士作此言，知其仍不脫舊觀念。然一念健常受人奚落，又不禁煩悶欲絕。

十二月五號星期二

讀《宗教戰爭》，畢。豫備功課。

到校，上課兩小時（導水）。訪篠珊。寫畫片上字。

為維華改作《救張少先呈文》。寫維華信。檢講義，校《山海經》講義。

昨夜十時許，健常來電話，知已于午刻到平矣。住景山後面碾兒胡同二十五號馬宅，彼同學之家也。到後即打電話，乃打不通。

十二月六號星期三

六時起，寫父大人信。與履安乘八時車進城，到書社，到健常處，并晤馬夫人（紀清漪女士）。同出，到太廟，到中山公園，在來今雨軒吃飯，在同生攝影。遇白滌洲。

寫以中信。飯後各別，予到書社。到北大上課兩小時。訪適之先生。到書社，寫健常，定生信。乘六時車歸。履安今日宿王姨母處。

看《東北月刊》及《大地》。

今日得與健常同游，計別已四十一日矣。自九時半到馬宅，至二時分手，共游四小時許，談話未斷，三年來所未有也。

予探其在蒙住何處，彼云離百靈廟二里之漢人商店中，黃部長則住廟中。綏遠人乃爲造流言，可恨。

在公園中，予慨嘆曰："十年矣。"健常曰："願更越十年，復得同游於此。"

十二月七號星期四

讀《英國革命》。覆核《禹貢注疏》稿，即送去。豫備功課。希白偕于思泊來。

到校，上課一小時（殷民族之成長）。到季明處，到振鐸處。

鈔《天南四字經》。看《大地》。

昨夜只眠四小時，今日足冷。予每一晤健常，輒數日不能寧定。自念交友多矣，每對素心人，輒感有微微樂趣。然一晤健常，則心頭只覺得酸楚悵惘。予最不能哭，然竟常以此隕涕。噫，此真孽冤哉！

健常上次來，贈予及履安南京綢緞衣料各一襲，今自蒙古歸，復贈予蘑菇一斤，自明，自珍毛布衣料一襲。予報之以毛毯一條，貂皮圍領一條。

健常謂本月中馬先生如赴新疆，彼即在平坐候，否則去了再來。

在來今雨軒中，健常謂彼之擇友，視其對於父母兄弟之行如何。以朋友間利害衝突甚于家人，在家人間如處不好，在朋友間必更處不好也。又謂朋友相合，惟在性情。

十二月八號星期五

讀《英國革命》，未畢。覆閱靜修《明末清初之四川》一文。

寫侃孊信。鈔筆記兩則，送振鐸。燕京印刷所陳君來。

校《古史辨》稿十頁。和記印刷所人來。到紹虞處談《勺園叢書》事。蕭乾來。

寫竹庵叔祖贊，又爲人寫屏聯等十餘件。

昨夜得眠五時。今日履安謂予："汝目何如此紅。"想以少眠所致。

十二月九號星期六

讀《英國革命》，仍未畢。理書及鈔件。編《學報》兩期目錄。宴客，開《燕京學報》編輯會。

叔信來。植新來。校《古史辨》稿。

點梁任公《陰陽五行説之來歷》。記日記五天。

未曉，夢身在南京，命車到南門大街訪健常，將及其門矣，忽思此刻彼正在部辦事，又命車退出。

午後得景山書社來電話，謂健常當于今晚來。予打電話詢之，適彼至黄部長處，由馬太太接。五時，得彼來電話，謂今夜有事，將于明晨乘九時車來。

今午同席：煨蓮　希白　季明　廷芳　紹虞　晨光（以上客）　予（主）

十二月十號星期日

寫世昌，德光，錫昌信。開會討論技術觀摩社及引得校印所事，十二時散。今日同會：煨蓮，季明，希白，篠珊，書春，克恭，八爱，洪都，仁齋，式玉。留仁齋夫婦飯。

健常來，予與履安伴之游圓明園，達園，蔚秀園三處，送上五時半汽車。到張東蓀家小憩。

校《古史辨》。趙肖甫來。

今日健常上午來燕京，先到君珊處，吃飯。午後一時半來吾家，五時半去，聚首四小時。彼將與黃紹雄同返南京。黃委其清理内政部之北平田產，將復來。并擬在燕大補習英日文。但時局如此，能否實現，亦殊不可期也。

君珊囑其于星期二來校演講蒙事，如黃不即行，則可來。

噫，予爲維持理智與感情之平衡，心中痛苦極矣，精神散亂極矣。

十二月十一號星期一

讀《勞力的均衡》。作《新年試筆》，爲《文學》月刊，一千餘言，即付寄。寫傅東華信。

校《古史辨》四十餘頁，即送去。侃嬮來，長談。圖書館傅君來取書。豫備明日功課。

寫子植，適之先生，有三，張靜華女士，雨亭信。

予私人津貼侃嬮夫婦，已感力竭，因請其爲通俗讀物社辦事，兼修飾投稿。此事亦彼之自己事也。

十二月十二號星期二

未曉，看《人類故事》譯本。讀《俄國的興起》，未畢。寫文玉信。李子魁來。豫備功課。

到校，上課二小時（導水畢）。由笙先生來。在穆樓一〇三號聽健常演講。講畢，同到君珊處吃飯。與宛真游戲。七時半出。

讀英文。

健常今日講題爲“百靈廟會議經過及個人對内蒙的印象”，聽者約二百餘人，均感興趣，講至蒙人生活時常發笑聲。以黃部長在平，恐有公務，夜間仍進城。君珊約其于後日再來，小住兩日。十七日爲北大卅五周年紀念會，亦邀彼講演。

十二月十三號星期三

讀《俄國的興起》畢。《俄國反抗瑞典》，未畢。整理《漢書·地理志補注》鈔件。審核《禹貢》講義，即付印。

到哈燕社，搜集編講義材料。爲健常作講演紀録稿。寫張德生信。

到姊妹樓及適樓，爲開歷史學會聯歡會。

張德生君紀健常演講，關于百靈廟之事，恐多忌諱，不着一詞，予乃爲補作千餘言。

聞健常在百靈廟時，有遠道來看"女官"之蒙民。百靈廟之有女子足迹，自健常始。所攝活動電影中，彼騎駱駝。

十二月十四號星期四

讀《俄國反抗瑞典》畢。讀《普魯士之興起》畢。豫備功課。

耿長來來。到校，上課一小時（商之都邑）。到引得編纂處及洪都處。到振鐸處，并晤王孝慈。

劉廷佐來。張全恭來，留飯。理書，爲明日履安宴同事太太。

今日下午三時，打電話至馬家，知健常已于今晨偕黄部長南下，此事爲昨夜十一時所決定，不及面别矣。聞之，心神沮喪，適今日天氣陰暗，細雨載途，更覺滿懷凄惻。此次健常來北平，凡十日，予得晤三次。

夜中得競進書社自景山書社帶來之我等三人照片，健常臨行時送去者。三人之像，健常灑落，履安温和，我則太老實矣。

十二月十五號星期五

讀《商宗制度》。校《古史辨》。孫海波來。

到哈燕社，搜集編講義材料。寫雷潔瓊女士信。張全恭來。李一非，吕渭濱來，長談。煨蓮來，偕到島亭茶叙。到馬文綽處。家昇來。

到校印所校講義。到適樓看英文劇，十時歸。

報載昨晚十一時黃部長抵濟，與韓復榘會晤。

聞煨蓮言，《平西報》紀健常演講，甚好，因即往校印所，覓取一份。健常此次來校演講，甚博得人稱贊，用知精金美玉，其光彩自爲衆所屬目，而吾眼爲不花也。

十二月十六號星期六

讀《美國的革命》畢。寫健常信，寫王雪艇信，均爲讀物社事。寫起潛叔信。

到哈燕社，草《春秋戰國史講義》二千餘言。彥堂來。葛啓揚來。記日記四天。

寫顧綴英夫人信。書春來。

報載昨晚九時，黃部長等乘車南旋。

昨夜履安爲道通俗讀物編刊社經濟來源已竭，此後難以維持情況，所言甚是。予以課忙，不能即向各處捐款。聞履安言，當勉爲之矣。

十二月十七號星期日

校《古史辨》。理書。十一時許乘人力車進城，到東興樓赴宴。

飯畢，與希白同到北大出版部購書，遇皖峰夫婦，盼遂，芸圻等。到北大三院看紀念會，晤兼士，膺中等。乘四時半車歸。

與履安，勁修到大禮堂聽《彌賽亞曲》，晤譚女士及子臧。

報載昨日下午三時，他們到京了。

今日同席：梅貽琦　袁同禮　翁詠霓　周貽春　章演群　張子高　希白　洪都　予（以上客）　張乾若（主）

十二月十八號星期一

讀《法國革命》，未畢。寫守和信。寫志希長信，爲捐款事。寫翁詠霓，芸圻信。

通學齋人來。草《禹貢注疏》跋文二千言，未畢。維華來。蕭乾來。

豫備功課。

日來身體甚疲倦，蓋以冬至節近，發節氣也。

十二月十九號星期二

讀《法國革命》，仍未畢。豫備功課。

到校，上課兩小時（五服）。嗣禹來。佟樸及劉楊兩君來。

編《古史辨》，并校勘。

浙閩已開戰，父母居杭能不受影響否？

十二月二十號星期三

讀《法國革命》畢，《拿破侖》未畢。植新來。寫趙惠人信。校《古史辨》。理講義。鈔向北大購書單。

乘一時半車進城，與振鐸同車。到書社，晤殿英。章希呂，胡鐵巖來談。到北大上課二小時（五服等）。晤適之先生等。訪賓四，并晤湯錫予。晋華來談。

聶篠珊來談。

我現在真無辦法了！研究，是向内發展，欲其深。辦事，是向外發展，欲其廣。此不相容之二事而備于一人之身，已至感矛盾矣，又加之以時間之不足用，弄得永遠度急迫的生活，太苦了！

十二月廿一號星期四

讀《拿破侖》畢。寫子臧信。豫備功課。

石兆原來。到校,上課一小時(殷都邑)。到容女士處,寫馮家昇信。記日記五天。維華來。到洪都處。

寫張德生信。理書。

健常來書,謂技術觀摩社擬加入,通俗讀物編刊社,則恐事務太多,不能兼顧,擬緩加入。募款事,則以曾代《婦女晨報》,鐵血軍募款二次,凡可募處均已募遍,再募恐無人捐,轉難自處,故擬盡自力所能以應命。按,前在來今雨軒彼即有此表示,予未留心也。

十二月廿二號星期五

讀《神聖同盟》未畢。作《禹貢注疏》案語。

到哈燕社,豫備作文。一非來談通俗讀物事,談至五時,同出散步,送上五時半車。改安宅所作兩文(通俗讀物)。

到大禮堂,看英文戲。到女部主任室,參加文學院同人聯歡會,十時許與希白夫婦同出。

通俗讀物,社會上不能銷,平津一律,僉謂"不是這東西"。知民眾自身實無求智識的興趣,真束手矣!一非來,謂天津書肆者有肯承印者,聞之甚快。如能成事,則我們但需籌編輯費耳。

十二月廿三號星期六

讀《神聖同盟》,畢。作《禹貢注疏》案語三千餘言,了却一樁心事,快甚。

林耀華君來。寫健常信,寄《平西報》及《世界日報》所記講稿去。

林耀華君,福建古田人,社會學系研究生,文藻介紹其來教我明年英文。

十二月廿四號星期日

寫德坤，萬文淵信。寫起潛叔信。終日點讀畢注《山海經》中之地名，竟一册。

安宅夫婦來。校《尚書講義》印稿。

　本學期之課應結束者二：《禹貢注疏》，一也。《五藏山經》，二也。欲作一文闡《山經》之蘊，非易事也。

十二月廿五號星期一

寫林松年信。羅根澤來。重作《周民族的崛起西方》一章，二千餘言，即付印。校《尚書講義》印稿。

李延增來，譚論文事。石兆原來，覓《元曲叙錄》未得。

豫備明日功課。

　今日聖誕，譚女士未來授課。

　延增告我，小香水近在第一舞臺與小小香水同演劇，票價僅兩角，以無錢，不登廣告，僅在舞臺門口置一牌而已。她晚年如此潦倒，真堪嘆息。予苦不得閑，竟不得見，豈非命耶！

十二月廿六號星期二

讀《大反動》畢。檢《古史辨》稿送印。豫備功課。開《學報》稿費支票。

到校，上課兩小時（《禹貢注疏》畢）。到謝景升處。到容女士處，同行歸家。

點畢注《山海經注》。

　譚女士聞林君將來教我，而審其程度不及陳觀勝君，勸予就陳君學。又爲予介紹韓懿德女士教《聖經》。彼如此熱心對我，真可感也。

　我待人，常覺我熱而人冷。今見譚女士，其熱忱乃過于我。

更覺得湖南人可愛。若江蘇人，則已將他去，何肯爲別人慮乎！

十二月廿七號星期三

讀《國民的獨立》，未畢。寫健常信，寄《燕大校刊》去。校改《春秋戰國史講義》。侃嬺來。章希呂，胡鐵巖二君來，留飯。以大雪，在家談。四時，雪霽，同往貝公樓，圖書館，蔚秀園等處參觀，送上五時半車。

校改講義稿，即送印。

與履安肖甫同到大禮堂看戲，十一時許歸。

今晚所看戲：

梁小鸞：《玉堂春》　　王幼春：《打鼓罵曹》　　苗桐軒：《鴻鸞禧》　　宗子衡：《太君辭朝》　　慧貞女士：《武家坡》

此戲爲《史學年報》籌款也。但除開銷外僅餘五十元。

章胡二君爲亞東圖書館派到北平編《胡適文存》四集者，亦催予作《東壁遺書》序。他們勸我編國文教科書，我如能抽版稅，當可把我的身子從社會裏贖出來。

十二月廿八號星期四

讀《國民的獨立》，仍未畢。張子玉來。看李峻之遺著，畢。書春來。豫備功課。

到校，上課一小時（商都邑畢，周民族崛起，未畢）。延增來。維華來。

紹虞來。振鐸來。談國文系辭教授事。

日來睡眠甚不佳，每日上午四時左右必醒。昨日竟日陪客，且看戲，不用心甚矣，而夜中猶然。一方面又不得不趕作一切事。

得健常來書，謂來平期尚不能定，租屋事到時再說。她的字真可以表現最剛强的男性，與履安言之，爲之憮然。

十二月廿九號星期五

讀《國民的獨立》仍未畢。鄧文如來。紹虞來兩次,爲辭主任事商酌。譚其驤來。耿長來來,商書社事。與譚女士同到韓德懿女士家用午飯。

趙惠人來。再與耿君談社事。點畢注《山海經》,略畢。

到希白處。

韓德懿女士(Miss Hancook)年近六十矣,兩鬢如銀,而精神甚健,在史學系授課,喜教人,凡學生程度不佳者特予補習,故極忙。知予欲讀英文,慷慨自任,真可感。予倘使早逢譚女士,且早逢彼者,吾的英文早讀好了。一想起大石作中求教于介泉而不得之事,使我知道"小資産階級的知識分子"真已走到絶路。待遇,要爭的。清福,要享的。但爲社會服務的心是一點兒也沒有的。

十二月三十號星期六

讀《國民的獨立》,仍未畢。研究《山海經》。平伯來,同到臨湖軒赴宴。

在臨湖軒談,看題字,聽彈箏。攝影後偕適之先生等同到文藻家坐。與振鐸,文藻同出,到湖邊遇聞一多,到振鐸處談。

芸圻來,談至睡,并爲寫女大學生托寫屏聯等。

今日同席:適之先生 啓明先生 金甫 沈從文 巴金 陳瑛(沉櫻)女士 平伯 章靳以 冰心女士 陳先澤 予(以上客) 紹虞 振鐸 季明 于式玉 希白及燕大國文系學生王錫昌等(主) 主客共四十餘人。

十二月卅一號星期日

看《人類的故事》。校《四部正譌校記》。容女士來。研究

《山海經》終日，備作案語。

校通俗讀物社報銷。韓叔信來。記日記十天。

日來疲倦之甚。履安謂予眼下發黑，實當休息矣，然安所得此福分乎？

自珍前日以月經至，幾暈絶，由校中雇車送之歸家，睡一日，今日又作，仍睡。她的身體這樣壞，我的老家真要擔此責任。

［剪報］廿二年十二月十四日《世界日報》
"百靈廟會議經過及内蒙印象"
譚惕吾女士昨在燕大之講演

［特訊］　燕京大學爲使全校師生，得以明瞭内蒙實況起見，特于昨日請此次隨内長黄紹雄赴内蒙巡視之譚惕吾女士講演于該校穆樓一〇三號。到場聽講者二百餘人。首先由該校教育學系教授高君珊女士致介紹詞，即請譚君講演。譚女士着綏遠産灰色毛呢旗袍，精神奕奕，操湖南音之北平官話，侃侃而談，歷一小時餘，題目爲"百靈廟會議經過及内蒙印象"。對百靈廟會議經過，叙述極詳，末述内蒙生活情況，極饒趣味，兹紀其講詞如後。

内蒙古本包括遼吉黑熱察哈爾綏遠六省内之蒙古種族聚居之處，近年四省淪亡，蒙民隨之，所存者僅察哈爾所屬之八旗四群，錫林果勒盟十旗及綏遠之烏蘭察布盟與伊克昭盟十三旗，又土默特等四特別旗而已。邇來察綏兩省之蒙人，見外蒙爲蘇俄所壟斷，東蒙爲日本所吞并，志欲御侮圖存，故有組織自治政府之擬議。然察綏兩省之蒙古土地雖不小，而蒙民則極少，合計僅三十五萬人，較之内地一大縣尚不及。至于文化程度之低，亦無容諱言。察哈爾十二旗群內，受小學教育之人數不過七百餘，入中學者不過四五十，入大學者僅六人。在錫林果勒盟，則幾乎無受學校教育者。綏遠方面，受小學教育之蒙人僅六六九人，受中等以上教育者僅二四人。以蒙古人口比例，受教育者僅占全人數之百分之〇〇五，即萬分之五。夫民族自決原爲今日時代之所許，然以如此文化程度之民衆而欲建一新國，以與强鄰相角逐，則其危險性殊大。何況蒙民生活僅賴游牧，居無室所，亦無村市守望之組織，經濟能力異常薄弱，欲其擔負一個國家之用度及種種之設備，亦爲事實所不可能。自治運動，始于去年。今年六月間，曾在百靈廟作一度之會議，參加者爲錫盟副盟長德王，烏盟盟長雲王，及中央派赴蒙旗宣慰之巴文峻。當時由德王提出組織自治籌備委員會之建議，呈請中央准其自治。七月間，德王又召集內蒙王公會議，初定十二日集會，以各王公不到改在二十五日，然屆時到者亦僅四人。會議結果，由德王擬一請願電，請願中央允其高度自治。同時日人定期在多倫召集蒙古會議，派人邀請西蒙各王公參加。中央認此問題甚爲嚴重，即派黃部長前往巡視。當中央尚未決定派員之時，德王等即決定九月二十八日在百靈廟開各王公及在內地讀書服務之蒙古人會議。復因代表不能到齊，改于十月九日舉行，此即轟動一時之內蒙自治會議，亦即今日所講之百靈廟會議也。是會共開十七天，會議五次，通過內蒙自治政府組織大綱，共三十餘條，然一切的組織均類似國家規模而非自治政府之形式。黃部長到百靈廟後，各王公及代表前來謁見，提出此大綱，要求廢除察綏兩省政府，由內蒙自治政府統制之。然察綏兩省人口共四

百餘萬，蒙人則僅三十五萬，不及十分之一。以十分之
一之人數而要求廢除十分之九之人數所已有之政府，當
然非事實所許可。黄部長當即加以剴切之剖析與詳盡之
指導，爲之劃定進行之步驟，囑其在察綏兩省内分設自
治區，經費由中央津貼。兩省之間，在一年或數年内，
可舉行聯席會議一次，合商各盟旗之相關事件。此外特
于蒙民生計之保障，畜牧事業之發展，文化程度之提高，
及日常生活之改進，在在爲之設法，爲之解決困難，以
求漢蒙兩族之同舟共濟。王公及代表等得此誠懇之指示，
即毅然放棄其前定之計劃，而采取此新步驟，此即百靈
廟會議之最後結果也。蒙古人民生活狀況，衣食住均與
内地不同。衣寬大束帶，睡時將帶放下，即可作爲被窩
之用。食則除接近綏察内地一帶食穀者外，餘多食肉，
飲乳，牛奶等則以饗貴客。住無屋，僅有柳枝所扎之傘
形圓堡，頂高丈餘，旁高四五尺，直徑七八尺，男居左，
女居右，中供佛。婚姻亦用媒妁，聽命父母，婚期男乘
馬至女家，女亦騎馬隨歸，禮即成。如欲離異，極自由，
無儀式憑證，仳離即可。葬禮則甚奇特，以馬或駝，舁
死者尸，加鞭驅出，尸墮下時，供鳥獸啄食，盡爲榮，
不盡者視爲死者罪孽。娛樂則善摜交，倒者爲敗。賽馬，
騎術極精，身筆直不稍傾斜，且可于馳驟間以索套馬，
百發百中。其歌曲，吹喇叭，聲調悲壯。信仰則爲喇嘛
教，而班禪活佛爲信仰之中心。王公見班禪，且須泥首
以進。喇嘛則可隨意，且得保持其財産，不爲王公服役，
故人均願作喇嘛，遂使蒙古户口爲之大減，此即清朝愚
弄蒙民之政策，非今日所宜存在者也。内蒙土地甚肥，
礦産亦不少，而是地人民之生活僅有畜牧及念經，不但

無工業，且無農業。倘使善爲開發，不難輔助中華民國之興盛也。

譚講畢，聽衆擁于講桌前，雜致詢問，并覽蒙古王公等之照片及墨迹而散。

　　百靈廟會議經過，予所作也。餘爲張德生君作。

[剪報] 廿二年十二月十四日《北平晨報》

譚惕吾女士昨在燕大

講演“內蒙印象”

詳述百靈廟會議經過

對內蒙青年勸勿輕視

[本報特訊]　　燕京大學大學講演委員會，于昨日下午，特約此次隨黃內長赴內蒙巡視之譚惕吾女士講演“百靈廟會議經過及內蒙印象”于該校穆樓一〇三號。聽衆二百餘人。首由高君珊女士致介紹詞後，譚女士即起立講演，講詞大旨謂內蒙獨立運動，乃受某國威脅利誘所致，然以全內蒙受小學教育者不過千三百人，中等以上教育者不過六十餘人，故絕無成立政府獨立之可能，經黃部長剴切開導，議乃止，而設特別區。末講內蒙民衆生活，衣食住行，與內地不同，衣大布，式寬大，可兼被用。食多牛奶羊牛肉。住柳堡，如傘形，高丈餘，直徑七八尺。男左女右，中供佛，可隨時遷移。婚姻聽父母媒妁言，然禮甚簡單，男騎馬至女家，女騎馬伴歸即成夫婦。欲離則分手完事，無儀式憑證。葬禮則舁尸馬背，加鞭驅出，尸墮下，供鳥獸啄食，盡則爲榮，不盡則認爲死者罪。娛樂則擲交，賽馬，術極精，可馳驟間以索套馬，百發百中。歌曲喇叭甚悲壯。信仰則喇嘛教，因之人口

日減。講畢譚女士將由內蒙帶來各王公題贈字迹照相禮物示聽衆，莫不大感興趣，內有青年名笑吾者所題詞句，氣魄雄宏激昂，大有龍居曲污之感。據譚女士云：內蒙青年中亦有大可有爲之人，如不能善爲使用，將來必成問題。

[剪報]　廿二年十二月十三日《平西報》

譚惕吾女士在燕大講

百靈廟會議經過及印象

內蒙人民婚姻離異極自由

居堡食肉騎術套馬嘆觀止

民性惇厚絕非內地居民可比

內政部職員此次隨黃紹雄內長赴百靈廟參加內蒙自治政府會議之譚惕吾女士，新自百靈歸來，燕京大學大學演講委員會，于昨日下午四時特約女士在該校穆樓一〇三號作公開講演，題目爲"百靈廟會議經過及對蒙古之印象"，屆時到會者百餘人。首由教育系教授高君珊女士致介紹詞畢，乃請女士講演。女士態度自然，講述清析，侃侃歷一時餘，述內蒙同胞生活，甚饒趣味。講畢且將百靈廟會議時各王公所題贈字迹及所攝蒙古貴族婦人照像數幅示聽衆，引起聽衆興趣不少，玆將譚女士講詞大旨，略述於後，以饗讀者。

[廣袤及六省，人口卅餘萬]　　百靈廟在綏遠省府西北三百六十里，建築輝煌，房間二百餘，內容喇嘛千餘，內蒙之最大建築也。內蒙高度自治問題，即舉行于斯，故曰百靈廟會議。

內蒙範圍即指戈壁沙漠南之蒙古言。本括吉黑遼熱四省邊境而言，然自四省淪亡後，所謂內蒙實際上衹餘察綏兩省而已。現所括地域，爲察省之錫林果勒盟（分十旗）及十二旗群，并綏省之烏藍察布盟（分七旗）伊克昭盟（分六旗）及土默特旗。人口共三十五萬餘，較綏察兩省之各省人口二百萬者相差甚遠。內蒙政權，除東北四省已操于日人者外，餘亦多受俄人操縱，此次內蒙王公所標"禦侮圖存"之旗幟，用意未嘗不因此種環境造成，惜文化較低，受教育者鮮少：屬察省者不過小學程度者七百餘人，中學者四十餘人，大學者不過六人；屬綏省者則小學六百六十九人，中學以上者不過二十四人，故雖有禦侮圖存之心，欲獨立組織政府，固心與願違，易收相反之效耳。且其內容多由日人威脅利用造成，故吾人對內蒙之責任實異常重大。

［會議十七日，自治議取消］　百靈廟會議凡十七天，共開會五次，參加者除德王等擬具自治政府組織大綱請求討論發言外，其餘諸王公率均沈默，故經黃部長開誠談判，曉以利害之後，此議遂寢，而決定于察綏兩省有蒙人居住之地，成立特別區，由蒙古王公管轄，經費由中央補助，以是王公等均感激欽佩，毅然放棄高度自治運動。百靈廟會議乃告閉幕。

余（譚女士自稱）對內蒙古之最大印象，即蒙古同胞之民性惇厚。待人接物，無分爾我。如吾人旅行至蒙古家庭，款待優渥，亦如家人，食用取捨，一遂己意，絕不若內地之錙銖計利。其餘因文化稍低而必有之缺點因亦所有，然吾人如能盡同胞之誼，竭力扶助，自易矯正。

［食鹽煮牛油，室中無桌椅］　內蒙人民生活甚有趣味。衣多布衣，貴者衣帛，式寬大，腰束帶，束則衣短便作

事，放之則可爲被服用。女子多飾以環墜諸物。食多穀類，近內地者亦多食穀類。肉食以牛羊肉爲大宗，馬肉亦有之，飯牛酪，并煮紅茶于牛奶中置石鹽食之。牛油則以饗貴客。住則無房舍之設，僅有如傘形之堡，以柳條扎成，直徑可七八尺，旁高四五尺，頂高一丈三尺餘。上蒙毛氈，堡中亦鋪毛氈。可自由拆卸移動。堡中左居男，右居女，中供佛及祭物，各角置厨具，無床桌椅物。堡中間置爐，烟囱出堡頂，爐中燒畜糞爲燃料，無煤灰。人民職業，較開化之區，務田爲商。較蔽塞之處則仍游牧爲生，念佛經。惟人無職業者亦多。女人則亦有貿易牲畜，撿畜糞爲燃燒用者。

[離婚極自由，葬禮甚奇特]　　內蒙婚姻制度較爲簡單。男女締姻，亦用媒妁，聽命父母。迎娶則男騎馬至女家，女騎馬伴歸，拜竈拜父母而禮成。離異亦較易，不合意則可分手，然離婚者却甚少，或因自由既慣，反不願用此自由矣。葬禮甚奇特。人死而未死之際，昇之馬或駝背上，加鞭趨出，俾尸由背上翻下，供鳥獸啄食。盡者爲福，交相歡賀，否則認爲死者或有罪愆，并致鳥獸之嫌，其家屬甚引爲耻。

內蒙人民娛樂，大抵爲三種，一爲摔跤，傾倒者爲敗。二爲賽馬，大典舉行之。其騎術甚精，身幹筆直，絕無傾跌之事。且善由馬上抛索套馬，奔馳迅疾，百發百中，其技可嘆觀止。

再則爲歌曲，甚悲壯。和以喇叭，更爲動人。古人胡笳悲鳴之句，確爲事實也。

[活佛拜班禪，喇嘛地位高]　　蒙人宗教多信喇嘛，班禪而其領袖，章嘉活佛亦重要之宗教首腦。惟喇嘛地位

甚高，活佛且泥首以見。普通人皆以得睹活佛及班禪爲福，且有納鉅金寶物而企得一睹隆顏或一受撫摩者。貧者無以進，叩首累數日至謁見乃止。喇嘛起居皆在廟中，較自由，不受王公轄治。王公無恒產，可任取于民。故人民樂爲喇嘛。然細究之，重視喇嘛本爲清時減滅蒙人之毒計，今乃爲蒙人所深相信仰，此或蒙古人民之日見減少歟。

（百靈廟本禁婦女入内，譚女士以到蒙古不易，幾費周折始得住百靈廟十日，此講皆其實地所睹，不獨毅力可欽。所述足供關心内蒙者注意也。）

[剪報] 廿二年十二月二十二日《燕京大學校刊》

百靈廟會議之經過及對于内蒙之印象

譚惕吾女士講　　　邱運喜紀録

各位同學，鄙人承貴校之約，前來報告此次百靈廟會議之經過及本人對于内蒙之感想，實在引爲榮幸。兹先述百靈廟之會議。百靈廟在綏遠省城西北三百六十里，廟内有屋二百間，喇嘛千數。開會地點，即在于兹。所謂内蒙，係指漠南蒙古而言，其範圍包括遼吉黑察綏五省之旗盟。九一八以後，遼吉黑蒙旗盟隨東北四省一同淪陷。現所剩者僅察綏二省以内之範圍而已。在察省者有錫林果勒盟（内分十旗），十二旗群。在綏省者有烏蘭察布盟（内分七旗），伊克昭盟（内分六旗），此外又有土默特旗。溯自外蒙獨立以後，政權操諸俄人手中，内蒙又迭受日本威脅，所剩各旗盟感覺恐懼危險，因欲脫離中國而自立乃以"禦侮圖存"爲口號。然國家存亡，全靠實力，非空洞名詞所能濟事，此固蒙人未注意者也。

且國家之要素有三：人民，土地，主權，不可缺一。今內蒙領域，雖掩察綏，然人口不過三十五萬人。自滿清以來即屬中國統治，并無獨立主權可言。而其文化程度尤屬低下，據調查報告，察省盟旗受小學教育者七百人，受中等教育者四十人，在大學者僅六人。綏省旗盟，受小學教育者七百人，受中等教育者二十四人。夫如是，又何能成立政府？然而蒙人有此要求者，蓋內中有人主使有人挑撥也。此野心家欲趁我國無能爲力之時，將內蒙一併吞滅。查此事件之發生，系在舊年春季，日本利用滿蒙歷史上之關系，派遣滿人多名與蒙古王公接洽。日本允以西蒙獨立之後，東蒙概歸德王管轄（東蒙即熱河境內蒙古也）。德王本有野心，聞此甜言，心爲之動。惟錫林果勒盟正盟長索王不贊成此舉，以是德王計劃失敗，蓋德王乃該盟副長也。延至本年六月，日本鑑于索王不可利誘，乃派飛機飛至索王居住地示威。蒙人遂更驚懼。德王乃于該時，召集一會議，到會者僅德王雲王及中央派去宣慰之代表（蒙人）三人開會。因籌備組織自治政府。七月復又開會一次，到會者四人，遂決定發出願電，提出高度自治之要求；略謂內蒙處境艱危，不謀自立，必難圖存。而同時日本亦開多倫會議，遣使西蒙游說，德王藉此機會，乃更高唱獨立。中央因覺蒙古問題重要，乃商派大員前往宣撫，于是選定內政部長黃紹雄，偕同隨員出發百靈廟。此即所謂百靈廟會議之由來與內幕；時正十月九日也。

開會之期凡十七日，共集會五次。到會諸王公，皆多緘默無言，蓋不明瞭自立之意義。會中侃侃而談者，僅德王一人及少數之青年耳。會議期間，雲王擬定一《西蒙自治大綱》，凡三十餘條，會中作一形式上之通過。其中有一條，頗堪注意，即"國際軍事外交之外，一切蒙古地方事件概由蒙人自行處理"。于軍事外交之上冠一"國際"二字，意謂僅有中國宗主權也。而其組織內容，規模宏大，儼似行政院一般：內設政務廳，以德王雲王爲正副廳長。蒙古王公即携此大綱晋謁黃部長，提出自治，且聲言廢除察綏二省府，由蒙人統治。夫察綏兩省人口四百萬，而蒙人不及十分之一，歸劃蒙人統治，事實上乃不可能。中央當然不能允准此項要求。于是黃部長對諸王公詳細剖解，指導伊等自治路綫。并允在察綏二省設二特別區，每三年開聯席會議一次，經費由中央撥發。此外對于提高文化，改進生活，莫不周詳指示；蒙人乃大爲感動，痛悔前非，全盤接受黃部長之諭訓。惟德王尚堅持組織自治政府，但以孤掌難鳴，祇得服從。百靈廟會議遂告完結。

現在略述本人對于內蒙之印象。鄙人自此由北平出發，旅行三十四日，在百靈廟凡十日。所得印象最深者，即爲蒙人誠懇之態度，待人接物，無不和藹。陌生客旅，亦如故人。所惜者即保守其簡陋生活，不願進取耳。至于其日常居起，并無固定房屋；以柳條搭成帳篷，狀如大傘，中可容四五人。地上鋪以毛氈并無幾棹；置火爐燒牛馬糞取暖。屋內男左女右，分別住宿，中供佛像。所衣衣冠，貴族多綢緞，女子則又佩帶金玉。飲食大都馬羊牛肉，間以雜糧，又有紅茶。職業不外種田經商，而在未開化之處，則僅牧畜而已。因職業簡單，故其時間多半消磨念經拜佛中。婚姻極自由，男女締姻雖亦由媒妁介紹父母贊許；而婚禮極簡單，新郎乘馬迎新婦以

歸，拜竈神，拜父母後，婚禮遂成。離婚亦極易，夫婦
情意不合，由夫將女送歸母家，即爲離異。但蒙古人離
婚者不多見也。至于葬禮則以將死未死之人置之駝或馬
背上鞭之使其狂奔；任人體墜落荒野，供鳥獸之啄食。
相傳鳥獸啄食最快者，其人生前無罪，否則孽深冤重，
家屬引以爲羞恥。此種風俗大抵與游牧生活有關。茲更
言蒙人之娛樂，有摔跤，有賽馬；音樂樂器爲喇叭，胡
笳悲壯，聽之惻然。至于在蒙人生活中，最強有力者，
厥惟喇嘛教。上有班禪，下有活佛，雖王公亦畏敬之。
以故蒙人多願出家而不欲爲平民者。此蓋滿清立國之初，
深忌蒙人强悍，特提倡喇嘛教以拘縻之。此蒙人之所以
一蹶不振，人口減少，文化低落之原因。由此觀之，吾
人欲注意邊防問題，對于蒙古旗盟，應時加研究，且須
在實際上有以援助協作，庶不爲帝國主義者所侵占也。

京華印書局《燕京學報》十二期印費：

　每頁六元

　單行本封面　每本二分

　刻字每個五分

　鋅版每吋一角二分

吳志順		每月	四十元
張頤年	地理		四十元
欒植新			五十元
楊向奎——問題			三十元
顧起潛——文字			二十元
趙惠人——書目			二十元

鈔書者三人　　　　　　　三十元
　以上共二百三十元
　一年共二千七百六十元
假定德坤可助四百八十元
學校可領二千四百元　　　剛付完

一九三四年

（民國廿三年）

金人趙秉文《滏水文集》卷五《河中八詠》有楊惠之塑像一絕，應覓鈔。

學者求無愧于所事，應念念不忘下列之言：

我身所負者，爲現在與未來文化之責任，我之工作可以決定未來時代之趨向，換詞言之，未來歷史之途徑視我而決。我之應召而來，所以爲真理之證人，我之一身渺乎小矣，我之工作之結果可以傳諸無窮，推諸無極。我爲真理之宣告者，我爲真理服務之人，我爲真理之故，應歷盡艱險，受盡困苦，即令因此之故爲世所恨，爲世所窘，我且以身殉之，亦義命之當然而已。（菲希德語）

善不由外來兮，名不可以虛作，孰無施而有報兮，孰不實而有獲？（《九章·抽思》）

咬定青山不放鬆，立根原在破叢中。千磨萬擊還堅勁，任爾東西南北風。（鄭板橋題畫詩）

一月： 讀《世界史》（兼學英文）。作《五藏山經試探》，約萬字，
費兩星期工夫。應張文理邀，在北京創辦技術觀摩社，搜羅
技術人才，派容媛到南京成立分社。金利書莊以營業不佳，
盤與耿貽齋。修改《兩漢州制考》。

二月： 作《東壁遺書》序（其後序未成，此文易爲《戰國秦漢間
的造僞與辨僞》發表）。通俗讀物社經過李一非之介紹與百
城書店合作。與譚其驤定出版《禹貢半月刊》計劃，以成府
蔣家胡同三號爲禹貢學會會址。讀《世界史》。講《爾雅·
釋地》四篇。

三月： 讀《世界史》。《禹貢半月刊》出版。作《藪澤表》及《後
記》。修改《兩漢州制考》畢。陳軾（仙泉）來，助我編通
俗讀物。續作《東壁遺書》序。作《釋丘》。行政院聘予爲
故宮博物院理事。

四月： 二日與王應偉姨丈到鷲峰地震研究室參觀，并游温泉及黑龍
潭。髮驟白。心跳病作，必須休息。四日，與履安等游鬼子
墳、釣魚臺、月壇。六日，與起潛叔上平綏路車，七日至包
頭。八日，游南海子、禹王廟，坐黄河艇子，東門外轉龍
藏。九日，到歸綏市，游大招，錫拉圖招（延壽堂）。十日，
蔣恩鈿來，伴游新城、農場。淡在堂來，伴游小招、五塔
招。十一日，蔣恩鈿伴游馬市、青塚。十二日，至大同。十
三日，游雲岡。十四日，游華巖上寺、下寺、圓通寺、九龍
壁。是日，到張家口。十五日，至下花園，游涿鹿北郊礦口
寺、雲臺觀。十六日歸，計出門十一日。十四日，子蟠叔父
逝世。是月，恒慕義來京。

五月： 讀《聖經》及《世界史》。譚健常來京，二日往訪。渠編
《新疆指南》。七日，十日，渠來校。四日，與博晨光等訪賽
金花，同進西菜。五日，與履安等游周口店龍骨山，觀洞

穴，裴文中、賈蘭坡等導游。六日，歸。校《古史辨》第五册及《史記》白文。十二日，與王振鐸等到通縣。十三日，游寶通寺、李卓吾墓，燃燈佛塔（唐建）。十九日，與吳世昌等到三家店、仰山棲隱寺，宿澗溝民家，上妙峰山看香會。二十日，又上山，由老北道歸。校《三皇考》《論語辨》等。王真常來，商通俗讀物事。廿五日，健常返寧。講《爾雅》畢，續講《風俗通義·山澤》。

六月：讀《世界史》及《聖經》。三日，觀摩社擬租紫竹院屋，辦黎明中學。四日，作《風俗通》跋。點《釋名》授課。十一日，作跋文。點《廣雅》，十三日，作跋文。十五日，宿紫竹院，十七日歸。十八日至二十日，作《爾雅》跋，二十三日畢，約一萬五千字。廿四日，到紫竹院，并游萬壽寺、五塔寺。英國漢學者修中誠來，往返數次。廿七日，病，廿八日，未起床。

七月：平綏路局長沈昌欲編該路旅行指南，邀冰心組織旅行團，由路局備專車，供食宿，隨處可停留游覽。冰心夫婦因約鄭振鐸、陳其田、容庚、雷潔瓊及予等往。七日啓行。是日，游土木堡，游顯忠祠。八日游宣化龍烟鐵礦、恒山寺、鎮虜臺、藥師廟、天主教堂、清真寺、朝玄觀、省立第二師範。九日，游張家口大境門外、賜兒山、朝陽洞、上堡新城、下堡舊城、怡安寺場。十日到大同。十一日，游觀音堂、雲岡，宿趙承綬之雲岡別墅，聽賀渭南講王同春事。十二日，游雲岡山上及上堡。十三日，鑿開寒泉洞，登梯而觀。十四日，乘口泉支路車，觀晉北礦務局之永定莊部分，下礦。十五日，游大同普化寺、曹福廟（北帝廟）、天主堂。寫《旅行後的悲哀》。十六日，至豐鎮，游靈巖寺。十七日，至平地泉，傅作義來談，游老虎山，參觀蛋廠。夜寒甚。十八日，回平。聞劉半農死耗。廿三日，打防傷寒霍亂針，以反應故病臥二日。

八月：八日，又登程。九日，到歸綏。十日，參觀公醫院、師範學校。十一日，上汽車過大青山，抵武川縣。十二日，到百靈廟，住蒙古包，與政委會人談。十三日，游廟中、女兒山，應德王宴。十四日，游康熙營盤，看跑馬、摔跤，聽音樂。十五日回程，經昭河之昭廟，晚至歸綏。十六日，接家電，繼母病篤，遄回。十八日抵平，知繼母已于十六日去世。二十日，到杭服喪。

九月：一日，在華藏寺開吊。二日，靈柩發引回蘇。九日，在家開吊。十八日，返杭。二十日，看馮夢龍所輯之《山歌》。廿九日，爲健常在湖濱覓屋。

十月：三日，伴健常至俞樓。是日，起潛叔來杭。四日，與起潛、健常同游西湖。七日，與健常游胡慶餘堂、城隍山、錢王廟。十日，與履安等到清泰門外海塘觀潮。十一日，校《古史辨》五冊排樣。作錢南揚《宋元南戲百一録》序。十四日，將卜德《左傳及國語》一文重作。十八日，德國人愛般哈特見訪。十九日，與履安訪健常，同游紫雲洞、黃龍洞、玉泉、靈隱、韜光、龍井、烟霞洞、水樂洞、石屋洞。二十日後，助健常編《內蒙之今昔》，暇互相唱酬。至十一月十四日，健常返寧。

十一月：五日，伴履安疾，校《童癡二弄》（即《山歌》）。七日，校畢。八日，與健常到岳廟照相。十八日，與陳萬里同游宜興，早五時開車，過武康、吳興、長興，至芙蓉寺，路澤，汽車不能行，步行十五里至善卷洞，游上洞及水洞，又至庚桑洞（即張公洞），夜十時歸。十九日，作《九峰舊廬方志目録》序。廿一日，到之江大學演講內蒙現狀。廿五日，童書業來。廿七日離杭，廿九日到平。

十二月：十七日至下月初，作《古史辨》第五册序，及《史漢儒林
　　　傳及經典釋文序録傳經系統對照表》，訖。廿二日至廿四
　　　日，作《王同春開發河套記》先在《大公報·史地周刊》
　　　發表。廿六日，作《堯典著作時代問題》，答孟心史先生。

一九三四年一月

一月一號星期一

譚詢英女士偕陳觀勝君來，談甚久。摘記《山海經》文入
《禹貢》。

乘人力車進城，到侃嬃處。到來今雨軒賀唐立厂喜事，晤幼漁
先生等。乘四時半車歸，車中遇季明，紹虞。田繼琮來。捷生行丁
君來。

紹虞來，同到引得校印所，以人數不足，股東會開未成。與煨
蓮等談。

亞東圖書館囑我編中學國文教科書，予擬約吳世昌君及李素
英、鄭侃嬃兩女士合成之。今日見吳鄭已約定。

引得校印所，現在差不多可做一千五百元生意一月，營業不
爲壞。這實在是李書春的才幹。

一月二號星期二

讀《國民的獨立》畢，《機械時代》未畢。佟樸來。士嘉來。
摘記《山海經》文入《禹貢》，畢。寫李素英女士信。

到文藻家吃飯，四時許散。與陳其田同回家，出地圖統計圖等
示之。

整理《山海經》卡片，至十一時，未畢。

今午同席：Prasak（捷克人）　Rahkit（印度人）　Ralinowitz 夫婦

（美國籍猶太人）　其田　振鐸　季明　予(以上客)　文藻夫婦(主)

履安今日偕自珍到城內游玩，宿王姨母處。

夜得于海晏君電話，悉熊正剛君于昨夜逝世矣。追想同游，曷勝慨嘆，彼身本不強，而此次之病，由我囑其作文而起，于我心甚不安。

一月三號星期三

讀《機械時代》畢。理《山海經》卡片，畢。

到博晨光家吃飯。三時半散，與希白夫婦同歸。槃庵兄弟，光信，晉華，姚寶猷（建生）來。趙澄來。編《春秋戰國史》六百言，即送印。容女士來。

看《人類的故事》。記日記。

今午同席：季明夫婦　希白夫婦　東蓀　予（以上客）　博晨光夫婦（主）

未放假前，本來豫備在這三天內做些事，但赴了兩次宴會，開了一次會，賀了一次喜事，會了十餘客，三天也就很快地過去了！

一月四號星期四

讀《社會革命》，畢。豫備功課。

到校，上課一小時（周民族之崛起）。到哈燕社。到振鐸處。

整理《山海經》材料入《禹貢》，備比較。

一月五號星期五

讀《大解放》畢。寫郭竽女士信，爲熊仁卿追悼會事。

讀畢注《山海經》，鈔材料。吳文祺來，長談，爲寫玄同信。嚴群來。李濂與許維遹來。

紹虞來。

一月六號星期六

讀《科學時代》畢。其驤來，送文稿。趙澄來，爲寫叔平先生信。宴客，至三時散。

讀畢注《山海經》，鈔材料。丁君來。容女士來，留飯。

今午同席：韓懿德女士（教予《聖經》）　林耀華先生（教予社會學）　陳觀勝先生（教予西洋史）　譚誨英女士及其弟及寄梅　吳世昌先生（以上客）　予夫婦（主）

一月七號星期日

編《海內外經》付印，訖。聞太太來。

振鐸來，談印《九通》事。開始草《山經》跋文千餘言。

連日讀《山海經》頗有新見解，將作爲長文以跋之，乘考試時發與學生，使之知治學方法。

一月八號星期一

讀《藝術》，未畢。草《山經》跋文二千餘言，即付印。

安宅來。容女士與李書春來。李素英，鄭侃燃及世昌來，開會討論編輯中學國文教科書事。至八時散，留飯。林松年來。紹虞來。

一月九號星期二

讀《西部歐洲史》之第一章《歷史觀念》畢，由陳先生教。希白偕文理來，談閩事。

續草《山經》跋文二千餘言。野鶴來。曹覲虞來取沈勤廬存物，作長談。到合作社剃頭。

書春來，商宴北平圖書館同人事。

一月十號星期三

讀《野蠻人侵入前之西部歐洲》，未畢。楊毓鑫女士來。理講義。

到希白家吃飯，未畢，即乘一時半車進城，遇趙紫宸。到書社，晤士嘉，殿英。到北大上課二小時（《注疏》跋，周民族之崛起）。晤季忱，讓之，晋華，泉澄等。

乘六時半車歸。到容家吃夜飯，談至十時許出。

午晚同席：陸宗騏　陳明淑女士　煨蓮　季明　文理　張克剛　予（以上客）　希白夫婦　八爰（主）

陸君爲廣東高州人，陳女士爲廣西貴縣人，將在平結婚。他們是容女士之廣西省黨部同事。

陸君著有《怎樣發展中國人之生產能力》一書。

一月十一號星期四

續讀昨課，仍未畢。續草《山經》跋文。作《技術觀摩社徵求社員啓》二千言，畢，即付印。郭笒女士來。侃嬔來。煨蓮，季明，希白，八爰來開會，留飯。

續草《山經》跋文一千餘言。石兆原來。紹虞來談。

到季明處吃夜飯，談至十一時歸。

今晚同席：文理　煨蓮　克剛　予（以上客）　季明（主）

《技術觀摩社徵求社員啓》，安宅草好已一月，予竟未能改作。今日以八爰將與陸君夫婦同赴京，强迫重作，對客揮毫，居然寫成。

一月十二號星期五

編講義。與履安等到中央飯店，賀陸陳婚。十一時入席，一時許出。

趙惠人君來。作上中央黨部及內政部文二通，請求將通俗讀物社及技術觀摩社立案。寫惕吾，綴英，君武信。編講義二紙。肖甫來，留飯。

與履安到張克剛家吃飯，七時往，九時半歸。歸後整理容女士帶京之件，至十一時半始畢。

今午同席：煨蓮　季明夫婦　克剛夫婦　希白夫婦　予夫婦兩位陳君（以上客）　陸宗騏夫婦及其母（主）

予爲證婚人，煨蓮季明爲介紹人。

一月十三號星期六

終日草《山經》跋文三千餘言，畢，即送印。

劉樹村來。林耀華來。李子魁來。耿貽齋來。

早眠。（九時睡，但上午三時許就醒了。）

耿貽齋經理金利書莊，營業甚不佳，月賠數十元，而其人又非積極奮鬥之人，既無望，即令停閉。今日將此店盤與彼，計二百元，分四年還清。

《山經》跋文之材料在種種忙亂之中，整理一星期，寫作一星期，于今完畢矣。約一萬字，可以自慰矣。即此可見予如不教書，尚能作文。

一月十四號星期日

草試題三十條。聚古堂書估來。李延增來。寫李仲九信。

植新來。記日記十天。理書。理燕大北大兩校學生成績，未畢。

前日感寒頭痛，今日飯量不佳，以寒熱表量之，有微熱一度。本來今日到歐美同學會賀祝廉先喜事，夜間與引得校印所同人宴北平圖書館同人，以此皆不能去矣。大約所犯者是流行性感冒。

一月十五號星期一

李書春來。校講義。看燕大學生平日成績畢，且定分。理《漢志補注》鈔件。

張西堂來，留飯，爲寫孟真信。理所鈔《漢書・地理志補注》畢，裝入櫃中。校講義稿。

寫父大人，起潛叔，王雲五信。鄧嗣禹來，寫宋香舟信。

寒假中應作事：

(1)《崔東壁遺書》序　　　　　(2)《兩漢州制考》
(3)《獨立評論》文　　　　　　(4) 萬德懿集序
(5) 林培廬書序　　　　　　　(6) 通俗讀物社説明書
(7) 修改《五德終始説》一文　 (8) 清理積信
(9) 審核《尚書大全》付印　　 (10) 寄杭州書賬
(11) 將《吕氏春秋集解》還許君 (12) 介紹連楊兩君文與《東方雜志》

一月十六號星期二

理講義及考題。陳昌期來，付印講義費。譚女士來教英文，留飯。

到燕大考試。與素英，維亞，平樟三女士到我家，看地圖畫法，并談。

到紹虞處吃飯，同席爲朱和鈞，前尚公小學校長，談至十時歸。

晨五時許，夢跌在地上，兩腿不能行動，憤而作詩曰："身體年年弱，此心日以哀。"正欲續而耳畔有人問曰："密司譚在哪裹?"聞之更悲，遂醒。

近日以天寒足凍，故兩足跟俱痛。

一月十七號星期三

　　趙穀澄偕羅穀蓀來。理講義。張子玉來。寫侃孫信。書春來。乘人力車進城。

　　到書社。剃頭。胡鐵巖來談。到北大，晤幼漁先生，士嘉等。考試兩小時半。晤適之先生及季忱。

　　到站，待至六時半上車。歸，看卷即評定分數。

　　答應胡鐵巖君交亞東印書：

（1）元雜劇選——找出即寄

（2）元曲叙録——兩月後寄

（3）鄭樵

（4）論《紅樓夢》信札

　　　以上兩種暑假後交。

（5）歷代名人生卒年表

（6）紀元年表

　　　俟編。

（7）初高中國文教科書

　　　約一年半交。

一月十八號星期四

　　到紹虞處，鈔改《兩漢州制考》，約成七千言。

　　校所鈔《呂氏春秋集釋》。晤野鶴。趙瑩光與趙甘霖來。

　　李書春來。校所鈔《呂氏春秋》。

　　寒假中要多作文字，必不能在家。多客，一也。多電話，二也。看信看報，三也。四圍之物皆欲工作者，四也。決心到紹虞處工作，屏絶一切人事，居然寫得甚多，一日可抵兩日。

一月十九號星期五

　　到紹虞處，續鈔改《兩漢州制考》八千餘言。校所鈔《呂氏春秋》。

　　許駿齋來。

　　記日記四天。鈔北大學生考卷。

　　　今日大風，天氣陡寒。路絕行人。

一月二十號星期六

　　寫鄭傳熙信。到紹虞處，續鈔改《兩漢州制考》約一萬言。

　　到季明處吃飯。十時半歸。

　　　今晚同席：范任（中法大學教員）　煨蓮　季明　希白　予
（以上客）　文理（主）

一月廿一號星期日

　　收集作文材料。乘十時半車進城，在西四洗澡，到同和居吃飯。

　　與子植同到錫永家弔喪。到景山書社。乘四點半車歸，與紹虞
談。鈔北大學生試卷畢。寫注册部信，馬寶珠信。家昇來。

　　寫子植信，士升信。

　　　今午同席：沈昌　朱和鈞　劉子植　張昌紹　李璞女士　魏
秀瑩女士　予（以上客）　紹虞（主）

　　　今晚寫的馬寶珠信，是我第一次對于學生的嚴厲的訓斥。希
望北大頹敗的風氣，能得一些微的改革。

一月廿二號星期一

　　譚女士來，讀《藝術》畢。讀《殖民地之擴大與戰争》未畢。
續作論文約五千言。

　　理書。張全恭來。

　　宴客，九時許散。

　　　今晚同席：文理　李海文（廷魁）　煨蓮　希白　季明　書

春　克剛（以上客）　　予（主）

一月廿三號星期二

讀《殖民地之擴大與戰争》畢。讀《續漢郡國志》，記其制度之變更。

佩弦到紹虞處，相見，同出。

赴宴，十時歸。

今晚同席：李海文　希白　季明　書春　洪都　克剛　予（以上客）　煨蓮夫婦（主）

今日佩弦問我道：“是否你請了三個英文教員？”紹虞在旁，又道：“是否你要編中學國文教科書？”此等事予從不向人談，而人乃無不知者，爲之駭絶。我作事如何可以隨便！

一月廿四號星期三

讀《新世界》畢，《人類的故事》一册讀完。將《續漢郡國志》與西漢《地理志》比較，畢。

與紹虞到野鶴處。

赴宴，十時半歸。

今晚同席：海文　季明　煨蓮　洪都　安宅夫婦　予　書春（以上客）　希白（主）

《人類的故事》今日讀完矣。無論怎樣没有進步，這一册書總是讀完了，西洋史總算有一些印象了。

一月廿五號星期四

陳懋恒女士來，交論文。寫葉石蓀信。續作論文，修改前數章。耿君來。

初至紹虞處，無人開門，到廉先處談。到紹虞處。到野鶴處。

赴宴，十一時歸。

今晚同席：海文　煨蓮　希白　洪都　安宅夫婦　書春　予（以上客）　季明（主）

一月廿六號星期五

張子玉來。修改論文之前半篇畢。聚古堂人來。

紹虞夫人來。李素英女士來。嚴群來。

李子魁來。

今日以紹虞夫人來，郭氏屋仄，故仍在家工作。慮有客來，與光明易工作地。然那裏火爐太熱，故下午仍在自己桌子上做。

一月廿七號星期六

書春來。修改論文之後半篇畢，作第十一章，未畢。

石兆原來。肖甫來，送《書序辨》序稿，留飯，談至九時去。看肖甫稿。

晨夢見祖父逝世，父親大哭，予聞之亦悲不自禁，失聲而號，遂醒。噫，祖父之歿二十四年矣！

論文明日可作畢，約三萬餘言。

肖甫引古語云："善戰者無赫赫之功。"此言予當記，蓋如此始可免人之忌嫉，妨礙自己工作也。

一月廿八號星期日

續作論文，脫稿。趙澄來。

向奎偕張君及孫以悌來。修改肖甫所作《書序辨》序，訖。寫吳子馨信。林耀華來。蕭乾來。適之先生偕介泉來。

到文如處送商務合同。審訂馮世五所草畫報計劃。

林耀華君以將赴福建調查風俗，來作別。予此數月中當不讀社會學矣。

介泉多時不見，尖酸刻薄，一如往日。予與彼之情誼已若死灰之不能復燃，相見不如不見也。

一月廿九號星期一

寫立厂，向奎，仲嚴，孟眞，子植，皖峰信。理地圖。寫邱東平信。理書。丁君來。

到校印所送稿。答燕大當局所問教授法三十餘條。記日記九天。看楊成志《羅羅族》一文訖，即爲寄《東方》。

寫德坤，李聖五，敬文信。寫杭州書肆匯款信三通。

這十餘天來，完全爲作文而冗忙，書房裏的書亂得不成樣子，今日一清理，費去大功夫。從明日起，作《東壁遺書》序了。然而寒假只剩六日了，怎麼辦？決定請假一星期吧。

在家總不得定心，非但會客而已，電話，送信，也是麻煩。

一月三十號星期二

到校，讀《東壁遺書》，尋其思想系統。博晨光，韋君，劉毓才來談。

到清華，訪石蓀，行健，俱未遇。訪駿齋，戲漁，俱遇之。

葉石蓀來。校對履安所鈔《兩漢州制考》。

近日每夜睡六小時，甚準。

聞劉毓才君言，印度 Rahkit 君讀恒慕義所譯之《古史辨自序》，欲作一文介紹于印度學界。

C. Martin Welbur 中姓爲韋，美國人，來平學於華語學校，今欲轉學燕大史學系，欲研究井田制。

一月卅一號星期三

紹虞來道別。到研究所，寫錢玄同先生信，開《學報》支票。看《東壁遺書》（補上古——夏）。

文楷齋來。和記印書館來。改作《兩漢州制考》結論訖。看舊作《東壁遺書》序。寫楊鴻烈信。

與自珍到紹虞處送行，與肖甫同出。

年關將屆，非有六百元竟過不去，又只能向履安借了。從明年起，非必要決不買書。北平的書估實在太可怕了。

今夜大雪。

肖甫作《封氏聞見記》序，其論標點全襲予說（《東壁遺書》序稿），其作《書序辨》序，論《書序》非西漢古文家物亦襲予說，而皆不聲明，我現在要作《東壁遺書》序反而不能用了。

本月將許維遹之《呂氏春秋集解》、鄧之誠之《中華二千年史》介紹至商務印書館。鄭振鐸謂予："你何必介紹鄧書，你若自做一部中國通史，包你發財！"予自審無作通史之能力，而鄧書雖未盡善，究竟將《通鑑》、《通考》兩部大書讀得較熟者，何必壓住彼作以待我所不能期之新著乎！謝謝他，我實在無此發財之願望！

一九三四年二月

二月一號星期四

點讀《東壁遺書》序初稿訖。侃嬺來，留飯。重寫《東壁遺書》序五千餘言。

孫海波來。李子魁來，爲寫輔導會信。點履安所鈔《州制考》。書春來。

侃嬺當于五月中分娩，距今不過三月餘，士升又將割腹治腸。此半年中，夫婦俱與醫院爲緣，支出當然不少，而入款乃無幾。今日她托我設法，但社會窮至如此，恐終不易設法也。

培華欲請侃嬡任國文教員，以將婉謝之。李素英女士將往任。

二月二號星期五

寫陳觀勝，鄭侃嬡信。到哈燕社，看《東壁遺書》，記出其每段標名。與振鐸遇。

趙澄來。作《東壁遺書》序六百言。李一非來，同到島亭，煨蓮，季明來晤，談至二時半，送上車。予草通俗讀物社與百城書店之合作契約，交一非帶去。與高君珊遇。

王育伊，張維華，黃席群來。點履安鈔稿。

得容女士來書，悉技術觀摩社南京分社將于本月四日開成立會，她定于五日動身北歸。她真能幹，去了二十天便有這樣的成績。

通俗讀物社書如能由百城書店印，則此後社中只消擔任編輯費即可，省得多矣。此事由一非所介紹。

二月三號星期六

寫序文約四千言。

脣東表弟來，伴游引得校印所，留晚飯。

今日心奇蕩，實在此一月中之工作太勞苦了。決定從明天起，由我口述而履安書之。

二月四號星期日

履安聽我口述，寫序文四千言。

譚季龍來，同游校印所。嗣禹約往海淀斌泰酒店吃飯。歸，到嗣禹屋內小坐。予獨出訪振鐸。十時，季龍來，留宿。

今晚同席：譚季龍　周一良　予（以上客）　鄧嗣禹（泰

初）（主）　席中定出版《禹貢半月刊》出版計劃。

斌泰爲海淀老酒店，賣黃酒，有百餘年之歷史。

二月五號星期一

季龍九時去。點葉國慶文付印。履安聽我口述，寫序文六千言。到校印所。

二月六號星期二

看筆記，搜集序文材料。趙澄來，粘圓明園圖。

到校，上課一小時，討論辦《禹貢半月刊》事。唐立厂夫婦，希白夫婦來。海波來。

書春來。

二月七號星期三

令自明爲我鈔作文材料。文楷齋來。侃嬝來，留飯，看其所作《田單救齊》故事。

校《古史辨》中之《書序辨》序。

書春來。點子植《洪範疏證》付印。

二月八號星期四

張子玉來。續令履安鈔作文材料。修改序文一段。校呂思勉，欒調甫文入《古史辨》。

到校，開歷史教學法會。

容女士來。校梁任公五行文。

今日同會：高厚德　李瑞德　王克私　洪業　梅貽寶　吳文藻　予

容女士自南京歸，爲道在京所聞，健常爲人頗不老實，曾代理科長數日，即于名片印科長銜，從此自認爲科長。利用人時和人聯絡，不利用時即一脚踢開。聞之慘然。予此次晤彼，亦覺其頗有官僚氣，與七年前之一團血性者不同。政界本是洪爐，誰得自保乎？我不爲今日之健常悲，惟爲我十年來深銘于腦中之健常悲也。噫，此真我近來最劇之傷痛矣！

二月九號星期五

寫父大人信。開始重作《東壁遺書》序三千餘言。修綆堂來收書賬。

李素英女士來。

容女士來。

由他人代寫論文，決做不好，自今日起，仍自作。

二月十號星期六

續作《東壁遺書》序三千餘言。松筠閣來收書賬。

以中，子植來，留夜飯。以中宿吾家，子植宿希白處。

到引得校印所，開會，商所事至十一時許，章程通過，乃歸。

二月十一號星期日

與以中子植等談至九時半。叔信來，同到煨蓮家開會，討論技術社務。

牟潤孫來。定生來，同出，游朗潤園，送上車。傅述堯，雷肇唐等三人來。

看鄧文如《骨董瑣記》。

二月十二號星期一

讀《野蠻人侵入前的歐洲》畢。校《東壁遺書》序文廿五頁訖，即送希呂。文楷齋來。

　　寫希呂，定生，向奎，侃嬎，壽椿少達，逮曾信。豫備明日功課。

　　與履安赴宴，歸途遇紫宸。

　　今晚同席：吳雷川　曹義　吳文藻夫婦　梅貽寶夫婦　予夫婦（以上客）　祝廉先夫婦（主）

二月十三號星期二

　　讀《茄門人的侵入及羅馬帝國的破壞》。通學齋來收賬。豫備功課。

　　鍾雲父來。到校，上課二小時（《爾雅》九州）。安宅來。到哈燕社，與容女士談。到適樓，未晤韓女士。理物。

　　宴客。鈔英文生字入卡片。

　　今晚同席：趙肖甫　王大珩　吳樹德　盛健　錢惠長（以上客）　予全家（主）

　　本節所付書賬至五百餘元，出之于借貸，自以爲愧。囑僕人，明年不再納書賈。

二月十四號星期三（元旦）

　　續讀《茄門人的侵入》。續作《東壁遺書》序四千餘言。

　　廣順來。鄧嗣禹，周一良來。寫叔父處賀年信。與趙廣順，吳樹德及二女同游清華車站。

二月十五號星期四

　　續讀《茄門人的侵入》。改昨日所作文。寫北大注册組信，爲補試出題。

　　豫備功課。到校上課一小時（《釋地》九州）。

編《禹貢半月刊》第一期。李子魁來。

此爲編輯《禹貢半月刊》之始，想不到竟有些成就，延續至三年半，是則衆人依附之效也。一九七五年五月記。

二月十六號星期五

讀《茄門人的侵入》。續作《東壁遺書》序三千餘言。譚女士偕寄梅來辭行，留飯。

讓之來。士嘉來。素英女士來。寫葉石蓀信。

到大學會議室，商西郊村民春節同樂大會事。

今日同會：葉德光，蕭乾，宓賢璋，張德生，振鐸，文綽等十人。

二月十七號星期六

讀《茄門人的侵入》畢。與履安，自珍到譚女士處送行。改昨日所作畢。記日記八天。

續作《東壁遺書》序二千餘言。

二月十八號星期日

理去年所購書。趙叔玉女士偕廣順來，留飯。飯後同到馬季明先生處，送上車。肖甫來，留飯。

草《民衆讀物計劃書》。鄧嗣禹來。草印《史記》計劃，招植新來商之。

到希白家，開會，并晤張蔭麟。

二月十九號星期一

乘八時車進城，與世昌，譚女士，陳觀勝同游北平圖書館，看音樂戲劇展覽會。十一時出，到季龍處，晤之。到侃嬺處，亦晤之。到市場吃飯，買鞋。

到景山書社，到王姨母處，與履安同到贊廷叔祖處。談至五時許，出，到書社。乘六時汽車歸。與聞野鶴同坐。

豫備明日功課。書春來談。

　　得魯弟信，叔父除夕又吐血，醫生束手，恐將不起。魯弟之苦痛可知。

二月二十號星期二

續讀《教皇政治》。希白來。豫備下午功課。到校務長住宅訪適之先生，略談。

到校，上課二小時（《爾雅》九州畢，十藪）。到適樓，聽韓女士講《聖經》一小時。振鐸來。金啓疇來。許駿齋來，爲寫王雲五信。

校《古史辨》排樣。審核《五帝本紀》，《夏本紀》句讀。

　　暨南又有電來，邀予必去。然予有何法擺脫北平乎？哈佛燕京社之研究工作未告結束，一也。兩校功課在一年半內不能結束，二也。樸社無人照管，三也。通俗讀物社無人照管，四也。書籍無法他遷，五也。

二月廿一號星期三

續讀《教皇政治》。希白來，爲改其社刊序。乘人力車進城，路上讀英文生字。到孟真處，未遇。到季龍處，遇之。到書社。

寫暨南信。士嘉來。到北大，上課一小時。晤讓之，文通。乘人力車歸，六時到。

肖甫來，留飯。改季龍所作《發刊詞》。

　　單色畫幅，銅元一大枚一張，最能銷。所出兩張在廠甸售罄。明年新年，再不可放過此機會。

到北大上課，請假牌上，教員請假者甚多，學生到者亦寥寥無幾。暮氣如此，可嘆也。

二月廿二號星期四

讀《教皇政治》畢。植新來。改其驤《發刊詞》畢。到校印所。記日記五天。

豫備功課。到校，上課一小時（十藪）。到韓女士處讀《聖經》。

到大禮堂，招待唱大鼓書者，聽畢已十時半。

今夜開西郊村民春節同樂大會，到千餘人，唱杜泉等四曲。有一學生買畫千張，分散會眾。

二月廿三號星期五

讀《僧侶與茄門人入教》。看《孟子》及《定盦集》，選文十餘篇。續作《東壁遺書》序二千餘言（道家托古）。

耿長來來。趙惠人來。聞野鶴來。子馨，素英來，商編國文教科書事，留飯。

到梅貽寶家吃飯，十時半歸。

今晚同席：博晨光　楊開道　吳文藻　予（以上客）　梅貽寶　張東蓀（以上主）　為討論中國道德對于世界的貢獻。

二月廿四號星期六

續讀昨章，畢。續作《東壁遺書》序二千餘言（戰國秦漢間之辨偽）。到校剃頭。

賓四來。李子魁來。徐文珊來。寫傅孟真信。容女士來。

子馨素英來，同商編書事，十時去。

二月廿五號星期日

改履安所鈔《東壁遺書》序一萬五千言，即送去。寫魯弟，季龍，希呂，定生，欣伯信。校《禹貢半月刊》第一期畢，寫《編後》一千五百言。

李子魁來。

校《古史辨》第五冊下編呂樂兩君稿。

二月廿六號星期一

讀 Charles Martel，與 Pippin。寫志希信。到校印所兩次，送稿。草禹貢學會章程，訂閱單，封套，入會書等。雨亭來。

海波來。豫備明日功課。

搜集學生課卷充《半月刊》材料。

　　此次予決心做事賺錢，故身親若干瑣事。此爲孤注之一擲。如作此努力而猶無濟于貧，則不特予破產，即樸社亦破產矣。

二月廿七號星期二

續讀上章。豫備下午功課。

到校，上課二小時（《釋地》九藪畢）。到韓女士處讀《聖經》。到東大地趙宅吃飯，十一時歸。

　　今晚同席：吳宓　聞一多　葉公超　陳夢家　張東蓀　吳世昌　容希白　予（以上客）　趙紫宸及其女蘿蕤（主）

二月廿八號星期三

讀上章畢。坐人力車進城，到金城銀行取款。到書社，吃飯。草致各圖書館招訂閱《禹貢》書。

到季龍處。到北大，上課二小時（《釋地》）。寫讓之信。到書社，到士嘉處，未遇。到汽車行，晤周一良，徐寶謙等。

草《禹貢半月刊》廣告章程。李子魁來。

《禹貢半月刊》第一卷第一期出版。

《崔東壁遺書》序，雖寫得已不少，終以事冗，未能寫完。其後改題爲《戰國秦漢間人的造僞與辨僞》，交燕大《史學年報》發表，實半篇耳。予是時社會關係已多，不可能如初入燕京時之專心，予之性格，青年之趨附，時代之動蕩，三者各有其阻力，而壯年之光陰已去，勢不許其如願，思之憤懣！一九七五年五月記。

張文理，三一年九一八事變後到京。三二年下半年在燕大辦建設研究社至三三年底。三三年七月由南京來。八月在上海。三三年十一月李濟深陳銘樞在福建成立人民政府。三四年一月技術觀摩社在北京成立，參加者：張銓，李安宅，容庚，馬鑑，洪煨蓮，于式玉，聶崇岐。二月，派容媛到南京成立分會。六月，欲在紫竹院辦一黎明中學，花了千餘元，由趙豐田主其事，到十月正式關門。

一九三四年三月

三月一號星期四

讀 Charlemagne。豫備下午功課。

李安宅偕李牧師（作灤州影戲者）來。到校，上課一小時（《釋地》九府）。到韓女士處讀《聖經》。到振鐸處。

作《古史中地域的擴張》未畢。

三月二號星期五

讀上章。寫昨作畢，即送校印所。修改《兩漢州制考》，未畢，并搜集材料。

三月三號星期六

讀上章畢。爲肖甫改《東壁遺書校勘記》序，未畢。煨蓮來。佟樸來。

煨蓮偕文藻季明來。寫健常書。送勁修行。肖甫來，留飯。

今日季明要我寫健常信，問能與黃部長同到新疆否，適勁修將赴京，即草一函付之。然既寫之後，悲思紛集，心酸殆不可堪。噫，我真願終身不相見矣。

黃希濂，號佛生，大學出版社社長。

三月四號星期日

理書。爲肖甫改《校勘記》序畢。宴客。

槃盦，晉華，君樸，勞幹，李光信夫婦來。季龍來，同到校印所。五時半，客去。捷生丁君來。

寫懋恒，季龍，援庵，向奎，希呂，煨蓮信。

今午同席：葉石蓀　佩弦夫婦　陳懋恒　陳絢　士嘉（以上客）　予夫婦（主）

勞幹，號貞楢，長沙人，北大畢業，專治漢晉史。

三月五號星期一

寫讓之，季忱，定生，賓四信。讀《Charlemagne 的帝國的破壞》。雨亭來。爲楊毓鑫重作《藪澤表》，并作一《後記》一千五百言。到校印所送稿。

豫備明日功課。容女士來。點李延增文入《半月刊》，未畢。

書春來。

三月六號星期二

讀上章畢。豫備功課。希白來。記日記八天。

到校，上課二小時（九府，五方畢）。到韓女士處讀《聖經》。編《半月刊》。

到校印所。校《爾雅》講義八頁。

三月七號星期三

讀《封建制度》。修改《兩漢州制考》，未畢（約重作四千餘言）。寫吳春晗信。

今晨三時即醒，遂不能眠，計得眠四小時許耳。因此脚冷而頭暈。然有法子不工作乎！

三月八號星期四

續讀上章。豫備功課。到博家吃飯，談至三時出，到圖書館及容女士處。

上課一小時（《釋地》，野）。到韓女士處讀《聖經》。草《編後》，未畢。

到希白家吃飯，十一時半歸。

今午同席：X. Sickman　H. S. Creel　張東蓀　容希白　予（以上客）　博晨光（主）

今晚同席：梅貽琦　葉公超　聞一多　趙紫宸　洪煨蓮　張蔭麟　予（以上客）　容希白（主）

三月九號星期五

讀上章畢。到校印所。寫張南濱信。修改《兩漢州制考》，畢。又到校印所。

亮丞來。書春來。李子魁來。李素英女士，子臧來。張全恭來。鄧嗣禹來。記日記三天。

昨夜以歸太遲，不易入眠，至今日上午二時許，始以服藥得睡。然至六時許又醒矣。終日倦怠無力。

《兩漢州制考》，今日改好矣，總計約五萬言，精力幾爲用盡，不知髮又白了幾根。

三月十號星期六

讀《法國的進步》。草第二期《編後》，即付印。

牟潤孫來。校第二期，并重算前漢户口表，至十一時許始畢。

三月十一號星期日

與履安乘八時車進城，到皖峰處，到孟真處，到在君夫人處，并謁孟真之母。雨中到立厂處。到忠信堂吃飯。

乘二時半車歸。校《禹貢半月刊》第二期，畢。

技術觀摩社在予家開會。

今午同席：鮑□□　沈□□　季明夫婦　希白夫婦　予夫婦（以上客）　張亮丞夫婦（主）

今晚同會：容希白　張蔭麟　容媛　于式玉　李安宅　田洪都　張銓　聶崇岐　李書春　馬鑑　予（討論設立分社事）

三月十二號星期一

寫希吕，以中，侃孏，士嘉，孟真，季龍信。豫備明日功課。

草《漢書地理志所釋職方》，未畢。

三月十三號星期二

續讀上章畢。豫備下午功課。

到校，上課二小時（《釋地》）。到韓女士處讀《聖經》。

整理講義，準備明日事。

三月十四號星期三

　　乘八時車進城，與季明同車。到旭生處，送唱本等。到書社。到侃嬺處。到書社，吃飯。寫父大人，誨英，林松年信。

　　到季龍處。到大學出版社參觀。到書社，遇士嘉。到北大，玉年來。上課二小時。到適之先生處，同乘汽車到車行。到賓四處。

　　乘六時半車歸，車中與家驥同座。與陳軾（仙泉）同到校印所。失眠。

　　邱東平君不來，介紹陳仙泉來。仙泉，海豐人，文筆頗不壞。擬以通俗讀物社交之。

　　今日報載行政院會議，聘予爲故宮博物院理事。

三月十五號星期四

　　讀《中世紀的英國》。豫備功課。搜集“丘”的材料。寫子臧信。容女士來。

　　書春來。到校上課一小時（《釋地》畢）。到韓女士處讀《聖經》。到聞宅吃飯，談至十一時半歸。

　　今晚同席：雷川　季明　希白　振鐸　肖甫　予（以上客）在宥（主）

三月十六號星期五

　　續讀上章。寫持宇，春晗，駿齋信。續作《東壁遺書》序四千餘言。

　　孫海波來。與陳仙泉同到圓明園及朗潤園散步。

　　容女士來。

三月十七號星期六

　　續讀上章。寫家昇一良信。仙泉代作一非《劇本集》序，加修改。續作《東壁遺書》序四千餘言。修中誠來。子臧來。

侯仁之來。寫李一非信。肖甫來，留飯。

記日記八天。

　　近日頗升肝陽，胸膈又痛，甚不敢多寫，然又不得不寫，苦甚。

三月十八號星期日

修改昨作，畢。理書。

寫季龍，旭生，潤孫，晋華，芸圻，希呂，孟真，在君，希濂，玄同信。與陳仙泉到燕農園散步。

與仙泉到煨蓮處談，至十時歸。

三月十九號星期一

寫援庵，兼士，定生，殿英信。續讀上章畢。張西堂來，留飯。同訪海波，未遇。豫備明日功課。

盼遂，駿齋來，爲印書事同到燕京印刷所接洽。

搜集"丘"的材料。

三月二十號星期二

讀《十，十一世紀中的 Germany and Italy》。豫備功課。

到校，上課二小時（《釋丘》）。孫海波來。

搜集"丘"的材料。

三月廿一號星期三

續讀上章。草《説丘》一文略畢，約五千言。

改仙泉代作《武訓先生》，即寄去。盼遂駿齋來，并邀燕京印刷所經理陳昌期來同談。

馮家昇來。李子魁來。

三月廿二號星期四

續讀上章畢。改《説丘》一文畢，即付排。豫備功課。

到校，上課一小時（丘）。到韓女士處讀《聖經》。歸，起潛叔到。雜談。

到煨蓮處夜餐，至十一時歸。

今晚同席：吳其玉　吳甫　徐寶謙　張蔭麟　張印堂　容希白　予（以上客）　煨蓮（主）

三月廿三號星期五

讀《Gregory Ⅶ &Henry Ⅳ 的衝突》。理書。巡官來（爲《禹貢半月刊》）。宴燕大學生，飯後同游圓明園一周，到三八烈士墓，并到達園及朗潤園看圓明園雕刻。石兆原來，吳文祺來。

寫周予同，班曉三，鄭德坤信，爲《禹貢》事。

今午同席：李素英女士　吳維亞女士　鄺平樟女士　楊毓鑫女士　陳家驥　王振鐸　李子魁　侯仁之　起潛叔（以上客）予夫婦及自珍（主）

三月廿四號星期六

續讀上章畢。乘十時車進城，到青年會。與嗣禹同到聖經會購書。到東安市場。同到大牌坊胡同畢克家。

赴宴，至三時許，同到吉祥看戲。看《奇雙會》，《八大錘》兩劇。乘六時半車歸。

編《禹貢》。

今午同席：陳意及其父母　施美士夫婦　Mrs. Failands　陳意之堂姊　予（以上客）　Mr. and Mrs. Peake（主）

三月廿五號星期日

爲仙泉改《圓明園故事》。李延增來。寫吳維亞信。編《禹貢》第四期畢,即付排。

吳春晗來。寫孟真,殿英,賓四信。

技術觀摩社開會未成,到煨蓮,八爱,洪都,書春,崇岐。

三月廿六號星期一

讀《The Hohantanfen Emperors and the Popes》。寫季龍,芸圻信。張子玉來。校《禹貢》第三期。

孫海波來。豫備明日功課。校《禹貢》第三期。李滿桂,伍衛真兩女士來談民衆讀物事。

作《禹貢》第三期《校後》一千餘言。

三月廿七號星期二

續讀上章。校《禹貢》第三期。豫備功課。

希聖來。到校,上課一小時半(厓岸)。到韓女士處告假,聽希聖演講。畢,送之上車。

校《禹貢》第三期,到校印所再校。

三月廿八號星期三

乘八時車進城,車中與李榮芳談。到夢麟先生處。到張石公先生處。到王姨丈處。到書社。到季龍處。到團城赴宴。

到書社,寫適之先生,大學出版社信。到北大上課二小時。士嘉等來談。到適之先生處。到賓四處。鍾素吾女士來。

乘六時半車歸。與肖甫等談。

　　今午同席:黃膚白　王儒堂　蔣夢麟　黃晦聞　予(以上客)　馬叔平(主)　爲故宮博物院事也。

三月廿九號星期四

讀《Hohantanfen Emperors and the Popes》畢。趙惠人來。希白來。書春來。寫伯祥信。

季龍來。希白，立厂，思泊來。容女士來。看陳軾所作畢。到校印所。爲李伍兩女士寫紀念册。校《禹貢》第四期稿。

到校印所。寫元胎，香林，子馨，士心信。記日記十二天。

與伯祥書云：弟一到書室，就是研究與學習；一離書室，就是交際與辦事，要享受"休息"與"欣賞"的樂趣是絶對的無望。但弟自知，所以把生活弄得如此，實緣野心太強之故。弟之爲人，敢創造，肯負責任，常有前途的憧憬，常想用自己的力量改變環境，爲這目的所驅使，遂致有做不完的事。更不幸的，就是現在這時候，弋名奪利的人儘多，而真正想做事業的人甚少，使得我個人不得不兼任他人的事。因此，這十年中越來越忙。所可自慰者，就是用了十分的力量尚能有一二分的成功而已。

三月三十號星期五

讀《十字軍》。校《兩漢州制考》。草故宫博物院條陳。

思泊來。張鴻翔（藝汀）來。爲誨英女士寫橫披。許駿齋陳昌期來。寫季龍信。

王姨丈及膺東表弟來，留宿，談至十一時。

三月卅一號星期六

理書。校《禹貢半月刊》第四期。寫許道齡信。宴客。

飯後同到校印所參觀。到校務長住宅，招待教育部視察員劉英士，郝更生，陳可忠等。

朱士嘉君來，留宿。以兩夜眠未安，今日早眠。

今午同席：Rahkit　Ralinowitz 夫婦　Peake 夫婦　鄧嗣禹

朱士嘉　容女士（以上客）　予夫婦（主）

一九三四年四月

四月一號星期日

草《地圖底本》廣告。爲士嘉寫王雲五信。校《禹貢》第四期。寫希聖信。宴客。

飯後同游燕大校園及蔚秀園。

寫逮曾信。

今午同席：贊廷叔祖　叔祖母　和姑　起潛叔　鍾素吾女士
王姨母（以上客）　予夫婦（主）

在女校磅身體，予得一百五十磅，起潛叔得一百四十六磅，履安得一百〇三磅，鍾女士得八十五磅，足見予體非不强，特用心太過而致疾耳。

四月二號星期一

到清華，到許駿齋處。與王姨丈等同到鷲峰地震研究室參觀，吃飯。

飯後同上鷲峰，登其顚。下，在研究室小憩。四時出，游溫泉及黑龍潭。回清華，到葉企孫處謝借汽車。與王姨丈訪脣東弟未見，晤金君。

與姨丈同歸，談至睡。容女士來。

今日同游：曹勝之　李養冲　胡博淵　李善邦　顧功叙　謝
家榮　王姨丈

四月三號星期二

乘清華車，與王姨丈同進城，到平綏路局訪朱和鈞，到希聖處，牟潤孫處，到吳文祺處。

與文祺同到玉華臺吃飯。到靜心齋。到景山書社。到侃嬟處。返書社，到佟半樓處。乘六時半車歸。

到振鐸處，并晤李長之。

今午同席：劭西　半農　建功　受頤　既澄　萬里　覺明　昌群　冀野　文祺　予（以上客）　　振鐸（主）

今日建功半農見我，訝曰："髮何驟灰也。"到侃嬟處，又訝曰："兩星期前見你，髮還不至如是白也。"我真太忙了！

四月四號星期三

到陳仙泉處，定通俗讀物社發起人。班曉三來。

與履安起潛叔同步行到海淀，雇車游鬼子墳，釣魚臺，農學院，月壇（弘達學院），乘西直門小汽車歸。

肖甫來，留飯，談至九點去。

今日心臟發病甚劇，非休息不可，要我靜養是不能的。要同游，昨進城竟找不到伴，奈何！

四月五號星期四

廷芳介紹恒和印刷所宋良相來。張子玉來。校《古史辨》稿及《論語辨》。文楷齋來。

文藻夫婦來。寫許駿齋，容女士，李素英信。理物。

書春來。寫維華信。

今日與起潛叔決定，明日赴包頭，連帶游綏遠，大同等處。

四月六號星期五

編唱本劇本目錄。記日記七天。黃席群來。十一時吃飯，即上清華園站。

十二點上車，夜頗寒。

雨中啟行，過居庸關後晴矣。

四月七號星期六

整日在車看陰山。

六時到包頭，住宿南門內交通旅館。

到大街吃飯，在街散步。

包頭縣城之大，市街之盛，真是想不到的。

四月八號星期日

與起潛叔步出南門，問路到南海子，游禹王廟，坐黃河艇子，復步歸。往返約行五十餘里。

到東門外游轉龍藏。又步至西門。在前大街吃晚飯。

寫履安信，即付寄。

包頭土太鬆，今日風又大，每出游一次，歸來就是個泥人。本欲游河套，以風大，恐當日不能歸，故只坐小艇浮一次。

下午，關帝廟後酬神演劇，觀者甚熱鬧。

四月九號星期一

到平康里散步。到晉豐樓吃飯。乘十一時車離包，下午三時半到綏遠。

住綏遠飯店。到女子師範訪蔣恩鈿女士，未晤。游大招及錫拉圖招（延壽寺）。在大招前吃飯。寫一名片訪黃紹雄。

寫希呂，孟和信。周副官來。失眠。

蔣恩鈿女士，太倉人，振華女學畢業後，入清華英文系。去年清華畢業後，獨來綏遠任教。予去年從慕愚談話中知之。因起潛叔亦與相稔，故今日徑訪之。

到綏後天氣太熱，致出鼻血。失眠當亦由此。

四月十號星期二

蔣女士來，伴游新城，至省政府，教育廳，農場等處參觀。歸旅館，與蔣女士同飯。

譚在堂先生來，同出，參觀小招，五塔招，民衆教育館，圖書館，通志局等處。還館。

蔣女士在綏遠飯店設宴。

今晚同席：閻致遠（教育廳長）　莫淡雲（廳長夫人）

談在堂（省政府秘書）　起潛叔　予（以上客）　蔣女士（主）

予在綏遠飯店住十二號，據蔣女士言，即健常去年來時所住之室也。又謂彼已與健常結成姊妹。

四月十一號星期三

中府來。寫履安，冀野信。蔣女士與清華同學十二人來。同出，參觀民政廳，馬市，慶凱橋，到上三源茶館進茶點當飯。

乘騾車游青冢，在冢前照相，往返約五十里。歸途因風大感冷，步行十餘里。

到麥香村吃飯。九時許散。陳祖東來，寫信與李純健君，囑轉交。

清華土木系三年級來綏學生：黃強（贛）　汪鴻（浙）

鄭裕崢（湘）　宓祥楸（浙）　桂士圻（鄂）　謝錫爵（晉）

祝新民（豫）　閻振興（豫）　陳孔步（粵）　劉黼快（冀）　戴進（蘇）　陳祖東（浙）　［李純健（蘇）病未至］

今日東道主：霍世昌（耀五）——早點。蔣女士，樊中府，談在堂——晚飯。

四月十二號星期四

寫父大人，魯弟，文藻夫婦，夏瞿禪，譚詡英女士信。十一時上車，談在堂送行。

下午八時，車至大同，訪汝段長。雇車進城，住靖安旅館。

到醫院，訪李純健君。

原擬到大同後，乘長途汽車至渾源，游恒山。今夜到旅館詢之，乃知汽車不過渾源，游渾源者須雇騾車。一百二十里之地須走二天，游二天，回二天，共須六天。遂不得往矣。明日只得仍游雲岡矣。

四月十三號星期五

寫履安信。七時，乘轎車赴雲岡，中途在觀音堂休息，吃飯。以馬劣，至十一時始到。由警察所人引導，并晤閻植齋巡官，廣玉，廣義。

游畢，三時半登車，七時許到棧。

到興華春吃飯。

趙承綬之雲岡別墅已油漆好，甚精緻，屋內布置亦佳，甚歡迎學界中人往住。

四月十四號星期六

寫紹虞，南揚信。與靖安旅館之經理張順同出，游師範學校(前總督府)，華巖上寺，下寺，圓通寺，九龍壁等處。到濟南村吃飯。

坐人力車到車站，訪汝懷青，并晤汪第春。乘下午二時車到張家口，抵站已九點。

住交通旅館。到天津館吃飯。

今日所乘客貨車，窗無玻璃，底又爲鋼板，因此感寒傷風。

四月十五號星期日

到天津館吃飯。游張家口大街。寫履安信。乘十時車赴下花園，十二時到。

在中華源客店吃飯。雇騾車游涿鹿北郊磧口寺及雲臺觀，晤住持郭崇林。

在中華源吃夜飯後，八時半即眠。軍警來查夜。

四月十六號星期一

在下花園站附近游覽，因脫車，直待至十一點始上車，車上擠極。

在南口停車一小時許，五時許到清華園站，仍遇清華同學。即雇車歸家。

休息，早眠。

歸家，知叔父已于十四日逝世，予不悲死者而悲生者，蓋最苦者爲魯弟，俯畜已不足，安能仰事，何況尚有一弟二妹須供求學費用乎！叔父一生精明，而結果乃害魯弟如此，可嘆也。

四月十七號星期二

張子玉來。理書，物。寫魯弟信吊唁，并寄三十元作奠儀。

到校，上課二小時，講此次聞見及中國現狀。到韓女士處讀《聖經》。到陳仙泉處。到振鐸處。

延增來。容女士來。

四月十八號星期三

寫汝懷青信。乘八時車進城，到第一客館訪仲川，未晤。到書社，寫恩鈿，中府，贊廷叔祖，延增信。到侃嬡處。到北大，訪讓之，季忱。坐人力車歸。

仲川，國任偕彭，沈二君來。超英來。盼遂，駿齋，海波來。豫備明日功課。

到北大，知介泉已以父喪歸。聞起潛叔言，其父去年病，介泉歸，揭父之侵吞莊款于族中，族人遂組織委員會以管理之，而父遂破產。欲向介泉借二百元，亦拒不應。"大義滅親"，固可稱贊，二百元非不能出者，奈何亦吝之乎！

四月十九號星期四

張子玉來。豫備下午功課。田洪都來。

容女士來。編《禹貢學會會員》録付印。到校，上課一小時（五嶽）。到韓女士處讀《聖經》。

觀勝來。趙豐田來。

四月二十號星期五

倫八太，張太太來。編《禹貢》第五期，畢，即發印。到圖書館，選取善本書備陳列。

士嘉來。素英來，子臧來，留晚飯。啓揚來。惠人來。

寫健常信。

得健常信，知又來平，住西城孟端胡同廿三號，電西2794。日來以事忙不能來晤。

四月廿一號星期六

寫父大人信。校《兩漢州制考》。葛啓揚來。

編《禹貢》廣告。到校印所發稿。吳玉年來。打健常電話，未通。容女士來。李子魁來。

看譚超英女士文稿。

四月廿二號星期日

張子玉來。理書物。記日記半月。家昇來。

向奎來，同游校園。季龍來，校地圖。超英來，談論文。陳仙泉來。

補記日記畢。寫懋恒，和鈞，健常信。

接魯弟來書，謂叔父死後負債甚多，并九生叔亦不如。彼只得拚此一生，到遠處作事。

四月廿三號星期一

讀《十字軍》。寫西山，蜚雲信。審定《三皇考》及《五德終始説》兩文之一部分，付印，到校印所。羅雨亭來。

到仙泉處。寫容元胎信。孫海波來。王錫昌來。爲國文學會寫綢條。維華來。賀次君來。來陳仙泉。

預備明日課。

四月廿四號星期二

續讀《十字軍》，畢。趙惠人來。張子玉來。豫備功課。

吳文祺來。到校，上課二小時（《釋山》）。讀《聖經》。玉年來。子魁來。仁之來。

書春來。審定《三皇考》付印。

得健常電話，知今日即赴綏遠，一星期後還平。本約明晨往訪，今作罷了。

四月廿五號星期三

讀《中世紀之教會》。審定《三皇考》之一部分。雇人力車進城，到姚野浣處取《東壁遺稿》。到西單商場吃飯。到北平圖書館訪其驤，并晤蜚雲，覺明等。

到其驤處。到書社，寫玄同先生信。到北大，上課二小時（《釋
山》）。張靖華女士來。王守真來。士嘉來，爲寫雲五信。到賓四處。
爲人寫屏條四幅。校《論語辨》。

今日取得東壁稿本信札，大喜，遺書日出，物聚所好，真人
生一樂也。

侃嬺于今日舉一女孩。

四月廿六號星期四

續讀上章。寫謝家榮信。校《禹貢半月刊》第五期初校，即
送去。

容女士來。豫備功課。到校，上課一小時（《釋山》）。到煨蓮
處，同到李瑞德家開史系會。

到煨蓮家吃飯。

今晚同席：文理　仙泉　予夫婦（以上客）　煨蓮夫婦（主）

今日同會：王克私　李瑞德　鄧文如　洪煨蓮　予

煨蓮告我，牟潤孫在城內大罵我，謂我"野心太大，想做學
閥，是一政客"。噫，看我太淺者謂我是書呆，看我過深者謂我
是政客。某蓋處于材不材之間，似是而非也。

四月廿七號星期五

續讀上章，畢。理書。校《禹貢半月刊》第五期二校。作香林
書廣告。宴客。

寫閻致遠信。張公量，賀次君來，與同游校園。與素英，超
英，世昌同游延仁園，看海棠。遇曹義。

記日記三天。

今午同席：張文理　張克剛　煨蓮　希白　容女士　陳仙泉
起潛叔　世五（以上客）　予夫婦（主）

四月廿八號星期六

讀《異教徒》。再校《禹貢》第五期。到振鐸處，并晤君珊。
李延增來。

張徐兩女士來，留飯，飯後同出參觀學校。希白來。肖甫來。
與吳子臧同到女校一院參觀。張文理來，爲寫徐春圃，李一非信。
姚晋檠來，同到煨蓮處。晤王素意女士。

素意送物來，寫信謝之。祝叔屏來。張丙申來。

徐春圃女士，自九一八以後即加入義勇軍，于今三年。此次
以同志被捕，將其住址供出，只得易男裝逃出。當逃出時，袖鴉
片烟膏而行。如不幸被捕，即以此自殺，免致牽累別人。今日來
此，宛然一男孩也。

四月廿九號星期日

到校印所。以中來，長談。家昇來。到博宅吃飯，談至三時半。
王文濟來。寫魯弟，季龍信。王重民，傅振倫來。扞民來。家
昇來。

到煨蓮家開會。待履安等歸，看《穆天子傳》等，至上午一時。

今午同席：恒慕義　吳文藻　煨蓮　王克思　予（以上客）
博晨光夫婦（主）

今晚同會：王素意女士　煨蓮　希白　八爱　蔭麟　安宅夫
婦　崇岐　洪都　予

四月三十號星期一

續讀上章。寫朱和鈞信。

校《爾雅正義》，豫備明日功課。

孫道昇來。李子魁來。

晨夢健常與予談地理，時予在廈門，與之爭辯。

下午六時，得健常自城來電話，知已于昨日歸。此來當可住一兩月。

以兩日未得安眠，今日憊甚，飯後就睡兩次。

一九三四年五月

五月一號星期二

續讀上章。豫備功課。到東蓀處吃飯。

到校，上課二小時（《釋山》畢）。讀《聖經》。譚超英女士來。子魁，育伊來。理信札。

今午同席：司徒校務長　呂健秋　梅貽寶　趙紫宸　容希白楊開道　博晨光　予（以上客）　張東蓀（主）

五月二號星期三

與季明同進城，訪健常，談一小時許別。予到書社，勞貞一來。仲川來，同出到忠信堂吃飯。寫仲澐信。

飯後同到真光照相，到清源寺看丁香。仲川送予到北大，晤逮曾。出，訪建功，修中誠，恒慕義，均未晤。訪賓四，晤之。到士升處，未晤。到徐春圃女士處，晤之。坐人力車歸。

看譚超英論文。早眠。

健常所居，爲黃紹雄公館，獨居一院，庭中滿生花草，甚静謐。健常方讀宣統《新疆圖志》，草《新疆指南》。其攻苦力學猶不減學生時代本色也。

今午同席：仲川　起潛叔　世五　予　尚有二客（以上客）何殿英　王□□（以上主）

五月三號星期四

讀《Friars》章畢。豫備功課。安宅來。文如來。

爲安宅寫修中誠信。海波來。到校，上課一小時（《釋水》）。讀《聖經》。

修改《五德終始説》一文。

　健常之南京住所爲中華路五九七號。

　夢與健常商量斗斛之制。

五月四號星期五

讀《城鄉人民生活》。改《五德終始説》文。到校印所。寫王雲五，商務推廣科信。

到文藻處，與文藻夫婦，博晨光同進城。到半農處，同訪賽金花，邀至陝西巷鑫華番菜館吃飯。到王泊生家。雇車歸。

容女士來。記日記四天。寫季龍，石兆原，野浣信。

賽金花，姓趙名靈飛，於民國七年嫁江西魏金谿。十一年魏沒，從此閉門息影。今年已六十，容顏尚不衰。居天橋居仁里十六號，以男女二僕自隨，無子女。老境坎坷，所居湫隘甚。入其門，竟無坐處，因邀至番菜館談話，自述其身世甚悉。美人遲暮，爲悵惘者久之。

五月五號星期六

五時半起，料理行裝，七時，到校。七時半，汽車出發。九時許，車開，擠甚。十一時許，到琉璃河站，在站旁小館吃飯。

飯後分兩隊，予步，履安騎驢，四時到龍骨山。略息，即上山參觀洞穴。七時半歸，吃飯。

與裴文中等談話，到十一時就眠。

同游者：向覺明　賀昌群　李素英　酈平樟　吳維亞　容媛
王育伊　李子魁　王振鐸　陳家驥　侯仁之　侯碩之　黃兆開

趙□□　履安　起潛叔　李安宅　伴游者：裴文中　卞美年　賈蘭坡

五月六號星期日

四時半起，與同人商行止。七時吃飯，下山，趕赴車站，雖十時半到站，已不及上矣。即在站旁吃飯。騎兵第二師高政清副官長來談。

待車至三時，始有特別慢車自南來。車在竇店停半小時，在長辛店停一小時半，在西便門停一小時，直至九點始到平，即喚汽車出城。

在西直門外小鋪吃飯，抵家已十一時。

在站待車，見素英有白髮數莖，意頗憐之。

五月七號星期一

續讀上章。健常來，同到清華，訪袁希淵，并晤斯行健。歸，文理來。到振鐸處吃飯。

范任來。與健常參觀引得校印所。君珊來。健常乘五時半車返城，履安送之至校門。鄧嗣禹來。

宴客。

夜餐同席：趙紫宸夫婦　徐寶謙夫婦　呂健秋夫人（以上客）　予夫婦（主）

今午同席：文理　文藻　煨蓮　希白　予（以上客）　振鐸夫婦（主）

五月八號星期二

豫備下午功課。改石兆原代作之《影戲考》，寄文學社。

到校，上課兩小時。讀《聖經》一小時。

改《三皇考》。

游了兩天山，積擱的事情太多了，竟至不能上英文課。

五月九號星期三

校《古史辨》及《史記》。改《三皇考》付印。

乘一時半車進城，訪張石公先生。到北大上課兩小時。王守真來。李晋華來。

到新陸春赴宴，七時許吃飯未畢，雇人力車歸。

今晚同席：高步瀛　倫哲如　孫人和　劉盼遂　適之先生　玄同先生　胡文玉　趙萬雲　孫子書　張西堂　劉儒霖　劉半農　予等（以上客）　王有三（主）

五月十號星期四

校《古史辨》及《史記》。改《三皇考》付印。豫備功課。

到校，上課一小時。讀《聖經》。

與履安到君珊處吃飯，并游朗潤園。

今晚同席：健常　季明　余夫婦（客）　高君珊（主）

健常乘六時半清華車來，宿君珊處。今日健常在城打來了四次電話，先云早來，後云午來，又云下午來，又云不來，告以高家已豫備晚餐，乃以晚至。渠之性急，于此可見。

五月十一號星期五

續讀上章。爲傅述堯改所作文入《禹貢》，寫傅信。耿貽齋來。到李瑞德家吃飯（爲王克私餞行）。

世昌，素英來，觀予幼年作。

技術觀摩社開會，十一時散（討論編輯教科書）。

今午同席：王克私　鄧文如　李榮芳　煨蓮　亮丞　予　伍

英貞（以上客）　李瑞德夫婦（主）

今日文理伴健常游頤和園，予以先有李瑞德約，未能同游。七時，渠等歸，在我家晚餐。會散後健常仍宿高宅。

五月十二號星期六

讀《城鄉人民生活》畢。編《禹貢》第六期畢。修中誠來，談《呂氏春秋》。

與王振鐸，侯仁之，張全恭三君同出前門，游吳縣館及廠甸，乘四時車到通縣，到潞河中學看運動會，并游附近諸校。

謝書耕來談。到曹詩成家晚餐。劉學儒來談。

通州可稱爲中學區：省立者二，男師範，女師範；教會立者三，潞河，男生；富育，女生；美華，歐洲男女生。

五月十三號星期日

劉學儒君邀早餐，同游寶通寺，出城，訪李卓吾墓，進城，看燃燈佛塔。到寶興居吃午飯。李一非君來談。游運河，勝致禪林，呂祖祠，紫清宮。

乘汽車返平，到太廟吃茶。乘六時半車歸。

校《史記》。肖甫來。

自珍發熱已五天，證實爲出疹，不食已多日，人極疲倦。

燃燈佛舍利塔爲貞觀七年建。

自通州到北平，查車凡四次，都須走下來。

五月十四號星期一

讀《中世紀之文化》。寫文理信及綏遠介紹片。

書春，容女士來，爲取款事。校《禹貢》第六期。西堂來。書春來。鄧嗣禹來。

李滿桂來。校《史記》。

　　柏堅内兄于今日逝世。去年暑假返里，渠招我吃飯，謂人命不可知，或遂不能相見，今成事實矣。憶去年所見之人，若竹庵叔祖，詩亭太姑丈，殷岳母，叔父，皆相率長逝，人生如此其遽也！

五月十五號星期二

　　續讀上章。豫備功課。
　　到校，上課二小時。讀《聖經》。
　　校《禹貢》。校《史記》。

五月十六號星期三

　　續讀上章。改《三皇考》付印。
　　與履安同進城，到市場購物，訪王素意未遇。到書社。到仙泉處，并晤文理，春圃，葉審之。到侃嬫處，賀其生女，并晤士嘉。出，到季龍處，未遇。到適之先生處。
　　乘六時半車歸。到適樓講妙峰山。
　　在北海橋上，與健常遇。時黄一中君自南京來，到北平圖書館訪健常，同游北海也。予與履安往西，他們往東，嘻，其識耶？
　　侃嬫之女名僑思。

五月十七號星期四

　　續讀上章。葉審之來。校《史記》。
　　一時許，乘包車進城，到團城看莽衡。到地質調查所看周口店發見物。到歷史博物館。六時半歸。
　　容女士來。校《史記》。

五月十八號星期五

讀《中世紀之文化》畢。邵子風來。到校務長室，吃午飯。開哈燕社同學會。

徐春圃來。嚴群，林耀華來。校《史記》。李延增，克利爾，孫海波，容希白，李書春來。

孫道昇，馮家昇，葛啓揚，陳廷來來。

今午同席：Sichman　Borde　Creel　亮丞　文如　煨蓮　希白　東蓀　予　博晨光（以上客）　司徒雷登

自珍疹子漸隱，下星期可痊愈。

五月十九號星期六

書春來，同到校印所，校《古史辨》四十面。十時半，上汽車，到西直門車站，乘火車到三家店，遇克利爾夫婦。

一時，由三家店行，徒步上山，途中游莊士敦花園及仰山樓隱寺，七時許到澗溝，宿民家。

九時吃飯，十時上山，遇葉德光等。十二時下山，一時就眠。

今日本擬乘六時五十分車赴三家店，乃黎明大雨，遂不克行。至九時小霽，決乘午車出發。本加入者二十餘人，至此減至十三人，女學生無一往者。途中又遇雨數次，幸均不大。

同游者：王育伊　王錫昌　張維華　曲民新　吳世昌　趙肖甫　謝廷式　林垚　任永康　于道源　顧起潛　陳廷來　予

五月二十號星期日

五時起，早點後上山，到山頂吃飯，晤畢克夫婦及曹敬盤等。吃齋。八時許，由老北道歸，遇大風，在磕頭嶺下幾被吹倒。

下午二時許到矗各莊，雇汽車返校。五時抵家。看報。

到校印所，校《古史辨》及《史記》，九時半歸。

得父大人信，知叔父于廿六日開弔。又知父大人近日左手又復酸痛。父要我貼龍弟學費，予允貼年一百元，分兩期交付。

予雖月入三百餘元，但捐款已有五十元一月，又有畫圖員，書記等薪，月薪到手輒盡。

五月廿一號星期一

讀《百年戰爭》。校《論語辨》。到校印所，校《古史辨》及《史記》。

寫父大人信。到校印所，校《史記》及《燕京學報》。宋良相來。理書。

肖甫來，留飯。豫備明日課。記日記六天。

五月廿二號星期二

續讀上章。豫備功課。

到校，上課二小時。到崇岐處。讀《聖經》（馬太福音畢）。

到校印所開董事會，十一時歸。

五月廿三號星期三

乘八時車進城，到健常處，談一小時，同到北平圖書館，晤以中，季龍。到崇年處，到書社，到仙泉處。到以中處吃飯，并晤戴家祥，西堂等。

到士升處。到季龍處。到大學出版社。到北大上課兩小時。叔平先生來。王守真來，爲寫樹棠，適之先生信。晋華來。到書社，晤崇年及恒慕義。乘人力車歸。

葛啓揚來。編《禹貢》第七期。

健常來此後，每日到北平圖書館尋材料，予勸其專向邊防上着力。

　　聞健常言，黄一中君已與梁女士結婚，則予前所測爲不中矣。

　　聞晋華言，彼與素英爲堂兄妹，此前所未知者。

五月廿四號星期四

　　續讀上章。編《禹貢》第七期。劉廷佐來爲我家照相。宋良相來。兆原來。

　　豫備功課。到校上課一小時。讀《聖經》（使徒行傳）。張南濱女士來。

　　蕭乾來。到校印所校《史記》，至十一時許歸。

　　今晚吃飯時，得健常電話，知南京來電催歸，即于明日動身，聞之悵惘之甚。決明日停止工作一天以送之。

五月廿五號星期五

　　編《禹貢》第七期。讀《百年戰爭》，畢。與履安進城，到西四牌樓買物，送健常行，在彼寓中吃飯，并晤楊宜春，徐春圃兩女士。三時，同乘車到站，三時五分，車開。

　　到北大一院訪季忱，到圖書館訪子水。到夾道訪仙泉，未晤，到書社，寫仙泉信。到燈市口訪王素意女士。乘六時半車歸。

　　到校印所校《史記》。希白，書春來談社事。

　　健常此來，本豫備住二三個月，以作《新疆指南》，爲行軍之準備。現在軍事已中止，此書亦未成，而來平一月餘，曾未同游。

　　本約星期日同游團城西北文物展覽會及太廟鐵路物産展覽會，相差數日，卒乃不果，何緣之慳也！

五月廿六號星期六

　　讀《教皇及其會議》。標點蒙文通《論古水道與交通》。張子玉來。

補記日記十四天。到校印所，校《史記》及《三皇考》。

肖甫來，留飯。到校印所，校《三皇考》。

離愁别恨，抑塞盈懷。當兹陰雨，更覺難堪。甚欲一哭暢之，而惜予不善哭也。健常來此約五星期，凡晤七次。

我真忙死了，本月七日的日記直到今天纔記。這是以前所未有的。

自珍病後仍患頭痛，又以考近不肯休息，頗慮之。

五月廿七號星期日

乘八時車進城，到孟家訪瀚澄，未晤。到團城，看西北文物展覽會。晤裘子元，福開森，子植，希聖等。到書社，到陳仙泉處。乘十二時車歸。

鄧嗣禹來，爲寫宋香舟信。校《三皇考》三十餘面兩次，即付印。容女士來。

到季明家開觀摩社常會。

黄一中君近任内政部統計司長，有意邀健常任第一科長，渠以前與第一科長有芥蒂，改入編審會，今繼其職，有陰奪之嫌。又作科長，交際事多，開會必到，不如編審之較自由，故决不就。

五月廿八號星期一

續讀上章。理書。徐瀚澄夫婦來，留飯。飯後同游朗潤園，學校，清華，達園，蔚秀園。到大門送侃嬨。

君珊與宛真同來。

豫備明日功課。

徐瀚澄（義浩）爲二十年前社會黨老友，不見已十餘年矣。此次挈其夫人北游，寓其内姑丈孟心史先生家，今夜即赴漢口，將乘飛機至南京。渠夫人亦勇，有孕在身，肯作此長途跋涉，前日游西山，昨日游長城，甚可欽服也。

五月廿九號星期二

豫備下午功課。點《風俗通義·山澤》付印。書春來。日本嚴松堂書鋪主人來。

海波來。到校，上課二小時（《爾雅正義》畢）。讀《聖經》。與家人等照相。邀張西山到家校《禹貢》七期，留飯。

校《禹貢》。

五月三十號星期三

讀《教皇及其會議》畢。家昇來，爲寫介紹片。校《禹貢》第七期兩次，付印。校《三皇考》十六面付印。校《史記》。

到校務長室，見聶太夫人曾紀芬女士。

肖甫來，留飯。

聶太夫人爲曾文正公最幼女，二十一歲喪父，二十四歲于歸，今年八十三矣，精神矍鑠，似六七十歲人，所作字甚雄健，不類女子書。瞿兌之，其女婿也，來平宿其家。

五月卅一號星期四

寫裴子元，孫伯恒信。讀《意大利城市與文藝復興》。點《風俗通義·逸文》付印。李一非來，談民教事，留飯。豫備功課。

到校上課一小時（《風俗通》）。讀《聖經》。野鶴來。

寫紹虞信。到校印所校《史記》。記日記五天。

聞中央所以停止向新疆用兵之故，因盛世才探得此項消息，向中央表示，如中央軍要來，新疆立刻挂俄國旗。此可見新疆實際上已非中國所有，可嘆可嘆！

一九三四年六月

六月一號星期五

續讀《文藝復興》章。校《兩漢州制考》。

校《史記·項羽本紀》兩次，畢。馬叔平先生來。寫王素意女士信。

審核《古史辨》稿。

今日大雨，客來少，乃得專力校勘。

得健常五月廿九日書，知已安抵南京。并謂"數年來生活均聽命于人，無一刻是自己做人，思之惘惘。現在編審委員會已取消，職務或有變動，甚望能得一自己願作之事作之"。

六月二號星期六

理稿件。乘十時車進城，到素意處，到團城，赴故宮宴。

下午到中央研究院，晤中舒，貞一，大綱，君璞，素吾，晋華諸君。到景山書社，到仙泉處未遇，回書社，寫仙泉，陳立夫信。改通俗讀物社五月份報告。道遇王光瑋。在書社晤楊向奎君，悉孫以悌君投海死矣。

乘七時車歸。肖甫來。書春，文理來。到季明家。

今午同席：居正　陳立夫　黃晦聞　沈兼士　王覺之　予蔣夢麟　李潤章（以上客）　馬叔平（主）

近日胸前悶甚，實須停止工作，而無知不可能。奈何！

六月三號星期日

何峻機女士來。到洪宅開會商租屋事，即雇車到紫竹院看屋。下午一時半歸。草致總務長信。

以中來。到校印所校《三皇考》及《史記》。遇振鐸。

與書春履安同到季明家賀馬文訂婚。晤陳祖東。

今早同會：煨蓮　季明　文理　世昌　書春　八爰　予

紫竹院有屋七十餘間，年租僅二百元，可謂廉甚。

六月四號星期一

張子玉來。續讀上章。校《風俗通》講義稿，作跋語，約千五百言。到洪宅午餐，飯後伴客回家，并到希白處。

吳春晗來。校《史記·高祖本紀》兩遍，訖。到校印所三次。

今午同席：楊逢年　希白　八爰　季明　予（以上客）　文理　煨蓮（主）

六月五號星期二

續讀上章。寫裘子元信。豫備功課。

孫海波來。到校，上課二小時。讀《聖經》。到季明家開會。子臧來。

爲開辦中學事，到希白家開會，與洪亮同歸，留之宿。

今晚同會：葉盛之　陳常玉（葉夫人）　洪亮　張延哲　煨蓮　希白　八爰　季明　子臧　德光　豐田　予

六月六號星期三

乘八時車進城，訪崇年，同到書社。游公園，照相，在來今雨軒吃飯。分手別。訪賓四，未遇。

到書社，寫童丕繩，南揚，誨英信。到子水處。寫周炳琳信。到北大上課二小時。訪適之先生。士嘉來。

乘六時半車歸。校講義。

六月七號星期四

讀《意大利城市與文藝復興》畢。豫備功課。

石兆原來，寫景山書社信。到校上課一小時。讀《聖經》。林耀華來。張全恭來。校《釋名》，付印。

葛啓揚來。

六月八號星期五

讀《十六世紀開始時的歐洲》。編《禹貢》第八期。

到呂健秋處談一小時。編講義付印。與履安等到紫竹院，并參觀萬壽寺及育幼院，到海淀斌泰吃飯，十時半歸。

今晚同席：季明　子臧　超英　素英　八爰　觀勝　王錫昌起潛叔（以上客）　予夫婦（主）

又侯遠女士同游先歸。

六月九日星期六

裘子元來。希白來。停讀英文。編《禹貢》第八期。

到希白家開技術觀摩社會，四時許歸。素英，維亞來。

編《禹貢》。校講義。馮家昇來。

今日同會：張蔭麟　安宅夫婦　希白　煨蓮　洪都　季明盛之　洪亮　八爰　予

夢携《史記》排稿至健常處，欲請其校對，而彼已束裝將行，仍持以歸。

六月十號星期日

寫健常信。與履安，容女士乘八時車進城，履安到王宅，予與容女士同游鐵路沿綫物産展覽會。十一時半，予獨出，到殿英處。到半畝園吃飯。

與盼遂等談至三時別，到書社。到適之先生處。到同學會定房，到市場吃飯。遇建功，同到讀物社。

與仙泉同到豐田處，開會商通俗讀物事。并晤潘元耿及季龍。十時返寓，晤黃振鏞。

今午同席：高步瀛　劬西　吳檢齋　盼遂　唐立厂　予（以上客）　羅雨亭（主）

六月十一號星期一

續讀上章。乘七時車歸。張子玉來。作《釋名》跋付印。侃嬺來，留飯。

到煨蓮家，晤楊星川，及其子，又管祖祺女士，同參觀學校，三時別。點講義（序錄）付印。校《古史辨》。容女士來。

六月十二號星期二

讀《十六世紀開始時的歐洲》畢。寫君珊信。豫備功課。

鄧嗣禹來。到校，上課二小時（《釋名》，《廣雅》）。讀《聖經》。容女士來。誨英女士與子臧同來。駿齋來。

草考試題目。

六月十三號星期三

鈔考試題目畢，付印。讀《在新教以前之德國》。到校印所校《古史辨》。草《廣雅》跋一千言。校講義稿。

修緶堂來。到校印所校稿。陳立夫，祖東來校，陪同參觀，并同游頤和園，六時歸。理物。

宴客。草《爾雅》跋七百言。

今晚同席：譚誨英女士　觀勝　子臧　起潛叔（以上客）　予夫婦及二女（主）

六月十四號星期四

續讀上章。到校印所送稿送款。張子玉來。到哈燕社，晤博晨光，談社事。到校發試題及講義。記日記十天。

田洪都來。校《禹貢》第八期稿。隅卿來，同到校，參觀各處。到振鐸處。爲楊澄宇題黃山谷册頁。嚴群來。文理來。

到祝宅赴宴。作一年工作報告。

今晚同席：振鐸　季明　希白　野鶴　一謂　予（以上客）廉先（主）

六月十五號星期五

續讀上章。理行李。校《禹貢》第八期初樣訖。

獨携行李上紫竹院。文理來，送粽子。讀《爾雅》白文。

夜失眠。

六月十六號星期六（端午）

覆校《禹貢》第八期上半。文理與洪太太，王素意女士來。全希賢及石君等來。讀《爾雅正義》，搜集材料。

小眠。

點讀郝懿行《爾雅義疏》。

六月十七號星期日

讀郝氏《義疏》，搜集材料。編《禹貢》第九期。豐田與梁麟閣來。葉審之夫婦等來。

校印所趙君來，覆校第八期下半畢。康園長等來，必要借屋，予請其寫信致燕大同人，并保留十二間屋爲辦公所。

乘人力車歸，已八時餘。即將事件告季明。

六月十八號星期一

讀《在新教徒革命前之德國》畢。張西堂來。草《爾雅》跋文三千言。

孫海波來。容女士來。

爲紫竹院事，到季明處開會。十一時半歸，飲酒嘔吐，上午三時始眠。

　　今晚同會：季明　煨蓮　希白　全希賢　豐田　書春　予

六月十九號星期二

讀《路德與其反教會的革命》。草《爾雅》跋文三千言。

到韓女士處讀《聖經》一小時。歸，到希白處談紫竹院事。

維華來。續草《爾雅》跋文。

六月二十號星期三

續讀上章。續編《爾雅》跋一千餘言，即發印。

十二時許，乘人力車進城。到書社，到北大，考試二小時，晤王澄等。回書社，到季龍處，到侃甆處。乘人力車歸。

立厂來，留宿。校講義。

六月廿一號星期四

立厂至九時去。海波來。讀《路德與其反教會的革命》畢。到穆樓，發講義。到哈燕社，并晤振鐸。

到研究所，看北大試卷。振鐸來。李延增來。野鶴來。到韓女士處未晤。理書。書春來。宓賢璋來。寫徐寶謙，林耀華信。

馮家昇來。葉德光來。定燕大學生分數。

六月廿二號星期五

　　寫李瑞德信。讀《德國新教徒革命的經過》。續草《爾雅》跋文三千言。記日記七天。

　　到校印所。于海晏來。王明道來。葉德光，王汝梅來。

　　寫紹虞快信，爲聞野鶴事。開會。

　　　今晚同會：季明　豐田　八爰　予　商紫竹院事。

六月廿三號星期六

　　寫修中誠，葉德光信。作《爾雅》跋文三千言，畢，共約一萬五千言。全希賢來。

　　到校印所，發印。檢《水經注》。王汝梅，王若蘭來。鄺平樟偕龔女士來。

　　校講義稿。與履安到燕南園吃飯，十時歸。

　　　今晚同席：振鐸夫婦　予夫婦　陳蕙　陳意兩女士　龔蘭珍女士（以上客）　雷潔瓊女士（主）

六月廿四號星期日

　　六時到校印所送稿。八時許到穆樓，取齊，雇車到紫竹院，發講義畢，游葦塘對岸之僧塔。歸，吃飯。

　　飯後到萬壽寺及育幼院。出，吃茶。到五塔寺，又到大佛寺，以兵住，未能入。步至雙榆樹，吃茶。步至海淀，在北口吃飯。

　　歸已八時許。與起潛叔同到野鶴處。

　　　今日同游：（燕大）王育伊　李子魁　土振鐸　張全恭　李素英　侯仁之　（北大）許道齡　張璚　楊向奎　楊效曾　高去尋　張公量　賀次君

　　　同步歸者爲振鐸，全恭，素英及予四人。茗于小茶肆中約二小時，汽車中過者應嗤我們也。

六月廿五號星期一

寫季龍信。到吳雷川先生處。到君珊女士處。編《禹貢》第九期。

張公量來，爲寫夏樸山信。改李素英文。豐田偕葉審之夫婦來，留飯，并留宿。

爲中學事，在希白家開會。

鄭振鐸欲辭退在宥，假借選課問題掀起大波，而又欲拉我入旋渦，昨日得紹虞書，因于今晨謁雷川先生，道其事。

鄭振鐸係燕大、清華合聘之教授，又兼北大、師大兩校課，而心目縈縈，惟在得錢。到故宮搜集圖畫，編《插圖本中國文學史》，先發行預約，每部二元，得數千元。然以彼絕不用功，只鈔別人成編，稍變排列方式，他人之誤未能改正也。其第二册先出，吳世昌摭其中常識上之錯誤，寫成一文，投寄《新月》雜志，出版後送與雷川校長，故校長擬將彼辭退，清華、北大、師大中對彼印象亦不好，謂其不解平仄而講詩詞，對好的作品只能説：“偉大！偉大！”皆不支持之。乃彼又在校中掀起波浪，真所謂“人苦不自知”也！

六月廿六號星期二

與豐田及審之夫婦，希白等談。續讀上章。到校開教職員抗日會。到圖書館訪煨蓮。

啓揚來，爲寫謙之信。葉楚生來。趙豐田來。王有三來。書春來。改賀次君《山海經》文。王穎婉，令嫻來，與同游校印所。

編《禹貢》第九期。

六月廿七號星期三

理書。修中誠夫婦來，問予所編《漢代史講義》若干事。

宴客。李一非及李君來，爲寫孟真信。振鐸來。改賀文畢。肖甫來，留飯，請其診脉開方。

近日覺身體大不佳，眼紅，每晨醒來目爲泚封，倦怠無力，頭暈。請肖甫診脉，謂濕熱太重，病鬱積已數月，亟須清理。否則一月之後發出，將爲傷寒。因開方，囑四服。

今午同席：修中誠夫婦　王克私　煨蓮　子臧　起潛叔（以上客）　予夫婦（主）

六月廿八號星期四

讀《德國新教革命的經過》畢。到校印所送《禹貢》稿。在床看史氏《五嶽圖考》畢。李延增來。

嗣禹來。唐立庵來。石兆原來。仁之來。

今日爲自珍進城受中學會考之第一日，八時考，六時許須由燕京出發，因之四時即起。

今日倦甚，幾竟日臥床。終日未進食，腹悶痕。

六月廿九號星期五

讀《瑞士與英國之新教革命》。王輯五來。校《禹貢》第九期。子臧來，留飯。

季明來。振鐸來。鄧之誠來。子臧來。獨健來。肖甫來，留飯。校《禹貢》。

翁獨健君暑期住蔚秀園，其槐樹街賃屋空起，予因向之借用，取其近家，飯食可由僕人送來，而人不之知，可避喧以工作也。

肖甫今日爲予診脉，謂脉雖軟，正脉已現。晚間進挂麵一碗。

六月三十號星期六

續改李素英文。終日校《禹貢》第九期稿三次。

審查《清代學者尚書學論文目》（應王有三之囑）。冰心夫婦來。與獨健同到其寓所。容女士來。

趙泉澄來。

平綏路局長沈昌，號立孫，年壯力強，接篆以來，路務大振。今思編旅行指南，邀冰心任撰述。冰心遂一力邀予供給材料，約於下月五日同行。由路局備專車，供宿食，游二三星期。予暑期工作甚多，實不能往，且身體不好，亦不便去，而游覽興致無法壓下，遂應之。

我的忙
- 學術生涯
  - 燕大教授 / 北大講師 ── 上課及編講義，課外指導
  - 禹貢學會 / 《燕京學報》 ── 編輯及校對
  - 《史學年報》 ── 作文
  - 燕大圖書館 ── 購書委員
  - 哈佛燕京社 ── 委員，編書
- 社會服務
  - 通俗讀物編刊社 ── 主任
  - 技術觀摩社 ── 社長
  - 引得校印所 ── 董事
  - 黎明中學 ── 董事
  - 樸社 / 景山書社 ── 總幹事
- 名譽職
  - 中央研究院 ── 通信研究員
  - 北平研究院 ── 史學研究會會員
  - 故宮博物院 ── 理事
  - 北平圖書館 ── 購書委員會委員
  - 商務印書館 ── 大學叢書會委員

[原件]

敬啓者：北平黎明中學，原爲紀念五卅慘案，由北平學界捐資創辦；成立以來，已歷十年。惟因經費支絀，難期發展，燕京大學教職員同人以該校開創日久，規模悉具，自當力助發展，以竟前志，爰于西直門外借得某氏別墅紫竹院一所，重聘教員，增設課程，積極整頓，期于秋季正式開學。一切招生籌備事宜，諒爲社會關心教育者所樂聞也。

同人等深感于現行中等教育，大抵注重書本知識，於實際生活經驗多所隔閡。農家子弟之未受教育者，尚能戮力田事，爲國家工作生產；一入學校，便即唾棄耕作，不特以勞動爲可鄙，即按其所學，于農作亦絕少關系。馴至學校多一學生，田間失一青年，都市人滿，農村衰落。若長此不治，前途不堪設想。又念我國國防空虛，邊疆藩籬盡撤，近來政府雖亦倡導開發，墾殖西北，但尚未聞創設切實訓練此項人材之機關；顧瞻前途，隱憂彌甚。同人等秉此二旨，擬于本校注重兩點。

一、訓練學生到農村去之教育：（甲）于正式課程之外，同時養成學生耕耘，種植，養魚，畜牧之技能與興趣；體育方面，亦以划船，游泳，勞作等合于實際農村生活者爲主，力矯馬戲式的競賽，明星式的選手之蔽。（乙）儘量招收鄉村學生，免費施教。（丙）到鄉村去作教育運動，引起農民對于受教育之興趣。新校址離城六里，背河臨澤，以此種工作自任，自較城市學校爲方便也。

二、訓練學生到邊疆去之教育：（甲）授內地學生以邊疆的智識。（乙）儘量招收邊疆學生（必要時到邊疆去招生），加以特殊訓練。（丙）搜集邊疆材料，作具體的研究，引起學生開發荒服之興趣與實際從事之智識。（丁）聘請蒙藏文教員，設立蒙藏文課程，供學生選修。

本校接辦伊始，擬先設辦：（1）小學各級，招附近鄉村學生，免費教育。（2）初中一二年級，遵照部定章程，并增選修學科，以後依次遞升續招。（3）高中補習班，專爲有志升大學之高中畢業生而設。

本校此項計劃，純爲試驗性質。除上述農村教育及邊疆教育兩項試驗之外，課程方面，亦擬自編各種教材，注重學生人格之訓練及本國史地之指導，俾□者皆能高矚遠摭，成國家切實有用之材。惟同人等能力有限，經費支拙，此項理想計劃之能否完全實現，當視社會明達之有無贊助爲斷。用將本校成立緣起及將來期望縷述如上。倘蒙機關或個人慨予捐助，俾臻鞏固，則本校此後發展，胥拜厚賜，本校幸甚，社會幸甚。此啓。

一九三四年七月

七月一號星期日

編《禹貢》第十期。校第九期畢。紹虞來。豐田來。

季明來。于海晏來。到冰心家茶點，晤沈立孫，雷潔瓊等。與文藻同到 Snow 家。肖甫來。振鐸，文藻來。

子臧，素英，錫昌，家驥，振鏞等來。

今日飯量漸強。

七月二號星期一

洪都來。續讀上章。子臧來。野鶴來。全恭來，爲寫洪都信。叔信來。編《禹貢》第十期。

改作吳志順《評綏遠分縣圖》畢，二千餘言。家驥來。書春來。記日記十天。紹虞來。野鶴來。

到校印所送稿。開董事會，十一時歸，飲酒服藥而眠。

今晚同席：煨蓮　季明　洪都　希白　克剛　篠珊　叔信　書春　予　引得校印所此一年中，共做一萬四千元之營業，而予所經手者至七千餘元。此予之所以忙也。

自珍以中學會考初畢，即應慕貞女學入學試驗，太累了，今日初試即病倒。履安急進城視之。此兒身體太弱，可慮也。

七月三號星期二

續讀上章。乘人力車進城，到王姨母處。到蒙文通處。復回姨母處吃午飯。

冒雨到書社，寫許道齡，北大注冊課，牟潤孫，建功，王重民，劉半農，朱士嘉，楊向奎，傅孟真，余讓之，李晉華，王以中，譚其驤信。到仙泉處。乘七時車歸。

家昇來，修改其所作《研究東北史地計劃》，未畢。季明紹虞來。

七月四號星期三

讀《瑞士與英國之新教革命》畢。紹虞來。寫書春信。野鶴來。陳昌期來。

豐田來。嗣禹來。審核《五德説》一文付印。仁之來。書春偕洪都來，同到王贊卿家看屋。冀純修來。賀次君來。野鶴，紹虞來。

定游覽日程。子臧來，談風潮事。

履安今日歸，述其到參謀部後身王仲華處算命，謂其壽五十四，或延至五十九。予壽六十六，如此年大病不死，則可至七十一。又謂予此後十年爲全盛時代，今年即有財來，七八月間且將升官。五十二歲以後，雖衣食不缺，平平而已。又謂予命有五座火，故勇敢而性急，欲爲者必爲而不欲爲者必不爲。又謂此命非常命，靠予吃飯者甚多，當握大權。又謂不能積財，而人不信其不能積。惟較之父所積者，或且過之。又謂明年有得子之望，子至多二人。又謂予本三妻之命，以履安命亦硬，故不剋。——記此以待驗。（此人名甚高，不挂牌而城鄉婦女咸信之，不批命而命金須一元。）

七月五號星期四

讀《俄國的崛起》。送振鐸信索書。到在宥處，并晤紹虞，談風潮事。發《禹貢》第十期稿畢。士嘉與陳統（彥文）來。

海波來，同到校印所。士嘉來，爲寫叔平先生書。審核《五德終始説》一文二萬餘言，付印。校《禹貢》第十期。書春來。

到校印所送稿。

七月六號星期五

洪都來。寫素英信，送吳歌。理書。校《禹貢》第十期兩次。懋恒女士來，留飯。

嗣禹來。記日記四天。書春來。寫平伯信。

理物。校《禹貢》訖。與履安同到君珊處吃飯。九時半歸。

予十餘年來未完工作，頗有續完之望：

孟姜女故事考——全恭續完。

三皇考——向奎續完。

辨僞叢刊——肖甫續完。

吳歌集——素英編

妙峰山——于道源續

清代著述考——陳統，起潛叔

歷代名人生卒表——

七月七號星期六

七時與其田上清華園車站，八時開車，看《明史》等書。十二時，抵土木站。

飯畢，步行到土木堡，游顯忠祠。五時，車開，七時到宣化。到站長室詢明日游地。

昨晚同席：適之先生夫婦　振鐸夫婦　劉淑度女士　陳謹磐予夫婦（以上客）　高君珊女士（主）

同游平綏路者：吳文藻　趙澄　謝冰心　雷潔瓊　陳其田　鄭振鐸　文國鼐（Miss Wagner）　張宣澤（綏遠省政府諮議）予（凡九人）

七月八號星期日

乘人力車游宣化北門外龍烟鐵礦，天主教堂，恒山寺，鎮虜臺，藥師廟。

寫履安，書春，季龍信。游民眾教育館，王家花園，清真寺，朝玄觀，省立第二師範學校（彌陀寺），晤張校長等。七點車開，到張家口近九時。張校長耀（志廣）同車。

到日新池洗浴。

車上有電燈而不通電，因此，日間出游，晚間便不能工作。

七月九號星期一

乘省政府汽車游大境門外，及賜兒山。到下堡鼎豐樓吃飯，其田所請。

寫君珊，王雪艇，綴英，緝熙信。天太熱，在車休息，與冰心長談。游公園，朝陽洞，上堡新城，下堡舊城，怡安市場。

大雷雨，車漏。聽談鬼。

張家口之文化殆爲馬官和馬商之文化，此觀碑和扁而可知者。

上堡關帝廟塑像甚好，關帝騎馬側坐。

七月十號星期二

七時車開，本欲游陽高，以天雨路不易行而止。冰心來談。寫履安，父大人，魯弟，慕愚信。

下午一時半到大同。賀渭南王沛然來談。往訪汝萬青（懷新），未遇。回車，他來。

討論政治問題。

七月十一號星期三

同人進城游覽，予以工作（《古史辨》第五册）未去。賀渭南來談，并携其所畫地圖來。寫于鶴年，德坤信。

飯後上軍用汽車，先游觀音堂，次至雲岡，晤趙承綬司令。游寺中石窟一過。趙司令邀夜飯，飯畢，彼去。與振鐸，巨淵游雲岡堡及武州川。

宿雲岡別墅，到村中看新嫁娘。渭南講王同春開發河套事。

七月十二號星期四

審核《五德終始説》一文，獨留別墅。平大農學院教員王義路，王堯臣來游，即伴行。

趙司令來。游雲岡山上及上堡，并及附近各廟。寫履安信。

談戲劇問題。飲酒而眠。

王正（義路），山東安丘人，北平大學農學院林學系主任（林）。王善佺（堯臣），四川石砫人，農學院教授（農）。二君將往綏遠考察。

七月十三號星期五

審核《五德終始説》一文畢。獨往寺西尋去年發見之大茹茹可敦一碑，得之于寺外第三窟。適振鐸來，又同往觀。題寺中紀念册三段，冰心亦題三段。

喚工鑿開寒泉洞，登梯而觀。四時，整理行李下山。以半道逢雨，山水大發，車不能過。下山觀瀑，停半小時，再前進。又有許多地方車不能載人，乃步行，到八點始到站。

到興華春晚餐，冰心夫婦請。到電燈公司看電影，十二時許歸，到車即大雨。一時半眠。

今晚趙司令邀觀其抗日時所攝電影。又爲我們將游百靈廟，開黃紹雄巡視內蒙之片。在這片裏，看見健常五次，使我悲喜無從。

避雨之所爲漾堤橋。

七月十四號星期六

到城內雲華洗浴，并進點，渭南同行。回車，待至口泉，文女士等教打撲克。十二時，車開。

乘口泉支路車，參觀晉北礦務局之永定莊部分。四時，吃午飯，即易衣下礦。

八時回站，賀段長請吃夜飯，并晤趙司令。十一時歸。

礦中又黑，又悶，又熱，真是人間地獄。我們的生活真太好了！

今日文藻病，自口泉歸即睡，未進食。

到口泉之鐵橋亦衝壞，今日即徒步過壞橋，更換小車前行。

七月十五號星期日

雇洋車進城，游南門內南寺，東門外曹福廟（即北帝廟），及北門內天主廟，渭南伴游，歸飯。在北帝廟見在理教人之集會。

　　在車無事，寫適之先生信，題爲《旅行後的悲哀》，備刊入《獨立評論》，未畢。

　　夜半，車開。

　　《獨立評論》發刊兩年餘，適之先生屢囑我撰文，迄無時間寫。此次游歷途中乃得暫息，即走筆還此文債。

　　南寺名普化寺。

　　日來予將同行者之姓名作對，作一笑料：

陳其田——張之洞

吳文藻——李書華

謝冰心——張鐵臂

雷潔瓊——秦良玉

鄭振鐸——李鳴鐘

張宣澤——陳布雷

顧頡剛——陳獨秀

七月十六號星期一

　　早至豐鎮。在站遇沈立孫局長及汝懷新，賀渭南諸君，爲查勘水災西行。由站長鄭秉璋君導游豐鎮縣城及靈巖寺，在寺見在理教人之集會。與其田到西門外看胡麻及罌粟。歸飯。

　　寫《旅行後的悲哀》畢，凡四千餘言。覺得身體不舒服，服藥，就其田榻睡，發熱，未吃夜飯。半夜醒，已愈。

　　平地泉以西，大水中車軌橋梁破壞殊甚，只得返轅。

　　鄭秉璋，號禮南，安徽廬江人。

　　聞沈局長言，劉半農先生自百靈廟歸，即患回歸熱，已於前日死。同人聞之，心爲一冷，決定歸後打針而往。

七月十七號星期二

早至平地泉。傅作義主席來談一小時許。寫履安信未畢。

飯後由站長鄭文藻君同到公安局，派員導至老虎山，望全城，又至城內街巷閑步，參觀蛋廠。予又獨至西南城角，又導雷女士等前往。

晚飯後同出北門，看落日下景色。寫履安信未畢。

平地泉悉土屋。城外無田無屋，悉爲牧場。"天蒼蒼，野茫茫"，于是見之。以有牛馬羊豕之糞，蒼蠅極多。城中人約萬餘人，蒼蠅則當有一千萬頭，尤以蛋廠中爲繁夥，疑外人之不敢購也。民衆教育，此宜注意。

平地泉橋東圖書館乃有《古史辨》一二兩冊，僅一櫃書耳而有此，真奇迹矣。

七月十八號星期三

昨夜一時車開，醒來已過大同。車開甚快，不能作事，看振鐸所携《桃花扇》，略竟。

六時到清華園站，汽車已在待，即乘之歸。

洗浴。吳子臧來。

今日患腹瀉，即以受寒故。昨夜寒甚，以自己未帶被窩，車上毯子已不够暖矣。

七月十九號星期四

修改寄適之先生信付寄。季龍來。野鶴來。

眠二小時。審閱《三皇考》後數章，未畢。紹虞來。

與起潛叔談話。

今日倦甚，四肢無力，喉頭作嘔，又大便溏薄，一日四次。

七月二十號星期五

寫于鶴年，父大人，翁獨健，賀渭南信。理信札。林耀華來，編《西北地理》書目，留飯。

到引得校印所及其新屋。寫徐瀚澄，懋恒，張福全，陳百年，王雲五信。崇岐來。元胎來。子魁來，寫張子高信。

到容宅，與元胎，大槐，素癡等談，十時歸。

今日身體與昨日相同，然如何可得休息！

今日《大公報》有社論，論平民讀物，對于我輩工作極贊成，且主張應由庚款會補助，每年至少十萬元。

七月廿一號星期六

吳文祺來。安宅來，爲寫護士學校信。與獨健同到槐樹街屋。寫致大公報館信約三千言。

小眠。吳子馨來，留夜飯，并宿。請子馨代出清華試題。洪煨蓮，書行兄弟來。陳觀勝，譚超英來。安宅來。

子臧來。

七月廿二號星期日

子馨別去。審理季龍送來之十一期稿付印。士嘉來。校《古史辨》排稿。家昇來。豐田來。宴客。

士嘉來。寫素癡信。到雷女士處茶點。到文藻處談。

校《古史辨》。張克剛來。張宣澤來，留宿。看此次所攝相片。

今午同席：張宣澤　陳其田　文藻夫婦　雷潔瓊　文國鼎　趙澄（以上客）　予（主）

今日大便之色始由青轉黃，而溏薄不改。

今日下午同茶點：文藻夫婦　宣澤　其田　趙澄　林耀華　徐攡舜　鄭林莊　予（以上客）　雷女士（主）

七月廿三號星期一

到校印所。到槐樹街，改士嘉《方志目》序，寫士嘉，華秋，文通，立厂，季龍，讓之，和記，石公，素英，源遠，淬伯，德光，文理，瞿禪，篠珊，勁修，素華信。書春來。紹虞來。

到煨蓮家吃飯。與季明同到文藻處，又同到振鐸處。到李天爵家打防傷寒霍亂針，回振鐸處。

宴客。張宣澤來，留宿。趙泉澄來。

今午同席：梅貽琦　周詒春　王子文　馬季明　容希白　蔡一諤　吳雨僧　予　洪書行（以上客）　洪煨蓮（主）

今晚同席：希白夫婦　元胎夫婦　容大槐　張蔭麟　容八爰　起潛叔　聞在宥夫婦（以上客）　予夫婦（主）

七月廿四號星期二

到校印所。到槐樹街。續校《古史辨》稿五十面。記日記五天。士升來。

野鶴來。剃頭。到季明家開會，七時許歸。

校《禹貢》第十一期。

昨晨夢與健常同游西北，予與同室，睨其睡，彼一笑，予亦一笑，心大動。忽念予堅苦自持十一年矣，不能敗壞于今日，遂就別榻。繼聞他人皆捨我等而先行矣，一怒而醒。予久不夢健常矣，今猶如此，足知情之牽纏，至今未減也。

今日同會：季明　煨蓮　希白　八爰　蔭麟　洪都　式玉　安宅　書行　豐田　予

七月廿五號星期三

到槐樹街，修改致大公報社信畢。寫魏瑞甫，朱孔平，李晉華，梅貽琦，國防委員信。填國防委員會所發表。鈔清華留學試題。南揚來，留飯，同到校印所。余光庭來。

校《禹貢》第十一期，《古史辨》第五册。仁之來。素英來。胡傳楷來。子臧來，紹虞來。

與南揚同到容宅，并晤煨蓮兄弟。

南揚爲校其《宋元南戲百一録》，自今日起住吾家。

七月廿六號星期四

校《禹貢》及《古史辨》。王燦如來，談甚久，待雨霽，同到容宅，晤希白兄弟。同游朗潤園，歸飯。

飯後送燦如上汽車，與南揚同游蔚秀園。歸，編《禹貢》第十二期。

記日記。寫素英信。豫備明日進城諸事。

七月廿七號星期五

與履安，元胎等乘八時車進城，先到元胎什剎海賃屋，繼與希白元胎同到旭生先生處，并晤維鈞。出，又到元胎處。到書社。到華秋處，并晤春圃。到剛主處，未晤。到侃燹處，晤之。到燦如處，晤之。

到中央研究院，晤晉華，往仿膳吃飯，晉華同去。到中山公園水榭，開通俗讀物會。出，到士嘉處，未晤。到校友會，住宿。

到市場東來順吃飯。回會，與孟先生談，看《約伯記》。夜，失眠。

今日同會：徐旭生　范文瀾　孫子書　吳子馨　謝剛主　王以中　劉子植　容希白　李一非　王守真　張□□　李天夢　何定生　趙豐田　陳華秋　陳常玉　徐春圃　佟樸　馬□□　胡文玉　結果，分頭捐款，討論章程，選舉職員，是爲讀物社正式成立之第一幕。

七月廿八號星期六

早起，到太平倉待紹虞，同到適之先生處，并晤子水，從吾，孟餘等。出，到書社，到張石公先生處，吃飯。

飯後到菖蒲河，訪胡政之，晤之，談銷唱本事。出，訪何殿英，不遇。到忠信堂賀士嘉喜事，作證婚人。禮畢即乘汽車與紹虞，洪都夫婦同歸。

洗浴。到李天爵大夫處打防霍亂傷寒針。

今午同席：謝季華（家榮）　希白　予（以上客）　石公（主）

大公報館經理胡政之先生甚肯代銷通俗讀物，小本經記處經理卓君庸先生亦然，前途甚有望。

七月廿九號星期日

編《禹貢》第十二期。張子玉來。九時許覺身體不適，遂臥，熱度甚高，蓋反應也。

看明人小說《雙美奇緣》，畢。

爲游覽而打針，爲打針而病，興致之豪，殊自笑也。

七月三十號星期一

陳華秋來。終日臥床，未起，看沈玄珠《子夜》，畢。季明來。紹虞來。

李書春來。植新來。李子魁來。

容女士來。趙肖甫來，長談。

昨日未進食，今日吃粥及挂麵。

七月卅一號星期二

起床。馬培棠，胡福林來。懋恒來。爲懋恒寫孟真信。陳源遠來。賀次君，陳文馥來。

理書桌。校對《禹貢》第十一期。

聞在宥來。

今日履安進城爲元胎家購物，以下午大雨未歸。元胎夫人爲履安第一好友，故昨日一來電話，今日即去。人生不可無安慰，履安有安慰矣。

臥床二日，身體甚疲弱。

予自己分析，覺得有長點三：湖南人的感情，廣東人的魄力，江蘇人的才智。有了這三項實在可做大事業，但不幸有缺點二：江蘇人的身體，家庭教育和私塾教育下壓迫成的態度。下一點不過不能發揚，不能在人前表白自己而已，上一點則成了我畢生的苦痛。我的失眠，就是感情强烈了惹出來的，已成爲不治之症了。受了一些刺戟，神經就震動不寧。一哭一氣，胸中便麻木欲絕。因此，我對於革命，對于戀愛，都有感情之火在燃燒，但爲身體所制伏，只得悄悄地退了出來，因爲我明知如果要做，只有一死，只有一個無益的死。只有學問或社會事業，能縠容我從容發展自己的才具，我就只得走這兩條路了。病榻無聊，思及此，因記之。

這暑假中，身體頗不好，時時病，真惱人！

神經有兩型，一興奮型，一抑制型。予蓋興奮多而抑制少，故不畏任事，感情衝動不能自已，然而究竟知識欲强，走上了專家之路，故亦能以理知壓倒感情也。　　　　一九七三年記。

一九三四年八月

八月一號星期三

到校印所發稿。到槐樹街校《學報》等。記日記五天。季明來，同到司徒校務長處商在紫竹院開教職員大會事。又同到紹虞處，到容女士處。修緸堂人來。

希白與顧登爵來，與他們及南揚同到紹虞處接洽。與南揚游朗潤園一周。校《禹貢》第十一期畢，到校印所。寫劉廷芳信。倦甚，小眠。

寫張克剛信。容女士來。子魁來。與南揚及起潛叔談話。

司徒校務長擬在紫竹院開會，此正爲黎明中學作擴大宣傳也。

八月二號星期四

到槐樹街，將此次游西北，去年到蘇杭的日記鈔上簿子，及一月餘，尚未畢。

小眠，鄧嗣禹偕某君來。到校印所。到司徒校務長處，同上汽車，到紫竹院參觀房屋。他去後，開董事會。七時許散，八時半歸。校另件。

今日同會：馬季明　田洪都　楊星川　趙豐田　予　決議再向銀行借五百元，籌備開學。

八月三號星期五

到槐樹街，校《水經注引地理書考》。校《古史辨》五十面。王輯五來。定通俗讀物批發章程付印。

乘一時半車進城，到書社，寫李晉華，張石公，王輯五信。到陳仙泉處，寫卓君庸，何定生，張宣澤信。到侃嬺處。到元胎處。

到東興樓赴宴。乘九時清華車歸，遇黃子通。

今晚同席：鄧文如及其子女　陳源遠　譚季龍　謝興堯　俞大綱　起潛叔　吳子臧　予（以上客）　鄧嗣禹（主）

八月四號星期六

書春來。到校醫室打針，冒大雨往。爲南揚等寫字若干幅。

宴客。

　　校《禹貢》第十二期。子臧來，修改《黎明中學捐啓》。

　　宴客。張抱橫來。

　　　今午同席：譚季龍　吳志順（以上客）

　　　今晚同席：黃子通　紹虞　野鶴　南揚　起潛叔　子臧（以上客）

八月五號星期日

　　到校印所，并晤容女士。寫陳常玉信。爲《中國新報》作《民族英雄王同春》八百言。李滿柱女士來道別。到振鐸處赴宴。并晤廷芳。

　　歸，小眠。羅根澤來。乘人力車進城，賀孟真結婚。與通伯同出，到青年會。九時，乘清華車歸。

　　　今午同席：振鐸夫婦　文藻　希白　其田　予（以上客）

　卓君庸（主）　　爲通俗讀物編刊社事。

　　　今晚所遇人：適之　兼士　寄荃　心史　寅恪　兌之　物華
平伯　彥堂　孟和　奚若　聖章　旭生　介泉夫婦　受頤

　　　打針後雖不病，然倦甚。

八月六號星期一

　　校《古史辨》。校《禹貢》第十二期。寫旭生，燦如，景山信。修緪堂人來。耿貽齋來。

　　小眠。葉德光來。豐田來，長談。孫海波來。

　　草《編後》一千三百餘言。

　　　予兩文發表後，甚引起人的同情，足證救國之心人莫不有，特無人出而提倡耳。

八月七號星期二

續作《編後》畢，即送印。理物。寫春晗信。編《禹貢》第一卷分類目録。希白來。宴客。

到振鐸處。與通伯同游蔚秀園。送他們上車。嚴星圃來。

子魁來。校《禹貢》。到校印所。記日記五天。

今午同席：通伯夫婦及其女　文藻夫婦　振鐸夫婦　張宣澤　蔣恩鈿女士　南揚（以上客）　予夫婦（主）

八月八號星期三

七時，與起潛叔，南揚步行至清華園站。八時，車開。在車校《禹貢半月刊》第十二期最後校樣畢。

與潔瓊，宣澤談通俗讀物及黎明中學事。

與同人談話，試開手槍。夜半過大同，賀渭南來。睡眠不佳。

此次同行：文藻夫婦　其田　潔瓊　希白　振鐸　巨淵　宣澤　予　凡九人

八月九號星期四

九時到綏遠，在站晤樹幟，辛元，閻致遠，陸慶女士等，談約一小時，他們赴包頭，予等携行李至公醫院。

到古豐軒吃飯，宣澤所請。飯後到省政府謁傅主席。到舊城購食物。楊金德等來談。到綏遠飯店赴宴，亦宣澤所請。

飯後回院，傅主席來談，周秘書等來談。

今午同席：本團八人　索文林（省府秘書）（以上客）　張宣澤（主）

開發西北協會在張家口開會畢，來綏游覽兩天，故得相晤。

今晚同席：本團八人　曾厚載（省府秘書長）　周頌堯（建設廳秘書）　林超然（報社編輯）　陳崇德（樸民，聞喜人）（以上客）

張宣澤（主）

八月十號星期五

寫履安及父大人信。到公醫院，訪曹院長，參觀院舍。乘汽車游城內大招，小招，舍利圖招，五塔招。到綏遠飯店，赴閻廳長之邀。

到民政廳游懌園，回公醫院。常生耀君來談。到公主府，參觀師範學校。與希白同寫贈傅主席聯。參觀濟良所，晤袁塵影君。重到公醫院，訪曹院長談。

到傅主席家吃夜飯，九時半出。

贈傅主席聯：

重見文翁化蜀郡　共歌飛將鎮陰山

歸綏公醫院院長曹懷永（Tere Ange Verstraeten），比國人，來華已三十八年，隻手創辦此院。現在綏遠全省之醫院僅此一處耳。

今午同席：本團九人　楊令德　霍世休　王文光　常生耀（白有，豐鎮人）　閻秉乾（子剛，廳長侄）……（以上客）

閻致遠廳長（主）

今晚同席：本團九人　陳國楨（幹庭，集寧人）（以上客）

傅主席夫婦（主）

八月十一號星期六

四時起，吃飯，六時車來，即上車。車過蜈蚣壩後，上大青山，頗難走，同人皆下來走。十二時，抵武川縣，吃飯。趙巨淵病，請軍醫診治。

天大雨，不得進，在縣府坐待，與沈煥章君談話，看陸宗騄《怎樣發展中國的生產能力》一書。

夜飯後，到縣黨部借宿，與黨部人員談話，十一時眠。

今日所晤諸人：席尚文（宗周），垣曲人，武川縣長　賈世魁（耀斗），代縣人，黨部總部幹事　邱明星（炳如），綏遠人，中國大學學生　張鳳翔，黨部執行委員　高玉璧（子誠），武川人，黨部　張羨孔（時聖），武川人，建設局局長　侯昶（伯和），武川人，縣立第二小學校校長　白玉潤（俊霞），武川人，黨部

八月十二號星期日

八時半由武川縣開車。到鴻記休息，吃飯。

下午三時到百靈廟，先赴河東集義公。趙匯川，任俊青來招待，住入政委會之蒙古包。德王來談。

政委會諸職員來談。

此次同行：本團九人　龔裕如（北平人，在伊克昭盟阿王府辦事，翻譯員）　沈煥章（青海豐源人，班禪無綫電臺臺長）

此次所見蒙政會人物：亢仁（壽亭）北大畢業　任秉鈞（俊青）同上　胡克拔都爾（韓鳳麟，滌生）日本士官畢業　趙福海（匯川）俄國東方大學　康濟民（德敷）北平大學法學院畢業　包文昇（維翰）前蒙藏學校校長

八月十三號星期一

謁見德王。寫履安信。劉風竹來談。由趙匯川導游百靈廟。又到後山。歸飯。

飯後寫履安信，未畢。與康濟民等談話。到女兒山下，爲巨淵尋電影機件。德王就予等幕中設宴。

夜，聚談奏樂，唱歌。

百靈廟（廣福寺）毀于民初，十三年重築，并不偉大。

今晚德王所饗爲全羊席，將整個之羊進，先祭成吉思汗，餘切而啖之。此爲蒙古盛饌。

蒙古樂器有四件：一四胡，一馬頭琴，一琵琶，一笛子。其調有絶似內地之小調者，未知系由漢傳來，抑由蒙傳至漢也。

八月十四號星期二

乘汽車游康熙營盤，遺迹已無存。訪蒙古包一處。與希白共寫二聯贈德王及蒙政委員，又書一條幅贈趙匯川。寫履安信畢付寄。

與其田，文藻訪韓滌生，談軍事。德王請看跑馬，攢跤。

宴德王，飯後聽奏音樂。其田，德王，匯川，予，文藻相繼演說。十二時眠。

贈德王聯云：

萬里賴支華北境　十年喚起漠南民

贈蒙古地方自治政務委員會聯云：

并力早相歌有杕　同仇今又賦無衣

蒙人燒牛糞，實不臭，反有清香。

跑馬有兩種：一躍馬，馬身聳動，四蹄飛舉者也；一走馬，馬身極平，蹄向下馳者也。攢跤分兩組，各唱拉拉，乃各出一人互搏，不決勝負不止。

八月十五號星期三

六時半啓行，趙匯川，韓滌生等來送。經鴻記未停，游昭河之昭廟，并吃飯。訪蒙古包一處。

到武川縣，略停，晤縣長及黨部人員。經大青山，頗顛簸，冰心感疲勞。六時，到公醫院。袁塵影來。

在院飯後，到舊城雲華澡堂洗浴。

出門幾日，臉與手大黑，額角且脱皮。此因予不常在日光下作事，故皮膚太嫩也。

途中經過之昭廟名普會寺。

聞趙匯川言，健常去年到百靈廟，騎馬訪雲王眷屬，往返一百四十里。此間馬不易騎，彼乃有此勇氣，可佩也。

八月十六號星期四

今日他們游青冢，冰心夫婦未去。予與其田先至新城，到教育廳訪閻廳長，未晤。到建設廳訪周秘書，亦未晤。到墾務局，晤康秘書。游耶穌教堂及國貨陳列處。到舊城訪財政廳王文光秘書，晤之，并晤韓先生。與韓葆忠（子良）談綏遠事。

文光邀宴于華賓樓。出，至其家。出，到苟家灘訪玲玲。到平康里，訪華樂院之鑽花，及某院之菊清。出，到新城，參觀中山學院。到教務主任沈君家，并見沈夫人與王文光夫人，姊妹也。回至公醫院，得沈局長電，知繼母病重，即打兩電，致父大人及履安。

到古豐軒前樓吃飯。歸，傅主席及王靖國師長來。寫其驤，季明，亢壽亭任俊青信。到車站，打電與沈局長。

豫擬贈王靖國聯云：

屯田昔有趙充國，禦敵今之李貳師。

贈張宣澤聯云：

談笑莫忘綏察路，嶺奇應記大青山。

本定明日共去包頭，且游五原。忽得家電，繼母病篤，只得乘特別快車遄歸矣。與同人作別，悵何如之！

八月十七號星期五

四時起，結束行李，六時許同到站，送他們上車。寫袁塵影信。八時，他們上包頭車開。予出站剃頭，吃飯。乘十一時車東行。

在車看《慤齋年譜》，爲改正誤文，八十頁。遇東北中山學院尹芷升女士，談甚久。

在公醫院處，知綏遠之病，百分之七十爲花柳。昨聽王文光君談，綏遠一百家中有八十家是破鞋，有一條巷，三十三家，僅三家得持其清白。思之可怕。

八月十八號星期六

八時十一分到清華園站，雇車歸，知繼母已于前日酉時逝世。到司徒校務長，篠珊，季明，煨蓮處。紹虞來，肖甫來，均留飯。到會計課支薪。打電與父大人。

子魁來。士嘉來。士嘉季明送上車，王姨母到站送食物。三時零四分車開。

薄暮過天津，看報。

近日校中有一種空氣，要我任文學院長。予太喜做事，自應引起他人之招邀。然時間與精神俱有限制，安得以有涯之身而逐無涯之事耶！

自綏遠至北平三等車，特快，加臥票，計十三元六角。自北平至杭州三等車，特快，計二十七元八角。

八月十九號星期日

早至濟南，下午九時抵浦口，十二時京滬車開。長江輪渡，予初次經涉，甚有趣。

終日僅進餃子數隻，車中兩面曬，非常熱，渴甚而不餓。大便不下，又覺悶痕。兩夜幾無眠。

八月二十號星期一

早至上海，乘頭班車赴杭州，途中看當日報。十二點半到杭，來庚在接。到家，見父，又曾，姑丈等，具道繼母病狀。

洗臉，漱口，洗浴，始回復人樣。姑母來談。爲又曾寫萬里介紹信。

早眠。

繼母之病係叔父死後，父大人爲之料理債務，心中不忿，回杭後時與父大人吵鬧，鬱憤所致。加以今年天氣太熱，遂致不救。

又曾自蘇來辦理喪事。

父大人身上瘡瘤大愈，惟身體瘦削，大異從前，見之愁悶。

八月廿一號星期二

剃頭。寫王瑞生，宓賢璋，譚其驤，起潛叔信。寫何殿英信。

小眠。邵子莊來。張劍文來。

寫鄭曉滄信。自珍疾作，擾攘竟夕。

今日夜飯後，自珍覺不舒服，吐四次，手足發麻，哭聲尖銳，皆疑爲中痧，急到萬律師家打電話，招杭州醫院周海石醫生來，經其診斷，乃熱與食而非痧，其吐則胃疾也。人心始定，然服藥皆嘔出，不能受。

履安以在此與父大人終客氣，必欲予留。予心腸一軟，只得應之，特不知校中能允否耳。

八月廿二號星期三（頭七）

寫豐田，仙泉，起潛叔，世五，植新，煨蓮，讓之，向奎信。鄭曉滄來。開應發訃諸戶。

寫曉滄，萬里信。小眠。爲吳姑丈作挽繼母聯。看抱經堂書目。與姑母等談話。

和尚作焰口，頭七也。記日記三天。

爲吳姑丈作挽聯云：

以良姻同羈旅凡廿餘年，儉德持家，矜式永垂賢婦範。

自末疾至彌留不數閱月，塵寰撒手，愴悲忍看小姑顏。

今日自珍略愈，有熱，不進食，略飲茶。

杭州天氣之熱真可怕，常無風，即有風也是熱風，熱得一家中人都不想吃飯了。

八月廿三號星期四

樊漱圃來。到弘道女中，爲自珍入學事，晤教務主任黃亞秋女士。到三元坊買鞋。看張資平近作《時代與愛的歧路》畢。緝熙來。過七月半節，祀先。

小眠。萬里來。

洗浴。

張資平小説，量多而質薄，極易看，故極風行。予久無暇看，今日熱甚，無心作他事，遂以一日之力讀畢一册。

覽報，悉平綏車自十八日起又因雨冲斷路軌，交通被阻。

適之先生來電云：“吾兄望重一時，四方觀禮，望痛革俗禮，以爲世倡。”然今日之事權不在我，又何能從其言耶？

八月廿四號星期五

萬文淵來。寫李子魁，紹虞，八妹信。曉滄來。靈前作七月半節。

看《三民主義》。緝熙孟槐同來。王志明，張鑑文來。

洗浴。與自明同觀父大人所藏碑帖及秀野所刻書。

賴鄭曉滄君之介紹，自珍得入弘道中學，不經考試。弘道女學校長周覺昧，教務主任黃亞秋。

八月廿五號星期六

記日記十四天。將筆記簿中親友地址記入簿中。

看《三民主義》。小眠。寫杭州訃聞簽條。寫起潛叔覆信。

將去年蘇州日記鈔上簿子，未畢。

自珍今日起床，惟仍疲軟。

八月廿六號星期日

寫德坤，家昇，伯祥信。將去年日記謄畢。

寫北平及各處訃聞籤條約六百份。

今日始雨，天氣頗凉。

八月廿七號星期一

補寫訃聞籤條，檢齊付郵。

小眠。看小説《春阿氏》。寫世五，起潛叔信。

以瀉，延盛光遠醫師診治。

昨日星期，今日以孔誕放假。父大人邀王志明，張鑑文來，打了兩天牌，興致一好，精神自健，惜我等未能伴之耳。

予兩日來泄瀉七次，開吊期近，深恐不克行禮，因延醫療治。醫費六元，藥費三元四角，病真生不起！上次自珍病，醫費十一元。

八月廿八號星期二

瞿禪來。寫弘道女學信。看《春阿氏》小説畢。廷棫，公量，童書業來。

小眠。公量來。

與又曾談話。

春阿氏一案，係清末北平之大疑案，予久聞其名而未悉其事。此次履安南來，帶有此小説，因得一讀。此册雖寫得不見佳，但甚足以提出社會問題，蓋案中人無一存害人之心者，而結果乃各成害人之行爲也。

夜雨甚大，雷電交作。

八月廿九號星期三（二七）

補寫訃聞籤條。看父大人所購書籍骨董。姑丈家全家人來。

黃仲憲（立）來。吳翔林來。

算賬。看《嵩庵閑話》。

今日又曾回蘇，禮物使力由我開銷。

八月三十號星期四

寫賓四信。記日記四天。寫季龍信。寫讓之，豐田信。終日開銷腳力。

看《西河詩話》等書。看小説《她》。

與父大人談話。洗浴。

今夜突寒，臥席太冷，又感寒致疾，喉痛作怪，傷風矣。

八月卅一號星期五

終日開銷腳力。寫晉華，素英，侃嬑，子臧，道齡，覺明，士嘉，廣智，春晗，希白，書春信。將《燕京學報》稿整理，寄希白編十六期。

理後日帶歸物。

據父大人估計，此次喪事應需一千五百元左右。杭州約用六百元。

予在平工作，年來愈弄愈多。精神有限，時間有限，金錢亦有限，長此以往，將成不了之局。趁此居喪，請假半年，一來借此讀書，二來亦可試一試他人的能力。今將各事委托人記下：

（一）學校“古代地理沿革史”課——譚季龍

（二）《禹貢半月刊》編輯——譚季龍

（三）又　　　　　　　發行——朱士嘉，起潛叔

（四）《燕京學報》編輯主任——容希白

（五）通俗讀物編刊社主任——容希白

（六）中學國文教科書——侃戇，素英，子臧

（七）黎明中學——趙豐田

（八）技術觀摩社——洪煨蓮

此次如能在杭留半年，必當讀：《左傳》，《史記》，《新舊約》。必當編：《禹貢半月刊》，國文教科書。

一九三四年九月

九月一號星期六

六時許，到華藏寺開吊。到客約二百人，吃飯十一桌。跪謝之暇，看《三民主義》。

三時歸，行回神禮。行點主禮。

行伴宿禮，燒更香。

杭州喪禮，遠較蘇州爲簡單。要和尚受望高斗齋圭，要道士做授録，均辭不能爲。回神（即賫回）之日，即是開吊，亦無延遲至五七之事。

九月二號星期日

一夜未眠。三時寫蔡一諤，起潛叔，容希白信。五時半，靈柩發引，路祭兩處（一鹽商，一司中同事）。七時到站，予奉木主回寓安置後回站上車，與樊漱圃談話，送者三十餘人。在車看報。

到滬後，一時半魯弟及弟婦等上車，三時許抵蘇州。扶柩下站，隨導入永善堂，禮成，乘人力車回家。看新屋，到嬭母處。

與魯弟談話。

　　杭寓出殯到站，共費一百五十元。蘇站出殯到善堂，共費二百元。導子還是普通的，浮費至此，可怕！靠薪金過活者又安得行此禮耶？此等事大家怕，而大家都不敢不做，則以被"面子"劫持之故也。

九月三號星期一

　　到錢伯烜處醫治。整理屋宇。

　　服藥。與和官等同包封筒，到回真觀定懺。看《白眉大俠》。早眠。

　　又曾每天來家，開發吊禮，并辦庶務。

　　月來太辛勞，感受寒暑太甚，身子非常不爽快。治此種病，予頗信中醫。懸橋巷中錢伯烜先生，今日名醫也，因往診治。渠謂予爲寒包火，應行表解。

九月四號星期二

　　上午一時半醒後，迄未能眠。五時起，開燈，寫文學院長黃子通先生信，正式請假。與父大人及二女和官同到東嶽廟燒七香，到黃添源吃點，乘車到永善堂覆墓。歸，到錢伯烜處診病，到良和堂撮藥。

　　挂挽聯，祭幛（于女廳）。服藥後眠，夜飯時起。

　　與父大人談話。

　　今日下午，得眠頗久，夜飯量未減，仍兩碗。

　　得起潛叔書，囑我乞假兩月，勿乞假半年。其故（一）恐人説閑話，（二）季龍資格淺，不足服人，（三）各種事業都將停頓。我真不明白，何以我的本領如此大？

九月五號星期三（三七）

看《禹貢》二卷一期。挂挽聯祭幛（于女廳），開發禮賑。

彭枕霞來。服藥。蔣崇年來。

道士作受籙法事，十一時許眠。

服藥後精神較好，惟傷風尚未愈耳。

健常送祭幛，并來書唁，信上都是客套語，爲之惘然。

《禹貢》二卷一期中標點誤處甚多，誤字亦有，觀此甚不痛快。他人作事，安能如予！

受籙法子所用之度牒等共七十八套，此材料應搜集，虧他們想得出這許多花樣來。

九月六號星期四

記日記六天。挂祭幛挽聯（于方廳）。寫其驤，起潛叔信。

寫李晋華所作祭文于素紙。

九月七號星期五

挂挽聯，祭幛（于大廳及靈前）。

崇年夫婦來談。

與魯弟談話。

停藥兩日，又患腹瀉，因令杜媽到藥鋪詢問，有無便易之劑。買得暖臍膏及某種丸藥歸，僅費銅元十餘枚耳，居然生效。

希白書來，又大罵余，爲了多費《燕京學報》之錢。噫，若只求敷衍現狀，希白之言誠然矣。若欲使哈佛燕京社成爲研究中國學術之中心，且使燕大增高其地位者，除了我法再有何法！

九月八號星期六

挂挽聯祭幛（于廊中，院中）。嚴舜欽來，留飯。

重九表弟自滬來，留飯。

祭幛之款，早把數幅合在一幅。挽聯則不能併，如再有人送來，就只得不挂了。

九月九號星期日

在家開吊，來客百數十人，吃飯十一桌。

送客。魯弟全家返滬。拆去聯幛陳設。

祭幛挽聯挂了四天半。今日拆管數人拆去，僅費一小時耳。金錢可惜，時間可惜，精神更可惜。

本日入幕談話之客：吳岳母（年六十六）　景春伯母（年七十）姚仲虎夫人　楊順姑母（年六十三）　朱姨丈　彭枕霞　趙公綏

九月十號星期一

重九表弟來照相，因住屋將拆造，留一紀念。

疲勞，休息。寫金福家信。

門房顧金福，年已七十九，在我家作傭十二年，近日事忙，昨忽上吐下瀉，今日更甚，恐其年老不任，寄信常熟，促其家人來。

得子通信，不允我請假半年，謂恐他人援例。

九月十一號星期二

四時起，寫致燕大信。請改教授爲學侶，千餘言。與和官同到東嶽廟燒七香。又獨到胥門外水仙廟投籙灰。

整理挽聯。登記新收到禮物。看《女仙外史》十餘回。

《女仙外史》一百回，記明唐賽兒奉建文正朔以抗永樂之故事，惟插入神怪太多耳。近日全無心緒看正經書，和官在觀前購此，因借觀之。

決定辭去燕大教授，因就早醒之時間寫成一信寄之。

九月十二號星期三（四七）

看《女仙外史》二十餘回。副音和尚作佛事，夜作傳戒，至十一時。

重挂方廳聯幛。

終日大雨，爲半年以來所未有也。使早一月下者，當不至鬧旱荒矣。

今日金福居然起床，足見此老身體之好。

今日所喚和尚，爲裝駕橋巷田鷄弄清源寺者，僧皆蘇州人，所用樂器一如道士，惟又加入二胡，則道士所未有也，聽之宛如攤簧，毫無鄭重哀傷之感。

九月十三號星期四

五時許起，送父大人，和官，自珍上車。與午姑母談話。與自明同到觀前購物，游玄妙觀。歸，與小木匠議價。蔣司務來。記日記八天。自琛來。

理幛子字幅，令自明鈔挽聯。

與九嬸母談話。

近日身體非常疲憊，作任何事都沒有勁，然又不能不作，奈何！

九月十四號星期五

蔣培坤來。寫致兩校同學書，未畢。搬住房什物到後進新屋，即住進。又曾來，同理什物。

沈友佩表姑與午姑母同來，長談。

失眠。

九表姑，予最早之游伴也。自祖母沒後，彼此遠行，已十二年不相見矣。三年來渠卜居于齊門西匯，種花養狗，以自怡悅。

其夫沈慕芬，上海財主也。今日來，道幼時到魚池邊共投石片事，爲之憮然！噫，人生有幾個十二年乎！

九月十五號星期六

登賬。寫起潛叔，父大人，伯祥信。與自明拂去碑帖中蛀蟲。

看《爾雅》跋文付《史學年報》，寫鄧嗣禹信。理新屋中物。開祖父母意旨付和尚。

昨夜失眠，聽了一夜的雨，因用前年秋風詩韻，更成一章：

又起瀟瀟秋雨聲，長宵最苦夢難成。

謝家庭院雙梧樹，莫使伊人聽到明。

父大人所購碑帖，皆感潮生蟲，昨今兩日剔去幾千條。

九月十六號星期日

本生祖母王太夫人九十冥壽，禮懺一天。

郭魯卿丈來。蔣仲川夫人來。

魯弟來談。失眠，起飲酒。

本日來客：蔣企翚　彭枕霞　朱子培之女　楊順姑母　自琛　又曾　舜欽　嚴子明　伊耕叔　杏林叔祖　有斐

蔣仲川夫人來，談及在平時與崇年夫人同以望孕服藥，遂致耳響頭眩諸疾。因思履安亦如此，蓋藥性甚熱也。

九月十七號星期一

與自明到觀前購物。到文光配眼鏡。到護龍街郵局寄信，取物。歸，與又曾，蔣司務談。

與履安又曾到臨頓路買物，到普家弄沈九表姑處，并晤沈慕芬表姑丈及午姑母。吃點後出，到觀前街購物。

理物。記日記。登禮簿。

昨日順表姑談吾母性忠厚，與二姨母之有幹才者不同。今晨因夢見吾母，并見其由病而死。

今日配眼鏡，肆中人謂予目力甚弱，至三百度。

沈表姑家，屋少而空地多，屋中精潔甚，可愛也。

九月十八號星期二

到觀前稻香村，老三珍買物。到文光取眼鏡。歸。安之表弟來。十一時許，雇車與履安，自明，杜媽到車站。

沈表姑在其後門遙送別。一時，車來。在車看報及《燕京學報》十五期。七時許到杭。提取行李，八時歸飯。

夜做佛事。看各地來信。

日前覽報，悉蒙政會職員韓鳳麟在平失踪。今日覽上海小報，知係北平特務隊所捕，韓到平住其妻成氏家，有特務隊三人請見，延入，先令繳手槍，繼寫"李忠義"三字示之，遂捕去，未詳其故。或韓對于民國有破壞工作乎，抑政府中人知其幹才，乃忌而捕之乎？韓爲日本士官學校畢業，在蒙政會中任保安處事，常籌劃至終夜不寐，對地理極有研究。聞之悵甚。

九月十九號星期三（五七）

半夜，看清華留美公費生上古史試卷，評定分數。寫莘田信。一夜未眠，黎明鬧五更畢，就寢，八時起。到城站寄信，吃點。寫健常信。本日作佛事，拜懺一天，夜作破血湖。

錢琢如，錢南揚同來。莘田夫婦同來。整理挽聯。

隨僧轉血湖，十時畢，眠甚酣。

寫健常信，因論韓鳳麟君事，謂政府自壞長城，所見太小，恐將把西蒙逼走東蒙之路。

莘田來，勸予入中央研究院，予謂倘燕大不允我留杭侍親者，當改入此院。

九月二十號星期四

寫北大注册課，王樹民，賓四，吳志順，煨蓮，吳維亞，趙仙舟信。到城站寄信。

寫馮世五，李素英，晋華，石兆原，趙肖甫信。爲杜媽寫家信二封。朱遂翔來。董允輝來。

寫楊向奎，王小隱信。看《唐語林》及《山歌》。

抱經堂主人朱遂翔來，携有《山歌》一部，乃明末馮夢龍所集蘇皖民歌數百首，此真大發見矣，想不到天下真有這等奇事！

遂翔將到北平收書，因擬將《禹貢》《古史辨》等交伊代售。

九月廿一號星期五

寫予同，根澤，紹虞，葛毅卿，陶希聖，陳延進，余讓之信。

寫馬培棠，許道齡，朱士嘉，吳秋白，趙公紱，聞在宥，容八爰，觀摩社信。到姑丈家望和春疾。與簡香同到梅花碑買書桌衣架。澤宣來，途遇。

寫趙泉澄，陳懋恒，侃孋夫婦信。

予有志編一中國史談，今日到商務書館，見案上已有韋休（大約是丁曉先之筆名）之《中國史話》，凡四册，體例亦如我宿昔所存想者。因購歸，擬于每晚覽一則。

九月廿二號星期六

整日爲父大人理書，略爲分類，重置入櫃中及箱中。

與二女及和官同到清和坊買書，國貨陳列所買竹書架二隻，到旗下吃點，晚歸。看《禹貢》二卷二期。寫士嘉信，介紹朱遂翔。

　　父大人買書，以金石及文集爲最多，甚有佳本。且皆成部之書，易于整理編目也。

　　父大人辦喪事正勞苦，而近數日皆約友打牌，一打即至十二時，致痰中帶血，甚爲膽寒。今請其服枇杷葉膏以潤肺。

九月廿三號星期日

　　到抱經堂，晤朱遂翔。到文藝書店，晤屠叙臣。到復初齋，晤顧立章之子。到經訓堂，未晤朱菊人。到理髮店剃頭。

　　與履安到天香樓吃飯。道晤張正甫及胡定。看新購書。童書業來。改裝電燈。

　　朱遂翔，瑞軒兄弟來。吳姑丈來，與履安同至其家。

　　得子通信，囑我將請減薪一語删去，以爲如此更易説話。當從之。

　　今午同席：高乃同（浙教廳）　黃翼（羽儀，浙大）　沈□□夫婦（浙大）　李女士　予夫婦（以上客）　莊澤宣夫婦（主）

九月廿四號星期一

　　看《野獲編》。寫容希白，陳華秋，起潛叔，馬隅卿，故宮博物院信，又重鈔致校當局公函，到城站寄。正甫來。

　　南揚來。宓賢璋來。爲南揚寫條幅。記日記三天半。

　　理父大人雜書。

　　此次共産黨到江山，正甫家被本鄉人所搶，孔平被共黨所擄。孔平初從反省院放出，已閲二年多矣，又遭此厄，何其命苦也！

九月廿五號星期二

　　鄭申倩來。寫季龍，兩校選課同學，趙豐田，吳世昌，翁獨健，侯芸圻信。到城站寄信。

寫適之先生，振鐸，莘田，立厂，子書信。作開明書店《二十五史》介紹詞，寫伯祥信。洪煨蓮太太來。

寫沈勤廬，馮家昇信。與履安自明到吳姑母處。

與豐田信，痛論陳華秋之非，數月不作報告，一也。李一非君介紹聚文山房代印而不付稿，二也。至今未立案，三也。

九月廿六號星期三 （六七）

寫葉審之，書春，子魁，張立志，維華，賀次君，容元胎，吳文藻夫婦信。姑母一家來。

寫何殿英，張兆瑾，張石公，鍾雲父，周振鶴，羅香林，孫海波信。南揚來。

看《中國史話》等書。

自珍今日又病，發熱甚高，多泄瀉。彼體甚弱，皆其幼時吃病奶，且吃奶僅七個月故也。旬前自珍到其五姨母處，姨謂"你如是男孩，你母亦可不死。因你是女，長輩不喜歡，把你母氣壞的"。此説恐是真事實。

九月廿七號星期四

寫林耀華，魏建功，狄君武，顧綴英，譚誨英信。寫自珍請假信。到城站寄信。

寫謝剛主，王燦如，張蓉仙，楊鑄秋，于道源，葉國慶，阮真信。寫煨蓮兩信。與自明到萬律師家，到公園，郵局。

自東街散步歸，買物。休息，早眠。

近日身體頗不佳，眠至半夜輒醒，醒即不能再眠。醒來身上粘濕，以頸際爲甚，自是盜汗。

煨蓮來書，勸我勿改學侶，答之曰："父子以天合，學校以人合，《左傳》云：'人盡夫也，父一而已。'如校中必不允我，則抱了琵琶過別船，亦非不可能之事。"

九月廿八號星期五

　　鈔爲公綏題《湘管齋藏帖》語，備刻。莊澤宣來。寫李一非，于鶴年信。

　　與履安到姑母處，與姑母同到萬里處，看其新得書畫古物。四時歸，爲父大人寫米雁秋挽聯。

　　看《中國史談》等。

　　健常來書，囑在湖濱覓屋，謂半以養身體，半以理文字。不期在此竟與彼相見！從此下月又不得安心讀書矣！

　　萬里購藏物甚多，皆精品，出價亦大。聞因此有虧空。

　　《湘管齋藏帖》題詞，父大人代作，予略加改易耳。

九月廿九號星期六

　　寫陶希聖，健常，薛澄清，陳其田，黃子通，樊中府，馮世五，容希白，趙公綏信。

　　南揚來，同到新泰旅館訪正甫，遇之。到石渠閣書肆。到冠生園飲橘水。到俞樓，廣化寺，大佛寺看屋，爲健常也。到浙江圖書館參觀。到新民路訪邵裴子。到知味觀吃飯。

　　飯畢與南揚分手，步歸。看所購書。

　　近日天熱甚，午後至九十度。不知何故，得健常書後，有一種自然之壓力，不肯不爲彼過湖詢問，爲之汗如雨下。

　　寫黃子通信，謂校中如允改我爲學侶，則明年起當每年捐薪八百元，備校中聘兩講師，一爲陶希聖之中國社會史，一爲譚其驤之中國地理沿革史。

九月三十號星期日

簡香來。覽《貞一齋雜著》，《元詩選》等。婁子匡來。寫書春，又曾信。

與履安，自珍步行至清和坊一帶買物。六時歸。記日記三天。記賬。

夏廷棫偕張君來。張正甫來道別。

健常來書，謂已到滬，乘明日特快來杭。并謂有湖北人李致遠君，已電其來杭相晤。予猜健常此來必負有一種使命，不僅養病著書也。

一九三四年十月

十月一號星期一

到大學路圖書館，晤樸山，慕騫及陳叔諒館長。看澤宣寄存書。

飯後又到圖書館，續看澤宣寄存書訖。看《讀書周刊》合訂本。

與自明同到車站，候健常，未到。同到正興館吃麵當飯。

終日雨，晚冒雨赴站迓健常，穿了皮鞋還是踏濕。歸，履安笑予戇。

莊澤宣先生之祖號儆齋，宦游甚廣，好搜書籍碑帖。近澤宣已將所藏捐贈其半。尚有寄存之一半，擬賣為祭產，因囑估價。

十月二號星期二

依俗例，提前一天作終七法事，用道士七眾。摺叠謝信。萬文淵來。姑丈一家來，萬老太太來。

寫謝信之封面，凡二百餘。健常來。

健常因事，昨夜未到，而以今午至，寓湖濱旅館，即見訪。知其到浙江負部長使命，考察經濟及行政者，可住一月。

十月三號星期三（終七）

與自明同到湖濱旅館訪健常，同到俞樓定屋。出，到孤山圖書館參觀。回旅館，同到天香樓吃飯。

飯後同到大學路圖書總館，晤夏樸山及王鞠侯（勤埇），爲健常辦好借書手續。歸家。又到旅館，取行李到俞樓。

六時，冒雨歸。起潛叔來，看各處寄平之信。

俞樓上等室，月租十八元，飯包與外飯館，月十元。日間頗清静，夜中則寓客悉返，未免喧囂。健常獨居，太空寂，予甚願自明伴之，而牽于家庭，竟不能成事實，悵甚。

終日細雨，健常謂湖上景色，似美人蒙紗。

十月四號星期四

與起潛叔自明同到第一公園，雇車到俞樓，邀健常同游，到嚴莊，放鶴亭，平湖秋月，三潭印月，汪莊，到高莊吃飯。

到劉莊，康莊（一天園），郭莊（前之宋莊），岳墳，海珊仙館碑帖鋪。與健常別。抵家已七時矣。

與起潛叔談話。

今日得與健常痛快地游覽一天，心神愉樂，一暢數月之愁鬱。但分手之後，即覺百無聊賴，轉較彼未來時之愁鬱爲甚。噫，既已有情，便當非離即合，今乃介于非離非合之間，此痛苦殆未易道也。

在放鶴亭談小青事，健常甚憐之。讀其詩，又不忍釋手。唉，我們固同是可憐人也。

十月五號星期五

出書畫書籍與起潛叔觀。樊漱圃先生來。與起潛叔同到大學路圖書館參觀，由張慕騫導引。與起潛叔到忠義祠及東皋別墅。

　　與起潛叔同到新民路圖書館參觀。出，到石渠閣購書，到孤山圖書館參觀，由毛春翔導引，看至五時出。到公園乘汽車歸。到俞樓訪健常不遇。

　　到小有天吃飯。到經訓堂看書。歸，又看家藏書。

　　今晚同席：起潛叔　簡香（以上客）　父大人　予夫婦　自明　自珍　和官（以上主）

　　今日冒雨訪健常，以《浙江水陸道里記》贈之，不知彼是時正到我家。先來一次，我與履安皆不在，繼又來，晤履安，謂將於後日上午來，同訪萬里談浙事。

十月六號星期六

　　與起潛叔到復初齋文藝書店觀書。與履安送起潛叔上車。歸，遇邵夫人。算喪用賬訖。記日記六天。點讀《河套圖考》。

　　與履安到高中訪孟恕，未遇。到澤宣家，遇之。到莘田夫人家，與之同到湖濱公園散步，到知味觀吃點當飯。

　　童書業來。與履安，自珍同到城站看《三姊妹》電影。

　　八年前在廈門，曾語介泉，謂殉國，殉情，殉學，予皆能爲之。介泉笑曰：“君于殉學固有望，殉國殉情又安能爲！”但到了今日，殉國殉情之意念甚強，他日將有以證介泉之言爲誣矣。

十月七號星期日

　　寫希白，仲川，起潛叔信。點《河套圖考》。健常來，同到萬里處，自珍和官同行。

　　與健常到花市路冠生園吃飯。出，到都錦生，國貨商場，自壽安路到清河坊，胡慶餘堂，城隍山，錢王廟等處游覽。六時，別，予到萬里處。（慶餘堂之鹿，予與人往觀者數矣，皆僅看外面一排而止，以已可推知裏面一排亦如是也，但今日與健常觀，則統統走完。即此一點，可知彼作事之求徹底。）

在萬里處聽講瓷器，至十時歸。失眠。看《岳傳》，服藥。

今晚同席：松村雄藏（日本杭州領事）　錢君胥　俞馥寶　胡祖欽　予（以上客）　萬里（主）

健常真是一個人才，有眼光，有志氣，有魄力，有膽量。予交游彌廣，而可以與謀大事者甚寡。得此一人，又受性的阻隔，真當捶胸一慟。

十月八號星期一

寫健常快信，轉寄黃季寬快信。寫何殿英，顧敦鍒信。與履安同到城站寄信，并到公園小憩。校《爾雅·釋地》四篇案語。

南揚來。寫鄧嗣禹信。與自明同到板兒巷聾啞學校參觀，晤校長孫祖惠，教員章佩璞女士。出，到姑母處。點《河套圖考》。

與自珍和官同到城站公園散步。

一星期來，日日出游，今日欲整頓精神做事，而心思散亂，不復能約束。一想到健常，便覺百無聊賴，懊惱欲哭。然日與之同游，不但爲我的工作所不許，即彼亦未能。因念無事業心者，到此境界，自然只有放縱與頹廢二途了。唉，健常，你歸去罷，我的感情已不能勝這痛苦了！

昨日失眠，今日精神與身體并劣。

十月九號星期二

看《康藏軺征》。萬里來談。補讀《中國史話》，自三號起，已七天矣。此七天中生活又脫去了軌道！

看王樹民補試卷，寄北大。校《古史辨》排稿。鈔賓四《周官著作時代考》中一段入《古史辨》。寫子通信。

得健常來書，謂因要事離杭，約三四日復返，但恐不能長住此矣。讀此，心反稍安。"相見怎如不見，有情還是無情"，真至語也。

前日健常贈予劉曼卿女士之《康藏軺征》，讀之，文筆秀雅，氣度雄奇，真人才也。予欲以彼及健常、林鵬俠爲今日女界三杰。

十月十號星期三

與父大人同到三元坊六聚觀吃蝦蟹麵。到亨達買挂鐘。歸，挂鐘。讀《中國史話》第一册畢。

與履安，自珍，和官，簡香，汪老太太同到清泰門外海塘看潮，一時去，三時來，雖不甚洶涌，而白綫一條頗可觀。仍步歸。童書業來。

與履安，自珍同到城站杭州電影院看《三姊妹》，胡蝶等所演也。

一百分不稱心，一百分無力氣。噫，予其將爲廢人乎！

昨得子通來信，謂與煨蓮商量結果，擬改我爲研究教授，在杭研究，每年到平數次指導學生，捐薪聘講師事亦同意。俟司徒校務長返平，提出執委會通過後，即可決定。如此辦法甚好，予從此得安心讀書矣。予將以全力把我的身體和學問弄好，先充實了自己，而後改造別人。

十月十一號星期四

作萬里《敦煌千佛洞壁畫留真》跋六百言，爲寫上。校《古史辨》排稿，訖，寫植新信。

看南揚之《宋元南戲百一録》及《宋元南戲考》，備作序。莘田夫人來。督和官理物。

十月十二號星期五

作《宋元南戲百一録》序畢，得一千八百言。記筆記數則。

寫孟真信，爲薦漱圃堂弟。到運署訪樊漱圃先生。到高中，訪孟恕，未晤。訪南揚，晤之，同出，訪童書業，并參觀印刷所。訪萬里，未晤。訪錢琢如先生，晤之。歸。

翻看兩年來日記，至十一時始畢。

繼母銀錢，好四面塞開。上月履安在箱櫥下找出現洋五十元，前日又在箱内找出三百元，皆交還父親。履安正直不貪如此，真可敬也。

十月十三號星期六

編《禹貢》第二卷第五期稿，略畢。（點馬培棠君二文，王光瑋君一文，將我的《堯典》講義關于地理者編成一篇。）

顧雍如來。與自明珍及和官同到城隍山聾啞學校，晤其教員陳祖耕君。

與自珍共讀《古詩十九首》等。

《禹貢半月刊》自二卷五期起仍由予編。

十月十四號星期日

將卜德（Derk Bodde）所著《左傳及國語》漢文本重作，一天畢，約四千字。姑丈母來。

邵裴子先生來談。與自明，自珍到浙江大學前散步，遇童書業君。

卜德，哈佛大學派到北平之研究生，來平兩年，竟能以漢文作文，其勤學可知。所作《左傳及國語》一文，寫來已數月，予初托孫海波君改，謝不敏。希白亦謂無辦法。予囑其寄來，今日費一日之力爲之，以就稿改削不便，索性猜其意而重作之，居然可用矣。我真不懂，別人的本領何其小，我的本領何其大？大約此無他，有膽量敢負責任否耳。

十月十五號星期一

寫其驤，向奎，植新，健常信，連同稿件，到站付寄。記日記七天。記筆記數則。

校《禹貢半月刊》，備打紙版，約校一册。

看《中國史話》。

健常自俞樓來信，已于十三日返杭，現正趕辦工作，約三周左右可告一段落。返京期已得黃部長同意延長，決在此完成工作後再走。

我的心好容易鎮定了些，這封信一來又給打亂了。微風細雨，秋色更愁人矣。

十月十六號星期二

終日校《禹貢半月刊》。

萬里來。

看《中國史話》。

得健常書，知其此來專力作《巡視內蒙記》，期以三星期之力完成之，作完後并將迎其父母來杭游覽。

十月十七號星期三

妻子匡來。寫世五，起潛叔，健常，希白信。到城站寄信。到東街路訪刻碑劉君。到珠寶巷林永和信局取起潛叔代購枇杷膏。校《禹貢・漢志・說文水道表》。

南揚來。錢琢如先生來。刻碑劉君來。

到葵巷剃頭。看《世界童話集》。

今日忽然手足俱冷，心又兢，恐仍是心臟病。

子匡言，孔平實已投入共黨。此君思想激烈，十年前即如此，今年垂五十而猶不改，真可佩服。國民黨中，獨少此種忠實分子耳。

十月十八號星期四

寫萬里信。終日校《漢志·説文水道表》，尚未畢。

寫誦虞弟信。子匡與德人愛盤哈特來，出父大人藏器示之。簡香來。與自明珍及和官上街買物。

記日記四天。

《禹貢半月刊》二卷一、二、三期已費予四天功夫，尚未校盡，校書之難如此。季龍自作之文，亦復時有誤字，何況他人所作。予作事常對人不放心，豈無故哉！

明日將游北山，今夜即夢到健常處邀約，彼謂自珍胡不來。

十月十九號星期五

與履安到俞樓，訪健常，并晤葵如，同出，到紫雲洞，黃龍洞，玉泉（吃飯），靈隱，韜光。（健常自靈隱步行至韜光，力竭矣，又欲向上游北高峰，予等堅勸阻之，方下。）今日包人力車行，一日價一元四角。

到龍井寺，烟霞洞，水樂洞，石屋洞，經蘇堤返俞樓。

到樓外樓吃飯，返俞樓，九時許歸。

健常去年就醫，醫謂肺病已至第二期之末，後到內蒙後頗愈。近日咳疾又作，服藥外并以深呼吸自療之。聞之不懌。久聽人言，謂其無福相，予爲中國計，真不願弱此一人也。

夏葵如君，北大同學，十四年救國團中，與健常同任文書，爲共產黨分子所攻擊。日前與健常同來，住俞樓中層，助健常編纂《內蒙巡視記》。

十月二十號星期六

校《禹貢·水道表》訖。將二卷一、三兩期付寄。讀《蒙古游牧記》，摘鈔數紙。

王孟恕，南揚來。潘錫侯來。童書業來。

看《中國史話》及《野獲編》。朱瑞軒來。

健常示近作云："人事紛紜苦不休，暫停征馬到俞樓。此心已爲飄零碎，怕看西湖處處秋。"嫌其蕭瑟，和之云："一天風露且歸休，莫以傷時怕上樓。度盡寒冬花即發，何須垂泪對清秋。"

十月廿一號星期日

與父大人同到豐樂橋吃點。到清河坊購書。到鄭曉滄處問疾，見其父。歸，與履安同到萬律師家。看英文本《新中國》。

文理來，同到健常處，予先歸。鈔《蒙古游牧記》。

與自明自珍到健常處。與文理及何源湛君同坐艇看月。十時歸。

健常爲黃紹雄作《内蒙巡視記》，慮時間不給，囑予往助之，言之再三，不敢不應。且予正欲研究蒙事，借此機會亦可多得些材料也。

十月廿二號星期一

鈔《蒙古游牧記》成單片，備作表。文理來，留飯。

鈔地理圖中之蒙古説明。

與和官自明到城站公園看月散步。

元胎來書云："黎明中學已關門了，弟曾參加觀摩社，知兄之用意甚佳，而于用人一途或濫，故此只賠墊了千餘元，長得一點經驗。在國内辦事，只有脚踏實地，逐步計劃，逐步完成，急也急不來，而用人一途，尤需審慎付予，以保全其人之人格也。

放膽做去是兄之好處，收拾不來是兄之短處。然而不放膽又似無
事可建樹，點滴積聚又似辦事不努力，調和折衷又不易言，如何
如何!"

十月廿三號星期二

到車站送文理行。到俞樓，鈔集蒙古材料（黃部長巡視報告）。
與履安，自珍，和官同到城站看《到西北去》影片。

今日健常誦昨作一詩，其末二句云："明知花事隨秋盡，猶
吊嫣紅姹紫來。"葵如説："這太消極了。"我説："'吊'字換了
'待'字吧，這一來就變得積極了。"歸後因成一詩云："莫將閑
泪付秋思，大地春回已有期。試上逋翁亭子望，梅林待發萬千
枝。"又作一詩云："夜夜西泠對玉盤，莫將圓缺定悲歡。勸君煉
得女媧石，便補天傾也不難。"題爲"莫將"，以表規諷之意。
實在説來，健常之生活確爲可悲，惟這一方面我決不能加以安
慰，故惟有作壯語以激厲之耳。

十月廿四號星期三

到俞樓，鈔集蒙古材料（黃部長巡視報告）。
簡香來談。

晨在車上得一詩贈健常，云："朝朝祖逖聽鳴鷄，羞説回文
蘇蕙機。取法英賢原不遠，岳王墓在俞樓西。"蓋彼患早醒，恒
早四時即無眠也。

十月廿五號星期四

鈔《游牧記》一卷。在家鈔録蒙古材料，健常所作報告交自明
鈔寫後，重爲修改。夏癯禪來。

姑母來打牌。趙君來。寫萬里信。

與自珍共讀詩。

又續作《莫將》二首。一云："漫漫平原漸漸津，莫將琴劍怨飄零。天涯須是飄零够，始把人生識得真。"一云："同聽邊關笳鼓聲，莫將痛泪灑新亭。肩頭自覺堅如鐵，要把河山一擔盛。"

十月廿六號星期五

到俞樓，爲健常修改報告，并鈔録材料。

看《中國史話》等。

十月廿七號星期六

到澤宣處。到俞樓，改葵如所作蒙古歷史地理兩章，畢。

宋君來。

簡香來，與之同到城站公園散步，履安等及萬老太太同行。到萬文淵處，十時許歸。

途中又得一詩曰："聶政原懷死士心，只因母在尚沈吟。他年遂志韓都日，要待君來作聶縈。"語甚激直，未敢以告也。末句擬改爲"莫向人言住轵深"。

今日飯後，健常與予談政治情形及個人前途，勸予勿加入任何政黨，而惟在思想上改進青年，并編歷史書以喚起民族意識。予甚然之。健常又謂文理爲人甚浮，毫無豫備而望成功之心甚切，必無幸獲。

十月廿八號星期日

補讀《中國史話》凡七章，第二册畢。鈔《蒙古游牧記》四、五兩卷。

與履安，二女，和官及李翠英同到城站看《上海廿四小時》影片。

爲健常鈔巡視記。記日記。

得素英信，道其十餘年來籌謀學費之痛苦，明年不得不出而任事，以償舊債。彼云此等事從不向人談，即極幫忙之冰心亦未深知。

十月廿九號星期一

到澤宣處。到拓碑劉君處。買紙，備鈔巡視記。到俞樓，鈔健常所作《内蒙自治運動之原因》，略爲修改，凡兩節，畢。

與健常，宋淪波（益清），葵如同到岳墳前吃飯。飯後看屋兩所，又到蘇曼殊墓憑弔。

姑丈一家來吃蟹，南揚所贈。萬里來道別，游龍泉也。

健常欲在湖上買屋一所，奉其親居。今日由飯店介紹二所，價二三千元，而木料太劣，不合意。西泠橋西有空地二畝，每畝須五千金，價太貴，亦不能有。

予每歸，健常等必送至公園，待車發而後去，辭之不獲，至不安也。

十月三十號星期二

鈔《蒙古游牧記》一卷。寫顧雍如，誦虞弟信。拓牌者劉君來，拓父大人藏石。

到王綏珊處，已返滬。到南揚處，適逢彼來，亦未晤。歸後又出，買信箋。

讀《唐人萬首絕句選》，益惆悵。

父大人所藏造像，明墨，印章邊款，刻扇，彝器銘文，自今日起均交劉君拓之，作一整理。

之江大學累欲予往演講，夏顧二君來了數次，昨日又有信來，約本星期五去，辭以近日無暇，但行前必一往。

十月卅一號星期三

到健常處，送鈔樣。即出，到簡香處，囑照樣鈔。校《禹貢》第二卷四期，畢。

鈔《蒙古游牧記》一卷。

一九三四年十一月

十一月一號星期四

再校《漢書・地理志及説文水道表》。校《古史辨》第五册稿。南揚來。

到城站寄校件。到蕙蘭訪宓賢璋，未晤。點讀《綏遠墾務計劃》。草《綏遠沿革表》，未成。

十一月二號星期五

點讀《綏遠墾務計劃》，未畢。

到俞樓，健常等不在。還至旗營，遇之，則方自我家來也。與同返俞樓，略談，又同出，到西湖博物館參觀。五時許出，乘汽車歸。

點葵如所作《内蒙與中原之關係》一篇。

健常心底悲哀，時流露于篇什，慰之無從，使我更增鬱抑。彼幸有事業心耳，否則體必不任。彼作事太刻苦，不要休息。而爲我去，又欲伴我游，真使我抱愧。

湖上中山公園門内有楓樹兩枝，紅葉之艷，所未經見，健常極賞之，徘徊而不忍去。博物館中，健常甚贊金纖纖所畫蘭，又愛翡翠石（即瑩石）。

十一月三號星期六

修改葵如文，未畢。點讀《綏遠墾務計劃》畢。

邵子莊來。匯古齋朱君來。姑母來。與二女及和官到清和坊購書物。

記日記六天。看《綏乘》。

前日健常作詩曰："北風怒發厲于刀，萬壑千峰盡痛號。可惜離人心底恨，不曾削得一分毫。"

日來以工作較多，胸前又作痛。今日頭腦亦感暈眩。祝予暫勿病，俟助健常做完此工作後再病不遲。

十一月四號星期日

父大人與同到旗營知味觀吃點。另草巡視記中記地理沿革一段文字。子匡來。

與自珍和官步至中山公園，予獨訪健常，并與葵如商所改文。出，與自珍等游西湖博物館，蘇小墓，林逋墓，小青墓等。步至旗營，買書，雇車歸。

校《童癡二弄》。

十一月五號星期一

寫童書業信。到浙江圖書館，適以光復紀念停開，到抱經堂書肆，看《唐代北疆區畫》。將夏葵如文修好，親送至簡香處鈔寫。到匯古齋看書。伴履安疾，終日校《童癡二弄》。

爲周運使寫殉職警士挽聯。爲樊漱圃等寫對聯六七件。

今日晨未曉時履安胃疾又作，嘔且瀉，臥床竟日，略有熱。至夜而愈。

拓碑人至今日拓畢，凡六日，十二元。凡造像，圖章，扇骨，鐘鼎，磚甓，約百事。

十一月六號星期二

校《童癡二弄》。寫譚季龍信。到城站寄信，到清和購書紙。家祀先。

坐車到健常處取稿即回。健常亦到女青年會，車同行。萬里夫人來。點改葵如所草巡視記。到簡香弟處。

與履安到城站看《女兒經》影片，十一時半歸。

今日予與健常同至旗下，予車在後，見健常肩頗聳，恐是肺病，甚憐之。甚望天賜以健康，俾得盡其才也。

十一月七號星期三

今日爲新十月朝，爲繼母作佛事一天。校《童癡二弄》，至夜深畢。寫子民先生，適之先生，蔣慰堂，高君珊女士，陶希聖，毛子水信，下午到城站自寄。

與自珍及和春萬正純等到城站公園散步。

將二日看楓事寫成三絕：

秋到人間且莫嗔，初涼景物勝于春。乍將夕照凝紅樹，忽有金風舞白蘋。

姹紫嫣紅垂盡時，青楓正是轉丹期。似憐飄泊悲秋客，故故招邀去折枝。

摘來紅葉納書囊，如此深妍好久藏。過却十年重檢視，依然顏色壓群芳。

健常聰穎，必知予之懷也。

十一月八號星期四

宓賢璋來。到健常處，收集草建議材料。與健常葵如到岳墳前吃飯，并到岳墳照相。

鈔蒙古材料入筆記。

十一月九號星期五

寫簡香信。到健常處，收集草建議材料。與健常等到岳墳前吃飯，取照片。

金海觀，王仲和，吳雲程來。簡香來。

作詩六首，備題照片。

爨宮燈火景山烟，往事依稀已八年。別後悲歡何可説，忽然相遇合相憐。

黑水白山劫一空，憂心無日不忡忡。北疆又報蕃王變，爲發輶車破朔風。

製就長編十萬言，要從筆底固邊藩。幾回寫到傷心處，彷彿遙聞啼峽猿。

四鄰虎視久眈眈，國力空虛祇自慚。斫地長歌悲塞北，禱天莫賦哀江南。

宋家宮闕久成塵，獨有岳王廟貌新。聯袂同來松柏下，正爲識得古人心。

今日三人步履隨，明朝三道便分馳。臨歧相顧無他語，砥柱橫流責勿辭。

予本有一詩云："媚人碧玉西湖水，落日黃沙大漠風。并落俞樓几案上，只緣我輩忽相逢。" 欲以題照，因健常有 "西湖朔漠兩般秋，盡向俞樓硯裏收" 句，較此佳，即棄之。

十一月十號星期六

余承祜來。寫昨作詩上照片三紙。到健常處，草黃部長建議。

到官巷口後步歸。

記日記七天。讀唐詩。

昨夜夢健常與黃文弼君同譯書，黃固兩游新疆者也。今日午飯，健常謂終想到新疆去，抑何巧合？

建議目録：（擬改總題爲《改進方案懸擬》）

（一）屬于政治者：

1. 國防問題

2. 外交問題

3. 王公地位問題

4. 自治區域劃分問題

5. 國家稅與地方稅分配問題

6. 减輕捐稅問題

7. 闢治交通問題

8. 剿匪問題

9. 漢蒙訴訟問題

10. 墾民制限問題

11. 漢商制限問題

（二）屬于經濟者：

12. 開發設計問題

13. 墾殖問題

14. 畜牧及毛草工業問題

15. 森林礦産問題

16. 商業問題

17. 金融機關問題

（三）屬于文化者：

18. 宗教問題

19. 醫藥問題

20. 學校教育問題

21. 社會教育問題

22. 建設人才問題

23. 蒙古青年任用問題

24. 蒙文蒙語普及問題
25. 漢蒙兩族文化交流問題

十一月十一號星期日

與父大人到六聚館吃點。到許一大買物。到健常處，草建議略畢。戴天人，李守初來，邀至旗下王萬興吃飯。

童丕繩來。簡香來。

誦唐弟赴紹興，道出杭州，留宿。

前日所見之王仲和（號慎廬），今日所見之戴天人，均爲東北義勇軍人物，失敗歸來，服務蕭山之湘湖鄉村師範者。此等皆有爲分子，而政府所不能用者也。

十一月十二號星期一

五時許起，送誦唐弟出門。到健常處，審核葵如所作《内蒙現狀》畢。修改建議，未畢。

四時許即歸，簡香來。

鈔清建議，至十一時半睡，失眠。

健常近日以天氣潮濕，頗不舒服，夜中頻發熱，今日午飯只吃一碗，飯後作噁欲吐。自提頸瘰三道。思及身世，泪又盈睫。予甚欲慰之而苦于不能，只得早歸矣。

早乘車至俞樓，以風雨拉帘，割碎右手食指，流血不少。

十一月十三號星期二

朱瑞軒，朱遂翔來。到健常處，鈔建議畢，共約七千字。與健常，葵如到旗營知味觀吃飯。

看巴文峻等五説帖，重改建議。五時出，健常送至忠烈祠而別。

鈔《綏遠五團體建議書》三千言。十一時眠。

僅七千字耳，亦費六天功夫。然得此一整理，對于蒙古人前進之路，自覺瞭解不少。我固助健常，健常亦助得我矣。

十一月十四號星期三

與履安到城站送健常葵如行，車開，到城站公園看菊。記日記。補讀《中國史話》六章。

與自明同到浙江圖書館，爲健常還書。并看新出雜志。

到簡香處，問姑丈疾。與自珍到城站，看《木偶寄情》影劇。

昨日烟雲黯淡，真是別離景色。今日天又晴朗，在站謂健常曰："此我輩前途光明之兆也。"

健常昨較愈，惟以日間作文，晚理行李，一夜又未成眠。今日見其臉上毫無血色，使我惘悵。她的身體如此，終不是辦法。

此次健常來杭，約費予時間半月，亦生命史中重要之一頁也。排比事實，約如下列：

十月三日：同游兩圖書館（自明偕）

四日：同游湖上各園（起潛叔及自明偕）

七日：同游城市及吳山

十九日：同游南北山（履安，葵如偕）

廿一日：夜游湖上（文理及二女偕）

廿三日至廿九日：其中有五日到俞樓集材，并代修改所作

十一月二日：同游西湖博物館（葵如偕）

四日，六日：到俞樓取稿

八日至十三日：代草建議

予久不作詩矣，健常來，又使予感染其風而得十六首絶詩，亦可紀念者也。

十一月十五號星期四

朱遂翔來。補讀《中國史話》七章。萬里來。寫素英，良才，雍如，起潛叔，植新，丕繩，王伯祥信。

到葵巷剃頭。讀方範九《蒙古自治運動》。

予初謂健常在內政部，頗得黃紹雄青眼，作事必順手。今乃知不然，黃固武人，不嫻文事，工作方面但求速而不求精。故上月十三日健常來杭時，即限令三星期草就，健常欲請人幫忙而彼不答，囑寄材料而彼不寄，蓋不了然于著作之難，而以爲可隨便因應也。健常在部，只有依時畫到而不能自求進步。

十一月十六號星期五

朱遂翔來。擬王氏方志目整理法。將《中國史話》第三册閱畢。朱寶庭來。

和春來，留飯。飯後送之還家。視姑丈疾。到浙江圖書館，晤張慕騫，陳叔諒，及西湖博物館董館長，魏子任。寫仲周，健常信。

到澤宣處，未晤，晤其夫人。讀《蒙古自治運動》。

寫健常信，勸其勿爲受他人之冷酷而悲傷，須認定目標，一直走去，只管自己，勿問他人。

昨寫素英信，囑其于畢業之後，勿以做中學教員爲惟一目的，而必發展自己之文學天才，從十字街頭搜覓材料。

十一月十七號星期六

澤宣來。遂翔來。寫將慰堂，張全恭信，到城站寄信。翻看《藏書紀事詩》畢，備作王綏珊先生《方志目錄》序。

簡香與和春來。

讀《蒙古自治運動》。

予每到一處，即有新債，或寫字，或作文，或演講，或托介紹，這種債恐須到死方了。

十一月十八號星期日

四時起，來慶拉車到青年會，晤幹事朱孔陽等。五時一刻開車，過武康，吳興，長興，將到太湖，車忽以天雨泥濘，跌入田中，喚鄉人十數，始得推挽而出。過太湖邊，上大雷亭眺望。

過芙蓉寺，路濘，汽車不能行，乃步往，凡走十五里，到善卷洞，游上洞及水洞。出，到百樂商店吃飯。天晴，車來，到庚桑洞，即張公洞。六時出，即開車。

夜十時，車到青年會，雇人力車歸。吃飯。十一時眠。

得健常信，知其回京後身體仍不好，須休息數日始得工作。她有胃病，又有心臟病及肺病，對世對己又多愁鬱，如何支持得了！言念及此，我心慘痛。

今夜履安待予不至，命王榮生乘車到青年會訪問，而自偕杜媽在門房中守候。十時半，予推門而入，則履安已在檐下相迎矣。她待我如此好，叫我怎忍負她。

十一月十九號星期一

朱遂翔來。作《九峰舊廬方志目錄》序畢，凡九百言。蔣慰堂來，留飯。飯後同到匯古堂等書肆，又到小米巷及東皋別墅。

朱遂翔來，同到王綏珊處，商編方志書目事。

朱寶亭來。早眠。

善卷張公兩洞，其廣大爲他處所未見。張公洞尤大，彷彿進了太和門。且游者須直自山麓到山頂，又直自山頂到洞底，如下井然，真奇觀也。善卷水洞，舟自洞發，若行大橋下，至碧鮮庵前而出洞，尤奇絕。洞口石壁上紅葉掩折，健常見之，不知又將如何愛悅。

昨與都錦生君同車，都君爲浙江工業專門學校染織科畢業生，創辦絲織風景，推行國內外，分店設立六七處，以工而兼商，確爲一人才。

十一月二十號星期二

寫德坤，晋華信。豫備明日演講詞。朱遂翔來。

爲匯古齋寫蔣慰堂信。

讀《蒙古概况》及《内蒙自治運動》畢。

十一月廿一號星期三

到之江大學，演講内蒙現狀。與瞿禪同到何章欽處，看其積稿。

到瞿禪家吃飯。到雍如處，改穆君紀録，與雍如章欽同到六和塔絶頂。五時半，乘閘口火車歸。

讀唐詩至十時半。簡香來道別。

今日講一小時，又答學生發問半小時，來會者約五十餘人。

何章欽君，諸暨人，在之江大學任歷史課，精研兩《唐書》，整理唐代史料，積稿數十册，可佩也。

十一月廿二號星期四

寫綴英夫人，起潛叔，萬里，朱遂翔信。宓賢璋來。到城站寄信。

整理信札。校《童癡二弄》一卷。

朱瑞軒得《童癡二弄》，欲照相出版，而底本模糊，故改排印，而囑予爲標點。七八年來，予對于歌謡之興趣已不濃，特既有以前之因緣，猶不忍不爲耳。

十一月廿三號星期五

寫建功信。本日爲繼母百日，延僧唪經。終日整理信札。姑母，簡香夫人，和春來。

王綏珊先生與朱遂翔來。與自明和春同到活佛照相館照相。看《禹貢》二卷六期。

錢南揚來，贈《檇李叢書》一部。

王綏珊先生，名體仁，紹興人，爲鹽商，兼在上海營地皮業，五年以來，購書至三十餘萬元，除普通書及古本書外，更盡力搜羅地方志，已得二千數百種，由朱遂翔君爲編書目，囑我加以審查，當于明春爲之。

十一月廿四號星期六

校《童癡二弄》第二卷畢，付寄。澤宣來。寫朱瑞軒書。朱遂翔來。終日整理信札。

爲人寫屏聯等數事。寫良才信。

看《糊塗國童話》。與履安，自珍，和官到城站看《璇宮艷史》電影。

健常久無書來，不知其身體如何。予不憂其對我落落，惟憂其體質過弱。所謂“留得青山在，不怕没柴燒”，只怕青山留不得耳。

十一月廿五號星期日

與父大人到六聚館吃點。到中國旅行社問行車時刻。童書業來。整理信札，畢。

童君偕千人俊來。宓賢璋來。

理行李。

晨三時，夢見健常與予同床，彼起溺，旋就睡，呼予曰：“盍捫予乎？”余如其言，告之曰：“我一向以理智壓感情。”語未畢，彼怒曰：“弗爾！若然，我不將爲娼妓乎！”予急謝之曰：“予所欲言者尚未畢，予雖一向以理智壓感情，但至今日而已失敗矣!"言至此,瞿然而醒。時涼月半床,旬又八日之夜也。回味夢境,惆悵不已。十一年來,此是第一回夢中定情。

十一月廿六號星期一

爲萬文淵作《時論集》序,約二千言,畢。

爲樊漱圃先生等寫屏聯數事。寫漱圃,南揚信。到文淵處。

冒雨到姑母處。理物。文淵來。

昨夜夢健常在一會中,侃侃陳詞,謂作事切不可隨便中輟,蓋指黎明中學停辦也。

請姑母轉勸父大人納一妾,因父大人年高,需人陪伴,而子媳等奉事總有隔膜處也。又現在履安毫不能自由,南旋數月,欲歸寧而不得,亦是苦事。有一姨娘,就無問題了。但履安心中則不以爲然,以爲將使家庭鬧麻煩。

十一月廿七號星期二

七時許,離家,八時一刻車開,十二時半到滬,即過車。

四時,平滬通車開,到京已下午十二時矣。在龍潭站,因扳軌者不慎,致與京錫車同入一軌而相碰,幸通車司機即時閘住,未肇禍,茶壺飛起,坐客淋漓。

渡江已上午一時,遥對南京,率成一絕:"車窗凝凍影模糊,白下燈光回望疏。此際料知人早寐,寒風吹夢渡江無!"

携小箱二,包袱三,全未結票。

十一月廿八號星期三

終日在車,看《蒙古問題》及報。

履安爲予豫備之途中食物太多了,夠三個人吃,無論如何吃不完。

十一月廿九號星期四

晨到天津，十時半到北平，雇人力車歸，到家已下午一時矣。

在宥來。紹虞來。看各處來信，并理新寄來之雜志。季龍來，留飯。劉廷佐來。

紹虞來。子魁來。子臧來。張全恭來。

　過津下雪，到平刮風。

十一月三十號星期五

子通來。王振鐸，王育伊，陳□□來。寫父大人信。希白來。理雜志信札略畢。文楷齋人來。貽齋來。書春來。到子通處吃飯。

煨蓮，士嘉來。素英來。家昇來。到劉家送物。與子通，煨蓮，紹虞同到芝生處慰問。

士嘉來，與同到紹虞處。

一九三四年十二月

十二月一號星期六

到在宥處，郭太太處。到校，遇地山。到哈燕社，到校務長處，校長處，圖書館，回哈燕社，與博晨光談。到馬季明處。

劉廷佐來。光信來。晉華來。于道源，王錫昌來。鍾雲父來，爲寫子水信。陳槃，邵君樸，勞貞一來。煨蓮季明來。其田來。到雷女士處。到文藻處。

到容女士處吃飯。看《禹貢》稿。

　今晚同席：蘇州張女士振達　無錫張女士　湖北饒女士　容琬　起潛叔　予　容媛女士（主）

十二月二號星期日

張子玉來。蕭乾來。記日記七天。校《禹貢》二卷七期(初校)。

嗣禹偕周一良來。于海晏，周杲來。邵子風來。元胎來。紹虞來。

與起潛叔及元胎同到希白處吃飯，并開《史地周刊》編輯會。

今晚同席：煨蓮　印堂　思齊　希白夫婦　元胎　八爰　蔭麟　起潛叔　予

十二月三號星期一

到校印所送稿。終日校《古史辨》第五册（范徐文）。

于道源來。文楷齋人來。寫晋華信。徐春圃來。到校印所及海波處。

整理桌上炕上亂書亂紙。

十二月四號星期二

再校《禹貢》二卷七期畢。到校印所。貽齋來。

讓之來。延增來。賀次君來。建設圖書館史君來。鈔《古史辨》第五册目畢。到文如處，長談。途遇容女士。

嗣禹來，爲寫百年先生信。寫丁山信。三校《禹貢》。

十二月五號星期三

海波來商《史記》校勘事。楊向奎，高去尋來。書春來。寫父大人信。

到希白處，寫文如信。到王錫昌處。到篠珊處。到獨健處。到李瑞德處。到振鐸處，晤其夫人。鈔鍾雲父文。

理書入套。士嘉來。

文如數月前送來師大陳述《金史氏族表》一册，囑登《學報》，今日詢之希白，謂印出無銷路，故不印。噫，如此態度，如何能提倡學術！必事事賺錢，則徑作商人可矣，且即商人亦尚有贏絀之調劑也。語云："人之好善，誰不如我。"直將改之曰："人之好善，誰復如我！"

十二月六號星期四

到校印所，發《古史辨》稿。鈔鍾雲父《戰國疆域》一文，并爲修改，未畢。

續鈔鍾文。到校印所送校稿。到季明處，晤蒙王阿育，周彬，及張克剛，論蒙事。六時半歸。

鈔鍾雲父文，畢，凡七千餘言。

今日報載內長黃紹竑辭職照準，以黃郛繼。又載浙主席魯滌平辭職照準。黃紹竑自必主浙，未知健常行止如何。

蒙王阿育勒烏貴，係卓索圖盟副盟長，前蒙藏院政務廳長，久居北平，操京語極好，年已六十餘。今日聽其談話三小時，對于蒙古又增一層認識。

十二月七號星期五

到校印所，點葉國慶文畢，鈔童書業文，且爲修改，畢。馮芝生夫婦來。

張公量來。鄭太太，劉淑度來。孫海波來。於道源來。許道齡來。翁獨健，林耀華，高名凱，嚴群來。錢賓四，蒙文通，湯錫予來，留飯。

士嘉來。爲起潛叔改《甲午之戰》文。改鍾雲父文畢。

得自珍來書。她的文實在寫得不壞，將來可入國文系。又德輝寄來書法，寫魏筆亦好，起潛叔云可令寫《張猛龍碑》。

十二月八號星期六

乘八時車進城，與希白遇。到王姨母處。到元胎處。到中央研究院晉華處。同出，到什剎海會賢堂吃飯。

飯後回至中央研究院，訪中舒，大綱，貞一等。出，訪子植。訪侃黻，伯棠。到書社。到市場吃飯，買物。

到立厂處，談一小時許。訪芸圻，未遇。乘九時車歸。

今日同席：槃厂　君樸　光信　光信同鄉一人（湘州）　晉華同鄉二人（梅縣）　予（以上客）　晉華兄弟（主）

《禹貢》，景山書社銷得很好。據云，日本人買的爲多，真可羞也。

上次廉價，以《古史辨》買得最多，社中大約欠予二千元版稅矣。

十二月九號星期日

乘八時車進城，與振鐸夫婦遇。到希聖處，未起。到子書處，亦未起。到賓四處，并晤次君。再到子書處，已出。再到希聖處，談一小時。到書社，晤殿英，談廉價辦法。到市場吃飯。

到季龍處，未遇。到適之先生處，未遇。到地山處，談一小時。到援庵先生處，談一小時，且觀其新購清人書札。到張石公先生處。坐人力車歸。

技術觀摩社開會，十時許散，與書春談社事。

今晚同會：煨蓮　季明　希白兄妹　蔭麟　思齊　克剛　書春　予

石公先生處，地理書甚多，最好爲其編一書目。

未曉，夢聞哭聲，問爲誰，或人答曰："慕愚故了！"一驚而醒。彼久無書來，不知其身體如何，真令人提心吊膽也。

十二月十號星期一

到校印所，編《禹貢》第九期，并鈔孟心史先生文。西堂來，留飯。

寫玄同先生，延增，懋恒，以中，肖甫，子水，晋華信。趙豐田來。孫海波來。到振鐸處。點《古學考》。

寫健常信。紹虞來。士嘉來。

滿腹的話要告健常，但寫成只有寥寥兩紙。唉，我真悶死了！

西堂送來標點本廖平《古學考》及輯本《唐人辨僞集語》，擬即將《古學考》編入《辨僞叢刊》第一集。

十二月十一號星期二

寫嚴星甫信。校《禹貢》第二卷第八期。點《古學考》。爲吳志順改《地圖底本之經過》一文。到陳其田處吃飯，并商邊疆研究事。

譚季龍來。李子魁來。

校《禹貢》。

今午同席：徐淑希　張印堂　吳其玉　吳文藻　許地山　予（以上客）　陳其田（主）

十二月十二號星期三

校《禹貢》第二卷第五期畢。續校《禹貢》二卷八期。

希白來。

到子通處，紹虞亦在座，同商國文系事。

十二月十三號星期四

理健常三年來給我信札。校《禹貢》第二卷第六期未畢。《禹貢》二卷八期三校訖。

到校，存《尚書學》款。到課堂，上課一小時，談此後計劃。到李瑞德家開歷史系會，直至七時半始畢。遇譚超英及雷女士。

今日下午同會：洪煨蓮　李瑞德　鄧文如　貝盧斯　伍英貞　予

十二月十四號星期五

校《禹貢》第六期訖。書春來，留飯。

佟半樓來。將張樹棻《章實齋方志論文集序》重作，夜鈔畢，凡四千言。侯宗禹（夏庭）來。陳統來。

與起潛叔到振鐸處吃飯，十時歸。子臧來。

今晚同席：俞平伯　朱佩弦　黃子通　郭紹虞　馬季明　容希白　起潛叔　劉廷芳　趙承信　予（以上客）　鄭振鐸（主）（大約爲補其祖母之壽誕）

黎明中學既告停辦，因將家具平分。今日由馮世五往，雇兩車拉歸桌椅之屬若干件，明日當復往。予派出百二十元，總算有交代。

十二月十五號星期六

標點周一良《真番郡考》譯文及楊大鈉《漢丹陽郡考》，畢。楊蓋卿來。

俞大綱來。楊中一來。希白來。容女士來。紹虞來。士嘉來。以中來，留宿。子斟來。

與以中及起潛叔同到在宥處，并晤子臧，十一時歸。

今晚偕以中到在宥處，談話稍多，又啜苦茗，睡二小時許即醒，幾不成眠。此到平後第一次失眠也。半月來大抵每晚可睡六小時。十一時眠，五時醒，開燈工作二小時而後就盥洗，雖履安猶嫌其少，而我已滿意。更念健常在俞樓，曾言"只要讓我一夜得酣睡兩小時，即好"，則予已爲大幸福矣。

十二月十六號星期日

乘九時車進城，遇李魯人。到懋恒處，并晤宜珍，士嘉，泉澄。到市場大鴻樓，赴元胎約。到歐美同學會，赴適之先生約。

到西堂處，懋恒等四人來，同參觀大辭典編纂處。黎劭西先生導。畢，到西堂室談話。到景山書社，寫周啓明，趙叔玉信。

乘六時車歸，到冰心處吃飯，商作西北考察文。十時半歸。

今午同席：林宰平　金岳霖　馮芝生　張申府　黃子通　賀麟　鄭□□　沈□□　徐寶謙　張東蓀　予（以上客）　適之先生（主）

今晚同席：沈立孫　陳其田　容希白　雷潔瓊　文國鼐　鄭振鐸　予　趙澄（以上客）　吳文藻夫婦（主）

十二月十七號星期一

校《古史辨》。上下午均到校印所，作《古史辨》第五册自序五千言。張子玉來。寫趙惠人信。

趙惠人來。看趙泉澄《清代疆域沿革表》，付排。理書桌。

記日記七天。與起潛叔同到大禮堂看歐戰及日本軍事訓練電影。遇王錫昌。

十二月十八號星期二

鈔舊日搜輯之材料入《古史辨》自序，二千餘言。看《古史辨》第五册，審查錯字。

到紹虞處。

到在宥處，參加國文學會月會，聽在宥講西南民族語言。

昨夜失眠，心臟病又發了，今天真不能作工，而又不能不作，真無辦法。

父大人來信，不主張娶妾，謂媳婦服事甚好，免得將來家庭發生問題。此固父大人好意，然履安則愈不自由矣。

十二月十九號星期三

作《史漢儒林傳及經典釋文序錄對照表·詩》一家，畢。修理木器。

搬動書架，整理地理書及國學類雜志。到校印所。到圖書館開購書委員會。

看《古史辨》第五冊，審查有無錯字，未畢。

今日同會：季明　文如　紹虞　希白　洪都　起潛叔　予

十二月二十號星期四

寫履安信。作《史漢儒林傳及經典釋文序錄對照表·書、禮》二家，畢，《易》未畢。

看旅行照片，爲挑選若干。理物。到校印所。世昌，素英來，商選文事，留飯。春晗來。季龍來。

到其田處。校《古史辨》。

十二月廿一號星期五

豫備下午講稿（蒙古現狀）。寫良才信。校《禹貢》稿。持雅齋靖君來。

希聖來。海波來。延增來，同乘汽車到交大講一小時許。到蓉園，慶贊廷叔祖母夫人八十壽。與起潛叔同乘汽車歸，訪子植，未遇。

校《禹貢》。王振鐸來。

今晚同席：梁啟勳　祝叔屏等十人。

寫良才書云：別人看我不向社會活動，又任課不多，擁書數萬册，宜可沈潛於斯，而不知滿不是這回事。因人事太多，研究時不得不求速，速之不已，遂成心臟病，或胸悶得喘不出氣，或心宕得站不起來。此種生活如不改變，則弟之生命當早結束矣。

希聖來，謂得東京友人來信，《禹貢》在日本甚受人注意。證以景山書社人言，日本人購得甚多，有一天至數十册者，可知我們更不能不好好兒幹。

十二月廿二號星期六

記日記四天。編《禹貢》九期，到校印所。鈔王同春開發河套材料約六七千言，備整理爲文。寫張維華信。

馮家昇來。許駿齋來。

林培志女士來。改《梨園史料集》序。

《大公報・史地周刊》，爲煨蓮，蔭麟，希白等所發起，肇祖，思齊，印堂及予，凡七人任編輯，七星期循環一次，此次爲予編，不得不作文。

馮家昇君太用功，已二十餘日不進飯，體瘦甚，予見之甚憐，但何法可助彼乎！以彼其人而致貧餓，國家之責也。

十二月廿三號星期日

寫楊中一信約二千言，應《華北日報》之《史學周刊》徵文也。點劉子植《古史辨》序付印。陳懋恒女士偕潘女士來。紹虞來。校《古史辨》稿。

子臧來，在宥來，紹虞來，同商校事。嗣禹來。膺東表弟來。李子魁來。寫張次溪所輯《梨園史料集》序。

爲《史地周刊》宴客，十時半散。

今晚同席：煨蓮　希白　蔭麟　起潛叔　予

國文系高年生欲驅鄭振鐸，葉楚生，王錫昌主其事，將上呈文與校中當局。鄭行事太無賴，宜有此下場。

十二月廿四號星期一

到校印所。作《王同春開發河套記》畢，約四千字，改好，送希白處付寄。寫張次溪信。

改起潛叔《吳愙齋與甲午戰》一文。鄧嗣禹來。

校《禹貢》稿。李子魁來。

十二月廿五號星期二

校《古史辨》稿及《禹貢》稿約百頁。紹虞邀至其家，與子通同商校事。到聞在宥處。書春來，留飯，商登廣告事。

紹虞來。馮家昇來。李子魁來。劉淑度女士來，爲寫黎劭西信。容女士來，吳子臧來。

嚴星輔來，留宿。

《水經注經流支流目》已印好矣，檢《水經注》，乃知缺得甚多，只得抽出待補足後登入下期矣。賀次君如此心粗，如何托得！

十二月廿六號星期三

作《堯典著作時代問題》，答孟心史先生等。士升來，留飯。

紹虞來，子通來。于道源來。孫海波來。作《堯典》文畢，凡三千言。希白來，長談。

到在宥處，與起潛叔同歸。

紹虞心欲去鄭而口不敢言，今以學生攻鄭之幕揭開，必須國文系主任負責說一句有擔當的話，而彼遲疑軟化。在宥苦與同謀，疑其賣友，投函質問，彼遂集恨于聞，轉欲親鄭驅聞，甚矣郭之不智也！然聞行事鹵莽，逼得無法轉圜，亦太性急。以彼輩相持，害得我天天費工夫，這真是意外的損失！好人不能做事，觀此益信。

十二月廿七號星期四

改昨作畢，付印。校《古史辨》及《禹貢》約四十面。作《古史辨》序九百言。

到子通處。紹虞來。清華土木系學生陳祖東等八人來。作《儒林傳比較表》，略畢。

記日記。寫王光瑋信。

一張表沒有做完，又停了六天的工，真沒辦法。

上旬作的《古史辨》自序，一停就是十天，思想再也接不起來，只得重作。

希白欲將《大公報》之《史地週刊》頂與我。他們作事何以不能持久如此？

十二月廿八號星期五

揚廷叔祖來。到校印所。修改《儒林傳》等比較表，畢。揚廷叔祖又來。

賓四來。子通來。同到子通處。加草答心史先生文一段（《泰誓》）。

紹虞來。失眠，起飲酒，翻《百川學海》一套。

今晨五時，夢游俞樓，人去室空，正在悵惘，忽有人趨我前曰："慕愚有好友五人。"予曰："我其為彼最先之一人乎？"彼不答。醒來思之，酸楚欲絕。

子通欲于紹虞辭國文系主任職後，組織一委員會，主持系事。委員凡四人，子通，紹虞，雷川，予。予非國文系人而加入此會，必為人所攻擊，然他們本要我作擋箭牌，且為去鄭去馬的決議機關，為公家着想，只要辦得好，即個人結些怨家亦復值得。

十二月廿九號星期六

寫楊中一，聶崇岐信。到校印所。終日作《古史辨》序三千餘言。校《禹貢》。

林培志女士來。趙豐田來。往東門內剃頭，遇其田。

校《古史辨》及《禹貢》。

予夜中不能作文，且不能凝注思想，故以校對爲最適宜。

十二月三十號星期日

到校印所。作《古史辨》自序二千八百言。家昇來，留飯。文珊來，兩次。

編《禹貢》第十期畢，到校印所。嗣禹來。

校《古史辨》劉序。冒雪到獨健處，問《三皇考》事，并晤文安，耀華等。與嗣禹同步歸。

今日下午心跳甚，面上升火，一提筆就胸悶，不得已寫幾行就到廊下走數十步。我的文章，別人總覺痛快，但不知予作之痛苦乃如此也。

從前一萬字的文章不算什麼，但現在真有些爲難了。說到底，還是事太多，心太急之故。

十二月卅一號星期一

作《古史辨》自序三千餘言，粗畢。凡一萬言。

張西堂來。紹虞來。子通來。大綱，貞一，槃盦，庸莘，嗣禹來。逮曾來。文藻來。八爰來。海波來。

張全恭來長談。

今日一醒，就覺心跳頗急。但倘使停止工作，則功虧一簣，故仍做。但到十二時幸可完卷，如釋重負矣。

健常今日來書，謂湖上所編之書，因部中認爲與外交有關，改用惕吾名出版，因此又大加增刪，至最近方竣事。又謂近日生活極感空疏，事事爲人而事事落得本身痛苦。願赴日讀書，而因事實關係，亦不易實現。生活空疏之結果常爲極端悲感所乘，幾欲脫去人間，以求静息，如此過下去，誠不知何處是歸宿也。讀此書，知其爲求歸宿，遂集悲哀。我自恨只能勉勵之而不能安慰之，對此除太息之外再有什麽辦法！

　　這一月中，做的事情實在不少：
　　（1）編《禹貢》三期（二卷八，九，十）。
　　（2）校《禹貢》五期（二卷五，六，七，八，九）。
　　（3）作《古史辨》自序萬言。
　　（4）作《儒林傳》等《傳經系統異同表》。
　　（5）校《古史辨》二百面。
　　（6）編《古史辨》八篇。
　　（7）作《王同春開發河套記》。
　　（8）作《堯典》問題討論書。
　　（9）寫楊效曾信（入《華北日報・史學周刊》）。
該滿意了！

　　民國廿三年一月學期考試：
History 9 Ancient Chiense Hist. Geography
Fall　　　　　　3　　　　Mr. Ku

　　　　　　　　　　　　　　　　　　Spring，1934
31005 Chang Ling Wei　　　　張凌霨 G（m）
32053 Hou Jen Chih　　　　　侯仁之 E（E）
32104 Liu Shu Tsun　　　　　劉樹村 M
32437 Li Yen Tseng　　　　　李延增 E（G）
32482 Li Tze Kuei　　　　　　李子魁 G（G）

33405 Chen Chia Chi　　　　陳家驥 E（G）

33655 Wang Chen To　　　　王振鐸 M（M）Auditor

W30058 Yang Yu Hsin　　　　楊毓鑫 G（M）

W31213 Wu Wei Ya　　　　　吳維亞 E（E）

W33407 Kuang Ping Chang　　鄺平樟 E（G）

W33409 Li Su Ying　　　　　李素英 E（E）

北京大學　廿三，一，十七

	積100	試100	平均100
王樹民史三			
楊向奎史三	100	90	95
袁鍾姒中文四	100	90	95
高去尋史三	90	95	92
胡福林史四	100	80	90
楊效曾史四	80	95	87
張公量史二	90	75	82
溫雁影史二	85	75	80
張　璿中文三	75	80	78
傅述堯史四	80	75	78
許道齡史三	85	60	72
馬寶珠史四	60	60	60
蕭家駒史四	未試		

[剪報]　中華民國二十三年八月《綏遠民國日報》
　　　　　　顧頡剛先生和他的呆氣　　　　　許如

　　顧頡剛先生今年兩度來綏。第一次他到綏，我們僅只見了
一面，匆匆的一面，我只覺得他太衰老了，他不過三十多
歲的人罷，但，頭髮已經蒼白了，牙齒有的脫掉了，一個

埋頭于書案的學者，成天價在絞腦汁，"未老先衰"自是必有的現象。我這初次見顧先生的印象，和民二十初次見張季鸞先生一樣，使我有許多感慨，同時却深深地對我們的前輩發生無限的敬愛。季鸞先生是筆政操勞，幾乎三十年如一日地過下去，所以他顯得衰老得多；顧先生給我的印象，正和我初見了季鸞先生一樣——我忠心地虔誠地祝我們的前輩健康！

我一嚮就喜歡讀顧先生的文章，有時他會寫得很長很長，我也能一口氣讀下去。大概是民國十六年罷，我在《李石岑講演集》（論文集？）上讀過了顧先生的序文，那是一封頂長的信，他叙他從幼小起如何沉湎于書的經過。後來，在我們綏遠惟一的新聞紙（那時綏遠只有一個報）——《綏遠日報》上見到某君給《綏遠日報》主辦人的一封信。那封信我無意中從頭至尾讀了一遍，除了開首"××先生"的稱呼和末尾的署名外，竟會一字不易地把顧先生的信完全搬過來。我從那時起才知道人們不但是在性的方面能有"色膽包天"的大膽，就是在鈔襲方面也有"全身都是膽的趙子龍"呢。記得顧先生信中説他的乳名叫"福壽"，"我們的鈔者"他也這麽寫着。後來我也到《綏遠日報》服務，和這位"鈔襲的趙子龍"作了同事。他每天在報上發表詩話，詞，完全靠了一把剪刀，但刊到報上都署了他的名字。有一回我們在一起吃早飯，我問他："××，你的乳名叫'福壽'嗎？"他臉紅地問我怎麽知道，我説拜讀過他在報上發表的信，他便低頭不語了。

這一件事情過了這麽多的日子，我依然記得很真，我或者要感謝這位"鈔者"，因爲他這麽一來，我對顧先生的印象才更深了。

顧先生第一次來綏，我們僅是匆匆地見了一面，也没有多談話，這一次顧先生二度來綏，我們有機會談話了。他對通俗讀物的推廣，是那麽潛心地認真地努力着。對于邊疆教育的提倡，也是一件值得注意的事。他給人的印象是和藹，親切。有時你覺得他是一個什麽也不懂的"書呆子"，可是在這些地方你才覺得他更可愛。

《獨立評論》第一一一號登有他給胡適之先生的一封信——《旅行後的悲哀》，使人讀了異常感動。

在那封信裏他坦白地説他一嚮只研究中國古書，對于政治社會諸方面"只當不看見"。他自己是一個"生于深宫之中，長于婦人之手"的人，得不到什麽國計民生的感想，但旅行了河北，河南，陝西，山東四省，才感覺到國家民族的危機。這樣坦白的陳述，別人是不肯説的，他真有點"書呆子氣"！不過，惟其呆，他才這樣深切地感動，"使得我心中酸痛極了，嚮來不會滴泪的人也滴泪了"。他受到莫大的刺激，"從此以後，鴉片，白麵，梅毒，大銅元，農村破産……永遠占據了我的心。本來我們的精神是集中在學問上的，但從此以後，我總覺在研究學問之外應當做些事了"。他不能安心研究學問了，他感到悲哀了，這是誰的罪過呢！

他從前是埋頭于學問而不問外事的，現在他是對國家的危機有真知灼見的，你看他的想頭就和別人不同："就在這一年，'九一八'的事變爆發。別人都悲憤填膺，我反心中暗喜。我以爲如果没有這件事，一二十年之後，我們的國家是亡定了，我們的民族是滅定了，再也翻不起來了。現在固然已到肺病第三期，但留得一口氣，究竟還有起死回生的一點希望。日本人性急了，没有等我們絶氣就來搶我們的產業，激起我們的自覺心和奮鬥力，使得我們這一點希望能够化成事實，這是一個極好的機會。"誠然是如此，只要我們能捉住這機會。顧先生他便是努力捉此機會的，所以他提倡通俗讀物，提倡邊疆教育，我們相信，他是會以治學的精神努力于社會事業的。昨天他和我談，他溫和地説，沉痛地説，他只能這麽盡力，我説他是書呆子，他的確有呆氣，但，他這呆氣貫注于什麽地方，什麽事情都會成功的。

中國就壞在一般人們太聰明了。

（二十三年八月十一日于養正堂。）

[剪報] 廿三，八，二十《綏遠民國日報》

顧頡剛函綏新社記者，更正前次談話

綏新社訊：顧頡剛函綏新社記者，對由白靈廟返來所發表之談話，有所更正，原函兹登錄如下：

記者先生：弟等來游綏遠，多承招待，謝謝。前日尊駕降臨，談及蒙事，弟謂蒙古村落相隔過遠，交通不便，昨覽報紙，先生誤記爲"如一團散沙"，深恐因此一語，引起蒙人誤會，乞賜更正。又弟等前往時，係由自治政委會招待，住入蒙古包，非住白靈廟中，再冰心女士歸途略略暈車，并非患病，此二事順便更正，乞照辦。弟等今日離綏，不及握別，特此辭行。匆上，敬請著安，弟顧頡剛敬啓。（二十三，八，十七日）

[剪報] 中華民國二十三年八月廿三日《綏遠民國日報》

小小的錯誤　　　　　　　　塵影

——關于顧頡剛先生的更正

顧頡剛先生第一次來綏游歷的時候，我曾陪他們游了一次昭君墓，而且作了不少的談話，談到了令人不忍提起的國事，他說："日本人不定什麼時候把北平，甚至于華北占了，我們這些人雖想在學術方面努力，也是不容你的。日本人什麼時候來，我們就得什麼時候走。"他是那麼感慨地說，我當時不禁有些凄然。我又問他東北問題將來怎樣解決，他說："這是世界問題，在世界問題沒有解決前，這個問題便不容易解決。"我想他這大概是指世界大戰而言的。

他那時所留給我的印象是誠懇，慈祥學者的風度，他沒有一般鍍金博士的紳士架子。另外一點就是如許如先生所說，有一些書呆子的樣子。

這一次顧先生應平綏路局之請隨同燕大教授平綏沿綫考察團來綏作第二次游歷，因爲時間的關係我僅僅見了他兩次，第一次是在一師談了短短的幾句話，陪他們游歷了一個地方便告別了。第二次是在十五日他們從白靈廟回來後我去訪他見到的。這一次比較地還多談了一些話，但也只是那麼寥寥的幾句，而所談的又大都是關于白靈廟的一切情形。

他在旅途疲困之餘，對我所發出的問話都一一地回答了，他這種精神是值得我們年青人佩服的，他的那種精神勃勃的樣子，使我想到：他并不是普通一般書呆子，所謂病弱的書生的體格——他是一個有着健康體格的學者。

我當時問他在白靈廟蒙政會所得的印象，他說："蒙政會窮的很，每人每月只能領薪十五元，不過精神却很好。"

後來談到了冰心女士，他説："冰心女士是女詩人，在綏便有病，從白靈廟回來，因路途顛簸，所以又病了，不過，不很厲害。"談了一陣我因爲他一路辛苦，便告辭了出來。出來的時候，我順便又跟鄭振鐸先生談了幾句，他（鄭先生）説"蒙人因交通不便，很不容易團結，如一盤散沙"的樣子，發稿時爲了"省事"，便把這些談話都寫成了顧先生一個人的，想不到顧先生十七日離綏遠的時候，却給我來了一封信更正，原信由綏遠新聞社刊布了。

關于如一盤散沙和冰心女士的病前面已經説過，住廟一事，也是我們發稿的一種普通辦法，在這裏所説的廟是白靈廟那一個地方，并不是指住在廟中而言，這正如指"在綏住一日"一樣。不過，我們從顧先生來信中所説的："深恐因此一語引起蒙人誤會"就可以知他是怎樣的處處爲國家着想了！

因了顧先生的信，使我寫了這麽一篇不成東西的東西，順便在這裏向顧先生道歉！！

一個瀟灑的樣子。頭髮已經白了許多，有着健康的體格，談話是誠懇而又慈祥的態度，這是顧先生的留給我的印象，因了這一信這印象又在我腦中映了出來。

二十三，八，十八日雨聲中。

[剪報] 廿三，八，三十《申報圖畫特刊》
　　（照片略）

北平學者考察團抵綏遠

北平學者顧頡剛冰心女士等八人由北平出發沿平綏路考察凡種族宗教藝術社會經濟以及民間故事等皆在考察研究之

列對于蒙古文化亦將有詳切介紹。圖中左方第三人起順序
而右鄭振鐸顧頡剛綏遠教育廳長閻偉冰心女士冰心之夫吳
文藻。（楊令德攝）

[剪報]　廿三，十一，七《東南日報·讀書之聲》

古史學的新研究

談談最近的顧頡剛先生　　　　　　**童書業**

以辨僞爲終身事業的古史學專家顧頡剛先生，年來教授燕
京北京兩大學，講學著述兩方面，都極著成績；最近因爲
母喪來到杭州，他想在此後兩年中居杭州陪侍他的老父，
一方面專心于著述事業；關于教界，他擬暫時離開；這是
他最近的志願。

他近數年來已成和擬撰的著作很多，已完成的，有《尚
書研究講義》第一至第三册和《兩漢州制考》等書；完
成一部分和正在着手的，有《五德終始説下的政治和歷
史》與《三皇考》兩篇長文。《尚書研究講義》第一册
是批評《堯典》的，第二册是搜輯研究《堯典》的材料
的，第三册則是輯集各家批評和研究《禹貢》的文字。
《兩漢州制考》，是因討論《堯典》引起的問題而編撰
的。《五德終始説下的政治和歷史》，是研究自戰國末迄
東漢五德終始説下所造成的政治和歷史；五帝問題，是
它中心的問題。（現已做成的，是戰國末到西漢末的一
大段。）《三皇考》是研究三皇傳説的來源，和它變化的
情形的。關于《尚書研究講義》，作者另有文字介紹。
《兩漢州制考》糾正班書的誤謬，也是一部極有價值的
作品。《五德終始説下的政治和歷史》，作者也另有文評
論；這篇文字的未完成部分——顧先生因爲時間和篇

幅的關係，擬暫時擱置。《三皇考》則正在着手，大綱略已成就，大約本年年底，可以完全發表；這篇文字所取的材料，一部分出于道藏，這是以前人所沒有注意過的。

關于通盤整理上古史的工作，則顧先生在四年前任燕大教授時，曾編有《上古史（夏以前）研究講義》兩集；這是按書研究古史的第一部試作，成績也極可觀；不過内容還有一部分需待整理補充，顧先生以此講義示作者，恰巧作者也有編撰《僞史訴》（書名取自顧先生）的志願，宗旨步驟，大略與顧先生此書相同，讀了此書，興趣越發濃厚，顧先生因將這部分的工作交給作者去做，好在顧先生此書已有成書的，整理起來，當尚不難。作者更擬替此書另編一部下編，以人爲單位，去追究他們傳説的來源和變化；這兩部分的綱目，已擬就送給顧先生看過，并且工作也開始着手了。

此外還有《古史辨》和《孟姜女故事討論集》的編輯，《古史辨》第五册，仍由顧先生自編（第六册復由羅根澤先生繼編），分爲上下兩編，上編討論今古文的本子問題，下編討論今古文的學術問題（即五德終始説等問題）。至《孟姜女故事集》，顧先生則擬整理成一部二十萬字的有系統的著述。另外還有禹貢學會的《禹貢半月刊》，也是顧先生所主編的（譚其驤先生襄編），現在已竟出到第十七期了；内容專門討論古代的地理，蒙文通，錢賓四諸先生都常有文字在裏面發表。

在今年暑假期間，顧先生嘗同鄭振鐸先生，冰心女士諸人應平綏鐵路局及綏遠省政府招請，到西北去考察古迹，後來即因母喪回南。關于這部分的工作，得到的材料很多，現在也正在着手整理。顧先生年內據説尚要返平一行，結束在平未了的各項事情，到明年才能來杭安心著述。

顧先生是研究古史的學者中的一位宗師，這是大家知道的；我們從前讀他文字的時候，總以爲他必定是個很雄辯的人，這次他來杭州，作者經夏君的介紹往謁，接談之下，那裏知道他竟是個這樣沈默謹細的人，他確是個極誠懇樸實的學者，性情和藹可親，舉動禮貌周備；作者可以稱是他的一個私淑弟子了，但是他每次相見之下，總是這樣很謙虛地接待，幾乎會使人弄得手足無措。當每天下午天色將晚的時候，常常可以看見他很瀟灑地出外閑步；有一次作者在大學路省立圖書館附近，看見他帶着他的兩個女公子在那裏談笑着閑步；他從圖書館後面的場地上，繞出浙江大學的大門，這條路徑，作者雖在附近住了幾個月，却還不知道有這樣一個小天地；而顧先生，他初到杭州沒有幾天，便已開始他的"康德式"的生活了。

一九三五年

（民國廿四年）

一月：三日，病，目不能張，六日起床。八日，夜出鼻血。九日耳
　　　鳴。十日起，校《古史辨》稿。廿二日起，改作《王同春》
　　　一文在《禹貢》發表。三十日，離平。

二月：一日到杭。二日起，讀《蒙古游牧記》。七日病臥。九日起
　　　床。十日，校廖平《古學考》。十二日成安楊君寄崔邁文集
　　　來。十五日，與簡香、履安等到超山看梅花，游報恩寺、妙
　　　喜寺、頭天門、乾元觀。十六日，作《禹迹圖説》，以“桂
　　　薑園”筆名發表。十七日，與自明等到之江大學，游六和
　　　塔、虎跑寺。十八日，作陳萬里《龍泉訪古記》序。十九
　　　日，作起潛叔《吳窓齋年譜》序。廿一日，作《三皇考》
　　　自序。二十三日，到上海，廿四日，到蘇州。連日腹瀉。

三月：一日到行春橋看墓地。四日，到嘉興，與屈伯剛游南湖烟雨
　　　樓、寄園，晚返杭。六日起，讀《左傳》。八日起，點崔邁
　　　集。與自明等游西湖，到汪莊、漪園、卍字草堂、西泠印
　　　社。十七日，錢南揚邀游蕭山，至湘湖，自跨湖橋登岸，至
　　　來公墓。還城，坐汽車返杭。十九日，改作《王肅之五帝説
　　　及其對于鄭玄之感生説與六天説之掃除工作》。二十日，與
　　　屈伯剛到峽石，游西山（翠微山），至廣福寺、報本堂。又
　　　游東山，至碧雲寺、小赤壁、萬石塢、徐志摩墓。七時半

歸。廿六日，回蘇州。廿七日，到行春橋，遇雨。廿九日，父回蘇，帶到北平研究院聘予爲史學研究會歷史組主任。三十日，作朱士嘉《中國地方志綜録》序。三十一日，到永善堂接繼母棺上船，到行春橋墓地。

四月：一日，到行春橋看踏作，棺登位，設奠。三日，到甪直。六日，外姑葬，送棺上船。是日，回蘇。六日，送叔父葬。并到澄灣掃徵蘭墓。七日，祭莊。八日，與父乘輪船到望亭鎮雇小舟到鮎魚濱掃八諧公等墓。九日，到回真觀，與繼母及叔父拜安靈道場。十日，父回杭。十一日起，整理《元雜劇本事》。十三日——十九日，整理《元雜劇本事》。二十日，到行春橋，看兩墓圓墩工程。廿二日——廿五日，整理崔邁遺書。廿五日，李書華來蘇。廿六日，伴游。是爲予入北平研究院之應諾。廿七日——廿八日，整理崔述《莜田賸筆》，作《元雜劇本事》序。廿九日——三十日，在滬處理事務。

五月：一日，回蘇州。二日，北行。四日，到平。是月，各處交際接頭，不息。校《三皇考》及《禹貢半月刊》。組織北平研究院歷史組。伯希和來平。

六月：續校《三皇考》。爲燕大中文系請教授。十二日——十三日，作《古三墳書》一章，補入《三皇考》。校《尚書通檢》。十九日——廿一日，作《近代的三皇信仰》，補入《三皇考》。廿七日，童書業來平，居予家，助予工作。

七月：一日，到懷仁堂西四所辦公。十日，履安，自珍來平。十三日，荷蘭漢學家戴聞達來。廿一日，德國漢學家戴德華來。教育部聘予爲國語推行委員會委員。廿九日——三十日，作《張季善遺著》序。

八月：一日，張曉峰來。夜，看小香水演《萬里長城》劇（這是最後一次見她）。二日——五日，擬整理《聖武記》計劃。十三——十四日，作馮夢龍《山歌》序。十五日，病；十七日，起。廿六日，張國淦捐屋及地與禹貢學會。是月，王日蔚始主通俗讀物社事。是月，劉揆黎卒，年三十六。

九月：校張西堂《唐人辨僞集語》。八日，移入棗林大院居住。燕大宿舍已于上月請起潛夫婦住入。九日，見趙紀彬。十一日，開通俗讀物社委員會。十二日，離平。十三日，到磁縣，晤縣長孫振邦。十四日，在磁縣游城隍廟，文廟，鼓樓，皮場廟，崔府君廟，救濟院，女校，中學，七十二疑冢之一，火神廟。十五日——十七日，校《禹貢半月刊》，作《分類目録》。晚，徐炳昶自平來。十八日，伴徐氏游磁縣。十九日，到響堂山，觀諸洞石刻。到彭城鎮，與燒缸工人談。二十日，游響堂寺及山上諸洞，神麚山，彭城鎮諸窰。又游晋祠泉，玉皇閣，竹林寺，黑龍洞。廿一日，到磁縣北界張家莊，游常樂寺，上山，游北響堂寺，宿義井。廿二日，回磁縣。廿三日，游臨漳縣之鄴鎮，至銅瓦臺遺址。又至講武城（魏武遺址），天子冢。廿四日至邯鄲。廿五日，游趙王城，登故城中諸臺，又游叢臺。晚，抵順德。廿六日，游順德天寧寺，净土寺，觀老子道德經幢。廿七日，到定縣，雇車赴曲陽。廿八日，到恒山廟，觀碑刻。又至純陽宮，王子墳。廿九日，返平。此行凡歷半月餘，得拓本不少，爲北平研究院搜集也。

十月：一日——二日，校《禹貢》十二萬字。三日，討論歷史組計劃，開通俗讀物社月會。七日，計劃拓片陳列。九日，作禹貢學會紀事及教育部請款呈文。十一日，參加燕大歷史學會年會。十六日，校《唐人辨僞雜語》畢。校《史記》白文。爲講《春秋史》作準備。

十一月：編《春秋史講義》。吳志順繪地圖底本，予月送三十元。北京形勢緊張，景山書社營業大減。草禹貢學會募捐啓。

十二月：作禹貢學會募捐啓畢。作《二十五史補編》序。在懷仁堂
　　　開饗堂拓本展覽。

一九三五年一月

一月一號星期二

　　改《古史辨》序訖，送校印所。雷川先生與子通，紹虞來商
校事。

　　肖甫來長談。王錫昌來。理信札。

　　鈔肖甫《論語辨》序。到紹虞處，將序送與肖甫看。談至十
時歸。

　　　一萬餘言的序做了四天，還不慢，尤其身體這樣壞，更可自
慰。檢日記，第四册序費了一星期工夫。

一月二號星期三

　　到校印所送稿。到大門候車，與王振鐸，張全恭，吳世昌，容
媛，李素英同進城。到太廟看木刻畫展覽。畢，游太廟一周。出，
到肉市正陽樓吃烤羊肉。

　　到正陽門樓國貨陳列所及關帝觀音二廟。到北大一院，松生府
圖書館，二院，及景山書社。全恭，振鐸別去。到侃嬺處。五時半
出，世昌，素英，八爱別去。到芳屋胡同訪王燦如，邀往西安門小
樂園吃飯。

　　乘九時車歸，遇季明，洪都，蕭乾。

　　　今日冒雪進城，在正陽樓院中吃烤羊肉，下面熊熊的火，上
面片片的雪，左手握燒餅，右手持酒杯，真痛快事也。素英向不
飲酒，今日亦飲。

一月三號星期四

寫履安信。看蕭文安論文。今日起身後即感頭暈，中午手足俱冷，竟日未進食，憊不能興，遂就睡，尚能得眠。

昨天玩了一天，十一時就眠，以爲可以睡到天亮矣，然又是四時醒。心跳較好，胸前仍作痛，然有何法更游玩乎！

起潛叔得家書，其夫人發熱半月，醫謂恐變肺炎，因于今日午後南歸，寓中更寂寞矣。

一月四號星期五

終日臥床，欲覽書，目酸而止。子魁來。

紹虞來。子通來。

予之疾顯然爲一月來過勞所致。但天下事必須如此才能作好，予不悔也。惟身體之鍛煉，必須注意及之，否則真太不濟事矣。

一月五號星期六

終日臥床，上午眼酸不能張，下午漸愈。子通來。文藻來。李大夫來視疾。

全恭來。子通紹虞來。聶篠珊來。趙豐田偕謝瑞階來。張子玉來。書春來。

劉玉山爲延醫，嘆曰："先生，你太用功了，致生這病！"

一月六號星期日

九時起床。希白，蔭麟，范任來。張子玉來。家昇來，同校《禹貢》二卷十期，留飯。

紹虞來。子臧來。葉德光來。季明來。子通來。看持雅齋送來書。

點顧立雅文，未畢。不敢多工作，十時眠。

臥疾三日，未多進食，今日始食飯。惟手足仍覺冷。小便燙極，足見內熱未清。

德光務服于定縣北街之華北農産研究改進社，常騎自行車日行百餘里，其事業及于南宮，束鹿，無極，藁城等九縣，其目的在于灌輸農民以國家意識，俾華北雖失而猶有不爲順民之基本隊伍。今日來，足跛，以騎自行車過勞也。此真我理想中之青年！

一月七號星期一

記日記四天。與志順商製圖事。點孫海波文。何殿英來。沈煥章來，同游學校。宴客。

海波來。唐立厂來。到國文系，爲邵子風畢業口試，與在宥同步歸。寫張文炳信。到煨蓮處。到冰心處。

到季明處赴宴。與志韋，洪都同步歸，已十一時矣。

昨夜夢健常命予搔癢，予仍不及狎。既而悔之，曰：彼招我矣，何拘守之甚也。

今午同席：沈煥章　何殿英　吳文藻夫婦　振鐸　其田　世五（以上客）　予（主）

今晚同席：趙守鈺(友琴,陝西省政府委員)　馬叔平　志韋　司徒雷登　煨蓮　洪都　克剛　季明之婿　予(以上客)　馬季明(主)

一月八號星期二

到校印所，爲沈煥章重作《密陳西藏事摺》約二千言。歸，付馮世五，吳志忠，耿長來分鈔。

乘一時車進城，到北長街班禪行轅辦公處訪煥章，交所改文。到侃戀處。到孟真處，晤其夫人。到北平圖書館，晤以中，覺明，剛主，森玉，隅卿，昌群，文玉等。

乘六時車歸，遇徐寶謙及王了一。歸，譚季龍來，翁獨健來。

一月九號星期三

譚季龍來。點《童癡二弄》一卷付寄。寫西堂，泉澄信。到校，訪子通李瑞德談課事，又訪司徒談校事。與書春同步歸。

士嘉來。全恭來。到在宥處。劉子植來，同到校印所，并晤希白等。校《古史辨》劉序。與文藻步校園一周，到其家吃飯。

校《古史辨》自序。寫履安信。看蕭乾論文。

今晚同席：劉紀華女士　夏雲　予（以上客）　文藻母夫人　文藻夫婦（主）

在宥告我，振鐸在城中謂予歸來而不上課，爲校中特殊階級之教員。

昨夜出鼻血，今夜耳鳴若軋棉花，百病俱來，此身非金石，奈何！我的病根，總由性子太急，一急便心宕。

一月十號星期四

寫季龍信。校《傳經系統異同表》。在宥來。子臧來。紹虞來。到希白處，商通俗讀物社事，與天津聚文山房張圭穎君訂合作契約。

在希白處吃飯，與張君同歸。煨蓮來。子臧來。到在宥處，到紹虞處。

校《異同表》訖。校劉序訖。

早醒，自思予之身體止能過優游自適之生活，而予之精神乃興奮蹈厲，不可一世，幾欲奪盡人之工作而有之，二者錯迕，遂成此矛盾狀態。別人贊嘆我或嫉忌我者，皆以我之精神，而不知暗中呻吟疾苦乃至此也。

一月十一號星期五

校《禹貢》第十期一遍。

校《禹貢》訖，到校印所。修綆堂孫君來。趙惠人來。希聖來。朱寶昌來。素英來。

校《古史辨》稿。子通，紹虞來。

今日執行委員會議決，振鐸以研究工作名義，下學期即離校。季明，在宥准其辭職，下學年離校。國文系之風波歷一年餘，至今日而解決。

一月十二號星期六

乘九時車進城，車中遇家昇，同到北平圖書館訪豐田，看任公年譜材料。出，到于思泊處，并晤陳雪平。到立庵處。到外交部街王家飯店吃飯。

出，到王姨母處。到清華園洗浴，看《古史辨》自序二樣。到北海靜心齋赴宴。

乘九時車歸，遇子通，同步歸。

今午同席：予（客）　李書華　錢玄同　徐森玉　馬隅卿　王以中　謝剛主　魏建功　常維鈞　莊尚嚴　劉子植（以上主）

今晚同席：孟心史　馬叔平　陳援庵　沈兼士　陳寅恪　梁思永　羅莘田　傅孟真等約三十人（語言歷史學研究所公宴）

一月十三號星期日

校《古史辨》自序及《禹貢》零稿。振鐸來。大學出版社廠長蕭芳瑞來接洽印地圖事。

盼遂來。林行之來。士嘉來。點晉華明京一文付印。趙豐田來。以中，江清，昌群，在宥來。紹虞來。嚴星圃來。王素意女士來。

到譚超英女士處吃飯，八時半歸。

今晚同席：吳雷川先生　張翔聲女士　素英　予（以上客）

超英及其母（主）。

未曉，夢與健常，孟真等同作旅行，宿一客店，予獨居一室，已就眠矣，健常猶在予室坐，作娓娓之談。予頗思邀就枕而羞於啓言。已而彼去，予懊惱欲就之，而入其室，猶有他人，廢然歸臥。

一月十四號星期一

校《古史辨》稿。到校印所。煨蓮來，紹虞來，均留飯。賀次君來，亦留飯。

子通來。范希天來，訪問予之學術生涯，備登入《大公報》。

士嘉來。在宥來，與同到子通家吃飯。商校事。十時許，與紹虞同步歸。

今晚同席：在宥　紹虞　予（以上客）　子通（主）

一月十五號星期二

家昇來辭行。校《古史辨》稿，訖，及各種零件。到校印所。到文藻處吃飯。

校《傳經表》訖。點鍾鳳年文。鄧嗣禹來。孫海波來。李魯人來。文藻來，又至其家吃飯。八時一刻歸。侯仁之來。吳世昌來。李子魁來。寫賓四信。

今午同席：張宣澤　蕭乾　予（以上客）　文藻一家（主）

夜飯客爲吳松珍女士。

一月十六號星期三

校《古史辨》零件。到校印所。點改鍾鳳年《魏地考》畢。寫楊向奎，姚從吾信。

校《禹貢》二卷七期。《益世報》記者張萬里來。鄺平樟女士來。士嘉來。劉師儀女士來，與同進校。

到煨蓮處晚餐，并晤洪都，嗣禹，子魁。

一月十七號星期四

與王振鐸同車，乘九時車進城，到孟真處，愛般哈特來，在孟真處吃飯。

到神武門，與燕大北大同學同游南三所及内閣大庫，觀故宫文獻館工作。五時出，到景山書社。到盧季忱處。

到歐美同學會，赴從吾宴。乘九時車歸。

今晚同席：陳受頤　陳同燮　毛子水　孟真夫婦　予（以上客）　姚從吾（主）

今日同游：楊向奎　高去尋　張政烺　張公量　許道齡　侯仁之　福州邱女士　王育伊　容女士等約三十人。

孟真告我，國防委員會要編歷史課本，孟真以予薦，翁文灝先生曰："他太富于革命性，恐不適爲政府辦事。"此言頗知予，予實在只能幹自己的事。

一月十八號星期五

校《禹貢》二卷七期訖。校《古史辨》之各種零件。持雅齋靖芝園來商書價。

侯仁之與王鍾翰來，爲寫開明書店信。校《禹貢》一卷一期訖（再版）。到校印所，發《古學考》付印。世昌來。

到士嘉處，赴宴。

今晚同席：陳彦文（統）　聶筱珊　予（以上客）　朱士嘉（主）

一月十九號星期六

草禹貢學會信四通。校《傳經系統異同表》訖。林培志女士來。趙巨淵來，爲我照相。

王穎婉，令嫺姊妹來。吳春晗，谷霽光來。到校印所，發印件。到文藻處，與之同到李安宅夫人處。到文藻家吃飯。九點半歸。審核《古學考》句讀。看翁獨健《三皇考》跋。

早三時許，夢有人持報紙來，上登健常啓事，乃致余者，文辭騈儷，其大意爲以前形隔勢禁，衷懷不達，今既定婚矣，何爲而消息杳沈！予尚不知有此定婚之一事，一喜而醒，遂張眼達曉。噫，彼來書二旬餘矣，而予曾未能作覆，宜夢神之以此誘我也。

天呀，我不願用別人的痛苦來澆灌我的心花，我只願用自己的痛苦來換取永存的慰安！

一月二十號星期日

寫玄同先生，西堂，季龍快信各一通。審核《古學考》句讀，訖，送校印所。趙惠人來。朱士嘉來，留飯。渠爲我記著述目錄。李一非來，煨蓮來，均留飯。

文珊來。李子香來。王育伊來。點育伊一文。記日記五天。趙豐田來。紹虞來。子通來。

校《禹貢》二卷十一期稿。

子通告我，振鐸到雷川先生處，云："顧頡剛這人，你們須注意，他是最會鬧風潮，并且喜歡薦人。"予思之，會鬧風潮者，嫉惡若仇也。喜薦人者，愛才若渴也。說得很不錯。

士嘉今日爲予寫出所編著書籍，計自清宣統三年起，至今年止，無論成與未成，計得八十種，此予所未曾料到者也。希望我再能做三十年工作，除整理此舊著外，再像樣的做出數十種書來。

一月廿一號星期一

校《禹貢》十二期稿。到校印所二次。靖芝園來。孫海波來。

到子通處吃飯，商校事。

起潛叔回寓，與之談。西堂來。鍾鳳年來。于道源來。書春來。校《古史辨》，《論語辨》零件。點《禹貢》二文。

到文藻處吃飯。與傅媽之女王君談話。歸，編《禹貢》廣告。

予本望侍親讀書，看近日情形恐非上臺幹不可，不勝驊牛之嘆。

一月廿二號星期二

改《王同春》一文，寫玄同先生及君樸信。到校印所，超英來。

侃毅夫婦來，同游校印所，到子臧處未晤。到超英處晤之。王錫昌來。

到紹虞處吃飯。餐畢，開國文系委員會，商功課事。

今晚同席：吳雷川　子通　予（以上客）　紹虞（主）

一月廿三號星期三

理書物。愛般哈特來，同游燕大圖書館，留飯。容女士來。寫希聖，素英信，托耿貽齋帶去。

鄧文如來。洪思齊來。校《禹貢》稿。

編成《禹貢》十一、二期目。

一月廿四號星期四

校《禹貢》十一期。孫海波來校稿。聞在宥來。容女士來。植新來。子魁來。

士嘉來。作《尚書文字》等廣告。點《王同春》鈔件付印。

到煨蓮處，并晤季明。到文藻家吃飯，晤夏雲。校《古學考》至十二時。

一月廿五號星期五

校《禹貢》十一期。到校印所校零件。紹虞來。

到容女士處吃飯。訪韓懿德女士及李瑞德，均未晤。校《禹貢》十一期及《古史辨》零件。蕭文安來。吳子臧來，留飯。郭太太來。陳懋恒女士偕潘女士來。

到紹虞家，開國文系委員會，十時半歸。

今早三時許，以夢驚醒，遂不成眠，一天精神不好。

今午同席：博晨光夫婦　洪煨蓮夫婦　洪思齊　李安宅太太張女士　饒女士　容太太　予（以上客）　容八爰女士（主）

一月廿六號星期六

乘九時車進城，到輔成公寓訪素英夫婦，并肖甫。出，到景山書社，在書社寫履安信。到儂香園赴宴。

與泉澄同到社會調查所。到士升處，與之同到希聖處，并晤李旭，公量等。出，到書社。乘六時車歸。

到在宥家赴宴，十一時歸。

今午同席：泉澄　晋華　予（客）　懋恒　宜珍（主）

今晚同席：子通　江清　起潛叔　子臧　朱寶昌　予（以上客）　在宥（主）

一月廿七號星期日

到校印所整理《王同春開發河套記》一文訖，凡本文七千言，連附錄一萬二千言。李延增來。

子臧，朱寶昌來。文藻夫婦來訪。

到煨蓮處吃飯，并商哈燕社印刷事。看冰心所作游記畢。與子臧同步歸。

今晚同席：博晨光　予（以上客）　洪煨蓮夫婦（主）

一月廿八號星期一

海波來。校《禹貢》二卷十一期。靖芝園來，取書賬。文楷齋人來。宴客。

季龍，姚家積，鄧嗣禹來。趙仲玉，叔玉，廣順來，伴游校印所，送上車。崔君閻君來。于道源偕和官來。紹虞來。

到文藻處吃飯。歸，校《王同春》一文。

今午同席：譚誨英女士　子臧　李書春　侯仁之　世五　起潛叔　張子玉（以上客）　予（主）

一月廿九號星期二

到校印所。九時，與郭太太同乘車到前門站，訪王二。在車遇獨健。到姨母處，寫履安快信，到長安街寄。校《禹貢》二卷十一期稿。到同和居赴宴。

與紹虞同乘小汽車歸。訪際唐，未遇。到容太太處。校《禹貢》十一期訖。梁愈來。到在宥處，子臧處，并晤誨英女士。子通來。王育伊，王振鐸，于海晏，李子魁來。

理行裝，至十一時，未畢。

今午同席：錢玄同　陳寅恪　袁同禮　孫蜀丞　郭紹虞　馮芝生　徐森玉　予（以上客）　謝剛主　劉盼遂（主）

明日行矣，今日至夜八時後乃得理裝！

一月三十號星期三

理行李及書室物件。植新來。季明來。煨蓮來。在宥來。洪都來。

劉治平來。一時三刻，乘大汽車進城，由水關上車，見姨母，賓四，季龍，星圃。世五及起潛叔照料一切。與陸二小姐（王太太）同行。三時五分開車。

訪孟真，談二小時。到餐車吃點。

自北平至杭州，三等票廿七元八角。帶行李五件（衣箱二，藤箱二，網籃一），透一百十九公斤（許帶四十公斤）。納費二十元零五角。又汽車進城七元五角。

今日校印所送《古史辨》第五册樣本來，算于今日出版矣。此爲此行之惟一成績。

一月卅一號星期四

早至德州，看報紙。孟真來，同到頭等車談話，到餐車吃飯，三時辭歸座。

九時到浦口，十一時到南京。一時半到鎮江，王太太偕其女杭官下車。

一九三五年二月

二月一號星期五

七時半到滬，即過車，車中擁擠甚，至嘉興始得坐。脫車一小時許，至下午一時始到。履安，二女及來庚皆在站接。

到家，謁父大人。理物，剃頭，看信，記日記六天。與來庚到車站取行李，歸理物。

簡香表弟來談。倦甚，八時許眠。

杭州反比北平冷，奇哉！

家人見我歸，道我瘦了許多，這是兩月來忙的成績。

二月二號星期六

看吳德旋《初月樓聞見錄》。點讀《蒙古游牧記》。與和春同到吳宅。

點讀《蒙古游牧記》一卷畢（哲里木盟），并校改張子玉所作表。
看《養夫齋叢錄》。

以心不定，仍點讀《游牧記》，藉以收斂。乃因夜飯後之工作，又致失眠。此後夜中應只翻書耳。

二月三號星期日

點讀《蒙古游牧記》第二卷（卓索圖盟），畢，并校張子玉所作表。

與二女到清河坊購物，步歸，遇朱遂翔。

簡香來，同吃午飯。祀先。擲骰。

今日爲舊曆除夕，清和坊又杭州最大之街，然除鮮果鋪及南貨鋪外，均無生意，新關之店及作關店大拍賣者亦不少，可知市面凋敝已極。

聞履安言，蘿蔔青菜皆只十文一斤，此從來所無者。農産品如此不值錢，欲農村不破産得乎！

二月四號星期一（元旦）

拜先。補記兩月來用賬。萬邵二君來賀年。點讀《蒙古游牧記》第三卷（昭烏達盟）畢，校張作表。

簡香一家來賀年。

飲酒較多，無力作事，九時即眠。

到平兩月，靡日不忙，收支賬目竟未能記，歸後履安向我索取，因就日記鈎稽出之，僅差一元餘耳。此兩月中用之于游覽者，僅一月二日之一次，所用亦僅六元耳。

二月五號星期二

點讀《游牧記》第四（錫林郭勒盟）第五（烏蘭察布盟）卷

畢。與履安到萬，邵二家及簡香家賀年。

寫子通，健常，起潛叔信。

昨夜夢到內政部見健常，已見之矣，又去，值其不在，而我要寫信，即取在桌前懸挂之信箋二幀用之，然角上有"惕吾用箋"四字在也。

又夢南京開教育會議，邀我出席，時予在平，擬去後住健常家。出門雇車，本欲到東車站，乃錯言陶然亭。車夫拉至香廠，爲娼寮童奴所包圍，憤而登車欲遁，即醒。醒後思之，似非佳讖，以陶然亭爲畸零人叢葬所也。

與健常書云：來書牢愁滿紙，讀之不怡。我輩生在此時，不當再計較個人之事。無論如何苦痛，決不該以悲哀占據整個之心靈。宗教家以現世所受苦痛爲前世罪孽之報應，或爲換取來生福利之價值，此固吾儕所不能信；但若云以自己之苦痛洗去衆生之罪孽，以一時之苦痛求得永久之光明，則事雖未必盡如人意，而實足變苦痛爲希望，改悲哀爲安慰矣。未審能轉一念否？

二月六號星期三

點讀《游牧記》第六（伊克昭盟）卷畢，第七（土謝圖汗）卷，未畢。校《禹貢》十二期下半畢，付寄。寫植新信。

陳萬里來。

二月七號星期四

點讀《游牧記》第七卷畢，點第八卷（賽音諾顏部）未畢。病卧，未便食。

日來喉頭發炎甚重。今日下午，脚冷甚，周身不舒服，恍若大病將至，因就卧。

二月八號星期五

終日臥床，未作事，亦未看書。

二月九號星期六

起床。校《禹貢》十二期上半畢。寫植新，季龍信。
點賽音諾顏部畢。續點第九卷（車臣汗），未畢。
早眠。

二月十號星期日

簡香來。校《古學考》一過。屈伯剛來。寫容女士信。
簡香來印八到表，整理《游牧記》用。張劍文來。
士嘉自無錫來，以家中無地可住，令來庚送至城站旅館。
　　近日傷風甚重，哼不完的鼻涕。天又沈鬱，影響及于精神，
似前途毫無希望者，更令人想念北平不置。

二月十一號星期一

到城站旅館訪士嘉，與同到抱經堂，晤遂翔。出，到浙江圖書
館，晤張慕騫，陳豪楚，導士嘉參觀書庫。返家，顧雍如已來，同
到湖濱散步，到天香樓吃飯。
王善業到天香樓相訪，談至三時，出，王顧別去。予與士嘉到
抱經堂與遂翔談至五時許，爲遂翔寫蚩雲信。送士嘉上火車。予到
復初齋還賬。
與履安共讀《童癡二弄》，早眠。

二月十二號星期二

記日記六天。作《古學考》目錄五頁。樊漱圃先生來。寫欒植
新信。

看《德皋集》。簡香偕全喜弟來。童書業來。看新寄來之《古史辨》第五册。

檢金石書，備作《禹迹圖考》。

今日始重見陽光，已陰雨六日矣，心神爲一豁朗。

崔東壁弟德皋之文集，竟由成安寄來，大快，即付鈔。

二月十三號星期三

自今日起，每日到簡香家工作，期必能工作八小時。檢核起潛叔所作《窓齋年譜》一百餘頁，爲改正若干處。

張鑑文來。

點《蒙古游牧記》第三册正文。

健常寄《綏遠五團體建議書》來，無函。

二月十四號星期四

檢核《窓齋年譜》之附録數種，本書畢。即付寄。

到吳宅，點《童癡二弄》，畢。看童書業《國語》論文。鈔改起潛叔《窓齋年譜》序文，未畢。

與自珍，和官同到城站戲院看《空谷蘭》影片，十時半歸。

自明爲鈔國文選，每日三篇，若不間斷，一年可鈔一千篇。

二月十五號星期五

寫童書業信。與簡香，張鑑文，及省立醫院醫師徐維明，汪寶廉，又履安同乘汽車赴超山看梅。

在報慈寺吃飯，步至妙喜寺，頭天門，乾元觀等處，三時許，仍乘汽車還城。

夏樸山來談。看童書業《禮記考》。

超山梅花之多，甚于暘臺山之杏。報慈寺前有宋梅一株，又新植唐梅一株。

從山下望頭天門，宛如妙峰。

今日所坐汽車，裝置無綫電，一路聽曲，前所未經也。履安不耐坐汽車，往返皆吐，真不值得。

二月十六號星期六

到吳宅，作《禹迹圖説》二千餘言，畢。以無自己意見，署"桂�薑園"筆名。寫季龍信。

到車站寄信。到吳宅，看陳家驤，黃席群二君沱潛問題論文二篇，又看陳萬里《龍泉訪古記》，畢。到蕙蘭學校訪宓賢璋，遇之，又寫春晗信。

點《蒙古游牧記》第四册正文畢。

晨夢到抱經堂書肆，至則健常已先在，一喜而醒。

二月十七號星期日

校張子玉所作《額魯特表》，訖。寫素英夫婦信。與康艮及和官到清和坊買書。

與康艮乘人力車到閘口，訪夏瞿禪未遇，游之江大學，六和塔，虎跑寺。乘五時一刻車還城。在站買書，晤梁友三。

看《全國鐵路旅行指南》等。記日記六天。

傷風迄未愈，已兩星期矣。

二月十八號星期一

鈔改起潛叔《愙齋年譜》序例，訖，凡三千言。

作萬里《龍泉訪古記》序，訖，一千言。寫容女士，李子魁信。到浙大訪琢如，未遇，遇錫侯，到其家。

點《游牧記注》一卷（杜爾伯特部）。

二月十九號星期二

到吳宅，校《禹貢》一卷一期訖。校二期，未訖。飯後訪萬里，繳所作序。

作《窓齋年譜》序，訖，千餘字。到高級中學訪南揚，未遇，晤孟恕。遇雨，乘車歸。

簡香來，同看《旅行指南》。眼澀，早眠。

二月二十號星期三

校《禹貢》一卷二期訖，并校零件訖。即寫植新信，到郵局寄。理書桌。開出此歸應作事項目。記日記二天半。

看楊向奎君所作《三皇考》後半，未畢。簡香，全喜弟來。

與履安同改《窓齋年譜》序。

此歸應作事：

◦繼母選葬期
◦繼母葬
◦清理信札
　點《蒙古游牧記》
　作《土木堡》文
　作《綏遠的開墾與河套的水利》
◦校《禹貢》一卷一、二期
◦校《禹貢》二卷十二期
◦校《古學考》
◦作《禹迹圖説》
　改《禹貢》投稿
　校張子玉所作《蒙古盟旗表》
◦改起潛叔《窓齋年譜》序例，并校譜中誤字
◦作陳萬里《龍泉訪古記》序

。作起潛叔《竇齋年譜》序

作陳援庵《史諱舉例》序

作鄧嗣禹《中國考試制度史》序

。作朱士嘉《中國地方志綜録》序

作趙萬里重印《古史新證》序

。校點《童癡二弄》

。整理《三皇考》并作序

改石兆原《八仙》一文

。改《元曲叙録》

讀《左傳》，集地理沿革史材料

作《中國地理沿革小史》之前一部分

爲《史學年報》作《五服考》

。爲《史學論叢》草一文

校《德皋全集》

作《東壁遺書》序

讀《史記》，備付印

作《張季善遺著》序

二月廿一號星期四

看向奎所作《三皇考》後半訖。

寫起潛叔，嚴良才信。到站寄信。作《三皇考》序二千言，未畢。

理應携至蘇滬物件。

《三皇考》凡三十題，十二萬言。望此半年中能出版，亦數年來研究之一結束也。

二月廿二號星期五

終日理信札，豫備覆信。

到琢如處，值其歸里，留《三皇考》在伊室。看燕都戲劇史料。

簡香來。看長江之《顧頡剛與禹貢》一篇。

二月廿三號星期六

乘八時一刻車離杭，十二時半到滬。車上但閱報耳。良才未來接，即卸裝孟淵旅社。

打電話與魯弟。飯後到亞東圖書館訪汪原放。到商務印書館訪王雲五。到開明書店打王伯祥電話。回旅社，寫起潛叔，張子玉，欒植新，譚季龍，楊向奎信。爲伯祥寫鄧文如，牟潤孫，丁錫田信。

伯祥，聖陶，盧冀野來。冀野旋別去，伯祥等邀至馬上侯吃酒及飯，十時歸。

今日續開贈送《古史辨》第五冊人名單與起潛叔，兩單計甲種十四冊，乙種一百廿一冊，丙種七十冊。

伯祥以開明編《廿五史》，書報合作社起編《廿六史》搶生意。其中《新元史》一部，開明已從柯氏後人取得版權，而書報合作社竟云此書無版權，請求內政部撤銷注冊。適內政部劉君過滬，伯祥告之，請部中予以批駁。劉君謂內政部掌圖書事者爲譚惕吾女士，而彼與顧頡剛極熟，可托顧通函，伯祥遂以此事托予。

二月廿四號星期日

到街吃點。魯弟來。伯祥偕王鞠侯來。寫朱瑞軒信。十一時，上車站，魯弟送行。

三時許到蘇，即雇車歸家，適又曾在，即同出。到玄妙觀五芳齋吃點，到桂芳閣訪地師盧養正先生，到吳苑品茗，晤受祉。到宮巷買物，到欣伯處談話。

歸家，與兩孀母及弟妹等談話。

九妹珠圓，國文甚佳，書法亦秀，去冬得全班第一。惜予無錢，不然當資助之入大學。誦虞弟亦考得第一名，彼如向上，亦一人才。

二月廿五號星期一

早，到臨頓路吃點。到吳宅，岳母不在家，見舅嫂。到仲周處，未晤。到又曾處，寫父大人信及薛勝祥信。到企鞏叔處。到胡遠香處，并晤五姨。到國學小書堆購書。到丹鳳吃蝴蝶麵。

到宮巷剃頭。到盧養正處，揀打竈日。到慶譽棧，向有斐取錢。訪佩靜，未晤。到崇年處，見其夫人。到圖書館買書，歸，途遇子翔先生。

寫文藻夫婦信。與九妹談話。

本定今日下鄉，以天雨，只得延期。

晚飯後腹痛甚，眠後又起泄，大半夜未眠。

二月廿六號星期二

蔣司務來。看顧立雅所作《釋天》一文。仲周來。有斐來。以連日腹瀉，今日無力作事，服嬸母處之十粒水，核桃灰，頗愈。

寫履安，子臧，在宥，雲父，王日蔚，健常，庸莘，侃嬐夫婦，顧立雅信。

二月廿七號星期三

寫紹伯，石公，德坤，張文炳，泉澄，家昇信。乘車到永善堂祭奠繼母。

企鞏來。又曾來。乘車到仲川處，未晤。到國任處，晤之。到周振鶴處，遇之。到觀前買皮鞋。到郭宅，見老太太及際唐夫人。訪景鄭弟兄，未遇。到盧地師處，問行期。到子翔先生處，并見師母。

寫筱珊，淑度，緝熙，安真，濤聲信。

九妹告我，帳房櫃內有我中學時代之作文簿，如其言找之，果得，并得十一二歲時所作文一冊，蓋皆魯弟幼時所取，予廿餘年所未見者也。大喜持歸。

二月廿八號星期四

寫張希魯，張西山信。潘博山，景鄭來。仲川來，同到其家，看所藏書籍，法帖，銀圓，留飯。

又曾來，同到觀中，在觀正興吃點。到北局游覽一周。又曾別去，予到商務印書館買贈弟妹書籍。

與九妹談話。寫楊昭恕，雨亭，昌群，海波，朝陽信。

今日在仲川家發見楊慎所作《五更調》手迹，詫爲奇遇。近年發見的運氣何太好！

東壁方面：1.《二餘集》　2.《知非集》　3.《莜田隨筆》　4.《針餘集》　5.《德皋集》

姚際恒方面：1.《春秋通論》　2.《儀禮通論》

歌謠方面：1.《童癡二弄》　2. 楊用修《五更調》　3.《吳音奇字》

一九三五年三月

三月一號星期五

八時，坐車到又曾家。同到胥門洋橋堍茶館，待盧地師。橫涇輪船以脫班，十一時才開。十一時半到行春橋，即到薛勝祥家吃飯。

往看地，及新購墳地。畢，還薛家小坐。到行春橋，游余覺別墅門外。三時半船來，上船。遇王翼之。與又曾到蘇州大戲院看

《紅羊豪俠傳》電影。

到上海粥店吃飯後，到九如聽説書。十時歸家。

行春橋兩年未到，頗有新氣象，橋梁屋宇，多經修葺，惟太湖中土匪不時見顧，村民須持槍自衛耳。

蘇州近年，盛行男女雙攜説書，予昔所未見。今日所聽，是汪月桂（男）汪美雲（女）之《雙珠鳳》，謝樂天與陳笑天（皆女）之《白蛇傳》。

三月二號星期六

作開明書店《廿五史補編》題辭。寫伯祥，陳邠丞，予同信。

又曾來。佩静來，邀往百擁樓，大華書店，存古閣等處看書。到桂芳閣訪盧地師。到吳苑訪又曾。

與龍弟九妹談話。寫張同俊，黄賓虹，王燦如信。

日子選出，繼母定二月二十八日安葬，與叔父不能同時，而僅相距六日。

得健常覆書，聊聊數語，心頭一冷！

近數日過遇蘇州的頹廢生活，精神緊張之習頓改，夜眠遂得八小時。惜此種生活，予無福常過之耳。

三月三號星期日

寫葉德光，魯弟信。寫鄭茂根信。爲樂益女中十五周年紀念寫字一幅。八時半，王佩静來，同到黄頌堯家，程雍之家，屈伯剛家看書。在佩静家看其海粟樓書目。

歸家易衣。到佩静家吃飯。飯後同出，到國學小書堆及護龍街各書肆看書。三時許歸家，以良才來也。至則已去，持所購書置新屋。到觀前剃頭，買物。

歸，良才來談。寫伯祥信。到吳苑訪又曾。墳客朱君來談。

理物。

因佩諍之邀，又購書七十餘元。予自知不能見書，見則必有可欲者，而年來手頭窘極，實無福爲此。佩諍不諒，以爲予興猶昔，必欲遍及各肆，遂又負此新債，奈何！

此次歸家，寫信四十封，信債稍清。

三月四號星期一

理物訖。八時，坐車到錢萬里橋，上蘇嘉汽車，十一時許到。屈伯剛先生及李君同行。卸裝宣公橋寶和旅社。偕李君到東園吃飯。

與伯剛先生等雇船游南湖烟雨樓。又乘車到城中寄園品茗，到北大街閱肆。歸旅社，小憩。予又獨步至北大街北首，乘五時半車到杭。

七時半到，歸家。理物，看各處來信。

鴛鴦湖聞名久矣，在滬杭車中每一遙盼，今日始置身烟雨樓上，快何如也！景色頗韶秀而無市俗氣，似轉勝西湖。今日所雇艇，母女二人，女名潤玉，年十八，目美善盼，到樓下陪飲半小時，豐致婉變，可喜也。

三月五號星期二

算賬。寫侃燮，伯祥信。看各處來信。寫植新信。

與自明到車站寄信。校《古學考》一遍，即發印。簡香來。

十日不在家，一回來又有許多新文債矣。以《古學考》須于月内出版，故先校。

昨歸接北平信，悉馬隅卿先生在北大上課，忽然暈倒，送醫院後，當日即逝世，蓋腦充血也。又錢玄同先生聞已發狂。追思皇家飯店之宴，僅一月餘耳，乃即搆此慘變，創痛何可言也！

三月六號星期三

又寫植新信，到車站寄。到吳宅，看《左傳》隱桓二公，鈔出應用材料。

補記日記十一天。看《左傳》桓莊二公，鈔出材料。

標點崔邁《尚友堂說詩》。

此次歸蘇一行，父大人方面用廿四元，予自用三十一元，買書尚不在內，用錢如此易，真不能動。

季龍編《禹貢》，太不上勁，三卷一期，予送與他多少稿件，而尚須遲一星期出版，真有"才難"之嘆！

三月七號星期四

寫起潛叔，吳志順，士嘉，世五，季龍，良才，賓四信，皆爲《禹貢》及《沿革史》事。

錢琢如，南揚來。代品逸等作殷岳母哀啓，凡一千四百字，即鈔清。誦唐弟自紹興回蘇，經杭州，來家。由履安自明伴游西湖。童書業來。寫伯祥，元胎信。寫樊漱圃信。

殷岳母將于下月開吊，其三子真懶，連哀啓也要我替作，他們何太閑，我何太忙？以履安之情，費大半天成之。因思我將來死了，希望他人替我做傳時，說下面兩句："對于自己，克勤克儉。對于他人，不驕不吝。"這兩句話對于我并非過褒也。

三月八號星期五

寫又曾信，交誦唐弟帶去。鈔讀《左傳》閔僖二公，凡三卷。

點讀崔邁筆記，并文集。屈伯剛來。

三月九號星期六

鈔讀《左傳》僖文二公，凡三卷。

翻《宣化縣志》。夏癯禪，定域，張慕騫來。朱遂翔來。點讀崔邁文集約四十紙。寫王雲五，孫其敏信，到車站寄。并到復初齋。

看《甲戌叢編》。

昨日電影明星阮玲玉女士以婚姻問題自殺。我們一家都非常悼惜，尤其是自珍，泫然涕下。

伯祥屢函囑我向健常接洽批駁書報合作社之呈文，然彼對我既如是冷淡，我又何能向彼多事纏繞，令她瞧不起我。而此意又不便向伯祥説，真苦痛也！

三月十號星期日

到高中，訪南揚，同到第六公園，會自明，自珍，和官，和春，雇車游錢王祠，汪莊，漪園，净慈，蔣莊。步于蘇堤，到杏花村吃飯，南揚所請。

飯後到岳墳，遇章伯寅師。到卍字草堂，看極樂世界圖畫。出，泛舟到蘇堤，息于柳陰。到西泠印社，茗于四照閣。南揚別去，予等乘舟還旗下，雇車歸。

飯後送和春歸。到城站旅館訪章師，并晤朱國聲。歸，寫錫侯信。

蘇堤北眺

晴日籠波波更柔，春風吹夢入輕舟。忽來隔岸愁千叠，新綠叢中吐畫樓。

秋樹蕭疏憶去年，樓中哀惋寫詩篇。于今我亦成秋士，怕對離披柳萬千。

三月十一號星期一

鈔《左傳》第四册（宣，成）材料，畢。

朱菊人來。到浙大，訪錫侯，與之同到城站旅館。

與錫侯宴伯寅師于小有天。飯畢與師同到文藝書店看書。

一月以來，犯有三疾。腹瀉，今愈矣。目癢，左臂酸痛，皆未愈。今日塗眼藥水，似稍好。

三月十二號星期二

鈔《左傳》第五冊（成，襄），未畢。張鑑文來，告游南高峰下千人洞事。寫誨英女士信，告以到蘇州辦法。

飲酒後無力作事，早眠。

《禹貢》三卷一期寄到，錯字滿目。甚欲想一能任校對之人，而竟無之，不勝“才難”之嘆。季龍爲何如此不中用？

三月十三號星期三

鈔《左傳》第五冊訖。點崔邁《〈禹貢〉説》兩篇。寫鍾雲父，朱士嘉信。

寫劉淑度，李素英，侯仁之，羅香林，鄭侃嬠信。到運使署，訪樊漱圃。

金元達來。寫英文中國年鑑社信。記日記四天。

三月十四號星期四

點崔邁《寸心知詩集》二卷，訖。

琢如，南揚來談，遂未至吳宅工作。琢如爲改《三皇考》來商。理書桌。到浙江大學，訪潘錫侯及琢如。

複點《訥菴筆談》訖。

晨四時，夢身在津浦路某站一小客店中，健常同行，入店扶椅而睡。予就案作書而無筆，因以指蘸墨而書。書畢，遂掖健常就寢，而予乃醒矣。

一日過太易，一事作太難，時間總是不够用，豫算就無法與決算相合，奈何奈何！

三月十五號星期五

看焦循《易餘籥録》，摘鈔十數頁。作《崔邁禹貢説》序，點《百姓考》及《華史征倭略》，付寄。寫起潛叔信。

樸山，陳豪楚，張慕騫來談。

與履安，自明，和官同到城站戲院看新華歌舞團，九時歸。

三月十六號星期六

鈔《左傳》第六册，未盡一卷。屈伯剛來。《德皋文集》及《寸心知詩集》斷句，未訖。

薛勝祥來。徐君，汪君來。到澤宣處談一小時。

與自珍到大方伯圖書館樸山處，并借書。

三月十七號星期日

南揚來，同出，乘人力車到三郎廟，渡江，游江寺，乘九時半車到蕭山，由西門入，走至東門，盡長街一條。到東壁山房，晤徐仰之父子，略購書。到鴻運樓吃飯。

飯後雇小船游湘湖，至跨湖橋登岸，入村中看作磚瓦。攀樹上山。下，到宋太守來公墓小憩。乘舟還城，坐汽車回杭。

登岸後冒雨往旗下金德記吃飯，八時半歸。

有生以來，第一次過錢塘江，其氣象闊大，與長江相若。湘湖周八十里，景物幽静，勝于西湖。此去年健常約游處也，履此酸絶。湘湖山上，李花極多，有如超山之梅。杜鵑花又離離觸腳，美甚。惜不得與健常共賞之耳。

三月十八號星期一

《寸心知詩集》斷句訖。寫又曾，在宥，紹伯，季龍，潔瓊，煨蓮，次溪，士升夫婦，王雪艇，紹虞信。

鄭曉滄來。澤宣來。

記日記四天。

爲《禹貢》事，寫季龍信三千餘言，囑自明鈔出之。季龍純粹爲一讀書人，自不能耐煩作事。但要生存在這世上，又何能奚落世事。《禹貢半月刊》原是他自己事業，乃予在平他絲毫不管，予走後他編了一兩期就起怨恨。此等人看誰能與之合作？予處處提拔之而反被埋怨，真可氣也。

三月十九號星期二

翻前月所看《荀子》，記筆記三千餘言。

覆看舊講義，改作成《王肅之五帝説及其對于鄭玄之感生説與六天説之掃除工作》一文，寄北大《史學論叢》。寫楊向奎信。履安爲屈伯剛來，到吳宅速予歸。與履安步自大學路，歷鹽橋，到旗下買物。乘車歸。

三月二十號星期三

八時到車站，會伯剛，同乘火車到峽石，乘舟到東南河訪孫汶濱。出，游西山（翠微山）至廣福寺，報本堂。下，到南大街天樂園吃飯。

飯後與孫汶濱，顧子明游東山（審山），到碧雲寺中之“碧落洞天”吃茶，且聽談經。下山，游小赤壁，萬石塢，徐志摩墓。到宜園吃茶點。顧子明送往車站，吃茶待車。乘六時九分車歸。

七時半到家。整理《德皋遺書》。

今午同席：伯剛　予　沈叔英　顧子明(以上客)　孫汶濱(主)

予所識之峽石人甚多，黃景庵，徐志摩，陳乃乾，趙萬里，單不厂，吳子馨兄弟皆是也。

峽石户口繁盛，勝于一大縣。其商業爲茶，絲，米，今茶絲并衰微，僅米業能支持耳。然所販者亦西貢米居多，則仍是洋行買辦性質，豈不可嘆！

三月廿一號星期四

到大學路圖書館，伯剛來，同看王子展（存善）藏書，爲之估價。十一時，到孤山館中，繼續看。

館長陳訓慈邀至太和園吃飯。繼續估價，到五時許歸。簡香來談。

與自珍同到城站，看《黃金時代》電影。

今午同席：伯剛　予　夏樸山　毛春翔（以上客）　陳訓慈（主）

國民革命軍到浙江時，曾將王克敏之父存善藏書没收，其大部分入浙江圖書館，小部分（宋元本，鈔本，稿本）入蔣伯誠，邵元冲私囊中。近日王克敏又入政界，請發還既不成，則請給價，政府允之，故圖書館邀我爲估價。

三月廿二號星期五

到新民路訪樸山，到產科醫院訪伯剛，同到孤山圖書館，繼續估價，張慕騫亦來。

飯後到陳東原處略談。繼續估價，畢，與慕騫樸山同出。記日記五天。

點《九水山房文存》中鈔出文字。

估價結果，普通書四萬册，約值兩萬元。善本書四千餘册，約值萬餘元。至被私人攘奪之書，恐亦在萬元上。此覽王氏知悔齋書目而可知者。

上周極熱，幾穿單衣矣，近數日忽風雨，前夜下雹，昨晨下雪，山頭皚皚與堤上灼灼相對，幾疑非真事。春寒如此，必傷農植。今日足冷甚，復穿棉鞋矣。

三月廿三號星期六

點（畢亨）《九水山房文存》中鈔出文字。夏廷棫，張慕騫來，送書。過清明節，祀先。

整理《三皇考》付寄。寫楊向奎，譚海英，羅香林，毛春翔，錢琢如書。到葵巷買物。潘錫侯來。理帶歸書物。

寫屏聯等九件。寫朱孔陽，王伯祥信。

朱菊人設經訓堂書肆，要我撰聯贈他，因書"呼字偶同徐水竹，登堂永念畢秋帆"，戲語也。

三月廿四號星期日

與父大人同到知味觀吃點，步行到第六公園。返西園，到鄭曉滄處，未遇。歸，簡香來，同到其家，取回物件，與和春歸。到金元達家，看周廣業《經史避名彙考》稿本。

寫王孟恕，黃子通，顧雍如，起潛叔，錢賓四，郭紹虞，容女士，沈煥章，洪煨蓮信。記筆記三千餘字。張鑑文及簡香夫婦來，打牌。童書業來，同到公園談話。

三月廿五號星期一

理帶歸物。朱菊人偕李秋禪來。到城站寄信。

南揚琢如來。看《潛夫論》，匆匆一過。到清泰第二旅館訪齊璧亭及李一非，未晤。在旗下剃頭。到六藝書店。歸飯。

飯後再去，在旅館待一小時許，始來。談半小時許別。

三月廿六號星期二

　　寫宓賢璋，陳萬里，萬文淵信。宓賢璋來。七時半與履安上
站，自明，來根送行。在車看報。

　　三點到蘇州，雇車歸。又曾在待，蔣師父來。屋已上樑。理
物。到孀母處吃夜飯。

　　理書。十一時睡。

　　祖母安葬，四件子計廿四元，竹妹則十六元，而薛勝祥竟矇
云老太太一百六十元，墳客之昧心至于如此，虧得我家保存舊賬
目，得此證據也。

　　晨夢健常囑我改其所作，我轉囑素英爲之。又夢見祖母病垂
危，爲之到神前祈禱。

三月廿七號星期三

　　理物畢。寫鍾雲父信。記日記。算賬。寫殿英，起潛叔，翁詠
霓信。

　　到護龍街郵局寄信。到又曾處，與同出胥門，雇車到石湖，訪
薛勝祥，適逢大雨，衣襦皆濕，狼狽而歸。

　　寫侃嬑，適之先生信。寫季龍信，未畢。

　　昨日歸而大雨，大家説我運氣好，那知今日下鄉，上了車而
大雨，加以狂風，車也不能拉，傘也不能張，路又不好走（去時
走蘇木汽車路，太爛；歸時走橫塘，太滑），挺身受之，一件駝絨襯
爲之濕透，寒氣襲背。夜中向九孀母乞燒酒半瓶飲之，防中寒也。

三月廿八號星期四

　　寫譚季龍長函畢，凡三千餘言，即囑履安鈔出。

　　到觀前買物。寫良才，元胎，海波，彬穌，維華，希白信。孀
母等來談。

　　寫季龍信，心中一暢快。他如見我此信而猶不動心，則予亦

未如之何也已矣!

三月廿九號星期五

到誦唐弟處,給以在廠工作單。寫伯祥,勝祥,自明自珍信。到護龍街寄信,遇金家鳳,同到觀前廣南居吃茶,談保聖寺古物館事。出,遇其情人楊女士。重到護龍街寄信,歸。

一時許,父大人歸家。寫予同信,未畢。寫德坤信。得士嘉書,知《地方志綜錄》,商務書館已排好,只待序,因起草。看《禹貢》三卷二期。寫李潤章信。

父大人歸,帶來李潤章先生一電,知北平研究院史學研究會見聘為歷史組主任(徐旭生先生為考古組主任),月薪四百元。予覆一函,問經費如何。因為個人研究計,燕大環境已極好,惟為提拔人才計,則殊不足以發展。如北平研究院能給我三千元一月,方有提倡文化之具體辦法。

三月三十號星期六

因潤章昨電,試擬一計劃。作《中國地方志綜錄》序畢,凡二千餘言,即謄清。

寫王雲五,朱士嘉信。又曾來,父大人與同出,與地師接洽。

三月卅一號星期日

六時許起,父大人與龍弟等乘輪下鄉。予與履安,周媽同到閶門吃點,取刨花屑(和土用)。到永善堂,接取棺木上船。履安先歸,予與周媽伴送。十一時,到燒香浜,看開金井。

到薛勝祥家吃飯。飯後看上灰,化灰。二時許,雇小舟歸。到胥門上岸,坐人力車到家。魯弟冬侄自滬歸。來談。

夜飯後,以疲乏,早眠。

今日同到鄉者：父大人　又曾　龍弟　予　周媽

此後十天內，爲母葬，叔葬，岳母葬，無暇作自己事矣。此種勞命傷財之事，如何適存于今日之世！

一九三五年四月

四月一號星期一

六時起，到懸橋巷口吃點，雇人力車到胥門，遇彭枕霞夫婦。人會齊，上船，八時開，十時到，即到墳前看踏作。十二時，到船上吃飯。

與履安等在田畝間散步。一時許，棺登位，設奠。二時許，上船歸。四時許，到胥門。六時許，到新學前，步歸。

看各處來信。夜飯後，以疲倦，早眠。

今日同舟：地師盧養正先生　又曾（今夜住鄉看工作）　父大人　嬸母　九嬸母　魯弟　龍弟（住鄉）　豫妹　誦虞弟　冬佺　予夫婦。龍弟與又曾留鄉一夜。

前數日便薄，今日又結了。只有睡眠，因這幾日勞動而大有進境，一夜不止八小時了。

四月二號星期二

寫李庸莘，王日蔚，朱士嘉信。魯弟來談。整理物件。
記日記六天。記賬。魯弟來長談。龍弟自鄉歸，來談。
理物。嬸母等來。

四月三號星期三

五時許起，七時與履安雇車，到金門外戴生昌碼頭，上甬直輪船。遇康伯，及其外甥馮宗衡，以風狂，十二時半到甬。

菊妹，蔣氏諸內甥，銘新均在碼頭相迓。到殷宅，吃飯。飯後與雲林到朱姨丈處，又與姨丈到伯安處。歸，與蔣冰壺等談。綏貞來談，同到其家，拜伯乾之靈。

請司喪，赴宴。與綏貞等談話。

此次到甪直，爲外姑趙太夫人出喪，須素服往送也。

四月四號星期四（三月初二）

六時起，即穿白衣到靈前，與季達等談話。自晨至午，來客不絕，予職爲唱喏。又上祭。

飯後，康伯邀往甫里先生祠，在菊社吃茶。并看沈君宜舞劍。歸，又出剃頭。

演"閔霽"訖，吃飯。飯後與康伯，雲林，視之等談話。十時眠。

四月五號星期五（三月初三）

五時許起，到靈前設奠。七時，起靈，送至船上。康伯來，同出，到交誼社品茗。謝局長來，談。吃點時晤金里千。九時，到伯安處，看其所購書畫。

在伯安處飯畢，朱姨丈及康伯送上輪船。遇綏來及其母與妹二人。二時開船，五時到蘇，由葑門洋關上岸，步行至城，雇車回家。看各處來信。翻覽《吳愙齋年譜》。

與父大人及魯弟談話。

今午同席：謝平甫（甪公安局長）　殷克維（甪區公所長）陳逖先（甫里小學校長）　范佩衡　朱姨丈　殷康伯　予（以上客）　沈伯安（主）

四月六號星期六（三月初四）

　　五時許起，與父大人等到懸橋巷口吃點，雇車到胥門，乘俞小弟船到石湖，掃各處墓。予與又曾誦虞到澄灣掃吳夫人墓。

　　回船翻覽林語堂之《論語》。吃飯後，到叔父墓。三時，登位。四時許，開船，到胥門已六時餘。即雇車歸。

　　有斐與淵若叔祖來，與父大人談莊事。

　　今日同舟：盧養正　張又曾　父大人　嬭母　魯弟　龍弟　九嬭母　誦虞弟　九妹　豫妹　冬官　予。又曾暨魯龍兩弟住鄉下。

四月七號星期日（三月初五）

　　與父大人到太監弄吃湯包。歸，看報。記日記三天。到義莊。與冬官到護龍街購書。回莊祭祠。

　　飯後與父大人等同歸，遇琴妹。寫李潤章信。記日記三天。看《禹貢》三卷三期。魯弟來談。

　　理《元曲本事》稿。

　　一星期來，終日亂跑，心散漫甚矣。

　　同祭莊者：十三世——芸圃　十四世——時卿，淵若……十五世——父大人，憶廎叔，廷蟾，廷驥，廷鎮……十六世——予，達杓（有恒），仲魯，誦虞，有斐……十七世——志和，志均……十八世——永濟，宗正……

四月八號星期一（三月初六）

　　六時與父大人出，到閶門外廣濟橋，吃點心後，上無錫輪船，八時許開，十時半到望亭鎮，雇小舟到響水橋鮎魚浜曹雪祥家，掃八諧公及恂如公墓。

　　步行到車站，天園吃茶。乘二點一刻車回蘇，二點五十分到。在車站附近吃飯，即歸家，履安已於上午歸矣。

　　理《元曲本事》稿。

今日天雨，而父大人以久未掃望亭墓，冒雨而行。鄉間泥濘，頗不便走，而父大人能忍之，且上下步履亦不弱於我，到站時行鐵軌上又能跨之，此壽徵也。父大人在舟中告我："凡事一挺，倒也過了；如今日稍一躊躇，則今年即不能來矣。"此種精神，我乃甚似，此亦遺傳上之可注意者。

四月九號星期二（三月初七）

到回真觀，爲繼母，叔父作安靈，拜謝來客，開發使力。夜間仍由道士作大施食一壇。午飯主客三桌。

今日來客：謝桐生　謝蓉初　杏林叔祖　憶賡叔　有斐　又曾　舜欽　佩書　受祉　彭枕霞夫婦子大積　琴妹　吳家珏（子玉）　蔣培堅　杏妹丈陳君　姚士昂　企羣夫人　景春伯母

四月十號星期三（三月初八）

到西中市交通銀行爲父大人取利息。在中市及觀前買物。歸，又曾來。早飯，送父大人到車站。

歸後又出，到戎鎰昌換購皮包。到吳岳母處，晤岳母，子玉，慶官。黃昏歸。

早眠。

我與健常性情的比較：

（甲）同點：

1. 勇于任事，一往無前，力竭不退。
2. 社會國家的觀念重，個人享樂的觀念輕，只有以公廢私，無以私廢公。
3. 自己認爲是的，敢排衆議爲之，不恤他人之攻擊。
4. 性急躁，求速成，常致趕壞了身體。
5. 好奇心強，任何事都喜徹底知道。

6. 有欣賞自然之美與藝術之美的興趣。

（乙）異點：

1. 我害羞，吃人面子，不忍當面給人不堪；彼不然。

2. 我能忍氣咽苦，不形于色；彼不能。

3. 我能設身處地爲他人想，寬容異己；彼不能。

4. 我不能爲人用而能用人；彼反之。

5. 我的感情不易變；彼則變動甚易。

6. 我對于自己的前程有目的，有計劃，故步步走向成功之路；彼似未能。

7. 我能掃除一切虛榮心，胸有所主，不受外界的誘惑；彼亦似未能。

8. 我逢到失敗不灰心，總想別求成功之路；彼亦似未能。

9. 我所好太多，來者不拒，攬了無數性質不同的事，忙得不可開交；彼殊能慎守範圍，有所不爲。

四月十一號星期四（三月初九）

整理石兆原君所作《元雜劇本事》終日。因須修改其文字，故工作較遲，豫計須一星期方完。

從今日起，不得不做工作了。準備在蘇州作的有下列幾件：

1. 整理《元雜劇本事》。

2. 整理《崔德皋遺著》。

3. 作上兩書序。

4. 作《東壁遺書》序。

5. 作《山歌》序。

四月十二號星期五（三月初十）

整理《元雜劇本事》終日。時卿叔祖（逢年）來借錢。

又曾來。

地圖估價：（大學出版社楊君估）

　　每份四十張，紅印二千份，黑印一千份，皆照原稿縮小至四分之一，用八十磅道林紙，共需洋七百五十元。

　　李書春君云：此價若用日本紙，則估價爲貴。若用西洋紙或中國紙，則所賺無多。

［剪報］廿四，四，六《上海新聞報》

社　　論

通俗讀物編刊之重要　　　　　（夢蕉）

　　故都有志之士。痛心國難。曾于民國二十二年一月間。有通俗讀物編刊社之組織。陸續編有鼓詞唱本百餘種。嗣以編刊之稿。名爲唱本。而腔調未盡合拍。唱者不易上口。且印費太巨。推銷不易。遂將編輯鼓詞唱本之舉。暫時放棄。而盡力于編纂通俗故事叢書。其已出版者一種。未出版而在北方報紙上公表者。有《勾踐報吳》一種。吾人對于此舉。頗具無限同情。蓋以今日宇內形勢。如德如意如俄。皆不惜用盡種種方法。以緊張全國國民之情緒。鍛煉全國國民之體格與技術。以實行其爲國家總動員之準備。而我國處于四面楚歌。供人宰割之地位。迄未改其荏弱渙散蒙昧之積習。瞻念前途。實爲寒心。鈕中委惕生。前于舉行紀念周報告時。曾有政教合一。如古人所謂作君作師。合而爲一之主張。此本近代德意俄諸國早已實行之先例。某省現行制度。則合民團小學自治于一爐。實行其“政”“教”“衛”三位一體之試驗。此尤爲鈕中委主張之實行者。而爲療治荏弱渙散蒙昧之速成藥劑。但此事須由國家擬具整個方案。以國家整個力量推動之。至于民間現時所能努力者。不過掃除文盲。推廣民衆教育。先從局部工作入手而已。故都智識界之從事于編纂通俗故事叢書。亦即推廣民教之一。目前雖僅試行于故都附近。但以北方人士之質直好義。而其地勢現在又爲國中重鎮。果能繼續力行勿怠。信其于民族前途。必有所補。吾人所願爲全國各界勖勉者。吾國嚮有送刻善書之舉。蓋因爲善獲福之說。中于人心。是以從前果報一類書籍。幾于不脛而走。家具一編。通俗故事叢書。其主旨爲激發民族精神。鼓舞自衛意識。關係整個民族存亡問題。較之以前善書。僅爲個人修養而設者。其效用自不可同日而語。誠願國中有志之士。仿照從前捐刻助刻之故事。竭力以助其推廣。并參酌現在各地民衆學校之狀況。酌量用作民衆教育課本。吾人亦知該社編纂叢書之旨趣。原爲豫備民教課本外之讀物。但就一般情形而論。有入民衆學校之機會者。未必再有課外閱讀之機會。故如能以其一部用作民教課本。則灌輸易于普遍。惟該項叢書。每册以五千字爲限。而課本不能如此冗長。其中體裁繁簡。似有尚待斟酌之處。又此項叢書。如能同時兼編爲彈詞體之小說。則在南方數省。尚可以作書場說書。暨電臺播音之用。使一般不識字者。亦有聽受機會。其傳播尤易普及。吾人意見。以爲該社不妨就所編叢書之材料爲基幹。同時另編彈詞小說。以便歌唱。另編劇本。以便演劇。一書而具三種體裁。同時即有三種用途。但照此辦法。編輯之人必多。印刷之費亦巨。恐非該社私人之力所能獨任。宜由全國熱心民衆教育事業者。通力合作。以助其成。或無代價助其編輯。或捐費用助其翻印。同時并與彈唱業及劇界取相當聯絡。以謀此項新彈詞新劇本之推廣。庶幾一洗晚近國民頹廢酣嬉之習。若僅恃故都智識界少數人之努力。恐終不免有事倍功半之虞。此則吾人撰是文之微旨也。

辨僞叢刊第一集：

1. 朱熹辨僞書語（宋朱熹，白壽彝輯）
2. 四部正譌（明胡應麟）
3. 古今僞書考（清姚際恒）
4. 書序辨（宋朱熹，蔡沈，清康有爲，崔適，顧頡剛輯）
5. 詩辨妄（宋鄭樵，顧頡剛輯）
6. 詩疑（宋王柏）
7. 左氏春秋考證（清劉逢禄）
8. 論語餘説（清崔述）
9. 子略（宋高似孫）
10. 諸子辨（明宋濂）

辨僞叢刊下集擬目：

漢人辨僞輯録
唐人辨僞輯録
歐陽修辨僞書語
崔述辨僞書録
四庫提要辨僞録
經義考辨僞録
惠棟古文尚書考
程廷祚晚書訂疑
丁晏尚書餘論
方苞周官辨

李滋然周禮古學考

廖平古學考

黃氏日鈔辨諸子

王若虛溏沱集

王國維古本竹書紀年輯校

王國維今本竹書紀年疏證

　　自廿四年七月至廿五年六月希望出版之書：

 1. 史記（北平研究院印）　　（助編者）　徐文珊　黎光明
○2. 崔東壁遺書（亞東圖書館印）　趙貞信
○3. 三皇考（燕京學報社印）　楊向奎　錢寶琮　翁獨健
○4. 尚書通檢（哈佛燕京社印）　馮續昌　張子玉
 5. 尚書文字合編（同上）　顧廷龍
 6. 尚書學論文集（同上）　童書業
○7. 吳歌集　王翼之　王君綱　李素英
 8. 孟姜女故事考（燕京學報印）　趙澄　張全恭
 9. 讖緯集錄（北平研究院印）　邵君樸
 10. 元雜劇選（亞東圖書館印）　何定生
○11. 元雜劇本事（亞東圖書館印）　石兆原
 12. 禹貢合訂本四冊（禹貢學會印）　譚其驤　錢穆
 13. 紅樓夢討論集　胡適　俞平伯
 14. 鄭樵傳
 15. 藝苑拾零
 16. 地圖底本（禹貢學會印）　吳志順　鄭德坤　馮家昇
 17. 辨偽叢刊第二集（樸社印）　張西堂　趙貞信　童書業
 18. 正定隆興寺（哈佛燕京社印）　吳世昌
 19. 春秋史話（北京大學講義）

。20. 漢代學術要略（亞細亞書局印）

21. 尚書講義（重編）

22. 頡剛雜文

四月十三號星期六

整理《元雜劇本事》。

又曾來，與他及履安同到玄妙觀，在北倉橋九一八飯店吃夜飯，到大光明影戲院看阮玲玉《一剪梅》影劇。十時，冒雨雇車歸。

我的身體真不成，工作了兩天，背也痛了，胸也悶了，今日下午只得出游。我的壞事就在性急好趕。但在此情勢中，不趕又如何。

四月十四號星期日

整理《元雜劇本事》。

龍弟來，與談蘇州建築。

四月十五號星期一

整理《元雜劇本事》。

與履安到又曾家，并晤漆匠劉某。出，到趙公紱家，并晤星一。談至天黑，出，到太監弄吃飯，到大光明看談瑛之青春影片及阮玲玉喪事劇，十時歸。

四月十六號星期二

整理《元雜劇本事》。

又曾來。漆匠來。

四月十七號星期三

綏真挈王桐官來。整理《元雜劇本事》。

四月十八號星期四

整理《元雜劇本事》訖。

記日記五天。

四月十九號星期五

看《元雜劇本事》序例，修改之。綏真來，同到金門外張園
（翕圃），到九一八吃飯。到蘇州影戲院看《玩偶世界》。到公園。

與履安到丹鳳及觀正興吃麵當飯。

四月二十號星期六

到又曾處。同出胥門，乘輪至橫塘，步至行春橋，觀兩處圓墩
工程。仍步至橫塘，乘輪返城，到牛屎弄吃麵當飯。

步至張園，又步至閶門，到新舞臺看廿一本《彭公案》劇。別
又曾歸。到醋坊橋洗浴。

四月廿一號星期日

寫李潤章，定生，起潛叔，蓉江，季龍信。龍弟來談。

與履安及弟妹等游獅子林，八寺塔，西園，留園。

改侃嬔所作歷史大綱。

四月廿二號星期一

寫侃嬔信。整理《崔德皋遺書》。

又曾來，與他及履安同到九如聽陶幗英《七俠五義》，謝樂天
等《白蛇傳》，遇陶永之。到玄妙觀買物，遇憶賡叔。到玄妙觀五
芳齋吃點心。

四月廿三號星期二

整理《崔德皋遺書》。

四月廿四號星期三

整理《崔德皋遺書》。

又曾來，與他及履安到古市巷，看常州戲《雙珠球》，到觀前吃點當飯。

到北局看電影《方芸英》。

四月廿五號星期四

整理《崔德皋遺書》。

夜飯後到車站，潤章乘九時半車到，與同至花園飯店。十一時歸。

李潤章到蘇，與予説定北平研究院事。予在燕大，本不當兼職，惟以校中規章，教書足五年得休息一年，聽其來去。予已屆期，故即應徵。

四月廿六號星期五

七時許出，到巷口吃點。雇車到花園飯店，與潤章同到張園，無樑殿（開元寺），怡園，到九一八吃飯，送上車站。

歸，與又曾履安同到北局開明戲院看盧翠蘭等所演五本《樊梨花》。

嬬母豫妹來談。

四月廿七號星期六

寫父大人信。整理崔東壁《莇田賸筆》。青俞來。

與履安到郭宅，看其新屋。

休息。

今日接子通電報，催速返平。

四月廿八號星期日

寫子通快信。作《苡田賸筆》序。修改前作《東壁遺書》總序，囑履安鈔之。屈伯剛來。龍弟來。

作《元雜劇本事》序三千餘言。王佩諍來。到宮巷白牡丹剃頭。

十一時眠。

四月廿九號星期一

乘八時三十分車，十一時許到滬。車中看鄧嗣禹所作論文（河間獻王）。住入麥家圈老惠中旅館。到亞東交稿。到四馬路吃點當飯。

到魯弟處，到開明書店編輯所，并晤丏尊，錫琛，曉先，徐調孚。到旅館，到商務書館，晤王雲五及張天澤。到亞東。回旅館，校《禹貢》。汪孟鄒來。

良才來，邀至可可食品公司吃飯。九時歸，書估朱麟葆來。失眠，徹夜不合眼。

四月三十號星期二

七時，魯弟來，同到冠生園食品部吃點，魯弟導至運英藝術展覽會。

在會看至二時半出，在湖北路吃飯。到王綬珊先生處。回旅館，伯祥等來，同到覺林吃飯。

九時，良才送至旅館。服藥而眠。

今晚同席：呂誠之（思勉）　傅東華　鄭振鐸　胡愈之　顧均正　何柏丞　陳乃乾　彭浪明夫婦　嚴良才　予（以上客）　王伯祥　夏丏尊　章雪村　章雪山　徐調孚　丁曉先　宋雲彬　范□

潛（以上均開明書店人，想均是主人）

明日不走，亞細亞書店經理唐賢吾又請吃飯了！

一九三五年五月

五月一號星期三

六時起，乘八時車歸，魯弟到站送行。十時許歸家，到叔母處送魯弟錢。理行李。

到國學小書堆，寫父大人信，晤屈伯剛先生。到蘇高中訪欣伯，同出，訪諸祖賡（佐耕）于其家，并晤吳契寧（得一）。欣伯邀至松鶴樓吃飯，佐耕陪。

十時許歸家。

五月二號星期四

與履安到王佩靜處，晤其夫人。到蔣崇年夫人處，未晤。到仲川夫人處，并晤其母。到觀前買車票。

理物訖。又曾來。四時，辭叔母等啓行，履安送。在車站吃夜飯。六時上車。

看上海小報。夜得眠。

履安送行，予既上車，見履安站窗外，不禁泪下如縻。老夫婦乃如小兒女乎！

五月三號星期五

在車鎮日看《池北偶談》。

夜得眠。

筆記中頗有好材料，惜余事冗，平日無翻覽之暇也。

五月四號星期六

看《池北偶談》畢，看《庸庵筆記》。十時半，車到平。即到景山書社，洗臉漱口大解。寫父大人信。吃飯。

到王姨丈處送物。到車站提行李。回書社，出，理髮。乘人力車回海淀。看各處來信。理物。

子魁來。到子通處，十時半歸。

到平適天雨，尚不大，冒雨出城，抵郊外已放晴矣。天氣同南方一樣，穿夾衣。

五月五號星期日

早起理物。豐田來。乘九時半車進城，遇八爰。到侃嬺處，未遇。到以中處，亦未遇，晤季龍。到適之先生處，并晤子水等。到元胎處吃飯。

飯後偕元胎至賓四處。出，到素英處。到北海，晤庸莘，槃庵，丁聲樹。出，到青年會，上汽車歸。

子通來。肖甫來。家昇來。士嘉夫婦來。

豫備介紹至北平研究院史學研究所之人：

△馮家昇——《四裔傳》《遼史》

孫海波——《史記》

△鄧嗣禹——《職官志》

連士升——《食貨志》

吳世昌——北平半月刊　藝術陳列所

陳懋恒——《史記》

楊向奎——《史記》

△王育伊

邵君樸——《儀禮》

△楊效曾——《食貨志》

　△李子魁

　△李素英——北平半月刊

五月六號星期一

　　到引得校印所，晤植新，希白。在宥來。耿貽齋來。孫海波，王振鐸來。

　　潤孫來，與同到士嘉處。紹虞來，與同到其家。吳子臧來。王振鐸，王育伊，陳家驥，薛誠之，周□來。子植，以中，昌群，覺民來。

　　書春來，留飯。獨健，耀華來。到文藻處。士嘉來。

五月七號星期二

　　到哈佛燕京社。到引得編纂處。到校務長辦公處。到歷史學系。到圖書館。遇煨蓮，與同到亭上談話。到劉廷芳太太處，爲父大人親事。歸，記日記。

　　補記一月來日記略畢。到子通處，晤其夫人。侃嬾來。希白來。盼遂來。季龍來，留飯。子通紹虞來。懋恒來，留飯。

　　仁之來。在宥來。點《禹貢》稿。

　　劉廷芳夫人好意，欲爲父大人介紹林女士，俾履安行動可稍自由。約明日邀其至燕京一見。

　　予在燕大休假一年，大約可成。果如是，則所欠債雖不能全了，總可還去一半，而燕大優秀學生亦可脫穎而出矣。

五月八號星期三

　　乘八時車進城，到石公先生處，談禹貢學會事。到適之先生處，談燕大聘賓四事。到景山書社，寫履安信。到中山公園赴宴。

　　出，步至東安市場剃頭。到青年會（校《禹貢》稿）。乘四時車歸。到紹虞處茶會，爲劉太太介紹林女士也。到雷川先生處。

到希白處，開技術觀摩社會，爲紫竹院房屋事。

今午同席:吳向之(廷燮)　陳任中　以中　海波　子植　李革癡　剛主　盼遂　胡先驌　張石公　予等(以上客)　胡石青(主)

石公先生願將後院地二十餘畝，屋三十餘間捐與禹貢學會，這真是做夢也想不到的。

五月九號星期四

校《禹貢》(再版)一卷二期訖。到校印所發稿。乘八時車進城，遇楊蓋卿。到士升處，并晤楊繽。看新屋，同到圖書館，到以中處。到贊廷叔祖處吊喪。

乘十二時車歸。到子通處。子魁來。趙惠人來。王振鐸，孫海波來。到校，聽適之先生演講理學與反理學。同到紹虞家吃飯。

在紹虞處談至九時歸。士嘉來。

今晚同席:適之先生　雷川先生　子通　予(以上客)　紹虞(主)

林女士生長南洋，不甚能說中國話，恐非父大人佳偶。其人曾在廈門大學英文系任教七年，予在廈時彼亦在。年約四十左右，以父母俱逝，兄嫂與之不合，身又多病，故思嫁。

五月十號星期五

校《史學論叢》文。到校，訪李瑞德，談下年休假事。到文如處。到校印所發《禹貢》稿。子魁來。季明來。耿貽齋來售書。寫胡石青，楊向奎信。

士升來。文如來。西堂來。校《禹貢》第六期文。到吳其玉處，并晤其夫人。到廉先處。遇張亮丞。嗣禹來。

士嘉來。文珊來。侯仁之，碩之來。到子通處談至十時。賓四來，留宿，談至十一時。

　　得履安信，悉父大人發燒已三天，而仍忍病入署，其責任心之强如此。

　　陳斟玄來書，謂聞我已脫離燕京，囑往廣州中大主持史學系或文史研究所。上次李潤章，徐旭生兩先生來書，并言聞我已脫離燕京，噫，何謠言之多，且傳布之廣也？

五月十一號星期六

　　校譚季龍文。賓四進點後到校。大學出版社楊大烈社長來談印圖事。到校印所發《三皇考》稿。記日記三天。理書桌。剛主與胡石青先生來，談修志事，留飯。

　　北大學生張公量，鄧廣銘（恭三），傅樂煥，張政烺來。校《禹貢》三卷六期稿。鈔郭豫才《覃懷》文。

　　士嘉夫婦來。育伊來。

　　午後大雨，天氣陡寒，兩日之間，怳隔三月。

五月十二號星期日

　　乘八時車進城，到受頤處，晤之。到孟真處，未晤。到地山處，晤之。到書社，寫適之先生信。到公園，赴讀書周刊社之約。

　　到思泊處吃飯。出，到姨母處。到向奎處，晤之。到亮丞處，晤之。到遂盼，石青，希聖，定生處，均未晤。

　　到東安市場吃飯。乘九時車歸。

　　今午同席：徐中舒　劉子植　容希白　孫海波　唐立庵　予（以上客）　于思泊（主）

五月十三號星期一

　　寫何殿英信。鈔《覃懷》文訖。終日校《禹貢》三卷六期。賀次君來，助校《禹貢》，留飯。到校印所兩次。

到家昇處，未晤。剃頭。海波來。到在宥處。洪都，笠農來。士嘉來。一良來。

于海晏來。笠農又來。

五月十四號星期二

編校《禹貢》三卷六期畢。到校印所兩次。紹虞偕李辰冬來。延增來，留飯。校潛社《史學論叢》二期《王肅學説》一文。

黎勁修夫人及曾女士（朝陽大學生）來送物。大學新聞社蔡君來訪問。季龍來。廉先來。王錫昌來。

鄺女士來，看其論文。到季明處談話。

得履安來書，悉父大人寒熱仍未退，已病旬餘，而不肯延醫服藥，又不肯請假休息，年老之人如何支持得住，真急煞！

五月十五號星期三

寫父大人，履安快信。將鄺女士《唐代公主和親考》粗略看畢。侃嬂來。子通來。

子通來。寫伯祥，雲父信。希白，思泊來。擬國文系計劃。吳其玉夫婦來。子臧來，留飯。家昇來。孫道昇來。平樟來。

點王育伊文。子通來。

五月十六號星期四

寫陳斠玄，徐旭生，童丕繩信。到引得校印所，校前數期木打紙版之《禹貢》。

到穆樓，聽適之先生演講顔元。與雷川，子通同到紹虞處商國文系事。

與起潛叔同到蔚秀園訪家昇，并晤崔君。

五月十七號星期五

寫履安，自明自珍，和官，適之先生信。楊效曾來。到文學院，同子通到校務長處。到圖書館訪煨蓮，道跨系事。到容女士處。

校《禹貢》前數期稿。到校印所校稿。周懷民與希白來。賓四來。海波來。子臧來，留飯。亮丞來。

與起潛叔，子臧，容女士同到大禮堂聽昆曲，十一時歸。

看侯永奎演《別母亂箭》，禁不住淚下如縻。

今日煨蓮告我，本校有二人專做吃虧事者，一徐寶謙，一即我。徐君在此月薪三百元，乃辭而赴江西宣教，月薪九十元耳。

五月十八號星期六

校《禹貢》前數期稿。改徐文珊《平綏路游記》，訖。子通來。希聖來。

到蓉江處吃飯。三時許歸。看馬乘風所著《中國經濟史》中罵我的部分。

乘七時車進城，到歐美同學會吃飯。十一時散，宿元胎家。看《掛枝兒》。

今午同席：煨蓮夫婦　洪都夫婦　季明夫婦　起潛叔　予（以上客）　蓉江夫婦（主）

今晚同席：伯希和　適之先生　李聖章　徐森玉　沈兼士　馬叔平　李濟之　陸懋德　蕭一山　馮芝生　陳受頤　孟心史　袁守和　錢賓四　王以中　劉子植　容希白　孫子書　趙萬雲　向覺明　賀昌群　徐中舒　鄭天挺　羅莘田　姚從吾　魏建功　陶希聖　容元胎　陳援庵　唐立厂　余季豫　余讓之　羅膺中　凡四十人（客）　傅孟真　陳寅恪（主）

五月十九號星期日

在元胎家進點後，到覺明昌群處。到季龍處。出，到李潤章先生處。出，到景山書社，遇馮沅君。出，到素英處，并晤張女士母女。出，到侃嬨處，改其所編歷史。吃飯。

飯後到王燦如處。出，到李革癡處。到幼漁先生處，未遇。到書社，到玄同先生處，亦未遇。到青年會，乘四時車歸，遇篠珊。歸，點鍾雲父文付刊入《禹貢》。

到希白處晚餐，《史地周刊》月會也。十時歸，倦甚即眠。

今晚同席：張蔭麟　吴晗　李鼎芳　洪思齊　元胎　煨蓮　篠珊　書春　予（以上客）　希白（主）

昨夜住元胎處，至上午三時始得眠。而至五時即醒矣。睡兩小時，太不够。今日倦甚，在汽車中打盹。

五月二十號星期一

校潛社《史學論叢》一文。元胎來。寫殿英信。校《三皇考》，到校印所兩次。耿貽齋來。子通來。

校《古史辨》及《辨僞叢刊》目録，《禹貢》三卷七期。陳文馥來。嗣禹來。

子魁來。海波來。看《世本》。

五月廿一號星期二

校《三皇考》及《禹貢》，到校印所兩次。記日記四天。

修綆堂人來，翻看《小方壺齋叢鈔》。蓉江來。校《三皇考》及《禹貢》。與起潛叔林耀華往蔚秀園看周懷民畫展。到獨健處小坐。

到文如處，謝却師大演講。子通來。

接父大人書，知熱已退盡，自二十日起又到署辦公矣。

五月廿二號星期三

校《三皇考》及《禹貢》。到校印所二次。

紹虞來。北大王明來詢研究神話方法。庸莘來。希白來。子臧來，留飯。

校《三皇考》及《禹貢》。

五月廿三號星期四

校《三皇考》及《禹貢》五期（打紙版），七期（付印）。趙巨淵偕二師參謀李則堯君來，留飯。飯後同游校印所及朗潤園。

到超英處略談。與起潛叔到穆樓聽適之先生講李剛主。

士嘉來。

五月廿四號星期五

楊繽女士來兩次，留飯。在宥來。煨蓮來。校《禹貢》七期。寫莘田信。

與巨淵同到藍靛廠，照太乙天尊像。歸，到紹虞處開國文學系委員會。六時歸。

理臥室物件。校《禹貢》。

校事愈來愈糾紛，而予竟被擁爲目標，冤哉，予安有此争田奪地之興致乎！

五月廿五號星期六

寫賓四信。校《禹貢》三卷七期畢。到校印所兩次。記日記。

校《尚書通檢》，并兩到校印所商印價。校《三皇考》。翻看《酉陽雜俎》。

到外院劉家聽無綫電。校《禹貢》李素英文，到校印所送稿。

玉山喪父，于今日歸，由老邊替。

近日因校書工作太多，背脊酸痛甚，幾不能伏案。

昨夜爲蟲所嚙，因癢而醒，遂不成眠，一夜在朦朧狀態中，今日精神就不佳了。

五月廿六號星期日

與起潛叔同乘八時車進城，到楊繽女士處，并見其夫鄭侃。到元胎處。到孔德學校，參加馬隅卿先生追悼會。到東安市場吃飯。

步至王姨丈處，并晤湯鶴逸，姨丈正病瀉。出，到鍾雲父處。出，到李潤章處。出，到景山書社，寫父大人信，未畢。乘六時車歸。

校《古史辨》《辨僞叢刊》目録，八期《禹貢》。家昇來。

五月廿七號星期一

寫以中，季龍，雲父，張德生，侯庸信。王日蔚來，爲寫覺明，亮丞，昌群介紹信。校《禹貢》，到校印所。

小眠兩次。張壽林來。點《禹貢》下期數文付校印所。校《尚書通檢》。

昨夜又失眠，雖服藥後成眠，而今日精神非常不佳。但又不容休息！

五月廿八號星期二

校改《三皇考·太一行九宮和太一的分化》等數章。紹虞來。肖甫來談，留飯。

點《秦輈日記》。季龍來。張萬里來。容女士來。書春，士嘉來。

到煨蓮處詳談，近十一時歸。

五月廿九號星期三

爲崔家藏書事，到圖書館訪洪都。海波來。寫煨蓮信，定下年以我所剩之半薪請講師計劃。爲北平研究院史學組定豫算。

君樸，光信來。潤章來，同乘汽車到香雲旅館，步行上山，送半農兄弟之葬。五時半下山，歸。

王振鐸來。校《尚書通檢》。士嘉來。

　昨日以在煨蓮家談話太多，興奮了，又失眠。飲酒後雖得眠數小時，而今日頭痛如劈。惟下午一爬山就好了。

五月三十號星期四

寫孟真，父大人，魯弟，張全恭信。在宥來。紹虞來。校《三皇考》。

賀次君來。吳子臧來。教育短波社朱啓賢來。錫昌來。王振鐸，王育伊來。王令嫺來。

嗣禹來。子通，雷川，紹虞來我家開會。

　昨日以爬山故，夜眠頗酣。久欲寫父大人信，今日乃得爲之。凡道三事：（一）請續娶，（二）請借款與魯弟，（三）道我不能離北平。

五月卅一號星期五

寫楊中一，李晉華信。校《三皇考》三章。子通來。紹虞來。

校《尚書通檢》。賓四來。錫昌來，留飯。爲人書聯及條幅，扇面約三十件。芝生來。

在宥來，談至十時。

編輯　每人八十元　半薪

　吳玉年（編《倭寇史》，《邊疆史》，《邊疆史料叢書》）

張江裁（編《北平志》）

吳世昌（《北平廟宇志》）

助理

連士升（點校《食貨志》，《北平食貨志》）

邵君樸（讖緯）

石兆原

劉師儀（總務）

名譽編輯

孫海波（師大任用，所編《史記索引》歸北平研究院印）

酈平樟，馮家昇，王日蔚（皆點校《四裔傳》）

楊效曾（《食貨志》）

王育伊（作《宋金國交紀事本末》）

徐文珊（《史記》）

史學研究會會員

洪煨蓮　許地山　張星烺　陶希聖　聞宥（西南民族史）　孟心史　吳寄荃　錢穆　呂思勉　聶崇岐

一九三五年六月

六月一號星期六

到校印所送稿。乘八時車進城，與海波，紫宸同車。到侃燮處。到景山書社，寫侯庸，彬龢信。到晋華處，并晤大綱，貞一。到北平研究院，晤潤章，維鈞及李范諸君，參觀史學研究會。

與潤章等同到豐澤園吃飯，商北平寺觀志。飯畢，潤章送至青年會，上車返燕大，與在宥同車。玉年來。書春來。到校務長室，參加歡迎伯希和茶會。到子通處商校事，寫志希信，薦吳子臧。

到煨蓮處晚餐，十時半歸。

　　今午同席：援庵先生　予　維鈞（以上客）　潤章（主）

　　今日下午同茶會：伯希和　Mecloud　魏楷　志韋　雷登
煨蓮　子通　洪都　文如　亮丞　季明　崇岐　洪太太　起潛
博晨光　嗣禹　容媛　海松芬　書春　獨健　嚴群

　　今晚同席：Mecloud　Ware（魏楷）　博晨光　海松芬　容
女士　獨健　崇岐　予（以上客）　煨蓮夫婦（主）

六月二號星期日

　　記日記六天。校《禹貢》三卷八期稿。海波來。劉厚滋來。宴
客，送上五時汽車，游蔚秀園。

　　校《三皇考》。朱寶昌來。肖甫來，留飯，長談。書春來。

　　今午同席：莘田　子水　從吾　毅生　璨如　起潛叔　世五
（以上客）　予(主)　今日雨大甚，而諸客猶能自城來，所不料也。

　　近日華北甚緊急，日兵在天津自由行動，其藉爲于學忠暗殺
二漢奸，故日人汹汹欲爲復仇，省政府既提前移保定，于學忠等
亦須免職。報上乃不敢記一字！

六月三號星期一

　　校《三皇考》，到校印所。乘八時車進城，與廷芳同車。訪孫
蜀丞，陶希聖，俱未遇。訪吳玉年，遇之。訪顧立雅，亦遇之。到
姨母處。到京奇行，赴東單三條紅樓午餐。

　　乘二時車歸，遇博生，石蓀，廷芳。與起潛叔同到校，尋德
王，未遇。與廷芳，希白，潔瓊談話。楊繽來，同到子臧處，未
遇，晤在宥及王鍾徵。

　　到希白處，與其夫婦同到紹虞處吃飯。

　　今午同席：費君夫婦　謝君夫婦　羅文仲太太　吳太太　予
（以上客）　王素意女士（主）

今夜同席：陸志韋　容希白　鄭國樑　馬季明　潘光旦　李辰冬　祝廉先　周學章等　予（以上客）　又女客一桌　紹虞夫婦（主）　爲其子湯餅筵也。

六月四號星期二

校《三皇考》。在宥來。子通來。校《禹貢》三卷八期稿。

子通來。到校務長住宅，招待德王及其隨員，參觀電燈房，自來水塔，製革科。在校務長宅茶會後，到大講堂演講，由寶道新翻譯。與其田同步歸。

紹虞來。觀勝，超英來。子臧來。校《三皇考》。

自本月一日，以進城時熱，穿單衣，雨後出城，天乍涼，感寒傷風，近日喉啞多咳，精神疲憊。

六月五號星期三

校對《三皇考》，并整理原稿。寫父大人信。十時，紹虞來，即同乘汽車進城，到孫蜀丞處。出，到北平圖書館，遇以中，同至其家，晤謝興堯兄妹及季龍。出，到適之先生處，未遇。回以中處吃飯，晤子植。

到蜀丞處，晤之。到吳檢齋處，晤之。到袁守和處，未遇。到莘田處，晤其夫人。到建功處，并晤莘田，何容，魏太太。到景山書社。到地山處，遇之。到北海，晤君樸，庸莘。到適之先生處，并晤孟真。

到芝生處，并晤沅君。到紹虞處。八時歸家。士嘉來。

晨夢在家，將北行，祖母爲予理行裝，已挑赴車站矣，予行至半途，忽思時間尚有餘裕，因返家，而祖母已病甚將屬纊，換着殮衣，呻吟未絕，睹此一慟而醒。噫，祖母之歿十有四年矣！

今日爲國文系請教員，坐了一天的汽車。

孫人和——以中國大學留，未必能來。

劉節——無甚問題。

劉盼遂——請芝生出信。

陸侃如夫婦——由適之先生出信。

董魯安——莘田出信。

舒舍予——地山出信。

六月六號星期四

寫適之先生，袁守和，楊向奎，楊效曾信。王育伊來。寫素英信。士升來，留飯。紹虞來。校改《三皇考・河圖洛書》等篇。

子通來。與起潛叔及一良到蔚秀園看趙澄照片展覽。

酈女士來。煨蓮來。育伊來。

父大人對于續娶一事，斬釘截鐵的拒絕，奈何！

咳彌甚，似前所未有，半夜亦咳醒。

六月七號星期五

理書室。看李庸莘《明代文字獄》一文，將寄商務，以予名發表。宴客。

特生來。賓四來，與同到國文系，參加陳家驥“鄭學考”之口試。與子通紹虞談。

叔信等來。君樸來，留宿。

今午同席：馮老太太　沅君　芝生夫婦及其幼子鍾越　紹虞夫婦　世五　起潛叔（以上客）　予（主）

今晚同席：叔信　篠珊　書春　君樸　起潛叔（以上客）　予（主）

六月八號星期六

看庸莘文訖，寫《東方雜志》信，即付寄。希白來。君樸八時去。植新來。

乘一時車進城，訪劉師儀女士，未遇。見其母。訪鍾雲父，遇之，填送稿費百元。到李潤章處，未遇。到景山書社，招元胎，日蔚來，仲九亦至，寫張清水、李潤章信。到何定生處，談時事。到侃戁處。又到季龍、泉澄處，皆未遇。

到西四同和居吃飯。飯畢乘適之先生車抵其家，宿焉。孟真等談至十一時去。晤章希呂。

今晚同席:適之先生　膺中　鄭石君　陳受頤　孟真　予(以上客)　莘田　毅生　子水　從吾(以上主)　丁文淵(鑑修)後至

近日時局甚緊張，日人要求天津省政府遷移，已照辦矣。乃復要求撤消華北黨部，蔣介石下野，平津軍隊撤退，且有勒令五大學（燕京是其一）離平之說。今日去訪定生，見其腰佩手槍。

六月九號星期日

丁月波來，與同到地山處，看婦女衣飾畫。八時半，予獨赴青年會乘九時車歸。伯平來，同校《禹貢》三卷八期。李仲九來，留飯。飯後同到希白處，商通俗讀物事。寫定生信。

校《禹貢》。

到東門剃頭。到紹虞處送袁守和信，子通亦來，同歸。

六月十號星期一

校《禹貢》三卷八期及《三皇考》。到校印所。子通來。書春來，留飯。紹虞來。

士嘉來。立庵來，與立庵同出，到在宥處。予獨到女部主任宅，參與歡迎徐慶苓會。七時出，與子通同步歸。

與起潛叔談話。校《三皇考》。

六月十一號星期二

校《禹貢》三卷八期及《三皇考》。到校印所兩次。希白來。曾特生來。看素英成績。寫王雲五信，介紹通俗讀物。殿英來，書春來，商《古史辨》等印價，未諧。留飯。文奎堂人來。寫素英信。

爲人寫中堂對聯十餘事。石兆原來。季龍偕姚家積來，留飯。到校印所取稿。與劉治平談話。

校稿。子通來。紹虞來。寫侃如信。

六月十二號星期三

作《古三墳書》一章，約五千言，未畢。伍敏如來，道別。

寫素英信。希白，次溪來。八爰來。子通，紹虞來。

陳家驥（德甫）來道別。到校印所。士嘉來。子通來。

今日寫文太多，夜中幾不得眠。

六月十三號星期四

到子通處，寫黃離明信。海波與盼遂同來。續作《古三墳書》一章畢。到煨蓮處吃飯。到圖書館訪洪都談起潛叔事。

校《禹貢》三卷八期訖。翻看《石林遺書》。楊繽女士來，世昌來，留飯。校改《三皇考》，并搜集材料。

未曉，夢與祖母同眠，俯伏其身，弄其銀髮，宛然孩提時也。所異者，當我幼時，祖母之髮尚未白耳。

六月十四號星期五

到在宥處，寫齊璧亭，適之先生，履安信。理書。

到校印所，將《古三墳書》一章改畢付印。看畢業論文，豫備明日口試。

到子通處吃飯。送謝爲揖賀聯。

昨午同席：馬季明　吳文藻　起潛叔　容希白　予（以上客）　洪煨蓮（主）　昨日本爲請社會局長蔡元（爲禹貢學會立案事），而時局緊張，察省將有變，故彼未來。

今晚同席：博晨光　紹虞　予（以上客）　子通（主）爲商國文系事，吳雷川先生以病未至。

六月十五號星期六

寫子植，季龍，覺明，盧逮曾，許道齡信。到校，與士嘉同行。八時，試王育伊。九時半，試翁獨健。十一時，試李子魁。劉師儀女士來，留飯。

士升來。二時，試鄧嗣禹。五時，試李延增。寫童丕繩信。子植與希白來，留飯。

與子植同到聞在宥處，又同到校中散步。留宿。士嘉來談。

今日同試：洪煨蓮　鄧文如　許地山　張亮丞　趙紫宸（翁）　徐淑希（王）　馬季明（鄧，李）

王育伊——宋金國交

翁獨健——元宗教之法律

李子魁——兩漢郡縣

鄧嗣禹——唐以來官制

李延增——漢官制

六月十六號星期日

子植八時去。董魯庵來。育伊來。周學章（煥文）偕天津女師院院長齊璧亭先生來。周先生別去。予與齊先生同到煨蓮處，又同到文如處。

臥床半天，看茅盾《子夜》畢。李子魁來。鄧嗣禹來。李書春來。吳世昌來。

《子夜》這本小說，我甚覺其佳妙，而兩年來困于人事，竟未看畢，今日始得卒讀。可憐至此！

近日來又患傷風，咳嗽甚劇，今日不得不睡，借此略作休息。

六月十七號星期一

乘八時車進城，到胡傳楷處，晤之。訪剛主，未晤。訪賓四，未晤，晤次君。到顧立雅處，晤之。到王姨母處，晤膺東弟。到劉師儀女士處。到東安市場買草帽。到青年會，齊璧亭先生已先在，同在食堂吃飯。

與齊先生同到顧立雅處，并晤其夫人。又同到蒙文通處，并晤其父，二弟，陶元珍等。出，與齊先生別。予到景山書社，寫張公量信。出，到社會調查所，訪趙泉澄。到北海，訪李庸莘。回青年會，乘六時車歸，周一良同車。

劉治平來談。聞在宥來談，至十時去。看茅盾之《虹》。

天津女師齊院長來平聘教員，予因以四人薦：聞在宥（國文）蒙文通（中國史）　顧立雅（西洋史）　顧立雅夫人（音樂）

六月十八號星期二

到校印所，校《尚書》本文。點周一良君《北魏鎮戍考》。校《三皇考》。與希白同到蔭麟處吃飯。

四時歸。肖甫來長談，留飯。

與肖甫同到劉治平處。于海晏來。王育伊，王振鐸來。

昨夜眠少（大約以多講話，太興奮之故），今日精神大不佳，勉強做事，若魂不在身然。故今夜于九時半即眠。

今午同席:洪煨蓮　洪思齊　容希白　予（以上客）　張蔭麟（主）

六月十九號星期三

到校印所，校《禹貢》三卷九期及《尚書通檢》等。記日記六天。

改作《近代的三皇信仰》，約二千言。一良來。容女士來。楊實（次弓）來。

聞在宥來，談至十時許去。

六月二十號星期四

改作《近代的三皇信仰》千餘言。寫履安信。到校印所送稿。

振鐸，育伊，周杲（幼農），薛誠之同來，爲他們寫屏聯等十餘事。書春來。小眠。吳碧澂來。鄺平樟女士來，留飯。

侯仁之來。翻看《黃帝內經》。

昨日又以談話稍多，致失眠。十二時起服藥，雖得眠，今日精神疲憊甚矣。予之身體如此，必不能久離吾妻。否則必困頓就死，任何事都不能做。故今日發一個狠，去信招履安來平。杭寓，擬請姑母偕姑丈來住，藉資照料。父大人不肯續娶，真沒奈何！

六月廿一號星期五

翻看《黃帝內經》畢。改作《近代的三皇信仰》，二千五百言，本章畢。紹虞來。修綆堂人來。

剛主來。海波，振鐸來。嚴群來。謝午生來。到校印所送稿。

與起潛叔同訪李安宅太太，不遇。訪聶筱珊，晤之。仍步歸。

今日心又有些宕，故晚飯後偕起潛叔出外散步。此後予必在運動上努力。

六月廿二號星期六

校《禹貢》三卷四期，備打紙版。到校印所。到哈燕社，參加獎學金領受學生之人選決定。與紹虞同步歸。

楊向奎來。李潤章偕楊夢蘭來。翁獨健來。吳世昌來。修改《近代三皇的信仰》，畢。

飯後與起潛叔散步清華園，訪芝生，見其夫人。訪石蓀，春晗，霽光，駿齋，俱不遇。到新南院訪平伯，亦不遇。到蔚秀園與伯平談話。歸，嗣禹來。

今日決定獎學金領受學生：

國文系：李素英（繼續）　李文郁　陳夢家　周杲　（候補）張瑋瑛

歷史系：鄺平樟　周一良　張家駒　劉選民　（候補）姚家積

哲學系：朱寶昌

曉夢在蘇州，將以九時車北行，及時而行李猶未結束畢，因思改于十一時慢車行，而在南京停留一天，自思曰，可進城一訪慕愚矣。既而嘆曰：恐彼未必願見我，不如在浦口待車也。醒而思之，愀然不樂。噫，又五個月不通音問矣！

六月廿三號星期日

標點《秦輶日記》，畢。王輯五來。到校印所。修緪堂人來，算清賬目。

石兆原來。張公量來。趙叔玉女士來。改《龍溪小志》。嚴孟群來。

劉治平與其子女來。

六月廿四號星期一

乘八時車進城，與海波同車。到姚家積處，未遇。到楊向奎處。到季龍處，并晤以中，子植，史念海。與以中同到圖書館訪袁守和，覺明，昌群，子書。出，訪泉澄，未遇。到素英處。到景山書社。許道齡來。

飯後到賓四處，晤其夫人及賀次君。到侃如處，未遇。到贊廷叔祖處，晤其夫人。到張萬里處，未遇，晤其弟溯源。到方紀五處，遇之。到王姨母處，并晤劉太太。到書社。遇孫道昇。到丁文淵處，未遇。

到愛般哈特處夜餐。乘九時車歸，仍與海波同車。

今晚同席：姚從吾　予　徐道鄰夫人（德人）　瑞典國人一外賓六人（以上客）　愛般哈特夫婦（主）

六月廿五號星期二

楊效曾來。希白來。校《禹貢》三卷九期，并編廣告。與張子玉談。

舒思德來。書春來。亮塵來，陪之參觀校印所。與起潛叔到朗潤園訪超英夫婦。到廉先處。

看士嘉《中國地方志綜録》。

舒思德（Carl Shuster）美國人，潘省博物館中國美術審定員，來華研究圖案畫，將赴四川。

六月廿六號星期三

看福開森畫目。校《尚書通檢》之本文。校《三皇考》。校《禹貢》三卷九期，畢。士嘉來。

到校印所。王振鐸來。黃子通來。吳春晗，谷霽光來。看《南園叢稿》二集。校《禹貢》三卷四期備打紙版，畢。書春來，留飯。

劉治平與其子女來。

今晨三時許即醒，挨到四時半而起。

六月廿七號星期四

到校印所。乘八時車進城，車中與于海晏談話。到以中處，并晤季龍子植。到士升處。到東車站接童丕繩，并晤徐旭生，馬叔平，徐森玉，趙席慈，張柱中。與丕繩提出行李，同到景山書社。到廣澄園洗浴。到東齋旁吃飯。

予獨至北大圖書館，訪孔平未見，晤子水，王錫英。到花園飯店，晤侃如沅君。到會賢堂，賀范任喜事，并晤兼士先生，維鈞等。到景山書社，與丕繩同雇車歸。

廉先來。紹虞來。趙惠人來。獨健來。與丕繩在校園散步。

得履安來書，已得父大人同意，由姑母住入吾家，陪伴父大人，履安與自珍約于下月十號左右來。心爲一定。

招童丕繩來，編《尚書學論文集》。

六月廿八號星期五

記日記六天。朱士嘉來。到校印所。校《三皇考》，略畢。王錫昌來。洪都來。家昇來。到子通家吃飯。

到校印所。育伊來。仁之來。海晏來。校《古史辨》及《辨僞叢刊》目錄，畢。爲人寫屏條等約十事。書春，篠珊，士嘉來，同到洪都家夜餐。談至九時半歸。

晨于夢中得一絕句，醒來只憶其第二句，曰"珍重人間還有誰"。

石友三便衣隊奪取鐵甲車，在豐臺搶劫，且欲來平，因此城門緊閉，道絕行人。

今午同席：雷川先生　芝生　紹虞　予（以上客）　子通（主）

今夜同席：薛瀛伯　篠珊　書春　嗣禹　陳鴻舜　士嘉　起潛叔　予（以上客）　洪都夫婦　洪都妻母（以上主）

六月廿九號星期六

海波來。寫履安信。到圖書館訪洪都，到哈燕社訪八爰，到嗣禹臥室訪季龍，并晤一良。終日理物，提出應搬至北平研究院之書籍。

校《三皇考》，到校印所。篠珊來。

與起潛叔及童君散步校中，并至蔚秀園訪家昇。

六月三十號星期日

理書。班曉三來。士嘉來，囑改其文稿。陳錫襄來。乘十一時車進城，到東興樓赴宴。

飯後到書社，到王日蔚處，到元胎處。與元胎，八爰，容玢同到古物陳列所，參觀福開森古物展覽會，遇張萬里，談報事。與希白同車還燕京。

飯後到超英處，紹虞處，希白處。王錫昌來。

今午同席：孟真　寅恪　援庵　兼士　子植　森玉　蜇雲　希白　思永　予（以上客）　中舒　莘田（主）

一九三五年七月

七月一號星期一

早起理物。到校印所。思和與獨健，張綏青來，同到在宥處。子通來。九時半，上車到北平研究院，世五子玉俱。旭生先生，潤章先生來談。與世五，子玉，道齡同到景山東街，吃飯，叫車夫。

到侃嬺處。到燕大同學會賀泉澄，懋恒結婚，晤叔永等。還平院。鮑仲嚴來談。潤章先生來談。理書。到中山公園來今雨軒，宴陳錫襄與鍾素吾未婚夫婦。

予在家中，嘗嫌物太多，室內無迴旋之餘地。今來懷仁堂西四所，有屋五間，頗高大，而物件甚少，另是一番情境，可喜也。

新雇車夫名吳全祥，德勝門外人。予至是始有人力車，便于爲事業活動矣。

七月二號星期二

擬應聘人，應編書，及與世界書局合作契約，本會同人著作酬勞辦法，本院對本會出版物之辦法等。到市場森隆吃飯。

到花園飯店，訪侃如夫婦及綏青思和。元胎，八爱，容玢來，同到北海漪瀾堂吃飯，元胎所請。

昨夜眠至上午二時即醒，自是不得更睡，今日精神不好，而許多計劃不得不擬也。

今午同席：在宥　思和　予（以上客）　　張綏青（主）

七月三號星期三

到西安門剃頭，遇李石曾。到院長室訪潤章先生，商所擬辦法。旭生先生來長談。到兆原處。遇孫海波。到市場東來順吃飯。

許道齡來。到西堂處，并訪劭西，玄同兩先生。與西堂同到予居，到圖書室參觀。到聾啞學校，爲杜校長寫適之先生，殷英信。晤吳樹德，趙廣順。出，到什剎海吃飯。

到中央研究院，晤陳槃，光信。

七月四號星期四

理信札稿件等。陸志韋來。點校《禹貢》三卷十，十一期稿，未畢。譚季龍來。到院長室，商各項章程。旭生來。

王日蔚來。煨蓮，思和來。劉子植來。馬芝田來。到泉澄家，吃夜飯，看其夫婦種花。土升夫婦來。

近日又患腹瀉，今日四次，或係在飯館吃飯太多之故耶？

七月五號星期五

記日記六天。潤章先生來。謁石曾先生，略談。張次溪來。到維鈞處，與同到史學研究會，與次溪等商北平志事。

到來今雨軒赴宴。鍾克勤來。校《禹貢》稿。到今甫處，談民眾讀物事。

到東興樓赴宴。到何樂夫處談話。

今午同席：楊今甫　鄧叔存　劉叔雅夫婦　錢稻孫夫婦　盼遂　剛主　子水　予（以上客）　馮芝生夫婦（主）

今晚同席：陶孟和　卓君庸　卓宜來　湯象龍　陳宜珍等兩桌（客）　趙泉澄夫婦（主）

七月六號星期六

五時半起，六時上車，七時半抵家。士嘉，書春來。校《禹貢》稿，定十期以下目錄。到校印所兩次。到在宥處。改鄧嗣禹文。仁之來。

將王輯五《中日交通路綫考》一文，改爲文言體。于海晏來。嚴孟群來。容女士來。

校譚季龍文畢。改吳志順文。

接家書，悉下星期三，履安，自珍能到北平。

編了《禹貢》，直似做國文教員。今日讀王輯五一文，做的白話勉強得很，反不如用文言爲宜，因爲改作，費時半天。

七月七號星期日

爲嚴群寫何震潮介紹信。士嘉夫婦來。到校印所。到校，訪容女士，訂定應製木器。到文藻處，晤其母。歸，海波，希白，馬芝田來。改希白所作通俗讀社呈教部稿。

就宴。三時許，客去，小眠。鍾克勤來。仁之來。吳志順來。改《禹貢》稿，到校印所兩次。改暗射圖廣告。士嘉夫婦來，留飯。

劉治平來。趙惠人來。與童丕繩談話。失眠至上午一時。

今日同席（借吾家設宴）：齊思和（歸國）　翁獨健（將去

國）　鄧文如　容希白夫婦　鄧嗣禹　田洪都夫婦　容女士　聞在宥　世五　丕繩　予（以上客）　　崇岐　書春　起潛叔　朱士嘉夫婦（以上主）

今日失眠，恐以談話太多之故。

七月八號星期一

五時起，五時三刻上車，七時半到研究院。常維鈞來。江裁來。重訂著作待遇章程。爲嚴孟群寫扇。尚中（紹唐）來。

寫劉佩韋，白壽彝信。作哈佛燕京社上年度報告。馮世五送書箱來。寫贊廷叔祖信。寫父大人信。李錫之偕其子來。會計課陳君來。孫海波來。揚廷叔祖來。徐文珊來。叔玉，廣順來。

士升夫婦，泉澄夫婦來，同到北海漪瀾堂吃飯，我作東。九時歸，早眠。

士升夫婦與泉澄夫婦個性均甚强，又皆篤學，刻苦，甚可敬佩。予今與之作近鄰，過從密接，談吐不拘，亦一快事也。

七月九號星期二

校《詩疑》（再版）。校《于闐國考》。看李革癡新撰《陽原縣志》。十一時許到前門郵政局，北大二院，景山書社，元胎處。到侃㜨處吃飯，爲擬清代學者十人目。

到希聖處。到王輯五處。到潤孫與延增處，均未晤。回院，于海晏來。以中，西堂來。鍾克勤來。書春來。石兆原來，同到西安門小樂園吃飯。

孔平來。楊今甫來。校《禹貢》。

日來夜中均出盜汗，醒來肩背均溼，頸間尤甚。如履安不來，生活不上軌道，一年後必不在人世矣。

七月十號星期三

今日上午二時半即醒，更不能眠，四時即起，校《禹貢》。校《禹貢》三卷十期，略畢。領兆原往見副院長。九時半，與馮世五同到車站接履安，自珍，李書春亦來。晤司徒校務長及許仕廉，楊開道等。十時半車到，同乘汽車到賓四處。飯後與履安自珍同到研究院。

孫道昇來。吳玉年來。李延增來。徐文珊來。寫父大人信。與履安自珍同到北海，在漪瀾堂吃飯。

到元胎處，未晤。到景山書社。到以中，季龍處，皆未晤。回賓四處，十時眠。

賓四處房屋，履安不中意，以其太低小也。然則予組織小家庭之計劃，又須改變矣。

七月十一號星期四

六時半到研究院。校《詩疑》。寫今甫信。楊繽來。重校《禹貢》三卷十期，未畢。與潤章先生及兆原同到福禄居，參觀中國戲劇音樂院陳列所，佟晶心導。

李延增來。寶德堂李君來。元胎偕容玢來。

到王姨母處，與履安自珍同到東安市場五芳齋吃飯，又買物。歸，蒙文通來。

七月十二號星期五

六時半到研究院，校《禹貢》三卷十期訖。寫父大人，黃離明信。常維鈞來。

王日蔚來。叔玉來。乘燕京六時車歸，到在宥處送錢。

與自珍到校內散步，訪仁之，遇之。訪八爱，未遇。

教育部部長王雪艇先生要我到南京編通俗讀物，囑今甫與離明爲我言之，因作長函以答。

履安以行旅勞頓，今晚腹痛，未食而眠，體熱增加。而我眠後，仍爲我搥拍，我將何以報之！

七月十三號星期六

到校印所。紹虞來，子通來，長談。到燕東園赴宴。

司徒雷登來。戴聞達來。煨蓮來。元胎，八爰來。到希白處。到子通處。紹虞來。嗣禹來。

與自珍到清華墻外散步。于海晏來。

今午同席：顧立雅夫婦　寇恩慈女士　煨蓮　予　元胎　八爰（以上客）　希白夫婦（主）

履安今日發燒，臥床未起。

燕大國文系主任，子通與紹虞必欲予擔任，往復磋商已歷數月，至今日司徒校務長來，始得決絕辭謝。

七月十四號星期日

劉銘恕（叔遂）來。到校印所二次。校《禹貢》稿。校《利瑪竇山海輿地全圖》，未畢。

到在宥處送行。趙惠人來，與同校《禹貢》稿。編《禹貢》三卷十一期廣告。仁之來，爲寫屏幅二事。

劉治平來。

昨夜夜飯後即倦甚，客去即睡，時爲九點，至今日上午七時而醒，凡眠十小時，真是開一新紀錄。意者其還眠債耶？

履安今日退凉，未起床。渠身上瘦極，簡直是皮包骨，見之生驚。

七月十五號星期一

改顏君所作《少林寺與技擊》。校湛若水《非老子》畢。向奎來。到歐美同學會赴宴。

與子通同到院中。王光瑋來。讓之來。鍾克勤來。到次君處。晉華，光信來。許道齡來。

乘清華六時車歸，到希白處。遇周杲，高貽扮。八爰來談。

今午同席（爲開中國哲學會籌備會）：林宰平　馮芝生
張蔭麟　張真如　張崧年　許地山　予（以上客）　適之先生
金岳霖　子通　瞿菊農（以上主）

履安今日起床。起潛叔于今日下午登車返蘇。

七月十六號星期二

乘清華七時車到所。路遇牟潤孫。許道齡來上工，陪謁副院長。維鈞來，點交相片。校《方輿勝覽》中之《山海輿地全圖》。崔敬伯來。寫向奎信。到賓四處。到在宥處。到景山書社。到元胎處吃飯。訪季龍，未遇。

訪王日蔚，未晤。張公量來。趙肖甫來。季龍，嗣禹來。白壽彝來。

到歐美同學會赴宴。九時許，乘汽車出城。十一時眠。

今晚同席：戴聞達　博晨光　適之先生　煨蓮　芝生　裘善元　陳受頤　予（以上客）　袁守和（主）

肖甫告我，援庵先生以其接近我，而我今任院事，疑必邀之，遂解其女中職務。又聞季龍言，亦大致如是，輔仁功課已不能繼續。氣量之小如此，如何成事。此豈非"爲淵驅魚"耶！

七月十七號星期三

冒雨乘燕京八時二十分車到所。遇陳絜，嚴群。記日記六天。校《方輿勝覽》畢。寫牟潤孫信，申誠之。到西單市場吃飯。飯後訪叔玉，贊廷叔祖。

校《禹貢》第十一期稿。到侃燧及泉澄處。乘人力車返成府。

與履安到士嘉處。遇其岳徵宇。又到引得校印所。失眠，起看杭州復初齋書目。

七月十八號星期四

乘清華七時車到所。到院長室商事，并到崔敬伯處。齊念衡來。寫家昇信，寫公量信。

煨蓮來，同到六國飯店，加入扶輪社聚餐。出，到北京飯店買書。同返研究院，計劃北平志事。五時許，同到東安市場買物。六時，乘煨蓮汽車歸。杜文昌來，爲寫致教育部請求補助信。

與丕繩到紹虞處訪肖甫，并晤于道源。

昨夜不知何故，竟又失眠，雖履安搥拍亦無用，起飲葡萄酒，加葡萄汁，至一時始眠，而五時許即起，精神又疲倦矣。

教育部聘予爲國語推行委員會委員，此會主任委員爲吳敬恒。錢玄同，黎錦熙等爲常務委員。

七月十九號星期五

乘清華七時車到所。到季龍處。公量來，爲鈔《孟姜女材料目錄》。予爲作一序文，約千言。寫文書課信二通。維鈞來。作《禹貢》廣告（加價）。

寫胡德煌信。校《禹貢》十一期。泉澄夫婦來。白壽彝來。鮑仲嚴來。乘清華六時車歸，車中遇蔣恩鈿女士。

與履安同到文藻家吃飯，飯後地山來談。十時歸。

蔣恩鈿女士與慕愚係義姊妹，車中相見，問起慕愚近狀，彼此不知，而都念其身體安否。蔣女士謂彼頗似肺病。又謂曾見其在日本時所作詩，甚有難言之隱。嗟乎，如此有爲之才而任其怊憭以終乎！我竟坐視其死而不獲一援手乎！

七月二十號星期六

校《禹貢》稿。紹虞來。植新來。海波來。元胎來，談。宴客。四時散。照相四紙。校《禹貢》稿。書春來。周一良來。

與履安，自珍同到容女士處吃飯，九時半歸。到仁之處。

今日同席：戴聞達　畢斯德夫婦　舒思德　魏楷　劉毓才夫婦　博晨光　子通　郭春濤夫人　容元胎　八爰（以上客）　容希白夫婦　煨蓮　予夫婦（以上主）

七月廿一號星期日

仁之來。校《孟姜女文材料目録》。常維鈞夫婦來，與維鈞同到校印所，膺東表弟來，均留飯。飯後同游燕京及蔚秀園，送上車。

博晨光偕魏戴二西人來，談中國古史。平樟來，留飯。嗣禹來。

肖甫來，談至十一時別。

今日來客：George E. Taylor（戴德華），Dr. K. A. Wittvügel（研究中國經濟史者，德人），均住華語學校（College of Chinese Studies）。

七月廿二號星期一

乘清華七時車進城。到北大訪公量交稿。記日記四天。維鈞來。到季龍處。到書社吃飯。寫元胎信。到李辰冬處。到揚廷叔祖處。來鎮方來。

校《禹貢》十一期。胡德煌來。侃嬺來，向奎來，同到大辭典編纂處，晤劭西，玄同先生。與侃嬺同到家。

到北京旅館訪齊璧亭，未晤。在糧食店剃頭。

近日牙頗痛，蓋右腭盤牙將落也。頗欲到牙醫處，而無暇，奈何！

我和文化機關的關係太多了，職銜如下：

（一）中央研究院歷史語言研究所通信研究員。

（二）北平研究院史學研究會歷史組主任。

（三）北平圖書館購書委員會委員。

（四）故宮博物院理事兼專門委員。

（五）國語推行委員會委員。

（六）燕京大學教授。

（七）北京大學講師。

（八）商務印書館大學叢書委員會委員。

此外尚有《燕京學報》，《禹貢半月刊》，通俗讀物，《大公報・史地周刊》等編輯事務。

七月廿三號星期二

寫蔡彬綸，牟潤孫，王伯祥，陳彬龢信。到院長室。校《禹貢》十一期稿，未畢。到郵局寄信。到擷英吃飯。

孫媛貞來。在宥來。孫子書來。張璐來。

與自珍同到侃嬺家談話。

今午同席：黎劭西　李飛生　聞在宥　蒙文通　高步瀛　李辰冬　陸侃如夫婦等二十餘人（客）　齊璧亭　張綏青（主）

七月廿四號星期三

校《禹貢》十一期訖。校印所趙君來。到社會局謁蔡局長。校《禹貢》十二期稿。旭生先生來。維鈞來。

校《詩疑》。看《太平天國詔諭》。

與履安及自珍到元胎家吃晚飯。到侃嬺處取信。十時歸。

禹貢學會立案事，因北平市黨部取消，社會局能否直接批准須待中央覆文，故尚未批出。

七月廿五號星期四

看《太平天國詔諭》訖，爲擬一廣告。爲潘成義書扇。修改去年所作《崔東壁遺書》序，爲《戰國秦漢間造僞與辨僞》，入《史學年報》。履安，自珍來。到張石公先生處。

到同和居赴宴，三時歸院。寫黃離明，何殿英信。寫博物館協會信。嚴星圃來。世五來。

與賓四談話。晚飯後聽雨，休息。

今午同席：傅孟真　徐森玉　趙憩之　譚季龍　向覺明　賀昌群　牟潤孫　孫子書　魏建功　臺靜農　徐中舒　予（以上客）　趙孝孟（主）

七月廿六號星期五

修改《戰國秦漢間造僞與辨僞》文訖，凡四萬言。作本文附言，二千餘言。到西安門剃頭。

寫向奎信。趙叔玉來。鍾雲父來。牟潤孫來。白壽彝來。寶德堂李君來。

與履安自珍同到市場五芳齋吃飯。到莘田，元胎家，并晤八爰。

七月廿七號星期六

六時乘人力車出城。到鄧嗣禹處。回家。孫海波來。到希白處。葛啓揚來。到希白家吃飯，三時許歸。

到其田處送行。李書春來。校改《禹貢》文字，付校印所排字。

到煨蓮處談話。十時歸。看舊作《鄭樵傳》。

今午同席：商錫永　于思泊　孫海波　予（以上客）　容希白（主）

健常寄內政部所定出版法來，稍慰積想。

　　煨蓮極口道予所作《鄭樵傳》的生活，能表現其真精神。予自覺亦可作傳記文字，惟苦無此閑暇耳。

七月廿八號星期日

　　王育伊來。校《禹貢》三卷二期畢，即送校印所打紙版。張文炳來。到郭宅赴宴。

　　理帶進城內書籍。趙惠人來。侯仁之來。楊向奎自城遷來。爲泉澄，懋恒書聯屏。

　　與向奎，丕繩同到校中散步，九時半眠。

　　今午同席：呂健秋夫婦　梅貽寶夫婦　許地山　趙肖甫　予（以上客）　郭紹虞夫婦（主）

　　地山問我：“待君久矣，何不至？”予嘆忙，彼笑謂：“你乃學術上的多妻主義者。”謂予太貪多也。

　　昨夜只眠四小時，今日精神頗倦。

七月廿九號星期一

　　五時起，五時三刻出門，七時半抵城內之家。校《詩疑》。寫覺明書。集張福慶紀念冊序材料。到歐美同學會吃飯。

　　草《張季善遺著》序，未畢。王日蔚來。

　　與履安，自珍到侃嬺家，予又獨到泉澄家，又同到真光看《一夜風波》電影。十一時，乘馬車歸。十二時眠。

　　今午同席：Wittvügel 夫婦　Taylor　孟真　蔭麟　希聖　從吾　湯象龍　梁方中　曾仲剛　予（以上客）　陶孟和（主）

　　孟真謂予：“《東方雜志》所登《明代文字獄》一文必非子作。”予問何故，彼言：“子所作無論文言白話皆緊張，而茲作不然，所以知之。”孟真目力之銳自是可佩。予性緊張，故愛香水，愛慕愚，因彼二人亦精神緊張者也。

七月三十號星期二

寫王雪艇信，爲通俗讀物事。寫王綏珊信，起潛叔信。鈔改《張季善遺著》序畢，凡三千言。寫王訪漁信。

孫媛貞來。履安來，與同到歐美同學會，賀馬季明之女出閣。寫鄧廣銘信。石兆原來談。

到侃黌處送款。到季龍及育伊處，均未晤。到北海，晤庸莘，槃盦。十時歸。

今日所見賀客：適之先生（證婚）　周詒春　司徒雷登　蔡一諤　陳頌平　朱士嘉　博晨光　田洪都　許地山　容希白　郭紹虞

七月卅一號星期三

六時許訪立厂，晤之。訪文甫，未遇。到院，寫立厂，文甫，希聖，劭西，葉溯中信。與履安，賓四同到地山家看屋。

校《禹貢》三卷首數期。王育伊來。王育伊趙紀彬來。與履安自珍到趙叔玉處，又到贊廷叔祖處。

到中山公園來今雨軒吃飯，九時許歸。

今晚同席：張其昀（曉峰）　任美鍔　李海晨　林文英（以上考察西北團員）　張石公及其女羅羅　翁詠霓　予（以上客）　謝家榮（主）

一九三五年八月

八月一號星期四

六時，到中央飯店，訪袁希淵，未晤。與張曉峰等四人出，步行到青年會上車，遇劉治平。到燕京參觀。到予家。他三人到頤和園，曉峰留予家。志韋來，與同到清華訪蔭麟，吳宓，吳正之。

　　宴客，二時半散。與曉峰乘三時車回城。訪賓四。到研究院，思和，士升來。子魁來，與子魁同回家。

　　與履安同到第一舞臺看金鋼鑽小香水《萬里長城》劇，十二時許歸。

　　小香水愈不上勁了，面亦愈瘦，不知係疾病或以年齡較大之故。現在金鋼鑽挂正牌，粉牡丹二牌，小香水則三牌矣。

　　此夜爲予觀小香水（趙珮雲）演劇之最後一次。離予始見時已歷二十四年矣。第一次爲一九一二年冬，演《甘露寺》（劉備與孫夫人成婚）。彼時正當盛年。

八月二號星期五

　　擬《聖武記》圖計劃。寫公量信。校對《禹貢》三卷首數期，未畢。到翁詠霓及裴子元處，均未晤。遇覺明，曉峰。

　　校《詩疑》。到愛般哈特處茶點，六時許散。

　　到東興樓吃飯，九時散。到泉澄處。

　　今日下午茶點：適之先生　孟真　鋼和泰　魏楷　丁文淵戴聞達　尚有不相識者四人　予（以上客）　愛般哈特夫婦（主）

　　今晚同席：張其昀　向覺明　容肇祖　容希白　予（以上客）　張蔭麟夫婦（主）

八月三號星期六

　　乘七時車返成府。校《禹貢》第三卷十二期。校《張季善遺著》序目。書春來。海波來。

　　到校印所。到士嘉處，未遇。到南大地賀超英觀勝喜事。到煨蓮處，并晤洪都，一良。

　　於海晏來。到季明處。飯後到紹虞處，并晤肖甫。

八月四號星期日

仁之與張瑋瑛女士來，爲寫聯及中堂。校《禹貢》三卷十二期，未畢。嵇文甫來，設宴。三時，同到蔚秀園游。

士嘉來。到校印所，鼎興木廠。到呂健秋處。與李瑞德遇。子臧來，與同到盼遂處。

容女士來。

今午同席：嵇文甫　劉盼遂　于海晏　馮沅君　趙肖甫　郭紹虞　世五　子魁　丕繩（以上客）　予（主）

子臧來，述譚誨英女士囑其問候我，并要送我一個鐵絲拉器，俾我在伏案時久之後起作運動，得抒肺部。又問我英文尚讀否。夜中遂夢與子臧談，談及譚女士，但此譚女士乃非誨英而爲健常。予謂彼感情太强，可爲感情而死，但感情是會變的，所以她也會不認識你。此夢中之牢騷也。

八月五號星期一

乘清華七時車進城。擬整理《聖武記》計劃七條。校《禹貢》三卷十二期畢，續校二卷一期。到地質調查所訪翁詠霓。到季龍處。

與賓四談。丁文淵來，以大雨，庭中積水一尺，竟不得見。記日記三天。

到西堂處談至九時許，歸。

八月六號星期二

校《禹貢》。校印所趙君來。旭生，維鈞來。鼎興木廠送家具來，看其安置。

到侃燮處。到王日蔚處。理書入玻璃櫃。到季龍處，并晤覺明昌群。到孔平處，晤其夫人。到歷史博物館，晤裘籽原及郭建勳。回院。子臧來。仁之來。文珊來。

到景山書社，擬招聘畫圖員廣告。又到在宥處。十時歸。

八月七號星期三

到嵇文甫處。到立厂處。到研究院，寫健常，健卿信。到北平圖書館，訪育伊，同查利瑪竇史料。李樹新來。楊堃來。寫翁詠霓信。

校《禹貢》三卷十二期，未畢。陳宜珍來。壽彝來。孔平來。文甫來，同訪賓四，到北海漪瀾堂吃飯。到中央研究院，晤槃庵及晉華，談至十時步歸。

得健常來件十餘日矣，到今日乃得寫信，其忙可知也。寫健常信曰："我辦《禹貢》，爲欲使中國人認識中國。我辦通俗讀物，是要使中國人知道自己是中國人。"

昨夜夢接郵局遞來一大包，係健常寄者，發之則燕大捐簿及諸種説明書，蓋燕大請其募款而彼不願任，退還給我。我在夢中想，她不肯代募，也就罷了，何必退還。就使退還，就退還捐簿可矣，何必連説明書而亦退之。即此可見彼辦事太不留餘地。但在我卻又多得一個紀念物了。

八月八號星期四

爲陳宜珍寫劭西信。校《禹貢》三卷十二期訖。世五來。校印所人來，即校廣告數頁。整理書桌。修改侃㜎代作之《中學歷史教學法商榷》一文。

讓之，貞一來。效曾來。陶才百來。在宥，海波來。高去尋來。楊繡來。書肆李君來。爲陶才百寫劭西信。王日蔚來。

與自珍同到北海，到中央研究院。與履安，七姨母同在五龍亭吃飯。九時許，與自珍同到什刹海。十時歸。

八月九號星期五

改《中學歷史教學法商榷》一文畢。寫教與學月刊社信。崔敬伯來。校《禹貢》三卷二期。李書春來。到陳宜珍處，未晤。到劉淑度處，遇之。到鮑仲嚴處，遇之。到泉澄夫婦處，遇之。

到北大一院監試，與心史，建功，莘田，貞一諸人談。四時歸。到院，記日記。寫潤孫信。乘六時車歸，遇戀恆邵友章。

到煨蓮處長談，并晤洪絨夫婦。

八月十號星期六

到子通處，希白處，遇徐寶謙夫人。到盼遂處。到容女士處，未晤。到文如處。到煨蓮處。到沅君處，并晤林之棠紹虞。校《禹貢》三卷十二期訖。定四卷一期題目。

到子通處吃飯，三時歸。校《禹貢》三卷二期訖。到校印所二次。五時半乘人力車進城，七時許到。

與賓四談話。休息，早眠。

昨夜不知是何蟲豸，嚙予肌膚，爲之痛醒，時未打兩點也。燃燭視之不見，就床欲眠又來，竟未成眠。今日倦甚。

今午同席：魏楷　劉盼遂　紹虞　予(以上客)　子通(主)

八月十一號星期日

七時到院，整理什物，記日記。到王日蔚處二次。到白壽彝處。到北大二院，看入學考試中國歷史卷數百本。

到在宥處，見其夫人。到二眼井看屋。到書社。歸家，李子魁來。

到安福胡同看屋。到東興樓吃飯。歸，與賓四談話。

今日同閱卷者：適之先生　孟真　受頤　心史先生　貞一
羅爾綱　賓四　讓之　燕齡　蟄雲　子水　又介泉等若干人

今晚同席：陳太太（誠女士）　　王太太　　希白夫婦　　容媛
元胎　容琬　予夫婦（以上客）　　郭史德華（主）

八月十二號星期一

看童丕繩文三篇。到懋恒處，與之同到兵馬司看屋。到季龍
處。到素英處。到在宥處。寫任叔永，鮑仲嚴，素英，素意，陳述
之，季龍信。

旭生先生來長談。白壽彝，樹新來。庸莘來。侃燊，楊繽來。
陳絢來。史念海來。寶德堂李君來。

李子魁來。到姚從吾處，十時歸。

忙得心發宕！

八月十三號星期二

寶德堂人來。裘子元來，到樂夫，維鈞處。旭生來。到潤章
處。草歷史組上年報告書。

與履安到懋恒處。潤孫來。陶才百來。翁獨健來，道別。草改
馮夢龍《山歌》序，由履安書之，六時三刻寫畢。

與賓四談話。與履安自珍到北海公園，擁擠之甚。十一時歸，
往來皆步行。

北海到處是人，堆成極樂世界。北平人到底有興，故民衆娛
樂（焰口，烟火，荷花燈）得以保存。但門警亂打工人，僅容上
層社會游覽，于心不安耳。

八月十四號星期三

六時許，子魁來，與同到研究院。校壽彝《朱熹》一文。校
《禹貢》一卷四期再版，畢。修改《山歌》序畢，寫朱瑞軒信付寄。
校《詩疑》。寫馬芝田信。寶德堂人來。看丕繩《相界》一文。

到地山處握別。到侃嫕處談至十時。

今日熱甚，静坐汗流。

八月十五號星期四

寫地山信。看日蔚所作《介紹新疆民族》。爲寫聖陶介紹信。寫向奎信。重校《禹貢》三卷三期，未畢。

紹虞來。到院，子臧來。四時回家即睡，發燒，一夜筋骨疼痛欲絶。賓四來視疾。在床看王魯彦之《黄金》。

今日午飯後忽然噁心，到院後精神支持不下，因早歸，果然發燒矣。一夜以骨痛未眠。

近年每間兩三月必病一次，把所感寒暑散一散，固以此不致有大病，而身體之衰亦于此可見。

八月十六號星期五

終日臥床。看《老殘游記續集》。囑履安代書潤章，子書，日蔚信。

看鄒絞韜奮《萍踪寄語》，未畢。賀次君來視疾。童卓然來。陳宜珍來。王日蔚來。起床，與履安同到棗林大院一號看屋，即定下。

與賓四談。寫孟心史先生信。

八月十七號星期六

七時，乘人力車還鄉。到紹虞處，請肖甫開方。校《史學年報》文稿。到研究院，寫希聖信。

楊次弓來。校《禹貢》四卷一期稿。吕健秋來。鄧嗣禹來。履安回鄉居。

到煨蓮處，談至十時歸。失眠。

肖甫謂予脉甚軟，與前大異，囑予休息。然予安有此福分乎！肖甫謂予蘊藏濕熱甚重。

兩日來僅吃薄粥一碗。

八月十八號星期日

爲人寫字幅。校《禹貢》四卷一期稿。延增來，爲寫介紹函。趙惠人來。

肖甫來。士嘉來。

八月十九號星期一

與志順談製圖事。寫謝景升信，爲通俗讀物事。寫伯祥信。校《禹貢》四卷一期稿。到校印所二次。

校《史學年報》稿。陳宜珍姊妹來。張子玉來。劉太太來。

理書室抽屜内物。失眠。

得教育部批，通俗讀物編刊社仍繼續月領壹百元，外給一次印刷費五百元。

吃了三帖藥，似乎精神較好，惟飯量則仍不佳。

八月二十號星期二

六時起，整理書物。到校印所。七時半乘人力車與履安回城。與子臧同到院長室。記日記六天。

到大美番菜館吃飯。三時歸。與仲良談。校《禹貢》。寶德堂李君來。壽彝來。芸圻來。張璚來，爲寫適之先生信。文通來。

到煤市街豐澤園吃飯。訪錫永未遇。

今午同席：徐旭生　黎劭西　羅雨亭　高亨　唐立厂　侯芸圻　向覺明　賀昌群　高閬仙　劉叔雅　孫海波　郭紹虞　何樂夫　黃仲良　予（以上客）　劉盼遂　張西堂（主）

今晚同席：卓君庸　魏建功　何樂夫　謝君　楊君　予等凡

八人（以上客）　李潤章（主）

八月廿一號星期三

爲《國學文庫》鈔一廣告。終日校《禹貢》四卷一期。到吳玉年處。到燕京同學會訪家昇。編《禹貢》四卷二期。維鈞來。

看丕繩文。希聖來，商辦刊物事。侃燧來。

到景山書社。到在宥處。到季龍處，未晤。

武昌亞新地學社擬辦一史學雜志，希聖意以食貨禹貢兩學會作基礎，而伸張及于制度史思想史方面，擬由賓四主編。

八月廿二號星期四

到西堂處。校《禹貢》四卷一期，寫向奎，志辛信。寫公量信。與履安到站接起潛叔夫婦。在站遇容太太及容琬，世五。維鈞來。

與賓四談。校《禹貢》及《詩疑》。寶德堂人來。改《秘密社會史料》廣告。

到侃燧處。到泉澄處。到季龍處未晤。到元胎處。九時半歸。

履安謂予：“你到家來，只是上飯店，借住夜。”

夢中寫若干信，履安來詢，具以告，惟獨隱與健常者。健常如此對我冷落，而我終不能忘之，洵孽緣哉！我但祝彼在南京勿官僚化，勿沾勢利之習，則今生總有會合時也。

八月廿三號星期五

校《禹貢》四卷一期及《史學年報》與《詩疑》。世五來。趙君來取稿。到院長室，出版課。到字體研究會，晤魏娜女士。宰平先生來。

到張石公先生處。季龍來，道別。季忱來。壽彝來。寫會計課信，爲壽彝稿費。理物。記日記。

到書社。到孟心史先生處。

八月廿四號星期六

乘七時車歸成府，到校印所。校《禹貢》四卷一期，未畢。與吳志順談。

到紹虞處。到希白處。葉德光來。趙惠人來。家昇來。書春來。煨蓮來。

宴客。九時許散，即眠。

　今晚同席：起潛叔夫婦及二子　劉治平太太及其二女（毓珍，毓琴）一子（毓燕）（以上客）　予夫婦及自珍（主）

八月廿五號星期日

終日校《禹貢》四卷一期，畢。到校印所三次。元胎，八爰挈侄等來。到劉家吃飯，照相。

楊次弓來。童卓然來。鄧嗣禹來。

改酈女士《唐代公主和親吐蕃考》，未畢。

　今午同席：起潛叔夫婦二子　予夫婦及自珍　馮世五（以上客）　劉治平夫婦（主）

　爲校《禹貢》四卷一期特大號，幾費五十小時，編輯時期尚不在内。以予之薪金比例之，總須一百五十元矣。

八月廿六號星期一

五時起，改酈平樟文畢。理物。八時，乘車進城。九時半，到院。維鈞來。理物。校《詩疑》序。看石公先生《中國地方志考》。看《清代文字獄檔》。

到倪嬡處。到石公先生處看屋。王日蔚來。王錫昌來。陶才百來。鮑仲嚴來。陳文馥，徐世劻來。寶德堂人來。與賓四談。改日蔚代作《喚醒農民與通俗讀物》一文未畢。

到景山書社。到公量處，未晤。見李林。到胡宅，晤章希呂。到仲良處。十時歸。

張石公先生初欲將其創辦之小學（今已停辦）捐與禹貢學會。嗣以小學欠債八千元，屋地尚有糾葛，先將自產房屋十餘間（今出租）空地五畝餘捐贈。又以積有木料磚瓦，爲學會代造屋三間。盛意至此，真使人感極隕涕。禹貢學會，有人，有屋，但無錢耳，未審明年能請得一些款否？如能，就不枉我們的一片苦心矣。

八月廿七號星期二

記日記三天。改日蔚代作文訖。作《禹貢》廣告及優待條例，寫世五信。整理文件。看《王先謙年譜》。

寫董綬金信。李子魁來。耿貽齋來。公量偕傅成鏞來。謝愍生來。寶德堂人來。子水來。張璿來。

飯後與履安自珍到東安市場買物，吃牛奶。到景山書社。步歸。

近日心又宕，必須休息數日矣。我的身體真壞，許多工作做不出，奈何！爲之長嘆。

八月廿八號星期三

看寶德堂送來之地理書。旭生先生來。庶務處趙君來。補校《禹貢》三卷三期。魏楷來，同參觀本院工作及懷仁堂，中國大辭典編纂處。到大美番菜館吃飯。

連士升來。寫陳彬龢信，父大人信。鍾雲父來。

與履安到中央電影院看阮玲玉《新女性》劇及其大出喪。

今午同席：林宰平　孫人和　黎劭西　高步瀛　張西堂　王了一　錢賓四　何士驥　傅佩青　李順卿　郭紹虞　侯芸圻　孫

道昇　陳映璜　予（以上客）　羅雨亭（主）

八月廿九號星期四

寫翁叔泉，汪一厂，馬紹伯，北京書局，劉淑度信。到院長室。校《禹貢》三卷三期訖。旭生來。子臧來。

寫曉宇，君樸，劭西，敬軒，謙之，文書課信。壽彝來。寶德堂人來。庸莘來。肖甫來。

到侃嬨處。到歐美同學會吃飯。十時與賓四同歸。

今晚同席：戴聞達　莘田　適之先生　蜚雲　朱逖先　覺明　賓四　陳受頤　庸莘　予（以上客）　孟真（主）

八月三十號星期五

看《賊情彙纂》。子植來。樂夫來。寫侃嬨信。看《李秀成供詞》。卓君庸來。

到石公先生處。陸欽參，欽墀來。杜連輝來。王輯五來。劉淑度來。校《唐人辨僞集語》。爲小妹講古文。

到景山書社。到在宥處。九時許歸。

八月卅一號星期六

乘清華七時車歸，遇周杲。到校印所。校《禹貢》廣告及目録。到紹虞處吃飯。同席爲子植。

李貫英，趙鳳喈及方君來。王日蔚來。看日蔚所作通俗讀物二篇。鄧嗣禹來，道遇。

到校印所。到煨蓮處談至十時許歸。

一九三五年九月

九月一號星期日

到校印所，校稿。到家昇處。馬芝田來，給以四毛而去。吳其玉，馮家昇來。紹虞來。謝憫生來，與他及丕繩同到長順和吃飯。李書春來，同席。

飯後到圓明園游東西洋樓遺址。到燕昌商行吃冰激凌。士嘉夫婦來。吳其玉來。希白來。書春來。

侯仁之來。與起潛叔全家到東大地散步。歸，整理物件及校稿。又失眠。

九月二號星期一

五時許起，即步行至海淀雇車進城。到院，淑度，玉年已來，即爲布置一切。到旭生先生處，他又來。寫陸欽墀信。校《唐人辨僞集語》。與履安等到西單商場新廣東吃飯。訪貫英，已行矣。

看侃爕所代作《顧亭林》，訖。士升來上工。到院，楊成志，刁汝鈞來。侃爕挈僑思來。李子魁來。楊向奎，王樹民來。同到道齡處。寶德堂人來。

到景山書社及在宥處。到東安市場小小酒家吃飯，十時歸。

昨夜失眠，今晨早起，下午倦甚欲眠而客來不斷。夜歸，履安視予日，謂紅甚。唉，如此人生！

今午同席：趙泉澄夫婦　李光信夫婦　槃庵　予夫婦及自珍（以上客）　庸莘兄弟（主）

今晚同席：子臧　次溪　予（以上客）　道齡（主）

九月三號星期二

寫謝季華，陶才百信，及請客片。記日記四天。寫李瑞德，蔡彬緟，張石公，胡鑑初，朱孔平，鄭德坤信。

天成木廠人來。貽齋來。熱甚，小眠。中舒來。校元胎《春秋史》，未畢。寫王訪漁信。楊繽來。

到中央公園來今雨軒宴客，十時許歸。失眠，看《萍踪寄語》。

　　今晚同席：適之先生　受頤　楊成志　刁汝鈞　容元胎　李鏡池　莘田　在宥　賓四　謝季華　何樂夫　黃仲良（以上客）予（主）

九月四號星期三

到西堂處。寫適之先生信，爲禹貢學會捐款事，凡一千八百言。陶才百來，爲理鈔件。旭生來。看楊繽所作故事。

熱甚小眠。起洗浴。校《禹貢》四卷二期稿。寫莘田信。仲良來。侃孅來。耿貽齋來。孔平，張兆瑾來。與賓四談。

與履安及自珍同到北海乘涼，十時許歸。

　　今晚乃得一息，自詫享清福矣。

九月五號星期四

到西堂處，彼尚未起。記日記二天。侃孅來。敬伯來。寫維鈞信。寫蔡元信。校《唐人辨僞集語》。

到石公先生處，正式接收契據。士升來，遞辭職函。校《禹貢》四卷二期稿。到史念海處。

到景山書社。到日蔚處，到在宥處。約十時歸。

　　今日侃孅來送還士升聘書，且泣且訴，大出予意外。予以侃孅爲極徹底之人，乃因助理員名義而爭，無乃虛榮心作祟乎！予心頓如澆了一斛冷水，苦矣！此間原非必須士升者，士升之才亦未必勝任，欲去則去耳。

九月六號星期五

到寬街子水處。校《禹貢》稿。旭生來，商同游事。到字體研究會，訪宰平。

史念海來，爲寫石公先生信。鍾雲父來。王日蔚來。謝惘生來。寫徐中舒信。子臧來。文珊來。

到賓四處談話。十時回室。

考古組擬到磁縣，邯鄲，邢臺，正定，易州等處調查，予擬偕往，因屋內工作已做得太多也。

九月七號星期六

乘七時車回成府，先到校印所。歸，校《唐人辨僞集語》。孫海波來。到子通處，希白處。與吳志順，童丕繩，趙惠人等談。晤沈心蕪。

家昇來。陸欽墀來。希白來。士嘉來。鄧嗣禹來。校《禹貢》四卷二期稿。

到希白處吃飯。九時半歸。飲葡萄酒眠。

今夜同席：蔡一諤　洪煨蓮　容八爰　于式玉　張克剛　容希白　李書春　郭紹虞

九月八號星期日

校《禹貢》四卷二期稿。與起潛叔夫婦及兩弟到圓明園，行戲庭中，到農會茗憩。又到達園，十二時半歸。

校《禹貢》稿，到校印所三次。張德生來。到司徒校務長處，到觀勝夫婦處。侯仁之來。

乘七時車進城，晤嗣禹，與張德生君同乘，靈境下車，到新屋。失眠，起飲汾酒。

今日進棗林大院一號新屋，凡八間，以三間爲臥室及餐室，二間爲書室及客廳，一間之半爲雜作間，其又半爲女僕室，一間爲竈屋，一間爲男僕室。房屋雖小，但因無書籍，故反覺寬敞。有由地山家買來之什物，轉覺富麗矣。

九月九號星期一

到院。到楊繽處。到日蔚處未晤，見紀彬。到書社。到賓四處。到院，作《本社紀事》（張先生捐屋地事）。道齡來。到在宥處。

到東興樓吃飯。三時歸。寫覆石公先生函。書春來。海波來。與子臧談薪金事。寶德堂人來。到石公先生處送函。

理《禹貢》四卷二期稿，略校。

今午同席：胡適之太太　田伯蒼夫婦　徐祖正　莘田　陳同　燮　予（以上客）　子水　從吾（主）

九月十號星期二

校《禹貢》四卷二期張傳瑞一文。寫蔡一諤信。會計課趙君來。師儀，世昌等接洽事務。林宰平先生來。崔敬伯來。來鎮方來。世五來。寫鍾雲父信。

飯後小眠。校《唐人辨僞集語》。點《臨清小記》。馮家昇來。寶德堂人來。樂夫等來。

步行到靜心齋，晤庸莘，槃厂。到景山書社，寫張公量，王日蔚二函。

棗林大院房主盧家，終日開無綫電，又終夜打牌，而不事事，真是小資產階級之典型人物。

九月十一號星期三

記日記六天。校容元胎《春秋史講義》。陶才百來。文奎堂人來。

校《禹貢》四卷二期。開通俗讀物編刊社委員會。六時許，同到我家。

到研究院，校《禹貢》四卷二期。十時歸。

今日同會：王日蔚　鄭侃嬺　楊繽　吳世昌

九月十二號星期四（中秋）

校《禹貢》四卷二期訖。寫李潤章先生五函。寫北大注冊課信。整理辦公室中雜物及信札。王姨母來。

乘二時車回燕京，遇洪都。到家，與孀母，丕繩談。到植新處，伯平處，希白處。希白來。盧天念，潘承彬來。寫馮世五信。校稿。植新來。

乘七時車回城。在宥來。九時，玉山送上站。十時，龔元忠，馬兆之來，上車。十一時四十五分，車開。

今夜在車頗得眠，惟屢屢醒耳。

九月十三號星期五

在車與一于姓客談（山西離石人）。看《春在堂隨筆》。與馬君到餐車吃飯。

三時零九分到磁縣。乘人力車進西門，住田家店（振興客棧），盥洗畢，即訪縣長，并晤秘書，第四科長。到民衆教育館參觀。

在會賢居吃夜飯。八時歸，即眠。眠甚酣。

縣長：孫振邦（醒華），天津人

秘書：周毓華（秀峰），豐潤人

第四科長：李□□　　本縣

民衆教育館長：沈玉蘭　　本縣

九月十四號星期六

到城隍廟，文廟，鼓樓，縣政府，皮場廟，崔府君廟，救濟院等處游覽。到鼓樓西衛生居吃飯。遇薛世卿。

到文廟女學校，西南城各廟，出南門，到磁縣中學，大石橋，七十二疑冢之一，火神廟。由南門上城，西門下，回棧。

仍到衛生居吃飯。飯後看《大清一統志》。

　　　磁縣中學校長：薛起鳳

　　　兩級小學校長：閻金聲

　　　兩級女學校長：王玉振

　　　救濟院院長：王廉潔

　　　縣署所派隨從法警：馬佩周

　　　臨時雇傭小童：張獻文

九月十五號星期日

終日校《禹貢》二卷一期，一卷五期畢。

與獅醒談新疆，蒙古事。

到衛生居對面浴堂洗浴。九時半眠。

龔獅醒與馬兆之二君到文廟拓碑，予獨在寓工作。上午甚好，下午則腰背作痛，睡一回作一回矣。可見予下午實不適于工作也。

九月十六號星期一

早四時醒，六時起，獨到城上散步，看日出。校《禹貢》，至下午三時，悉校畢，即寫植新信，到郵局發出。

到鼓樓看報。編《禹貢半月刊》分類目録。公安局杜區長來。早眠。

晚獨立西海子，得詩一絶："秋蟲四壁叫黃昏，出戶惘然向白門。心事微波通不得，要將銀漢作長緄。"歸後檢韻書，始知緄字出韻。

九月十七號星期二

早，獨游中山紀念林及王雅品紀念塔。終日作《禹貢半月刊》分類目録，未畢。與龔馬二君到公安局，訪杜區長。到縣署，晤縣長及第四科長。

六時，徐旭生先生來。晚飯後，與徐先生乘凉看星。十時眠。

九月十八號星期三

伴旭生先生到鼓樓，北街，文廟，崔府君祠，民衆教育館，縣署，看縣志及統計表。

選鈔縣志，刻本及稿本，約五六千言。

六時半，到縣署吃飯。八時半出，九時許眠。

九月十九號星期四

早一時半即醒。四時起理物。七時啓行，一時許始抵響堂山，才五十里耳。即觀諸洞石刻。在東武仕吃點。

布置行李畢，到彭城鎮，入名園飯莊吃飯。已三時許矣。今日只吃一頓飯。到鎮上公安局及保衛團。到商會，未晤人。到閱報處。與燒缸工人談。

早眠。

九月二十號星期五

游響堂寺諸殿，及山上諸洞。公安局長，保衛團人來。游晋祠泉，玉皇閣，竹林寺，黑龍洞。歸飯已一時許矣。

游神麘山上之老爺廟（玄天上帝）。游彭城鎮諸碗，缸窰。描繪磁縣簡圖。六時返寺，商會會長馮君來。

理物。早眠。

黑龍洞風景美絶，有關額曰"風月"，尤是繫人思也。

九月廿一號星期六

二時即醒，起寫信，凡寫植新，香林，起潛叔，希白，向奎，北大注册課，季龍，父大人，自明，簡香，履安，師儀，次溪信。六時，予與旭生先生乘騾車出發，十時許，抵磁縣北界張家莊。遂徒步五六里，到常樂寺。保衛團到董家莊，買燒餅麻花當飯。

飯後小眠。三時上山，游北響堂寺。五時下山，即步行回張家莊。乘車到義井。

宿鄉長王中立家，并留飯。

北響堂甚偉，洞之高者有五六丈，而殘破不堪，聞係武安紳士李某所鑿毀，恃其有錢，作此盜竊，可恨也。山上下兩廟，均無僧人，地之惡薄可知。予等即日來去尚無所苦，龔馬二君來此工作則甚不便矣。

在張家莊進豆粥，當汗渴之際得此，味至甘美。

九月廿二號星期日

七時，游義井諸窑（沙鍋窑，磁窑）。八時，自義井發，十時至響堂寺。看龔馬二君拓碑，并商將來工作計劃。予四出鈔集材料。

飯後二時，予與旭生先生出發。下午六時到磁縣，到車站訪問，即回振興棧。仍到衛生居吃夜飯。

雇騾車，將于明日游三台。

今早在王家漱口，右腭盤牙脫去矣。

九月廿三號星期一

七時，到縣署，縣長約同游。八時許，自署啓行，出南門，至臨漳境之鄴鎮，游銅瓦臺遺址。即在渡口吃飯，縣長所請也。飯後收買磚片及瓦當。到講武城（魏武遺址），至保衛團稍息。到天子冢。歸已七時。到縣署分磚瓦。

到衛生居夜飯。

九月廿四號星期二

束裝。縣長來，同到城隍廟小學教員秋假講習班，演講。并唔醒民劇社社長等。到衛生居吃飯後，上街買繩，木匣等物，裝磚瓦。

在店寫魏瑞甫信，并爲作《文集》序。即到郵局付寄。三時上站，四時上車。五時到邯鄲。宿站旁新生棧。

進城訪秦縣長。出，在西門吃飯。看《邯鄲縣志》。

今日予講甚短，係介紹通俗讀物編刊社。旭生先生則甚長，講一小時許。

磁縣醒民劇社采用三户書社所編之《唐雎使秦》公演，至可喜也。

予等到磁，首尾十二天矣。

九月廿五號星期三

七時許，雇人力車游苗圃，趙王城，爲畫一草圖。自南門上，至北門下，登城中諸臺，拾瓦片。十時半歸，理物，吃飯。秦縣長送元氏漢碑來。

飯後雇車進城，游叢臺，民衆教育館。到縣署訪秦縣長，談半小時許出。回新生棧，寫趙肖甫信。五時，乘車赴順德。

八時許，到順德，住站旁泰安棧。眠已十時矣。

出游半月，今日始見電燈。然甚暗，且除大鋪子外裝者不多，即客棧中亦尚無有也。

趙故城有瓦而無磚，足見磚起甚遲，非戰國物也。

九月廿六號星期四

八時，進順德城，訪俞縣長。由其派一科員，一督察長，同游城內天寧寺，净土寺等，并見老子道德經幢。彼等別去，予與旭生同出南門，到南關西大街吃飯，并到文化印刷局接洽拓碑事。

由南關步行到車站，回泰安棧。寫孫媛貞，履安，植新信。

與旭生先生到車站訪問。

邢臺縣長：俞榮慶，浙江紹興人，此行所見縣長惟彼最老（五十餘），亦最有官僚氣。

邢臺皮筒業甚發達，據縣長言，往年盛時達千五百萬元，今則止五百萬耳。

在邢臺城中，見有通俗讀物社出版之《哭祖廟》等劇本，及翻印之《宋哲元大戰喜峰口》等。

九月廿七號星期五

早起束裝，六時到站，在站進點。七時上車，十二時到定縣。在車上吃飯。

入魁元店，雇騾車赴曲陽。路約六十里，一時行，六時許到。即入振華棧吃飯。

到縣署，見施縣長，談半小時出。即眠。

曲陽縣長：施榮，號子澄，四川雲陽人。北平某大學畢業生也。

曲陽織布業極發達，田中植棉甚多，惟僅本地銷售，不能入都會也。

九月廿八號星期六

與旭生同到城內各處散步，自南門上城，北門下。到恒山廟，施縣長已先在，同觀碑刻，游殿。出，到純陽宮。回縣署，縣長留飯，觀本縣志。

下午，別縣長，乘車游某寺及王子墳，由保衛團護送，入一兩級小學休息。七時，回振華棧。

施縣長來談。拓碑人來。

九月廿九號星期日

上午一時即醒，三時起身，五時上道，由保衛團二人送行。十一時，到定州，仍入魁元店。吃飯。

一時上站，遇熊佛西等。一時半開車，七時許到平。在車看各種報紙。下車後雇一汽車，先送旭生還家。

八時許抵家，吃飯。看各處寄來信。

予車之騾，駕車兩日，行約一百八十里，脊皮脫而肉見，其色緋紅，目不忍睹。

佛西云：定縣織布業發達，往昔每一工人，一天織一匹布，售價所入，可贏餘一角，工人即甚滿意，以其可供饘粥也。今則贏餘僅三十枚銅元，不夠一人之食矣。

九月三十號星期一

乘七時車到成府，徑到校印所，避人訪也。十二時在校印所午餐，書春，植新同餐。工作一日，《禹貢》四卷三期得校一過，惟尚須看第二次耳。

五時半到寓所，吃飯。看各處寄來信。

乘七時車還城。休息。在西單剃頭。

一九三五年十月

十月一號星期二

到副院長處，并晤李石曾。旭生先生亦來。到院，本組各員來談。看各處寄院信。到石公先生處。到侃嬭處，未遇。

到景山書社。到北大上課一小時（三——四）。到兼士先生處。與王樹民同到研究所訪楊拱辰。到朱孔平處。回大樓，子水來。

到院校《禹貢》，并作石公先生《地方志考》小序，未畢。

十月二號星期三

草石公先生文小序，畢。與履安同到燕京，予獨到引得校印所校《禹貢》四卷三期，訖，并排次。在校印所午飯，植新，中心同席。

辦禹貢學會雜事。與履安携物乘人力車進城。

到侃嬠處。到泉澄處。九時半歸。

兩日間校十二萬字（一期校兩次），可謂速矣。

十月三號星期四

辦本組事務。到副院長處，同到懷仁堂，計劃改進辦法。十二時許回院。陶才百來。

在寓理昨日帶歸各物。張佩蒼來。日蔚偕楊君來。于海晏來。開通俗讀物社月會。泉澄來。張全恭來。

剛主，以中來談，九時許去。

　　今日同會：容希白　　王日蔚　　吳世昌　　楊繽　　王樹義　　王樹禮

十月四號星期五

校《唐人辨偽集語》。辦本組積擱事務。鈔旅行用賬，交徐旭生先生。

寫趙紀彬，李聖章信。趙泉澄偕巫寶三，嚴仁賡來。朱錦章來。顧立雅來。陳槃庵來。鍾雲父來。乘六時車歸，遇周一良。

即赴煨蓮家晚餐，討論研究生事。十時三刻歸，飲酒眠。

今晚同席：文如　希白　予（以上客）　煨蓮夫婦（主）

十月五號星期六

寫齊璧亭快信，爲顧立雅事。校《禹貢》一卷六期，畢。到校印所。點《世本居篇合輯》。

楊次弓來。士嘉來。仁之來。春晗兄弟及谷霽光來。到校印所。子植來。

乘七時車歸，起潛叔全家送至大門。歸，早眠。

十月六號星期日

到希聖處，羅雨亭處。訪叔玉，未遇。到贊廷叔祖處。訪海波，未晤。到擷英番菜館，應讀書周刊社之約。

到忠信堂，赴哲學會之宴。歸，吳志順來。小眠。點《世本居篇合輯》畢。略校《禹貢》。

與履安到西單商場購文具及鞋。歸，理信札。

今午同席：子通　岳霖　鄭昕　彭基相　汪奠基　鄧以蟄
湯用彤　傅佩青　徐旭生　張崧年等（以上客）　芝生　林宰平
張蔭麟（主）

讀書周刊社同席：周啓明　孟心史　羅莘田　趙萬里　唐立
庵　錢賓四　鄭毅生　張公量　傅樂煥　鄧廣銘　毛子水等

十月七號星期一

記日記七天。辦本組事。點《公羊傳》。傅佩青來。與旭生佩青同到懷仁堂，計劃陳列事。

才百來。裝釘北大學生“春秋史”意見。到副院長處。史念海來。侃嬡來。李庸莘來。

與履安步至景山東街，到書社及元胎處。歸，看《左氏春秋考證》。

接湖南新化劉晋賢君寄來訃聞，悉劉楚賢君（掞藜）于本年陰曆七月初八日卒，年僅三十六，學未能成，可悲也。胡堇人君亦于前年死矣。十餘年間，遂零落至此！

十月八號星期二

何殿英來。到院，豫備下午功課。到懷仁堂，布置畫軸。

寫"春秋史"研究諸題。三時到北大上課，五時下。歸，鈔北大分組及研究題。

與履安到院打電話。看《禹貢》五期稿。

十月九號星期三

傅明昆來，寫石公先生信。寫張石公，王雪艇，謝惘生，白壽彝信。寫吳雨僧信。作《禹貢學會紀事》，及教育部呈文稿。到副院長室。

到石公先生處未晤。到賓四處，晤之。到書社。到黃仲良處，未晤。到歐美同學會，賀盧季忱結婚。歸，儼北表弟來，同到研究院。

馬君來。校《禹貢》。劉子植夫婦來。

十月十號星期四

起潛叔夫婦挈二弟來。趙肖甫來。起潛叔別去。與他們及履安，自珍同到懷仁堂，及研究院。趙君招待。

飯後，又同到故宮博物院，游中路及外東路。五時歸。遇維鈞夫婦，殿英夫婦。留肖甫吃蟹及夜飯。

張西堂來。賀昌群來。王振鐸，王育伊來。十一時眠。

十月十一號星期五

何殿英來，與同到紅羅廠商修理房屋事。校《禹貢》四卷四期。仲良來，李濟之來，同到懷仁堂。

到承華園吃飯。三時還院。鍾雲父來。乘四時車返燕大，即到煨蓮處，并晤育伊，參加歷史學會年會。

七時許方散，還寓，與起潛叔等談話。夜失眠。

今午同席：李濟之　黃仲良　徐旭生　常維鈞　予（以上客）　李潤章（主）　承華園在王府井大街，前莫利遜之屋也。

十月十二號星期六

晨起，到校印所，校《禹貢》四卷四期。十二時出，到子植處。

在起潛叔處吃飯。仁之來。楊次弓來。乘三時車進城，到研究院開會，商作報告事。

到東來順宴客，十時歸。理物。

今午同席：潘博山夫婦　丁□□夫婦　汪□□夫婦　郭紹虞夫婦　徐女士　予（以上客）　起潛叔夫婦（主）

今晚同席：李濟之　袁希淵　馬叔平　李潤章　常維鈞（以上客）　徐旭生　黃仲良　予（以上主）　在東來順吃涮羊肉，甚好。

十月十三號星期日

乘七時車返燕大，即到引得校印所校《禹貢》四卷四期。下午楊次弓來助校，至六時出，尚有零件未校畢。晤趙璇。

在起潛叔處吃飯後，偕童丕繩同進城，丕繩住楊拱辰處。

理帶歸零碎紙張。

夢見報，健常與某君結婚（姓名，醒時忘之）。既而又有人告我，健常將與謙之結婚。夢中以為彼二人感情均涌溢，得結合亦大佳事。

十月十四號星期一

校《禹貢·國內地理消息》畢，寫樂植新信。作史學研究會報告，爲全國第五次代表大會用。即付鈔，校畢送去。旭生來。校《唐人辨僞集語》，未畢。

劉厚滋來。于道源來。顧立雅來。王日蔚來。張萬里來。與丕繩同歸，留飯。

元胎來。何殿英來，商修理房屋事。

十月十五號星期二

方紀生來。豫備下午功課。寫適之先生信。馮世五來。楊夢賚來。與丕繩文珊同歸，留飯。

徐芳女士來。到北大上課一小時，晤賓四。寫孟真，庸莘信。仲良來。到所，招待史學研究會會員，五時半參觀，七時吃飯，九時散席。

今晚同席：齊如山　陶希聖　陳援庵　沈兼士　樂均士　張星烺　馬叔平　孟心史　白眉初　李聖章　崔敬伯　徐旭生　吳子臧　許道齡　何樂夫　蘇炳琦　張次溪　予（以上客）　李石曾　李潤章（以上主）

十月十六號星期三

記昨日上課結果。校《唐人辨僞集語》，畢。寫張西堂信。到院長室，未晤。張佩蒼來，與同到家取稿。校《史記·吕后、孝文紀》，畢。與丕繩同歸，留飯，飯後彼回郊。

思和來。吳志順來。朱錦章來。記日記五天。

理書物。看今日出版之《禹貢》四卷四期。

《史記》不校一年餘矣，自今日起，當趕成之。

十月十七號星期四

校《禹貢》一卷七期，畢。到院長室商世界書局契約等事。

校《史記·景、武》兩本紀，未畢。寶德堂來，爲寫孟真信。

到東堂子胡同楊宅吃飯，十時歸。

今晚同席:李石曾　李潤章　李聖章　朱君夫婦　福開森　崔敬伯　袁守和　予(以上客)　楊夢賚及其夫人　夏懷仁(主)

十月十八號星期五

校《史記·孝武本紀、三代世表》畢。乘十二時車回燕大，遇劉子植。到校印所送稿。

宴客。飯畢，伴綏之，揆初兩先生到希白處，朗潤園，蔚秀園，圖書館，哈燕社。遇篠珊等。

與子通同歸。乘七時車回城。侃嬐夫婦來。

今午同席:胡綏之(77)　章式之(71)　葉揆初(62)　章元義　潘博山　洪煨蓮　容希白　田洪都　錢賓四(以上客)　起潛叔　予(主)

十月十九號星期六

記日記。檢《春秋》。子臧等來談。補記旅行時日記十八天，已遲兩旬矣!

到侃嬐處，又到懋恒處，與之同到故宮，參觀文獻館。同游者燕大北大同學百餘人。四時半，偕希聖，賓四，日蔚同歸，商《史學月刊》事。

與自珍同讀《左傳》。

出游半月，直至今日始將積擱事務理清，甚矣我之不能動也!

十月二十號星期日

與履安到小紅羅廠，看學會房屋。到孟真處。到素英處。到肖甫處。到適之先生處。歸飯。

到石公先生處。編《禹貢》五期之通信。潘博山夫婦等七人至，同游懷仁堂，研究院。女客他去，予與起潛叔及博山同到琉璃廠古董鋪及吳縣會館。

編《禹貢》通信。

近日風聲甚惡，但有政府與日本宣戰之說，此極快意事。無論如何，我們總須退出北平了。

適之先生見我，謂近來白髮何多？予自攬鏡亦然。事業未成，身體先老，可悲也！

十月廿一號星期一

點讀《四庫提要》之《春秋》部分。陶才百來，到院長室。耿長來來。

張佩蒼來。寶德堂人來。點讀《春秋大事表》。校《禹貢》四卷五期稿。

到景山書社，楊拱辰處。

父大人來信，囑予積錢，備老來用。噫，此何時乎！尚能為老來舒服計乎！

十月廿二號星期二

寫世五，植新，蒙思明信。豫備下午功課，點讀《春秋大事表》。

素英來，留飯。飯後同到北大，訪徐芳女士，商歌謠編集事。上“春秋史”課一小時。參加史學系論文題討論會。楊繽來，看其所作《萬寶賞》。

審閱陶元珍《東漢末北方人南遷考》。

十月廿三號星期三

方紀生來。寫孟真信,定禹貢學會預算。記日記四天。

算《史記》字數頁數。寫植新信。書春來。校仲良所作《蒙新二次考查記》,未畢。開歷史組常會,六時半散會。

育伊來。到剛主處吃飯。九時半歸。

今晚同席:譚新嘉　蜚雲　曉三　以中　午生　李□□　鄧君　蕭君　予(以上客)　謝剛主(主)　剛主母六十生辰,今夜暖壽。

今日同會:子臧　玉年　次溪　淑度　兆原　道齡　子玉

十月廿四號星期四

馮世五來。寫賓四,受頤,仲良信。校《蒙新考查記》,畢。校《水經注索引》。與世五同歸家。排利瑪竇地圖。

審查朱逖先《偽齊錄校證》,《偽楚錄輯補》。書春來。劉厚滋來。王振鐸來。

到張西堂處,冒大雨歸。改剛主游記。

今夜雷電并作,大雨如注,秋末有此,大是奇事。

予究竟年紀長了,夜中頗欲作事,而精神已不繼,今夜頗欲改剛主所作文,終于未完。但近日眠尚好,堪可慰耳。

十月廿五號星期五

作通信案語十餘則。子臧來商半年刊事。到旭生處商此事。與旭生同到潤章處商此事。松筠閣人來,買《開元占經》一部,五元。吳志順來。

公量來。書春來。壽彝來,長談。佩蒼來。理書桌。理稿。

到景山書社。訪仲良未晤。

十月廿六號星期六

與佩蒼乘七時車到校印所。終日校《禹貢》四卷五期，未畢。在校印所吃飯。

士嘉來。觀勝來。容女士來。耀華來。

訪煨蓮，未遇。訪文藻夫婦，遇之，談甚久。

所以用張佩蒼者，以我無暇讐校《禹貢》，欲以此責畀之也。乃今日同校，覺其心粗甚，決不勝任此事，予只得自勞矣。噫，才難如此！

十月廿七號星期日

到校印所，續校半天，仍未畢。

與起潛叔夫婦及兩弟到容女士處，到李安宅夫人處，并偕她們到大鐘寺。四時，回至李宅，稍息歸。到校印所，遇希白，覆校二文訖。陳夢家來。鄧持宇來。

夜飯後乘七時車歸，看新寄到之《漢代思想史略》。

《禹貢》印費欠印刷所千餘元矣，書春逼得要交三百元，予因向履安借百元，取《史地周刊》所餘三十元，又景山支版稅七十元，又囑世五從燕大本月薪中取百元，方過此難關。然地圖方面，學會開辦方面，均成問題矣！

十月廿八號星期一

校《禹貢》新聞。將啓揚，拱辰二君所剪報，分類裝套。陶才百來。到旭生先生處，與之同到院長室，商出刊物事。

劉厚滋來。朱錦章來。書鋪數家來。王日蔚偕廖君來。佩蒼來。豫備明日功課。王姨母來。

理書房，及書套。看《漢代學術述略》。

十月廿九號星期二

豫備下午功課。校《禹貢》本期新聞訖。寫何殿英信。趙瑞來。

與受頤談。到北大，訪徐女士，上課二小時。到拱辰處，未遇。歸，看北大學生所作。看《新潮·舊家庭感想》一文。

理成府帶來雜紙，至十一時。

時局日危，予叢殘稿件時慮不保，因擬編爲文集刊行，使十餘年來心血不致湮没，囑履安鈔之。

今日檢《新潮》一文讀之，甚自喜，蓋乾净，清楚，痛快，是予文之所長也。

十月三十號星期三

記日記四天。終日校《史記》，自《高祖紀》至《景帝本紀》。張佩蒼來。

看《新潮·舊家庭》一文。

十月卅一號星期四

終日校《史記》，自《武帝紀》至《三代世表》。楊繽來。書春來。

朱錦章來。侃嬡來。

王振鐸，王育伊，張全恭來，同到市場東來順吃涮羊肉。到振鐸，全恭寓中，并晤陳受頤之弟（北大經濟教授）受康。

一九三五年十一月

十一月一號星期五

乘七時車回燕京，到家後即到校印所，校對《史記》之最後一次校樣，并校下期《禹貢》文。

校翁獨健《三皇考》跋。與丕繩談話。

與履安談，她説你有幾篇文字是有價值的，我舉出以下諸篇：

（1）對于舊家庭之感想。

（2）鄭樵傳。

（3）鄭樵著述考。

（4）《古史辨》第一册序。

（5）《古史辨》第三册序。

（6）《古史辨》第四册序。

（7）《古史辨》第五册序。

（8）戰國秦漢間的辨僞與造僞。

（9）孟姜女故事的演變。

（10）州與嶽的演變。

（11）從《吕氏春秋》中推測《老子》之著作時代。

（12）讀《爾雅・釋地》以下四篇。

（13）兩漢州制考。

（14）三皇考。

（15）五德終始説下的政治與歷史。

（16）《詩經》的厄運與幸運。

（17）論《詩三百篇》全爲樂歌。

（18）《周易卦爻辭》中的故事。

（19）妙峰山的香會。

十一月二號星期六

校《三皇考》附録之《太一考》，畢。到東門剃頭。到雷女士家吃飯。

三時歸，爲人寫屏扇數通。到校印所。乘五時車回城。

與自珍同讀《左傳》，迴環誦《吕相絶秦書》。

今午同席：陳伏廬夫婦　陳意女士　陳慧女士　希白　予

（以上客）　雷潔瓊女士（主）

十一月三號星期日

到于思泊，王姨母，福開森，顧立雅四家，均遇之。

到侃嬽，石公家，均未遇。到禹貢學會，遇吳志順，趙璇，史念海，世五，惠人。到光瑋，佩青，革癥家，俱不遇。到致中家，見其夫人。到宰平家，遇之。

以中來談。

十一月四號星期一

豫備明日功課。

張萬里來。仲良來。侃嬽，璹來，剛主來。楊向奎來。

到煤市街泰豐樓吃飯。九時半歸。

今晚同席:吳向之　孟心史　胡石青　袁守和　趙萐雲　孫海波　劉盼遂　容希白　予(以上客)　謝剛主　徐森玉　王以中(主)

十一月五號星期二

豫備下午功課。到副院長處談。

徐李兩女士來。到北大上課兩小時（五霸）。到書社。

侃嬽，士升來。馮世五來。

十一月六號星期三

終日校《禹貢》四卷六期稿，并編《通訊》。

書春來。寶德堂人來。

與履安到元胎家訪其夫婦，未見。予到仲良處，亦未見。孫道昇來。

十一月七號星期四

編《禹貢·通訊》，校張公量一文。到旭生處，同出，看《皇宋中興頌拓本》。

書春來。與厚滋同到樂夫處。寶德堂人來。煨蓮夫婦來。開本組月會。日蔚來。仲良來。

點仲良《新疆在文化界》一文。與自珍同讀英文。九時即眠。

現在一吃夜飯，人就困倦，不能作工。夜中可眠六時以上，甚或睡至九，十時。不知是好現象抑壞現象。

十一月八號星期五

看巫、曲所作王同春文，校王樂愚所作父傳，作《介紹三篇關于王同春的文字》。張孝訢女士來談搜集會館材料事。大業印刷所經理顏子江來，爲寫會計課信。吳志順來。

記日記十天。編好第六期《通訊》。編《禹貢》四卷七期。爲剛主改游記，未畢。校好本期《地理消息》。光信來。書春來。張佩蒼來。

到西堂處。與履安到西單商場購物。自長安街步回。

十一月九號星期六

作《禹貢學會啓事》二千餘言。作《半月刊合訂本廣告》。到承華園吃飯。

三時，回研究所，理《禹貢》稿。與履安到侃嬺家。歸，元胎夫婦來。

朱騮先先生捐禹貢學會五百元，氣爲一壯。

今午同席：胡石青　盼遂　剛主　以中　黎劭西　西堂　皖峰　紹虞　寅恪　了一　森玉　立厂等七十餘人（客）　劉子植夫婦（主，爲結婚答宴也）

十一月十號星期日

乘七時車到燕京，歸家，到校印所校《禹貢》四卷六期，即在所中吃飯。校一天，未畢，以未排完也。家昇來。

持宇來。

乘七時車回家。與履安自珍同到中央電影院看《野人歷險記》，十一時歸。

十一月十一號星期一

將謝剛主《兩粵紀游》改畢。校《禹貢》四卷六期，鈔《通訊》二通。到張子玉處申斥之。馮世五來，寫煨蓮，文藻信。旭生來。石兆原來。

看丕繩所作《鯀與共工》一文。俞大綱來。世五又來。佩蒼來。日蔚，廖友陶來。

西堂來。以昨日遲眠，今日睡特早，然半夜二時即醒，遂未眠。

西堂以時局緊急，來就予商，欲遷至禹貢學會。

十一月十二號星期二（孫中山生日）

到禹貢學會，見志順，念海，王日蔚，西堂，廖君。到石公先生處。到研究院，回家。到福開森先生處吃飯。

飯後看福氏所藏古器物拓本及照片。歸，起潛叔在，談時局。容太太偕玢來。校《禹貢》四卷六期。

與履安，自珍到容宅，與他們同到市場五芳齋吃飯。

燕京中謠傳，謂日人名捕之一百四十餘人中有予，予已逃。今日起潛叔來，即爲此事。此事予既不知，諒日人亦未嘗知也。

今午同席：子植　立厂　齊樹平　張□　予（以上客）　福茂生（主）

今晚同席：容元胎夫婦　容琬　容玢　尹女士（以上客）

予夫婦　　自珍（主）

十一月十三號星期三

校《禹貢》四卷六期訖。又校第七期。崔敬伯偕李化方來。寫植新信。陶才百來，爲寫仲良信。

劉厚滋來。張佩蒼來。孫道昇來。記日記四天。

與履安自珍到中央看《氣壯山河》。十一時半歸。

十一月十四號星期四

寫驪先，雪艇，孟真，張璠，饒孟任，雲父，效曾，瑞軒，季龍，鑑初，賓四信。理書。旭生來。

理信札。寶德堂人來。理書。王崇武來。書春來。

與履安同讀《中國魂》。看《左傳》。

十一月十五號星期五

理信札。讀《春秋大事表》及《春秋紀傳》等書，集周王室事迹。旭生來。寫于思泊信。

壽彝來。佩蒼來。寫葛啓揚信。寫伯祥信。

讀《左傳》。王振鐸來。

十一月十六號星期六

八時許到亞北候車，校翁獨健《三皇考》跋。乘九時車歸，到家，到校印所，編《春秋史講義》。亮塵來談。

到子通處，希白處。到校印所續編講義。到侃如處。

到文藻處吃飯。到煨蓮處，十時半歸。失眠。

十一月十七號星期日

續編《春秋史講義》,《周王室》一章畢。紹虞來。家昇來。

校錢寶琮《太一考》。校講義排樣。乘五時車回城。

理帶歸物。略看《左傳》。

《春秋史講義》,久欲編纂而未能成,此次到校印所爲之,居然寫得五千字,甚高興。然此時勢能容我編下乎?

十一月十八號星期一

到西堂處。讀《春秋世族譜》。旭生來。記日記三天。將存在研究院中之書箱移出一部分。寫思泊信。

編《禹貢》四卷七期《通訊》。向奎來,道時事流涕。與大業印書局經理同到會計處。日蔚來。楊繽來。

翻看《左傳》。

十一月十九號星期二

豫備下午功課。旭生來。吳志順來。

到北大,上課二小時。寫北大會計課信。到書社。到適之先生處,未晤,晤章希呂。

元胎來。尹振雄女士偕侃燨來。

今日北平情形極緊張,以國亡相告語。北大上課二小時,未講書。嗟乎,賣國尚有價格,此乃贈送耳!

十一月二十號星期三

寫李聖章信,未發。本組同人來商會議辦法。編《通訊》。崔敬伯來。寫故宮博物院信。世五來。

編《禹貢》四卷七期《通訊》。晋華來。陶元珍來。

與自珍到平安,看《十字軍英雄記》電影。八時半歸。以中來談。

今日情形緩和，謂易幟事當遲一二星期。

十一月廿一號星期四

編《禹貢·通訊》，畢。寫以中信。楊繽侃燧來。陶才百來。寫孟真信。士升侃燧來。

校《禹貢》四卷七期稿。書春來。日蔚偕楊殿珣來。全恭來。翻看《左傳》。

侃燧看我所作《對於舊家庭感想》一文，予問其作得何如，彼謂不如今日所作。又謂予顧慮太多，既要改造舊家庭，就不得怕尊長痛苦。按，予非革命家，即此可見，蓋理智與感情不相讓也。至于讀書作文，自謂頗能一致，故予只得從筆墨中求進展矣。

十一月廿二號星期五

校《禹貢》七期稿。到顧立雅處，晤其夫人。到福茂生處，晤之。到七姨母處。歸飯。

校《禹貢》七期稿。書春來。點讀《春秋大事表·魯政下逮表》。寫父大人信。張佩蒼來。

到楊女士處，同到盔甲廠雷家吃飯，十二時歸。

今晚同席：楊繽 魏特夫 王毓銓 予（以上客） Snow 夫婦（主）

魏特夫勸予往美國，謂彼可介紹任研究工作，楊女士甚贊同之。然家有老父在，終使我感躊躇也。

十一月廿三號星期六

看楊繽《周族的興起》。記日記五天。點讀《魯政下逮表》，仍未畢。到考古組，看龔馬二君帶歸物。寫張萬里信。

到故宮博物院，參觀乾隆花園。出，游景山。到中原公司，五芳齋吃夜飯。送嬸母上車。

與履安，自珍到三友實業社及前門同仁堂，聚盛和購物。

今日同游：起潛叔夫婦　元胎夫婦　子臧　道齡　誦芬弟
容玢　予夫婦　自珍　賈樂山（導引者）

十一月廿四號星期日

乘八時清華車回成府，即到校印所校《禹貢》四卷七期，終日，未訖，歸家吃飯。

士嘉來。

乘七時車歸城，遇劉太太。翻看《左傳》。

本日殷汝耕以冀東二十二縣獨立，寇勢愈迫愈緊，北平必非久居地矣！

十一月廿五號星期一

寫聶篠珊，王燦如信。點讀《魯政下逮表》畢。校《禹貢》七期稿，略訖。侃嬑來。

馬兆之來。書春來。仲良來道別。張佩蒼來。書肆兩家來。

翻看《左傳》。

上午三四時頃，夢與健常携手同游，既而送歸寢室，彼疲憊就榻，捫其膚，灼手甚。趨而出，遇侃嬑，告我曰：健常月實不流二月矣，乃肺病也。渠于下月二日必回部，否則停職，今日已十八日矣。正語間，聞內室呻吟之聲，爲之愁絕而醒。時窗黑無光，衆聲俱寂，温尋夢境，悲懷不已，遂達旦無眠。噫，予苟無事業心者，定當爲情死！

十一月廿六號星期二

校《北大學生札記》。將《禹貢》四卷七期完全校畢。張佩蒼來。陶才百來。

到北大上課二小時（周王室）。到書社。遇賓四，逮曾。與亮丞，莘田談。

與自珍到元胎處，履安已先在，同吃燒鴨，九時歸。

近日景山書社營業極壞，一天僅二三元耳。照此情形，真維持不了！

十一月廿七號星期三

寫魯弟，孟桂良，趙席慈，卜德，辛樹幟信，爲《青年界》寫短文七百言。志順來。文奎堂來。

到研究院後即出，到侃嬂處，孟真處（未晤），素英處，肖甫處，中央研究院晤庸莘，槃庵，讓之，大綱，中舒，漢昇，述之。到禹貢學會編贈書目。

雨亭來。念海來，同到石公先生處談至九時歸飯。

十一月廿八號星期四

終日點改侃嬂代作之《顧亭林》，《黃梨洲》，《王夫之》三文，略竟。書春來。寫素英信，世五信。馮世五來。懋恒來。

王振鐸來。壽彝來。寶德堂人來。

看《國論雜志》。

十一月廿九號星期五

草《禹貢學會募捐啓》初稿。世五來。寫林語堂，劉朝陽信。

書春來。雲父來。佩蒼來。素英來。

與履安同到西單牌樓剃頭買棉鞋。

十一月三十號星期六

續草《學會募捐啓》，未畢。到敬伯處。文藻等來，同到懷仁堂，故宮博物院訪席慈，仍由賈君導游乾隆花園。出，到正陽樓吃飯。晤博晨光等。到琉璃廠買字畫。到陳意家看書畫。六時許歸。看報。

今日同游同席：布朗　雷潔瓊女士　陳意女士　予（以上客）　文藻夫婦（主）

一九三五年十二月

十二月一號星期日

改草《捐款書》約二千言。到元胎處吃飯（元胎生日），四時許歸。

侃嬺來談，留飯而歸。看各處寄來書報。

今日同席：陳受頤夫婦　張全恭　予　希白　容琨　八爰（以上客）　元胎夫婦（主）

十二月二號星期一

改草《捐款書》二千餘字。到旭生處，旭生來。書春來。到擷英吃飯。

吳志順來。王芷章來。張佩蒼來。寫北大請假信。開通俗讀物月會。寫嵇文甫，蕭一山信。陳文馥來。素英來。

修改所作《募捐啓》。

今日同席：宰平　楊丙辰　西堂　剛主　石青　嚴智鍾　予等（以上客）　傅佩青（主）

今日同會：日蔚　侃嬺　子臧　予

夢中見報，載內政部司長譚惕吾到某處公幹。真想不到，我爲她作升官之想。

十二月三號星期二

改草《募捐啓》之《過去工作》一章，重寫《募捐原因》一章。到東興樓吃飯。

壽彝來。

編禹貢學會新購書目。

　　今日同席：王拱之及其子　張劍秋　張少墨　張丹墀及其兄起潛叔　予（以上客）　贊廷叔祖及孟剛叔（主）

　　時局嚴重多日矣，今日何應欽來平，或有解決之望。

十二月四號星期三

作《募捐啓》之最後一章《募捐辦法》畢。全文約七千五百言。兆原來。

編《禹貢》四卷八期之《通訊》。書春來。校《史記》。張佩蒼來。拱辰來。劭西來。寶德堂人來。延增來。

修改《募捐啓》，反復看三次。

　　爲了一篇《募捐啓》，忙了六天！此六天中有四處應酬，遂只寫得七千餘字。（實際只三天餘。）

十二月五號星期四

編第八期之《通訊一束》畢。旭生來。

到石公先生處。開研究院本組常會。到聖章處。育伊，振鐸來，同回家。

修改《通訊一束》之案語。校《禹貢》。

十二月六號星期五

寫市政府信。讀《春秋》中魯國史，并鈔出之。剛主來。理物。才百來。佩蒼來。維鈞來。陳述之來。到兆原處視疾。理書桌。

續鈔《春秋》。

日來大批日本飛機來平市爲冀東號稱獨立之二十二縣散傳單，真氣死人！

十二月七號星期六

乘八時車返燕校。整日在校印所中校對《禹貢》。

看丕繩所作《三皇考》序。希白來。

到希白處，寫梁士純信。再到校印所校稿。失眠。

十二月八號星期日

在校印所校《禹貢》，并編《春秋史講義》。到清華新南院吃飯。

仁之來。

在家校《禹貢》四卷八期《國內地理界消息》。服藥眠。

今午同席：希白　煨蓮　蔭麟　八爰　周珪端女士　予（以上客）　思齊夫婦（主）

十二月九號星期一

整日在校印所中編《春秋史講義》。

李鏡池（聖東）來長談。士嘉來。

履安到肖甫處，歸述其批評，謂我《古史辨》等書如不在樸社出，至今不知賺了多少錢，現在都落空了。又云，辦《禹貢》終日爲人忙，弄得自己學問毫無進步，做不出文章，且賠了錢，太不值得。又謂要人捐錢，終使人討厭。又謂人家當面說《禹貢》辦得好，當面那會不說好的！此等話尚多，履安未盡傳，予亦未盡記也。這種人只注目於個人的名利，因此與予懷處處刺謬。我決不信我的工夫是白扔的。但到將來成功時，這種人又要來恭維我了!

十二月十號星期二

到校印所，校《春秋》及《禹貢》。到家昇處，未晤。到圖書館晤起潛叔等。十一時，出南門，雇人力車歸家。

到北大上課，適罷課，與王樹民，王崇武，史念海，林占鰲，王毓銓，孟心史先生談話。到書社。到石公先生處。到學會。

校《禹貢》王日蔚《契丹與回鶻關係》一文。

昨日燕京清華學生請願未遂，今日學校門口滿布軍警，停開汽車。北大門口軍警更多。爲他族鷹犬如此，可嘆可憐。聞昨日城內請願學生有被捕者，有受傷者，"三一八"後第二次慘劇也。

十二月十一號星期三

玉山煤暈。記日記五天。校《禹貢》四卷八期稿。兆原來。

西堂來。寫裘子元信。致中來。巨川，文珊，植新來，同到前門外天福居吃涮羊肉。

聞請願學生中，有一女生被軍警打死，而報紙上絕不登載，軍閥淫威至此。

今晨四五時間，夢在長沙講演，題爲"個性與社會性之不可偏廢"。講辭中云："即以我爲例，假使在學校儘聽教師的話，儘讀教科書，我這個人就完了! 可是因爲在學校中不受羈勒，有許多基本知識不曾弄好，現在再要學，也遲了!"此真我心頭深入之悲哀也。

十二月十二號星期四

到院，晤張佩蒼後，即到西單，而汽車尚不開，到西直門，亦無小汽車，遂坐人力車到校印所，校《禹貢·雲南論文書目》。

植新邀飯。飯後回校印所，將四卷八期校畢。起潛叔來。到家昇處。乘人力車歸。

容太太來。王振鐸來。看《獨立評論》。

今午同席:趙巨川　李書春　陳中心　予(以上客)　欒植新(主)

今日報載中央頒布命令，組織冀察政務委員會。此事完矣，我輩亦須走矣。

十二月十三號星期五

草《二十五史補編》序，未畢。趙蚩雲來。寫伯祥函。

履安偕王姨母來，爲打清華燕京電話。白壽彝來。王日蔚來。

史念海爲學會事來兩次。看《左傳事緯》。

十二月十四號星期六

爲禹貢學會事，請次溪，道齡到市政府接洽。作《二十五史補編》序，略訖。書春來。到剛主處。

子臧爲印通俗讀物事來商。

理成府帶歸物。看《川邊游記》等書。

十二月十五號星期日

理寓中書室，訖。與履安等到王姨母處，同到東來順吃烤羊涮羊。

書春來。

看《蒙古王公表》，略鈔出之。看《二十五史補編》目錄。

今午同席：王姨母　大琪表弟　大玫表妹　六表妹　大瑜表弟　九表妹（以上客）　予夫婦　自珍（主）

十二月十六號星期一

修改《廿五史補編》序文訖，凡三千言。旭生來。兆原來。耿貽齋來。午後與履安相罵。

修改《禹貢學會募捐啓》。劉佩韋來。張佩蒼來。王日蔚來。

修改《補編》序文。

予年來以編印《禹貢》及《地圖底本》，收入不足，不得不來北平研究院任事，稍資挹注，尚未鬧大虧空也。履安以我有名無實，時致譏諷，亦未大決裂也。自彼上星期到趙肖甫處，飽聽其讒構之詞，歸來乃愈鬱鬱，至于今午而鬥口矣。肖甫出言不慎如此，尚要我薦事，我如何敢薦！

十二月十七號星期二

修改《廿五史補編》序文訖，即發寄，并寫伯祥函。修改《禹貢學會募捐啓》畢。陶才百來。修緪堂人來。到潤章先生處。侃燮來。

到適之先生處賀四十五壽。到石公先生處，同到朱桂莘先生處，談至晚出。回石公先生處。

在張宅吃飯。到禹貢學會。十時歸。

今晚同席：張亮清(蔚泉)　吳志順(貫一)　楊向奎(拱辰)　史念海(筱蘇)　廖季文　予(以上客)　張石公先生(主)

昨日北平學生請願，傷者甚多，北大一校已四十七人。憲兵穿便衣監視，亦被軍警打傷不少。全城中等以上學校幾全停課，西直平則諸門關閉，昨則正陽門等亦關。清華燕京學生繞西便門而入。聞此次確死數人，傷哉！

十二月十八號星期三

寫伯祥長函，陳述近來生活。校《禹貢》。校《唐人辨偽集語》序目。

理信札。編九期《通訊》。佩蒼來。壽彝來。燦如來，同返家。侃嬓來。編《史地周刊》。

近日身體頗不舒服，蓋積勞之故也。

十二月十九號星期四

編九期《通訊》，未畢。兆原來。旭生來，商宴客事。

兆原邀予與履安到華樂園，看尚小雲新排《比目魚》劇。三時往，七時出。到正陽樓吃羊肉鍋，九時歸。

點《帕米爾游記》。

不見尚小雲劇二十年矣，今日重見，倒不見老。

十二月二十號星期五

到西堂處。校《唐人辨偽集語》。寫北京書局信。看韓君《闕特勒碑考》。郭介勳來。

看兩響堂拓片，半日猶未竟。爲庸莘等寫立幅。爲建功父寫鞔幛字。壽彝來。拱辰，樹民來。賀次君來。

何殿英來。寫適之先生，郭介勳，何殿英信。校《唐人辨偽集語》序畢。寫北京書局信。

十二月廿一號星期六

到西四，坐人力車到成府。先到家，再到校印所，校第九期《禹貢》。

紹虞來。到子通處，未晤。到希白處。子通來。侯仁之碩之來。童丕繩來。坐人力車到海淀，乘香山汽車歸。

看《華北日報》之《史學周刊》及《益世報》之《讀書周刊》。

坐人力車到成府，冷極，手足均爲麻木，在爐旁一刻，始醒過來。

十二月廿二號星期日

　　理書。到侃嬔處。到泉澄處。到禹貢學會，晤筱蘇貫一。到孟真處未晤。

　　到王姨母處吃飯。與木匠講價。到湯錫予處，未晤。到禹貢學會，到石公先生處。

　　歸，與履安相罵，寫與肖甫絕交書。點子植《邢國考》。寫《左傳》各公年頁數。

　　　今午同席：予夫婦　自珍　盧御釵（以上客）　姨母　大珩大琪　大玫　大琬（以上主）

十二月廿三號星期一

　　馬兆之來。劉女士偕蕭濟蒼來。校《史記》年表。龔獅醒來，看其響堂照片。寫起潛叔信。寫馮伯平快信，即付寄。

　　校《禹貢》稿。點《禹貢》備用稿。趙瑞來。佩蒼來。寫劉選民，佘貽澤信。劉佩韋來。

　　孫道昇來。看《文哲月刊》。

十二月廿四號星期二

　　點《禹貢》備用文字。寫伯祥信。陪客看兩響堂拓本，在院宴客。才百來。

　　寫陳雋如，李詠林，郭敬輝信。記日記六天。耿貽齋來。

　　校張傳瑞文。

　　　今午同席：陳援庵　湯錫予　徐森玉　劉佩韋　何樂夫　龔獅醒　馬兆之（以上客）　李潤章　徐旭生　予（以上主）

十二月廿五號星期三

校《史記》。校《禹貢》四卷九期稿。到考古組看碑。寫素英信。

開會，討論編輯《響堂石刻圖録》事。

到方紀生處。到希聖處。

得汲縣魏青鏗女士自南京來書，討論汲縣沿革事，想不到女子中竟有這樣一位同志。

十二月廿六號星期四

校《禹貢》九期稿。郭介勛來。理院中書桌。

韓德章，方紀生，凌撫元來，并參觀。張鴻翔來。書春來。維鈞來。素英來。

點輯五，思和，儷桓文三篇。

十二月廿七號星期五

校《十二諸侯表》。校《禹貢》九期新聞稿。到旭生處，到院長室。玉年來。兆原來。到東興樓吃飯。

爲崇武寫兼士先生信。王崇武來。佩蒼來。才百來。左君來。寫潤章，筱蘇信。吴貫一來。記日記三天。劉佩韋來。

點《禹貢》投稿。

今午同席：中舒　希白　紹虞　予（以上客）　子植　了一江清　侃如　盼遂（未到）（以上主）

十二月廿八號星期六

乘人力車到東華門，搭香山車到海淀，換人力車到家。又到校印所。到馮伯平處。編校《禹貢》四卷九期。

將《募捐基金啓》付印。

夜飯後到校印所續校。

十二月廿九號星期日

希白來。編《禹貢》四卷九期訖。修改《募捐基金啓》畢。

飯後翻《禹貢》封套,錯誤甚多,大怒,斥罵馮世五。士嘉來。伯平來。乘五點車進城。

到東來順吃飯,八時許歸。肖甫來,談至十一時別去。

今晚同席:起潛叔　吳子臧　朱寶昌　予(以上客)　鄧嗣禹(主)

十二月三十號星期一

根據伯平所起稿,重寫《研究邊疆計劃書》。到副院長處。

校對《募捐基金啓》。佩蒼來。

以昨夜未睡好,今日早眠。

十二月卅一號星期二

終日在懷仁堂布置張挂碑版拓本,與旭生樂夫等同任之。

容太太來。張兆瑾來。壽彝來。志順來。

修改《計劃書》。

一九三六年

（民國廿五年）

一月，草《禹貢學會研究邊疆計劃書》。遷居王姨母家。作《三皇考》序。十二日，到南京，爲會募款。廿一日，到杭。

二月三日，到上海。七日，到蘇州。八日，到南京。十三日，回蘇州。十八日，回北平。日本人欲捕我。

三月三日，到杭信，知父病重。七日，上車。九日，到杭，侍父疾，代父乞休。改童書業所作之《漢以前的世界觀念》。校改《三統説的演變》。

四月一日，到上海。三日，到南京。七日，返平。十九日，游居庸關。廿五日，爲誦詩會講吳歌。

五月，改《禪讓説出于墨家考》訖。十六日，開風謠學會，游天橋。廿一日，作《長沮桀溺古迹辨》跋。廿四日，開禹貢學會成立會。廿七日，觀妙峰山香會。

六月，改童書業所作之《夏史考》。作《吳歌小史》。作《史記》白文校點本序（未畢，作畢在十一月廿六日）。得英庚款補助禹貢學會款。亞東圖書館《崔東壁遺書》出版。

七月四日，到南京。七日，到蘇州，視自明疾。時父已辭職返蘇。十二日，到南京，住史語所，看陳槃《左氏春秋義例辨》。廿二日，返蘇。廿六日，到南京，續看陳槃書。

八月三日，到上海。五日，返蘇州。七日，到南京。十日，與自珍，德輝同回北平。八月，任燕京大學史學系主任。因提新豫算，較往年多五千餘元，因得多聘教師，并布置調查、參觀項目。廿三日，觀李文田手批書籍。廿五日，與《申報》經理馬蔭良約會諸友，作《星期論文》。廿六日，與蒙文通、繆鳳林游白雲觀、蘆溝橋、陶然亭。三十日，參觀國劇學會。三十一日，參觀成達師範，回教人士邀宴。自是予與回教中人時有往來，被選爲福德圖書館籌備委員。

九月二日，游拈花寺、袁崇焕墓、夕照寺、卧佛寺。是夜，參加燕大同人綏東問題討論會。十日，燕大開學。十二日，段繩武來，開邊疆研究會，請其講演。十三日，始買汽車。十六日，履安奉吾父來京，暫住王碩輔姨丈家。十九日，到香山，游寶相寺、實相寺、松堂。廿一日，邊疆研究會成立于燕大。廿三日，到四海公司保險，驗身體。廿八日，燕大教職員會選予爲理事長。

十月四日，游涿州，聞一多同行。八日，遷居西皇城根五號。十日，游張家口朝陽洞。十一日，游宣化龍烟鐵礦及鎮朔樓。十二日，改定《北平教育界對時局宣言》，爲日人及蔣幫所禁，未在報上刊出。然上海、南京已有響應者，蔣政權嚴電質問背景。廿二日，邀宋哲元到燕大説明時局，遇馬叙倫。廿七日，宋至。廿五日，開禹貢學會年會，報告會務。三十一日，爲《民聲報》作《我們的本分》。蔣政權以此作予左傾證據。

十一月，在《歌謠周刊》發表《吳歌小史》。七日，游孔廟、國子監、雍和宮、柏林寺、俄國東正教堂。十三日，與李書華、徐炳昶等同赴西安，與張鵬一等開陝西考古學會。十七日，游南五臺竹林寺。十八日，到武功。廿日，游咸陽原。廿一日，張學良邀至其家。廿五日，返平，得吳維清死耗。廿六日，作標點本《史記》序。

十二月七日，美國記者史諾邀看共產黨照片。九日，到清華大學，參加一二九紀念會，致辭。十三日，開樸社股東會議，決議結束。十八日，致張學良電，請釋蔣。

一九三六年一月

一月一號星期三

到研究院，草《研究邊疆計劃書》。吳志順，楊向奎，史念海，孫道昇，廖季文來拜年。

到元胎處吃飯。飯畢，仍到研究院續寫。到景山書社，寫石公先生信。

點改履安，自珍所鈔《邊疆計劃書》。

今午同席：予夫婦　自珍（以上客）　元胎夫婦　八爰　容玢（主）

晨夢健常贈予一照片，片中爲彼之書室，四壁滿布書架，而彼之書桌居中。

一月二號星期四

草《研究邊疆計劃書》畢，凡九千言。草《上庚款會書》。宴客。

王育伊，張公量，許道齡來。啓新印刷所來。世五來。與元胎夫婦，八爰，光信夫婦及履安，自珍游懷仁堂，及萬善殿，瀛臺。到石公先生處。到禹貢學會。

史念海來。點錢賓四《崔東壁書》序。

今午同席：元胎夫婦　八爰　容玢（以上客）　予夫婦　自珍（以上主）

一月三號星期五

乘九時車到成府，遇周杲及王育伊。到馮伯平處。到校印所，校改《募捐啓》，畢。晤希白。

在校印所吃飯。筱珊來談。校《禹貢》四卷十期，定十，十一期目。到家，與起潛叔談。吃飯後乘七時車歸。

到西單牌樓印名片，買紙。

一月四號星期六

鈔《禹貢學會研究邊疆計劃書》，日夜寫六千字。到旭生處。

侃媺來，與同到研究院。起潛叔夫婦來。看侃媺所作《鄭成功父子》。才百來。世五來。

一月五號星期日

到研究院，理書入箱，遷到姨母處。鈔《研究邊疆計劃書》三千字，畢，即付曬。鈔《上庚款會信》。在院吃飯。

兆原來。記日記九天。耿貽齋來，爲包扎寄英庚款會書，裝訂《計劃書》成冊。

回西觀音寺寓所，夜飯後到西單剃頭。

今日遷居東城姨母處。計一年來凡七遷：自平至杭，一也。自杭至蘇，二也。自蘇至平，三也。自成府至研究院，四也。自研究院至盔頭作，五也。自盔頭作至棗林大院，六也。及今而七矣！噫，如此生涯，安得讀書！噫，讀書固非此世事哉！

一月六號星期一

修改《研究邊疆計劃書》。才百來。到院長室，商定《史學集刊》編輯會事。到旭生先生處接洽此事。士升來。

馮世五來。到景山書社，寫父大人，朱騮先，張公量信，吃飯。修改《計劃書》畢，付鈔。貞一，庸莘來。素英來。壽彝來。

在寓中理書。校《禹貢》。

一月七號星期二

續作《三皇考》序，未畢。作《禹貢》四卷十期《通訊》之答文，畢。

與貢珍同飯。公量來。才百來。編《禹貢》。

翻看筆記，搜集《三皇考》遺漏材料。

一月八號星期三

寫石公先生信。作《三皇考》序文畢。耿貽齋來。校童丕繩《三皇考》序。君庸來。到侃嬺處吃飯，飯後同到禹貢學會，晤志順，念海。

楊繽，侃嬺，日蔚來，開會討論進行事。寫吳晗信，點《俗原》序文（素英代作）送去。寫煨蓮信。徐芳來。以中，剛主來。

鈔《三皇考》遺漏材料作附錄。

一月九號星期四

編《禹貢》四卷十期之紀事及贈書欄。編好《三皇考》附錄四。寫哀悼劉掞藜短文，置其文首。理寶德堂送來書。在院吃飯。

為石公先生寫學會募捐信六通。開本組常會。文奎堂人來。海波來。楊繽來。叔屏來。懋恒來。壽彝來。到石公先生處。

到西單取名片。到煤市街豐澤園吃飯。到寄荃丈處，十時半歸。

今晚同席：李聖章　崔敬伯　卓君庸　謝季華　劉洪波　楊夢賚　饒樹人　楊克强等　凡兩桌　李潤章（主）

一月十號星期五

記日記四天。張子玉來。理院中物。寫朱啓賢信。開《史學集刊》編輯委員會，并吃飯。

才百來。旭生來。乘四時車回燕京。校《三皇考》畢。校

《禹貢》十期亦畢。書春來。子植來。校至十二時眠，失眠。

一月十一號星期六

未明即起，校十一期《禹貢》。乘八時車進城，遇其田。抵家，貢珍來。到院，寫馮世五，煨蓮，植新，肖甫，壽彝信。到張石公處取信。到禹貢學會，趕歸，已十二時許。

左家祥來。耿貽齋來幫忙。飯後同上車站。與徐芳，張公量，汪華同車。到天津，擠極。

夜中時眠時醒。

今日來送行者：王姨母　起潛叔夫婦　容元胎夫婦　許道齡朱士嘉夫婦　吳玉年

此次到南京，爲募禹貢學會款。張石公先生謂予："要募款，須論今，勿論古。"予因其言，作《禹貢學會研究邊疆計劃書》，更由石公寫信六通，以爲先導。不知能否獲得耳。

一月十二號星期日

在車看《明史·土司傳》，《申報》等。張公量，汪華來談。過徐州後，劉位鈞（子衡）來談。過蚌埠後，錢惠長，戴振鐸來談。送食物與清華旅行團。

八時半到浦口，下車乘輪渡江。與劉位鈞同乘汽車到交通旅館，十一時眠。

一月十三號星期一

劉位鈞來。上街買需用物。與位鈞同到淬伯處。到中央研究院訪槃庵，取書還旅館，即整理。

到朱騮先處。瀏覽新住宅區。晤徐悲鴻，戴季陶，季陶約悲鴻及予到德奧瑞同學會吃飯，并晤俞飛鵬，郭心崧，朱經農，馬巽伯，張道藩等。

十時歸，校《禹貢學會研究邊疆計劃書》兩份。

一月十四號星期二

天未明，即起整理唱本。到考試院官舍訪戴季陶，并晤徐悲鴻，汪亞塵，王伯群等，談通俗讀物事。到考選委員會，訪陳百年，步至中央大學門前廣東館吃飯。

訪羅志希于中央大學，與之同歸，飲酒。志希送至中央研究院史語所。與胡福林同到彥堂家，未晤，見其新夫人及蕭綸徽。

到寧海路蘇州同鄉會宴。十時歸，子衡來談。

在史言所所晤人：陳槃　高去尋　胡福林　俞大綱　勞幹　全漢昇　葛毅卿　趙元任　李方桂　丁山　陳鈍

今晚同席：阮毅成　劉子衡　陳……　予（以上客）　黄淬伯　汪典存（以上主）

一月十五號星期三

整理唱本。到徐悲鴻家，并晤汪亞塵。到編譯館訪友。到地質學會，吊丁文江之喪，晤史女士。到碑亭巷榮華齋刻印。歸飯。

校《禹貢》四卷十一期，至六時畢。

到西康路顏宅赴宴。十一時，志希送歸。

在編譯所晤人：辛樹幟　劉英士　陳可忠　何維凝　潘尊行

今晚同席：王雪艇　胡適之　徐誦明　劉廷芳　沈兼士　傅孟真　羅志希　梅月涵　顏任光　趙元任　陳百年　沈士遠　杭立武　胡次珊　李書田　予（以上客）　朱騮先（主）

一月十六號星期四

寫履安，自珍，起潛叔，欒植新信。到郵局寄信及校稿。到實業部，訪周寄梅。到編譯館，到鄭鶴聲家赴宴。

到史語所，晤毅卿等。與孟真同到英庚款董事會，開小學歷史審查委員會。回史語所，到彥堂處。腹瀉。

赴悲鴻宴，看汪亞塵作畫。十一時歸，十二時眠。

今午同席：何炳松　李士豪　何維凝　劉英士　陳可忠　鄭鶴聲　予（以上客）　辛樹幟（主）

今日下午同會：孟真　樹幟　予（以上出席）　杭立武　蘇福應（以上列席）

今晚同席：德國李先生夫婦　余上沅夫婦　呂斯百　顏文樑　汪亞塵　吳作人　予（以上客）　悲鴻夫婦（主）

一月十七號星期五

校《研究邊疆計劃書》一份。考試院董道寧，魏崇陽來，談研究邊疆合作事。到內政部，訪蔣作賓，張道藩兩長。訪蔣慰堂，張曉峰，均未晤。到周寄梅處吃午飯。

訪教育部及中央大學諸人，俱未晤。訪翁詠霓，亦未晤。訪葉溯中，遇之。歸，劉子衡來談。校《計劃書》一冊。

赴溯中宴，更赴戴季陶宴。歸，爲子衡題壽冊。汪劍餘來。

今晚同席：蕭一山　朱騮先　石瑛　劉奇峰　伍叔儻　予　戴氏子，侄及秘書（以上客）　戴季陶（主）

戴氏辦有新亞細亞學會，亦是研究邊疆問題者，故擬與禹貢學會合作。

一月十八號星期六

到地質調查所訪翁詠霓。到廣東鋪進點。訪張曉峰。歸，寫陳介，張公權，履安，陳果夫信。

到外交部訪陳介，到鐵道部訪張公權，俱未晤。到陳斛玄處。

到中央研究院，訪蔡先生及孟真等。

到德奥瑞同學會赴宴。九時半歸，理帶歸書。斠玄姨甥廖君來。張道藩來。十二時眠。

今晚同席：袁同禮　劉英士　辛樹幟　陳可忠　王廉　童冠賢　鄭鶴聲　汪敬熙　予（以上客）　蔣慰堂（主）

一月十九號星期日

到陳果夫處，談半小時。到王雪艇處，未晤。到志希家，亦未晤，均留條出。到西蜀美麗菜館赴宴。三時歸，理物。

校《通俗讀物計劃書》。到石瑛（蘅青）家，到宋香舟家，到董道寧家，到羅香林家，到劉奇峰家，均未晤。到中央飯店訪蕭一山，亦未晤。

歸，進麵。劉子衡來，爲寫信箋十餘紙。羅香林來。胡焕庸來。十二時眠。

今午同席：繆贊虞　王焕爊（編《首都志》者）　許虹玉　胡焕庸　沈思璵（魯珍，中大地理系）　張□（中大化學系，常熟人）　予（共十一人）（以上客）　張曉峰（主）

一月二十號星期一

寫吴子臧信，至太平路發。到女青年會訪魏青鋩，略談。到教育部，晤王雪艇，段書貽，黄離明，謝祚茝。到中大訪志希，領捐款。到祠堂巷訪狄君武，留飯，并晤其弟畫三。

回旅館，理物。湯錫予來。到胡焕庸，宋香舟處，俱未晤。到史語所，晤各友。到戲劇學校，晤余上沅，馬彦祥。回旅館，理物，算賬。

到新街口擷英宴。歸，淬伯，子衡來，爲書屏聯十餘紙。

到史語所所晤人：傅孟真　李濟之　陳槃　勞貞一　俞大綱

　　胡福林　　高去尋　　全漢昇　　陳述

　　志希捐通俗讀物社五百元，可感也。

　　今晚同席:黃文山　　朱逖先　　繆贊虞　　予(以上客)　　羅香林(主)

一月廿一號星期二

　　六時半起，七時許，子衡送上車站。在車看香林所編歷史教科書等。遇馮漢悅(怡卿，軍政部武昌被服廠鞍工訓練班教官)，長談。

　　七時許到杭，見父大人。理物。

一月廿二號星期三

　　疲倦甚，在家校《禹貢》四卷十二期。

　　到吳子綸姑丈家。

一月廿三號星期四

　　校十二期訖。校點賓四所作《東壁遺書》序文。

　　寫胡鑑初信。過節祀先。

　　吳姑丈，簡香，張鑑文來吃年夜飯。

一月廿四號星期五（元旦）

　　校《禹貢》五卷一期，兼作十一期啓事等。向父大人拜年。張鑑文來。吳簡香表弟來。

　　終日的雪。

　　晨夢健常寄一鐘與我。

一月廿五號星期六

　　寫馮家瓛，欒植新信，寄出《禹貢》校稿。與履安等到吳姑丈家拜年。獨到萬德懿家拜年。

誦唐弟來。鑑文來。姑母一家來。聾校孫校長來。到板兒巷啓智聾校。與誦唐，和春，康媛到杭州影戲院，看《船家女》。

魯弟自滬來。與魯弟，誦唐同到姑母處。簡香來，同看綏遠照片。與魯弟同榻眠。

一月廿六號星期日

與父大人，魯弟，康媛，和官同到旗下知味觀吃點。到公園散步。父大人先歸。予與魯弟，康媛同乘汽車到平湖秋月，上孤山，登西冷橋，入鳳林寺，參觀文瀾閣書。乘汽車歸，到姑丈家吃飯。

鑑文導觀產科醫院。步至城隍山，在四景閣吃酥油餅。上紫陽山。到吳山聾校，龔校長招待。

到旗下西園飯，步歸。

今日同席：張鑑文　汪成愷　魯弟　和官　康媛（以上客）
姑丈　母　簡香（以上主）

今晚同席：簡香　魯弟　汪成愷　康媛（以上客）　予（主）

一月廿七號星期一

送魯弟上車站。歸，記日記。寫杭立武，洪煨蓮，于思泊，丁稼民，王伯祥，吳春晗，鄭德坤，趙九成信。請姑母一家吃飯。

萬文淵，毛春翔來。夏癯禪來。到九曲巷，訪童仲華先生。到抱經堂，晤朱遂翔，并晤千人俊。與履安同翻《三皇考》。

飯後，到浙江圖書館訪張慕騫。出，剃頭。

半月以來，神不居舍，頭昏體倦，竟難作事。甚矣生活不可無軌道。

童振藻，號仲華，杭州人，寓雲南三十年，搜羅西南資料極爲富盛。特年已六十餘，不知能整理否耳。

一月廿八號星期二

寫鍾雲父，侃嬔，懋恒，趙琎，肖甫，劉淑度吳子臧，起潛叔，童丕繩，錢賓四，賀次君，蔣仲川，瞿兌之，雷潔瓊信。到浙江圖書館買書。訪陳萬里，未遇。

到城站書鋪，歷抱經堂，經訓堂，文藝書店，復初齋。寫健常，譚誨英，王輯五信。

夏樸山，張慕騫來談。

一月廿九號星期三

寫張石公，羅香林，張西山，魏青鋹，田聰信。樊漱圃來。到郵局寄信。訪簡香及鹽警所長俞序文。

到浙江圖書館，見張慕騫，夏樸山。到浙江大學，遇莊澤宣。訪鄭曉滄，未遇。到復初齋，善本書室，石渠閣閱書。

飯後訪陳萬里夫婦，談至十時半歸。

一月三十號星期四

偕履安到城隍山，游各廟。到清河坊一帶購物。到萬家吃飯。

寫聞在宥，宋香舟，朱瑞軒信。陳萬里來。校《吳歌集》。

慕騫，樸山來，邀至旗下高家酒店飯。九時半歸。

今午同席：尹徵堯（志陶）　李煥章（吉夫）　楊樹先（正中副經理）　張鑑文　吳簡香　祝修爵　嚴、沈兩君　予（以上客）　萬文淵（主）

一月卅一號星期五

寫張冠英，陳延進，楊次弓，黎勁修，丁山，錢琢如，張慕騫等，錢南揚，黃席群，楊成志信。校《吳歌集》。草《禹貢學會立案呈文》。童仲華來。

顧雍如來。莊澤宣來。

簡香夫婦來，邀看《王先生到農村去》電影。七時開，九時畢。

一九三六年二月

二月一號星期六

校《吳歌集》。校侃嬞所作《黃宗羲》等四文訖。張公量來。

與履安到旗下散步。到石渠閣閱書。十時歸。

二月二號星期日

校《吳歌集》。姑母來。簡香來。理書物入行裝。爲聾校諸君寫字。

王孟恕來。子明來。理信札。到復初齋，抱經堂，萬文淵處，大方伯圖書館。

訪樊漱圃。到姑母家，打牌一圈。誦唐弟來，留宿。

二月三號星期一

早起，結束行裝，乘八點五十五分鐘車離杭。辭父與妻。看《大眾生活》。

十二時許到上海，住新惠中。理物。到亞東圖書館，訪胡鑑初，并晤胡嗣民。到伯祥家及開明書店。良才來，邀飯。

伯祥，曉先，良才送予返新惠中，談至十時餘別。校《吳歌集》，終夜在矇朧中。

到站送行者：樊漱圃　吳簡香、立棫兩表弟　康媛　來根

今晚同席：王伯祥　章雪村　范洗人　丁曉先　予（以上客）　嚴良才（主）　在麥家圈馬上侯酒家。

二月四號星期二

寫朱瑞軒，起潛叔信。到申報館訪馬蔭良，未遇。到魯弟處。到商務印書館，訪王雲五。到四馬路吃飯。

回旅館，整理唱本。到來青閣，爲張石公購書。到雲南路飯。到汪亞塵處，并晤其夫人及子佩偉。與亞塵同訪徐朗西，訪周予同，未晤。

回寓，整理《吳歌集》，畢。伯祥，乃乾來。同到會賓樓飯。歸，看健常所作《中國婦女運動的路綫》一文。

今晚同席：陳乃乾　章雪村　丁曉先　范洗人　予（以上客）　王伯祥（主）

二月五號星期三

魯弟早來，同到冠生園進點。到浙江興業銀行，檢點先繼母首飾，取出金器，到銀行公會，開賬，包好，交魯弟收存。回寓，馬蔭良來，談通俗讀物事。寫子臧，起潛叔信。

到愚園路謁孑民先生，并見師母。出，遇大雨，到大馬路，吃點當飯。到王綏珊處，未遇。到魯弟家，初見八侄德融。回寓，寫陶行知信。

汪孟鄒來，胡鑑初來，同到清一色廣東館飯。

今晚同席：鑑初　亞東葛君　予（以上客）　汪孟鄒（主）

今日心跳甚，想係近日多喝酒之故。近日胃亦不好，當是吃油膩太多也。既要發展工作，便不得不與人往來，即不得不出入飯館，可奈何！

二月六號星期四

寫健常，乃乾，植新，世五，李潤章信。到西門蓬萊市場，訪傳經堂主人朱瑞軒，談一小時。彼送至西門，上車。十一時，到魯弟處。同到大馬路大豐恒金店，將繼母飾物兌去。魯弟邀至飯店弄堂老王興館吃飯。

到交通銀行將所得款匯父。晤潘志恒。到太平保險公司，訪嚴良才。回旅館，赴陶行知約，到四馬路致美齋飯。到開明書店，翻看新出書。

應雪村等約，到聚豐園川菜館。回寓，予同來。魯弟來。伯祥，曉先來。鑑初來。十一時眠。

今日下午同席：山東邱、范數君　山海工學團員數人　予（以上客）　陶行知（主）

今晚同席：沈從文　王魯彥　巴金（李芾甘）　李健吾　鄭振鐸　周予同　孫祖基　予（以上客）　章雪村　夏丏尊　丁曉先　范洗人　徐調孚　王伯祥（以上主）

二月七號星期五

五時起，整理行裝。七時，乘汽車到站。八時，車開。九時半，到蘇州。雇車到家，見兩嬸母。看各處來信。十一時，到聖陶處，吃飯而歸。

寫父大人信及履安信。到道前街，晤耀曾，又曾及張伯母，并晤韓溢如。到又曾家，交存款摺，補寫父大人信。與又曾同出，到北局，游國貨商場，買傘。到觀正興吃點，到吳苑吃茶，遇王受祉。到旅行社取行車時刻表。遇屈伯剛。

歸，看珠圓、玉潤兩妹國文作品及誦虞弟課稿。九時眠。

二月八號星期六

六時起，整理行裝。到內室辭行。八時半，乘車赴站，途遇蔣根土。乘九時半車，下午一時五十分到南京。途中看《禹貢》十一期及日報。

下榻鼓樓飯店。記日記及賬。整理一月來工作。寫何殿英，王以中，賀昌群，張冠英，羅志希，起潛叔信。

倦甚，九時即眠。

二月九號星期日

張冠英來。寫履安信。健常偕其妹湘凰來。同到對門又一春川菜館飯。

草《通俗讀物編輯計劃大綱》，訖，鈔清，寫王雪艇函，送去。寫翁詠霓函。獨登北極閣山。到史語所，晤槃庵，聲樹。

回寓，草《與新亞細亞學會合作綱領》，寫董道寧，魏崇陽信。訪宋香舟，不遇。訪董道寧，遇之。

看《中央日報》，知鄭雲鶴女士已與梅縣熊子舜結婚，同在德國留學，學化學者，并悉鄭女士去年在法發明以稻藁及高粱枝幹製造人造絲，已告成功，將回國籌設工廠，頃已同抵暹羅矣。

二月十號星期一

寫錢賓四，郭紹虞，王錫昌，錢南揚，張石公，王綬珊信。董道寧來，同到考試院，見戴季陶，許公武，沈士遠，魏崇陽。出，到教育部，訪王雪艇，未遇。到中央大學，訪羅志希。出，訪魏青錚，未遇。到太平路寄信。到實業部訪吳聞天，未遇。步回，到正中書局購信封信紙。赴教育部宴。

寫董道寧信。到正中書局訪葉溯中，談通俗讀物事。到中央研究院，訪王毅侯，交蔡先生在青島建屋禮金五十元，并晤汪敬熙。回寓，寫童仲華信。

張冠英來，同到國際飯店吃飯。歸，恢先，祚葆夫婦來。魏崇陽，董道寧來。

今午同席：李潤章　褚民誼　沈尹默　曾镕甫　陳劍翛　杭

立武　孫洪芬　周貽春　羅文幹　予（以上客）　王雪艇　段書貽（以上主）

今晚同席：葛毅卿　陳槃　予（以上客）　張冠英（主）

二月十一號星期二

八時，志希汽車來接，到其家進點。同到葉楚傖處談話。出，同到史語所，晤元任，彥堂，去尋，福林。出，到考試院，見石蘅青，宋香舟。回寓，填新亞細亞學會入會書。董道寧來，同車到新亞細亞學會進餐。

未終席，到銓敘部赴宴。出，到士遠處談。到董道寧處，與之到考試院圖書館參觀。到中英庚款會，晤杭立武。到驪先處，到叔儻處，俱未晤。回寓，吳聞天來，黃離明來。

到新民食堂，赴健常約。九時半歸。

今午同席：馬鶴天　辛樹幟　許公武　余文若　何侃　馬洪煥等　予（以上客）　陳百年　董道寧　魏崇陽（以上主）

今午又同席：李潤章　黃離明　陳劍脩　胡博淵　沈士遠　予（以上客）　石蘅青（主）

今晚同席：客未記名，多不稔，凡兩桌。譚惕吾（主）

石蘅青先生以訃資贈禹貢學會五十元，可感。

二月十二號星期三

早到翁詠霓處。出，到長康里訪祚萇夫婦，未遇。到教育部訪祚萇，遇之，并晤顧綴英，她們喚汽車偕予游孝陵，中山花園，譚墓。遇傅素章。到編譯館，晤樹幟，鶴聲，趙吉雲。

到禮查飯店，應吳聞天約。回寓，寫志希夫婦信。三時許，健常來，同出，到大樹根托兒所參觀，攝影。五時，健常邀游後湖，泛舟一圈。

到狄君武家晚餐。九時半歸，理物。

今午同席：尤君（國貨銀行）　蔣君（律師）　予（以上客）　吳聞天（主）

今晚同席：龔君　潘君　陸君　謝祚茞　狄晝三　予（以上客）　狄君武夫婦（主）

二月十三號星期四

六時起，理物畢。七時許赴和平門車站，八時半上車。在車看報。十二時半到蘇州。

回家，履安已于上一日到。又曾來。蔣司務來。吳紫翔先生來。黃朗如來。

又曾邀予夫婦到松鶴樓飯。游國貨商場屋頂花園。步歸。

此次兩到南京，雖持張石公函及《禹貢學會研究邊疆計劃書》各處分使，看來希望不大。張先生任實業部長時，地質調查所爲其直屬機關，凡翁詠霓到部請款時，從不爲難，故今次希望于彼者甚重。但翁氏爲人素不慷慨，雖爲行政院秘書長，每年年度末如有餘，寧可繳還，不肯花用。因此，對于我甚爲冷淡，且云："求人不如求己。"予不慣乞憐，對彼已無望。若新亞細亞學會，自身尚在募款中，何得以餘瀝灑我。

又通俗讀物社，雖向王世杰請求，看來我不是他的嫡系，且宣傳抗戰亦非彼所願爲，故雖有社會教育經費，亦不可期其慷慨相助也。

二月十四號星期五

整日理物，將後進物件遷至新落成之前進，直至夜十二時始罷。又曾來。青侖來，不見之。林佑之來看屋。

吾父久欲將寶樹園遺址重新整頓，至今日始酬其願。今將本生祖父所住屋翻造爲女廳，將嗣祖屋翻造爲大四間，有厢房，我父子各居其一。因將原三開間兩進改爲一進，而又將新夾厢及原香作地并入，故此正屋特別寬大。又將魚池邊屋子盡數買下，改建里弄房子，計七棟，準備出租，每月可收房租五十元。此吾父菟裘之計也。

二月十五號星期六

理屋内物，畢。理行裝，記日記。

爲君武作《書賓初獎學貸金事》一文，成六百言。午姑母，吳三孀母，紅妹來。又曾來。

龍弟來談。

二月十六號星期日

寫《賓初獎學金書事》一篇。寫君武信，即到護龍街寄出。到仲川處，未晤。到杏林叔祖處。到潘景鄭處。再到仲川虞，仍未晤，與仲川夫人略談。

鎖新屋各門。粘貼書房櫃上封條。又曾來。蔣司務來。晤枕霞夫人。與履安四時出門，到車站茶館待車。青侖在站豫待，被索二元。仲川來送行。

六時，車開，甚擠，在車與曾熙之女士談。

二月十七號星期一

終日在車看報。夜頗得眠。

二月十八號星期二

十時半抵北平。王姨母及自珍在站接。雇汽車回家。看信。

到北大上課，適以學生開會未上，僅與王崇武，林韻濤談半小

時。訪季忱。訪適之先生，并晤徐芳，王毓銓。到研究院，晤同組
諸君。

歸，看一月來之《世界日報》。

二月十九號星期三

到研究院，與組中同人談。到潤章先生處。到旭生先生處。耿
長來至。世五來。看信。

與履安乘二時車到燕京。遇盼遂。訪容女士。晤書春。訪盼
遂，未遇。訪劉太太，訪劉子植夫婦，俱遇之。

與履安到紹虞處，十時歸。

二月二十號星期四

與履安到希白處。到伯平處，未遇。歸，仁之來。校《禹貢》
四卷索引。

到希白處吃飯。伯平來。與惠人談話。與履安乘五時車歸，遇
顧羨季。

整理帶來雜物。

今午同席：煨蓮　思齊　蔭麟　洪都　起潛叔　予　季明
（以上客）　希白（主）

二月廿一號星期五

到李延增處，囑代作序。到研究院，整理雜事。記日記六天。

到景山書社吃飯。寫向奎信。到肖甫處，素英處。到孟真處，
晤其夫人。到石公先生處。到禹貢學會，晤念海，志順，趙琬。到
北平圖書館。到戀恒處，晤何太太。到侃嬝處。

到剛主處吃飯，看書，同席爲以中。

二月廿二號星期六

到研究院。到何樂夫處。旭生先生來。傅明昆來，寫馮世五信。寶德堂人來。看《中山文化館章程》。陶才百來。書春來。

宴客。三時，出，到中央研究院，晤庸莘，貞一，讓之。在静心齋攝一影。出，獨上白塔，望雪景，遇楊鍾健。

到同和居吃飯。九時散，乘電車歸。爲丁香妹病，到姨母處探視。

今午同席：戴偉凡　楊珍珠小姐　盧御釵小姐（以上客）
予夫婦及自珍（主）

今晚同席：芝生　旭生　徐侍峰　剛主　西堂　雨亭　侃如
予（以上客）　盼遂（主）

二月廿三號星期日

理物。小息。寫父大人信。點黃仲良《羅布淖爾》一文。

元胎夫人來。寫香林，朱瑞軒，杜文昌，健常信。到丁宅，晤丁受田及趙叔玉，仲玉姊妹。到羅雨亭處。到于思泊處。訪思和及輯五，均未晤。

寫平樟，王輯五，譚季龍信。到徐貢珍家送物。

昨得自明書，悉父大人近日又病發燒，飯食少進，氣喘益甚，而仍不肯休息，依然到署辦公，真使我夫婦急煞。

二月廿四號星期一

整理積擱信札。編五卷一期《通信一束》。寫志辛信。點孟心史先生《夷氛紀聞》跋，寫維鈞信。在院吃飯。

寫丕繩信。光信來，爲寫其夫人梁芸保釋信。書春來。海波來。張佩蒼來。貢珍來。耿貽齋來，寫馮伯平信，樹幟信。寫黃文山，香林信。

到晋華處，未遇。到地橋吃飯。到元胎處談。九時半歸。

二月廿五號星期二

到院，晋華來。改晋華所作《禹貢學會研究民族及海疆計劃》。豫備下午功課。與貢珍同至院中吃飯。

到北大，上課二小時（魯國）。遇賓四，亮丞，莘田。重寫黃文山信。寫昌群信。寫自明，萬里信。到書社兩次。回院，工作至七點出。

看報。早眠。

劉師儀女士謂我近日頗不如前，她前數年見我時是挺直的，現在背有些彎了。頭髮也白得多了。聞之憮然。

莘田告我，日本人所開之百餘人名單中確有我。他們覺得我惹厭，殊使我自喜也。

二月廿六號星期三

七時許，冒雪出。步行到院，重寫致黃凌霜信。蕭君將請款文鈔竣，點好即發出。草《歌謠研究會進行計劃》。朱啓賢來。草致《大公報》信，爲王樂愚豫測本年河患事。

寫香林信。到北京大學開歌謠研究會。

看蔣竹莊，吳稚暉記中國教育會事二文，未訖。

今日下午同會：適之先生（主席）　莘田　維鈞　郁泰然素英　徐芳　季忱　予

二月廿七號星期四

看吳稚暉文訖。步行到煤渣胡同寄信。到王府井大街照相。到維鈞處。到敬伯處。與文珊同飯。張佩蒼來。

到車站送潤章，未遇。到大辭典編纂處訪黎錢二位，未遇。與西堂談。兆瑾來。

到同和居，赴宴。到壽彝處。九時半歸。

今晚同席：孟真（爲彼餞行）　適之先生　受頤　孫洪芬　姚士鰲　援庵　王訪漁　予（以上客）　袁守和（主）

近日大雪凍冰，道路奇滑，連日跌了三次，今日一跌頗痛。由此覺悟，大步是跨不得的，我太性急，路走得太快了。

二月廿八號星期五

到幼漁先生處送書。到侃燮處取歷史教科書。到院，寫朱騮先，崔敬伯，辛樹幟信。到旭生先生處。

飯後到光信處送公安局長信，未遇。到景山書社。到四維照相館取照片。到西長安街寄信。回院，才百來。益齋來，懋恒來。廣智來。敬伯來。寫昌群信，旭生信。理書桌。理帶回燕大物。

理帶回燕京之物。

二月廿九號星期六

乘七時車回燕京，編《禹貢》第五卷第一期，訖。由趙惠人助我校對。見書春之父。嗣禹來。煨蓮來。

文藻來談，遇希白。

與惠人，丕繩共商《尚書通檢》事。

趙惠人君頗細心，擬以《禹貢》校對事交之。如此，予可節省精力不少。

一九三六年三月

三月一號星期日

到校印所，校《禹貢》，編講義。伯平來，與同到校西門。乘十一時車進城，遇沅君，子植，到家。十二時到新陸春，赴宴。

三時許出，到研究院。乘四時車到燕京，遇子植，魯安。到校印所，遇洪都。編講義。在引得校印所吃飯。

晚飯後到子植處談。歸，與丕繩談。

今午同席：李廣濂（芷洲）　夏廷獻（定軒）　贊廷叔祖夫婦　王叔咸夫婦　孟剛叔夫婦　素英　□太太　予（以上客）李延增　張翔聲女士（主）

今晚同席：書春之父　左□　趙瑞　欒志辛

三月二號星期一

終日編《春秋講義》。

到士嘉處。筱珊來，書春約彼及予同到長三吃飯。

到清華訪葉公超，談至九時許別。歸，看發報封套。

陶才百君自今日起，到研究院，助予工作。

三月三號星期二

乘八時車歸，在家豫備下午功課。容元胎夫人來。

到觀音寺口剃頭。到研究院取講義。到北大上課，晤胡毓瑞，公量，樹民，崇武等。與受頤談。徐芳來。到賓四處。

連日疲甚，九時即眠。

得簡香表弟暨自明發來航空快信，悉父大人氣急痰涌，飲食少進，大便不通，臥床不起，爲之愁絕。如要回去，此間許多事情怎麼辦，如不回去，良心上又如何可忍。一急，頭就痛了！

三月四號星期三

寫簡香表弟，自明信，即到東長安街發出。填辭典館所發履歷。旭生先生來。貫一來。歸家，吃飯。

爲歌謠研究會重草章程計劃。孫海波來。張佩蒼來。王輯五來。庸莘來。光信來。校《通俗讀物社社員錄》。到石公先生處，未晤。到學會，晤念海等。到侃燧處，未晤。到景山書社。到市場買物，歸。

略看《馬克思的哲學》。

日來以疲倦，兼傷風，兩夜來得眠八九小時。今日整日在頭痛中，且前後均痛，因購阿司匹靈服之。

三月五號星期四

寫《新亞細亞學會提案》。寫董道寧信。寫王雲五信。吳貫一來。侃燧來。寫童仲華信。與貢珍到西四牌樓寄信，到紫竹林吃飯。到禹貢學會，晤貫一，道昇。予獨到石公先生處。到素英處。

回院，開本組常會。趙震瀛來。幼漁先生來。佩韋來。點丕繩代作之《漢前世界觀念》一文。

看素英所作之歌謠研究論文。

今日得自明來信，悉父大人已下便，氣急漸平復，食亦稍進，聞之爲慰。

三月六號星期五

寫馮孟顒，父大人，謝季驊，李素英信。記日記七天。到敬伯處，未晤。到維鈞處，并晤汪申伯。

寫傅孟真，石蘅青，葉溯中，侃燧信。佩蒼來。壽彝來。寫張公量信。五時許，趙仲玉來。得簡香航快信，悉父病甚危，決明日南行。

乘六時車回燕京，遇陳其田，吳其玉。到洪都處飯。歸，將應辦事交世五，惠人，伯平，植新。

晨四時，夢訪健常，似彼仍在校爲學生，驅車至其寢室，不在。嗣見其抱一小兒坐車來，而入別室，如不相識然。醒後又夢，予作一挽聯，中有"敦睦如鄰"字，健常以爲鄰亦有不睦者，應改。又此聯中有"爲唐來，爲唐去"六字，不知何解。

今晚同席：蔡一諤　洪煨蓮　容希白　容媛　于式玉　聶崇岐　李書春　郭紹虞　田洪都夫婦　　（爲開引得校印所董事會）

三月七號星期六

寫佘貽澤，吳雨僧信。理物。乘八時車進城。回家。到北大，寫胡適之，陳受頤，選課學生，賓四信。到北平圖書館，訪王以中。到士升處。到學會，寫史，楊二君信。到北平研究院，面向李潤章乞假，晤旭生等。寫李延增，羅莘田信。

二時半，履安送上站。吳世昌，許道齡，起潛叔夫婦來送行。在車看報。

今午歸家，得杭電，父命阻行。以一切已豫備好，仍南下。

三月八號星期日

在車看報，看《漢代學術史略》。

在車中飯量壞甚，且犯傷風甚重。

三月九號星期一

在車看報。十二時三刻抵杭，歸家，見父大人精神尚好。

寫履安，又曾信。汪寶廉醫生來。鑑文來。到運署，晤陳豹岑，章秘書，爲父辭職事。

與姑丈母等談話。予眠書房。

父大人久欲辭職，而歷任運使均以我父公事熟，不肯允。年來我父衰老甚，我之收入較多，可以奉養，故乘此次南歸，代爲辭職，求其必許。

三月十號星期二

到運署，見段仁伯，章秘書，重道辭職意。到衛生試驗所，訪汪醫生。閱試卷。

漱圃來。汪醫生偕鑑文來。簡香來。

上午一時醒，起坐兩小時。

今日父大人精神不好，終日多眠。下午有熱，惟僅八分，醫謂如不痊可，有轉肺炎之危險。

三月十一號星期三

閱北京試卷。

陳萬里來。張鑑文偕汪醫生來。

夜中起坐三小時。

醫驗吾父尿，有蛋白質，謂是慢性腎臟炎。下午有熱，僅四分。

日來予傷風甚重，夜多咳。

中宵，夢與健常文定，醒後記憶不真矣。

三月十二號星期四

寫履安信。閱北京卷。

菊隱表弟來。簡香來。

與自明筆談生活。

上午，父大人下便二次。

三月十三號星期五

寫起潛叔，馮伯平，趙惠人，李潤章，劉淑度，吳子臧，徐貢珍信。菊隱來，留飯。

鑑文來。汪醫生來。閱卷。補記日記。

與自明筆談。看《仰視千七百二十九鶴齋叢書》。

今日父大人已無熱，除腎臟舊疾外，新病已痊愈。惟高年不堪挫折，未能早日起床耳。

三月十四號星期六

寫王以中，賀昌群，謝剛主，張又曾，陳萬里，張佩蒼，王日蔚，履安，龍弟，程仰之，傅孟真，馮世五，朱士嘉，童丕繩，張維華，白壽彝信。

錢南揚來。寫朱瑞軒，李素英，張文炳，楊向奎，史念海，貫一信。閱卷。

與自明筆談。

三月十五號星期日

爲豫防兵亂，寫留囑與簡香。簡香來。漱圃來。慕騫，樸山來。汪醫生來。

寫趙豐田，陳叔陶，胡鑑初，朱謙之，容希白，洪煨蓮，馬季明，熊崗芝，宮秀，侃燅，楊次弓，王崇武，薛澄清，葛啓揚，于思泊，欒植新，丕繩信。寫自珍，新史學建設學會信。

到新民路買稟帖。歸，與姑母談話。

三月十六號星期一

寫父大人辭職呈文，到運署，晤段仁伯，章毅生，即交其轉達運使。寫徐芳信。

鑑文來。寫侯芸圻，丁山，黎勁修，吳子馨，陳通伯，李清悚，趙九成，王樂愚，齊致中，毛鳳濟信。

看《野叟曝言》。

今日白天，父大人睡眠較少。

三月十七號星期二

章、李二君來。陳萬里來。朱遂翔來。終日看歷史卷。
陳叔陶來。錢琢如來。

爲自明寫《聾啞青年》文一篇。

父大人終日沈沈睡眠。

三月十八號星期三

萬伯母與李師母來。朱遂翔來。段仁伯來。終日看歷史卷。

寫履安信。與和官到簡香家。寫盧季忱信。寫張西堂信,爲北大代課事。寫崔敬伯信,爲北平研究院請假事。

修改佘貽澤《土司》文。

今日父大人睡眠仍多,恐致老熟,故各處去信請假。

三月十九號星期四

終日看歷史卷。

琢如,南揚來,談兩小時。

修改《禪讓說出於墨家考》文,未畢。

父大人今日下便,但睡眠仍多。

三月二十號星期五

漱圃來。簡香夫婦來。朱遂翔來。整日修改《禪讓說出於墨家考》文畢,寫童丕繩信,即發出。寫起潛叔信。

南揚來。鑑文來。汪醫生來。點改趙九成文。

理書室。詠五律二首,備題遂翔卷子。

今日父大人精神大好,睡眠亦少,飯量較增。

三月廿一號星期六

寫傅孟真，張又曾信。草鄧嗣禹《中國考試制度史》序文畢，凡一千八百言。未改訖。爲朱遂翔題藏書圖卷，即寫遂翔信。陳豹岑來。

遂翔來。鑑文來。蔣君來。寫王綏珊信。

寫履安信。與和官同看《日用百科全書》。

父大人今日大好，午飯夜飯皆吃一碗。下午吃糖包子兩個，可喜也！

三月廿二號星期日

改作《考試史》序畢，即鈔清寄出。寫陳百年（大齊）信。秋白表弟（立模）自滬來。簡香偕趙哲明來。

到郵局寄信。到姑丈家，看新屋，打牌三付。到萬文淵家，晤其母。

寫魏青鋩，起潛叔，童丕繩，吳子臧，趙肖甫信。與自明筆談。

昨夜父大人一夜安眠，未起，此大佳象。

三月廿三號星期一

爲孫祖惠寫扇，爲陳萬里，梅逸才寫聯，爲菊隱弟寫喜聯。寫鄺平樟信。看丕繩所作《墨子爲印度人辨》，略加改訂。萬文淵來。

到城站旅館賀菊隱弟喜事，晤俞序文等。看結婚而歸。看胡適《王充的哲學》。到陳萬里處，晤其夫人。到圖書館訪張慕騫等，不遇。印名片。

到城站旅館吃喜酒。與萬文淵等談。八時半歸。

今日父大人身子更好，由來根扶掖，到中間吃飯。

我姑母鄂來，生四子，長子爲立模（秋白），次子爲立範（簡香），三爲立則（小名龍喜，號不詳），幼爲立杕（菊隱）。

三月廿四號星期二

八時，與秋白弟乘人力車出，游錢王祠，净慈寺，虎跑寺（飲茶），六和塔，九溪，十八澗，在山色中飯館吃飯。

游烟霞洞，理安寺。待車一小時，至石屋洞（飲茶）。步蘇堤，至鳳林寺，又步至昭慶寺，六時歸。

邀秋白弟在家飯。校改《漢以前人對于世界的想像》文。至十一時眠，未即入睡。

今日暢游西湖，但意不能無感，吟詩四首。

理安寺門口有楠木千章，鬱鬱葱葱，氣佳哉！

梧葉當年墮小樓，樓前有女賦悲秋。于今兩度春光到，不見伊人釋舊愁。

薰風拂遍蘇凋殘，新綠垂垂眼忽酸。何物堤頭楊柳樹，高張傲態向人看！

俯仰烟巒百不怡，留將共賞待何時？知心惟有澗中水，嗚咽聲聲寫我悲。

清游到處足消魂，石徑猶存舊履痕。帶得凄凉歸去也，落英滿地不開門。

三月廿五號星期三

四時即醒，將昨所吟詩寫出。覆看《漢以前的世界觀念》一文，再改。改《三皇考》提要。鑑文來。寫童丕繩，趙惠人，馮世五，履安，容媛，劉帥儀信。

秋白弟來辭行，即送至車站。鑑文偕汪醫生來診父病。寫盧逮曾，徐芳，李晋華（庸莘），譚其驤，楊向奎，史念海，葉公超，王雲五，孫海波，馮友蘭，劉佩韋，李潤章信。

與姑母談。與自明筆談。

三月廿六號星期四

樊漱圃來。到運署訪章秘書，未晤。看《禹貢》五卷二期。修改侃儗代作《地理教學與民族觀念》一文。

鑑文來。寫吳靜山，徐蔚南，趙豐田，李旭，張公量，羅香林，史天行，葉國慶，鄭德坤，黃希濂，楊成志，張冠英，辛樹幟，羅志希信。

今日父大人能自己行走，晚餐一碗半飯，又一碗粥，大愈矣！

到杭後還了五篇文債：

一、《北平研究院史學集刊》文（禪讓問題）。

二、《禹貢・利瑪竇地圖專號》文（漢以前世界觀念）。

三、鄧嗣禹《中國考試制度史》序。

四、《教與學・地理專號》文（地理與民族觀念）。

五、《聾啞青年》文。

三月廿七號星期五

將《民族觀念》一文改好，寫葉溯中信，發出。寫吳子臧，鄭侃儗，劉選民信。

南揚來，同到浙江圖書館，晤樸山，慕騫。到浙江大學，晤琢如。與琢如、南陽同出，游玉皇山，紫來洞及慈雲寺。六時，到高長興飯。

寫孫媛貞，屈伯剛，黃仲良信。

歸來十九日，寫信一百六十餘通，帶歸之各處來信幾俱答復矣。案牘一清，喜可知也。

三月廿八號星期六

到清泰路剃頭。取名片，歸。到運署，訪章秘書，悉周宗華司長（三農）已允父大人辭職。歸，理信札。

写丕繩，馮世五，趙惠人，履安，傅孟真，張石公信。并代石公草致翁詠霓信。

編《禹貢·通訊一束》。看《火燒紅蓮寺》小冊。整理歷史教科卷。

吾父自民國二年以運使張栩爲舊安徽同僚，邀至運署任文牘科長，迄今二十四年，運使不知換了多少，而吾父勤慎供職，兩浙醝務爛然心目，故歷任使者皆不肯放走，以難得此技術人才也。今年老多病，勢不可留，故周司長批准辭呈，定後繼者爲羅廣良（颿伯）。

三月廿九號星期日

改《北平研究院史學集刊》發刊詞，即寄植新。到西湖飯店訪胡幼胅（思義），未晤。到大喜公司寫禮券。到鑑文處，未晤。到汪叔清醫師（寶廉）處，晤之。鑑文亦來，與鑑文同至其家。訪萬里，未遇。與鑑文同到簡香處，祝其卅二歲壽。歸，經君來視吾父疾。

將所看歷史卷打三包，寄孟真。寫瞿子陵，陸侃如信。爲菊隱，鑑文及邵夫人之弟佩天各寫屏條四幅。編《禹貢》五卷六期。

與自明筆談。

三月三十號星期一

寫羅香林信。校《三統説的演變》。看歷史卷。鑑文來。

到遂翔處。到浙江圖書館，晤樸山，慕騫，郁君。到運署訪漱圃。歸，看歷史卷。章秘書毅生（祖傳）來。

簡香來，鑑文來，均留飯。

禹貢學會募捐，承羅香林君爲介紹中山文化教育館，昨接其信，知請求已在館中通過，但尚須商量進行辦法耳。

近來眼澀甚，不知其何故。

三月卅一號星期二

寫鑑文信，送酬汪醫師禮物去。蔣益廷來。到浙江興業銀行，爲父大人存款。歸，理行裝。看歷史卷畢。

姚名達偕樸山，慕騫來，談至三時。漱圃來。簡香來。改佘貽澤《土司》文，至夜改完。告誡和官。

與自明筆談。

樊漱圃先生以所録《曲園老人夢中詩》九首見示，記之于此，以備他日之檢驗：

歷觀治亂與興衰，福有根基禍有胎。不過循環一周甲，釀成大地是瘡痍。（其一）

無端橫議起平民，從此人間事事新。三五綱常收拾起，一齊都作自由人。（其二）

纔喜平權與自由，誰知從此又戈矛。弱人之肉强人食，膏血成河滿地流。（其三）

英雄發憤起爲强，各畫封疆各設防。道路不通商賈絶，紛紛海客整歸裝。（其四）

大邦齊晋小邾滕，百里提封處處增。郡縣窮時封建復，秦皇廢了又重興。（其五）

幾家玉帛幾兵戎，又見春秋戰國風。太息當時者管仲，茫茫殺運幾時終。（其六）

觸鬥蠻争年復年，天心仁愛亦垂憐。六龍一出乾坤定，八百諸侯拜殿前。（其七）

人間從此文華胥，偃武修文樂有餘。璧水橋門修墮業，山厓屋壁訪遺書。（其八）

張弛原來道似弓，略將數語示兒童。悠悠二百餘年事，盡在衰弱一夢中。（其九）

久聞此詩，今始見之。曲園没于光緒末，其時未有軍閥割據也，而第三至第六首宛然道此景象，誠爲創見。然軍閥莫不與帝國主義勾結以自存，又安得有"紛紛海客整歸裝"之事乎！日本侵略，此詩中未一道及，知有闕漏。而亂後歸于治，割據歸于一統，帝國主義不再凌駕我國，文化事業大昌，則自有光明前途可以瞻望。獨未知"六龍"屬于誰耳。企予求之！

六龍者，毛主席、華主席、葉副主席、朱委員長、周總理等領導人也。　一九七七年三月十七日，閱此記。

一九三六年四月

四月一號星期三

理行李畢，辭父離杭，上八時五十五分車。在車看報。十二時四十五分到滬，取行李落宿孟淵旅社 220 室。

到申報館訪馬蔭良。到銀行公會訪誠安弟。到商務印書館訪王雲五，張天澤。到亞東圖書館訪胡鐵巖。回寓，誠安來。

誠安邀至精美食堂飯。同回寓，談至十一時別。

車中

一幅瀟湘烟雨圖，眼前春樹未模糊。何當乞取枝頭綠，織作伊人新樣襦？

車行處處傍清波，細雨紛忙點小河。艇子遙來虛一席，可能并坐唱漁歌？

到站送行者：樊漱圃，吳姑丈，簡香，菊隱兩表弟，自明，來根。

四月二號星期四

到沈尹默處，并晤其夫人褚保權。到葉恭綽處，未遇。回沈家，與其夫婦同出，到霞飛路 EBC 吃飯。遇孫春臺。

二時，回寓。到申報館訪馬蔭良，簽字于通俗讀物出版合同。回寓，整理物件，到四馬路飯。回寓。看報。寫父大人，履安，伯祥信。

九時許，胡鑑初來，商《東壁遺書》推銷事。十時半去。十一時眠。

四月三號星期五

五時半起，整理物件。六時半，乘汽車到站。七時五十五分，車開，在車看《申報》、《大公報》及上海各小報。

二時到京。下車，與狄君武遇，即乘彼汽車，到延齡巷東亞飯店落宿。剃面。到內政部訪健常，不遇。到碑亭巷訪青鉎，遇之。到史語所，晤諸友，送還歷史教科卷。

到張延哲處，不遇。到長沙飯店進食。再到延哲處，遇之，并晤張君及洪亮。到祚莒處，晤其夫婦及母。歸，看《史語所集刊》。

夜歸，見健常所留片，乃知彼來而未遇，已在六時後矣。一時悵惘，心爲蕩沉，遂失眠，一夜僅得朦朧三四小時耳。此爲南歸中第一次發病也。

到史語所所見人：梁思永　李濟之　丁聲樹　俞大綱　陳槃庵　陳述　全漢昇　吳巍（亞農）

四月四號星期六

洪亮來。寫好父大人，履安信，發出，到香林處，晤其夫人。香林上課歸，與同到黃凌霜家。又到程仰之處，晤其夫人。又同到朱逷先處，未晤。回寓，記日記。到美麗川菜館，應延哲邀。

一時半，到史語所，晤孟真，中舒，彥堂，福林。出訪張冠英，未遇。到正中書局訪葉溯中，遇之。出，途遇江小鶼。回寓，理行李。

到香林家飯。九時半歸。

今午同席:洪亮　林君　趙豐田　予(以上客)　張延哲(主)

今晚同席:朱遏先(希祖)　予(以上客)　羅香林夫婦(主)

夜歸，到健常請客片，又使我一興奮。慮不能眠，即服藥片。

四月五號星期日

早，理好行李，即到健常家，見其父母。與之同出，乘電車到中山門外，訪丁玲于苜蓿園。并晤孫怒潮及丁玲母子。同出，至中山門分路，予與健常同乘車至中華門，游江南鐵路車站。回其家吃飯。

飯後段心平來。同出，予往訪仰之，未晤。到夫子廟閑玩，買書及板鴨。六時，到太平洋餐廳赴宴。

八時半，辭出，到豐田處，與同回東亞，取出行李，喚汽車到下關。十一時，車開，豐田別去。

每見健常一次，即增我敬重一次。她是真有眼光的人，論斷之切，常識之廣，使我自愧不如。像這樣的人，可惜不能讓她發展，否則直是國家棟梁。

今晚同席：鄭言　賀揚靈夫婦　李松風　楊君勘　吳時中(誠齋)　李□□夫婦　尚有浙江督察專員及縣長數人（以上客）　健常（主）

四月六號星期一

整日在車看《斷鴻零雁記》及《拍案驚奇》，《隔簾花影》等小說。

曼殊《斷鴻零雁記》，聞名二十餘年，今始得讀。以今日眼光觀之，亦衹是鴛鴦蝴蝶派耳。

昨日予與健常各失一傘，初思覺其不祥，蓋與失散同音，繼思無傘則不散，或爲佳讖乎？迷信如此，感情洵不能以理知解也。

四月七號星期二

在車看《拍案驚奇》等書。十時許，到站，履安來接，雇車同歸。理物。

到王姨丈處，見姨母，盛霞飛先生夫婦。回室，理物。憊甚，即眠，居然睡着。夜在床吃飯。

四月八號星期三

到研究院，整理書信。同組諸君來談。晤旭生先生。到潤章先生處。

潤章邀宴于豐澤園。飯後到一山處談。李書春來。左君來。點《禹貢》文。理信札。到侃燮處。到書社。

歸，理物。

今午同席：蕭一山　李雲亭　易价人　徐旭生　黎劭西　常維鈞　予（以上客）　李潤章（主）

四月九號星期四

乘七時車到燕京，遇國彦，心蕪。歸家，與諸人談。國彦來。希白來。到校印所，接洽一切。點《禹貢》文。作《禹貢啓事》。紹虞來。

飯後士嘉來。貽齋來。到伯平處。出，剃頭。到哈燕社，晤容女士。到煨蓮處，文藻處。出，夢家夫婦來。到校印所。

乘七時車歸。飯後與履安談話。

四月十號星期五

劉佩韋來。兆原來。校《禪讓說》一文。旭生先生來談。到潤章先生處。與旭生等選《集刊》封面圖案。

到景山書社吃飯。寫王佩諍，戴季陶，傅成鏞信。到禹貢學會，晤志順。到張宅，晤石公先生及朱啓鈐先生。回學會，晤史念海。到素英處，并晤延增夫婦及子臧。校《古史辨》第一册排稿。

回研究院，與樂夫同出。歸家，元胎夫婦來。孫道昇來。

四月十一號星期六

與文珊談。文藻來，同到院長室，商津貼事。西堂來。耿貽齋來。理信件。記日記。兆原來。

到雨亭處，海波處，并遇之。到希聖處，未遇。校《史記》。在西單商場吃飯。維鈞來。寫楊伯真，杭立武，健常，樹幟，葉遐庵信。到長安街寄信。

看素英所作歌謠論文。

四月十二號星期日

到姨丈處談話。到適之先生處，長談。到書社。到中山公園，參加考古學會聚餐。與容女士談庸莘求婚事。

與履安等同游公園，到前門，游天橋，聽大鼓書。到功德林吃夜飯。到八大胡同散步。到東站送潤章，未遇。

乘電車到東單，與履安步歸。

今午同席：孫伯衡　景耀月　于思泊　唐立庵　劉子植夫婦　張次溪　劉佩韋　王振鐸　容元胎夫婦　八媛　容玢　張伯楨夫人　劉文興　郭文彬　予夫婦　希白　海波

今晚同席：張伯楨夫人　次溪　八爰　元胎夫婦　容玢（以上客）　予夫婦（主）

四月十三號星期一

乘七時車到成府。整日在校印所編《春秋史講義》，成二頁。爲人寫聯，單條，扁額，約十事。

修改《禹貢學會呈市政府文》。貽齋來，與同到伯平處。

伯平來。希白來。楊開道與嚴景珊，林耀華來。

四月十四號星期二

寫司徒校務長信。寫仁之信。到校印所。豫備功課。乘十一時車進城。壽彝來。

到北大，上課二小時。到歌謠研究委員會，晤徐芳。向奎來。到賓四處。

與自珍步行出崇文門，到花市，仍步歸。

四月十五號星期三

到西堂處。草此間同人與中山文化教育館工作計劃。寫黃凌霜信。趙全蝦，劉興唐來。以宴客，十一時半即歸。

飯後，與姨丈及盛霞飛先生到懷仁堂，看德國畫展。又同到研究院參觀。以中，剛主來。公量，汪群來。佩蒼來。

校對《古史辨》第一册稿。翻檢筆記。

今午同席：盛霞飛夫婦　　王姨丈　　姨母　　大琪表弟　　六表妹　八表弟　　九表妹（以上客）　　予夫婦　　自珍（主）

四月十六號星期四

代石公先生草致李仲揆函，爲學會經費事。到西長安街寄信。看素英歌謠論文。壽彝來。貽齋來。旭生來。修緶堂孫君來。

在院吃飯後到侃燅處，石公先生處，禹貢學會，延增處，景山書社。回院，記日記六天。晉華來。向奎來。

鍾雲父來。王振鐸，王育伊，張全恭來。

四月十七號星期五

審查書肆送來各書。吳志順來。書春來。昌群來，同到大辭典編纂處，訪西堂，未晤。訪周達甫。

到侃懸家吃飯。到泉澄夫婦處。回院，整理稿件。寫英款會及潤章先生信。公量偕傅成鏞來。寫西堂信。

到功德林赴宴。飯後游一北班，妓爲王鳳仙，又游一南班，妓爲華笑鳳。九時許，歸。

今晚同席：張篁溪夫婦　次溪夫人　倫哲如妾鍾氏　希白夫婦　容琬　予夫婦（以上客）　元胎夫婦（主）

北京窑子，尚是民國元年冬與翼龍共游。今晚乃夫率妻，父率女，姑率媳而同逛之，亦生平一奇事也。

四月十八號星期六

乘七時車到燕京。到校印所編《禹貢‧通訊》，畢。又編《贈書》，《啓事》等。

伯棠來。搜集材料，編《春秋史講義》。遇伯平。

到燕勺園赴宴。飯後同到李鏡池家。

今晚同席：元胎夫婦　予夫婦及自珍　趙肖甫　吳天敏女士（以上客）　八爰（主）

四月十九號星期日

到校印所略編講義。仁之來，與之同到車站，八時十五分上車。十一時到青龍橋站，吃飯後，與履安等爬長城，風大幾吹下。

乘十二點五十分車南行，到居庸關，下車游關。步至東園站，乘車到南口。下車，游南口鎮，入南口飯店小憩。四時半車開，七時抵家。

與丕繩談話。早眠。

今日到居庸關，蓋不至者十二年矣，清流巨石，風物依然，回想前游，能無惆悵！歸後取健常攝影觀之，更增鬱抑。

今日同游：紹虞夫婦及二女　起潛叔夫婦及其二子　元胎夫婦　肖甫　自珍　田洪都夫婦　李瑞德夫婦　陳觀勝夫婦　嗣禹　劉選民　仁之　燕大學生約五十人

四月二十號星期一

終日在校印所編《春秋史講義》。仁之，瑋瑛，佘貽澤來。與瑋瑛參觀印刷所。

平樟來，與之參觀印刷所。與叔嬸等游後園。

其田來。到校印所。回家，翻《左傳》，至十二時。

四月廿一號星期二

校講義排稿訖。乘十一時車回城，遇韓懿德女士。

豫備訖，到北大，上課二小時。王崇武，趙九成等來。到徐芳女士處。到研究院，寫父大人信。寶德堂人來。

與履安同到姨丈處，并晤霞飛先生夫婦。

寫父大人信，勸其北來，蓋北方雖有被占據之危險，但家居尚安穩。南方則戰事一起，立成戰區，老年人不堪受驚也。

父大人來信，吳紫翔先生逝世，聞之失驚。未知緝熙家事如何？

四月廿二號星期三

由南海步行到院。寫朱騮先信，爲學會津貼。看北大課作。到北平圖書館，看剛主所編書，并晤以中，潤孫。

到西四郵局寄信。到西四紫竹林吃飯，自中海歸院。楊繽來。王輯五來。羅雨亭來。寫健常，煨蓮，八爱，媛貞，雲五，青鋕，貝仲琪信。爲《青年界》寫一《暑期中的青年生活》，約七百言。

　　謝國彥來。耿貽齋來。

　　寫八爰信，爲庸莘作媒，懇切勸之。

四月廿三號星期四

　　寫陳叔陶信。到泉澄家送書。到西堂處。寫謝季驊信。到院，心史先生來。草《通俗讀物及禹貢兩學會向中央民衆訓練部立案呈文》。在研究院吃飯。寫光潛信。

　　到楊繽家。到禹貢學會。到石公先生處，晤其長子君瑛。回院，草發起人三十人履歷。記日記六天。到大辭典編纂處訪玄同先生。拱辰來。寫徐舟生信。寫伯祥信。

　　翻看雜志。

　　報載南京裁女職員消息，甚爲健常危之。政府果有此舉，直是反動行爲。

四月廿四號星期五

　　由南海門入。校才百鈔件。豐田來。吳志順來。寫杭立武，潤章，自明，中舒信。

　　海波來。侃燮來。理禹貢學會去年投票。履安來，與同歸家。

　　看侃燮所草《儒林外史》論文。

　　晨五時頃，夢健常三度來平，第二次來已病，第三次竟不起。予在燕京聞噩耗，即趕入城，途中見輿棺者，已淚下如縻。及至其寓所，撫棺大慟而醒，淚猶流于枕上也。噫，春夢無憑，永願勿有此一日！

　　予自思予與健常，寬猛緩急之間頗多異趨，而犧牲小己以成就大我之心，則宛然一致，且除我兩人外竟不易找第三人。此所以不可解于心也。

四月廿五號星期六

看侃嬺論文。在家編《春秋史講義》約兩千餘字，即寄校印所付排。寫典韶叔賀聯。容太太偕容玢來。

到景山書社。到朱光潛家，爲誦詩會講吳歌。到研究院，記日記兩天。

看侃嬺所作論文，至十一點，尚未畢。

今日同會：周啓明　朱孟實　朱佩弦　沈從文　林徽音　李素英　徐芳　梁宗岱　卞之琳　馮文炳　孫子書　賀昌群　夏雲　吳世昌（共二十人）

四月廿六號星期日

看侃嬺所作論文畢。到侃嬺處。訪以中，值其到綏遠。訪李庸莘，談其婚事。歸，道過侃嬺夫婦，即同歸。起潛叔夫婦來。容元胎夫人暨八爰來。

飯後同到華樂園，看榮慶昆弋社劇。（郝振基，陶顯廷之《安天會》，馬祥麟之《刺虎》，侯永奎之《激秦》，侯益隆之《惠明下書》。）六時出，到中山公園赴宴。

今日爲僑思兩周歲，原約抱之到北海。以彼傷風，未果。

今日同觀劇：起潛叔夫婦　侃嬺夫婦　元胎夫人　八爰　連喜弟（以上客）　予夫婦及自珍（主）

今晚同席：吳伊賢　希白　立庵　海波　胡石青　吳向之　倫哲如　孫人和　東北紳衿約十人（以上客）　于思泊（主）

四月廿七號星期一

乘七時車回成府。鎮日編講義。翻看《左傳》，至夜十二時。

士嘉夫婦偕陳宜珍來。到馮伯平處。

與起潛叔全家及丕繩步至朗潤園及達園，九時歸。遇紹虞夫婦。到生物系參觀，晤承彬等。

四月廿八號星期二

編校講義訖。校佘貽澤《清代土司制度》及《通訊一束》。乘十一時車返城。

豫備功課。到北大，上課兩小時。晤亮塵，莘田，九成，汪群，舟生，崇武等。到研究所，記日記三天。寫舟生信。

崇武告我，馬培棠君已于春假前逝世矣，傷哉！如此好學之人，初發其緒，而壽命已盡，何其迫耶！聞病爲腸結核。當籌紀念之法。

四月廿九號星期三

到院，與旭生先生談話。到福家吃飯，賞海棠花。

與守和同乘車到北平圖書館，訪育伊。回研究院辦事。

與履安同到北京公寓訪振鐸，全恭，并晤育伊。到市場買藥。歸，丕繩，拱辰，筱蘇來，談至十一時。

今午同席：馬叔平　沈兼士　唐蘭　袁同禮　予（以上客）

福開森（主）

四月三十號星期四

終日在静心齋修改論文。

與貞一到北大，看漢簡，并晤昌群。在静心齋洗浴。履安，元胎夫婦來，同到五龍亭茶點。

與履安同到元胎家吃飯，九時許歸。

静心齋叠翠樓，丁香海棠盛開，予居其中修改《禪讓說出于墨家考》一文，幽静極了，自詫奇福。

今午同席：貞一　素英　予（以上客）　庸莘（主）

一九三六年五月

五月一號星期五

終日在靜心齋修改論文。莘田來。

素英來。到研究院。到侃嬺處，未遇，歸。

　　今午同席:莘田　貞一　讓之　庸莘　素英(以上客)　予(主)

五月二號星期六

在家修改論文，仍未畢。壽彝來。侃嬺來，留飯。

容太太來。到研究院。到侃嬺處。

五月三號星期日

修改論文，略畢。幼漁先生來。到東興樓吃飯。

飯後乘人力車到西直門。遇以中。乘小汽車還燕京。陸欽墀來。

到蔡家吃飯。與子通同歸其家，談至十一時。夜失眠。

　　今午同席：黃子通夫婦　予（以上客）　希白　紹虞　子植
侃如　魯安　盼遂　鏡池　國華（以上主）

　　今晚同席：雷川　希白　紹虞　子通　開道　侃如　予（以
上客）　一諤（主）

五月四號星期一

終日編《春秋史講義》，未竟。美國人費爾樸來，談一小時許。

日本人水野清一，長廣敏雄，內藤乾吉來，均東方文化學院京
都研究所研究員也，希白伴來。子植來。

士嘉來。家昇來。子通來。恐失眠，服藥而眠。

五月五號星期二

编講義畢。乘十一時車進城，士嘉同車。

豫備功課，到北大上課二小時。晤亮丞，汪華，樹民，公量，念海諸君。徐芳來。到侃㜫處。到石公先生處。到北平研究院。

看報，休息。

五月六號星期三

到研究院，看素英論文三章。到崔敬伯處。到維鈞處。與丕繩同到香積園吃飯。

到旭生先生處。到適之先生處，并晤希呂。到晋華處。還研究院，理抽屉。寫道昇信。寫自明信。

馮世五來。

五月七號星期四

世五來，改《禹貢學會選舉公函》。寫季陶先生及汪孟鄒信。到西四寄信。到石公先生處，并晤周宗澤，管翼賢。與石公先生同到燕京，參觀校印所。到司徒先生處吃飯。

飯後與石公先生及廷芳，費爾樸同進城，與劉費二人同到懷仁堂參觀，并到史學會。送費出中海東門。寫丁山信。記日記九天。看次溪《天橋志》。

看報。早眠。

今午同席：石公先生　郭有守　孫國封　田洪都　胡經甫劉廷芳　楊開道　費爾樸　予（以上客）　司徒先生（主）

司徒先生欲予任燕大史學系主任，自恨無孫行者化身能力，否則世界上事都由我包辦了罷！

五月八號星期五

侃嬨來，爲看其所作論文。維華來，同參觀懷仁堂，及禹貢學會，到同和居吃飯。途遇瞿兑之。

林宰平先生來。瞿兑之與鍾介民來。開本組常會。宋良相來。校《史記·十二諸侯年表、六國表》。

看報。

最無聊賴是春天，柳絮飛揚花鬥妍。歌哭都難消鬱結，爲君哀樂盡中年。

今日同會：子臧　道齡　次溪　淑度　玉年　兆原　蕭濟蒼

五月九號星期六

編《禹貢》五卷七期。陳咨禹來。到會賢堂吃飯。

飯後到東方文化事業會訪水野等，已歸國。歸家，編《禹貢·通訊》。

與履安自珍同到哈爾飛看戲。晤希聖。

今午同席：煨蓮　文如　受頤　皮名舉　鄧珂（文如子）　予（以上客）　齊思和（主）

今夜所觀劇：侯益隆：《惠明下書》。郝振基：《草詔》。馬祥麟，侯永奎，陶顯廷：《霸王别姬》。

五月十號星期日

白壽彝偕單化普來。到盛霞飛處話别。容太太來。到胡石青先生處，并晤海波，剛主，盼遂。到玉華臺吃飯。

飯後歸家小眠。乘四時車，晤李瑞德，鄧文如。士嘉來。到校印所編講義。

到煨蓮家吃飯，談至十時半。遇羅文道。失眠。

今午同席：李瑞德　西人郭君　畢橋司塔夫　劉崇鋐　聶崇岐　清華王君　文如　予（以上客）　亮丞（主）

五月十一號星期一

整日編講義，校《史記》，《集刊》論文，《禹貢》五卷六期，自晨七時至夜十二時。希白來。

容女士來。仁之來。

又失眠。

五月十二號星期二

編講義四頁訖。乘十一時車返城，晤侃如。

豫備功課。到北大上課兩小時。晤徐芳，逮曾等。到書社，晤殿英。遇孔平。到研究院。記日記四天。

王育伊，王振鐸來。

五月十三號星期三

校讀文珊所點《史記》。吳志順來。壽彝來。劉厚滋來，為改其所作文。侃嬫來校論文。寫趙羡漁信。

校《禹貢·通訊》。思和來。書春來。素英來，為看其所作論文。王南屏來。

子臧來談至八時，予始得歸家吃飯。

趙羡漁，山西太谷人。作文言文，寫字，頗佳。下年如能聘為私人書記，可省我多少力。

五月十四號星期四

為紫翔師寫挽聯。為侃嬫改通俗讀物兩篇。寫袁守和信。耿貽齋來。寫羅香林信。寫吳緝熙信，致吊。侃嬫來校論文，留飯。

班曉三來，點其所為《禹貢》所作文。賓板橋來。校《禪讓說》一文。

看報。休息。

賓板橋（Woodbridge Bingham, Ph. D.）美國加里佛尼亞大學史學研究員，研究隋唐史。

五月十五號星期五

到西堂處。校《禪讓說》一文略訖。侃嬾來。洪綿濤來。

到張宅吃飯。伴參觀禹貢學會。與司徒先生同乘車回燕京。校改《禪讓說》一文畢。

乘七時車歸，遇筱珊。王光瑋來。

今午同席：司徒雷登　劉廷芳　田洪都　士嘉　予（以上客）　張石公（主）

五月十六號星期六

作《禪讓》一文之結論，未畢。將論文翻讀一過。

到北大，遇公超。開風謠學會成立會，到二十人。五時畢。乘汽車到天橋，看雲里飛劇，又聽大鼓。到春華樓吃飯。

爲素英看論文餘稿。飯畢到青雲閣玉壺春聽大鼓，十二時半歸。

適之先生到北平二十年，今日始以我輩邀約，到天橋作第一次之游覽。

青雲閣所見：

華子元——戲迷相聲	焦德海——相聲
老倭瓜——滑稽大鼓	姚俊英——河南墜子
段大桂——山東大鼓	快手劉——戲法
某君——轉碟子	李紅樓——京音大鼓
某女——快書	郭小霞——梅花大鼓

今日同會：適之先生　莘田　舟生　素英　維鈞　方紀生元胎　子臧　予(以上爲同游且同飯者)　申壽生　周達甫(以上爲同游者)　玄同先生　膺中　章廷謙　朱光潛　沈從文(以上爲

同會者）

五月十七號星期日

終日作《禪讓説出於墨家考》之結論，得三千餘字。以終日雨，無客來，居然作完。

與履安到姨母處談。

五月十八號星期一

乘七時車回成府。編講義三頁。與趙惠人接洽。

校《禪讓説》一文，訖。士嘉來。到校剃頭。

到校印所校稿。到煨蓮處，十時半歸。又失眠。

昨以終日作文，睡眠便不佳。今日又以易地失眠，可憐哉！

五月十九號星期二

到校印所。到士嘉，筱珊，嗣禹處。乘八時車進城，到院。訪潤章先生，談院事及予下年職事。宰平先生來。歸家吃飯。

豫備功課。寫舟生信。到北大上課二小時。晤亮丞，莘田等。樹民，崇武來。到逮曾處。到院，發《史地周刊》稿。侃嬻來。

到東興樓吃飯。十時歸。

今晚同席：郭有守　周學昌　許治平　嚴濟慈　汪申伯　崔敬伯　予（以上客）　李潤章（主）

以昨夜失眠，今日精神頗不好，胸嗯欲吐，然終不可休息也。

五月二十號星期三

揚廷叔祖來談一小時。到院，于道源來。白壽彝偕郭君來。豐田來，出示康有爲墨迹多種。到院長室，商妙峰山調查事。維鈞來。點亮丞文。

記日記八天。到子臧處。趙泉澄來。顧培懋來。文奎堂人來。改侃懃所作《勝家》。

看報，休息。

五月廿一號星期四

根據丕繩代作之肖甫《長阻桀溺古迹辨》跋，重作，約三千言，改好。張瑞來。西堂來，與西堂及樂夫到西四香積園吃飯。

飯後到禹貢學會。到石公先生處。道源，達甫來。公量來。向奎來。

看報。休息。

五月廿二號星期五

編《禹貢・通訊》及第八期目。厚滋來。到院長室商與商務立合同事。修改起潛叔《匋文編》序。

乘十二時車出城，到煨蓮家吃飯，開研究生題目會議。到容女士處，遇希白。到司徒處，未晤。到侃如處，晤鄭騫，全恭。到家昇處。歸家，嗣禹來。寫侃如，鄭騫信。文奎堂人來。

與起潛叔夫婦，履安，自珍同到燕大禮堂看劇，十一時半歸。

今夜所觀劇：

四郎探母（瞿超男，傅玉賢）

打漁殺家（朱炳蓀，劉紹裘，閻惠民，陳哲）

桑園會（李功原，廖增益）

法門寺（趙景暉，閻惠民，魏雄，劉紹裘，廖增益）

今午同席：鄧文如　張亮塵　容希白　予（以上客）　煨蓮夫婦（主）

五月廿三號星期六

到校印所，晤周杲，薛誠之。終日理書室，畢。到校務長處，談下年史系事。仁之來。

到清華，訪袁復禮，洪思齊，張蔭麟，俱不遇。訪張印堂，遇之。士嘉來。爲人寫字條及扇。

家昇來，商編《禹貢》新疆專號。

五月廿四號星期日

到校印所略編講義。費孝通來。伴傅成鏞，譚超英等參觀校印所及燕東園。招待來客，到長順和吃飯。

到校務長住宅，開禹貢學會成立會，選舉職員，修改章程。至七時畢，送社會局李樹華上車。

與履安到超英家吃飯。九時半歸，與起潛叔等談至十一時。

今日到會者：潤章　思泊　希白　立庵　賓四　雨亭　洪都其玉　印堂　潔瓊　八爰　士升　侃嬹　仁之　瑋瑛　貫一丕繩　起潛　伯平　育伊　霽光　公量　成鏞　汪華　子臧　玉年　振鐸　伊同　鍾翰　李棪　信宸　静波　欽墀　觀勝　超英紹虞　孝通　植新　書春　文珊　政烺　向奎等四十餘人

夜飯同席：吳雷川先生　予夫婦（以上客）　觀勝夫婦（主）

五月廿五號星期一

略編講義。仁之來。乘九時車進城，遇鏡池。到院，與潤章商款事。佩韋來。記日記三天。到大美番菜館吃飯。

到贊廷叔祖處。蒙文通來。素英來。選購書籍。校《史記·秦楚之際月表》。

看報。休息。

今午同席：胡石青　謝剛主　予（以上客）　孫海波（主）

五月廿六號星期二

寫《歌謠周刊》信。豫備下午功課。

到北大上課兩小時。遇賓四，莘田，亮丞。寫受頤信。到書社。到西單乘六時車到燕京，遇自珍。

到校印所。到侃如處。

五月廿七號星期三

上午四時起，五時十分開車，到黑龍潭，繼到北安河。七時上山，遇潤章先生。到金仙庵訪胡泛舟夫婦。十二時，步至澗溝，吃飯。遇許道齡及侯君。

上頂，遇風雨，在僧寮坐待。雨霽，即行。到金仙庵，遇博晨光等十餘人。七時，步至北安河。八時，到家。

希白來。全恭來。

八十里不平之山路一日往返，前所未有也。予上山頗可，下山則甚不如青年，步甚緩。然在同輩中尚可謂健者耳。

本日同游：徐祖甲　周杲　陸欽墀　蒙思明　關斌　王懷中　鄭國讓　唐子清　陳夢家　陳鼎文　王鍾翰　李魯人　陳孟猶　孫葆　侯仁之　酈平樟　周恩慈　起潛叔夫婦　容希白夫人　履安　自珍

五月廿八號星期四

與履安自珍同乘八時車進城。改侃嬑《王孫賈之母》一文。周達甫，沈仲章，于道源來。

到中華文化基金會，訪任叔永。文奎堂張少亭來，鄭因百來，同商《九宮正始》書價。寫侃如快信。

到擷英番菜館吃飯。九時歸。

今晚同席：秦紹文　陳希文　適之先生　周炳琳　劉海蓬

陳聘之　　沈兼士　　馬乘風　　左宗綸　　黎劭西等約三十人（客）
陶希聖　　唐□□（主）

　　時局甚劣，日人欲奪綏遠，半月內即有戰事。增兵已不少。宋哲元不欲脫離中央，以是與蕭振瀛齟齬。馮玉祥囑宋與教育界接近，因有今日之宴。

五月廿九號星期五

　　校《史記》及《禹貢·通訊》。道齡送看妙峰山搜集材料。書肆數家來。

　　到章家，賀式之夫人六十壽。遇森玉，仲平，適之諸先生，吃飯。點劉興唐一文。起潛叔來。到侃嬺處。看書鋪送來書。履安來，同到中山公園賞芍藥，看白孔雀。歸飯。

　　看汪亞塵，羅止園畫展，與亞塵遇。

五月三十號星期六

　　點改健常《新疆交通》一文。方欣安來。壽彝來。魏重慶來。到東興樓吃飯。

　　飯畢，與嗣禹同乘二時車返燕京，校《禹貢》五卷七期稿。夢家來。

　　乘七時車回城，遇周杲，薛誠之，于海晏。與履安同到吉祥園，看荀慧生《元宵謎》劇。

　　今午同席：洪煨蓮　　鄧文如　　畢乃德　　田洪都　　鄧嗣禹　　張星烺　　李瑞德　　予（以上客）　　朱士嘉　　聶崇岐（主）

五月卅一號星期日

　　睡眠，休息。到東安市場剃頭。到東興樓吃飯。

　　飯後與起潛叔夫婦容女士回家。與履安，自珍同出，游社稷壇看芍藥，再到太廟看芍藥，吃茶。遇思和，士升，名舉，張佛泉。

　　到市場買物，到五洲書店看書。到東興樓吃飯。送起潛叔夫婦上車，步歸。

　　今午同席：畢乃德夫婦　博晨光　海松芬　容八爰　謝強李瑞德夫婦（先行）　薛瀜伯　起潛叔　卜德　朱士嘉　予（以上客）　鄧嗣禹（主）

[剪報] 廿五，五，三十《世界日報》

顧頡剛等組織之禹貢學會業已正式成立
選舉徐炳昶等七人爲理事
最近重要工作六項

〔特訊〕燕京大學歷史學系教授顧頡剛，前曾集合同志發起組織禹貢學會、出版《禹貢半月刊》，爲中國地理沿革史及民族演進史之專門刊物，此外又編印禹貢叢書，創繪地圖底本，進行極爲緊張。最近國內外會員已達三百餘人，因于日前下午二時半假該校臨湖軒開成立大會，并選舉第一屆職員，屆時到會會員及通信會員共一百九十四人，并北平市社會局及公安局代表三人到場監視開票，結果選出理事顧頡剛，錢穆，馮家昇，譚其驤，唐蘭，王庸，徐炳昶等七人，候補理事劉節，黃文弼，張星烺等三人。監事于省吾，容庚，洪業，張國淦，李書華等五人，候補監事顧廷龍，朱士嘉等二人。并通過該會簡章二十二條，會間并請新自廣西歸來之該會會員費孝通，講演猺山調查經過，費氏并著有專書，亦將由該會出版。至于該會最近工作，約有下列六項：（一）編輯中國民族志，（二）編輯中國地理沿革史及沿革圖，（三）編輯中國地名辭典，（四）考訂校補歷史正史地理志，（五）輯録地方性之文化史料作專題之研究，（六）與其他科學者合作求地理問題之解答云。

黎錦熙等參加風謡學會

該會擬刊行新國風叢書

北京大學文學院長胡適，師大教授錢玄同，燕大教授顧頡剛等發起組織之風謡學會，各地學者參加者甚踴躍，計有陸侃如，趙景深，黎錦熙，婁子匡，錢南揚，鍾敬文，李家瑞等二十餘人，該會并擬于最近刊行（一）新國風叢書（二月刊），（二）吳歌集，顧頡剛等所集，（三）豫南民歌集，豫北歌謡集，河北歌謡集等，日内開會審查後，即行付印發行。

一九三六年六月

六月一號星期一

揚廷叔祖來。寫父大人信。到院長室。思和來。書鋪數家來。看妙峰山照片。維鈞來。厚滋來。

作《夏史考》引言約千字。鄭因百來，爲寫徐森玉信。丕繩來談。懷古堂來，選書數種。校《史記》。履安來，同到懋恒處賀生子，到侃嬺處送錢，到元胎處吃飯。

到景山書社，十時歸。

六月二號星期二

到中央飯店訪汪亞塵。記日記七天。寫壽彝信。改致黃慕松信稿（玉年草）。與亞塵到青年會吃飯。

雇小車，與亞塵游五塔寺，燕大，到家小坐。再游燕東園，朗潤園，達園，大鐘寺，五時到家。小眠。

看報。休息。海波，王振鐸來。

六月三號星期三

點改丕繩所作《夏史考》三章，畢。

李夢瑛，史念海來。王崇武來。

與履安同到東交民巷散步。

六月四號星期四

看丕繩所作《夏史考》後記，略修改。續作《夏史考》前記，畢。書肆數家來。編《禹貢·通訊》。

海波來。寫卜德信。貽齋來，寫泉澄信。開本組常會。寫拱辰信。理書桌。泉澄來。謝國彥來。

到忠信堂吃飯。九時許歸。

今晚同席：玉年　佩韋　淑度　次溪　壽堂　樂夫　予（以上客）　子臧（主）

得父大人信，已由杭遷回蘇州，行李有二百件之多。

六月五號星期五

到東裱褙胡同，訪畢乃德，未晤。搜集吳歌史料，備作文。十一時，即吃飯。

乘十二時車返燕京，爲李素英女士口試。到紹虞家，晤賓四，商出處。

乘七時車歸家，與振鐸，素英，一諤，景珊同車。

今日同試委員：陸志韋　郭紹虞　陸侃如　朱佩弦　予

六月六號星期六

到院，與泉澄，次溪，玉年，貽齋共商購買檔案事。到禹貢學會，爲畫圖事。乘人力車還成府。

宴客二桌。爲人寫屏條。搜集吳歌史料，備作文。

高名凱來。夜失眠。

今午同席：黃賓虹　羅長名　于思泊　劉□□　劉子植　孫海波　容元胎（以上客）　希白　予（主）

又：吳文藻　費孝通　陳觀勝夫婦　吳其玉夫婦　平樟　鄭因百　謝强（以上客）　起潛叔　予（主）

六月七號星期日

到校印所編《春秋史講義》。希白來。寫南揚，青錏，平樟，仁之，槃庵信。

寫侃憼信。到煨蓮處。乘七時車返城，遇仁之，廷芳，平樟。早眠。

以昨夜没有睡好，今日頭暈甚，身如在雲霧中，勉强編講義，幾捉不住筆矣。

六月八號星期一

草《吳歌小史》，約五千餘言，未畢。到泉澄處，又到侃憼處。書春來。佩韋來。

歸家吃飯，飯後小眠，又洗浴。淑度來商晉華婚事。

王振鐸來。

兩廣將以抗日名義打中央，在如此國難之下尚不能統一，非直凋殘民生，簡直摧毀民族，可慟也。

六月九號星期二

作熊會之逝世消息。書鋪數家來。泉澄來。到院長室。續草《吳歌小史》。到維鈞處。到敬伯處。

　　歸家吃飯，飯後小眠。到北大上課一小時。晤徐芳，莘田，趙君，逮曾，賓四，毓銓等。回研究院，校《史記》。

　　到西四，宴客于香積園。八時，到研究院，再看稿。九時許歸。

　　今晚同席:滌塵(廣濟寺方丈)　宗鏡(妙峰山住持)　金秀錫(烟平三義堂領正)　陳老都管(以上客)　次溪　子臧　道齡　維鈞　達甫　道源　予(以上主)　爲訪問妙峰山香會事也。

六月十號星期三

　　記日記六天。思和來。壽彝來。鈔《樂府詩集》目録，備修改《吳歌小史》一文。欣安來，與樂夫欣安同到香積園吃飯。寫亞東圖書館信。

　　到王素意女士處，并參觀明明小學。

　　今晨六時三刻始醒，艮女已到校矣，甚矣予之憊也。

六月十一號星期四

　　乘七時車到成府，即到引得校印所編《春秋史講義》及校《史記》。遇蒙思明。佘貽澤來。十一時半，到煨蓮處談。與裴牧師同飯，并晤思齊。

　　到容女士處。到國文系參加薛誠之口試。觀勝來。王華隆來。乘五時車進城。到研究院，與甄翰忱同譯驪先發來密電。

　　到西裱褙胡同卜德家吃飯。十時辭出。到子臧處囑草電。

　　今午同席：Pere Henri Bernard（裴化行，號治堂）　思齊　予（以上客）　煨蓮夫婦及愛蘭（主）

　　今晚同席：福開森　湯用彤　張亮丞　袁同禮　尚有美國人二　予（以上客）　卜德（主）

六月十二號星期五

寫任叔永，朱騮先兩航空快信。修改本組各員工作報告。壽彝來。到敬伯處。到宰平先生處。宰平先生來。到院長室。

寫陳百年先生信。校《史記》。白寶瑾，張公量，王崇武，李夢瑛來。郭恒來。潤章先生來談院事。

子臧來商發電事。招吳玉年來，同到報社接洽。

六月十三號星期六

乘七時車到燕京，到西直門則門閉，退回。到素英處，并晤延增夫婦。到肖甫處。到中央研究院，晤孟真，莘田，庸莘。回家，遇學生游行隊。

洗浴，小眠。草擬立中國通史編纂處説明書及計劃，未畢。與履安乘六時車回成府，到劉治平家吃飯。

士嘉來。曾憲楷女士來。

曾憲楷女士本届于燕大研究院國文學系畢業，其論文題目爲《兩漢經學史》，予所著者彼盡覽之，必欲于行前一見予，想不到女子中乃有此知己。曾文正公，渠之伯高祖也。

今晚同席：起潛叔夫婦　兩弟　馮世五　予夫婦　劉太太之母（以上客）　劉治平夫婦及其子女（主）

六月十四號星期日

早五時，續草通史計劃書，畢，付鈔。編《春秋史講義》，未畢。薛誠之來。伯平來。書春偕伯平來。

乘一時車回家，小眠，即到東站送潤章先生行。出，到宗帽三條訪丁玲，未遇，見李達夫人。訪羅雨亭，遇之。訪海波，未遇。到院。到石公先生處，到禹貢學會。到侃嬺處。

看報。休息。

六月十五號星期一

到壽彝家送錢。揚廷叔祖來。王日蔚來，同出。乘十時車回成府，編《春秋史講義・魯國章》畢。寫驪先先生信。到校印所二次。

校《史記》。仁之來。張德華女士來。訪士嘉，子植，并未遇。訪侃如夫婦，遇之。鄺女士來。

乘七時車回城，遇冰心夫婦，雷陳兩女士，張德生，江漢生。到王姨母處談。

今夜又失眠，至上午二時猶不入睡，只得服藥。

六月十六號星期二

日蔚來談。鄺平樟，李琬，曾憲楷三女士來，同參觀本會，懷仁堂，大辭典編纂處。到瀛臺皇宮飯店吃飯。

飯後同到北大圖書館及研究院參觀。五時，到景山書社，飲汽水，別。予回院，校《史記》。

子臧來談院事。

今夜服琢如所告一方，居然得眠甚酣，惟藥太苦澀，難下咽耳。方如下：

酸棗仁　遠志肉　五培子　各三錢

茯苓　茯神　各二錢

六月十七號星期三

記日記七天。張潤田來。文奎堂送檔案來，爲寫孟心史信。齊樹平來。寶德堂等人來。

點讀《大美晚報》之“顧頡剛批判號”。拱辰偕蘇運衡來。到侃嬺處，趙泉澄處。到北大，晤季忧。與履安到文珊家吃飯，八時半歸。

容太太偕容玢來。

六月十八號星期四

寫健常信。延增來。王光瑋來。趙豐田來。書鋪數家來。維鈞來。壽彝來。寫羅爾綱信。歸家，服藥，作嘔。

午後小眠。三時半出，到北大，晤季忱。到靜心齋，晤庸莘，貞一，光信，述之等。到適之先生處，晤之，并留函與孟真。到肖甫處。到幼漁先生處。到中法大學，參加茶會，晤李聖章。

王振鐸來。看報，休息。看程廷祚《青溪集》。

健常來書，囑見丁玲，惟已遲耳。彼又謂在京參加國民代表大會婦女競選會，故甚忙。

六月十九號星期五（五月初一）

侃嬡來。丕繩來。海波來。心史先生來。吳志順來。書鋪數家來。兆原來。校《史記》。

楊繽來。修改本組同人報告。柯樂博來。校《史記》。到齊致中處，爲四川大學事。

與履安同到素意處，爲明明小學教員事。

近日身體非常疲乏，諒以夏至節故，身上有了歷本，甚矣我衰矣。這一年中，又爲我眼花之始。

柯樂博（Oliver Edmund Clubb），美國駐華大使署二等秘書。

六月二十號星期六（五月初二）

寫杭立武信。記日記三天。校《史記》。壽彝來。書春來，留同飯。

海波偕劉叔遂來，爲寫齊樹平信。校《史記》。素英來。

孟真來談。是夜遂以興奮失眠。

六月廿一號星期日（五月初三）

到研究院，作《史記》序，未畢。修改文珊序。到鹿鳴春吃飯。
回家，睡至四時，醒後骨節奇痛，遂眠半天。李光信來。

今午同席：劉麟生兄弟　俞大綱　予（以上客）　瞿兌之父
子（主）

六月廿二號星期一（五月初四）

拱辰來。泉澄來。丕繩偕張君來。書肆數家來，算節賬。張西
堂來，同到西單商場吃飯，他請。看廖友陶《詩經異文彙考》，寫
友陶信。

草本組下年計劃，未畢。與蘇君同到明明小學訪素意。

侃孄夫婦來，與予全家到中央公園，茗于壇後。步歸，一時就
眠。失眠。

六月廿三號星期二（五月初五　端午）

豐田來。維華自魯來。壽彝來。書肆數家來。作禹貢學會下年
計劃。

到石公先生處。到書社。剃頭。到北大，考"春秋史"。徐芳
來。乘六時車，與履安，自珍同到成府。

到女部體育館參加司徒六十壽宴。與紹虞同歸。

得潤章先生電，禹貢學會請求英庚款補助萬五千元，已通
過，爲之狂喜。

今晚同席：美國大使及其參贊　蔣夢麟　胡適之　梅貽琦
孫洪芬　福開森　趙紫宸　劉廷芳等燕大教職員約二百人。

六月廿四號星期三（五月初六）

肖甫來。仁之來。唐子清來。張印堂來。韓叔信來。費孝通來。
寫屏聯數事。植新，文珊來。唐子清偕周女士來。士嘉來。維

華，家昇來。書春來。

與全家同到貝公樓看游藝會，上午一時歸。

六月廿五號星期四（五月初七）

醒來已八時，寫屏聯等十餘事。編《禹貢》。與履安，自珍乘十一時車回城。遇素意，晨光。到歐美同學會吃飯。

壽彝來。壽林來。王崇武來。張公量，汪華來。豐田來。到泉澄處。到學會。

侃㜏來，長談。佩韋派人來談汽車事。

今午同席：孟心史　胡適之　傅孟真　羅常培　吳俊升　姚從吾　顧羨季　錢賓四　羅膺中　予（以上客）　毛子水　鄧廣銘　張公量　傅樂煥（以上主）

六月廿六號星期五（五月初八）

乘八時車到燕京。考研究院一年級生關斌。與煨蓮談話。與仁之談調查團事。

到校印所校《史記》第一册畢。于海晏來。看北大考卷畢。乘七時車歸。

以中來長談。

歸車中想得一聯曰："只會開山，未能善後；但求立業，不望興家。"自謂頗見予之個性。

六月廿七號星期六（五月初九）

兆原來。寫季忱信。芝生來。旭生先生來。致中來。錫昌，肖甫來。到院長室，晤嚴濟慈。寫下年計劃。

與諸同人到北海仿膳吃飯。到靜心齋游覽，到禹貢學會。還院，記日記八天。到院長室。看丕繩兩文。

到承華園赴宴，八時半歸。

今午同席：齊思和　王錫昌　張維華　吳世昌　趙肖甫（以上客）　予（主）

今晚同席：傅孟真　潘介泉　胡子安　羅膺中　羅莘田　姚從吾　周枚孫　予（以上客）　盧季忱（主）

六月廿八號星期日（五月初十）

看李光信《中國古代國家的自然崇拜》一文，未畢。謝午生來。張壽林來。

到玉華臺吃飯。飯後偕張忠紱（子纓）同到其家看屋。到元胎處，并晤希白。到懋恒處。到侃懋夫婦處。到研究院，校《禹貢》通信。達甫，道源來。寫植新信。

到元胎處吃夜飯。與履安同歸，十一時眠。

今午同席：張忠紱　張亮丞　錢賓四　姚從吾　雷伯倫　皮名舉　齊致中　邵循正　孔繁霭　洪思齊　予（以上客）　劉壽民（主）

六月廿九號星期一（五月十一）

到院。吳志順，史筱蘇來。王崇武來。旭生，韓儒林來。劉女士，魏娜女士來。到院長室，商下年職員事。

剛主來。海波來。拱辰，徐芳來。泉澄來。李夢英來。豐田來，爲寫守和信。泉澄又來。孟真來。

育伊，振鐸，全恭來。看《東壁遺書》。

亞東的《東壁遺書》，今天寄到了。我辛苦了十五年的工作不會失掉了，這真是一可喜事。

六月三十號星期二（五月十二）

旭生來。范希天來。壽彝來。泉澄夫婦來。看光信論文畢。

光信來。開本組常務會。傅成鏞來。楊繽來。履安來，同到香
積園吃飯。

九時，與履安乘電車歸。

今晚同席：師大心理教授陳先生　輔仁心理教授高先生及其
夫人（女大心理教授）　輔大美術教員啓薈　王太太　莘田夫婦
予夫婦（以上客）　儲皖峰夫婦（主）

夜歸，得父大人電，知康媛患濕溫，熱度六日不退，囑速
歸，因商定履安，自珍明日即行。家庭多事，可悲也。

[剪報] 廿五，六，廿八，北平《世界日報》

國民大會全國婦女競選會

二次請願圓滿

林主席勉勵努力婦女實際工作

蔣廷黻允予提請行政院復議

〔本報南京特約通信〕全國婦女國民大會代表競選會，以
上次向中央請願的時候，各方面都允于國民大會選舉法
施行細則中設法補救。現在因爲本星期二行政院會議通
過該法施行細則，只有第三條規定："領有公民證之
'男女'公民"有"男女"二字，第十一條："按照公
民人數之比例"句，公民上改有加男女二字，又第十二
條"所轄區域應出代表名額"句，代表上沒有男女二
字，所以今天該會全體委員譚惕吾，鄧季惺等二十餘人，
在京婦女會集合，携帶呈文作第二次請願。那天上午十
時到國府去的時候，適林主席在官舍理髮，由文官處秘
書朱文中代見，她們堅決的要面謁林主席，于是又到主
席官舍，林主席親自接見。各代表陳明來意以後，林主
席表示設法補救。并說："選舉法對男女并沒有限制，

男女當然都有選舉權和被選權，現在選舉法早已公布了，只要有辦法補救，當然盡力。現在歐美各國婦女參政的運動，都很熱烈的，我希望各位對婦女本身實切問題，多多努力，以達到復興民族之目的。"至十二時各代表始辭出，下午二時她們又赴行政院，作同樣的請願，由該院政務處長蔣廷黻接見，蔣氏的答覆，她們認爲最圓滿了，除了將她們意思代呈蔣院長外，并且允於下星期二院會的時候，設法提請復議。

她們對這次的請願，如再獲不到圓滿結果，就請中央通令各省市多指定婦女擔任被選候選人，并且實地作個別的活動，以期達到競選最後目的。據該會委員王立文説："我們這次發起競選會，目的并非單純，婦女運動近來好像很沉寂的，所以藉這機會，推進婦女運動，以奠婦女參政的基礎，尤注意各地分會，能有健全的組織，作些實際參政的工作。這次請願倘不能達到目的，各省市來京代表，最近也都回到各該省市進行競選分會，以爲個別活動的準備。上海湖南兩處，都已成立了分會，北平市由來京代表呂雲章，馬荃兩女士負責組織，當不成問題。廣東方面，本會已推派陳逸雲女士前往該省，協助進行。到八月一日本會正式成立的時候，各代表再來京商討實際競選方針。"她説的時候，表示很有把握似的。

上海代表陳令儀女士的表示，好像不達到目的不止似的，她説："我這次被推來京，本來打算單獨的同中央請願，但是少數團體的力量有限，爲了集中整個的力量，使能收到實際的效果，所以作整個的舉動。這次國民大會當然是健全的，健全的國民大會不能祇有男代表，而没有女代表，義務和權利，衹要是國民，不論是男或女，都應當共有的，區域代表，也衹能代表某一區域，男子代表衹能代表男子本身，婦女切身問題，當然由婦女代表纔可以代表。成功失敗，我們是不顧慮的，按着既定的步驟，勇往直前，有了深切的功夫，當然能收適當的效果。本人在京留三四天，打算回上海向各界婦女報告。"（二十四日潘）

[剪報] 廿五，七，五，南京《中央日報》

京市婦女會擴大組織
增加委員五十八人
力爭國大婦女代表

京市婦女會、爲國民大會競選問題、特于三日在成賢街會所開第七次籌委會、出席者趙懋華、張維楨、黃振華、任培道、譚惕吾、唐國楨、費俠、郭世英、陳逸雲、皮以書等十人、主席譚惕吾、報告該會工作進行情形、當即開始討論、（一）中央對婦女代表名額、于施行細則內、并未予以補救、應如何辦理案、議決、由本會向全國婦女國民代表競選會建議、本原有四點要求向中央再行請願、（二）如何充實本會力量案、議決、一、增加本會委員、二、擴大本會組織、并由出席委員當場介紹唐凌珂、莊静、鄧季惺等五十八人爲本會委員、當經全場通過云。

[剪報] 廿五，七，二《申報》

記禹貢學會　　（北平特信）

近來常在日本刊物上、看到關于禹貢學會的消息、與夫討論其研究成績的文章、而在中國刊物上、除去今年正月

《東方雜志》三十三卷第一號、容庚氏那篇記考古學社的文章裏、曾附帶提到幾句外、其餘則不多見、吾國人對自己知道的尚不及日本人之詳盡與清楚、于此亦可得一例證、夫以該會抱負之遠大、研究之深刻、與夫其在今日我國學術界活動範圍之廣闊、國人實不能不對之寄一莫大之企望、而予以莫大之注意也、記者用特盡力向各方搜求該會之情形、略約記出、以告國人、際此故都幾將陷于淪亡、吾人耳目所及者、均屬慘淡現象之今日、或亦可略予國人以少許之興奮、而略怯絕望、但傷與束手待斃之感、

（一）研究工作

該會于前年國難嚴重時產生、二年餘來、又悉在國難之日益嚴重裏掙扎、如再追溯根源、即該會之產生由來、亦未嘗非由于受國難嚴重之刺激所致、故該會之最大目標、厥爲從學術界之立場、致力于救國工作、斯即該會于募集基金啓內、創立宗旨一項中、所說“救國之道、千端萬緒、而致力于地理、由認識國家民族之內涵、進而謀改造之方術、以求與他國方駕馳騁于世界、固其主要之一端也”、

在救國之目標下、該會所采之手段、雖爲研究地理、但其研究方法、與一般就地理而研究地理者、又復不同、其所用方法、一言以蔽之、可名爲綜合的方法、如再析而言之、則（一）在橫的方面、舉凡民族、交通、文化、政治、經濟等種種現象無不包括在內、（二）在縱的方面、遠溯往古、近迄現代、一切演變、遷移、混合、分化、等種種沿革、均在研究對象之中、斯亦即該會募集基金啓內所說、“目前在研治沿革地理、并進而任實地

調查之工作、以識吾中華民族自分歧而至混一之迹象、
以識吾中華民族開闢東亞大地而支配之方術、以識吾中
華民族艱難奮鬥以保存其種姓之精神、蘄爲吾民族主義
奠定堅實之基礎、且蘄爲吾全國人民發生融合統一之力
量、此今日之大任、非敢以能力薄弱自諉者也"、更顯
明言之、即該會之研究地理、并非就單純之大地、加以
研究、而其最主要著力點、厥在視此大地爲民族種種活
動之舞臺、而始加以研究、吾人試一究該會研究計劃之
八大綱領、則其意義當更可明瞭、斯所謂八大綱領者即、
(一)編輯中國民族史、(二)編輯中國地理沿革史、(三)
編輯中國地理沿革圖、(四)考訂校補歷代正史地理志、
(五)編纂中國地理書目、(六)編輯中國地名辭典、(七)
錄輯中國地方文化史料集、(八)編輯中華民國一統志、
該會自二十三年二月在北平成立以來、至現在爲止、其研
究工作之進行、共有下面幾種、
第一爲發刊禹貢半月刊、該刊年出二十四本、而以每十
二期爲一卷、故現已出至五卷八期、裝訂方面、每期原
爲三十頁、自四卷起已大加擴充、每期達八九十頁之多、
封面亦改用厚道林紙、彩色字排印（甚覺大方樸素）、
其編排方法、每期共有三欄、一欄爲論文、一欄爲國内
地理界消息、另一欄則爲通訊一束、此三欄中國内地理
界消息、則專輯國内關于地理方面有價值之統計與記載、
通訊一束、則悉爲從事此方面研究者之意見與近況、而
最主要之一欄、仍屬第一欄、此欄每期載論文十篇左右、
悉爲精萃之作、至第三卷爲止、據統計此三十六期中、
共載有論文二百四十二篇、其中關于古代地理者七十七
篇、戰國至漢二十七篇、三國至唐者二十篇、宋至元九

篇、明至清者二十三篇、關于邊疆者二十四篇、内地種
族者五篇、中外交通者十三篇、方志研究者十一篇、地
方小記者七篇、地圖評論者十二篇、游記者九篇、書評、
目録、傳記共二十四篇、通論雜類等共十篇、第四卷及
第五卷之一共十八期内所刊者、尚不在内、論該刊在國
内地理學刊物方面之地位、實可謂數一數二、

該會已進行而有成績之第二工作、則爲畫圖工作、關于
此方面、從民國二十二年起到現在、已進行有四五年之
久、其所畫之圖、大概可分爲兩種、一爲現代圖、一爲
沿革圖、此二種中、除沿革圖已成四十餘張外、關于現
代圖、亦已完成五分之四、共用去經費四千之巨、尚需
經費一千元、即可竣工、此筆款項、亦悉由顧頡剛、鄭
德坤二氏私人籌措、此外并由洪煨蓮氏輯印利瑪竇地圖
專號、現已出版多日、洋洋大觀、實地學界本年之盛
事也、

除上述二項工作外、此外爲該會所亟擬進行者、尚有下
列三事：（一）印行專書、此種工作意義、在于發刊學者
專門研究之成績、現在該會已積有成稿十餘種、悉爲精
心結構之作、如王日蔚之中國回族史、馮家昇之東北史
地、西遼史、譚其驤之中國内地移民史、等等、惟估計
印費、如每月平均出一二種、則一年内非需六千元莫辦、
如此巨數、一時籌措無從、致佳作不能及早問世、言之
可惜、（二）舉行集團研究工作、聘定專人、分工研究、
編印目片、俾後之研究者、可省去無限光陰與精力、
（三）商定專題、每年組織旅行團一次或二次、作實地調
查、考察之工作、（本年暑假、據聞已擬舉辦此種旅行
團、前赴五原、包頭等處、作考察溝渠之工作、而前領

導河套開發工作達六十年之王同春氏公子王樂愚君、亦
已函請該會前往、并願爲嚮導矣、)惟舉行第（二）項工
作、每年估計約需經費六千元、舉行第（三）項工作、
則又需經費五千元、暫時經費方面有無辦法、尚未可知、
(二)當前計劃

該會當前計劃之最大者、厥爲研究邊疆、關于此點、該會
已擬有詳細之計劃書、其在工作進行方面、大概分爲三
點：(一)搜集材料與提出問題、(二)訓練調查人才、
(三)獎勵邊疆研究、據悉該會已將全國邊疆應加研究之問
題、分成十一主題、計即(一)滿州、(二)蒙古、(三)新
疆、(四)青海、(五)西藏、(六)西南諸族、(七)南洋、
(八)海防、(九)沿長城附近、(十)屯田、(十一)移民、
每一主題、均由該會從會員中之學有專精者、提出名單三
五人不等、計十一主題、共提出名單三十九人、以供政府
開發邊疆及各方有志開發邊疆者之參考、

此項研究邊疆計劃、所需經費、據聞第一年估計約需三萬
三千三百四十元正、至于如何籌措、情形尚不能詳。

該會當前之第二計劃、厥爲募集基金、據說擬在十年之
內、募集三十萬元、如機會順利、并擬縮短年限、現擬
由會員中選舉八人、及贊助會員七人爲委員、組織“禹
貢學會籌募基金委員會”、負責管理募捐及支付事宜、

所得捐款、除以十分之一購買圖書外、其餘則盡歸基金
項下存儲、如捐款人指定用途、不并入基金者亦可、凡
捐款在五十元或代募五百元以上者、均由該會敦請爲贊
助會員、并刻鏤金石以爲紀念、據聞自開始募集以來、
除張國淦氏慨捐私產北平小紅羅廠房產一座、共大五畝、
有房二十間外、其餘普通應募者、亦甚爲踊躍、國人近

年來漸覺高深專門研究之可貴、亦于茲可見、此外并聞將有幾筆特別捐款、惟前途究竟可否順利、現尚不得而知、

總之該會于國難如此嚴重中出現、抱負如此之宏遠、而網羅各方面人材、又如此之多、吾人對其前途、實覺有無限之關心、而寄以莫大之希冀、曩者希臘大科學亞奇米德（Archimedes）于羅馬人破城侵入其住宅、舉刀相逼時、尚能鎮定如常、叱亂兵勿毀其作學理試驗之沙盤、世人或有笑其愚者、但亞氏前此固已用其研究所得大敗羅馬人之圍攻于前矣、所惜者、一人之力、難以支撐全局而已、但亞氏之精神、實令人拜服、吾人處國家如此風雨飄搖之時、對禹貢學會之出現、可作如是觀、但望該會能以集團力量于救國工作中、竭其最大之努力、

一九三六年七月

七月一號星期三（五月十三）

趙瑞來。寫起潛叔，植新，馮伯平信，托帶去。廖友陶來。馮世五來。魏女士來。寫庸莘信。

歸家，晤嬬母。到頤園吃飯。到研究院，與同人同訪范希天于大公報社。同出，到教子胡同西清真寺，晤馬松亭阿衡及某主教。到牛街東寺，晤王阿衡，到西北中學，晤薛文波。同出，到前門，和軒教門館吃飯。

今午同席：楊堃　楊杰　斯行健　謝季驊　王鍾麒　黃正銘尚有三人（以上客）　洪思齊（主）

今晚同席：薛文波　趙振武　范希天　徐旭生　白壽彝　吳子臧　楊繽　許道齡　張江裁　吳玉年　單化普　韓儒林　張維

華　（以上客）　　予（主）

七月二號星期四（五月十四）

寫校務長信，商史學系事。作一年來工作報告。送孟姜女稿與楊繡。到院，整理一切。博晨光來參觀。到承華園宴客。

飯後乘人力車到成府，理物。支派事務。到司徒校務長處。到博晨光處。仁之來。訪煨蓮，文藻，未遇。伯平來，同飯。寫剛主信。

一良，家駒來。植新來。嗣禹來。仁之，思明，欽墀，瑋瑛來，商調查事。

今午同席：適之先生　孟真　思泊　從吾　潤章　立庵　以中　維華（以上客）　　予（主）

七月三號星期五（五月十五）

乘八時車進城，到景山書社。九時，到北大，試李光信。到歌謠會。寫念海信。拱辰來。回家，到姨母處。

到北平研究院，理物。育伊來。寫徐芳，馮世五，丕繩，淑度信。到旅行社買票。乘三點半車南行。

在車與孟真，侃如，政烺談話，且同餐。八時許即眠。

到站送行者：儲皖峰　拱辰　筱蘇　文珊及其子佺　公量　傅成鏞　王育伊　維華　玉年　道齡　子臧　姚從吾

今日同試委員：適之先生　孟真　錫予　予　（希聖缺席）

得履安電，自明病尚不重。

七月四號星期六（五月十六）

在車，與孟真，大綱，侃如，政烺談話，且同膳。在室與同房者范準，黃恩談話。

八時三刻到浦口，乘輪渡江，宿孟真處，見其一家人。

七月五號星期日 （五月十七）

點看史念海《五岳圖考》。與政烺同出散步。晤濟之。到驪先先生處。到叙甫處。到叔儻處未晤。在叙甫處，并晤其兄纂父（名昂），陳訓丹，茅珏雙，爲珏雙寫字一條。

陳槃兄弟來。丁山來。叔儻來。與孟真同到研究院，看高小歷史教科書，作覆審。

與孟真同到驪先處吃飯。十時歸，晤大綱兄弟。十一時眠。

七月六號星期一 （五月十八）

記日記五天。寫念海，夢英信。與孟真同到英庚款會，開會，決定應徵小學歷史教科辦法。到中央黨部，訪葉楚傖。

到青年會吃飯。到健常處。到黄文山處。到香林處，未遇。到祚莣處，未遇。到仰之處。到丁在君夫人處。

到孟真處。到志希處，留飯。到中央研究院。與孟真談至十一時許。

中央黨部所給予之責任甚重，因取決於健常，必彼可輔予，予始有能力擔負之耳。

到健常處，適彼穿半臂，跣足，乘凉于樹下，見予至，遽奪門入，整衣而出。見予髮，惻然曰：“先生太辛苦了！”

七月七號星期二 （五月十九）

乘八時二十分車離京，十二時四十二分到蘇州，即雇車回家。在車看上海各小報。

洗浴。理物。到孀母處，晤弟妹。

與家中人談話。

康女熱度依然，大便不通，已傷寒兩候矣。履安太好了，夜中數次起來視康女疾，親生的也不過如此。

父大人病後身體轉健，烟酒皆戒去。允秋間同到北平。

七月八號星期三（五月二十）

到又曾處，未遇。到聖陶處，遇之。又曾來，留飯。寫起潛叔，吳雷川，蒙文通，任叔永，趙惠人，馮世五信。

錢伯煊醫生來診自明病。

洗浴。

中央工作，予欲健常助予爲之，以其人有才幹，有宗旨，且熱心，在予友中無第二人也。告之履安，渠不贊成。在其立場上想自當如此，但我敢作誓言于此，予決不負履安，否則十三年之苦痛，忍住了有什麼結果。但若因此而加重健常之苦痛，則將怎麼辦？噫，異性交情，其難如此！

七月九號星期四（五月廿一）

寫鄭德坤，邵君樸，劉師儀，童丕繩，趙肖甫，欒植新，鄭侃嬔，趙泉澄信。

到午姑母處拜壽。與姑丈同到吳苑，與父大人，又曾同吃茶。買鞋。

洗浴。

覽報，悉教育部已定改良民眾讀物費下年十萬元，不知我們的通俗讀物社能占得幾許。

七月十號星期五（五月廿二）

與自珍同到吳外姑處。到瞿子陵家。改文珊《史記》序。瞿子安來。寫王雪艇，劉師儀，馮世五趙惠人，童丕繩，佘貽澤，瞿兌之，容八爱信。校《禹貢·通訊》稿。

又曾來。錢醫來診自明病。與又曾，父大人，和官，自珍同到蘇州大戲院看《雙城記》電影。出，到廣州食品公司吃飯。九時歸。

洗浴。

陳濟棠衆叛親離，内戰大約起不成了。

日人以坦克車行平市，柏油路爲壓碎。

陳濟棠産業一萬一千餘萬。其兄陳維周，其妻莫秀英均有五千餘萬。莫秀英開了幾個輪船公司，每日可得四萬元。然而廣東濫發鈔票至二萬萬餘元，現金悉售予日人，竭澤而漁，民窮財盡矣。此等人偏要提倡道德，大盗之門而仁義存，可嘆。

七月十一號星期六（五月廿三）

吴外姑來，留飯，打牌。寫馮世五，王日蔚信。沈維鈞來。寫張子纓信。

看《禹貢·西北研究專號》。看仰之《遠古史》。洗浴。

與艮男談話。

康媛自前昨二日用錢醫蜜針後，大便數下，寒熱頗退，但不能遽净耳。

七月十二號星期日（五月廿四）

理物。舜欽來。九時抵車站，遇沈維鈞，同乘九時半車。看上海小報。

二時到南京，即入中央研究院宿舍，與槃庵弟兄晤。到孑民先生室。記日記五天。寫陸志韋，辛樹幟信。

槃庵邀宴于黄泥岡春風小啜樓。到唱經樓買物。到研究所洗浴。

回蘇五日，熱極矣，四肢無力，頭腦暈眩，今日始有風，欲下雨，人得一醒。

在車中得句云：“試看一腔血，化爲兩鬢霜。”

今晚同席：李公明　葉孟沅　温明敬　予（以上客）　槃庵　仲復（主）

志韋來信，對于予所請求史學系改進各點，未盡准許，憤而辭職。

七月十三號星期一（五月廿五）

寫煨蓮信。到研究所，晤彦堂，子元諸人。布置研究室。到仲復處小坐。看魏昌所譯《雙城記事》，未畢。驪先來。

寫張冠英信。寫侃嬡信。

與政烺到福林家，又到中大散步。

寫煨蓮信，謂予之性情，要辦事則必有事可辦，辦得好是我功，辦得壞是我罪，將來自當静候別人的裁判。若功既不歸，過又不屬，無非無刺，這種鄉愿式之職務非我之性情所可擔任，請辭。

昨夜幾于徹夜未眠，半夜又泄瀉。今晚初就眠已得眠矣，而不久又醒，又不成眠。服藥與酒，亦僅得眠三小時耳。

七月十四號星期二（五月廿六）

寫父大人信，履安信。到研究所，看《春秋義例辨》綱要，略畢。看《雙城記》畢。

飯後睡眠。至五時始醒。草通俗讀物計劃，未畢。到趙邦彦處小坐。

夜飯後即眠，居然眠着。

兩日未得佳寢，今日補之，大佳。今日倦甚矣，看書作事似在霧中。

七月十五號星期三（五月廿七）

看《春秋義例辨》。子元來。貞一來。慰堂來。作通俗讀物計劃，并改鈔。

政烺，福林，漢昇來。孟真來。寫履安信，健常信。

到雙龍巷寄信，到黃泥崗買物剃頭。看《赫哲族》。

今日本擬到健常處，而諸友忽來。夜中往訪又慮不便，遂將計劃書快信寄與。然詢之郵局，快信亦須明晨發矣。

夜夢健常已來北平，住東老胡同。予一家人邀其到某館吃飯，至其門，彼偕女友同出相迎，介紹其友曰鄧小姐。醒而思之，即在托兒所所見之鄧季惺律師也。

一夜大風雨，氣候凉了不少。

七月十六號星期四（五月廿八）

看《左氏春秋義例辨》第一卷畢。寫從吾，庸莘，讓之，莘田，師儀，佩韋，才百，道齡，丕繩，肖甫，貫一，筱蘇信。

張冠英，杜阯厚來。小眠。到教育部，晤王雪艇。歸寓。

健常來，談民衆工作事。送之到鼓樓上汽車。到黃泥崗買物。

王雪艇一副架子，使人難受。通俗讀物，他去年自己托金甫邀我辦，今既有改良民衆讀物經費十萬元，乃竟反悔，且以我之詢問爲多事。真太荒謬了！

晚飯後上街買物，適遇健常來。她所擬民衆運動計劃，比我大得多。人家說我魄力大，喜歡大幹，她竟超過了我，可見她真是一個不凡的人。

七月十七號星期五（五月廿九）

上午二時起，修改計劃書，重鈔，凡三千六百字。看《左氏春秋義例辨》。寫驪先信。到驪先處。

飯後小眠。沈勤廬來，同到彥堂處，并晤潘孟博。同到新都大戲院看《野性的呼聲》影片。

到平倉巷德奧瑞同學會赴宴，十時歸。

以昨夜眠少，今日上午倦甚。午後得眠，精神稍佳。

今晚同席：陳禮江　陳通伯　陳次仲　辛樹幟　劉英士　陳可忠　尚有四人　予（以上客）　蔣慰堂（主）

七月十八號星期六（六月初一）

看《左氏春秋義例辨》第二卷畢，續看第三卷。爲槃庵《矢魚説》作一跋。白寶瑾，李夢英來。寫燕大校長信。到驪先處。寫杭立武信。傅成鏞來。寫文珊信。孟真來。

到國際飯店，赴宴。游清涼山，在掃葉樓品茗。寫張公量信。回所，看宋程公説《春秋分紀》。白李二君來。

到樹幟處，并晤范曾浩，周策勛。晤丁聲樹。

今午同席:陳中凡　繆鎮藩　梁思永　予(以上客)　沈勤廬(主)

夜眠又不好，連日頸間均有盜汗。

本約健常明日游采石磯，今日下午得其電話，悉明晨有事，作罷矣。今日報載，昨日彼又出席南京婦女國民代表大會競選會。

七月十九號星期日（六月初二）

寫黃慕松信，爲調查雍和宮事。到樹幟處。同到孟真處。到編譯館。又同到黃慕松宅（雍園十號）。出，到陳百年先生處，未晤。歸飯。

飯後小眠。寫起潛叔，世五，惠人，笠農，肖甫，家昇，筱蘇等，晉檠，文化事業計劃委員會，趙紀彬信。

到功德林，赴中凡約。又到擷英，赴百年先生約。

近日精神極不佳，午睡後更倦，終日在憊憊狀態中，然又不能不興奮地作事，真痛苦也。

今晚同席：印水心　蔡尚思　沈勤廬　予(以上客)　陳斠玄(主)

又：任叔永　辛樹幟　傅孟真　蔣慰堂　張真如　宗□□　予（以上客）　陳百年(主)

七月二十號星期一（六月初三）

重作計劃書，訖，謄清。看《左氏春秋義例辨》。董道寧來。易海陽來。李夢瑛來。到驪先先生處。孟真來。

小眠。到祚苴處。到中央圖書館籌備處參觀，由慰堂引導。

到中央日報社訪程滄波。到仰之處。到夢英處。到香林處。歸，洗浴。香林來。

昨曉夢手握健常之名片及小紙，適履安來，亟匿抽屜中。醒而自笑，何心地如是之不光明也！

七月廿一號星期二（六月初四）

黃慕松來。看《左氏春秋義例辨》第三卷終。趙紀彬來。作禹貢學會豫算，備送英庚會。寶瑾，夢瑛來，同訪驪先。

與驪先同到楚傖家吃飯，商通俗讀物事。小眠。到青銌處，未晤。

到健常處吃飯，九時冒雨歸。看《赫哲族》。

今晚同席：毛惠　予（以上客）　健常及其父母（主）

七月廿二號星期三（六月初五）

寫起潛叔、世五、笠農信。看《左氏春秋義例辨》。理物。到孟真處。

乘十二點車返蘇，六時到。車中熱甚，幾致暈眩。

洗浴。與家中人談話。看各處來信。

到家，自明已起床。

七月廿三號星期四（六月初六）

父大人六十七歲生辰。來客三桌，喚陳勞獅游藝園宣卷及戲法，十一時散，十二時眠。寫侃嬺信。

瞿子陵來。

今日來客：姚仲虎夫人　景春夫人及其孫志和　張廣仲姑丈，姑母及其女學潤，媳，孫如意　吳麟書夫婦　張又曾及其子女　父大人打牌友人

七月廿四號星期五（六月初七）

寫簡香表弟書。點張西山函入《禹貢·通訊》。又曾來，留飯。曬對聯。洗浴。

早眠。

天熱甚，想工作而不得，寫幾個字，就出一身汗。只得作游手人矣。

七月廿五號星期六（六月初八）

發高君珊唁電（其父夢旦先生昨晨逝世）。曬書畫軸。顧培懋來。又曾來，留飯。

理書畫軸入櫥。

與父大人及又曾到國貨商場，適大雨。到松鶴樓分店吃酒及點。九時，出，購物。歸，洗浴。

天氣依然極熱，夜下雨後稍好。

爲地政局丈量事，父大人甚不舒服。先是五月初報丈量，父大人猶未回家，由龍弟代寫，凡園內房地，悉以父大人，魯弟及彼三人名開去，于是兩房產業混淆不明。父大人歸後知其事，呈

請更正。今日地政局人來重丈，龍弟又必欲以同壽里房屋書彼弟兄二人名義。同壽里者，彼家之地，以欠父大人巨款，押于我家，而父大人所造之屋也。然則將造屋贈彼乎？予于産權觀念嚮來薄弱，而於龍弟此舉則甚不滿意。叔父一家欠父大人至八千餘元，而猶沾沾之于此數百元之地，"人心肉做"，奈何無此心乎！此等人，真不值得待他好。

七月廿六號星期日 （六月初九）

寫崇武，季龍，才百，玉年，沅君，司徒校務長，起潛叔，琢如南揚，孟鄒，誠安信。張姑丈來。佘貽澤來。

小眠。乘二點五十分車赴南京，遇織科叔，同車至無錫。看上海小報。

八時到宿舍。與丁山，槃厂談。彥堂來。看各處來信。洗浴。

今日有風，稍涼，人爲一醒。

七月廿七號星期一 （六月初十）

到庸莘處。看《左氏春秋義例辨》畢。白寶瑾，李夢瑛來。寫北大史學教授會信。孟真來。

小眠。晤中舒。趙紀彬來。寫泉澄，起潛叔，世五，侃燮，楊繽，公量，北大注册課，驪先，日蔚信。記日記六天。

爲白李兩君旅費事，到驪先先生處，九時半歸。

七月廿八號星期二 （六月十一）

庸莘來。重看《左氏春秋義例辨》綱要。寫張公量，趙惠人信。寫袁守和信，爲季龍找事。魏青鎧女士來。白寶瑾、李夢瑛來。金謹庵來。

小眠。到金謹庵處。到黃淬伯處。歸，看《大元大一統志輯本》。

到丹鳳街買藥及酒。到孟真處。到閱報室。

健常失眠，服散拿吐瑾而愈，予因亦購服。惟價甚貴，一瓶須五元八角。

七月廿九號星期三（六月十二）

重看《左氏春秋義例辨》綱要，畢。寫譚季龍，魏青鏗，史念海信。孟真來。

小眠。到彥堂處送物，并晤趙元任夫人。到元任處，未晤。到研究所，晤孟真，濟之。草致潤章電，請庚款事。

飯後到雙龍巷郵局。坐長途汽車到健常處送物。到電局發電。點《遼海叢書》提要。

予久欲爲念海青鏗二君撮合，今日忍不住，兩方面均寫信去了。甚願天從人欲，有成事之期耳。

健常第五侄兒，今年七歲，已在小學二年級，頗能幹，爲群兒中之領袖，已過繼與健常爲子，甚望其克傳健常之精神與事業也。

七月三十號星期四（六月十三）

四時即醒，起草下年下層工作計劃。改訂《左氏春秋義例辨》綱要次第，作此書序，未畢。胡雪峰來（毓瑞），杭立武來。范希衡來。

偕彥堂到中央商場厚德福吃飯。到國際飯店赴鎮藩約。還所，寫子水，王毅齋，維鈞，西曼，凌霜信。希衡來，同訪延哲，并晤洪亮，飯于廣東酒家。

歸，檗庵兄弟來談。點《遼海叢書》提要，畢。

今午同席：胡雪峰　丁山　檗庵　予（以上客）　彥堂（主）

又：蔡尚思　陳君　中凡　勤廬　予（以上客）　繆鎮藩（主）

今晚同席：希衡　予　洪（鄭）亮（以上客）　張延哲（主）

七月卅一號星期五（六月十四）

作《左氏春秋義例辨》序，仍未畢。白寶瑾來。沈勤廬，陳斠玄，繆鎮藩來參觀研究所，邀宴于厚德福。還所，寫肖甫信。

特生素英夫婦來，予與庸莘伴其游後湖，在美洲川菜館吃飯。九時歸。

今晨仍四時醒，何散拿吐瑾之不效也？

南京之夏，尚係第一次見，後湖中環望皆荷花，可愛也。

今午同席：斠玄　鎮藩　勤廬　中舒　彥堂　槃庵　福林（以上客）　予（主）

得青鋌書，知其已訂婚，爲之悵絶。

本月廿五夜，與鄂姑母，午姑母談，得聞予幼年之事，記之于下：

三歲坐連柏交椅中，即能剥豆一碗。抱至觀前，識招牌上字。

喜翻看人抽屉，沈家壽太太最整潔，以予之翻弄爲苦。（好奇心）

母好潔，故予出尿遺糞，必打。

本生祖母極愛予，每聞母打，必來勸。母不受勸，則關閉房門而打。本生祖母常爲此事氣得哭。

每病，由午姑母陪伴，常以摺物爲玩。午姑母來伴予，則不必更做女工。

兩姑母及娥姑母，大保姑母常搶着抱予，把我拍睡。予出痘甚危，諸姑母恒不得休息。痘兒不能聞雷聲，每值打雷，則敲銅器以亂之。

嚴湘濤夫人奉佛，以蜜糕盒作佛堂，予常將佛頭顛倒插之，爲其所厭苦。（不信宗教）

吃飯必用象牙筷，無象牙筷則不吃。喜吃蝦及蝦子醬酒湯，吃得甚清。

好靜，不與群兒同戲。

每夜恒由嗣祖母拍睡。（觀此，則予之神經衰弱竟是先天的。）

出生時當午刻初，本生祖父向吃飯一碗，是日聞予生，加半碗。次日仍進一碗。

小時圓面孔，面胖而身瘦。

好嬲祖母，每請求一事，必説"ä，ä，ä……"，至得請而已。

有人送走馬燈一盞，上有關羽，張飛像。每逢不如意事，輒説："我要去告訴關老爺的!"

好聽人談故事，常講盂蘭盆會放水燈故事："一隻船坐和尚，一隻船坐道士，一隻船坐尼姑……"

一九三六年八月

八月一號星期六（六月十五）

寫英庚款董事會，驥先先生信。到孟真處商量請款事。回所，寫潤章，旭生，志希信。大綱，聲樹，貞一來。青鋐來，贈物。

仲舒偕子馨來。到庸莘處，與之同到鼓樓五條巷曾家，參觀新屋，見其全家人。與特生，素英同出，先游清涼山，在掃葉樓品茗，再至莫愁湖，吃蓮子。到夫子廟。

到太平路安樂酒家吃飯。十時歸。晤孟真。

莫愁湖不至者廿六年矣!

昨晚之宴，庸莘主，今晚之宴，特生主。

今晨二時，得北平研究院覆電，囑爲接洽。因此又不成眠，精神一日疲乏。

八月二號星期日（六月十六）

李子魁來。寫楚傖，壽彝，綴英，中舒信。中舒來。健常偕其父賓虁先生來，同到玄武湖，茗于美洲公園，吃飯，一時許出。

到皇后飯店，赴中舒約。與丁山同歸研究院。庸莘送至和平門站，上五點零五分車。

九點十七分到蘇，歸家，值大雨。候父大人打牌完而睡。

賓虁先生年已七十有七，而步履甚健，品茗時屢起繞灣。惟兩耳重聽，表示其老耳。健常述其以前數十年之敦品勵節諸故事，益增敬仰。其夫人年亦七十二矣。

今午同席：子臧　子馨　欣庵　丁山（以上客）　中舒（主）

龍弟已就松江縣政府丈量職務，月薪五十元。如此脾氣，在外應多挫折，但望于飽受挫折之後，能見吾家恩義耳。

八月三號星期一（六月十七）

乘九時車赴滬，車出平門，遇德坤及陳旭輪。與德坤同車到滬，即住其新亞酒店，由德坤備飯。

與德坤同到商務印書館，訪王雲五及張天澤。到亞東編輯所，訪汪孟鄒及胡鐵巖。到開明書店編輯所，晤伯祥，聖陶，丏尊，雪村，調孚等。

與德坤到永安公司西之精美食堂吃飯。歸，孟鄒來談，至十一時別。

八月四號星期二（六月十八）

寫壽彝，肖甫，履安，紹虞信。到孑民先生處，未晤。到重九弟家送物，再到中央研究院訪孑民先生，遇之。到申報館。到四馬路杏花樓赴宴。

到孑民先生家赴宴。四時，與劉惠女士同車出。到魯弟家。到申報館再訪馬蔭良。到亞東圖書館。

到民樂園赴宴，九時歸。洗浴。寫健常信，報告二日來接洽結果。

今午同席：德坤　王君　葉君　予　商務同事六人（以上客）張天澤　孔君（主）

又：語堂夫婦及其三女　劉惠女士（半農女）　予（以上客）子民先生夫婦（主）

今晚同席：予（客）　汪孟鄒　胡鐵巖　又店伙一人（主）

此次到滬接洽成績：

1. 蔡先生答應加入通俗讀物編刊社，并代籌款。
2. 亞東圖書館每月可印通俗讀物二十萬字，又半月刊每期七八萬字。
3. 申報館本年印通俗讀物十冊至十六冊。
4. 商務印書館允印《禹貢學會叢書》。

八月五號星期三（六月十九）

寫佩靜，崇年信。寫賓四，子臧信。與德坤同出，到銀行公會存物。到魯弟家取圖章。到滄洲飯店訪潤章先生，未遇。到銀行公會，與魯弟同到浙江興業銀行取出珠器。到四馬路剃頭。到亞東圖書館取書。

魯弟邀至海軍青年會吃飯。即上站，遇陸酉生。二時五十分到蘇。

休息。洗浴。看《禹貢·回教與回族專號》。嬸母等來談。

八月六號星期四（六月二十）

寫趙惠人信。點改《顏元》一篇，未畢。本日爲繼母起座之期，終日拜謝及招待來賓。

崇年來。

到佩諍處宴會，九時半歸。

　　今晚同席：際唐夫婦　紹虞夫婦　予（以上客）　佩諍夫婦穎琬　令嫻（主）

　　今日來客（凡四桌）：姚仲虎夫人　吳岳母　胡士楷夫人及其子女三人　張姑丈全家　吳麟書　耀曾又曾兄弟　彭枕霞　蔣企羣　張育如醫士　有斐及其子　嚴子明之子　嚴舜欽　王受祉謝桐生　蔣司務　杏林叔祖及其侄　兩孀母全家

八月七號星期五（六月廿一）

點改侃懋代作《顏元》一篇，畢。寫伯祥信，即付寄。紹虞來。佩諍來。蔣源順來。

理物。乘二時五十分車到南京。在站遇君疇，同路至鎮江，別。七點到京。

看各處來信。

八月八號星期六（六月廿二）

記日記六天。到研究所，審核槃庵續擬目錄。彥堂來。丁山來。福林，李啓生來。爲啓生寫扇。到孟真處，寫謙之信。

小眠。爲槃庵寫對聯二副。四時，與丁山槃庵同到後湖，划船，到澳洲。在美洲吃飯，又到亞洲吃茶，皆丁山請。

十時半歸。

　　贈健常

白門重聚首，悲喜俱難量。試看一腔血，頓成兩鬢霜。

此心但有托，便老亦何傷。敢以身爲炬，與君共耀光。

八月九號星期日（六月廿三）

到寶瑾夢瑛處。到文山處，未晤。到西曼處。到頌皋處。到趙吉雲處。到下關吃飯。

在下關站接自珍，德輝，三時車始來，雇車進城。到中研院。到東方飯店，訪青鉝，未晤。訪祚萇，同到後湖。到祚萇家吃飯。

步至夫子廟，又至太平路。十一時眠。

今日熱極矣，衣服重重皆濕透，如落水者。

八月十號星期一（六月廿四）

到綴英處。與健常通電話。祚萇來，綴英來。寫青鉝信。回研究院，洗澡。打各處電話。到孟真處。西曼來。

到孟真處吃飯。歸，理物。預寫健常信。到書貽處，到志希處，均未晤。到楚傖處，遇之。

到祚萇處，途遇健常，同到祚萇家吃飯。九時半歸，乘汽車上站，十一時五分車開。

今午同席：予　自珍　德輝（以上客）　孟真全家（主）

今晚同席：健常　予　自珍　德輝（以上客）　謝太夫人　祚萇夫婦（主）

今夜送行者：健常　祚萇　恢先　槃庵

日間自珍，德輝由祚萇伴游明陵及中山墓。天熱，自珍爲之中暑，未飯。

八月十一號星期二（六月廿五）

鎮日在車，看胡也頻《一個悲劇的寫實》，郭伯恭《魏晉時代詩》等。

夜八時即眠，眠甚酣。

八月十二號星期三（六月廿六）

　　十時十分到北平站，玉山在站接。潤章先生亦派汽車來接，乘車到院，晤諸同事。歸家飯。

　　乘二時車赴燕京，晤起潛叔，童丕繩，家昇，維華，仁之。到司徒先生處。到文藻夫婦處。

　　乘七時車歸，理物。飲酒眠。

　　到北平，涼快甚。

[原件]　　　　《成師校刊》所刊《回教的文化運動》編者志

（顧頡剛先生作，學生金德寶譯）

　　顧頡剛先生，江蘇吳縣人，現年四十四歲，畢業於國立北京大學，歷任《國學季刊》編輯，廈門大學教授，國立中山大學語言歷史研究所主任，燕京大學國學研究所導師，現任國立北平研究院歷史組主任，兼燕京大學史學系主任。

　　先生在中國學術界之地位極爲重要，其最大之表現爲對于新的學術空氣之領導。當民國十二年間，先生開始發表其對于古史之見解，舉二千年來中國學人對于古史的傳統觀念完全加以改變，其著名的《古史辨》曾震撼全國史學家及遠西之東方學者。近年，先生復創刊《禹貢半月刊》，提倡沿革地理及民族邊疆之研究。組織通俗讀物編刊社，從事灌輸國家意識及科學知識于一般民衆。後兩種事業現雖去先生所期望者尚遠，但其性質之重要及其已有之成績固已爲全國學人所同聲稱贊矣。

　　最近先生對于回教文化之興趣甚爲濃厚，其對于中國回教文化事業贊助甚多。下列轉譯之文，略表示先生對于近三十年中國回教文化運動之概括的見解及其對于此種運動最懇切的批評。

先生之著作，除《古史辨》四巨册外，單行者：《尚書研究》、《三皇考》、《春秋史》、《地理沿革史》、《漢代學術史略》等書，其尚未彙集成册，散見各雜志報章之論文甚多，下文爲三月七日《大公報》上之星期論文，此報乃在天津、上海兩大要埠同時發行之一有權威的中國報紙也。

八月十三號星期四

理物。到院，與旭生，敬伯同到院長室，商請款事。編《禹貢·通訊》稿。日蔚來，同飯。

寫驪先生函二通，其一交文藻。到東站，送文藻夫婦行，晤燕大同事及其他約四十人。到士升處，到泉澄處。到禹貢學會，晤志順、王榘等。

文珊來。

八月十四號星期五

理物。到院，草請款計劃書之一部，與旭生商定。孫道昇，張西堂來，爲道昇寫介紹信。侃嬝來。在亞北遇海晏。壽彝來。

乘十二時車到燕大，到校印所，到煨蓮處長談。到司徒處商史學系事。回寓，與丕繩談。再到校印所，晤書春，植新，伯平。到沅君處，爲房屋事。乘七時車歸，丕繩送到校門，晤海晏。

到石公先生處。到禹貢學會，晤李秀潔，開編輯員三人履歷。十時半歸。

今日欲在院提前吃午飯，而厨役誤事，以趕乘十二時車，遂未進。及到燕大，又無暇吃矣。少吃一頓，倒也不覺得怎樣。

竭力辭謝燕大史學系主任職，而未能。但予不能隨人俯仰，既幹則必須痛快一下，不避人之攻擊也。

八月十五號星期六

到院，韓儒林來，海波來。一非來，楊纘來。余俊民來，開會，商七周年年會事。璧亭來。

歸飯，小眠。到陳仲恕處，乞其介紹，到東單二條看屋。到石公先生處。到肖甫處。到文通處。到元胎處，未遇。到景山書社。

歸，王姨母來。看《考古社刊》四期。

今日同會：李書華　李麟玉　嚴濟慈　劉爲濤　經利彬　孔憲武　張璽　楊鍾健　崔敬伯　徐炳昶　卓定謀

八月十六號星期日

到希聖處，晤之。到叔永處，未晤。到贊廷處，已遷家。到西交民巷輦兒胡同，看馮氏新置屋。到泉澄處。到日蔚處，與一非商談。歸飯。

小眠。與玉山同到馬市看屋。到孟劬處，并晤于海晏，看屋。到范希衡處談。八時歸。

文珊來。飲酒眠。

昨夜整夜未落聰，當以太忙之故，然今日仍不得休息也。

前日起潛叔告我，沈兼士在席上說顧頡剛要坐汽車了，忽然"陡"起來了。今日希衡告我，謂北平對我頗有謠傳，言顧頡剛想作政治活動，故屢屢跑南京，其辦《禹貢》與通俗讀物，皆做官之工具耳。噫，燕雀安知鴻鵠之志！予不忍民族之覆亡，而彼輩乃以爲圖利禄，一何可笑！

八月十七號星期一

寫日記四天。儒林來。王輯五來。張佩蒼來。草《燕大歷史系本年豫算書》，即由才百鈔出。

乘十二時車出城，至則校務長已進城，因作函將豫算案送去。

與童不繩談。書春來。伯平來。看《禹貢》五卷十二期。寫教育部播音節要寄去。到士嘉處。乘五時車進城。

侃嬕來，與之同出看屋。到來今雨軒赴宴，與苗迪青同出。

今晚同席：謝家榮　呂炯　苗迪青　張席禔　胡煥庸　楊鍾健　洪思齊等二十餘人（以上客）　袁復禮　馮景蘭　王益厓（主）

八月十八號星期二

海波來。次溪來。伯棠來。崇武來。寫健常，范任信。寫朱騮先信，催款。

到泉澄夫婦處。到幼漁先生處。到守真處晤仲九。到元胎處，莘田處，逯曾處。到東長安街寄信。

到承華園赴宴，八時半冒大雨歸。

今晚同席：客與昨日略同　謝家榮　楊鍾健　張席禔　孫雲鑄（以上主）

八月十九號星期三

乘七時車到燕京。到家，到校印所。到校長室，先與梅貽寶談，再與司徒及博晨光談，商豫算案。出，到哈燕社訪容媛。再到校印所，將《貢珍孀母事略》改訖。馮伯平來。寫繆贊虞，胡煥庸信。希白來。

到蔚秀園訪孝通未遇，晤林耀華。乘一時車進城。到家，選《史地周刊》稿件。士嘉來，同到史家胡同看屋。出，訪通伯，又訪馬蔭良，未遇。到研究院，寫父大人及履安信。

與子臧同訪蔭良，與同出，到長美軒吃飯。晤叔屏敦敏。九時歸。

前日所提豫算，比去年多出五千餘元，司徒先生允為通過。這才是用我的態度。若博晨光，則你擺你的官僚架子，和我有何關系。

八月二十號星期四

寫履安信，爲租屋事。姚晉槃來。壽彝來。與旭生談。崇武來。仲九來，與他及子臧同到南妞妞房及觀音堂看屋。夢瑛來。張某來。

劉淑度來，商其親事。余讓之來。寫北大史學教授會信。理信札。寫司徒信，陳述所以不能不住城之故，凡七紙，即付寄。

到擷英赴宴。九時歸。訓德輝。

今晚同席：孟心史　沈兼士　顧起潛　吳子臧　張次溪　予（以上客）　吳玉年　劉佩韋（主）

司徒先生囑住城外，以便學校。但父大人來，如住城外，必將感覺寂寞而動歸家之思，只得住城也。

八月廿一號星期五

傅成鏞，徐世劻來。記日記四天。仲九來。海波來。壽彝來。剛主來。子高偕吳一舸來。蔣蔭樓偕寶君來。苗迪青來。

回家飯。與自珍同到玉年處，晤詩孫，同到陳公穆家看屋。出，至玉年處談。到石公先生處。到禹貢學會。到贊廷叔祖處。到叔永處，未晤。寫起潛叔，仁之信。到院，寫履安快信，爲租屋事。

歸飯。到王姨母處談。看《叢書子目類編》。

西城輦兒胡同屋富麗堂皇，東城蘇州胡同屋則幽雅清逸，都有好處，委實決定不下。

八月廿二號星期六

寫崇德中學，陳公穆信。仲九來。王相伯（金絞）來談。陳震旦來。王崇武來。寫齊家本信。到儒林處，未晤。到壽彝處送錢。

到同和居宴客開會。到學會參觀。與儒林，伯平同回研究院，裴治堂神父來參觀，討論印南懷仁地圖事。到文牘課。于海晏來。寫祚莐信。趙純來。

到同和堂吃飯，九時歸。到姨母處談。

今午同席：洪煨蓮　于思泊　容希白　起潛叔　徐旭生　馮伯平　朱士嘉　吳志順　韓儒林　張西山　譚季龍　唐立庵　爲開禹貢理監事會。

今晚同席：金謹庵　徐森玉　予（以上客）　謝剛主（主）

八月廿三號星期日

仁之來，商史學系排功課事。泉澄來。與自珍德輝同游中山公園，晤壽林，啓元白。參觀畫展。

小眠。到左安門張園，看李勁庵所藏書。并吃茶點。到左安門散步。五時半，辭出。

到東興樓吃飯。九時許歸。

今日下午同茶：希白　起潛叔　玉年　佩韋　次溪母子　關女士　希白夫人（以上客）　李棪（主）

李棪，號勁庵，李文田之孫也。藏其祖父手批書數箱，有極密者。如果錄出，便有許多名著。惜抗戰後勁庵不知何往，櫢書亦未知能終守否？覽此增念。　　一九六七年十一月十七日記。

今晚同席：遇夫　建功　莘田　錫永　周季木（進）　海波（以上客）　思泊　立庵（主）

八月廿四號星期一

徐芳來。牟潤孫來。寫劉壽民，譚季龍信。白寶瑾來，與同到院長室見潤章，見石曾先生。壽彝偕馬松亭阿衡來。仲九來，留飯。

楊繽來。寫履安，健常信。石兆原來。汪叔棟來。整理信札。到侃嬺處，未晤。到景山書社。

雲父來。歸家，遇侃嬡夫婦，同歸，談至八時許。

八月廿五號星期二

到蔭良處。到希衡處。寫任叔永信。蘇炳琦來。守真，仲九來。文通來，同到宰平處。

到北海仿膳吃飯。到楊女士處未遇。到守真處，并晤仲九，李鏡銘。回院。理信札，寫汪孟鄒信。到長美軒品茗。

到墨蝶林吃飯。九時歸，看《中國的西北角》。

今午同席：徐旭生　馮芝生　吳其玉　陶希聖　吳世昌　葉公超　汪叔棣　吳俊升　張蔭麟　連士升（以上客）　馬蔭良　予（主）

今日下午同茗：繆鳳林　蒙文通　賓四　予（以上客）　湯錫予（主）

今晚同席：陳公穆　起潛叔　玉年　佩弦　予（以上客）　劉詩孫（主）

八月廿六號星期三

吳全祥來。耿貽齋來。侃嬡來。陳震旦來。馮世五來。看侃嬡所作《寇準》。將丕繩、侃嬡代作播音稿修改，即寄教育部。

到仿膳宴客。雇一汽車，與文通，繆贊虞，賓四，錫予同游白雲觀，蘆溝橋，陶然亭。

宴客于泰豐樓。

今午同席：范希衡　孫祥偈　侃嬡夫婦　楊繽　王日蔚　李仲九　黎琴南　子臧（以上客）　予（主）

今晚同席：蒙文通　繆贊虞　湯錫予（客）　賓四　予（主）

八月廿七號星期四

到思泊處。到院寫健常信，爲東北大學教課。起潛叔來，商學會事。楊繽，侃嬟夫婦來。陳震旦來。到西來順宴客。

到元胎處，未遇。到東四三條看屋，晤鄭秉璧。歸，小眠。與姨母同看西觀音寺屋。訪繆金源，未遇。

在家飯後，與自珍，德輝同游東交民巷。

今午同席：馬松亭　趙振武　薛文波　王日蔚　白壽彝　韓儒林　單化普（以上客）　旭生　予（主）

八月廿八號星期五

到院，理信札。琴南仲九來。馮世五來。劉叔遂來。到北海董事會，賀西堂與黃佩女士結婚，予列爲介紹人之一。

到院，理信札。于海晏來。赴石曾先生茶點。寫汪亞塵，汪孟鄒信，到希衡處，囑其轉交。卓君庸來。

到元胎處吃飯。到景山書社，晤世五等。

晨夢健常宿我後園，予啓園門，而荆棘塞路，悵惘而醒，覺非佳兆也。

今午同席：幼漁先生等約五十人。

今晚同席：建功　錫永　希白　立庵　詩孫　海波　予（以上客）　元胎（主）

八月廿九號星期六

到車站送希衡，遇兼士，紹原夫婦，孫松泉叔侄，潘家鳳女士，平伯等。剛主來，請看稿。壽林來。徐芳來。季忱來。李旭來。

覆健常函，長十紙，即到西長安街發出。到中國理髮館理髮。

到大美番菜館吃飯。到東方飯店訪芸圻，未遇。

今日上午果得健常函，謂厭倦城市生活，不願來平任編輯及教書事。昨夢果有徵矣。因罄予意答之，亦不望其回心也。

今晚同席：胡石青　于思泊　錫永　希白　盼遂　剛主　立

庵等（客）　海波（主）

八月三十號星期日

到瀛寰飯店訪李貫英。到素意處。歸家。到孫松泉處，未遇。到孫人和處。到院，寫馮景蘭信。到蘇州胡同，與玉年同到陳家看屋。

與芸圻，仲九，延增同到國劇學會參觀，齊如山，傅惜華招待。出，與芸圻同到研究院談。

冒雨歸。看報，休息。九時即眠。

今午同席：李貫英　錫永及其情人太倉鄒女士　芸圻及其夫人（以上客）　予（主）

近日吃菜太多，肚爲吃壞，病泄瀉，半夜以腹痛醒，遂不成眠，交際之苦如此。

八月卅一號星期一

上午一時即醒，至三時，無奈，起改《清代漢學家治學精神及方法》，續講稿。泉澄來。懋恒來。日蔚，仲九來。壽林來。寫陳禮江信。趙羡漁來。與日蔚，旭生，壽彝同到成達師範，由馬阿衡招待參觀，并作演講。一時，到東來順吃飯。

三時許，歸，小眠。姨母來，囑往作保。到女一中，以時過退出。到研究院，泉澄偕盧厓生來。理書桌。寫季龍，劉壽民信。記日記二天。

與西山談會事。歸家，侃燄來長談。

今午同席：馬松亭(主)　謝澄波　丁子青　常子萱　金吉堂　趙樸華　馬秀齋　常子春　陳樹人　張潤芝　王葆青　哈銳川　達理　義卜拉希　趙振武　麗士謙阿衡　白壽彝　趙文府　王堃甫　單化普　韓儒林　王日蔚　徐旭生　予

一九三六年九月

九月一號星期二

到文珊處，拜其孀靈。訪郭敬輝，未晤。到女一中，填保證書。吳志順，史念海來。吳一舸來，寫日蔚信。王崇武來。一非來。班書閣來。儒林來。方紀生偕韓君來。姚從吾來。譚謀楨來。袁守和來。

到大美吃飯。飯後訪班書閣，未晤。到希聖處談。訪姚晉檠，未晤。到孫松泉女士處談。到劉佩韋處，與其弟審言同到袁宅看汽車。到院，記日記。

到半畝園吃飯，九時歸。

今午同席：傅佩青　胡石青　芸圻　子植　思泊　立庵　希白　錫永　高鳳翰　西堂　剛主　雨亭　海波　紹虞　孫人和　魯安　陸懋德　侃如等三十人（客）　劉盼遂　叔遂（主）

今晚同席：鄧初民　孟憲章　孫伯榮女士　予（客）　孫松泉女士（主）

今晨四時許，又以腹痛而醒，瀉了一次。

九月二號星期三

侃嬡來。到北大補考，無人來，因看各在篋文件。到院，接洽各事。記日記。十一時半出，到江擦門張園赴宴。

飯後游萬柳堂（拈花寺），廣東新義園（有袁祠），廣東義園（袁督帥墓），夕照寺，臥佛寺。歸家吃飯。乘六時車到燕大。仁之來。張天護來。

到適樓，參加綏東問題討論會。十時與伯平同歸。

今午同席：陳援庵　余季豫　郭琴石　倫哲如　張次溪　容

希白　予（以上客）　　李勁庵（主）

九月三號星期四

到校印所。在臨湖軒開大學會議，十二時散，到蔚秀園吃飯。中西教職員到會者共八十人。

與陳其田等同商會事。到校印所，晤肖甫，文珊等。訪王克私，未遇。到紹虞處。乘五時車回城。到院。到日蔚處，并晤一非。

飯後與自珍，德輝同游南海公園。

今晚與兩小兒同繞南海一周，在人力車上已倦睡，歸家九時半即就寢，酣眠之甚，直到明晨六時始醒。數月未嘗此味矣。

今日教職員亦欲以綏東事集會，選六人為籌備委員：陳其田　容庚　田洪都　梁士純　曾繡香　予

得健常續函，決不來，不來也好。

九月四號星期五

到院，寫健常信未竟。到日蔚處開通俗讀物社社務會議。十二時出。

與自珍到侃嬺家吃飯。飯後與自珍同到禹貢學會，與念海，志順談。回院，侃嬺，日蔚來，商社事。寫朱驪先信，即付寄。

到半畝園吃飯。雇汽車到燕大，參加文學院聯歡會。十時半歸。

今日上午同會：予　日蔚　一非　子臧　士升　侃嬺　楊繽

今日晚間同會：周學章（教育系，代院長）　陸侃如（國文系主任）　謝迪克（英文）　蘇路得女士（音樂）　博晨光（哲學）　夏雲（心理，代）　又教員學生約八十人

今晚同席：苗迪青　吳藻溪　晨報社長張君　希聖　鄧初民　張太太　孫祥偈女士共十四人（客）　孫憲章（主）

九月五號星期六

寫父大人及履安信。到大公報館訪范希天，未晤。訪壽彝，久談。冒雨到上海銀行取款。到院。寫王崇武信。記日記三天。在院午飯。

開本組常會。寫驪先先生，淮西，仲舒信。修改壽彝所草《溝通回漢工作計劃》。

冒雨到半畝園，參加考古學社之宴。九時歸。

終日大雨，無客至，壓積工作乃得一理。

今日同會：子臧　維鈞　淑度　玉年　佩韋　兆原　次溪　道齡

今晚同席：思泊　錫永　立厂　海波　次溪　勁庵　姜時彥　關萃雲　希白　予

九月六號星期日

晨二時即醒，至天明始矇眬。懋恒來，寫孫伯榮信，托其面商。侃嬡來，與自珍，德輝及予同到其家，并與陳少春，士升，僑思，同游北海公園。到侃嬡家吃壽面。爲侃嬡看《范仲淹》稿。

到禹貢學會，晤儒林，西山等。到讀物社，寫守真信。到院，寫院長，聖章，君庸信。徐芳來。寫健常，郭敬輝信。

休息，早眠。

今午同席：陳少春女士　予　自珍　德輝（以上客）　士升夫婦（主）　今日爲侃嬡三十生日，故吃麵。（依新法算則爲二十九。）

九月七號星期一

乘七時車到燕大。終日選課。日蔚來。寫壽彝子臧信。張亮塵來。

寫青鋌，仲華，丁稼民，向奎，彥堂信。到鄧文如處。肖甫來，同飯。

到睿樓開教職員會，僅到十餘人，改談話會。

選課諸事，我均不明白，幸賴仁之爲我辦理。他辦好交我簽字，簡便得很。在這閑暇的時間，我就整理我壓積的信件了。

九月八號星期二

爲胡傳楷寫條幅二。終日選課。寫程滄波，伯希和，啓揚，凌霜，子水，萬章，應麒，樹幟，傅振倫，毛汶，胡傳楷信。

到煨蓮處。

希白，梁士純，謝景升來，同草《教職員章程》。

九月九號星期三

終日選課。寫羅香林，贊虞，谷磬，光明，德坤，以中，又曾，履安，曾特生夫婦，頌皋，孟鄒信。張天護來。

編《通訊一束》。到校印所。訪筱珊未晤。乘五時車進城，遇季龍，鴻鈞等。到研究院看信。子臧來，今甫來。

七時半歸。與姨母談話。

到城，接驌先先生信，謂“經常費業經籌妥，臨時費已照寄”，爲之一慰。

此次燕大選課三日，歷史系得三十人，連同研究院近四十人矣。此爲本校歷年所未有者。

九月十號星期四

乘七時車到燕大，參與八時開學典禮。禮成，回寓。到引得校印所校《通訊一束》。到容女士處。到聶筱珊處長談。張瑋瑛來。爲丕繩寫孟心史信。與起潛叔談學會事。

到校印所。到校，上“春秋史”課一小時。思和來談。家昇來。梁思懿來。道遇豐田，兆瑾，丕繩。四時，乘人力車回城。到研究院，寫顧孟餘信。到日蔚處，懋恒處。

廣志來。休息，早眠。

今日第一次穿禮服，帶方帽，頗有點不好意思。

九月十一號星期五

記日記四天。丕繩來。道昇，筱蘇來。孫伯榮來。寫《蓀荃詞集》題詞。到字體研究會。郭琴石偕其女立誠來。

到石公先生處。到學會。到同和居吃飯。壽彝來。仲九來。孫蓀荃來。楊繽來。于海晏來。馬松亭來，同到旭生處談校事。芝生來。到院長室。

與佩韋同乘汽車到禹貢學會，在會晚餐。開會商學會進行事。九時半歸。

今午同席：段承澤（繩武）　予（以上客）　張西山（主）

今晚同會：西山　泉澄　鴻庵　增敏　秀潔　筱蘇　貫一
丕繩

九月十二號星期六

侃燮來，與侃燮德輝同乘汽車到燕大，到歷史系，晤君庸。到寓。到校印所，校《禹貢》六卷二期。修改講義。梁思懿來。與肖甫談。

段繩武張西山來，同到李榮芳家吃飯。到校上課一小時。瑋瑛之父來。招待段先生演講。開邊疆研究會籌備委員會。

與西山，繩武，榮芳，仁之同乘汽車到東安市場東來順宴客，九時歸。

今午同席：司徒雷登　陸志韋　陳其田　周學章　段繩武
侯仁之　張西山　予（以上客）　李榮芳（主）

　　今晚同席：繩武　旭生　壽彝　馮棣　日蔚　一非　侃嬡

士升　蓀荃　文國鼐　潔瓊　瑋瑛　仁之　思明　子臧　榮芳

希白　楊季珍（以上客）　　予（主）

九月十三號星期日

　　與德輝同乘汽車到燕大，回寓，請劉治平約蕭君檢看汽車。到
校印所，與植新談。到碧雲寺，訪顧孟餘先生。到臥佛寺，與叔嬸
及兩弟同游。到西苑營市街吃飯，叔還賬。

　　進城，到崇德中學。到中南海，游卍字廊，晤單士元。到懷仁
堂，看拓本展覽會。遇樂夫夫婦等。到研究院，休息。

　　到墨蝶林宴客，九時半與德輝同步歸。

　　予與健常始相識之一日，即在西苑吃飯。距今十三年矣，今
日重到，不勝黯然。

　　今晚同席：陳公穆及其孫女（之逵出）　　玉年　詩孫　佩韋

起潛叔夫婦　誦芬弟　德輝（以上客）　　予（主）

九月十四號星期一

　　記日記三天。黎琴南來。壽彝來。陳震旦來，為寫佩弦平伯
信。西山來。到通俗讀物社，吃飯。

　　乘車至燕大。到校印所校《禹貢》六卷二期四十餘頁。遇司徒
校務長，同往校務長室開校務會議。伯平偕傅成鑮來。

　　在起潛叔處吃飯。乘七時車歸，叔嬸等送至站。

九月十五號星期二

　　校《禹貢》六卷二期畢。童丕繩來。修改《春秋史講義》。張
璿來。乘十二時車到燕大，到燕南園吃飯。

　　到辦公室。陳競明女士來，為寫侃如信。簽許多改課條。

乘六時車歸，到致美齋吃飯。九時半歸，子臧，士升夫婦，楊女士來，談至十一時半。

今午同席：陶希聖　陸志韋　徐淑希　陳其田　李祖蔭　予（以上客）　張鴻鈞　趙承信　雷潔瓊（以上主）

今晚同席：起潛叔　玉年　詩孫　佩韋　予及自珍　德輝李勁庵（以上客）　陳公穆及其孫女（主）

九月十六號星期三

到禹貢學會。到通俗讀物社。到院長室。子臧來談。到旭生先生處談。校《春秋史講義》。在院吃飯。

校《墨子姓氏考》。鈔國慶國旗兩歌，寫中央黨部信。到站接父大人等，待取行李。歸，與父大人等同到蘇州胡同看屋。孫伯榮女士來。

七姨母留飯。與父大人等談話。

今日父大人來平，多年迎養之願始遂。

九月十七號星期四

日蔚，一非，琴南來。侃燅，楊繽來。壽彝來，爲馬阿衡寫送行詩。到花園飯店訪葛詠莪，未遇，到亞北，遇之，同乘香山車到燕大，在長順和吃飯。

到士嘉家。到校印所，返寓。到校上課二小時。蔣憲端女士來。到寓，處理各事。乘六時車歸家。

看蔡尚思所著《思想史研究法》。

今午同席：葛詠詠，起潛叔，予（以上客），士嘉（主）。

明日爲九一八紀念日，昨東北大學囑孫女士來招演講，今日清華大學又囑蔣女士來招演講。予一來不會演講，二來不願露面受人注意，俾妨礙工作，遂俱却之。

九月十八號星期五

伴父大人游瀛臺，卍字廊，萬善殿，懷仁堂。延增來。西山來。徐芳來。志順來。乘十二時車到燕大。

校改丕繩所編講義。辦理各生改課事。開邊疆研究會籌備委員會。

開引得校印所年會。在洪都家吃飯。

今晚同席：希白　張克剛　煨蓮　篠珊　容媛　于式玉　紹虞　書春　予（以上客）　洪都夫婦（主）

九月十九號星期六

點《香山古迹説明》。到穆樓辦公。徐女士來，與同參觀燕大女校。到侃如夫婦處。回家，留飯。子臧亦來。

乘汽車到香山，以公共車壞，待甚久。游寶相寺，寶相寺，松堂等處。乘六點半香山車進城，到歐美同學會吃飯。

九時許歸家。

今晚同席：海尼士　謝禮士（Shielitz）　援庵　兼士　子水　嚴文郁　芝生　亮丞　予（以上客）　姚從吾（主）

今日同游：希白　榮芳　朱南華　伯平　仁之　瑋瑛　孫敏之　高企之　容媛　欽埠

九月二十號星期日

與父大人，德輝，來根乘汽車同到成府，招劉蕭二君審查汽車機件。與父大人到劉治平家。又到希白家，并晤元胎，蔭麟。坐汽車到東興樓吃飯。

到成達學校，與唐柯三，馬松亭同到旭生家。出，到亮丞家，到從吾家，到援庵家，到希聖家，并遇之。到潤章家，未遇。到東來順。

回教徒公餞松亭，予亦列席，與壽彞同車歸。

今午同席：胡玉縉　陳慶和　贊廷叔祖　父大人　孟剛叔　詩孫　玉年　佩韋　予（以上客）　起潛叔（主）

今晚同席：唐柯三　馬松亭　王夢揚　艾宜栽　常子萱　丁子青　陳樹人　白壽彞　徐旭生等，凡三桌。

九月廿一號星期一

育伊來。海波來。侃嬡，楊繽來。一非，琴南來。唐柯三，馬松亭，艾宜栽來。佩蒼來。剛主來。雨亭來。書春來。蔭樓偕寶君來。

乘汽車到燕大，與校務長宴會史學系全體教職員。與儒林到蔣家胡同。到印刷所校稿。寫洪都信。到鴻舜處。到崇岐處。到燕大圖書館，開購書委員會。

到治平處。到穆樓，開邊疆研究會成立會，選舉，十時歸。

今午同席：煨蓮　王克私　文如　儒林　貝虞思　致中　季龍　伯平　仁之　印堂　予（以上客）　司徒雷登（主）

九月廿二號星期二

五時許起，作《半月刊》文，未竟。寫朱南華信。寫方紀生信。乘八時車到研究院，車中遇子植，李祖蔭。王崇武來。西堂來。壽彞來。開響堂石刻編輯委員會。履安來。郭敬輝來，同到儂香園吃飯。

到學會。到侃嬡處。回家，與履安同到吳宅，與玉年詩孫同到陳宅，晤之邁。寫雨亭，王光瑋信。

到成達學校，開福德圖書館籌備委員會。吃飯，十時半歸。

今日同會：徐旭生　子臧　佩韋　樂夫　馬豐　蘇炳琦　趙□□　李玉廣

今晚同席：希聖　從吾　芝生　亮丞　旭生　壽彝　予（以上客）　松亭　柯三　夢揚　宜栽　振武　樹人　子萱等（以上主）

九月廿三號星期三

到四海保險公司驗身體，立保單。懋恒，楊繽，侃懋來。書閣，壽林來。記日記五天。寫健常信。壽彝來。到讀物社，修改《半月刊》文。吃飯。到燕大，與季龍同車。

寫劉壽民信。看松室孝良報告書。改《周報》發刊詞。到校印所，校《夏史三論》。到家。到謝景升處。到史學系，與朱南華談。開月刊編輯會。

到持宇處。乘人力車返寓。到姨母處吃飯。十時散。

前日被選爲燕大邊疆研究會理事，昨日又被選爲成達福德圖書館籌備委員會常務委員。燕大教職員又舉爲理事。

今日驗身體，醫謂予心肺皆好，體重 146 磅，亦好。小便中絕無疾病。惟問彼血壓高若干，則不肯言，度必甚高也。

九月廿四號星期四

到研究院。乘九時車到燕大。豫備下午功課，由丕繩準備材料。

到燕大上課二小時。開邊疆研究會理事會。朱南華來。乘五時車回城，到楊繽家吃飯。

到豐澤園吃飯。九時許歸。

昨夜同席：陳中平夫婦　父大人　予夫婦　自明　自珍　德輝（以上客）　姨母　大玥　大琪（以上主）

今日同會：家昇　思懿　南華

今晚同席：程屛藩夫婦及其子　王勤之　父大人　履安　予（以上客）　贊廷叔祖夫婦　孟剛（主）

又：士升夫婦　子臧　予　楊繽之弟　林君（以上客）　楊

續夫婦（主）

九月廿五號星期五

與父大人及自明同到清華，遇蔣恩鈿。與父大人等共游清華及燕大各部。到紹虞家小坐。到起潛叔處吃飯。

予乘一時車進城，遇鄧文如。到研究院取講義，到北大上課二小時。崇武來。到徐女士處。回家。戀恒來。

到福生食堂宴客，九時許散。到玉年處。

今晚同席：唐柯三　馬松亭　王夢揚　常子萱　阿旺堅贊　意彬如（意女士名意希博真）　薛文波　達理　伊布拉賜　單化普　李聖章　黎劭西　王日蔚　姚從吾　張亮臣　白壽彝　艾宜栽　趙振武　孫幼銘（以上客）　李潤章　徐旭生　陶希聖　予（以上主）

九月廿六號星期六

乘七時車與來庚同到燕京，與父大人等同游頤和園，先至後山，再至前山及龍王堂。下午一時許歸，飯。

西山來。傅成鏞來。吳晗，邵循正來。與父大人參觀引得校印所。陳震旦來。校《夏史三論》，仍未畢。與父大人來庚同回家。

到玉年處。到市場買鞋。到立庵處。

昨到玉年處，知陳公穆不但將傢具全搬走，且將電燈拆去，電話亦解除，只留一所空屋給我，一月來只是騙我，此老賊真可惡。予本不欲住東城，當改在西城覓屋矣。

九月廿七號星期日

與父大人到陳仲平處。與父大人及履安自明同到西長安街馮宅看屋，到聾啞學校（市立）參觀。到東興樓吃飯。

到磚塔胡同看屋。遇吳碧澂之弟。父大人先歸。予與自明同到禹貢學會，又到通俗讀物社。回家。

與父大人及履安到東興樓吃飯。到市場購物。

今午同席：予全家（客）　　魯安夫婦　子植夫婦　侃如　盼遂（以上主）

今晚同席：父大人　予夫婦　泉澄　儒林　念海　志順　增敏　秀潔（以上客）　維華（主）

九月廿八號星期一

爲松亭寫蔡朱兩先生介紹信。到院。壽彝來。到旭生處，并晤劉汝霖。姚晋檠來，一非來。

乘十二時車到燕京。修改《春秋史講義》。校《夏史三論》。到校印所。阿汪堅贊，意希博真來。到校，開史學系月刊編輯會。寫梁思懿信。

王振鐸來，表演其所作指南車與記里鼓車。到貝公樓，開中國教職員會。十時半歸。

今日下午同會：劉選民　侯仁之　蒙思明　張瑋瑛　陳絜

今晚同會：陳其田　容庚　梁士純　田洪都　夏雲　雷潔瓊　謝景升　予被舉爲教職員會理事長。

九月廿九號星期二

植新來談。乘八時車回城，到讀物社。到院，侃嬗夫婦，楊女士來。西堂夫婦來。壽彝來。杜文昌來，爲寫陳禮江，羅香林介紹信。佩韋來，看其所作張積中案文。徐舟生來。

希聖來，同坐汽車到成達，與唐柯三等同到燕大，參觀各地。四時，請唐先生講演西藏問題，予爲主席。六時，進城。

李延增來。王育伊，王振鐸，周杲來。

今日同游：唐柯三　趙振武　薛文波　馬秀齋　王夢揚

九月三十號星期三（中秋）

到七姨母處。付買汽車錢與號房。侃嬑夫婦來。開贈閱《周報》地方。記日記五天。坐人力車回燕京。到劉家送物。

在寓中豫備明日功課。乘五時車進城，在車遇季龍，嗣禹。到東站送馬阿衡。

到淮陽春吃飯。九時歸。

今晨一時許，夢予設席，邀健常及其夫，健常久而始來。予責以何不到北平，渠云：予有先人墳墓在此。予大聲駁之曰：你這理由不成爲理由，我們都是有先人墳墓的！渠答以一笑。予悵然而醒，遂不成眠。

今晚同席：予一家（客）　　子臧　楊繽　侃嬑　士升（主）

一九三六年十月

十月一號星期四

與履安同到文昌閣看房。到院。侃嬑來，楊繽來。辦汽車事。到太僕寺街及妞妞房，與履安同看房。同乘汽車歸。到玉華臺吃飯，爲通俗讀物事。

與思和同乘車到燕大，嗣禹來。到機器房晤治平。上課二小時。南華來。到家，與起潛叔同到機器房。六時歸城。

到同和居吃飯。八時半歸。文珊來。

今午同席：凌叔華　沈從文　蔭麟　思和　蹇先艾　希聖　朱光潛　侯樹峒　楊繽　子臧　士升夫婦　日蔚　一非等二十餘人（客）　予（名義上的主人）

今晚同席：父大人　予（以上客）　于思泊　孫海波　唐立庵　謝剛主　張西堂　羅雨亭　孫子高（以上主）

十月二號星期五

與自明同到研究院。記日記兩天。辦汽車買物各事。兆原來，爲寫會計課信。寫仁之信。楊繽偕張女士來。寫傅作義信。寫管翼賢信。蔣慰堂，滕固來。

到半畝園宴客。與楊繽同到西觀音寺。紹虞來。到北大上課兩小時。崇武來，與伯平同到東站送侃嬂等。寫從吾信。

與伯平同到東興樓赴宴，九時歸。

今午同席：王日蔚　鄭侃嬂　楊繽　李宗瀛　朱壽譜　朱翔麟　吳子臧　張秀亞　朱南華　李一非　黎琴南　自明（以上客）予（名義上的主人）

今晚同席：賓四　援庵　元胎　紹虞　亮塵　伯平　安宅致中　筱珊　蔭麟　侃如　志韋　煨蓮（以上客）　博晨光　希白（哈佛燕京社代表）

十月三號星期六

與父大人履安自明同到太僕寺街柯宅看屋，又到西皇城根看屋。到研究院。琴南，一非來。到燕京。寫淑希，洪都，印堂信。到正陽樓吃蟹及烤羊肉。

到世界日報社訪成舍我。到孫祥偈處，并晤申府及邢君夫婦。到院。王則先來。

到帽兒胡同孫宅吃飯。十時歸。

今午同席：煨蓮　書行　思齊　筱珊　安宅夫婦　希白　元胎　八爰　蔭麟　思和（史地周刊社會宴）

今晚同席：劉治洲　孫魁元　張申府　邢西萍夫婦　劉曾若李錫九　鄧哲熙　予（以上客）　孫松泉女士（主）

十月四號星期日

乘七時車，九時半到涿州，步行進城，游鼓樓。予以楊佩南縣長之邀，到縣署接洽。同行者則往游二塔。中午，在積成棧吃飯。

同到縣署，與縣長同出，游張將軍廟。又出南關，到乾隆行宮。乘三時半車回平，六時到。父大人等汽車來，即同歸。

到東單剃頭。

今日同游：劉壽民　聞一多　容希白　聶筱珊　起潛叔　朱南華　仁之　瑋瑛　孫敏之　周冀先　西堂夫婦　欽墀　清華學生二十餘人

十月五號星期一

到一非處。寫驪先先生信。士升來。改泉澄代作之《故宮文獻館》一文。寫單士元信送去。葉善林來。回家，與履安同到頤園吃飯。

到校印所校講義。到歷史系，爲《學生與國家》作文約八百字。朱南華來。與士嘉同進城，到成達訪艾宜栽。

到歐美同學會吃飯。

今日同席：吳雨僧父子　馮太太　從吾　泉澄夫婦　予夫婦（以上客）　陳宜珍（主）

今晚同席：滕若渠　蔣慰堂　陳援庵　徐霞村　毛子水　魏建功　鄭石君　羅莘田　賀麟　予（以上客）　姚從吾（主）

十月六號星期二

崇武來。一非來。賀逸文，譚旦冏來訪問，且畫像。開本組常會。與父大人，履安同到紹虞處吃飯。

到歷史系，改講義稿，校排稿。冀鍾瑗來。到臨湖軒，開教職員會招待學生會。六時，與父大人履安同歸。

到世界日報社訪成舍我及賀逸文。十時歸。

今午同席：吳儀廷夫婦　吳其玉夫婦　父大人　予夫婦　起潛叔（以上客）　郭紹虞夫婦（主）

今日上午同會：子臧　佩韋　淑度　維鈞　玉年　次溪　壽堂　詩熙　兆原

今日下午同會：其田　士純　希白　景升　夏雲　南華　思懿　維航　尚有學生代表三人

十月七號星期三

訪植新於西安旅館。記日記四天。到院，會客數人，已不記。十時返校。南華來。景升來。滕若渠，蔣慰堂來，同游校內各處。到蔣家胡同吃飯。

到校，修改宣言稿。王鍾翰來。關斌來。晤季龍。王懷中來。到七姨母處話別。

今午同席：若渠　慰堂　稻孫　子植　佩弦　平伯　希淵　洪都　起潛叔（以上客）　予（主）

十月八號星期四

與父大人同乘汽車至新屋，予即至研究院，囑才百往伴吾父，至履安等到可出。豫備功課。與家人同到儂香園吃飯。

上課二小時。南華來。晤思和。在起潛叔處吃飯。與肖甫談話。

到臨湖軒，開史學會年會，劉選民主席，到者四十餘人。予九時歸。

予家今日遷居西安門北之西皇城根五號，房東爲在平綏路局服務之史姓。予事苦宂，不能助也。

十月九號星期五

理新寓書房。到院。壽彝來。與旭生到潤章處。秀亞來。與旭生先生同到劭西處，并晤周達甫。出，到東來順吃飯。

到北大，上課二小時。到研究院，旭生先生來。南華來，乘予車回燕大。

寫紀國璽，子臧，一非，郭敬輝信。理物。

今午同席：成舍我　一非　予（以上客）　思和（名義的主）

十月十號星期六

六時半出門，到西直門站，乘七時車出發。在站遇安宅夫婦及黃國璋，王益厓等。在車吃飯。與劉壽民聞一多等談話。下午一時到張家口。

將行李遷入中西旅館，即由居浩然雇車，游上下堡，大境門，公園等處。由大境門翻山到朝陽亭下山。游朝陽洞。到福全館吃飯。

飯後到街市散步，晤《國民新報》記者三人。

十月十一號星期日

四時即起，六時離中西旅館。吃豆漿。到站，待車一小時餘。九時半，抵宣化，紀永軒來接。同步行到師範學校，遇劉斗魁。出，到清真寺及玉家花園。

步至山左飯莊午餐。飯畢，雇人力車游鎮虜臺，龍烟鐵礦，恒毅中學，回城游鎮朔樓。乘六時車東返，在車吃飯，與王若蘭等談話。

十時許到平，雇車返家。時一家已全睡矣。

十月十二號星期一

理新寓書房。姚晋繁來。秀亞來。張子文來。傅成鏞來。松泉偕李錫九，劉曾若來。

與履安自明同到燕京，找南華爲招學生四人鈔宣言數份。景升來，召集教職員會理事會，修改宣言。六時，與士嘉，起潛叔等同乘車到城。校講義。

到大公報館送宣言稿。張萬里來。到大陸春宴客。

今晚同席：贊廷叔祖夫婦及其孫　程屏藩夫人及其女（以上客）　父大人　予夫婦　起潛叔（以上主）

《北平教育界對時局宣言》，今晚發出矣。

十月十三號星期二

改《享樂》一文稿。侃懿，楊纘由綏遠歸，來談。日蔚來。汪叔棣來，爲寫舍我信。

到希聖處，文波，叔棣來，同到燕京。朱壽譜來，留其伴叔棣，與文波同到校印所及予寓。四時，介紹文波演講《回漢問題及其應有之覺悟》。送文波到德勝門，送希聖到家，與汪叔棣同到研究院，改宣言原稿。校講義。

回家，理書物。文珊，植新來。

今日北平各報均未將宣言登出，聞係日本人禁止地方當局所致。日人謂在此嚴重時期，偏有社會中堅分子作此宣言，倘萬一發生不幸事件，冀察當局能否負責。

十月十四號星期三

丕繩來。秀亞來。郭敬輝來。班曉三來。方紀生來。到敬伯處。到旭生處。張子文來。

到校，晤季龍。張誠孫來，爲寫石公先生信。陸欽墀來。龔維航來。王伊同來。其田來，同到圖書館開會。趕至歐美同學會，賀潤章嫁女，至則席已散矣。與王燦如談。

回家吃飯。理書物。童丕繩來。

《世界日報》滬電，謂上海日文報紙評此次宣言事件，竟在冀察當局勢力之下發生，殊堪駭詫。并謂此如穿了袈裟握手鎗。即此觀之，此文確能給日人以精神上之威脅，我輩說話尚爲有效也。

十月十五號星期四

侃嬟夫婦來，與同車出，到院。丕繩來。豫備功課。到院長室。到旭生室。吳本善來。成舍我來。

到希聖處。到燕大，上課兩小時。思和來。嗣禹來。選民來。到校印所。

宴客，爲談龍會。九時許歸城。

今晚同席：楊蔭瀏　紹虞　希白　侃如　盼遂　魯安　沈國華　夢家　起潛叔（以上客）　予（主）

聞日人欲冀察當局干涉我輩，當局告以此皆國立大學教授，我們只管省立市立各校，無權過問。即此可知宋氏確有抗日之心也。

十月十六號星期五

寫若渠慰堂信。吳本善來。楊繽，秀亞來。一非來，爲寫南華，景升信，囑其坐我車送去。到院長室晤蕭一山。寶樂山來。寫王雪艇信，爲通電事。

與潤章先生等同乘汽車到泰華樓吃飯。與一山同到禹貢學會參觀。到北大上課一小時。晤從吾，逯曾，莘田。希白，一非，子臧來，同辦簽名事。

回家吃飯，理物。豫備明日講演。

今午同席：蕭一山　旭生　維鈞　予　一山之女（以上客）潤章（主）

此間教育界自發宣言，引起中央之猜疑，嚴電質問有何背景及有何組織。王雪艇給蔣夢麟兩電，謂恐引起學潮，須切實制止。因此，簽名者頗恐懼，有欲退出者。予因囑一非到燕京，勸朱南華等勿過于擴大，并囑景升即行付鈔，于今日正式寄行政院，作一結束。

十月十七號星期六

一非來。到植新處。記日記。訪傅維本，未遇。敖雲章來，同到蒙藏學校，予講游蒙感想，歷半小時。晤暴步雲，陳天池。

寫驪先先生信，付寄。到西直門，待燕大各生來，同游石門利瑪竇墓，出至白雲觀及天寧寺，步至宣武門。

到禹貢學會，同出，到同和居吃飯，八時半歸。

十月十八號星期日

到西安旅館，寫楚傖，驪先，健常，道藩，志希各信，爲植新介紹。馮棣來。與父大人，履安，自珍，和官同到大鐘寺，回蔣家胡同，吃飯。

三時許出，游萬生園，五時半出，歸。

到西安旅館，寫禮江，丁玲，季陶，蘅青，樂夫各信，爲植新介紹。

今午同席：紹虞全家　治平全家　予全家　起潛叔全家（以上客）　馮世五　趙肖甫（主）

師大教授楊立奎初見我輩宣言，以爲措辭激烈，必是受共產黨利用。後見改定稿，語氣緩和，即謂其目的乃是向南京政府要錢的。嘻，此亦自道其衷矣。

十月十九號星期一

記日記。侃嬡來。到觀音堂。到院。壽彝來。植新來。金錫如來。一非來。寫才百信。馬兆之來。與日蔚一非同到松泉處，略談，與同到燕京，宴客。

飯後同參觀各處。修改講義稿。到校印所。到于永滋處，與日蔚等同回城。到才百處吊母喪。到車站送植新行。

夜飯後與履安同到侃嬡家，并晤楊繽夫婦。又獨到泉澄處。

今午同席：劉定武　孫魁元　李錫九　劉曾若　孫松泉　于永滋　王日蔚　李一非　洪煨蓮　陳其田　梁士純(以上客)　予（主）

松泉見告，日人告冀察當局，謂此次簽名人中無一個左傾者，可證爲南京法西斯蒂派所主動云云，可笑之甚。

十月二十號星期二

到院。記日記。秀亞來。崇武來。旭生來。西堂來。壽彝來，寫仲九信。寫蔡尚思，王素意，齊如山信。寫張萬里信。

到希聖處，與同到燕大。嗣禹來。世五來。校講義。到臨湖軒開二會，六時許出。改講義。

與履安同到觀音堂，晤日蔚仲九，寫卓君庸，楊今甫信。十時歸。

今日同會：第一會（燕大教職簽名宣言者）：梅貽寶　陳其田　梁士純　容庚　雷潔瓊　洪業　容媛　田洪都　起潛　子植　紹虞　安宅夫婦　夏雲　于永滋　侯樹彤　董魯安　劉盼遂　一諤　侃如　謝玉銘　趙承信　謝景升　家昇　榮芳　薛瀛伯　聶崇岐　陳鴻舜　沈心蕪等　第二會（燕大中國教職員會）：其田　士純　潔瓊　洪都　夏雲　永滋　玉銘　景升

上海南京人士，已對我輩通電作響應。

十月廿一號星期三

到院，改講義，理書物。侃嬡來。豐田來。汪華來。胡静溪來。一非來。

一時到校。歸寓。到校印所。到景升處。到辦公室，校改講義，豫備明日課。牛文穎來。梁思懿來。季龍來。與起潛叔同進城。一非來，與一非同到研究院。

歸，與父大人等同到勸業場，又同到致美齋吃飯。到西四某書店。

今晚同席：父大人　起潛叔　予夫婦（以上客）　　子臧　佩韋　次溪　道齡　玉年　淑度　羨漁　兆原（以上主）

十月廿二號星期四

侃嬑來，同車到府右街。豫備下午功課。劉定五先生來。壽彝來。馮棣來。侃嬑來，爲寫仲九信。寫賀逸文信。

到成府，取書數十套到校，上課二小時。張天護來。唐子從來，爲寫馬叔平信。到鐵獅子胡同訪宋明軒，并晤劉定五，馬彝初。六時許歸。

張萬里來。與履安同到西單商場購物。到子臧處，并晤馮棣，徐芳等。

十月廿三號星期五

步至泉澄處。到觀音堂晤日蔚。到院，世五來。楊繢來。寫賀逸文信。修改壽彝代作之《回漢問題》論文。到觀音堂晤蕭君。

豫備功課。到北大上課二小時，晤心史先生，徐芳。到楊女士處，同到宣武門宛回回店吃烤牛肉。

七時半回家。一非來。讀《左傳》。

今晚同席：朱熹譜　朱翔麟　李宗瀛　子臧　侃嬑　秀亞予（以上客）　　楊繢（主）

十月廿四號星期六

到觀音堂，與一非同到劉定五先生處，又到蒙藏學校，又到今甫處。到院，即到故宮博物院，參觀新發見諸物。吃飯。

到天安門營造學社，與燕大清華兩校師生同參觀。到歷史博物館，遇博晨光。到觀象臺。到于忠肅祠。六時歸。

日蔚一非來。賀逸文來。讀《左傳》，至十時。

今午同席：蔣夢麟　秦德純　鄧哲熙　李蒸　沈兼士　徐森玉　馬叔平　莊尚嚴　張柱中　趙席慈　勵乃驥

十月廿五號星期日

到敖雲章處。到尚嚴，維鈞，旭生處。到從吾處。到禹貢學會，準備下午開會，在會午飯。

二時攝影，開會，五時半散。予在會場報告會務。在會夜餐。

與起潛叔同返家。與肖甫談至十二點。失眠，飲酒。

今午晚同席：旭生　起潛　思和　思齊　維華　世五　念海　增敏　秀潔　儒林等（上午一桌，下午兩桌）

十月廿六號星期一

秀亞來。謝國彥來。陳宜珍來。單士元來。校改講義。汪叔棣來。書春來。

到校。其田來，到士純處。到寓。到校印所。編下期《禹貢》。學生三人來。與起潛叔同到家。又到新人路浙江興業銀行訪葉揆初，同到同和居吃飯。

送起潛叔到青年會而歸。與肖甫談。

今晚同席：葉揆初　王則先　吳玉年　劉佩韋　劉文興　起潛叔（以上客）　予（主）

十月廿七號星期二

方紀生來。王崇武來。壽彝偕艾宜栽，趙振武，王夢揚來，同到旭生處，修改《募圖書啓》。

到校，到景升處。南華來。三時許，到臨湖軒，招待宋哲元等。《實報》等新聞記者來。六時半，宋等去。起潛叔偕子陵來。

與肖甫，履安，德輝步至西四茶社，又到西單商場購物。

今日下午同茶點：宋哲元　鄧哲熙　劉治洲（以上客）　陳其田　洪煨蓮　李安宅　梁士純　容庚　雷潔瓊　謝景升　予（以上主）

十月廿八號星期三

世五來，即寫暴子青信，托其帶去。到院，又寫子青信，派車往接。汪叔棟來，爲寫宋主席信。北大朱仲龍來。到旭生處，韓儒林已在，同出，到藝術學院邀鄭穎孫同到成府，吃飯。

飯後與敖雲章等同到貝公樓，看古物展覽會。到穆樓講演，并開蒙回藏諸樂片。六時歸。

豫備明日功課。楊繽來。

今午同席：敖雲章　暴子青　鄭穎孫　陳其田　吳其玉　韓儒林　徐旭生　馮伯平　張西山　陶朋　瞿子陵（以上客）　予（主）

十月廿九號星期四

豫備下午功課。戀恒來。一非來。修改秀亞代作之《犧牲》。王永興來。

回成府寓所，見孀母。到校，上課二小時。張誠孫來商歷史學會請人演講事。起潛叔來。

日蔚，一非，琴南來商社務。

十月三十號星期五

侃嬫來，與她及自明同到秀亞處，又到日蔚處。賀逸文來。姚晋檠來。寫丕繩信，催稿。

豫備功課。與履安同到四海保險公司交費，又同至王姨母處。到北大上課。晤心史舟生。懋恒來，與之同到其母家，訪其兄徵宇，商宜珍婚事。

讀《左傳》至十時。

十月卅一號星期六

與父大人及履安出，先到壽彝家。再到中山公園看菊花。予先出，到院。理院中案頭積存信札。到旭生先生處。爲《民聲報》作《我們的本分》一文。寫蒙文通信，索稿。維華來，商禹貢學會明年請求補助費事。李宗瀛來。

與燕大清華學生約四十人游成達師範學校，牛街禮拜寺，西北公學。壽彝從。五時一刻進城。

到思泊處賀其遷居。到同和居赴宴。九時歸。

今晚同席：趙蕚雲　子臧　海波　希白　立庵　剛主　孫伯恒等（客兩桌）　思泊（主）

又：起潛叔　侃如　父大人及予夫婦（以上客）　莘田夫婦建功夫婦　盧季忱（主）

[剪報] 廿五，十一，一，北平《民聲報·星期論壇》

我們的本分　　　　　　　　顧頡剛

（下略，見《全集·寶樹園文存》）

此係左傾者所辦之報，南京方面見此，遂以爲予之左傾之證據。言論之不自由如此，但左傾分子利用我名作號召，亦是實情。

[原件]

國民政府，行政院，軍事委員會鈞鑒，全國各報館，各通訊社，各雜志社，各機關，各法團暨全國人民公鑒：溯自瀋陽之變，迄今五載，同人等托迹危城，含垢忍泪，不自知其運命之所屆。去秋以來，情勢更急，冀東叛變，津門倡亂，察北失陷，綏東告警，豐台撤兵，禍患連駢而至，未聞我政府抗議一辭，增援一卒，大懼全國領土，無在不可斷送於日人一聲威嚇之中。近來對華進行交涉，我政府所受之威脅雖尚未宣布，然據外電本諸東報所傳，謂日本又有侵害中國主權之五項新要求對我提出，姑勿論所傳之虛實如何，任承其一，即足以陷我民族於萬劫不復之深淵，墮“中國之自由平等”之追求於絕路；中山先生所遺托于吾人之重任，數十年先烈所糜軀灑血以殉者亦將永絕成功之望。我全國人民，至于今日，深知非信仰政府不足以禦外侮，精誠團結，正在此時，深不願我政府輕棄其對國民“最后關頭”之諾言，而自失其存在之領導地位。故爲民族解放前途計，我政府固有根本拒絕此諸條款之責任，而爲國家政權安定計，我政府亦當下拒絕此諸條款之決心。在昔紹興之世，宋雖不競，猶有順昌之擭；端平之世，宋更陵夷，復有淮西之拒。我中華民族，數千年來，雖時或淪于不才不肖，從未有盡舉祖宗所貽，國命所繫，廣土衆民，甘作敝屣之棄者。此有史以來所未前聞之奇耻大辱，萬不能創見于今日。是則同人等覘民意之趨嚮，本良心之促迫，所敢爲我政府直言正告者也。同人等以國防前綫國民之立場，在此中日交涉緊張之際，爲願政府明瞭華北之真正民意與樹立救亡之目標起見，特提出下列數項要求，望政府體念其愛國赤誠，堅決進行，以孚民望而定國是，不勝企禱之至。

一、政府應立即集中全國力量，在不喪國土不辱主權之原則下，對日交涉；

二、中日外交絕對公開，政府應將交涉情形隨時公布；

三、反對日人干涉中國內政，及在華有非法軍事行動與設置特務機關等情事；

四、反對在中國領土內以任何名義成立由外力策動之特殊行政組織；

五、根本反對日本在華北有任何所謂特殊地位；

六、反對以外力開發華北，侵奪國家處理資源之主權；

七、政府應立即以武力制止走私活動；

八、政府應立即出兵綏東，協助原駐軍隊，剿伐藉外力以作亂之土匪。

徐炳昶	顧頡剛	楊振聲	錢玄同	陶希聖	梅貽寶
黎錦熙	馮友蘭	洪業	馬壽齡	林志鈞	張熙若
姚從吾	孟森	陳其田	容庚	崔敬伯	錢穆
葉公超	梁士純	唐蘭	張子高	張蔭麟	蔡一諤
朱光潛	陸侃如	郭紹虞	張佛泉	齊思和	沈從文
于永滋	朱自清	薩本鐵	梁思成	林徽音	張景鉞
孫雲鑄	譚錫疇	饒毓泰	徐輔德	汪奠基	董人驥
李季谷	沈嘉瑞	崔之蘭	王日蔚	薛文波	趙斌
艾宜栽	常松椿	王夢揚	楊堃	黃子卿	金岳霖
曾遠榮	李繼侗	楊武之	周先庚	熊迪之	陳楨

嚴既澄	容肇祖	雷潔瓊	侯樹彤	楊秀峰	焦實齋
盧郁文	田洪都	謝玉銘	趙承信	馮沅君	謝景升
夏　雲	劉　節	李安宅	于式玉	熊樂忱	劉敦楨
馮家昇	連士升	吳世昌	黎琴南	李一非	李榮芳
薛瀛伯	聶崇岐	鄧嗣禹	劉盼遂	顧廷龍	陳鴻舜
李書春	董　璠	楊蔭瀏	朱士嘉	容　媛	馬錫用
侯仁之	陳夢家	沈心蕪	饒毓蘇	王承書	張振達
丁汝南	張鳳杰等一百零四人同叩。				

中華民國廿五年十月十三日。

此宣言係張蔭麟君所起草，由我修改者。

[剪報] 廿五，十，十七《申報·北平特訊》

文化城中文化界之呼聲

豐臺本年"九一八"事件解決後，北平由國防最前綫之地位，一變而有陷入敵人陣後之虞，華南華中局勢緊張後，交涉中心，移往南京，而某方目標之所在，則依然爲華北，自南京方面中日交涉入於欲斷欲續狀態以來，某方在華北之工作，乃愈益加緊，以致人心惶惶，謠言蜂起，華北人民處此情勢下，一般觀察，早料華北民衆必將有所表示，果也嚮爲民衆先鋒之文化界，於本月十二日，有一宣言發出矣，此次宣言之由倡議，起草以至發表，其中醞釀甚久，簽名其上者，達八十三人之多，簽名時雖各人以個別名義加入，而一考彼等之所隸屬，則所有在北平之各文化機關，有大半包括在內，斯已不啻北平文化界之全體，凡彼等之所表示，實亦全市民衆所欲表示而未果者，由目前情勢推測，彼等此次表示，在實際上正以極快之速度，向全市人民繼續傳布，以待事實之相當答覆，故來勢甚覺蓬勃，爰將采訪所得，記之于後。

㈠經過　事之醞釀，在月餘以前，首先倡議者，爲燕京大學方面之中國教職員會，此種組織，原爲該校教職員同人之聯歡組織，而其會員又大多係埋首研究之學者，過去北平各界對于時局之表示與主張，甚少見該會會員參加在内，而此次發動者之顧頡剛，容庚，梁士純，陳其田，田洪都，謝玉銘，謝景升，雷潔瓊，夏雲等九人，在平素尤爲專門從事研究工作，不問外事之人，此次由彼等首先發動，而又于最短期間，獲得衆多人之同情，殊值得注目，從發動至宣言之發出，其中曾開會三次，會址悉在燕京大學，彼此交換意見，獲同一之結果後，乃推張蔭麟起草宣言，并推徐炳昶，顧頡剛，馮友蘭，錢穆，崔敬伯等加以修改，宣言前後曾修改三次，最後宣言，於本月十二日晚正式發出。

㈠發起人　此次宣言之最大意義，不在于宣言之内容，而在于發起人所網羅之廣闊，因而足徵其代表一般民意之程度，該宣言簽名之發起人，截至十一日止，已有八十三人，其隸屬之文化機關，共有十二個之多，計北大方面，有陶希聖，錢穆，葉公超，張佛泉，容肇祖，朱光潛，孟森，姚從吾，唐蘭，饒毓泰，張景鉞，孫雲鑄，譚錫瑞，沈嘉瑞，崔之蘭等十五人，燕京方面，有顧頡剛，梅貽寶，洪業，陳其田，容庚，梁士純，陸侃如，蔡一諤，郭紹虞，于永滋，雷潔瓊，田洪都，侯樹彤，謝玉銘，趙承信，夏雲，劉節，于式玉，馮家昇，謝景升，李安宅等二十一人，清華方面，有馮友蘭，張奚若，張子高，張蔭麟，黃子卿，金岳霖，朱自清，薩本鐵，曾遠榮，李繼侗，楊武之，周先庚，熊迪之，陳楨等十四人，北平研究院方面，有徐炳昶，崔敬伯，吳世昌，林志鈞等四人，回教教育界方面，有馬壽齡，薛文波，趙斌，艾宜栽，常松椿，王夢揚等六人，師大方面，有錢玄同，黎錦熙，齊思和，楊堃等四人，天津法商學院方面，有盧郁文，連士升，楊秀峰等三人，中國營造學社方面，有梁思成，劉敦楨等二人，平大女子文理學院方面，有嚴既澄，董人驥，汪奠基，徐輔德，李季谷，熊樂忱等六人，天津女子師範方面，有馮沅君一人，通俗讀物編刊社方面，有黎琴南，王日蔚，李一非等三人，河北省立高級中學方面，焦實齋一人，此外屬于普通文藝界者，有楊振聲，林徽音，沈從文等三人。

此八十三人中，如以其所研究者分之，文科方面占大多數，理科者亦不少，政法者祇有三數人，與通常之以政治興趣濃厚，研究政法者占多數之情形，適爲相反，此其一。回教徒與漢人合作者，在北平不常見，此次參加宣言簽名之回教六人，均爲北平回教中之重要人物，此其二。向來北平教育界文化界之對外作集團表示時，其中無不以負有教育行政責任者爲主幹，而此次則一反向例，此其三。上述三點，皆此次宣言發起人方面之特色。
㈢反響　宣言發表後，此間一般人士，均取熱烈之贊助態度，現發起人等正在繼續徵求簽名，參加者頗爲踴躍，聞俟簽滿相當數目時（五千或五萬人未定），即用合法手續，遞呈中央，以表示民衆之公意。

一九三六年十一月

十一月一號星期日

理家中書屋。到侃奼處，寫女同學會信。歸，寫柯燕舲，馮世五信。到禹貢學會，晤志順，增敏。與父大人及履安到天壇，天橋。到泰豐樓吃飯。

與父大人及履安到吳縣會館及青雲閣。到華樂園看尚小雲《汾河灣》及《卓文君》兩劇，六時一刻畢。

到侃奼家吃飯，討論《大眾知識》事，十時歸。

十一月二號星期一

日蔚來。記日記七天。開本組月會。希天來。壽彝來。書春來。日蔚偕孫松泉來，同到旭生處，又同到同和居吃飯。

飯後談話，至三時出，到燕大。郭可珍來。王永興來。張德華來。起潛叔來。世五來。劉選民來。到石公先生處。到學會，晤西山等。

寫植新信，伯祥信。看《禹貢·後套專號》。

今午同席：范希天　孫松泉　王日蔚（以上客）　旭生　予（主）

十一月三號星期二

侃奼夫婦及僑思來。單士元來。壽彝偕郭伯恭來。旭生先生來。日蔚來。申府來。到宰平處。

到希聖處，與之同到燕大。到寓所，與吳儀庭同到校印所，晤中心及肖甫。到圖書館訪起潛叔。寫子民，雲五，亞塵信。到景升處。王懷中來。五時與希聖同回城，到禹貢學會。

豫備功課。

十一月四號星期三

侃嬂來，與同出。到日蔚處，寫勉仲信。到院，呂節之等來。查勉仲來。日蔚偕松泉來。

到旭生處，與之同出。到燕大，到校印所。到穆樓講演《對于各民族之態度》。士純來。關斌來。六時歸。

豫備明日功課。

十一月五號星期四

豫備功課。張子文來。雨亭來。改丕繩所作講義稿。

到燕大，上課二小時。劉克讓來。到貝公樓開教職員會。到成府。

到士純處吃飯。回成府，九時許歸。

今日下午同會：其田　士純　希白　潔瓊　景升　洪都　夏雲　（列席報告）朱南華

今晚同席：煨蓮　淑希　安宅　其田　煥文　予（以上客）士純（主）

十一月六號星期五

修改壽彝代作之《回漢問題》一文，寫章希呂信，即送去。與日蔚同到高等法院訪鄧仲芝，不遇。吊才百母喪，飯畢歸。

與履安同出，到容宅及景山書社。到北大，校《歌謠周刊·吳歌專號》。上課二小時。又到元胎家。

挂地圖。日蔚來。理書。

十一月七號星期六

壽彝來。寫崇武信。到振鐸處。香翰屏等來參觀。汪華來。與日蔚再訪鄧仲芝，遇之。談至十二時。

到太平倉，與燕京同學乘電車到交道口，游孔廟國子監，雍和宮，柏林寺（晤妙舟和尚），俄國東正教堂。

休息。

十一月八號星期日

理書。陪父大人到贊廷叔祖處。到章式之先生處。到北京大學，景山書社。到元胎處。與元胎同到陳援庵處。歸飯。

與父大人及德輝同到吉祥戲院。予出，到日蔚處。到李錫九處，未晤。到松泉處，并晤其叔祖。到申府處，未晤。到蜀丞處。到朱桂莘處。返吉祥園，看《販馬記》半齣，《霸王別姬》（梁秀娟）。

修改《禹貢・通訊》。改訪問記稿。改《中國思想研究法》序。十二時眠。

十一月九號星期一

與履安同到楊繽家。再到觀音堂，晤段繩武。到院，一非來，同到市政府訪秦紹文，并晤王冷齋。徐舟生來。

到成府。到校印所。到貽寶處請假。伯平來。思明來。許純鎏來。李金聲來。誠孫來，爲寫賓四，心史，從吾介紹信。

到禹貢學會，晤志順等。趙惠順來。理書。楊繽來。

日前瞿子陵到沈兼士先生處，沈先生説："頡剛現在所作事業，頭緒紛繁，而無合作之人，外面攻擊又多，將來塌臺，勢將全部崩潰。"按此語自是實情，但中年人不來幫我，青年人又未取得社會信仰，叫我如何不一人獨幹？

十一月十號星期二

從吾偕宜珍來。到院，旭生，繩武，一非，日蔚來，同到德國飯店訪志希。十一時回院，王振鐸來。高希裴來。

陳中平丈來。到成府，校印所。到穆樓。打各處電話。寫請假信。梁思懿來，爲寫介紹函四。起潛叔偕賀昌群來。到容女士處。記日記七天。容女士偕吳天敏來。希聖來。清華葛君來。

與貽寶希聖同進城，到西來順吃飯，九時歸。泉澄來。理書。

今晚同席：段繩武　梅貽寶　梁士純　孫祥偈　蕭漢三　高希裴　李安之　黎琴南　李一非　王日蔚　楊繽　鄭侃懲　吳世昌　連士升　姚晉縶

十一月十一號星期三

到學會。到季龍處。到院，高希裴來。陳震旦來。楊繽來。王永興來，與同到旭生處。到擷英吃飯。

飯後與劉定五等談。與日蔚祥偈到家，送祥偈歸。與日蔚同到燕大，聽日蔚講新疆民族問題。爲到成府。爲士嘉寫希白函。

家昇邀至長順和吃飯。歸，日蔚一非來。

今午同席：秦紹文　鄧哲熙　唐嗣堯　呂向辰　孟憲章　容希白　徐旭生　謝景升　梁士純　段繩武　孫祥偈　王日蔚　李一非　劉曾若　李錫九（以上客）　劉定五（主）

十一月十二號星期四

日蔚來。與履安到西單，剃頭，買鞋帽。與父大人同到石公先生處。回家，過節祀先。泉澄來。

一非來，與之同到旭生處，不值。又同到公理會，以警察守門，未開會。到觀音堂，歸。到侃懲處。到懋恒處。到禹貢學會。

子臧，侃懲夫婦，楊繽來。

十一月十三號星期五

到觀音堂。到院，寫從吾，北大注冊課，選課生，王崇武信。

孫子高來。王永興來。旭生來。日蔚一非來。到石曾處。寫石曾函及諸同志函。秀亞來。到唐嗣堯處。

與履安同到觀音堂，又同到院。寫鍾雲父，侃懋，余讓之，趙振武，趙肖甫信。一非來。回家，理物，寫植新，驪先信。寫蔡尚思，張西山信。

九時，辭家人出，到東站寄信未成。到西站上車，遇楊克强（鍾健）同車。十時，車開。十一時眠。

到站送行者：道齡　叔棣　日蔚　一非　張居生（《世界日報》記者）

十一月十四號星期六

在車與潤章，旭生，克强談話。

下午四時三刻，抵鄭州，到中國旅行社招待處歇宿。雇車到泰康路，游胡景翼祠，洗浴。到又一邨吃飯。游市街。回社早眠。

十一月十五號星期日

一時起，二時上車站，登車復睡。七時起，仍與潤章，旭生，克强談話。站窗前，看靈寶以西沿路風景。

王振乾來。與招待生丁金鵬談。

八時，抵西安。樂夫等到站接。到考古會下榻。劉士林來。

一路紅樹迎人，飽挹秋景。

自靈寶以西，山洞甚多，想見建築之艱難。總工程師爲李儼，號樂知，閩侯人，唐山交通大學畢業，其能力不亞于詹天佑也。

十一月十六號星期一

參觀花園及考古會陳列室。與潤章，旭生，士林同乘汽車訪張扶萬，邵力子，耿壽伯，寇勝浮，李樂知，李儀祉，雷寶華，周學昌，及民廳財廳等處。參觀建廳所辦陝省試驗所，并晤吳伯藩，馮簡等。歸考古會吃飯。

午峰來，扶萬來，張兆麟，劉克夷來。吳濤秋來。二時半，開考古會年會，會畢攝影。

到南京大酒樓赴宴。與仲良等步游市街，買物。

今日同會：張扶萬（鵬一）　　寇勝浮（遐）　　王卓庭（健）梁午峰　李潤章　徐旭生　劉士林　予（以上出席）　　邵力子（列席）　　李印堂（書記）

今夜同席：予等三人　邵力子　吳敬之　劉士林　何樂夫耿壽伯　翁縣長等（以上客）　　張扶萬　寇勝浮　王卓庭　梁午峰（以上主）

十一月十七號星期二

寫父大人信，履安信。西京民報社何君來。民廳長彭昭賢來。十時許出門，乘汽車抵南五臺。已十一時許。步行上山，在竹林寺打尖。

予興發，與旭生直上大臺，同游者亦皆上。往返六十里，歸時遂極趲。天黑，始抵臺溝口，急開車回考古會。

到省政府吃飯。飯後應扶萬約，到易俗社觀劇。出，到士林處。到渤海浴堂洗澡。

今日同游：龔賢明（飯由他們辦）　　曾向午　劉士林　予等三人　汽車係省府秘書長耿壽伯所借。上山時走得甚熱，將外衣脫去，交挑夫。予第一到頂上，山風撲體甚寒，而挑夫不至，遂感寒。

今晚同席：予等三人　張漢卿　楊虎城　張扶萬　寇勝浮　吳敬之　劉士林　何樂夫　耿壽伯　楊克強等（以上客）　邵力子（主）

十一月十八號星期三

乘九時車西行，樂夫等送至站。車行，站窗前看沿途風景及陵墓。與潤章，旭生，士林等談。

二時，抵武功，入西北農林專科學校，晤其教職員若干人。到學校各處參觀。稍休息。五時，開西北植物調查所成立會。

晚餐後，予等三人到大禮堂演説。十時返室。

自昨日受寒後，今日身體甚感不適，咳嗆多痰，傷風矣。

辛樹幟校長適以到南京，未能晤，而見到聲漢，藎卿等熟人。

今夜徹夜無寐，身體疼痛，蓋發燒也。

十一月十九號星期四

早飯後，他們出游農場，予在室偃卧。王恭睦來。到醫院取藥。看《大衆知識》。中午勉强入席。

飯畢，乘二時車行。杜慶修與其子同行。在車頗得睡。暮，抵咸陽，入酒精廠，訪副廠長楊毓楨（摯奇），即住廠中，吃飯。

龔賢明來。住剛大夫室。

今日體倦甚。潤章出熱度表量之，有熱一度，只得休息矣。

今午同席：予等三人　劉士林　齊敬鑫（堅如，森林組主任）　劉依仁（高職主任）　杜慶修（訓育主任）　陳國榮（園藝教授）　孔憲武（植物教授）　楊藎卿　石聲漢等（以上客）　楊亦周（秘書長）　王恭睦（教務長）（以上主）

十一月二十號星期五

鎮個上午，僵卧未起。龔賢明偕咸陽縣長邵履均來，與旭生潤章同出，游昭陵順陵諸處。

十二時起，與剛斯倫（時）談，略吃其飯。獨游咸陽城，進北門，出南門，進西門，出東門，觀渭水，又到咸陽原，望周漢諸君臣墓。吳伯藩來，與之同車返長安。

在吳宅略吃飯。回考古會，旭生潤章至十一點始歸。

今晚同席：馮簡　錢鳳章（振聲）　予（以上客）　吳屏（伯藩）（主）

今日下午獨游，以日光甚旺，居然出了一身汗。今日大便未通。

十一月廿一號星期六

與旭生潤章往訪張漢卿，未晤。訪仲良，亦未晤。游文廟及董子祠。回考古會，王振乾來。到南京大酒樓吃飯。

振乾來，與之同到東北大學，晤金錫如。張漢卿派汽車來接，到其家。潤章旭生亦來。同出，到西京招待所赴宴。

自招待所出，又到止園赴宴。歸，仲良來，同擬宴客單。

今午胃納猶不好，晚較好。夜，瀉二次。

今午同席：予等三人　陳宅桴　王咸椿　張良愚　鄭士彥尚有留法學生四人（以上客）　龔賢明　曾向午（以上主）

今晚同席：予等三人　扶萬　李樂知　金錫如　樂夫　梁午峰　尚有數人（以上客）　洪觀濤（主）

又：予等三人　何紹南　周從政（達夫）　鮑文越（志一）續範亭（以上客）　楊虎城（主）

十一月廿二號星期日

八時，與旭生潤章到東北大學演講。與金錫如等談，并參觀該校。進城，到國貨商場購物。回考古會，到教育廳吃飯。又到仲良處吃飯。

在仲良處看西北科學考查團所得古物。與扶萬，仲良同出，步行到東嶽廟，看兩殿壁畫。到鼓樓，閱古董肆。回考古會，王振乾偕宋黎來。

宴客。飯後與仲良午峰等談。

今日飯量漸復，腹瀉又數次，精神較旺。

今午同席：予等三人　王卓然　梁午峰　張委員（以上客）周學昌（主）

又：扶萬　午峰　孫玉甫　予等三人（以上客）　黃仲良（主）

今晚同席：張漢卿　邵力子　翁縣長　楊虎城　朱鏡宙　吳伯藩　洪觀濤　周學昌　剛斯倫　耿壽伯　王卓然　寇勝浮　張扶萬　梁午峰　何樂夫　趙純　吳敬之　黃仲良　龔賢明（以上客）　予等三人（主）

十一月廿三號星期一

王振乾偕宋黎，盧廉績來，同到東望小學，先向小學生演講，再與東北民衆救亡會討論。回考古會，與潤章等同出，到站，旭生，樂夫，王卓然等來送行。復與克強同車。并遇劉政原。十一時，車開。

記日記。與克強同室，談話。與張梿（勵錚）談話。

晚飯後即眠。

今日精神已完全恢復，但潤章又似病然，因此華山之游只得放棄。

今日同會：韓啓英女士（東望小學校長）　竇宗漢　任霈霖洪鈁（勵生，剿匪總司令部辦公廳副主任，本會主席）　尚有十餘人

十一月廿四號星期二

上午二時許起，四時到鄭州，下榻中國旅行社，四時半，又睡。八時起。看報，理物。十時許，雇車入城，游開元寺塔，孔廟，子產祠。克強乘平漢慢車先行。

十二時，回旅社，與潤章同到小有天吃飯。二時，上平漢車，與潤章談話，看《關中勝迹圖志》。

八時即眠。

十一月廿五號星期三

六時許起身，收拾行裝，到餐車，遇齊如山之兄。劉政原來。八時半，到北平，履安，侃嬿母女，敬伯來接。與潤章別，歸家，理物，看各處寄來之信。才百來。到玉華臺吃飯。

到北平研究院，晤世昌等。歸家，挂字畫。鈔途中日記入册。兆原來。

看半月中《世界日報》及《大公報》。

今午同席：段繩武　予夫婦（以上客）　　日蔚　楊繽　侃嬿（以上主）

得緝熙死訊，殊傷感。他是最肯助人的，而父子二人同年辭世，門庭更無支撐之人，何其酷也！

十一月廿六號星期四

西山來。清算本屆旅行賬目。

重作標點本《史記》序，并鈔出，得二千字。

修改丕繩代作之《尚書通檢》序及凡例。

以竟日狂風，未出門，客亦少至，乃得還却兩篇文債。

十一月廿七號星期五

井成泉來。到研究院，秀亞來。馮棣來。楊繽，侃嬿來。壽彝來。仲九來。耿貽齋來。馮世五來，同回家，留飯。

與履安，容太太同乘車到研究院。到北大上課兩小時。舟生，崇武來。到元胎處。與履安同到澤涵夫人處。逮曾來。

張居生來。仲九，日蔚來。世五來。劉紹閔來，爲寫嚴既澄信。

十一月廿八號星期六

坐車到成府，與嬸母談。與肖甫談。到校印所，改定《史記》及《尚書通檢》自序，校《禹貢》六卷七期稿。劉選民來。侯仁之來。十二時，歸家。

致故宮，與清華燕京兩校師生參觀御花園及外東路。徐森玉先生伴游。士升來。五時歸。才百來。

植新來。日蔚來。貢珍來。白子瑜，王崇武來。兆原來。楊繽及侃嬺夫婦來。

十一月廿九號星期日

偕父大人及和官到孔廟，國子監，雍和宮，隆福寺等處游覽。十二時歸。點鈔《禹貢·通訊》。

廣志來，寫肖甫信。容太太來。寫贊廷叔祖信。看侃嬺，崇武兩文，略爲點改。植新來，長談。記日記四天。

王振鐸，育伊來。豐田偕文理來。寫通伯信。

十一月三十號星期一

到觀音堂。秀亞來。贊廷叔祖來。郭敬輝來。壽彝來。一非來，同到慶林春吃飯。

到成府，到校印所。到穆樓，徐素貞，岑德美，解樹基來。校《禹貢》稿。到會議室，赴教職員會議。到安宅處吃飯。

九時半出，到劉定五處，未晤。歸，侃嬺夫婦來。

今午同席：劉定五　熊夢賓　日蔚　一非　琴南　之安　予（以上客）　李錫九（主）

今晚同席：豁哀忒夫婦　李□□　仁之　予（以上客）　李安

宅夫婦(主)

[剪報] 北平《世界日報》廿五，十一，三。

首都婦女一盛會

西南邊區婦女高玉柱報告故鄉生活

她雖是邊區女子已改漢裝

因戴傳賢之挽留暫不離京

[南京通信] 譚惕吾，王立文，曹孟君，鄧季惺四女士，昨天午後四點鐘，假座福昌大樓，舉行盛大的茶會，歡迎西南邊區來京的高玉柱女士，并邀請婦女界名人李德全，唐國楨，洪德明，徐闓瑞，胡仲英，張浣英等五十餘人作陪。

高女士雖爲邊區人士，但已改漢裝，誰也不會知道她是邊區的女子，短髮圓臉，黄襯衫，黑綢裙，胸前挂了黨徽形的一枚金質證章，身體非常健康，對人全是笑容，一個和藹可親的樣子。

王立文女士主席，致了幾句簡單的歡迎詞，就請高女士報告邊區的文化狀况。

高女士便起身來，侃侃而談了，對于西南邊區的“來源”“地帶”“生活”言之甚詳，尤其對于該地婦女生活特爲介紹：（一）女權高于男權，（二）婦女經濟提携，（三）婚喪儀禮一般，結果説到此次來中央的經過和希望，并聲明因戴傳賢先生回來，留她們多住些時，要得到具體辦法才可以回去，此刻是暫不離京了。

繼她又發表談話的有張浣英女士，説出兩點感想：（一）西南邊區女權高張之可喜，（二）希望京市婦女界團結。

後來便是馮雲仙女士報告“西康婦女生活狀况”，因時間

太久關係，很簡短的便終席了。（十月三十一日）

一九三六年十二月

十二月一號星期二

到定五處。到日蔚處。到院。壽彝，夢揚來。宰平來。延增來。舟生來，與她及子臧到中國旅行社訪程滄波，未遇。見辛樹幟亦客此。到成舍我處，亦未遇。歸。與井成泉同到禹貢學會。

一非來，同到希聖處。同到燕大，看文稿數篇。其玉來。士純來。與希聖寶昌同進城。與士升希聖同到北京飯店看田波烈，商組織中國歷史學會事。

日蔚來。植新來。泉澄戀恒來。

十二月二號星期三

到樹幟處，寫日蔚信，并晤涂治。到院，旭生來。道源來。豐田來。書春來。鄭勵儉來。日蔚來。

到燕大，與履安偕行。到校印所。到穆樓，蔣憲端女士來。趙振武來，演講"哈薩克人的生活"。返成府，與履安，振武，季龍同到城。

與振武，季龍同到西來順吃飯。送振武回牛街。到楊繽處，與世昌侃嬺等談社務。

十二月三號星期四

到觀音堂。到院，豫備下午功課。樹幟等來，同訪旭生潤章。偕樹幟到禹貢學會，到家。再到同和居吃飯。

到燕大，上課二小時。張卓華來。到成府，取書。晤紹虞夫婦。

植新來。到戀恒處，并晤鄭允明。到侃嬺處，并晤思和。

今午同席：辛樹幟　涂治　潤章　旭生　日蔚　仲九　琴南
西山　儒林　秀潔　增敏（以上客）　予（主）

十二月四號星期五

到觀音堂。到院。到樹幟處，并晤陳君。與樹幟，涂治同到玉
年處，看寄荃先生所著書。同出，到隆福寺及琉璃廠兩處各書肆。
回院，到兆原處。記日記三天。

寫仲良信。到研究院。徐舟生來。到北大，上課兩小時。到盧
逮曾處。到書社，到圭貞處。到元胎處。到西北論衡社。

到李潤章先生家吃飯。送旭生鍾健歸其家。

今晚同席：辛樹幟　涂治　經利彬　徐旭生　楊克强　劉爲
濤　崔敬伯　陸鼎恒　李聖章　余（以上客）　李潤章（主）

十二月五號星期六

戀恒來。耿貽齋來。到觀音堂。開本組常會。白寶瑾來。吳衡
來。高希裝，羅雨亭來。到淮陽春吃飯。

到故宮，與清華，燕大兩校師生參觀內西路及外西路，至圖書
館。出，到景山，與仁之瑋瑛同歸。

到東來順吃飯。到真光，與自珍同看《女王殉國》電影。

今午同席：凌叔華　朱光潛　楊金甫　沈從文　吳子臧　鄭
侃孅　楊繢　張秀亞（以上客）　予（名義的主）

今晚同席：日蔚　一非　琴南　安之　才百　趙伯康　馮棣
及通俗讀物社職員八人（以上客）　旭生　予（名義的主）

十二月六號星期日

紹虞夫婦來。北大學生鄭逢源，徐世劻，趙九成及謝某等來。
參觀地圖工作，并到禹貢學會看檔案。十一時半歸。與履安到元胎

家，同到豐澤園吃飯。

送履安等到光陸，予與八爱同到禹貢學會參觀。四時歸家，點改講義。

到半畝園吃飯。九時歸。校《尚書通檢》序例印樣。

今午同席：煨蓮夫婦　思齊　蔭麟夫婦　希白夫婦　八爱　元胎夫婦　容琬　林瑪利　楊君　予夫婦　篠珊　鴻舜　（史地周刊公宴）

今晚同席：敬伯　盧郁文　侯樹峒　希聖　思和　士升　予（社會科學公宴）

十二月七號星期一

到觀音堂。到院，記日記三天。西山偕程枕霞來。校改講義。回家，祭嗣祖。

到公超處。到燕大。劉克讓來。到校印所。到容女士處。到寓所。到臨湖軒，參加校務會議，自四時至六時半。

到楊繽處，同到史諾處吃飯。看共產黨照片，十一時歸。

久不夢健常矣，今日拂曉又一見之，渠臥床上，室中充滿人，予立門側，彼頻頻睨予，予佯不知，立而不動。

奇哉，今午竟接健常一信！彼已兩月未來信矣。

今晚同席：楊繽女士　予　一不知名之西人（以上客）
Edgar Snow 夫婦（主）

此即著《西行漫記》之斯諾也。他與毛主席談甚久，記延安一帶事亦最詳。我輩所知之延安情形皆賴此。斯諾在席間云："我不知這樣的好政府，為什麼國民黨要打倒它！"　一九七六，六，三記。

十二月八號星期二

到觀音堂，與日蔚，一非同到熊夢賓處。到院。徐芳來，陳仲復來。到院長室商出版事。士林來。安文倬，壽彝來。張西堂來。王紹湘來。

與希聖同到燕大，見學生二人。肖甫，文珊，丕繩，西山來。白寶瑾來，介紹其到邊疆研究會演講。慶濂來。

與子臧，日蔚同到清華，出席實用科學會之通俗科學組。

今晚同席：白寶瑾　日蔚　子臧　肖甫　仁之　維華　丕繩（以上客）　予（主）　在長順和。

十二月九號星期三

到觀音堂。到院。到旭生處，與之同到清華，參加一二九紀念會，略演説。

到司徒先生處吃飯。到成府。王君綱來，同游燕大各處。慶濂，卓園，克剛來。與君綱，士嘉同進城。

與君綱游中山公園。日蔚，一非，王之禮來。

今午同席：畢院長　司諾　梅貽寶　梁士純　予（以上客）司徒雷登（主）

十二月十號星期四

在家豫備功課。到院。改《實報》稿。寫葉遐庵信。

到燕大，上課二小時。侯啓明來。吳天敏來。到煨蓮處參加歷史系研究院聯歡會。

與豐田同進城，到同和居吃飯。與日蔚等同歸。

今晚同席：袁守和　汪一厂　張維華　韓儒林　李一非　王日蔚　黎琴南（以上客）　黎劭西　予（名義的主）

現在我的生活，真不能讓我讀書了。而偏要教書。那有豫備功課的時間！

十二月十一號星期五

理字畫。汪叔棣來。壽彝來。曾憲榮來。

到圭貞處。到北大，上課二小時。舟生，逮曾來。

點《禹貢·通訊》，且改之。改《尚書中的神話》序。

十二月十二號星期六

修改楊向奎《古代車戰制度》一文，備寄《東方》。點各處來信入《禹貢》。

與履安自珍同到歐美同學會，賀從吾宜珍喜事。予爲介紹人，適之先生爲證婚人。到適之先生處談一小時。

改禹貢學會明年計劃書。編《史地周刊》一期。

十二月十三號星期日

到禹貢學會。熊夢賓來。崇武偕何鍾靈來。紹虞來，同到適之先生處，并晤希呂等。與紹虞同到同春園吃飯。

開樸社股東會議，三時散。到華樂園，看尚小雲《御碑亭》，《峨嵋劍》兩劇。

到正陽樓吃夜飯。與肖甫談至十時。

今午同席：芝生　紹虞　予（以上客）　何殿英（主）

商量結果，樸社與景山書社分頭結束。

今晚同席：予全家　趙肖甫（予爲主）

昨日張學良，楊虎城將蔣委員長禁閉西安。

此即所謂"雙十二事變"也。

十二月十四號星期一

與植新到禹貢學會，并晤曾憲榮。子臧，楊繽等來談時局。旭生來。書春來。日蔚一非來。修改《國史講話》，爲《杜重遠與趙延壽》一文。

到東興樓吃飯。到燕大。到景升處。趙宗復來。韓慶濂來。開教職員會理事會,發致傅作義電。

與肖甫談話。

今午同席:曾慕韓　李幼椿　聖章　希聖　旭生　予(以上客)　潤章(主)

十二月十五號星期二

到學會,校改講義。到通俗社,與日蔚一非談時局。到旭生處,并晤安文倬。

與希聖同到燕大。到景升處。到志韋處,并晤周杲。到校印所。與希聖同赴燕大教職員談話會。

與父大人,履安,肖甫到慶樂看戲,停演,即歸。

十二月十六號星期三

到學會。清算本屆旅行賬目訖。到院。邵之樞來。豫備功課。到院長室,商出版事。旭生,子臧同往。

到心史先生處。到清華同學會參加校長對時局會議。再到心史先生處,與之同往燕大,到煨蓮處開座談會。六時,與之同歸。

宴大眾知識社同人于家,談至十一時許。

今晚同席:士升夫婦　鄭侃夫婦　秀亞　子臧(以上客)予夫婦(主)

十二月十七號星期四

到學會,看稿。到院,張培蒼來,爲寫王雲五信。豫備功課。

到燕大,上課二小時。寫楊蔭瀏信。梁思懿來。到適樓,開全體教職員會,貽寶主席。

到起潜叔處吃飯。八時歸。

十二月十八號星期五

到學會，爲燕大教職員會作致國民政府電及張學良電。又潤色子臧代作之致張學良書畢。開《史學集刊》編輯會，審查稿件。

到北大，上課二小時。舟生等來。

倦甚，休息。

今午同席：潤章　旭生　敬伯　維鈞　子臧　予

予致張學良電中有“假蠲拳强諫之名，行崔蒲取人之實”語，旭生擊節稱賞。

十二月十九號星期六

到學會，改講義。與植新同到通俗社。改秀亞代作之《創造》。到院，邵之樞來。宜栽，夢揚，振武，壽彝來。張子文來。

與父大人等及燕清兩校師生同到團城，大高殿，皇史宬，內閣大庫，孔德學校，北大三院等處。與仁之，瑋瑛到五芳齋吃飯。

到泉澄處，與之同到鄭允明處。

十二月二十號星期日

與起潜叔同到禹貢學會，商檔案事，寫翁詠霓信。到北大，參加史學會座談會。從吾，心史，賓四等同會。

到東興樓吃飯，商《申報·星期論文》事，三時許歸。元胎夫人來。作《叢書子目類編》序，未畢。

與植新同到泉澄處。校講義稿。

今午同席：旭生　芝生　希聖　蔭麟　其玉　俊升　士升（以上客）　子臧　予（名義的主）

十二月廿一號星期一

到學會，再寫翁詠霓信。到院，陳震旦，日蔚，書春等來。記日記七天。

到學會，寫泉澄，允明信。到燕大，勞同霞來。程世本來。運檔案到成府，取書回。士純來。容八爰來。開邊疆研究會理事會。

泉澄來。與童丕繩同理帶歸書籍。

今日同會：家昇　梁思懿　劉淑珍　予

夏間學會所買之財部檔案，因在報紙宣傳，財部責令檔案保管處人員收回。渠等欲以欺騙或壓力取回，不得已，決將檔案移至成府，范陳二君亦遷往整理。

十二月廿二號星期二

到學會，寫仁之函。寫童仲華，郭敬輝，張文炳信。到院，秀亞來。旭生來。壽彞來。兆原來。寫寶昌信。日蔚來。

與植新，希聖同到燕京。到校印所。到史學系，陳絜來。貽寶來。士嘉來。起潛叔來。鄭庭椿來。安宅來。四時半，偕肖甫等回城。

到擷英吃飯。到慶樂，觀楊小樓《艷陽樓》，郝壽臣《借東風》，及楊郝合演之《下河東》。

今晚同席：劉定五　李錫九　周鯨文夫婦及妻姊　金錫如　日蔚　一非　予（以上客）　孫祥偈（主）

十二月廿三號星期三

到學會，看《禹貢》投稿。曾紫綏來，爲寫王雲五函。到院，爲張惠衣事寫子臧函。

到校，于永滋，鄭林莊來，商農作合作教育促進會事。校講義。與貽寶同回家，又同赴席。

到清華同學會宴客。諸大學校長院長來。郭有守亦來，談至十時。西北論衡社八人來。

今晚同席：金錫如　王卓然　希聖　芝生　貽寶　潤章　日蔚　一非（以上客）　旭生　予（主）

西北論衡社來客：韓庭棕　劉煜（熹亭，代縣）　楊恒（鍾秀，陽原）　趙殿舉（察省）　陳俊山（陝西）　尹立榮（綏遠）　白書元（陝西）

十二月廿四號星期四

到學會。到院，豫備功課。與父大人同到煨蓮處赴宴。

在燕大上課二小時。回成府。

到清華，出席歷史學會，十時歸。

今午同席：父大人　張孟劬　鄧之誠　趙紫宸　薛瀛伯　起潛叔　紹虞　予（以上客）　洪煨蓮　書行（主）

十二月廿五號星期五

到學會，寫張文炳等信。郭有守偕白寶瑾來。與之同到觀音堂參觀。

到元胎處。到白寶瑾處。到崇武處。到北大，上課二小時。與伯平同出，到元胎處吃點，到禹貢學會吃飯。

飯後與伯平同編《禹貢》六卷十期。

十二月廿六號星期六

到學會，理信札。高希裴，雨亭來。肖甫來，姨母及起潛叔全家來，留飯。

偕燕大清華師生約五十人，游古物陳列所并傳心殿。到五芳齋吃點當飯。

與履安同歸。改講義。

十二月廿七號星期日

王崇武偕何鍾靈來。凌撫元來。到胡宅，訪孟真，并晤立庵，讓之等。與履安同到東興樓，赴兩宴。

與安宅及履安同到中南海公園游覽，送安宅到光陸。與履安到賓四處，未晤，歸。

到子臧處。與他及侃懃，朱寶昌等談。

今午同席：彭濟群　王卓然　郭有守　白寶瑾　旭生　敬伯　予（以上客）　潤章（主）

今午又同席：楊秀林　許重遠　希白夫婦　于永滋夫人　予夫婦（以上客）　李安宅夫婦（主）

十二月廿八號星期一

到觀音堂。到學會。到院，譯驪先密電不成，與繆君同出城，到成府，交植新譯。到燕大文書課，取密電碼。何定生與鄧樂華女士來，同到長順和吃飯，肖甫同往。

伴定生樂華游校園及蔚秀園，送之上車。回成府，爲人寫屏聯約十事。到歷史系辦公室，見唐理，劉淑珍，呂鍾璧，劉瑞隆。

到慶林春宴客，九時歸。

今晚同席：王泊生夫婦　程硯秋　佟晶心　杜君（延喆之弟）齊如山　傅惜華　日蔚　一非（以上客）　予（主）

十二月廿九號星期二

到學會。到院。壽彝來。郭敬輝來。寫佟晶心信。到正陽樓赴宴。

到從吾處，與之同出，到希聖處。到燕大，到士嘉處，與從吾等同參觀磁器試驗室。校講義。聽從吾講歐洲近代史學。

到豐澤園赴宴。九時許歸。

今午同席：孟治　潤章　劉拓　劭西　予　尚有二人（以上客）　王卓然（主）

今晚同席：適之　夢麟　孟真　有守　孟治　月涵　李蒸　旭生　天挺　洪芬　守和　誦明　志韋　枚孫　希聖　奚若　敬伯　予（以上客）　潤章　聖章（主）

十二月三十號星期三

到學會。到觀音堂，與一非同到中央飯店，訪王泊生夫婦及郭有守。到院。到墨蝶林赴宴。

又到榮盛食堂赴宴。回家豫備功課。

今午同席：有守　泊生　旭生　佟晶心　俞振飛　尚有一人　予（以上客）　程硯秋（主）

今午又同席：陳中平　泊生夫婦　周芍泉　周文山　日蔚　一非　予（以上客）　汪怡　黎劭西（主）

十二月卅一號星期四

豫備功課。到研究院。到兆原，羨漁處。孟真來參觀，招待之。魏重廈來。

到燕大，上課二小時。回成府。送士嘉夫人到家。到賓四處談話。

到承華園赴宴。歸，與孟真，從吾談。失眠。

今晚同席：適之先生　希聖　張奚若　陳總　周枚孫　陳之邁　今甫　予（以上客）　張佛泉（主）

今夜孟真來告我，謂彼到平一星期，聽見說我壞話的人至少三十人，北大與清華各占其半，大家除談西安事變外，第二就講到我，大致謂思想左傾及爲共產黨包圍等。微孟真之直爽，我哪能知道有這種空氣！險哉人情，他們恨不得把我吃下去了。曾參殺人，三人言之，其母亦信，而況恩不及于母子，讒乃十倍于此耶！

一九三七年

（民國廿六年）

一月一日，作《中華民族的團結》文，送《申報》。八日，赴南京，訪葉楚傖，結束補助，黨方疑我左傾也。十三日，見馮玉祥。十五日，赴孫科宴，允助通俗讀物社每月五百元。十六日，赴吳經熊宴，勸予任立法委員，未許。十九日，到上海。二十日，到杭州。廿一日，回上海。廿三日，到蘇州。廿六日，到鎮江，當夜返南京。

二月二日，與馬松亭到杭州。五日，到蘇州。六日，返南京。八日，返北平。十一日，舊曆元旦，伴父游東嶽廟。十三日，游妙應寺、帝王廟、廣濟寺。十四日，游白雲觀、天寧寺。二十日，游極樂寺、萬壽寺、育幼院。

三月二日，赴南京。七日，健常伴游靈谷寺，是夜上車。八日，返平。十二日，游長陵、景陵、思陵。二十日，游長椿寺、畿輔先哲祠、報國寺、顧亭林祠、善果寺、崇效寺、牛街清真寺。

四月十一日，日本漢學家小竹武夫、平岡武夫等六人來，爲予攝影。十四日，伴父游香山、松堂、臥佛寺、玉泉山。十七日，作《後套的移墾事業》，付《申報》。十八日，伴父游法源寺。二十日，改《潛夫論中的五德系統》。廿五日，西北移墾促進會成立，選予爲理事長。廿九日，改作《戎禹與九州之戎》。

五月一日，伴父游湯山，浴。二日，游周口店。八日，游戒壇寺，宿。九日，游潭拓寺。十四日，波蘭人夏白龍來聽課。十五日至十六日，游廟兒窪、澗溝、滴水巖、金仙庵，浴于温泉。十八日，日人在上海抄《民衆周刊》。廿二日至廿三日，游房山，住兜率寺、雲水洞、什方院、朝陽洞、接待庵、蘆溝橋。廿六日，《戎禹》一文作訖。廿六日，會拉丁摩爾。廿九日，作《春秋時代的縣》，閉門一日，寫八千字。三十日，被推爲風謡學會會長。

六月一日，作《春秋的縣》之附録，七日，作畢。廿五日至廿七日，伴父住香雲旅社，游碧雲寺、卧佛寺、退谷。廿八日，開西北移墾促進會之"西北考查團"茶話會，定七月一日出發，到五原參觀新村，予被推爲團長，段承澤爲副團長。三十日，病，遂不參加五原之行。

七月一日至六日，均在病中。七日，日寇夜襲宛平縣。八日，伴父游北海。十五日，伴父游什刹海，是日，致宋哲元電，勉其抵抗日寇。十八日，知日寇欲捕予。是日傅作義囑移通俗社至綏遠。二十日，到燕大結束各務。廿一日，知日寇捕予事急，到北平研究院及禹貢學會結束各務。是日下午六時上車，翌日到歸綏。與各方聯繫。廿七日夜，乘車赴大同。廿八至廿九日，乘汽車至太原。卅一日，在石家莊換乘平漢路車，知北平已于廿八日淪陷。

八月一日至鄭州，游開元寺、文廟、隴海公園。夜，上隴海路車。二日，經徐州，到南京。七日，離南京。八日，返蘇州。九日，與王振鐸游獅子林、拙政園、滄浪亭、可園。十三日，上海抗日戰争起。十六日，蘇州開始被炸。廿六日得家書，知已移寓黄化門内簾子庫。卅一日，上車赴南京。

九月三日，到中英庚款董事會，商定考察西北教育及補助事。四日，歸蘇，準備。十四日，到南京。十五日，上江輪。十七日，到漢口。二十日夜，動身。廿三日，到西安。廿四日，到武功。廿五日，返西安。廿九日，乘飛機到蘭州。

十月二日，啓行。七日，到臨洮。九日，游東山。十四日，返蘭州。廿二日，啓行。廿四日，至西寧。廿七日，游塔兒寺、魯沙爾鎮。卅一日，離西寧。

十一月一日，返蘭州。三日至五日，討論補助計劃。七日，到回教促進會講演。十二日，陶孟和行。廿五日，戴樂仁、王文俊行。廿七日，爲《老百姓》作發刊詞。是月，點讀皮錫瑞《五經通論》。

[剪報]　廿六年一月《申報》

本報發刊《星期論壇》啓事

本報茲自今年一月十日起每星期日特請顧頡剛徐炳昶馮友蘭陶希聖葉公超白壽彝吳其玉張蔭麟連士升吳世昌吳俊升李安宅諸先生輪流擔任撰述《星期論壇》在時評地位刊載敬希讀者注意是幸。

[剪報]　廿六年一月十日《申報·星期論壇》

中華民族的團結　　　　　　　　顧頡剛

（下略，見《全集·邊疆卷》）

一九三七年一月

一月一號星期五（十一月十九）

到學會。到通俗社。到研究院，團拜。在院草《申報》星期論文，寫千餘字，未畢。

避客，匿在寢室中，續作論文，仍未訖。寫朱駰先書。

到承華園吃飯。送孟真到胡宅。十時半歸。

今夜同席：適之先生　孟真　兼士先生　莘田　潤章先生萬里　剛主　子書　予（以上客）　森玉先生　守和（主）

今日予開筆爲《申報》作星期論文，于廿六年第一日作予生第一篇政論，亦一可紀念之事也。

一月二號星期六（十一月二十）

到學會，重草《中華民族的團結》一文畢，二千五百言。

與父大人，履安，自珍，德輝，來艮同游廠甸，到來薰閣看書。四時歸。元胎夫婦來。侃嬗夫婦來。日蔚，一非來。

看《大衆智識》第七期稿，至上午一時半。

今夜父大人，履安等往看程硯秋劇，予以兩星期前看夜戲，至今睡眠不安，故在家看稿。

侃嬗來談自明婚事，離婚恐不可免。然離後如何，大是問題。此兒感情衝動太强，而又身有廢疾，前途殊爲黯淡。

一月三號星期日（十一月廿一）

侃嬗來。訪鄭毅孫，王光瑋，俱未晤。到學會。與肖甫植新談。歸，定生，樂華來，留飯。膺東弟來。

與定生長談。起潛叔來。肖甫來，談至天黑。子臧來。

到子臧處吃飯，改稿。到馮棣處。十時歸。

今夜同席：侃嬗夫婦　楊繽　秀亞　朱寶昌　予（以上客）

子臧（主）　大衆智識社例會。

一月四號星期一（十一月廿二）

到學會，草"春秋史"試題二十道。到研究院。日蔚來。

與父大人，履安，自明同到中山公園，看徐燕孫畫展。到燕大，張德華，張淑立來。回成府，雷川先生來。伯平來。書春來。記日記三天。到侃如處。容女士來。

與植新同歸。泉澄夫婦來。與丕繩談話。

琴南以不滿意于審查《民衆周報·時事解説》稿，辭職。在此滿城風雨之中，只得允之。

一月五號星期二（十一月廿三）

六時即起，將秀亞所作《堅忍》重作，到學會，改作就，凡二千餘言。寫孟真信。到院，輯五來。鋼和泰來。凌撫元來。

到燕大。記日記。鄭庭椿來。校"春秋史"試題。羅秀貞來。鄭楨來。到成府。

理今日自成府帶歸書籍。

一月六號星期三（十一月廿四）

到學會，理信札。到研究院，開本組常會。王同人來。改子臧文。到允明處。回家，剃鬚。

在院中宴客，并陪參觀。與希白允明同到燕大，聽允明講青海到西藏途中情形。

送允明歸。校井成泉所鈔各文。

今午同席：司徒雷登　適之先生　孫洪芬　守和　兼士　援庵　希白（以上客）　潤章　旭生　予（主）

一月七號星期四（十一月廿五）

到學會，記日記。貢珍來。到院。李錫九來。周杲（光宇）來。陳震旦來。壽彝來。齊如山來。

到成府。到校，考試"春秋史"。士嘉來。起潛叔來。訪伯平，未遇。到校印所。

送書歸家，到承華園吃飯。到侃嬡處。一非，日蔚來。

上月二十三號後，事太忙，日記多日未記，近日要把它補完，竟補不全了，唉，我竟一忙至此！

　　今晚同席：枚孫　希聖　樹峒　趙乃摶　卓宜來　程希孟
士升　尹伯端　敬伯　予（以上客）　盧郁文（主）

一月八號星期五（十一月廿六）

　　到學會。到院，囑咐各事。邵之樞來。

　　到西安門剃頭。仁之來。伯平來。與伯平同到北大，寫從吾
信。徐芳來。到泉澄處。歸，元胎夫婦來。理行裝。寫仲良信。五
時三刻上車。六時開車。

　　早眠。

　　到站送行者：起潛叔　吳世昌　士升　元胎夫人　容玢　日
蔚　紀彬　一非

　　南京方面關于我的謠言多，驪先先生囑我前去辯解，因于今
日行。

一月九號星期六（十一月廿七）

　　終日在車中看《中國的西北角》過半。

　　在飯中晤殷祖瀾，談數次。

　　晤齊如山。十時四十分到浦口，渡江。宿鼓樓飯店，十二時眠。

　　久不看書矣，今日乃得暢覽。范希天君，真才人也！

一月十號星期日（十一月廿八）

　　七時起，作談話綱要。九時，訪驪先先生，遇之。訪楚傖，亦
晤之。到中央研究院，晤槃庵，聲樹，述之，并視庸莘疾。

　　歸飯。寫父大人，履安，植新，丕繩，士升夫婦，子臧，伯祥
信。寫驪先信。乘汽車到夫子廟，買《申報》，吃飯。

　　乘汽車回，買文具，寄信，到中研院再訪庸莘。

一月十一號星期一（十一月廿九）

將《中國的西北角》看畢。

寫楚傖及驪先先生信，即送去。寫趙羨漁，德坤，范希天，香林，安貞，郭敬輝信。

頭痛目澀，只得休息。

夜中不能工作，吟小詩二首以抒意：

客舍待傳問，經朝似歷春。從知生就骨，不是做官人。

憐才成大累，負謗已難支。尚有田園在，應歌歸去辭。

實在，我倘使不愛青年，我哪會這樣忙，這樣窮，這樣受氣！

一月十二號星期二（十一月三十）

看燕大試卷，定分數，寫韓慶濂信。

寫驪先先生長函，及壽彝，鄭允明，北大注冊課信。訪熊觀民于馮宅，不遇。到雙龍巷郵局。在國府路吃飯。訪延哲，不遇。

到中研院，遇漢昇。到孟真處談。

燕大選課學生，以解樹基爲最聰敏，次則王伊同，王鍾翰，趙宗復，劉元猛等，又次則陸錫麟，楊明照，王懷中等。

一月十三號星期三（十二月初一）

寫孟真信。寫日蔚等，子臧等信。寫淑度，玉年，維鈞，振鐸信。觀民來，同到峨眉路馮宅吃飯。

到孟真處再吃飯。與孟真同到中研院，訪思永，彥堂，福林等。到中英庚款會訪杭立武，并晤何東之侄女。歸寓。延哲與洪亮來，同到廣東酒家吃飯。

再到峨眉路訪馮先生談話，歸看《察哈爾抗日實錄》。

孟真告我，有人在教育部控告予與馮芝生思想左傾，欲扣留在南京，因此書貽函芝生，囑其勿出席本屆哲學會。

一月十四號星期四（十二月初二）

寫肖甫信。到行政院，訪翁滕二君，均不遇。到教育部，訪黃離明，陳禮江，段書貽，謝卓茲。到中央圖書館訪慰堂，不遇。到中央大學，訪志希，與同到其家，吃飯。與其夫人談話。

訪辛樹幟，不遇。回旅館，看報。打熊夢賓電話。携物送卓茲處。到太平路游各書肆。吃飯。

訪延哲，不遇。歸，看希聖《中國政治思想史》。

書貽詢我，你在平曾演講否，原來一二九那一天被清華學生強拉去，而勸他們多用功的一番話，又成了我的罪狀了。

一月十五號星期五（十二月初三）

記日記。上賬。看丕繩所作《李自成死事考異》一文。到中央研究院，即返。馮先生來，同到陵園，赴孫先生宴，商通俗讀物事。

與叔父同到胡小石處，錫永家，金陵大學文化研究所，第一監獄訪仲甫先生。

到慰堂家吃飯。九時，乘月波車歸寓。

今午同席：馮先生　馬寅初　馬超俊　吳尚鷹　吳經熊　傅秉常　梁寒操　何叔父　予（以上客）　孫哲生（主）

今晚同席：馬叔平　謝樹英　蕭□□　滕若渠　丁月波　尚有一人　予（以上客）　蔣慰堂（主）

一月十六號星期六（十二月初四）

洪亮來。到行政院，晤滕若渠，丁月波。回寓，寫季陶，驪先，守真仲九，植新，西山等信。叔父來，同到金陵大學，同到新街口起士林吃飯。

訪劉廷芳于福昌飯店。到雙龍巷寄信。回寓，看報。

吳德生派車來接，到其復成新村四號寓中吃飯，談至八時半歸。寫植新等信。打禹貢學會電報。

今午同席：李小緣　錫永　持志大學畢業生翁君　予（以上客）　叔父（主）

今晚同席，只吳德生與予二人，德生勸予就立法委員職，以孫先生甚知予，且事甚空閑，可讀書也。

一月十七號星期日（十二月初五）

彥堂，方桂，中舒來，同到陵園，靈谷寺訪司徒喬卿及其夫人馮伊湄于革命畫陳列室，長談，留飯。

飯後爲寫字一幀。同到彥堂家，打牌，輸八角。胡福林來。到碑亭巷曲園赴宴。

寫驪先，士嘉信。十時半，雇汽車往接子臧，同回，談至十二點眠。

今晚同席：謝樹英　陳念中　張貴雄　孟真　慰堂　彥堂金静庵　予（以上客）　滕若渠　丁月波（主）

今日同打牌：彥堂夫人　中舒　楊君　方桂

此數日皆雨，烟霧中看鍾山，如入畫中。

一月十八號星期一（十二月初六）

到行政院訪翁詠霓，到教育部訪王雪艇，俱晤之。并晤侯樹峒，謝卓茲。到朝天宮赴故宮博物院宴。

飯畢，訪邦華，參觀倉庫。偕道藩到内政部談話。訪健常于年鑑編纂處。并晤李慧軍。在内政部寫西山等，守真等，伯棠等信。

與健常同歸，見其父母，留飯。在健常家寫希天信。九時歸，與子臧談。

今午同席：劉經宇（哲）　蔣雨巖　王雪艇　翁詠霓　志希孟真　張道藩　予（以上客）　馬叔平（主）

健常將在本星期內代表京市婦女到綏遠慰勞前敵將士。慰勞物品爲皮衣及日用品，值萬七八千元。

初見健常燙髮。

一月十九號星期二（十二月初七）

寫亞農，綸徽，道藩，健常信。蔣慰堂來。寫孟真信，送其母七十壽禮。與子臧同到素英處，留飯，特生送至鼓樓。

乘三時車離京。夜九時半到滬。下榻四川路青年會。

一月二十號星期三（十二月初八）

到開明書店，晤伯祥，雪村，調甫。回寓，與子臧同到商務訪王雲五，又到申報館訪馬蔭良。坐蔭良車訪孟鄒。到錦江春吃飯。

乘蔭良車訪葉遐庵，沈尹默，均遇之。在沈宅并晤褚保權，張鳳舉。訪張翔聲，不遇。到亞東，晤孟鄒鐵巖。訪曉先，不遇。游數書店。

乘六時車離滬。十時半到杭。下榻清泰第二旅館。

今午同席：俞頌華　胡仲持　子臧　予（以上客）　蔭良（主）

聞伯祥言，一月前上海有謠言，謂政府電宋哲元把我扣留。

後見聖陶，則謂宋哲元將此電給我看。奇哉，我自己乃不知有此事！

一月廿一號星期四（十二月初九）

與子臧同到省政府訪騮先，到教育廳訪許紹棣。回寓，鄭鶴聲來。看《磧沙經目》。

到鶴聲處。出，到簡香處。到圖書館訪樸山，慕騫，叔諒。出，訪以中夫婦，不遇。訪張曉峰，遇之。到新民路圖書館，晤樸山，豪楚。寫叔諒信。

乘六時車離杭，敬文樸山送別。到滬，宿孟淵旅社。

一月廿二號星期五（十二月初十）

寫賬，記日記。到開明書店編譯所，晤伯祥，盧沅，調孚，雪村。到魯弟處。到亞東圖書館，晤胡鐵巖。到商務，晤雲五，送學會稿。在四如春吃點當飯。

路遇高賒芬。到吳姑母處。到蔡先生處，未晤。到魯弟婦處。到申報館，晤蔭良。歸旅社。曉先，伯祥來。

孟鄒來，爲寫仙槎紹棣信。到四馬路味雅赴宴。飯後同回旅社談話。予同，振鐸來。十二時眠。

今晚同席：予（客）　伯祥　曉先　范洗人　雪村　愈之調孚（主）

一月廿三號星期六（十二月十一）

魯弟來。秋白弟來。訪遐庵先生談學會捐款事。十二時回旅館，即雇汽車上北站，搭十二點三刻車。

三時到蘇。下榻大陸飯店。到又曾處。到嬸母處。到九嬸母處。與又曾同出，到吳苑，晤受祉。

又曾邀到三吳菜館吃飯。獨到清泉洗澡。

一月廿四號星期日（十二月十二）

寫履安信。到家，選取書畫，得四十六件。鈔單。起潛叔來。在又曾處吃飯。

蔣司務來。到又曾處吃點心。到聖陶家，并見其夫人子女。留飯。

九時，回旅館。

一月廿五號星期一（十二月十三）

到家，取書畫箱，送起潛叔處，并晤博山景鄭。到家，晤孀母九妹等。到仲川處，未晤，見其夫人。到君疇處吊其母喪，亦但見其夫人。回旅館，吃飯。

寫潤章，仁之，父大人，履安，壽彝，植新，仲九守真，羨漁，樂夫信。到護龍街郵局寄信。到又曾處取款。回旅館上賬。

爲人寫聯及小幅六件。到潘宅吃飯，十時半歸。

今晚同席：佩諍　伯淵　子清　予　起潛叔（以上客）　博山　景鄭　景桓　承彬　譜孫（主）

一月廿六號星期二（十二月十四）

六時許起，七時半到站，在站遇蔣煥章君。乘飛快車，九點一刻開，十一點三刻到鎮江，車上看報。到鎮寓迎站居。

飯後到江蘇省政府，謁見陳果夫先生。又到教育廳謁周佛海，未遇。晤陳天鷗。即回寓，上站，乘四時車到京。

六時半抵京，下榻延齡路東亞飯店。飯後訪樹幟。訪煥章未遇。到研究院取信件。夜以聽隔壁戲失眠。

一月廿七號星期三（十二月十五）

到樹幟處進點，同到考試院，訪香舟。到季陶先生處，在戴處并晤驪先。到蘅青先生處。到劉百閔處，在劉處并晤羅君。到百年先生處。到銓叙部吃飯。

楊公達送返寓所。記日記。寫一非守真，孟鄒鑑初，思和，植新，西山，泉澄，貽齋，才百，伯祥，伯棠侃嬡信。

步至峨眉路訪煥章，仍未遇。訪孟真，遇之。到研究院取件。劉百閔來。遇齊如山。

今午同席：吳禮卿（忠信）　傅西園（侗）　史尚寬　楊公達

樹幟　予　高惜冰　祝修爵　艾逢禄（以上客）　石蘅青（主）

一月廿八號星期四（十二月十六）

立夫來。理信札。寫兆原，父大人，履安，伯祥信。登賬。到孟真家吃飯。

到外交部訪曾特及頌皋。到西流灣訪周佛海。到挹華里訪素英。到傅厚岡訪有守，書貽，公達，均不遇。到研究院取信札。到安樂訪希聖，到中央飯店訪芝生，均未遇。打電報與馬松亭。

到廣州酒家赴宴。歸，沈有鼎，黃建中，蔡尚思來。

今午同席：芝生夫婦及其子宗越　予（以上客）　孟真全家（主）

今晚同席：王恭睦　謝君　黃建中　陸幼剛　尚有數人　予（以上客）　辛樹幟　宋香舟（主）

一月廿九號星期五（十二月十七）

七時，焕章來電話，即雇汽車訪之峨眉路，不遇。訪之于陵園，遇之。八時，到立夫處。九時，到驪先處。十時，到立武處。到安樂酒家訪希聖，遇之。回旅館，又到希聖處吃飯。阮毅成來。

飯後回寓。寫楚傖信。到楚傖處。到志希處，并晤子通。到研究院，訪毅侯未遇。取玉年稿回旅館，裝篋，寫雲五信，送希聖處。

到皇后飯店赴立夫宴。與希聖同到安樂。回寓，寫倪嬛夫婦信。

今午同席：薩孟武　白瑜（上之）　高品齋　予　倪文亞（以上客）　希聖（主）

今日到驪先及楚傖處，北平特別工作結束矣。此爲予有生以來第一次"歇生意"！

今晚同席：希聖　振鐸　周憲文　陳高傭　張厲生　阮毅成　蕭真　薩孟武　予（以上客）　陳立夫　劉百閔（主）

尚有黃建中飯局未赴。

一月三十號星期六（十二月十八）

寫念海，日蔚信。到建業村訪子通，并晤其夫人。談至十時。到鼓樓寄信。到研究院，晤驪先，槃庵，一良，貞一，毅侯。回旅館。

卓還來來，同到吉祥飯店赴宴。回旅館，汪華來。劉振東來。訪君武，見其夫人及弟。訪唐柯三于慧圓里，遇之。訪西曼，不遇。

到湘蜀飯店，教育部，寧波同鄉會。十時歸。寫侃嬺夫婦信。

今午同席：徐淑希　魏更生　卓還來　曾特　予（以上客）吳頌皋（主）

今晚三處：（一）主爲裘善元，董彥堂，客爲胡石青等。（二）主爲王世杰，客爲梅月涵，湯用彤，陳岱孫，汪奠基等。（三）主爲燕京旅京同學會，客爲陸志韋，淑希，廷芳，林東海，士遠等。

一月卅一號星期日（十二月十九）

八時到君武處，談黨部事務。與同出，到南門大街金鈺興吃點，到立法院看白皮松，到旅社談話。十一時，吳鑄人來，同到新街口新新飯店吃飯。

與鑄人同到唐柯三家，并晤常子春。回寓，記日記，登賬。子通來。豫備明日講演稿。

到中央商場福生食堂吃飯。與馬阿衡，唐柯三同到旅館談話。

今日晤君武，乃知停止工作之故實緣"吃醋"，蓋非對我之問題而爲對驪先之問題也。因此知昨日驪先告我，謂彼不便說話，實有隱衷在焉。以此觀之，楚傖不過被派做凶人耳。故即無《大衆知識》，亦必有今日之事。

今晚同席：馬松亭　王葆青　周仲仁　劉尊五　予（以上客）　王曾善　唐柯三　常子春（主）

[剪報] 一，廿八《中央日報》

婦女愛國會代表
今日北上赴綏勞軍
并携有大批慰勞品
陳逸雲談此行任務

京市婦女愛國同盟會，以綏遠前方忠勇將士，衝寒風冒白刃，與匪僞浴血苦戰，至堪敬佩，特將募得之捐款一萬七千元，購辦大批慰勞品，計皮大衣一千五百件，絲棉背心一百五十件，棉背心五十件，及手套襪等。食物有麵條萬盒，牛肉罐頭三千聽，餅干萬餘磅，糖果等物甚夥，并推派陳逸雲譚惕吾二女士爲代表，携帶該項物品，往前方慰勞。

此項慰勞品，已由該會向鐵道部接洽，準予免費輸送，而陳譚二女士，刻已將行裝摒擋就緒，定今（廿八）日乘下午四時二十分津浦車北上轉綏，至前方慰勞。記者以陳譚二女士在此嚴寒天氣，北上勞軍，其愛國熱忱與勇敢精神，殊令吾人敬佩。此次勞軍之舉，關係民族精神之發揚，意義至爲重大，特走訪陳逸雲女士。據談，此次匪僞犯綏，關系國家民族前途甚巨，吾人此次北上慰勞，其意義即在使前方忠勇爲國剿匪之將士，予以精神上之安慰，并使知我後方民衆，時刻準備爲後盾，而促進我忠勇將士能一心一德保持長期爲國家爲民族奮鬥始終不渝之精神。本人爲國民黨員，并當本黨員應盡之職責，與前方下級官兵舉行談話宣揚中央德意，使忠勇將士，深切明瞭綏戰爲我國家民族生命存亡之關鍵，而予前方將士深刻效忠黨國之觀念，與保持長期奮鬥之精神，同時并將後方民衆在此國家民族存亡關頭，與前方

將士同在中央領導之下，于一致陣綫之上，決心奮鬥，
積極準備之意志，轉達前方將士，俾其安心殺賊。陳女
士末謂，我等明（廿八日）起程北上至津，過平將留一
宵，然後赴歸綏轉往紅格爾圖，百林廟，及陶林，興和，
前綫一帶慰問忠勇將士，乘便并考察各該地人民思想風
土及婦女生活等情形。將來擬以考察所得，公諸社會，
俾內地士女，明瞭西北各種實際近況云云。又陳女士此
行，往返約需三星期云。

健常等實于廿九日行，以車票未弄好故也。二月廿八日補記。

[剪報] 一，卅一《中央日報》

　　[本報廿九日歸綏專電] 中華婦女愛國同盟會譚惕吾，陳
逸雲二代表，定廿八日由京來綏勞軍，該會頃電傳作義請
照料。

[剪報] 一，廿八《扶輪日報》

陳逸雲等

今日北上勞軍

京市婦女愛國同盟會推派陳逸雲，譚惕吾二女士爲代表，
携帶該項物品，往前方慰勞，已將行裝摒擋就緒，定今日
乘下午四時二十分津浦車北上轉綏，至前方慰勞。

[剪報] 一，三十《扶輪日報》

婦女界勞軍代表

昨日起程北上

南京婦女愛國同盟會，推定代表譚惕吾，陳逸雲，赴綏遠
勞軍，經長時期籌備，現已就緒，陳譚于昨日下午四時二

十分，乘平浦通車赴平。在站歡送者，有婦女界代表李德
全、傅岩、王立文等數十人，此行所携帶之慰勞品，計有
食品一百五十八箱，皮衣一千五百件，布匹價值一千五百
元，及紗布繃帶等甚多。兩代表預定卅一日抵平後，即轉
平綏車赴歸綏云。

[剪報] 廿六，二，一《扶輪日報》
京市婦女團體訪問
……中外
（一）首都女子學術研究會
該會由常務理事李德全，張默君，吳貽芳等領導工作，
自去年四月十四日成立以來，未及一年，會務頗爲發達，
會員已達二百五十餘人。會址在第一公園內。該會救護
班學員除經常受課外，每周同到鼓樓，中央兩醫院參觀
實習，又有汽車班開課多日，初步研究學理，次即實習
開馳。至于各種學術演講團體參觀等，尤不斷舉行。據
聞該會周年紀念在即，現正從事籌備，屆時并擬出版紀
念專刊。
（二）婦女文化促進會
該會系鄧季惺，譚惕吾，王立文，傅岩，李峙山等所主
持，其中心工作爲發展社會事業，提高勞動服務，表現于
言論者，有該會出版之《新婦女》積極推動婦女群衆參加
救亡運動，見諸實行者有該會主辦之婦女補習學校及托兒
所，前者促進婦女智識，以爲本身謀得解放之先決條件；
後者撫養幼兒，養成服務社會之習慣。
（三）婦女會
該會爲唐國楨，郭世英，臺光秀主持，曾附設有婦女補習

學校，內分總務，救濟，教育等科。教育科辦理補習學校事業，救濟科辦理婦女被虐待遺棄或離婚等事件，總務辦理該會文書會計庶務等事件。聞該會不久將創設救護班，給婦女予以實際救護知識。

[剪報] 廿六，一，廿七，南京《扶輪日報》

托兒所組董事會添招新生

南京市婦女文化促進會主辦之托兒所，開辦以來，成績卓著，而內現有兒童三十二人，乳兒十八人，幼兒十四人，以女孩為多，每天生活，極有秩序。茲悉該所為便利工作起見，已組織董事會，舉推譚惕吾，李峙山，傅岩，王楓，鄧季惺，王立文，黃亮懷等為董事，并推鄧季惺為托兒所主任，負責一切，又該所租定大樹根附近新址一處，開始添招新生，連日前往報名者，極為踴躍云。

一九三七年二月

二月一號星期一（十二月二十）

五時半起，豫備講演。七時，登車，到馬阿衡處。與之同到曉莊蒙藏學校，參與開學式，同游校內各處。十一時出，到福生食堂，宴馬阿衡及柯三先生。遇董彥堂與張清漣。

回旅館。二時半，唐馬二先生來，同訪翁詠霓，不遇。訪陳立夫，遇之。再訪詠霓，遇之。訪戴季陶，遇之。唐馬二位先歸。

在考試院吃飯。到研院。到唐宅。歸旅館，算賬。夜失眠，起理物，算賬。

今夜同席：樹幟　孟真　陳可忠　張含英　鄭鶴聲　陳百年　康辛元　薩孟武　阮毅成　劉振東　尚有數人　坐兩桌　戴季陶（主）

二月二號星期二（十二月廿一）

六時許起。七時，柯三，松亭來，同乘汽車到和平門。八時上車，在車談回教狀況。十二時到蘇州，即伴松亭游北寺塔。

一時，蘇嘉車開。三時許，到嘉興。到南湖岸邊散步。四時零五分，上海車至，即登車。六時三十分，到杭州，住延齡路中央旅館。

到鴻賓樓回回館吃飯。到朱先生處，談約一小時。歸，寫履安，植新信。

二月三號星期三（十二月廿二）

到知味觀吃點，到孔雀理髮店剃頭。回寓，孫吉士來訪松亭。十時許，到鴻賓樓吃飯。到靈隱，玉泉，岳墳，孤山，伴松亭游。

訪朱先生，未遇，留條出。坐划子還旅館。孫吉士又來。寫日蔚仲九信。寫壽彝信，聞在宥信。

到鴻賓樓吃飯。回寓，與驪先先生通電話。

今晚同席：松亭　予　穆興小學主任顧君　張希澄（以上客）　孫吉士及其兄與其子（主）

二月四號星期四（十二月廿三）

與松亭訪陳布雷，尚未起，留函而出。同到復元館吃朝飯。回寓，寫驪先先生長函。看童丕繩兩文。改《尚書中的神話》序。改《四庫纂修考》序，即鈔出。到直大方伯穆興中學，晤孫校長。

與松亭同乘汽車到驪先先生處吃飯。三時，出，到虎跑，六和塔，龍井寺等處游覽。六時歸。

到復元館吃飯。再訪布雷，仍不遇。回寓，孫吉士來。

四日前在京，因室中生爐甚熱，被蓋得少，天明時爐息，遂感寒傷風。日來傷風甚重，眼皮奇澀，食量亦減，頗思家矣。

二月五號星期五（十二月廿四）

孫吉士來。與松亭同到大華，晤布雷，并晤張季鸞，密談移時。出，到鴻賓樓吃飯。到清河坊及大井巷買物。到鳳凰寺參觀。

回寓取物上站，孫吉士送行。車中與馮爾孝（錫之）談話，一時五十分車開，四點零二分到嘉興。四點三十分車開，六點四十五分到蘇州，投宿蘇州飯店。

與松亭同到觀前街，吳苑，到砂皮巷禮拜堂。回閶門，買藥。到申源樓吃飯。十一時眠。

今日傷風更甚，車中兩鼻皆塞，疑是肺炎。到蘇後稍好。

在鳳凰寺中見一百十四歲老人李光孝，鄭州人，耳目仍聰明，且能騎馬。早年習武故然。

二月六號星期六（十二月廿五）

六時起。七時，與松亭同游開元寺，滄浪亭，公園。到申源樓吃飯。乘十時車赴京。

二時半到京，與松亭同到慧園里，晤柯三孝先等。吃飯。理物。到東亞飯店取行李。打致履安電。寫紀國宣蒙文通信。到中國旅行社買臥車票。

到福生食堂吃飯。到中央書店看書。

驪先先生介紹予見蔣先生，而蔣脊骨未愈，醫囑須靜臥半月，托陳布雷代見，因陳近來工作事。陳謂見予致驪先函，甚欽佩。萬不可灰心。然則工作固有接續之希望也。

今晚同席：松亭　子椿　孝先　予（以上客）　　柯三（主）

二月七號星期日（十二月廿六）

四時半起，摒擋一切。六時半，乘汽車到下關站。松亭，柯三，子椿，孝先送行。在站遇白寶瑾，李夢瑛二君。八時車開。

在車看《民衆周報》，《國聞周報》等。與葛君談話。在餐車遇陳總，葉企孫。

早眠。

二月八號星期一（十二月廿七）

頭痛，略看報。午餐，遇徐雍舜及梁楨。

一點五十分到北平，履安，自珍，侃嬓夫婦，肖甫在站迓。回家，看信，理物。起潛叔來。一非來。植新來。維華來。

過年祀神。留肖甫，起潛叔飯。到侃嬓處談至十時許歸。

今日聽得一不近人情的謠言，謂此次西安事變爲予所鼓動！噫，孟真謂予助冀察以罵中央，今又有此說，直將坐予以槍斃之罪矣，險哉人心！

健常以上月卅一日偕蔣恩鈿女士到予家。本月一日履安答謁于中央飯店，見其以病臥。何體之弱也！

二月九號星期二（十二月廿八）

才百來。到研究院，道齡，玉年，佩韋，振鐸，兆原，次溪，羨漁來。壽彝，郭伯恭來。

元胎夫婦來。到成府寓中。遇趙承信。到馮伯平家。到穆樓，晤仁之。記日記，登賬。

看北大試卷，定分數。

二月十號星期三（十二月廿九）

到學會，晤青侖，西山，敬輝等。到院，整理雜務。旭生來。

寫北大注册課信。

　　豫備明日功課。秀亞來。楊繽來。

　　祭祖先。留肖甫飯。

二月十一號星期四（正月元旦）

　　西山，敬輝，筱蘇，增敏來。世五，植新，志順來。與父大人拜年。與父大人，德輝，自明同到東嶽廟看燒香。十一時歸。賓四夫婦來。肖甫來，留飯。

　　到校，上課一小時。學生上課者只四人。解樹基來談。到成府寓中。校講義。到勺園，晤八爱，與容元胎夫人同歸。晤元胎。

　　與肖甫談。訂青俞辦事契約稿。

　　予近來身體究竟不及從前了。背心自己覺得彎些才舒服。又健忘，若不趁此數年作些事業，此生其已矣！

　　現在做事時倒不覺得什麼，偶一就息，即感異常之疲倦，實在我的生活太無調劑了。

二月十二號星期五（正月初二）

　　到學會，交青俞寫契約。與父大人，履安，德輝到賓四家。又到王姨母家。與父大人訪陳仲平丈，未遇。到姨母家吃飯。爲青俞事寫信與尊元。

　　與履安到植新家，晤其夫人。與履安同到侃嬡處。予獨到泉澄處，并晤懋鼎。回侃嬡處，與履安同歸。

　　懋恒來。

　　今午同席：父大人　予夫婦　德輝　青俞夫婦　青俞之子（以上客）　姨母　大玫　大琬　大瑜（主）

二月十三號星期六（正月初三）

在家理書。中一來。壽彝來。鄭允明來。青崙夫婦來，留飯。

到地質調查所，伴清華燕京兩校同學參觀。由李悅言先生招待。出，游白塔妙應寺，歷代帝王廟，廣濟寺。晤鄧高鏡，拉入方丈喝茶，見現明方丈及範成法師。

中一偕安華來。一非來。理書，至十一時眠。

二月十四號星期日（正月初四）

到一非處，與同訪劉定五先生。又訪熊觀民，未晤。歸，與父大人，履安等同到贊廷叔祖家拜年。歸，從吾夫婦暨蓉江夫婦來。希白來，邀至元胎家作元胎夫婦離婚證人。一非偕汪達之來。

定五先生來。偕全家及起潛叔姨母兩家游白雲觀及天寧寺。與姨母同歸，進點後又與履安到元胎處勸解。

休息，丕繩來談。

今午同席：王姨母　膺東弟　六妹大珍　八弟大瑜　起潛叔夫婦　開喜　連喜（以上客）　父大人　予夫婦（主）

元胎夫婦離婚，真是想不到的事。元胎夫人太隨便了，她并非對元胎有惡意。元胎向亦姑容之，自發現病象，乃聽希白之言，爲此決絶之舉。今日拉予爲證，時滿室號唧，爲之愀然而出。

二月十五號星期一（正月初五）

到學會，辦理各事。到觀音堂。到研究院，到院長室。萬作新來。文通，西堂，海波來，留飯。

寫其昀，讓之信。到校，伊同，維航，思懿，選民來。季龍來。到會議室開教職員會。清華學生三人來。到煨蓮處，到校印所，到成府寓中。到叔蘭處。

到伯平處。理書。王姨母來。子陵來。育伊，周杲，振鐸來。

昨得中央研究院來信，庸莘竟于七日逝世矣，傷哉！

二月十六號星期二（正月初六）

到學會，寫雲父信。與履安同到從吾夫婦處。到研究院。才百，旭生，守真來。到敬伯處。補記日記。紀國宣來。侃嬠來。

與履安同到燕京。訪貽寶，談學系事。到辦公室，宓賢璋，張淑立，郭可珍，岑德美，曹詩成，希聖，伯平等來。到成府，與履安同到紹虞處。晤嗣禹。返家，劉治平夫婦及其二子來。

到賓四處，未遇。到東興樓吃飯。訪思泊，允明。

今晚同席：援庵　演群　從吾　心史　福開森　蜚雲　席慈　立庵　沅叔　向之　如山　希白　燕齡……凡三桌（以上客）　叔平　兼士　森玉　守和　柱中（主）

二月十七號星期三（正月初七）

在家理書札。到院，補記日記。鍾雲父來。一非來。徐貢珍偕徐舜五來。士升來。齊樹平來。裘子元來。傅韻笙來。羅雨亭來。到旭生處。

到慶林春吃飯。看《康藏專號》稿。回家。到燕大。八爰來。張仁民，李宗瀛，王鍾翰，李金聲來。清華劉縱式來。伯平來。

肖甫以青侖事來，談甚久。與自明談親事。

旅行時，日記天天可記。一回來，反而積擱了七八天了。予何一忙至此！借此環境，作一休息，亦是得計。

今日報載，健常已由百靈廟回歸化。

今午同席：援庵　心史　希聖　賓四　文通　皮名舉　思和　予（以上客）　傅成鏞　徐世劻　杜高厚　黃觳仙（以上主）

二月十八號星期四（正月初八）

五時即起，豫備功課。肖甫爲青侖事來。到院，子臧來。廣州中大旅行團來參觀，由陳廷璠率領，予伴之游懷仁堂，十二時半歸。蔣蔭樓偕竇君來。高希裴來。

到燕大，上課二小時。郭可珍張淑立來。回成府，到劉家。到校印所。

與二女同到西四牌樓散步，買紙筆。

青侖今日行矣。自他夫婦北來，尊元爲之破費五十元，予家亦爲破費五十元，王姨母家爲破費三四十元，而依然落魄歸去，所謂"告了三年化，皇帝也不想做"者也。父大人欲其在禹貢學會工作，他何能有此坐性！

二月十九號星期五（正月初九）

侃嬫來。訪楊克强，遇之。訪紀國宣及王南屏，俱未遇。到院，吳燕生，段克興來。傅韻笙來。旭生，玉年來，論藏事。壽彝來。呂君來。

在家理書半天。李金聲來。子藏來。西山來。李貫英來。

到擷英略坐，又到朱宅吃飯，與森玉子元同往，九時歸。

今夜同席：森玉　子元　立庵　希白　尚嚴　柱中　剛主等齊念衡（主）

今夜又同席：潤章　兼士　森玉　子元　錢桐（伯材）　公超　張叔誠　守和　陶蘭泉……朱桂莘　梁思成　劉敦楨（主）

自遷家西城後，忙甚不克理書，書亂甚。今日爲檢文稿而不得，乃作徹底清理之想，究不知能否實現此想望也。

二月二十號星期六（正月初十）

改《西藏史料叢刊》序。泉澄來。張雄飛偕王君來。松亭來。到大美番菜館略坐，又到西來順宴客。

到極樂寺訪清華燕京同人未遇。到萬壽寺，遇之。同參觀育幼院。與黃意融同歸。

到楊繽家吃飯，商《大衆知識》事。歸，郭敬輝來。

今午同席：于思泊　唐立庵　黎劭西　容希白……　海波（主）

今午又同席：耿壽伯　彭昭賢　裘子元　袁復禮　袁敦禮
楊克强（以上客）　潤章　旭生　士林　予(以上主)

今晚同席：侃嬱夫婦　秀亞　子臧　予(以上客)　楊繽夫婦(主)

二月廿一號星期日（正月十一）

紹虞夫婦及其女并周，張，戴，羅文達諸君來。瞿兌之父子
來。贊廷叔祖夫婦及王勤之君來。日蔚來。植新，西山來。兆原
來。王華隆來。

到春華樓吃飯。歸，理書至夜十一時，未畢。范廉來。

今午同席：熊十力　林宰平　湯用彬　湯錫予　蒙文通　盛
成　予（以上客）　錢賓四（主）

今午又同席：煨蓮　思齊　思和　元胎　希白　蔭麟　博晨
光夫人　海松芬　八爰　裘子元（《史地周刊》聚餐）

二月廿二號星期一（正月十二）

理書。到院，程枕霞來，與同訪趙震瀛，商陳列唐代服裝事。
開本組常會。日蔚偕段繩武來。到旭生處。壽彝來。

到同和居吃飯，與繩武，旭生，日蔚同商移墾事。到燕大，張
淑立，鄭楨，高名凱，陸欽墀來。校《春秋史講義》。寫貽寶，安
宅信，寫聖陶信。伯平來，與同到校印所，遇王克私夫婦。

日蔚偕范君來。侃嬱夫婦來。到養蜂夾道，訪筱蘇，增敏，秀
潔，允明。

元胎與蘭徵行離矣，乃日日同游。今日履安去，伴之游故
宮，并到五芳齋吃點。歸而悵然下泪，此所謂"黃連樹底下操
琴"者也。蘭徵尚爲元胎製衣。

今日報載三中全會議決容共，時局將有大變。此亦日人壓迫之結果也。

二月廿三號星期二（正月十三）

未及四時，即醒，不成眠。四時半起，校《隋運河考》。記日記六天。到學會。回家，編《禹貢·紀念號》目。西堂來。到院，徐芳來，爲寫方紀生信。程枕霞來，爲寫朱桂莘信。

歸家，拜先母忌辰。訪希聖未遇。到子植處，校印所，成府寓所。爲人寫小幅。改講義。改父大人代作之《吳中文物展覽會序》。到歷史系，貽寶來。容女士來。寫宗教會信。與希聖同車進城。理書室。

到同和居吃飯，十時半歸。

今夜同席：葛拉普　張席褆　任叔永夫婦　希淵　馮淮西　孫洪芬　李潤章　李聖章　黃汲清　黃玉蓉　地質學會諸同人　張人鑑　（凡四桌）　楊克強（主）

二月廿四號星期三（正月十四）

寫子清佩諍信。在家豫備功課。到院，汪華來，爲寫察綏介紹信四通。方紀生來。壽彝來。

宴客于寓中。耿壽伯來。三時，與吳燕生，段克興同到燕大參觀。四時，克興演講西藏情況。六時出，送克興歸，燕生歸。與安宅同進城。

到福生食堂吃飯。討論移墾事。至十一時歸家。

今日報載健常約于廿三日返京，恐不克在平相見矣，悵悵。

今午同席:克興　燕生　允明　泉澄　玉年(以上客)　予(主)

今晚同席：劉定五　楊克強　李潤章　馬松亭　李安宅　安錫嘏(壽軒)　王日蔚　張清廉(名寥臣)　鄭大章(彩庭)　（以上

客）　段繩武　旭生　予(以上主)

二月廿五號星期四（正月十五）

晨三時醒，即豫備功課，至五時又眠。覽報，悉健常已來平，不知其處，姑與履安訪之于中央飯店，不見。到觀音堂，托一非尋之。到研究院，即出。回家，豫備功課。到春華樓吃飯，未終席歸。

歸，健常已來我家，與履安，健常同出城。予到校上課一小時，她們同到香山慈幼院參觀。賓四來。寫介紹伯平信。起潛叔來。張淑立來。王紹湘來。紹虞來。五時，她們來燕大，與之同出，游萬壽寺育幼院。同歸，留健常飯。

到豐澤園吃飯，未終席，歸，與健常，履安，自珍同到東安市場買物。送健常回旅行社。到觀音堂晤一非。到壽彝處。十一時半，健常來信，作答。失眠，服藥。

今午同席：陳綿（伯旱）　張任民　高起雲　尹承綱　王遜志　梁壽笙　卓君庸　壽石公　齊如山　予等（以上客）　盛成中夫婦　吳迪生（以上主）

今晚同席：周學昌　張子文　成舍我　范廉青　予等（以上客）　李潤章　李聖章（以上主）

今日竟晤健常，大出意外。惜彼匆匆又將行耳。（彼于廿二日晚到平，恨前二日未能知之。）

二月廿六號星期五（正月十六）

七時半，與履安，自珍同到車站送健常，不遇。到旅行社，遇之。在社吃早點。與彼及履安同出，訪馬曼青于冀察政務委員會。出，導健常參觀北平研究院，通俗讀物社，禹貢學會。瞿子陵來。

宴健常等于慶林春。還家取講義。到元胎處，到北大上課兩小時。晤徐芳，心史，季忧等。還家剃面。

履安歸，與之同到彭道貞處，與健常同到鐵路咖啡室吃飯。送健常到旅行社算賬，到站定卧鋪。至馬宅留宿。

今午同席：段繩武　健常　汪達之　諶厚慈　呂仲良　日蔚　一非　李安之（以上客）　予夫婦（主）

今晚同席：健常　呂雲章　孫文淑　呂曉道　紀清漪　予夫婦　尚有一女士（以上客）　諶厚慈　馬曼青（以上主）

二月廿七號星期六（正月十七）

六時許起，七時出，到馬宅，晤曼青夫婦，送健常到車站。八時車開。回家，稍息。九時半，到研究院，訪副院長。程枕霞來。到旭生處。一非來。王紹湖來。才百來。

到同和居吃飯。到慶林春吃飯。到研究院，伴燕清兩校同人游懷仁堂，穿中海至景山，看出國古物照片。到北大研究院及圖書館參觀，季忱孔平伴。到景山書社。

回家，到全聚德吃飯。與士升同回。與肖甫談話。九時半眠。

今午同席：父大人　予夫婦　起潛叔夫婦　植新　肖甫　玉年　段繩武　書春（以上客）　西山（主）

今午又同席：劉定五　許重遠　章友江夫婦　敬伯　予夫婦（以上客）　楊秀林夫婦（主）

今晚同席：魏特夫夫婦　王毓銓　盧郁文　希聖　馬乘風　熊正文　予（以上客）　士升（主）

連日交際過忙，睡眠過少，倦甚。今晚早眠，稍舒困頓。

二月廿八號星期日（正月十八）

吳志順來。趙泉澄夫婦來。王崇武來。壽彝來，與同訪王靜齋阿衡。又到繩武處，未遇。到觀音堂。到成達師範訪馬阿衡，未遇。到適之先生處，并晤楊夢賚夫婦，胡政之。

到同和居吃飯。回家，丕繩來談。理物。記日記五天。理書室。植新來。

與志順談。聽留聲片。丕繩來談。

今午同席：莊明遠　谷久峰　維華　日蔚　予（以上客）安錫嘏　段繩武（以上主）

[剪報] 廿六，二，四《世界日報》

平婦女歡迎京滬婦女茶會中
陳波兒報告赴綏見聞
京婦女請平婦女努力指導
王子文夫人講演妙趣環生

[新聞專校採訪實習] 京滬婦孺慰勞團，相率抵平，本市婦女團體，開了一個招待京滬兩慰勞團的大會，使我們相信了平市的婦女，并沒有沉寂，她們對前綫的將士，半點兒都沒有忘懷。

歡迎會的主人是北平女青年會婦女社會服務促進會及綏遠將士救護後援會等三個團體。出席的除被歡迎者南京婦女慰勞團陳逸雲，譚惕吾兩女士及上海婦孺慰勞團陳波兒，沈淑寶，熊若蘭三女士及曹維東，張价二位小朋友等共七人外，主人出席的則為劉吴卓生女士，王子文夫人，楊光弼夫人等三十餘人，大會上賓主極爲歡洽，從四點鐘開始，直至七點方散。

四點鐘的時候，主人們已經來了十分之九，只等着客人的光臨，其實客人之中南京的兩位女士，早已趕到，所以勿寧説只在等候陳波兒等數人了。劉吴卓生在會場上極爲忙碌，招待客人，并且還要招待主人——主人之間許多是不相識的——介紹你，又介紹她，陪客人説話，又向主人點頭，頗有老當益壯之勢。王子文夫人來得不大早，但却在客人前面，不用説，又是一場介紹的熱鬧戲。南京的兩位女士坐在椅子上同主人談話，陳逸雲女士一忽兒中國話，一忽兒英語，與不同國籍的婦女從來不間斷的談話，看起來必定有相當的倦勞。少停，沈淑言女士先一步來了，陳波兒，熊若蘭及兩位小朋友也相繼而來。陳穿一件大紅短袖毛衣，一件深紫旗袍，態度很幽閑，于是這會場又大大的熱鬧起來，又是一番介紹，把陳熊二女士鬧得不亦樂乎，而沈女士倒先坐在一把椅子上了。忙過一陣之後，接着是用點心，但是都沒有固定的座位，隨便坐立，倒像一垣圍墻，好在不會站大了脚的。熊若蘭不大很客氣，而陳波兒倒像是有些忸怩似的，熊多來二隻春餅和二箸雞絲，而陳波兒却只嚼着已放在盤中的水晶餃子，慢慢的咽下。

預備好座位，分賓主坐下來，楊光彌夫人先致了歡迎詞，并且大衆要求陳波兒報告赴綏經過，她説到前綫士兵的忠勇精神，和她們旅途的見聞，并且説一段一個忠勇戰士的故事，大家都異常的沉默和鎮静，除了陳波兒低微的聲音外，再沒有一點別的聲音了。

最後她説前綫士兵最缺乏最需要的物品，不是皮衣，不是點心，烟捲，而却是鹹菜，大家雖感到有些兒奇怪，但經她解釋之後，却完全相信了，她説其他的慰勞品，銀錢，因爲存在銀行裏備購戰器，其他物品亦不易分到手，而他們的食品只是黑麪的饅頭，饅頭當然是不會有鹽的，于是他們需要鹹菜，而鹹菜他們却必定可以分到手裏。

後來再由南京陳逸雲女士報告南京婦女援綏的近況，她説她們所帶來的物品，皮毛衣物及預備作汗衫的白布，今日方可運到北平，日内她們也便可以隨帶前綫去。末了，她説北平是婦女運動的先驅，望北平的姊妹們努力指導。

最有趣的是王子文夫人的講演，她歷歷陳述過去長城之戰及熱河之戰的故事，妙趣環生，亦莊亦諧，舊事重提，别是一般滋味，所以當她説完之後楊光弼夫人便向大家説："王太太自己説不善于説話，大家看到底會説不會説?" 于是大家是一陣歡笑，初時太莊嚴的空氣，到此時已給打得粉碎。

[剪報]　廿六，二，六《世界日報》

譚惕吾陳逸雲等今晨赴綏遠勞軍
清華助教蔣恩鈿等擔任嚮導
滬婦孺二批慰勞團明日赴綏

[本市消息] 首都各界婦女慰勞綏戰將士代表譚惕吾，陳逸雲，定今日上午七時乘車離平，昨據譚語記者：我等明日（即今日）赴綏，將先至張垣，辦理裝運皮大衣事件，最多勾留一二日，即行赴綏，到綏後，將一本不受當地將士招待之預定計劃，因我等之目的，系爲對將士加以慰勞，如反使將士分心，殊非慰勞之本意，故到綏後將住于當地女子師範學校，并希望當地領袖等，能設法使我等遍游百靈廟，大廟，紅格爾圖，平地泉等處，以資觀察實地情形而備返京時之報告，返回期將在旬日左右。此次我等之旅費均系自備，即往返公文電報，亦均系婦女愛國會所出，絲毫未動用捐款。又此次赴綏同行者尚有清華大學助教蔣恩鈿，及吕曉道二女士，伊等系游覽兼作向導性質，

均爲舊日好友。

[又訊] 滬婦孺慰勞團第二批團員抵平已周餘，現決定明日（七日）清晨離平赴綏慰勞，并携帶將士所需之鹹菜，歌曲等物，在綏勾留周餘，即行返平回滬。關于第一批團員演劇事，現該團正與地方當局接洽中，因尚無具體結果，故演期刻難決定，并聞劇目亦將有變動。

[剪報] 廿六，二，七《中央日報》

[中央社北平六日電] 首都各界婦女慰勞綏戰將士代表譚愓吾、陳逸雲二人，于六日晨七時偕清華助教蔣恩鈿吕曉道二女士，乘平綏車赴張垣，勾留一二日即轉綏前綫勞軍。

[剪報] 廿六，三，十一《世界日報》

首都婦女勞軍歸去

將以經過編印成册

謂士兵之忘己爲從來所未見

"共大廟而存亡"是他們的豪語

[南京通訊] 繼"三八"紀念會在公餘聯歡社餐廳舉行的婦女界慰勞不辭艱苦代表南京婦女界，到前方慰勞將士的譚愓吾，陳逸雲兩女士的聚餐會，列席的有沈慧蓮，唐國楨，王立文，楊鳳珍等二十餘人，主席報告聚餐的意義之後，由陳逸雲同譚愓吾兩女士報告慰勞經過，陳女士講到歸綏爲止的前段，譚女士則講從歸綏起所作的工作，內容極爲詳盡，兩女士擬將該項經過報告，編印成册，藉作婦女們將來慰勞的參考。兹將其報告摘要，略記如後：

"絲棉可以禦槍彈，將來的慰勞品，可以多多采用。"

"軍氣極壯，談話中一般對愛國家的熱情流露，甚屬可喜，'共大廟而存亡'這是他們士兵們自負的豪語。"

"氣候極冷，當她倆當衆軍演講的時候，臉上都結着霜，而士兵還不加皮衣，説是極冷的時候還未到。"

"關于防禦工程，建築極速，五里圓周的三道防綫，軍民合作七十二日完成，亦可見抗敵的同心。"

"這次的慰勞品（指糖果），分散極普遍，也極得士兵們的歡迎，因爲我們的東西去在千里，真如楊枝之水，一滴皆甘。"

"大同的第六臨時醫院，辦得太腐敗，簡陋，房子是借用民房，連窗子的玻璃，傷兵們睡的床都没有，傷兵們就睡在地上，一床薄氈，當她們參觀的時候，傷兵看見了該院的陶院長，就向他哀號，求弄點火給他們烘，院長是佯應了，後來據該院長報告，是没有錢，他們有一部份是北方同胞，因不慣吃大米，求吃大麵而不可得……該院的設備簡直不在醫兵而是在送兵快回老家去。"

最後譚女士，發表她的感想，一，慰勞品的徵集，此後需注重普遍適用，如食品即可普遍，指南針望遠鏡最爲適用。二，傷兵的可佩，每人都是顯着一顆想再上戰場的思想，此爲戰爭時過去所未有的事實，這也表示着民族復興的曙光，士兵之忘己，民族思想之普遍，爲從來所未見，也是呈現着中國復興的預兆。

席間曾以現在關于婦女問題的回到厨房裏去，和打上政治舞臺兩種口號請其發表意見，她説："我覺得現在的婦女，祇須負責任做事，這才是解放的真義，如果講婦女們祇要她們回家去是不對的。現社會上所謂一般回到家庭裏的婦女不是打牌，就是看戲，整天的在外面，所謂撫養小國民，反將小孩子弄得不健康，如果婦女負責任做事，她們有了職業無打牌看戲的餘暇，在疲勞之餘，需要精神上的安慰，她對她們的子女，當然加以注意，這事實就以同坐的諸位女士證明回到厨房里去的口號，根本是不對的，至於打上政治舞臺，恐怕也不大洽于事實吧！"（九日）

一九三七年三月

三月一日星期一

七時半，到日蔚處，與同訪莊明遠于利通飯店。與莊君同出，參觀通俗讀物社。到研究院，與潤章旭生談南京開會事。到旭生處開讀物社會。仲良來。崇武偕何君來。程枕霞來，爲寫袁守和田洪都信。吳一舸來。剛主來。宜栽偕留埃學生二人來。

到成府寓所。到穆樓，晤綏遠來之施君，爲寫王崇武信。梁思懿，劉淑珍來，招伯平，開邊疆問題研究會常會。仁之來訪問關于基督教之意見。于海晏來。八爱來。

到旭生處，并晤尚嚴。與旭生同到仲良處，同到同和居。到王勤之處，與偕到飯館。九時半出，送仲良歸。

今晚同席：黃仲良　王勤之（以上客）　　旭生　予（主）

三月二號星期二

到學會，將《寬容》一文改訖。潤章派車來接，即到研究院。維鈞來。泉澄來。到觀音堂。

將壽彝文另作，成《回教的文化運動》一文，二千五百言，即寄《大公報》。徐芳來。匆匆理物訖。施式方來。到學會。到研究所。五時半上站，六時車開。

在車與李君談。到林蘭徵處談。看《先秦天道觀之進展》。

到站送行者：履安及二女　程枕霞　莊明遠　馬曼青　到家送行者：一非　植新

三月三號星期三

在車看《先秦天道觀之進展》畢。看《廣西象縣東南鄉花籃猺社會組織》亦畢。

林蘭徵來。

到餐車吃飯。到蘭徵處。十二時抵浦口。一時許到中央飯店。失眠。

兩部想看的書，也是有興味而篇幅不多的書，但在校在家俱沒法看，一到火車上居然看完了，大是快事！

三月四號星期四

以昨夜幾于未睡，今日精神憊甚。上街剃頭。到研究院遇槃庵等。到中英庚款董事會，十時半開會，一時散會。

到中英文化協會吃飯。到素英處，并晤李繼淵。到中研院，訪王毅侯。到史言所，晤家瑞，子元，慰堂等。回中央飯店，寶瑾夢瑛來。

寫潤章旭生信。記日記四天。寫陳念中，健常信。特生夫婦來。

今日同會：葉恭綽（主席）　張道藩　孟真　滕若渠　李仲揆　杭立武

今午同席：除上數人外增陳念中一位。

聞寶瑾言，彼等知我來由于郭子杰，郭則由于健常。昨日下午三時，健常及彼等俱到車站相迓，不遇而歸。以健常之忙，猶出城見接，殊爲不安。

三月五號星期五

寫馮煥章信。訪吳德生及張含英，俱不遇。到太平路買鞋。回寓看報。又出。到研究院。到中央黨部訪葉楚傖，待二小時，猶未至，留條而出。到傅厚崗葉宅，又不遇。到中研院。到趙元任家及其辦公室。

到思永處談話。在院吃飯。與仲揆同看通俗讀物。到孟真處談話。到馮煥章處送書。回寓，打健常電話。寫履安信，到太平路寄信。到健常家吃飯。

九時出，訪金靜安，雨中不便，遂歸。

今午同席：葉遐庵　李仲揆　金靜安　袁守和　彥堂　中舒　思永（以上客）　　孟真（主）

今晚同席：龔慕蘭　周蜀雲　予（以上客）　　賓虁先生夫婦　健常及其嫂（主）

此次到南京，究爲何事，今已想不起。

一九六七年十一月記。

三月六號星期六

寫馬超俊信。到金靜安處。到百閔處，并晤紀彬及周伊武。回寓，看報。到翁詠霓處。回寓吃飯。竇瑾夢瑛來。

吳鑄人來。看內政部調查民俗辦法草案。到內政部，訪健常，到禮俗司，開會，自三時半至五時半。

到曲園晚餐。回寓，到皇后飯店，與子杰同回。張聖英來。趙紀彬來。吳聞天來。

今日同會：陳念中　陳禮江　孫時哲　董彥堂　羅喜聞　凌純聲　柯象峰　衛惠林　筆記者高君

今晚同席：上列數人中去時哲，喜聞二人。

吳聞天君來，謂渠聞流言，日本人甚不悅予，欲逐予出北平。此自當然事，予靜以待之可爾。

聞子杰言，三日之夜，健常尚設筵待予。

三月七號星期日

寫王毅侯信。到太平路購食物及書。到楚傖處接洽。途遇莊明遠。回寓，理物。健常來，同到照相館，雇汽車到音樂臺，譚墓，靈谷寺，陣亡將士紀念堂等處。回至靈谷寺吃飯。

自陣亡將士紀念堂前雇汽車到中央飯店，算賬。白寶瑾偕夢瑛來，與白李及健常同到江邊，渡江，三時許上車，四時車開。

車上與李銘新談。略翻斯坦因《西域考古史》。

健常初回南京，各處招待甚勞，且須撰文發表，實無暇閑，而今日自上午十時至下午五時，爲予故犧牲了，真使我不安之至。

今日健常對予之誠摯，爲前數年所未有。

三月八號星期一

終日在車看胡仲持譯賽珍珠作《大地》訖。

十一時到北平，一非茂亭來接。歸，理物。看各處來信。十二時許，父和履安聽戲歸。一時眠。

《大地》這書，知之久矣，今日乃得一讀。——現在只有旅行中可讀書了。

三月九號星期二

理物。侃嬺夫婦來。到院，到院長室及旭生處。植新，西山來，與西山同到增敏等三人處，勸其遷回會中。

到希聖處，與之同到燕大，到成府校印所，校講義及《禹貢》

稿。吳天敏來。起潛叔來。與希聖同歸。

日蔚一非來。在家宴客，談至十時。筱蘇秀潔等來。

今晚同席：侃儳夫婦　楊繽　吳子臧（以上客）　予夫婦（主）

肖甫出口興戎，禹貢學會同人又盡是他的敵人了。因此，只得請他搬出。

三月十號星期三

程尚林來。到院，程枕霞來，與之同到院長室。新安旅行團十五人來，與之略談，并參觀懷仁堂。李忻來。

寫健常信，孑民先生信。與枕霞同到燕大。欽墀來。修改《三年中計劃》付印。到季龍處，不遇。劉縱式來。清華孫君來。與張瑋瑛回車進城。到趙泉澄處。到學會。

肖甫來長談。點《成吉思汗》上半篇，付印。

三月十一號星期四

到侃儳處交卷。豫備下午功課。到院，壽彝偕松亭來，同訪潤章，并晤何柏丞，與潤章定請客名單。程枕霞來。

到燕大，上課二小時。起潛叔來。伯平來。吳維亞來。與思和同進城，到輦兒胡同看淮西屋，晤黃曦峰。訪紀生，未遇。

寫挽聯字三副。看段克興演講稿及《達賴事略》。

三月十二號星期五

五時半起，乘七時車到燕大，同游明陵，八時車開，十時到長陵，游景陵，永陵（未入門），在長陵露餐。步至思陵。歸在昌平小息，游鼓樓圖書館。五時到燕大。五時半歸。

與丕繩談。

今日同游：王育伊　盧淇沃　梅貽寶夫婦　李安宅夫婦　仁

之　瑋瑛　劉選民　陸欽墀　王若蘭　張蓀芬　郭可珍　蒙思明凡九十人，用汽車四輛。每人車費約兩元，飯自備。

三月十三號星期六

到中央飯店，訪何柏丞，伴至燕大，參觀校舍，并訪士純，志韋，雷川。又至蔚秀園參觀。

同到同和居吃飯。歸，校改《禹貢》稿。校講義。侃嬚夫婦來。志辛西山來。

到養蜂夾道，訪增敏，秀潔，筱蘇。

今午同席：沈兼士　何柏丞　陳衡哲　胡適之　李聖章　徐旭生　李雲亭　徐誦明　嚴濟慈　姚從吾（以上客）　李潤章予（以上主）

昨夜以一天勞頓，十時就眠，今日七時始醒，久未有之酣睡也。

三月十四號星期日

植新，西山，伯平，起潛叔來，開會討論本會決算事。會畢，到禹貢學會照相。十二時歸，大玫姊妹來。

到擷英吃飯。回家，校《禹貢·紀念號》稿。作《紀念辭》，未畢。記日記七天。

元胎來贈物。

今午同席：李安宅夫婦　孫文淑　希白　梁士純　予（以上客）　許毅（主）

三月十五號星期一

到院，徐芳來。王振鐸來。壽彝來。開本組常會。齊璧亭父子來。寶瑾來。

寫王毅侯信。到枕霞處，未遇。到希聖處。到張石公先生處。到校，八爱來。貽寶來。陳中心來。起潛叔來。改講義。寫潔瓊，注冊課信。

到適之先生處，談一小時。到北京旅館訪璧亭，又訪思和，均不遇。

三月十六號星期二

到院，與旭生同訪潤章，談一小時，校《禹貢》文。壽彝偕王靜齋來。一非來。枕霞來。十一時歸，即到燕大，寫楊拱辰信。

到校務長宅吃飯。到歷史系，到哈燕社，晤諾斯。到崇岐處。回史系，陳意來。高本樂來，與同到清華，訪劉壽民。

續作《紀念辭》，仍未畢。侃嬡來。

今午同席：秦德純　志韋　其田　夏斧心　予（以上客）

司徒雷登（主）

鋼和泰先生于今晨逝世。

三月十七號星期三

五時半起，續作《紀念辭》。到院，寫程枕霞，齊璧亭信。旭生來。到院長室。修改《紀念辭》訖，凡二千字。回家。到成府及校印所。

到紹虞處吃飯，商樸社事。寫伯祥信。到校，寫森玉，育伊信。到臨湖軒開會。劉克讓來，寫劉淑珍信。與儒林同進城。程枕霞來，爲寫管翼賢信。

與履安同到士升家吃飯。到念海處。

今午同席：芝生　佩弦　平伯　予（以上客）　　紹虞（主）

今日下午同會：王克私　鄧之誠　馮伯平　韓儒林　譚其驤　李榮芳　貝盧思　容希白　侯仁之

今晚同席：子臧　楊繽　鄭侃　予夫婦（以上客）　侃嬺夫婦（主）

三月十八號星期四

五時半起，豫備功課。到學會，晤植新。到院，柯三松亭來。楊立名來。改《成吉思汗》一文。

與西山同到校，上課二小時。張誠孫來，爲寫孟真，雷海宗信。到賓四處談。趙承信來。朱翔麟來。思懿偕張女士來。起潛叔來。士嘉來，同車進城。

到東興樓宴客，與旭生維鈞同車歸。

賓四告予，孟真謂予“中年失節”，予之苦心不能得人諒解如此，“愛國即犯罪”，信矣。

今晚同席：孟真　適之　莘田　聖章　枚孫　維鈞（以上客）　潤章　旭生　予（以上主）

三月十九號星期五

馮世五來。程尚林來。植新來。到院，寫素英，敬輝，侃嬺，姚曾依信。

到元胎處，未遇。到北大，上課二小時。徐芳來。崇武來。晤心史，伯平。到真光，會履安，同觀《現在的蘇聯》電影。遇王光瑋夫婦。

念海來。趙廣順來。爲自明婚事與自明談。

自明對廣順十分不滿意，必欲離婚，今晚令其寫信與叔玉，自陳此事。此兒任性如此，將來如何得了。

三月二十號星期六

寫趙仲玉叔玉信。到院，訪旭生。叔玉來。籍承緒來。一非來。寫健常信。（此信因忙冗，竟未寄）

到亞北，會齊燕大清華同人，游長椿寺，畿輔先哲祠，報國寺，顧亭林祠，善果寺，明太監墓，崇效寺，牛街禮拜寺。乘二路電車歸。

看各處來信。侃嬪夫婦來。

三月廿一號星期日

與父大人，履安，德輝，來根同到前門箭樓，看手工業展覽會，晤李安之。到西單買鞋。歸，趙肖甫來。

到西來順，歐美同學會吃飯。歸，起潛叔夫婦來。植新來。張居生來。出留法考試國文題。記日記。理書室。寫趙廣順信，安慰之。

到大陸春，赴汪少倫招。與履安，起潛叔夫婦同到崇文門正昌飯店吃飯。九時歸，肖甫猶未去。

今午同席：壽彝　松亭　常子萱　艾宜栽　予（以上客）
唐柯三（主）

今午又同席：汪少倫　湯錫予　鄭昕　賀麟　子水　士嘉
吳宓　浦薛鳳　枚孫　予（以上客）　　姚從吾（主）

今晚同席：芝生　枚孫　敬伯等，予未就席即行。汪少倫（主）

今晚又同席：煨蓮　希白夫婦　紹虞夫婦　仁之　瑋瑛　羨季　起潛叔夫婦　選民　潤緡　士嘉　共約七十人　周一良　鄧懿（訂婚人）

三月廿二號星期一

到成府，到校印所，校《禹貢·三周年紀念號》稿。發五十面付印。到起潛叔處吃飯。

為人寫屏聯扇等十餘事。李兆鳳來。到校，校改講義稿付印。

訪筱蘇，不遇，晤鄭允明。

《三周年紀念號》稿，集得四十萬字，今日第一天發印。依印所估計，單是印刷須十天外，以所中不開夜工也。

三月廿三號星期二

到院。校《禹貢》稿。（以天雪，無客到）

到校印所。到校。校《禹貢》稿。改講義。爲人寫直幅二。起潛叔來。

到森隆，赴耿壽伯宴。送旭生到北海。

今日大雪，坐在汽車中，雪片在四圍旋舞，濛濛不辨方向，彷彿到了另一個世界。樹枝上均堆了數寸，道上行人斷絕。

今晚同席：潤章　旭生　予等（凡五人）　耿壽伯（主）

三月廿四號星期三

作《蘇州近代樂歌》，爲《歌謠周刊・紀念號》作，未畢。到院，枕霞來。筱蘇來。

作上文畢，約二千言，即寫舟生信送去。到校，校《禹貢》稿。思懿來。朱翔麟來。

到聚寶成赴宴。到士升處。歸，與侃嬡談。

今晚同席：梁實秋　沈從文　蹇先艾　徐霞村　林庚　李宜琛　生寶堂　孫時敏　徐舟生　予（以上客）　方紀生（主）

三月廿五號星期四

植新來。到院，段繩武來，商移墾促進會章程。豫備功課。

到校，上課二小時。張誠孫來，爲寫孟真介紹信。與枕霞同車進城。寫孟真信交之。視西山疾。到侃嬡處，不遇。在其家改《成吉思汗》一文。晤僑思。

校《禹貢》稿。日蔚偕伯庸來。

三月廿六號星期五

到院。金吉堂來。西堂來。校《禹貢》稿。寫徐誦明信。柯三，松亭來。到遂安伯胡同吃飯。

到北大，上課二小時。舟生來。崇武來。

校《禹貢》稿。

今午同席：魏道明　富路德　卜德　鞠清遠　馬乘風　方志澎　予（以上客）　魏特夫（主）

三月廿七號星期六

懋恒來，即抄甯升三墓志銘，到耿壽伯處送稿。到中央醫院視張西山疾。到院，壽彝來。到院長室，晤王静如。

坐電車到天壇，與兩校同人同游，復到中央防疫處參觀，由徐敬伯引導。出，與六人游天橋市場，商定旅行日程。

侃嬕夫婦來。寫毅侯處收據，即寫毅侯信。

三月廿八號星期日

訪孟真，未起，晤範成和尚，辰伯，張鴻藻。到于思泊處，到瞿兌之處，均晤之。出，到家。到同和堂吊傅銅母喪。與旭生同到西來順宴客。

二時席散。歸家理信札。寫孟真信。

與履安自珍同到全聚德吃飯。

今午同席：段繩武　徐軾游　李雲亭　唐柯三　馬松亭　趙伯庸　李建勛　李一非　王日蔚（以上客）　旭生　予（主）

今晚同席：子臧　侃嬕　士升　楊繢　鄭侃　林鳳　予夫婦　自珍

三月廿九號星期一

到校印所，校《禹貢》稿，至下午四時出。蓉江來，邀至其家午飯。起潛叔來。

到起潛處，晤剛主，子植。與剛主，肖甫，蓉江，起潛叔同進城，到予家。

泉澄來。到蓉園，赴諶厚慈宴。肖甫講話至十時半始去，予因以失眠。

今晚同席：段繩武　耿壽伯　李景清　李錫九　趙伯庸　常宜亭　何開森（子爲）　予（以上客）　諶厚慈（主）

三月三十號星期二

寫肖甫信，責之。植新來。寫萬季野祠墓文。吳沛蒼來。到院，邵之樞來。傅家麟來。廖季文來。日蔚來。張孖文來。旭生來，同到潤章處。

與父大人及履安，自珍同到中山公園參加巴黎賽會物品展覽會。到校，續校《禹貢》稿。高本樂及魯君來。到承信處。擬致綏遠兩電稿。八爰來。與張印堂談。

與旭生同到中法大學，赴宴。十時半，歸。

今晚同席：鐸爾蒙　江紹原　王靜如　馮陳祖怡　張若民（楊堃夫人）　黃尊生　范廉清　曾覺之　旭生　中法大學教職員（共兩桌）

肖甫這人真不識趣，每來一次即有講不盡的話。而予以終日辦事，精神緊張，夜飯後必須略作休息，方可睡眠，乃肖甫之話潮涌瀾翻，滔滔不絕，遂使予之精神無法弛懈，而不眠之疾遂重發矣。憤甚，書函責備之。

三月卅一號星期三

到院。校《禹貢・紀念號》稿。時聞通訊社記者劉問渠來。

到校印所校稿。到校，晤教育部派來視察員梁謝二君，與同茶敘。到歷史系，郭可珍，汪克柔，孫敏之等來，同商豫冀游事。到文學院長室，晤段繩武，貽寶，李君。伯平來商赴美事。

到希白處，《燕京學報》公宴。改講義附編第一章付印。九時半歸。到貽寶處，與繩武同回城。

今晚同席：煨蓮　紹虞　容希白夫婦　八爰　博晨光　海松　芬　芝生　予

一九三七年四月

四月一號星期四

到通俗社，與一非同訪謝樹英，梁明致，被擋駕。到華北農業合作社。到院。枕霞來。壽彝來。吳志順來，與同歸。豫備功課。

到校，上課二小時。寶瑾，夢瑛來。貽寶來。夢家來。劉克讓偕過家和，李意平來。開會，討論赴綏遠事。至六時許猶未散，偕李景清先出，到成府，同回城。

校《禹貢》稿，至十時半。

四月二號星期五

植新來，寫鴻庵信。懋恒來。到院，抄甯升三墓銘，未畢。夢瑛來。姚曾廙來。敬輝來。張子文來。萬玉來。旭生來。程枕霞來。

寫陳中心信。朱翔麟來。寫黃雲伯信。子臧來。到北大上課二小時。舟生來。崇武來。鞠清遠來。到北大出版部。回家。道齡來。

抄改甯墓志，仍未畢。一非來。王榘來。

四月三號星期六

世五來。鴻庵來。校改講義稿。日蔚來。到院。補記日記。旭生偕孫文青來。程枕霞來。李忻來。

到成府，到校印所校《禹貢》稿及講義，作《通訊》案語。鈔甯升三墓志訖。到耿壽伯處送稿。并晤趙雪澄。

到承華園赴宴。九時，到伯庸處，并晤繩武。

今晚同席：潤章　聖章　旭生　守和　子臧　曾覺之　王蘭亭　何君　范廉清　孫子書　予（以上客）　王靜如（主）

四月四號星期日

與父大人到中海散步看杏。到武英殿參觀古物。十一時許歸。到同和居爲申報館宴客。

到萬國理髮館剃頭，費二小時。到研究院，參加程枕霞之中國服佩研究會，六時許出。

丕繩來談。校《禹貢·通訊一束》，七卷《紀念號》畢事。

今午同席：葉公超　士升　壽彝　子臧　（餘俱因事不能來）

今日同會：旭生　亮塵　枕霞及其弟　陳意女士

四月五號星期一

侃嬩來。到院，補記日記。劉佩韋來談“女真專號”事。叔玉來。壽彝來。開本組常會。回家，到西來順吃飯。

到校印所。到成府寓所。到校，夢家夫婦偕丕繩來。葉德光來。寫會計課，徐森玉信。王世襄來。關斌來。寫工作報告，寫貽寶信。寫肖甫信。與丕繩及開喜弟同進城。

丕繩來談。姚諭來。改《大鼓詞怎樣作法》。

忙甚，自上月廿二日起未記日記，迄今半月矣。真有些想不起來。

今日同會：王靜如　劉佩韋　玉年　兆原　道齡　淑度

今午同席：趙伯庸　姬蘋　劉問渠　予(以上客)　王日蔚(主)

肖甫今日致履安書竟挑撥我們夫婦感情，真豈有此理，去函
斥之。此人真收容不得。

四月六號星期二

寫趙肖甫信。與履安同到耿宅，與耿壽伯，趙雲澂及壽伯之女
招雄同到燕大，參觀燕農園，由沈壽銓領導。出，到牛奶房。到蔣
家胡同。到長順和吃飯。

到引得校印所，電燈房參觀。到辦公室，冀鍾瑗來。邱永權
來。寫史學系計劃書，未畢。履安偕嬸母及陳鴻舜夫人到歷史系。
五時半，還城。

與丕繩談。與履安步自中海，出南海，訪壽彝送稿，晤牟沅。

昨趙叔玉女士來，囑告自明，爽性作一函與廣順，斬絕其情
懷。予以此頗憐廣順。

今日與肖甫書，勒逼其遷出禹貢學會，自己賃屋，仍作學會
工作。

四月七號星期三

到院。枕霞來。錢賓四夫人來。劉紹閱來。白壽彝偕郭伯恭
來，爲伯恭寫王雲五信。到觀音堂，聽金玉芳，孫自敏唱《百靈
廟》大鼓。

到校，寫史學系計劃書訖。寫貽寶信。曲直生來。卜銳新來。
容女士來，爲海松芬寫思永，子元介紹信。士嘉來，與同到成府，
同進城。

與履安走到子臧處吃飯。十時歸。

今夜同席：士升夫婦　楊繽夫婦　予夫婦（以上客）　　子臧
（主）　　子臧已與嚴伯昇女士戀愛成熟，將訂婚。

四月八號星期四

植新來。到院，一非來。看《民衆週報》稿。文珊來。豫備功課。

枕霞來，與同車到燕大，上課兩小時。伯平來。筱珊來。寫貽寶，一山，洪都信。寫碧澂信。記日記三天。到成府。到壽彝處送稿。到觀音堂。

到趙泉澄處。侃嬡偕僑思來。到鄭允明處。念海來。

今夜夢見健常，以在中夜，未能記其事。但記案上有廣西來電，邀予去，而誤書“顧仁”。予持謂健常曰：“此以‘剛毅木訥近乎仁’而誤書予名者也。”

四月九號星期五

到法商學院訪沈志遠，未遇，遇吳硯農。到院，日蔚來。與旭生同到潤章處。同回家。同到其家，宴傅宜生主席。聽金玉芳，翟少屏唱大鼓。

到北大，上課二小時。崇武來。徐芳來。到盧逮曾處。到元胎處，并晤容琬，蔣圭貞。

與履安同到西四牌樓散步，印名片。歸，楊鍾健來。

今午同席：傅宜生　李潤章　李雲亭　日蔚　一非　金玉芳　孫自敏　文□□（以上客）　旭生　予（主）

四月十號星期六

到院，寫俞頌華信。壽彝來。金吉堂來。守真介紹二人來。燕大新聞系二人來。邱永權來。汪叔棣來。枕霞來。日本人小竹等六人來參觀，至一時始出，歸飯。

在家，理書室，至六時。植新來。寫起潛叔信。寫葉溯中信。

子臧來，同到文青處，邀其同到東興樓吃飯。九時許出，到第一舞臺看尚小雲《封神三霄》劇，上午一時許始散。

　　兩年來，予在城中寓所不得一書室，匪無書室也，無暇整理使之爲工作室也。今日幸有半日暇，即喚僕人共同整理，略略清楚，可以寫字矣。

　　今晚同席：羅君美　王靜如　孫文青　劉厚滋　羅雨亭　陸侃如　劉盼遂　王了一（以上客）　旭生　子臧　予（主）

四月十一號星期日

　　以昨夜遲眠，今日八時許始起。朱南華來。方紀生來。劉師儀來，起潛叔來，同到同和居吃飯。

　　與起潛叔同回家，談甚久。記日記。校講義。到壽彝處。

　　到墨蝶林小坐，又到歐美同學會赴宴。送立武歸。

　　今午同席：起潛叔　蘇炳琦　劉師儀　予（以上客）　小竹武夫　橋川時雄　本多龍成　平岡武夫　名畑應順　渡邊幸三市原亨吉（以上主）

　　今晚同席：舒又謙　殷惟聰　劉瑞孚　予(以上客)　佟晶心(主)

　　今晚又同席：傅宜生　蔣夢麟　杭立武　顧一樵　李建勛楊立奎　陸志韋　梅貽琦等（凡兩桌）　李潤章　雲亭（主）

四月十二號星期一

　　點讀河北移民協會報告。與壽彝同到校印所，編下期目錄，作本會、本刊啓事。到家昇處。歸飯。

　　到院，陪立武，戴樂仁同參觀考古歷史兩組。到學會，編《察綏專號》目。寫陳中心信。訪楊克強，邱大年，寶瑾，均不遇。訪壽彝，遇之。

　　校改講義。史念海，李秀潔，陳增敏來。

　　今日爲今年第一次雨。父大人來平後，尚係初見也。

四月十三號星期二

到北平研究院理化部參觀。與杭立武同出，參觀成達師範及西北公學，通俗讀物社。送其回中央飯店，歸飯。

到院，袁希淵，查良釗來。與希淵長談。五時，赴會議室開西北教育討論會。六時，與立武同赴北大吃飯。送其歸旅館。

今晚同席：杭立武　孫洪芬　曾昭掄　饒毓泰　周枚孫　胡適之　樊際昌　予（以上客）　蔣夢麟（主）

今日下午同會：杭立武　李潤章　查良釗　楊克强　白壽彝　戴樂仁　崔敬伯　袁希淵　予

四月十四號星期三

與父大人，履安，來根同到成府，邀起潛叔夫婦及誦芬弟同游香山，遍歷上下，出，在門口飯館午餐。到松堂，到臥佛寺，到玉泉山，茗于第一泉。與起潛叔夫婦游後山。回成府。六時歸。

改一非代擬之《說與幹》一文。

本想在春假中整理積信，杭立武君一來，《申報》論文一作，又陪父大人游玩數次，這計劃就打破了。唉，這不自由的人生！

四月十五號星期四

與履安同到中海。到院，齊思和來。審查《民衆周報》稿。張子文來。

到元胎處，修改《潛夫論中的五德説》，備入《史學集刊》。一非來。修改講義。六時，步歸。

侃燮夫婦來。

四月十六號星期五

到元胎處工作。終日看《禹貢·後套水利專號》，搜集材料。

雨亭來。到院，與子臧靜如談《集刊》事。

羅雨亭來。

四月十七號星期六

作《後套的移墾事業》略訖，約二千八百言。到院，張子文來。王輯五來。邱永權來，爲寫王訪漁信。楊文魯來，爲寫劉師儀函。

楊珍珠等來。自珍爲予夫婦照像。

與父大人，履安，自珍同到青年會聽崑曲，在劇場中遇維鈞夫婦，芝生夫婦，鄭穎孫等。十二時許，歸。

今晚所聽崑曲：葉仰曦——《彈詞》，俞珊——《思凡》，陳竹影等——《琴挑》，瓣蘿軒主——《游園》，某君——《山門》，舒又謙——《學堂》。

四月十八號星期日

修改昨作文。起潛叔夫婦偕誦芬弟來。到學會訪西山。與父大人到咖啡室。

到擷英及新陸春赴宴。與父大人，起潛叔夫婦，履安等同游法源寺，中山公園看花。在來今雨軒品茗，看雪廬畫展。遇祝叔屏，金在鎔等。

到承華園赴宴。九時歸，連士升來。

今午同席：李延增夫婦　王勤之　父大人　起潛叔夫婦　予夫婦約二十人（以上客）　贊廷叔祖夫婦及其子媳（主）

今午又同席：希聖　芝生　何其鞏　王同觀　枚孫（以上客）　唐嗣堯（主）

今午又同席：煨蓮　思齊　文如父子　李季谷　張佛泉　皮名舉　吳其玉　予等（以上客）　齊思和（主）

今晚同席：黃雲伯　陸志韋　其田　承信　予（以上客）

安宅夫婦　潔瓊（主）

四月十九號星期一

植新來。到院，郭伯恭來，爲寫王雲五信。壽彝來。日蔚來。看留法學生試卷十五本。修改《申報》論文訖。記日記七天。

西山來，與同到燕京。到校印所。到寓所。到校，宓賢璋來。安宅來。欽墀來。與西山同到學校醫院訪仁之疾。到韓儒林家訪其疾。

理信札。

四月二十號星期二

到院，方紀生來。修改《潛夫論中的五德説》一文，入《史學集刊》，未畢。子臧來談《集刊》事。到希聖處，與同到燕大。

在成府寓所宴客，二時半散。到校，朱寶昌偕張遠青來。與思泊，佩韋，希聖同歸。

看《民衆周報》稿。

今午同席：橋川時雄　本多龍成　小竹武夫　平岡武夫　煨蓮　文如　希聖　錢稻孫　于思泊　于式玉　希白　八爱　筱珊　鴻舜　洪都　佩韋　張孟劬　士嘉（以上客）　起潛叔　予（主）

四月廿一號星期三

羅雨亭來。到院，修改《潛夫論》一文訖，凡萬七千言。王振鐸偕姚曾依來。寫《世界日報》更正函。十一時許即出，吃早飯，出門。

與父大人，履安，樹德，來根同到萬生園，在園遇鄧懿，至一時半，予先出，到燕大。張瑋瑛來。到貽寶處。與季龍同到萬生園，茗于颾風堂，六時歸。

看《民衆周報》稿，訖。侃嬠夫婦來，爲寫葉溯中信。

四月廿二號星期四

寫健常信。豫備下午功課。寫侃嬠信。到院，枕霞來。文珊，郝君來。張子文來。壽彝偕白亮誠，馬友曜來。到大美番菜館。

到校，上課二小時。曲瀅生來。梁思懿來。起潛叔，伯平來。卜銳新來，爲寫橋川信。看王若蘭所作《綏遠游記》。

與丕繩談話。

今午同席：希聖　孫時敏　社會局兩人　予（以上客）　王南屏（主）

昨夜夢與健常同在一地，而久不相見，且以忙甚不能通信，悵甚而醒。故今日一起身即寫健常信，囑開胡天翼之履歷。

四月廿三號星期五

壽彝偕牟潤孫來。植新來。看留法考試國文卷。到院，程枕霞來，爲寫朱桂莘信。日蔚來。校《禹貢》中祁君所譯《運河》一文。士升偕陳國華來。

到幼漁先生處。到北大上課二小時。徐芳，崇武來。到賓四處，并晤蒙思明。

看景本白自叙年譜。

四月廿四號星期六

寫葉遐庵，俞頌華信。到院，寫王守真信。枕霞來。貽齋來。儒林來，商旅行事。日蔚偕繩武漢三來，同到敬伯處，到定五處，同到濱江春吃飯。

作謝剛主《叢書子目類編》序訖，一千言。修改趙羨漁代作之《蒙古經營條議》序畢，凡一千七百言。點讀《周官·職方》篇。

與父大人同到新陸春吃飯，九時歸。

剛主一序，囑作者一年半矣，見面輒催，直至今日，爲燕大校友返校日，得清閑半日，急爲作訖，肩頭頓輕。甚矣予之忙也！

今晚同席：景本白　沈□　父大人　崔敬伯　予（以上客）馬幼漁（主）

四月廿五號星期日

日蔚來。枕霞來。到剛主處，西山處，亮塵處，俱遇之。在剛主處遇盼遂。到立庵處，亦遇之。到兌之處，雨亭處，俱未遇。

到藝文中學，開西北移墾促進會成立會，到三十餘人，選舉予等九人爲理事，五時散。由張法祖導觀藝文中學。與繩武日蔚同到通俗社商會事。

到西來順，赴宴。八時半散。

今日同會：劉治洲　李錫九　鄭大章　安錫嘏　段繩武　張亮塵　彭濟群　王森然　張西山　韓儒林　王日蔚　李一非　張孑文　劉士林　李安宅　蕭漢三　楊克强　齊執度　高希裴等三十餘人　梅貽寶（主席）

今晚同席：段繩武　蕭漢三　王日蔚　馬松亭　楊克强　張西山　李安宅　予（以上客）　梅貽寶（主）

四月廿六號星期一

理書室。到通俗社。到院，寫壽彝信。書春來。壽彝偕白亮誠來。于道源來。記日記八天。

與植新同車到校。到成府寓所理書。到校印所。到校，欽墀來。到起潛叔處。

士升來。斥責車夫馮全。

四月廿七號星期二

到福開森處看霍去病墓石拓本。到院，萬國道德會三人來。方紀生來。到院長室。

到西來順吃飯，飯後偕白亮誠，希聖，壽彝到燕大，伴其參觀。四時講雲南思普之民族風俗，六時畢。同進城。晤葛啓揚。

飯于東來順，送亮誠，啓揚等歸。看《民眾周報》稿。

今午同席：白亮誠　馬潔誠　馬松亭　艾宜栽　王夢揚　薛文波　陶希聖　王日蔚（以上客）　白壽彝　予（以上主）

今晚同席：白亮誠　白壽彝　葛啓揚（以上客）　予（主）

四月廿八號星期三

與父大人，自明，祁大增同游先農壇及陶然亭。審查《民眾周報》稿件。王文彬來。郭伯恭來，爲寫王雲五信。李書春來。文通來，思和來，邀其同歸吃飯。

日蔚來。與植新同到成府，校《通訊一束》。到校，岑德美，王道侗，汪克柔，陳瑜等來。張誠孫來。寫景本白信。起潛叔來。

到東興樓赴宴，與西山枕霞同回。泉澄來。

今晚同席：福開森　朱桂莘　富路德　舒思德　張亮丞　管翼賢　西山　予（以上客）　程枕霞（主）

今晚引得校印所董事會聚餐，予未能至。

四月廿九號星期四

到院，寫景本白，趙璇，陳禮江，陳子怡，葉溯中信。張次溪來，寫副院長信。侃㜫來。記日記三天。定《古代地理專號》目。

到校，上課二小時。重看《戎禹與九州之戎》畢。此文須重作。改講義稿。看綏遠旅行照片。陳夢家來。

到西來順赴宴。歸，寫《震宗報》題詞。西山來。

　　今晚同席：孫繩武　陳鷺洲　王子馨　馬松亭　白壽彝　艾宜栽　王夢揚　薛文波　王日蔚等（凡二桌）　白孟愚（主）

　　今午同席：葉揆初夫婦　予（以上客）　起潛叔夫婦（主）

四月三十號星期五

　　到院，豫備下午功課。方紀生來。汪叔棣來。到同和居，宴丁君。

　　到元胎處，未晤。到北大，上課二小時。晤徐芳，心史先生，伯平，念生，高桂華等。

　　到通俗社。到察院胡同任宅赴宴，十時許歸。

　　今午同席：丁稼民　程枕霞　張西山（以上客）　予（主）

　　今晚同席：吳滔生　周枚孫　顧一樵　陳之邁　陳岱孫　予（以上客）　陳衡哲（主）

［剪報］五月三日《世界日報》
日女記者石原清子邀京婦女界茶話

　　［南京通訊］日本《東洋經濟新報》記者石原清子女士，來華調查中國婦女運動，于日前抵京，昨日下午八時，假座中央飯店邀請南京婦女界茶話，計到唐國楨，莊靜（南京市婦女會），楊鳳珍（首都女子學術研究會），陳逸雲（婦女共鳴社），譚惕吾，王立文（婦女文化促進會），吳貽芳（金女大校長），錢用和（教育部）等十餘人，先由石原清子說明日本婦女運動現狀及最近日本組織婦女國防會之意義，席間提出問題互相解答，至十時半，盡歡而散。聞今晚本京各婦女團體，擬設宴款待石原女士。（四月三十日）

［剪報］四月廿六日《新北平報》

西北移墾促進會昨日成立

推張蔭梧等九人為理事

［電聞社訊］西北移墾促進會，昨在藝文中學舉行成立大會，選張蔭梧，顧頡剛，楊鍾健，徐炳昶，梅貽寶等九人為理事，旋開首次理事會議，推定職員。

（照片略）西北移墾促進會昨成立後留影，由右至左，劉治洲，李錫九，馬松亭，張星烺，鄭大章，顧頡剛。（本報攝）

一九三七年五月

五月一號星期六

寫陳衡哲信。到院，整理《西麓涉筆輯稿》，備送北大《治史雜志·孟心史先生七十紀念專號》。富路德，舒思德，奧人蔡君來參觀，導之。念海，秀潔來。王勤之來。

與父大人，履安，自明，德輝，來根同到湯山，浴。以風狂，四時半即歸，五時半到家。到同和居赴繩武宴。

到來今雨軒赴海波宴。出，到海波家小坐。

今晚同席：潘一塵　米迪剛　梅貽寶　王日蔚　予（以上客）　段繩武（主）

今晚又同席：周懷民　容希白　童丕繩　予（以上客）　孫海波（主）

五月二號星期日

八時到西車站，會合清華燕大同人，九時開車，十一時到琉璃河，遇王澤民。到站長室，上小火車到地質調查所周口店辦公處。

在車上吃飯。

游周口店龍骨山，看猿人洞穴。王澤民來，與同到興寶煤礦，看周長高綫，在公司吃飯。四時乘車到琉璃河站。到琉璃河橋及鎮游覽。

六時半車到，八時半回平。歸家吃夜飯。

今日邀宴而未能去者：王輯五（承華園）　景本白（家）

五月三號星期一

到西北公學演講後套移墾，晤孫燕翼，文波，夢揚等。到通俗社兩次。到紀生處，未晤。到中央飯店訪葛建時等亦未晤。到院，將《西麓涉筆》小序作就，寫高桂華信，又寫徐芳信，念海信。李忻來，王靜如來。蘇炳琦來。葛建時來。傅韻笙來。馬松亭來。

到校，遇段繩武，米迪剛及安宅。丁則良來，爲寫馮承鈞及煨蓮信。貽澤來。選民來。雷海宗來演講"秦之發展"，往聽。張誠孫來。士嘉來。六時半歸。

與履安到士升家，談歷史教科事。看《民衆周報》稿。

五月四號星期二

王崇武來。看《周報》稿訖。寫日蔚，一非信。記日記五天。理書房。

到希聖處。到校印所，到成府寓。到校，新生二人來。劉縱弋來。書春來。校講義。陳瑜來。五時歸，理書房。

在家宴客，唱大鼓，八時許散。西山枕霞來。葛啓揚來。

今晚同席：葛建時　王粹民　段叔瑜　張容塵　程鄰芳　鄭穎孫　佟晶心　傅惜華　徐芳　李仲九（以上客）　予（主）宴內政部視察。

五月五號星期三

到院，看蒙文通《古代民族遷徙考》，正其句讀。趙璇來。程枕霞來，爲寫柯燕舲信。張子文來。徐芳來。筱蘇來。

到校，新生二人來。點蒙文通文畢。鄔式唐來。高名凱來。譚季龍來。黃紹湘，吳翰來。陳女士來。容媛來。鄭庭椿來。

到新陸春吃飯。九時許歸，寫西山信。

今晚同席：蕭一山 馬幼漁 黎劭西 謝剛主 陸侃如 李戲漁 高亨 予(以上客) 羅雨亭 張西堂 劉盼遂(以上主)

五月六號星期四

豫備功課。枕霞來。壽彝來。日蔚來。

到校，上課二小時。選民來，爲寫介紹函二。賓四來。夢家來。寫吳其玉，王了一信。與八爰思和同乘車到引得及成府寓所，又同進城。與八爰到元胎家，晤之。

啓揚來。泉澄夫婦來。日蔚一非來。

五月七號星期五

到院，重草《戎禹與九州之戎》一文，未畢。開本組常會。柯燕舲來，送之回家。

寫張西山信。到北大，上課二小時，晤舟生，心史，念生等。五時，到公園，與父大人，履安，二女，和官同看牡丹，喝茶。

與履安同到北平圖書館花園内散步，又到北海橋上眺望。

五月八號星期六

到院，續草《九州之戎》文。到同和居宴客。

一時半到西站，會集清華燕京同人，乘二時車赴長辛店，步行到戒壇寺，予與陳瑜，容媛同走，七時到寺，與賓四游寺中各處。

八時許吃飯。九時許睡，又鬧失眠。

今午同席：柯燕舲　蕭一山　程枕霞　張西山　韓儒林　馮伯平　起潛叔　史筱蘇　陳增敏　李秀潔（以上客）　予（主）

同游人：錢賓四　魯公望　容八爰　侯仁之　陳瑜　孫敏之　郭可珍　王映辰(唐河)　陳孝昆(津延)　鄭安侖(大浦)　林惌(閩侯)

今晚邀宴而未能至者:王力(森隆飯莊)　凌撫元(大美番菜館)

五月九號星期日

五時起，游覽觀音洞（即太古洞）等，回戒壇寺吃飯。九時出，步行至潭柘寺，渴甚，飲凉水甚多。游寺。

在潭柘寺吃飯休息。二時出，經龍潭上山，路極難行。至四時半到門頭溝，喝茶休息。五時，雇人力車到站，六時二十分車開。

七時許到西直門，送賓四，魯公望，孫敏之到城。歸，吃飯，擦身。侃嬨夫婦來。

今日邀宴而未能至者：吴其玉（玉華臺）

五月十號星期一

到院，續草《九州之戎》文。將子臧代草之《邊疆基本工作》一文重寫一過。子臧來。枕霞來。壽彝來。

到校，續草文。劉克讓來。鄭庭椿來。寫貽寶信。到士嘉處。到校印所。到起潛叔處吃飯。

到姊妹樓，彙集赴汴同學，到燕農園小阜上茶叙，九時許歸。

今晚同會：侯仁之　汪克柔　郭可珍　楊明照　杜澮　陳瑜胡芝薪等十餘人

五月十一號星期二

到景本白先生處，談一小時。到蕭一山處，亦談一小時。到院，續草《九州之戎》文。方紀生來。

與希聖同到燕大，到圖書館，到文學院。貽寶來。張誠孫來。與希聖起潛叔同進城。張子文來。陳占元來。贊廷夫人來。與起潛叔，父大人同到章家吊式之先生之喪。與父大人同到公園，看張大千等圖畫展覽。遇佩弦，敦敏。

赴劭西，一厂之約于長美軒。

今晚同席：張雄飛　王君　日蔚　一非　陳中平先生　予（以上客）　黎劭西　汪一厂（以上主）

五月十二號星期三

到院，審查《民眾周報》稿。耿貽齋來。魏娜來。武尚仁來。王靜如來。書春來。

王姨母來。改《戰鬥與體力》一文入《周報》。到校，續草《九州之戎》文。季龍來。新生張女士來。容八爰來。歸，看丕繩搜集春秋縣制材料，并爲補充。子臧來。西山來。

與履安步至西單購鞋帽。吃冰激淩。

五月十三號星期四

植新來。到院，豫備功課。孫文林來。到院長室。日蔚偕張會川來。

到校，上課二小時。賓四來。欽墀來，爲寫沈維泰信。到宗教學院，應短期科茶話會之約，五時，照一相而散。

校《禹貢》稿。看《西樓記》。

今日下午同會：鄔式唐，博晨光，呂太太等約二十人。

五月十四號星期五

植新來。記日記七天。海波來，爲改《三字石經》序。維鈞
來。校《禹貢》稿。壽彝來。續作《九州之戎》文。

到北大，上課二小時。波蘭夏白龍來旁聽予課。子水來，送緝
熙子女學費。晤心史，舟生等。與伯平同到拉丁摩處。

點賓四所作《秦郡考》，付印。

五月十五號星期六

到院，續作前文。敖景文來。伊齊賢來。孑文來。

到燕大，到成府。與燕大清華兩校學生四十人，坐汽車到北安
河，步行上山，在瓜打石及廟兒窪均憩息進食。九時許到澗溝，落
宿，吃飯。十一時眠，失眠。

今晚約宴而予未能至者：李書春（東興樓）

此爲予到妙峰山之最後一次，惜未記出同游人名。此後在抗
戰中，山爲游擊隊所據，故山上山下各處廟宇皆爲日寇所毀。

一九七六，六，三，記。

五月十六號星期日

五時起，結束行裝訖。到燕大同人寓，同仁之等出，吃燒餅老
豆腐等當飯。上山，茗于方丈，晤馬蒙等。出，赴滴水巖，十時
到。一時返抵澗溝，疲乏甚。又吃老豆腐等當飯。

二時行，渴甚且疲甚，與克柔，育伊等行甚緩。五時到金仙
庵，胡泛舟邀予入，進晚餐。六時，予獨下山，晤維鈞夫婦。到皇
姑園待車，至天黑，車猶未至。到北安河。

雇人力車到溫泉，洗浴，打電話。十時許睡，頗酣。

今日倦甚亦渴甚，綜計所飲，有：

早起，喝老豆腐三碗

在山頂喝茶五碗

在滴水巖喝泉水三大碗，又茶三碗

歸途喝泉水約三碗

在澗溝喝老豆腐五碗，喝茶五碗

歸途喝酸梅湯兩大碗，汽水四瓶，茶三碗

在金仙庵喝茶兩碗

在溫泉喝水兩碗

五月十七號星期一

六時起，到食堂進點。到合作社買襪。乘七時四十分加車進城。到院，續草《戎禹與九州之戎》一文。

到蕭一山處，與之同到燕京，伴其參觀。四時講"太平天國之史料"，至六時訖。送之回城。佘貽澤來。宓賢璋來。

休息。看《包公出世》連環圖畫。九時即眠。

五月十八號星期二

到院，看《山海經》，搜作文材料。劉詩孫偕王澤民來，伴其參觀，并同到院長室。儒林來。子文來。貽齋來。

到校，續作文。賢璋來。鄔式唐來。寫許勇三信。到成府，與書春同進城。與父大人同到公園看芍藥，遇孫道昇夫婦及海波、馮珍及姚陳二夫人，祝叔屏。

審查《民眾周報》文稿。到椿樹胡同李宅赴宴，十一時歸。

今晚同席：蕭一山　任叔永　曾昭掄　饒毓泰　李聖章　崔敬伯　嚴濟慈　周枚孫　予（以上客）　　李潤章（主）

五月十九號星期三

到觀音堂，商《周報》被上海捕房查抄事。到院，審查《民眾周報》稿，訖。一非，日蔚來。徐舟生來。寫馮煥章信。壽彝來，爲寫西山信。王光瑋來。才百來。

到校，續作文。孫燕翼，薛文波來，導游，訪貽寶。請燕翼演講西北問題，自四時至六時。侃㜯來。

西山來。筱蘇來。

《民衆周報》，抗日色彩太濃厚，馮煥章先生又有詩文刊入，遂遭日人嫉忌，于昨日由上海捕房到梧州路福州路兩處開明書店查抄，取去萬餘册，將在特區法院起訴。此亦意料中事也。

五月二十號星期四

植新來。到院，豫備功課。何殿英偕蘇厚如來。孑文來。與子臧，佩韋商調查燕趙故城辦法。

到校印所。安宅來。到成府寓所。到校，上課兩小時。賓四來。士嘉來。到燕南園開歡送馮伯平及畢業同學會。與思和同車進城。到觀音堂。

到慶林春宴會。九時歸。標點《臨淄小記》。失眠，至上午兩時始以藥力得睡。

今晚同席：朱蘊山　陳伯達　李錫九　李安之　日蔚　一非　予

今日下午燕大招待孟禄博士，予未能往。

今日同會：洪煨蓮　希白　田洪都　李榮芳　王克私　齊思和　馮伯平　劉選民　侯仁之　佘貽澤　陸錫麟　張誠孫　龔維航　梁思懿　李宗瀛　貝盧思等約四十人。

五月廿一號星期五

校講義。到院，寫伯祥信。擬致馮煥章電。一非來。記日記七天。王靜如來。刁汝鈞來。爲道齡之友寫橫披。李畊硯，劉基磐來。

到北大，上課二小時。舟生來。送伯平到青年會，看報。

到東興樓宴客。

今晚同席：陳占元　李書田　李雲亭　李建勛　崔敬伯　吳世昌　張佛泉　連士升　齊致中　盧郁文（以上客）　予（主）

五月廿二號星期六

修改《九州之戎與禹》一文，得八頁，先付印。到院長室。

到燕大，偕同學到清華，同乘長途汽車赴房山。三時出發，六時許到下中院，步行上山，八時到兜率寺。九時吃飯，飯後到寺外小坐。

今日同游共三十四人。

陸欽墀説我背彎了，兩年前是很挺的。記得去年劉師儀女士即如此説。我這兩年中實在太辛苦了。弓張而不弛，馬駕而不稅，誰也受不了。如果我的生活還不改，我老得不知怎樣快了。

今晚約宴而未能去者：王宣，崔敬伯，盧郁文（春華樓）

祝紀藩（聚寶成）

五月廿三號星期日

游全寺。進早餐後到雲水洞，直至十八羅漢。還，游什方院及朝陽洞。十二時，還兜率寺。吃飯。

一時許下山，游接待庵，三時到下中院。即上車，中途游蘆溝橋。六時到西安門，回家。

休息。葛啓揚來。

五月廿四號星期一

到院。陳占元來。何定生來訪問予生活思想甚久，備報告中央。

到校，校改講義稿。續作文。與父大人，履安同看張大千畫展。

到西四大水車胡同三號羅宅吃飯，飯後商《晨報》社論事。

近來夜中時有盜汗，體力之衰可見。

今晚同席：陳惺農　胡道維　崔敬伯　方紀生　梁實秋　予
朱光潛（以上客）　羅隆基　生寶堂　孫時敏（以上主）

五月廿五號星期二

續草論文。傅持平來。魏兆祥來。

與希聖同到校。校《禹貢》稿。與希聖伯平同進城。予還家續
作文一小時。到希聖處，與林同濟同車赴同和居吃飯。

今晚同席：林同濟　伯平　予（以上客）　希聖（主）

五月廿六號星期三

《九州之戎與戎禹》一文草畢。西山來，與之同到大阮府胡同，
迎拉丁摩到成府，吃飯。

校《禹貢·古代地理專號》稿。送拉丁摩與西山返城。到東安
市場鑲牙。

校《禹貢》稿。

今午同席：樂育才（拉丁摩之華名）　吳其玉　梅貽寶　雷
潔瓊　陳其田　起潛叔　李安宅　侯仁之　張西山（以上客）
馮伯平　予（以上主）

予上顎門牙，五年前所配，久活動，去春在京，健常宴予，
竟至脫下。久欲重配，曾無暇閑。日前在房山，吃飯時又將牙托
嚼破，不能苟延，因于今日乘送客之便，到市場重配。記之于
此，以見予生活之忙尤也。

五月廿七號星期四

豫備功課。寫君武信，爲張誠孫事。駱德先，孫鑑秋來。唐柯
三，馬松亭來。

到校，上課二小時。三年生及四年附級生來談下年功課事。

校《禹貢》稿。

五月廿八號星期五

與父大人同到公園看梁宜村等畫展。到章式之家弔喪，遇徐熹。到院。舟生來。何鍾靈來。

到北大，上課一小時。與履安到市場，鑲牙。與伯平同到松公府，赴孟心史先生七十紀念會，到會約百人。

即在松公府吃飯。與致中同到慶林春，應趙泉澄約，餞伯平，至則席已散。

今晚同席：孟心史　董綬經　沈兼士　希聖　王輯五　徐芳　沙鷗　姚從吾夫婦　子水　樊際昌　馬叔平　賓四　致中　趙遒搏等（凡四桌）　蔣夢麟夫婦　胡適之（以上主）

五月廿九號星期六

到禹貢學會，閉門工作一日，寫《春秋時代的縣》，得初稿八千餘字。

休息。

今日寫文，幸材料大部分已由丕繩代集，所以寫得極速，一天得八千字，前所未有也。然背痛甚矣！

五月三十號星期日

到壽彝處，與同到同和軒，賀金吉堂嫁妹。續草《春秋時代的縣》。到玉華臺赴陳鴻舜宴。到大陸春赴卜德宴。

與晶心同到福祿居，開風謠學會年會。到者約四十人。予爲主席，并被推爲會長。六時散。與子臧同到院中。

續作論文。

今早同席：陳鷺洲　王靜齋等

今午同席：煨蓮　文如　筱珊　裘開明　伯平　馬錫用　起

潛叔　朱士嘉　田洪都　薛瀛伯　予（以上客）　陳鴻舜（主）

今午又同席：芝生　亮丞　湯用彤　佟晶心　羅文達　尚有

西人二人　王繼曾　王君　予（以上客）　卜德（主）

五月卅一號星期一

與父大人，履安，自明同到太廟，看藝風社展覽會。又到公
園，看溥心畬夫婦畫會。壽林來，爲寫日蔚信。日蔚偕王柳林來。
夏白龍來，與之同到院長室。四海保險公司寶君來。

到校，校改講義稿。校《禹貢》。續草論文。到侃如處。

到福開森家赴宴，十一時歸，送子水回家。

今晚同席：Gilbert Grosvenor　美國大使　張亮丞　黃國璋

洪思齊　毛子水　予（以上客）　福開森（主）

[剪報]　廿六，五，十九《世界日報》

平通俗讀物編刊社發行《民衆周報》在滬被查抄

據謂該報内容多“妨礙邦交”文字

滬特一法院今晨審訊

[本報上海十九日上午零時一分專電]公共租界捕房，
十八日派探赴開明書店查抄北平通俗讀物編刊社發行之
《民衆周報》萬餘册，據稱係奉法院命令，因該報内容，
多“妨礙邦交”文字。第一特區法院定十九日晨審訊
此案。

[原件]　　　　　　　顧頡剛啓事

本刊本期《古代地理專號》，所收各文已于五月中陸續發

印，原可在本年六月一日出版，以童書業先生邀剛加入文字三篇，而剛事務過忙，未能于五月内草畢，遂至愆期至兩旬之久，輕諾寡信，不勝疚慊，特此自劾，以謝讀者。至于本刊第七卷第八九兩期合刊之《察綏專號》，稿已完全付排，當可于七月一日出版也。此啓。

廿六年六月十八日。

一九三七年六月

六月一號星期二

到禹貢學會，閉門工作，續草《春秋時代的縣》的附錄，未畢。到院一小時。到東興樓赴宴。

到希聖處，與同車赴燕大。王靜如來。叔父希白來。到希白處，與叔父談。邀至寓中吃飯。伴游燕大，照相。

與叔父同車歸。啓揚來。

今午同席：何叔父　郭世五　馬叔平　徐森玉　予（以上客）袁守和　謝剛主　容希白（以上主）

今晚同席：何叔父　劉子植　容希白　起潛叔（以上客）　予（主）

六月二號星期三

續草論文，到禹貢學會閉門工作兩小時餘。到院。校《禹貢》稿。

到壽彝處，同到西單清真寺訪王靜齋阿衡，同乘市政府車到燕大，陪同參觀。到成府。四時，講"新疆的回教狀況"。

七時進城，宴靜齋壽彝于西來順。到何殿英處借錢。

六月三號星期四

　　續草論文。豫備功課。壽彝來,寫驪先兩函(爲静齋及成達事)。到什刹海會賢堂賀喜。

　　到燕大,上課二小時。校《禹貢》。到成府及校印所。張鳳儀來。

　　士升夫婦挈僑思來,與他們及履安同游北海,十時歸。

　　　今午同席:西山　植新　志順　張聯潤　李退庵　肖甫　王槼　耿貽齋　張少□(以上客)　　馮蔭章　世五父子(主)
世五之妹出嫁。

　　　此日爲我與侃嬝最後同游,覽此傷嘆。

　　　　　　　廿八,三,四,頡剛記。

六月四號星期五

　　續草論文。金吉堂來。開本組常務會議。曹沁來。王輯五來。

　　到北大,上課二小時。郭殿章,尹克明來。

　　到東興樓吃飯。

　　　今晚同席:蔣夢麟　樊際昌　沈兼士　容希白　張柱中　徐森玉　鄭毅生　予(以上客)　　馬叔平(主)

六月五號星期六

　　續草論文。徐世劻來。開燕趙古迹調查團籌備會議。何定生,鄧樂華來。魏兆祥來。

　　與丕繩同到成府,予赴談龍會宴。到校印所,校《禹貢·古代地理專號》稿。與陳夢家談。丕繩病,伴之歸。

　　到擷英番菜館吃飯。

　　　今午同席:希白　紹虞　蔭瀏　侃如　夢家　心蕪　起潛魯安　子植(以上客)　　盼遂(主)

　　　今晚同席:方治(希孔)　楊聚五　王季緒　曾昭掄　希聖

徐誦明　李雲亭約二十人（以上客）　劉拓　顧毓琇　王南屏（主）

六月六號星期日

在家校孫海波文，誤謬累累，氣甚。續草論文。與履安同赴《史地周刊》宴于太平街譚宅。

與容媛及洪太太同看屯絹胡同屋，與容媛同回家。到頤園，開風謠學會會議，吃飯。

到丙子聯歡社，赴宴，九時許歸。

今午同席：譚篆青　希白夫婦　煨蓮夫婦　元胎　八爰　思齊夫婦　致中夫婦　蔭麟夫婦　予夫婦

今晚同席：徐芳　方紀生　佟晶心　予（以上客）　于道源（主）

今晚又同席：夢麟　適之　貽琦　雲亭　誦明　何其鞏　馬曼青　馬乘風　查良釗　石志泉　劉定五　志韋　希聖　唐嗣堯　陳惺農（以上客）　鄧哲熙（主）

六月七號星期一

以下大雨，甚早即到院，草《左傳中的偽縣》略畢。幸無客來打攪。白寶瑾來。

與殿英，植新，枕霞同到校。出席張誠孫畢業試驗。校改講義稿。與起潛叔，殿英，植新同歸。到伯平處。到筱蘇處。

肖甫來。寶瑾偕劉邸二君來，爲寫辛樹幟信。元胎來。

今日同試：鄧文如　吳其玉　張印堂　洪煨蓮　予

六月八號星期二

到院，周光宇來。王勤之來。史筱蘇，陳增敏來。孫燕翼來，爲致一電與英庚款會。程金造來，同到貢珍處談《史記》事。張佛泉來。

　　到校，改《春秋時代的縣》一文畢。爲人寫屏聯數事。到校務會議，王克私譯告予。

　　伊齊賢來。戀恒來。啓揚來。

　　《九州之戎與戎禹》一文，自五月七日始草，至廿六日草畢，歷二十天，得萬餘言。《春秋時代的縣》一文，自五月廿九日始草，至今日草畢，歷十一天，得兩萬餘言。後一文所以比前一文作得快而且多者，以大部分之材料已由丕繩代爲搜集之故。在我現在的生活中，居然能在一個月作出兩篇長文，可謂奇迹。唉，倘使給我時間，我的造詣寧止于此！總是我自己的野心和社會的壓迫把我敗壞了！

六月九號星期三

　　到院，爲北平《晨報》草《邊疆教育問題》（據壽彝稿），一千五百言。寫紀生信。與履安同到成府。予到校印所校《禹貢》稿。到校，出席侃嬺畢業考試。爲聞在宥寫林濟青書。與侃嬺夫婦同歸。

　　到來今雨軒，赴宴，九時許歸。

　　今晚同席：吳定良　楊克強　李景漢　潘光旦　陳達（？）江紹原　楊杰　趙鳳喈　予（以上客）　楊堃（主）

六月十號星期四

　　到院，日蔚來。黃毅民來。郭伯恭偕荆三林來。佩韋偕平岡來。張子文來。廖友陶來。

　　與鴻庵同到燕大，上課二小時（春秋史畢）。劉縱弍來。與鴻庵同到成府。予到校印所校稿。

　　開歷史系教職員會議。與鴻庵，致中同車歸。到家已九時半。

　　今晚同會：王克私　貝盧思　洪煨蓮　齊致中　韓鴻庵　譚季龍　鄧文如　容希白　侯仁之

六月十一號星期五

侃嬡來。日蔚，一非來。到院，看《禹貢》鍾雲父文。公超偕趙叔雍來。汪叔棣來。到來今雨軒吃飯。

還家，定《禹貢》本期頁數。略校稿。到北大，上課二小時（春秋史畢）。崇武來。西山來。

侯俊德來。鍾雲父來。筱蘇來。與丕繩同到西站送佩韋等。送平岡，秉琦等回家。十一時眠。

今午同席：柯燕舲　予（以上客）　程枕霞（主）

六月十二號星期六

與父大人及履安到公園看湖社及京華藝術學校畫展。到院，補記日記。玉年偕萬斯年來。定生，樂華，張蓮塘，何梅志女士同來。

到春華樓吃飯。回家，理書桌。

與履安自珍到北海，予獨至董事會，赴宴，九時半歸。

唉，我忙得透了，日記已廿二天沒有記了。這是十餘年中所少有的忙。其故即緣作文，教書，辦事，交際集于一身。

今午同席：馬叔平　余嘉錫　張亮丞　儲皖峰　羅莘田　魏建功　沈兼士　于思泊　予(以上客)　希白　元胎兄弟(主)

今晚同席：愛立旋夫　適之　夢麟　雲亭　錢孟材　陳寅恪　孫洪芬　福開森　張亮丞　馬叔平　沈兼士　田洪都　梅貽琦　貽寶　馮芝生　陸侃如　希白　黎劭西　煨蓮　守和（以上客）　司徒雷登　博晨光　陸志韋（以上主）

六月十三號星期日

理信札。劉紹閔來。植新來。與嬸母，履安，連喜弟，德輝同游北海，到九龍壁，漪瀾堂，慶霄樓。過端午節，祀先，留起潛叔夫婦飯。

晝寢，甚酣。到公園長美軒，開風謠學會。會畢吃飯。遇王南屏。

父大人等來。又吃飯。九時，與父大人履安同出園。仍失眠，服藥。

今日上午一時半，宋委員長送端午節禮來，遂使予失眠。至天明始合眼一二小時，精神疲甚。今夜飲酒無用，不得不服藥，可嘆也。

今夜同席：舒又謙　陳夢家　孫時敏（以上客）　佟晶心于道源　方紀生　徐芳　予（以上主）

今夜又同席：起潛叔夫婦　父大人　連喜弟　予夫婦

六月十四號星期一

八時始起，九時到院。枕霞來。寫日蔚信。補記日記。壽彝來。晶心來，同往東四所後看房屋。王靜如來。子文來。

與子臧同到公超家應趙叔雍宴，聽翟少屏唱《叫化子立學堂》。與安宅，其玉，希白同返燕京。賢璋來。與仁之同訪葉理綏，并晤博晨光。出，又同訪鄧嗣禹。回校，寫張經謀信。到成府寓所。又到校印所，校《禹貢》。

到校務長住宅吃飯，十時一刻歸。

今午同席：公超　蔭麟　希白　元胎　其玉　子臧　士升安宅　希聖　予（以上客）　趙叔雍（主）

今晚同席：葉理綏　西人某　煨蓮　東蓀　文如　希白　侃如　予　洪都（以上客）　司徒雷登　博晨光（主）

六月十五號星期二

植新來。郭敬輝來，為寫日蔚信。到院，日蔚來。世勱來。校《禹貢》鍾雲父，孟心史稿。寫雲父信。在院宴客，并導參觀。

三時到校。鄭錫麟來，爲寫卓君庸信。到成府寓所，編《通訊一束》。到校印所校稿。楊中一來。

與父大人，履安，三兒女，來根到北海，他們划船，予與父大人品茗。在茶肆中擬"春秋史"題目。陳增敏來。

今午同席：雷嗣尚　湯用彬（頤公）　馮承棣（躬惕）　一非　聖章　維鈞　秉琦　次溪　道齡（以上客）　予（主）　邀而未至者：吳承禔（甘侯）

六月十六號星期三

到侃嬘處，并晤楊繽夫婦。到院，續草"春秋史"試題，未畢。枕霞來。旭生來。壽彝，松亭來。士升來，同到成府。草試題畢，付印。

在成府寓中宴客。到校印所校稿。伴叔雍游哈燕社，圖書館，到引得編纂處，晤崇岐。到希白處。校試題畢，寫中心信。

到同和居宴客，九時散。看丕繩所作答劉亞生文，與之談。

今午同席：趙叔雍　吳其玉　馮芝生　張蔭麟　容希白　李安宅　連士升（以上客）　葉公超　予（以上主）

今夜同席：魏特夫夫婦　卜德　劉壽民　汪叔棣　周杲　張銓　林卓園　連士升（以上客）　予（主）　邀而未至者：袁復禮　劉子植夫婦　馮伯平　雷海宗

六月十七號星期四

到北京飯店訪趙叔雍。到院，補記日記。枕霞來，爲寫鄭穎孫信。校《禹貢》稿。到院長室，與潤章旭生同商史學研究所事。儒林來。

到校，考試"春秋史"。吳天敏來。王伊同來。卜銳新來。起潛叔來。

到新陸春吃飯，與士升同車回。到泉澄處，并晤鄭允明，葛啓揚。

昨夜夢健常自遠方來，住予家。適有數客至，予爲介紹，而健常無名片。翌日，名片印就，此數客又至，予已取出欲分與之，繼而念健常未在，何爲作此令人猜疑，遂假作沾濡，置于架上。

今晚同席：朱霽青　錢公來　李實（子青）　王法勤　馬乘風　李一非　連士升　徐誦明　予（以上客）　陶希聖（主）

今日晤潤章，悉本年英庚款一個學會也不補助，禹貢學會的局面炸了！這真是我們的大不幸事！我很疑心，這是王世杰和我們搗蛋，他派人到英庚款會鬧，説是"禹貢學會可給錢，爲什麼我們私立中學不給錢"！因此，庚款會這次一個學會也不給。

六月十八號星期五

四時醒，五時起，補記日記。植新來。侃孌來。到北大，寫梁茂修信。到院，枕霞來。兆原來。到院長室。寫西山信。爲泉澄事寫致中信。晶心，維鈞來。

到校，考試佘貽澤。到成府寓，到印刷所。傅宜生代表王淡久偕黃雲伯來，偕其參觀。

與韓鴻庵同回城。

六月十九號星期六

世五來。到通俗社，與一非等談社事。到院，荆三林來。回家，與世五，父大人同到燕大，予到貽寶處。返史學系，與貝盧思李榮芳談下年考古班事。佘貽澤來。劉淑珍，牛文穎來。與父大人到哈燕社參觀。

起潛叔設宴。評定古物古迹班試卷。郭可珍女士來。與父大人等回城，送王欣夫及賓四回寓。與賓四談話，并晤曹覲虞。

到泰豐樓吃飯。又到東興樓吃飯。

今午同席：王欣夫　謝剛主　賓四　紹虞　洪都　陳歷農　士嘉　父大人　予（以上客）　起潛叔（主）

今晚同席：日蔚　姚諭　紀生　李錫□　李宜琛　李□（以上客）　張壽林　林天木（以上主）

今晚又同席：胡政之　從文　楊振聲　陳之邁　張奚若　思和　張忠紱　希聖　予（以上客）　張佛泉（主）

六月二十號星期日

日蔚來。與同到克强處，訪段繩武夫婦。贊廷叔祖來。休息，看報。

臥看北大試卷，定分數。又看吳天敏所集歇後語。王燦如來。

與履安到北海散步，遇元胎，同游濠濮間畫舫齋等處，十時歸。

今日星期，居然無人設宴，客來亦不多，使予得休息一天，下午二至四時居然睡了兩小時，精神恢復不少。

賓四評予，謂"有熱心而無火氣"。

六月廿一號星期一

植新來。爲人書屏聯十餘事。到院，陳伯達來。壽彝來。寫潤章信。一山來，同出吃飯。

到燕大，到成府及校印所。到哈燕社照電影。聽葉理綏講。回穆樓，劉縱一來，劉迪生來。吳天敏來。與仁之算賬。

看《禹貢·古代地理專號》。肖甫來。

今午同席：潤章　維鈞　予（以上客）　一山（主）

六月廿二號星期二

到泉澄處，并晤李旭。與泉澄同到啓揚處，并晤允明。到侃嬓處。到院，王南屏來，黃毅民來，苗迪青來，張子文來。到院長室，商本組職員事。

小眠。簽禹貢學會支款單。作哈燕社報告。王燦如來。郭敬輝來。寫沈志遠信。

到羅努生處。到新陸春宴客，并唱大鼓。歸，楊向奎來。蘇信宸來。

今晚同席：韓儒林　王淡久　黃雲伯　馬乘風　孫慰君　段繩武　吳其玉　李安宅　陶希聖　李一非　徐誦明（以上客）貽寶　予（以上主）

努生處宴有東蓀，實秋，秦市長等。

今日與敬輝丕繩同猜，授意南京私立中學向英庚款會破壞禹貢學會者乃張其昀，因此人在南京各中學校頗有勢力，史地教員均爲彼之學生也。洵如是，則此人真該罵。

六月廿三號星期三

到禹貢學會，工作半天。校《中國疆域沿革史》。程枕霞夫人來，爲寫枕霞及燕舲信。姚曾廙來。鈔徐世勣教科評。作《歇後語集錄》序。

與殿英，植新，姚曾廙同到燕大。嗣禹來，爲寫貽寶信。到哈佛燕京社開獎學金分配會。辦學系暑前結束事宜。到成府寓。

送殿英回景山書社。到迎賢公寓訪朝陽。到玉華臺赴宴。到觀音堂辦事。

今晚同席：盧逮曾　梁茂修　李子信　杜雲廬　韓裕文　予（以上客）　楊效曾（主）

今日同會：煨蓮　志韋　博晨光　希白　侃如　容媛

起潛叔猜，此次禹貢之不幸事件乃二陳方面所鼓動，蓋打倒予即所以打倒朱騮先也。故此次之事，乃與《大眾知識》，《民衆周報》之事，爲一條綫之工作。此猜想亦頗有可能性。

六月廿四號星期四

到禹貢學會，爲楊效曾寫袁守和信。西山來。校《疆域史》。到研究院。崇武來。寶瑾偕劉西亭來。壽彝來。道源來。舟生來。李忻偕郭見恩女士來。孫明經來。

與舟生，朝陽，履安同到北海漪瀾堂吃飯。并游極樂世界等處。貽澤來。與朝陽同還家。招肖甫來。向奎來。并招丕繩同出吃飯。寫商務館信，寫李潤章信。

看《禹貢》本期專號。早眠。

六月廿五號星期五

植新來。八時，至東華門汽車站。遇吳郁周。以近日天雨，温泉無車，改赴香山。十時，抵香雲旅社。整理數月中信札。

與父大人，來根到碧雲寺游覽。校《疆域史》五十餘頁。與父大人等步行至民衆教育館看書。

飯後校點納子嘉文。到宮門口買紙夾。回旅館，整理信札。植新來電話。

在香山通俗圖書館中見《首都學生》第五十三期，載有健常綏遠勞軍講演稿，雖未詳在某校所講，而稱“李校長”，大約即李清悚，則南京市立中學也。

到香山小憩，頗有歸馬放牛之樂，特此樂甚暫耳。

夜得植新電話，悉蔣汪請柬已寄到，日期爲八月四日。

六月廿六號星期六

遇山來電話。五時半起。七時，與父大人及來根同出，步行到静宜園宮門，品茗休息。八時半，進園，至見心齋及雙清別墅二處。在見心齋校《疆域史》。出，到汽車站吃飯。

回旅館，晤劉半農夫人。記日記。校《疆域史》至唐代。與父大人等同游果園及旭華閣。

到碧雲寺街散步。十時眠。

小香水來平一月餘矣，予以無暇，卒未一觀。今日在旅社翻報，竟無彼之戲碼，意者以生意不佳又離平耶？噫，老去佳人，侘傺至此！

六月廿七號星期日

四時起，整理物件。與父大人游臥佛寺後周家花園。十時，別香雲旅社，乘長途汽車歸。

袁希淵來。啓揚來。寫商務書館信，寄《疆域史》稿去。泉澄來。張法祖來。

子臧，佩韋，振鐸，西山由燕下都歸，來訪。長弓來。海波來。拱宸來。

六月廿八號星期一

到通俗社。到研究院。一非來，與同到高等商業學校，開西北移墾促進會等組織之西北考查團茶話會，十二時攝影而歸。

與履安同到燕京，整理成府寓中物件。到校印所。雷潔瓊女士偕黃伯飛君來。容女士來。與書春同進城，到學會，勸植新回校印所。

在西來順吃飯，開西北移墾會之理事會。

今晚同席：劉定五　馬松亭　鄭大章　安錫嘏　梅貽寶　楊鍾健　張桐軒代表　日蔚　一非（以上客）　段繩武　予（主）

六月廿九號星期二

荆三林來。苗迪青來。吳志順來要錢，斥之。張宣澤來。岡田武夫偕日本某君來。王光瑋來。陳家芷來。

到成達師範，開圖書館委員會。會畢，同赴東來順吃飯。

世五來，簽學會付款各單。赴春華樓再吃飯。送元胎兄弟及思泊歸。失眠。

今日同會：旭生　松亭　柯三（宜栽代）　常子萱　壽彝　予

今夕同席：除以上諸人外增一王夢揚。

今晚又同席：希白　元胎　盼遂　夢家　予（以上客）　立庵　思泊　海波（以上主）

六月三十號星期三

植新來。吳志順父來。到一山處，接洽泉澄事。到張石公先生處，接洽學會事。到守和處，接洽海波事。到研究院。王南屏介紹某君來參加考查團，爲寫日蔚信。

臥病。日蔚，一非來。懋恒來。泉澄夫婦來。侃嬡來。

發熱（初閉汗）。

予一年來真勞甚矣。明日本與西北考查團同行，不意今日竟爾病倒。差幸早一天，否則須臥病客邸矣。病之由來蓋因食積，上館子太多，而疲勞又不能支故也。

一九三七年七月

七月一號星期四

口授履安，寫王育伊，薛澄清函。臥床看《戲考》。

懋恒來。海波來。肖甫來診。

今日熱未退盡，下午又高，至 102 度。

七月二號星期五

發吳鑄人電。臥床看《戲考》。

士嘉來。侃懃來。植新來。

　今日熱退，但疲甚，仍不思食。

七月三號星期六

張長弓來。臥床看《戲考》。

王姨母偕尊元來。肖甫來診。

　仍不餓。

七月四號星期日

徐芳來。劉師儀來。玉年來。臥床看《戲考》。

艾宜栽偕唐柯三來。劉縱弌來。元胎來。

　仍不餓，稍進食。

七月五號星期一

凌撫元來。起靠藤榻，仍看《戲考》。馮伯平來辭行。劉佩韋來。

王淡久來。紹虞來。王振鐸來。

子臧，楊繽，侃懃夫婦，林鳳來。

七月六號星期二

陳家蕭來。紀生來。壽林來。旭生來。段克興來。起靠藤榻，看《戲考》。

張西山偕郭敬輝來。元胎來。肖甫來診。

　予素怕吃辣物，今日乃大啖辣椒，知胃中正需刺戟也。

七月七號星期三

元胎來，爲文學史事，寫伯祥信。改壽彝代作之《邊疆教育》一文。尹克明偕郭殿章來。

與履安自珍同到西什庫法國醫院看病。出，到北海，在山頂品茗。下山，遇起潛嬸母，再在橋邊品茗。送其到文昌胡同潘宅而歸。戴振輝來。

馮世五來。

今日爲余病後第一次出門，身雖疲軟，猶能上山。

今夜日本軍隊襲宛平縣城，城中聞炮聲。十日以來，謠言已多，兹特證實之耳。

七月八號星期四

與父大人及自明同游北海，在濠濮間品茗，看《六十種曲》中之《東郭記》。十一時歸。

續看《六十種曲》。寶瑾來。元胎來。士升來。

理書。

七月九號星期五

理書。白寶瑾來。侯宗禹來。在家吃飯後出。

到承華園赴宴。與諸客同到通俗社參觀。送昭搶歸家，寫明軒村民結婚賀聯二副。劉縱弍來。子臧來。

記日記二天。丕繩來談。

今午同席：童耀華（寧夏教廳長）　　楊公璧（寧教廳秘書）
趙伯陶（冀察政務委員會視察）　　曾昭搶（以上客）　　白子瑜（主）

七月十號星期六

與履安同到禹貢學會，再請肖甫爲予按脉，并談社事。仁之來。到研究院，訪潤章先生。到歷史組，晤諸同人。

小眠。與履安同到子臧家，賀其與嚴伯昇女士訂婚。與唐蘭夫婦及蔣君同出，到唐君家小坐，歸。與履安到馮棣家，晤其夫人。

何希宋自南京來，與同到日蔚處。到雅呢咖啡室吃飯。爲希宋寫段繩武，白壽彝兩函。

今日下午同茶點：包林敦女士　佩韋夫婦　立庵夫婦　楊繽及其弟顯東　振鐸　趙蘿蕤約三十人

今晚七時半到飯館，已云封火，找得一家，趕快吃完。各衝要街道口皆堆積沙袋。此真國難景象矣。

七月十一號星期日

羅雨亭來。嵇文甫來。傅韻笙來。到從吾處。何希宋來長談。
小眠。看《六十種曲》之首數種。秀亞來。
日蔚偕李安之來。

七月十二號星期一

到史念海處，并晤增敏，秀潔。到迎賢公寓訪嵇文甫。到燕京，與仁之同到清華訪印堂及劉壽民。出，返燕京，訪貽寶，談下年系務。孟心史先生偕子心如，侄復來，同到長順和吃飯。

到校印所。到起潛叔處及韓鴻庵處。訪文藻，未遇。到化學樓，晤曹敬盤。書春來，與他及孟氏父子同進城。與自珍同到四牌樓剃頭。才百來。

日蔚偕孫慰君，劉東材來。看侃嬺所編高中歷史教科書，略改之。

七月十三號星期二

向父大人拜壽。楊繽來。侃嬺來。贊廷之第三子來。七姨母來。膺東來。譚老先生來。

到大美番菜館宴客。歸，到禹貢學會，晤肖甫，世五等。道齡來。與七姨母談話。侯宗禹來。

元胎來。傅安華，王宜昌來。

今午同席：贊廷叔祖夫婦及其女和　　起潛叔夫婦及其二子
王姨母及膺東（以上客）　　予全家（主）

七月十四號星期三

張長弓來。吳瀚女士來，與同到懋恒處，晤潘蘋馨女士，談漢口懿訓女子中學課務。日蔚來。

小眠。振鐸來，子臧來。到研究院，參加旭生召集之時事商談會，同擬致中央電稿。送旭生回，送公超回。并晤建功，維鈞，趙少侯，臺靜農。

丕繩來談。

今日同會：旭生　公超　文藻　安宅　子臧　日蔚

七月十五號星期四

到子臧處，擬致宋明軒電，勸其抵抗。借與子臧汽車，由其邀人簽名。到西堂處。到傅韻笙處。到徐芳處。到景山書社，晤殿英。

小眠。與父大人同游什刹海，茗于茶棚，六時歸。晤白子瑜。寫子臧及道齡喜聯。

孫慰君女士來。子臧來，告接洽結果。拱宸，丕繩來談。

今夜講話過多，失眠。飲酒，至上午二時許乃得睡。予夜中真不能治事，必須絕對休息。

恐宋哲元屈伏，與日本人磋商條件，故去電勉之。簽名者二十餘人。

今日爲我與父大人最後之游覽。廿八年三月四日記。

七月十六號星期五

到侃嬱處。到通俗社。到院，旭生子臧來商時事。師儀來商所事。歸，張西堂來，爲寫吳辛旨信。王崇武，鄧廣銘來。

小眠。傾盆大雨。與履安，丕繩同到大陸春，賀許道齡張玉賢婚禮，予爲證婚人。五時入席，七時歸。送肖甫，拱宸回學會。戴振輝來。

植新來談。

今晚同席：子臧　玉年　兆原　羨漁　佩韋　振鐸　肖甫　拱宸　丕繩　予夫婦　龍雲夫婦等，凡三桌。

七月十七號星期六

葛啟揚楊效曾來。到孫蜀丞處介紹趙肖甫。到賓四處，請負《禹貢》編輯名義。到燦如處，未遇。到學會，晤肖甫，爲寫介紹信。

小眠。到研究院，開會商時局。記日記半月許。

郭敬輝來。補記日記。

今日同會：李潤章（主席）　經利彬　劉爲濤　維鈞　陳咨禹　趙震瀛　旭生　魏娜等十二人

七月十八號星期日

理信札。侯宗禹來。日蔚，一非，安之來。枕霞來。念海等三人來。

大玫來。爲黃毅民作《國學叢論》序。毅民來。王燦如來。到研究院，開時事商談會。

與履安同到學會，晤肖甫等。

今日同會：黎劭西　魏建功　唐立庵　子臧　日蔚　一非　旭生　予

立庵云：日人開欲捕者之名單，頡剛列首數名，似有不能不走之勢。適一非今日自綏遠歸，云傅主席擬邀本社在綏工作，因定遷綏計劃。

七月十九號星期一

理信札。日蔚來。到研究所，周國亭來。劉縱一來。馬松亭來。陶才百來。到西來順赴宴。

侃奱來，與予及丕繩同商歷史教科書事。長弓來。才百來。世五來。看《禹貢》一周年報告。

元胎偕江澤涵來。海波來。

今午同席：李鳳岡（丹山）　　聞震華（鐸民）　　趙錫昌　金鼎銘　予（以上客）　　孫繩武（主）

昨接健常來信，問予家在北平無恙否，囑早日南行。宛平之變，迄今旬餘，朋好來書見問者僅彼一人，感激殊甚。

七月二十號星期二

到燕京，訪貽寶，焜蓮，文藻夫婦，在文藻家吃飯。

到蔚秀園訪仁之，嗣禹，到圖書館，晤起潛叔，士嘉。到成府，晤嬸母，鴻庵。到校印所，晤植新，中心。到紹虞處，并晤長弓。與書春同車進城。

孫道昇來。肖甫來，商編雜著事。

見焜蓮，他談了許多話，要我專作學問工作，博自己聲名。在這樣時勢中，我實無法再作自了漢矣。

予在平所管事，燕大史學系主任交焜蓮或貝盧思女士，禹貢學會交賓四與張維華，趙肖甫，歌謠學會與方紀生等，通俗讀物社則移綏辦理，只剩一北平研究院，仍可遙領也。至于家屬，暫留北平，如予必不能回平，再全家南遷。書籍什物則分存成府，禹貢學會兩處。

七月廿一號星期三

方紀生來，道日人欲見捕事，因決定今日行。到旭生先生處，并晤鴻庵。與旭生同到研究院，與各員接洽工作事。王靜如來。一非來。才百來。與旭生同到清華同學會，晤志韋等。爲人寫扇四把。

在家理物。到禹貢學會及侃嬾處。馮棣來。旭生來。賓四來。師儀，侃嬾來送行。

乘六時五十分車，與振鐸同行。本乘三等，至張家口後改乘二等。

今日送行者：世五　植新　肖甫　楊文魯　黄雲伯

今日門口，別了父大人與侃嬾，遂成永訣矣，傷哉！

廿八，三，四，記。

七月廿二號星期四

在車與振鐸談。列車長田紹儒來談。十二時許到綏，雇車到綏遠飯店。王憲之（斌）來，邀宴。西北日報社李明科，綏聞晚報社吳子俊來。

寫父大人，健常，履安信。記日記四天。到省政府謁傅主席。訪張宣澤，又偕憲之訪曾依，未遇，歸途遇式玉。晤交際組長楊慎五。寫伯祥信。石華嚴來。姚曾依來。與振鐸同出閱市。歸，王淡久來。李夢瑛來。

七月廿三號星期五

日蔚來。與日蔚，振鐸同出，到省政府訪淡久。出，到教育廳訪閻致遠廳長。到蒙古自治指導長官公署訪石華嚴參贊，及曾依，于式玉。到鄉村建設委員會訪高伯玉主任。寫槃庵信。寫丕繩信。

步至民眾教育館。進北門吃飯。

到秦安棧訪一非等。與一非日蔚同到大北旅社談社事。回旅館休息。楊令德來。

到省府赴宴，八時半出。還旅館，與一非振鐸談。朱霽青先生來。

今晚同席：李景漢夫婦　日蔚　一非　振鐸　李景辰　邵恒秋　郭敬堂　王柳林　潘秀仁　予　班浩(以上客)　傅主席(主)

傅主席原定給民眾教育館屋作本社辦公地點，然今日去看，絕對無空處。只得另找。

七月廿四號星期六

寫履安，肖甫信。與日蔚同到民政廳訪袁廳長。到新城暑期校長訓練班講"漢蒙問題"，晤閻廳長，馮世俔等。

到麥香村赴宴。到趙子英古玩鋪。歸寓休息。與振鐸同訪楊令德，未晤。到大招，舍利圖招游覽。赴袁石二先生宴于本店。

佘貽澤來。與振鐸到霽青處，友漁夫婦處談。

今午同席：張宗麟　振鐸　唐文粹　員憲千　張雲川　予（以上客）　李夢瑛　（主）

今晚同席：朱霽青　張友漁夫婦(其夫人名韓桂琴)　日蔚　振鐸　張宗麟　潘友仁　予(以上客)　石華嚴　袁祝三(以上主)

七月廿五號星期日

繩武邀至北古豐軒吃早飯（燒賣，月餅等）。回旅社，高伯玉來。同到霽青處，并晤曾秘書長等。瑞典人生瑞恒來。劉師韞來。魏十篇，于式玉等來。到小教場聯歡社，布置通俗社所，晤樊滌青夫婦。

到古豐軒吃飯。李大超，高伯玉來。稍憩。開會招待新聞記者，到者十二人。王憲之來。霍世昌來。張宗麟來。

到雲華池洗浴。赴閻致遠宴于本店。張家琳來。張法祖來。寫
履安信。

今早同席：日蔚　一非　繩武夫人　段哲卿（承明）　予
繩武（主）

今午同席：于式玉　洪範馳　魏十篇　佘貽澤　方綽　張勛
仁　呂自拔　一非　繩武　振鐸（以上客）　予（主）

今晚同席：張宗麟　日蔚　一非　振鐸　景晨　恒秋　敬堂
柳林　予（以上客）　閻致遠（主）

肚子又吃壞了，撒屁甚臭，下溏便。

七月廿六號星期一

理物。到大北旅社，晤西北考察團第三組各員，同到古豐軒吃
早飯。歸旅社，林燕春來。樊滁青來。何希宋來。到洪範馳處。寫
又曾，一山信。算賬。

應王淡久宴。又到古豐軒，應繩武宴。小眠。與繩武一非同訪
閻致遠，石華嚴，遇之。訪馮燨，不遇。到聯歡社。

到省政府應傅主席宴。又赴李高宴，至則已散。買祭幛。住聯
歡社。腹痛大作，瀉。

今早同席：張澍穌　張法祖　李建忠　余禮海　路維亮　馮萬
才　陳永祥　謝海澄　張家琳　何璟　段繩武(以上客)　予(主)

今午同席：日蔚　一非　予　陳科長　高伯玉（以上客）
王淡久（主）

今午又同席：即今早同席者加上洪範馳，劉師韞，繩武全
家，繩武（主）

今晚同席：即今早同席者，加上洪範馳，劉師韞，傅主席（主）
今晚本高伯玉，李大超邀宴。

七月廿七號星期二

仍瀉，無力。薛東周來。寫父大人及履安信。與繩武同到高伯玉處，又到曾秘書長處吊其父喪。朱霽青先生來。赴朱霽青先生宴。又到綏遠飯店宴各界人士。

到繩武所住新民旅館中小眠。與繩武一非同到民財兩廳俱未遇。到土默特旗政府晤榮總管。

宴傅主席等于綏遠飯店。出，到聯歡社。到車站。十時車開。

《呂氏春秋》云："甘脆肥濃，名曰腐腸之藥。"予上次之病即由吃館子來，腸胃尚未全痊，而到此後又大上館子，病就發了。可是要在社會上作事，不如此又有何法？

到站送行者：石華嚴　閻致遠　于式玉　郭敬堂　夢瑛　日蔚　一非　繩武夫婦　楊慎五　樊滌青

七月廿八號星期三

昨夜得馬秉仁（號彝軒，晉綏憲兵副司令）之招待，得住小包間中。六時半到大同，天木等來接。到憲兵司令部稍憩。出，到大同飯店。又到泰安棧，晤西北考查團諸君。十時，上包車南行。

汽車過舊，壞了三次，每次修理費時一二小時，幸到雁門關時未壞。十時，抵陽明堡，至同義棧歇宿，吃飯。

下午四時二十分至岱岳，自大同至此一百八十里，離太原四百四十里。六時四十五分至薛家圍圐。七時十分至山陰莊。七時卅五分至廣武。八時至雁門關大路（離關門十里）。十時至陽明堡站。

同行者：張澍穌（獲鹿）　張法祖（川沙）　余禮海（紹興）　路維亮（磁縣）　謝海澄（達甌）（以上同車）　王天木　員憲千　沈明經（以上不同車）

七月廿九號星期四

游陽明堡。仍上破汽車行，車壞四次，換車兩次。游一小村。以車壞，游崞縣。吃飯于南門天右街福聚園。

七時半，到太原，天木在站迎。入柳巷正大飯店。田君來，同飯。謝君等來。

二時自崞縣上車，三時至原平。四時半至忻縣。換車，六時半至大盂。雁門關車行上下，據余禮海君計算，凡七十四折。予車劣甚，幸未在關門前後壞，否則將露宿矣。

廿七日午刻同席：洪範馳　張仁山　白鏡潭　一非　予（以上客）　朱霽青（主）

又同席：姚樂天（陶然，省政府秘書）　郭景林（圖書館長，號紹宗）　劉漢（師範校長，派代表來）　陳志仁（之的，民衆教育館長）　常英杰（育農）　姚曾依　王憲之　楊慎五　楊令德　閻蕭　呂仲良　汪達之　張雲川　唐文粹　李夢瑛　樊滌青（以上客）　繩武　日蔚　一非　予（以上主）

廿七日晚同席：傅主席　榮祥　袁祝三　閻致遠　馮曦　石華嚴　潘秀仁　張宗麟　高伯玉　李大超　黄如今　朱霽青　余法院長（以上客）　主人同上

七月三十號星期五

寫父大人暨履安信。寫守真，一非信。與天木同游傅公祠（今作新編陸軍總指揮部），看碑帖，由羅季春副官引導。到文廟，看民衆教育館。到鼓樓。下，飯于其香居。

游各市場。歸，小眠。員憲千君來，邀至清和元羊肉館吃飯。回旅館，取物，上正太車。八時開，憲千送行。

太原工廠甚多，凡日用品能自製者皆製之，自是可喜現象。惟同蒲路造得太潦草，公路橋梁亦單薄甚，又覺其敷衍耳。

七月卅一號星期六

七時到石家莊，與法祖等別。入正太旅館暫憩。到市上吃豆漿及飯。十一時，與天木同上平漢車南行。

途中看報紙。與謝海澄復遇。以待兵車，隨處停頓，邢臺縣站待至三小時外。

廿八日在途得廿九軍大捷消息，及廿九日抵太原，乃得宋秦去保定，張自忠到平之訊，平津皆失陷矣！宋氏和戰之策舉棋不定，以一粗人而任艱巨之局，宜其覆餗。但文化前途之損失，將何以救之？國土又經大塊分裂，將何以光復之？宋氏誤國之罪，萬死不足以蔽其辜矣。

余以愛才，爲青年所附集，能成事在此，而敗事亦在此。蓋大多數之青年爲衣食計，就余謀出路，使余不得不與各方交接，旁人不知，以爲我有意造自己勢力，于是"顧老闆""顧大師"之綽號紛然起矣。又有一般青年，自己有所圖謀，無如未得社會之信仰，力不足以號召，謀推戴余，爲彼等之傀儡，成則彼得其利，敗則我受其禍，于是"顧頡剛左傾""顧頡剛爲共黨包圍"之傳說宣揚于道路間矣。昔人諺云："兒孫自有兒孫福，莫爲兒孫作馬牛。"若余者可謂爲青年之馬牛矣。使余真有駕馭之才，復有堅強之體力，則索性幹一下有何不可。不幸余雖有湖南人之情感與廣東人之魄力，然而只有蘇州人的身體，又未沾染得一些流氓氣，才幹方面太缺乏，結果摩頂放踵，徒然白費精神，于自己，于社會，皆嫌無補。年來頗欲跳出重圍，別尋遨翔之地，無如騎虎難下，又如陷于淖泥，益陷益深。現在賴日本人之名捕，逼余脫離北平，此真給余生活史上一個轉變機會。甚思與哈佛燕京社商量，任余在南方研究，而以燕大之課請西山代理。如能得請，則余將閉門却掃，讀二十四史，廣羅各種常識，以期編撰中國通史。此工作雖艱巨，而爲余才力體力所能任，一也。不在學校，可以避却青年糾纏，節省許多時間精力，亦少受許多閑氣，二也。此書而成，必可加強國民之自信力，即使中國暫亡，猶得爲光復舊物之一助，則余之救國工作未嘗停頓，三也。如燕大不能許我，則將于北平研究院謀之。總之此次南行，必求至于不辦事，不任課，以消極態度任最積極之工作，使不于對付及酬應之中虛度一生。　　廿六，八，五，記于南京東亞飯店。

一九三七年八月

八月一號星期日

八時到鄭州，與謝海澄道別，入中國旅行社招待所。出外吃飯。回寓洗澡。寫父大人暨履安信，寫守真，一非信。

與天木同游開元寺，文廟，隴海公園等處。六時，到小小酒店吃飯。六時半，上隴海路特別快車。熱甚。

隴海公園非常好，花木成長，綠陰遍地，方廣數百畝，前所未知者也。

八月二號星期一

六時，到徐州。在站遇余禮海，同上津浦車。在車看《中華公論》，《某國人在中國》等書，并沿途各報紙。

八時到浦口，經檢查，十時到東亞飯店。與天木同到延齡館吃飯，出，剃頭。十二時許眠。

八月三號星期二

晏起。寫父大人暨丕繩信。與天木同到六朝居吃茶點。乘長途汽車到樓子巷陳燕謀家。到中央研究院。

裘子元邀宴于曲園。小眠。到内政部訪健常，并晤幹軍。

歸寓，記日記七天。到中研院，晤樂焕，政烺，去尋，述之諸君。

冒雨出，飯于遠聞香。到楊將軍巷電報局兩次未發成。

幹軍云：日人致最後通牒與我政府，限期將華北五省軍隊退出。聞已約五省將領南來商議。

前日地震，今日狂風，其灾異乎？

不見健常又五閲月矣，知其將送父母還湘，而買不到船票。其家兩月前已移入長樂路七十八號。

八月四號星期三

看兆原所作《影戲》一文。與天木同到中央研究院，晤濟之，彦堂，亞農，槃庵，貞一，家瑞，之屏等。與天木飯于儉潔食堂。

與天木同到曾家，晤特生素英夫婦。冒雨出，到中英庚款會，晤蘇福應。歸旅舍。馬叔平先生來。

天木送其姑母到滬。補記日記。鈔筆記本中之通信處于册中。

兩年來聞中央在京滬道上有極完密之準備。今來與人談，乃知實無多大準備，日人既下通牒，又現手忙脚亂之象。予本欲回蘇州讀書，友人皆謂蘇州地位危險，恐爲第二天津。

至曾家，則素英將于數日内還梅縣矣。彼云：此别不知何時再見，聞之惘然。政府以減少南京食糧問題，命令公務人員眷屬遷出，故京滬路及長江航路皆擠甚。

八月五號星期四

寫西山信。到教育部，晤適之先生，梅月涵，周枚孫，馬叔平，朱經農，陳通伯，陳受頤，吳之椿。到中研院，晤中舒等。出，到成賢街吃飯。

途中遇方欣庵。到祚莒處，并晤婁女士。歸寓，小眠。寫貢珍，侃嬱，履安信。點讀呂思勉《中國民族演進史》。

李晋光來。王崇武來。祝廉先來。寫子臧，丕繩信。

日人將以全力攻察綏，而後奪山東山西，以完成其占有華北五省之計劃，故近日平郊戰事頗緩和。

八月六號星期五

點讀《中國民族演進史》，至第五章。出，到君武處，未遇。到李濟之家，祝其父七十壽，亦未遇。到教育部，晤陳禮江，段書貽，周枚孫。與熊夢，賓同到西流灣八號訪希聖。

出，在電車上晤振鐸，別夢賓，同往上海酒樓吃飯。歸寓。到君武處，并晤晝三。與振鐸同到中研院，晤子元等。到中央商場，買雨衣，吃冰激凌及點心。

到中央飯店訪廉先未遇。到中華飯店訪方欣庵，晤之，并晤劉曾若。

八月七號星期六

理物。欣庵來。其可來。昌群來。以中來。煥庸來。送行李到祚莒處。與天木到中央研究院，晤孟真，中舒，厚宣等。予出訪志希，溯中，皆未晤。訪緝齋，晤之。

孟真邀至德奧瑞同學會吃飯。歸寓小眠。與天木同到故宮博物院，訪叔平先生及尚嚴邦華。出，返夫子廟。回旅館吃飯。李晋光來。

雇汽車到下關上車，十時許，以太擠，又換一車。晤金家鳳。

今午同席：天木　濟之　思永　予（以上客）　孟真（主）

京滬路上，爲公務員送眷屬離京，擠得不堪。夜十一時開的車，到一時許已擠滿，人愈來愈多，擠得水泄不通。路局爲加開一車，予等從窗洞中跳出上之，居然甚空，惟因不按鐘點開，故路上常須等車，比原車遲到四小時。天熱如焚，擠得一身痱子。

八月八號星期日

在車吃點，九時到蘇。與天木同歸家，與嬸母，九嬸母，又曾三家人相見。洗浴。與天木到觀前洗洋服。打電報到平寓。歸飯。

睡眠半日。張姑丈來。開父大人書房，與天木看字畫。與天木又曾同到觀前游覽，到三吳菜社吃飯。到國貨商場樓頂喝茶。九時半歸。

失眠，起點《民族演進史》一章。

回家，家中自七月廿四日後亦未接北平信。到電局發報，局員謂能到與否不負責任。夜接履安打來平安電報，尚係二日所發者。

八月九號星期一

與天木，又曾同出，到獅子林，吃茶。又到拙政園。出，飯于松鶴樓。

到滄浪亭，游五百名賢祠及可園。出，到公園品茗。步至觀前買物。歸，洗澡。天木赴滬。

到門前，與兩嬸母談話。看《義山集》。

又曾子女：長女毓蘊　次女毓芬　三女毓綺　長子智駿　四女毓芳　次子智敏

前年在杭，以李義山詩心卜，得其《垂柳》篇"紅燭近高春"句。今夜復以此書卜之，得其《代贈》篇"鴛鴦可羨頭俱白"句。先後一揆，意者吾二人果有垂老之合乎？

八月十號星期二

寫魯弟信。潘景鄭，承彬來談。竟日理書畫，曬之于庭。蔣司務來。

到九嬸母及二嬸母處。洗浴。寫健常信，丁曉先信。

與又曾談話。讀《莊子》。開箱檢被。

昨夜忽涼，而余未携夾被。家中物不知置在何處，遂致感寒，喉頭炎又作矣。今夜以打鋪蓋之毛毯權充夾被。

寫健常信，勸其勿將父母遷湘。蓋近日舟車之擠，人所難堪，兩老年近八十，必然吃不起這苦。且在京親子相依，彼此互慰，一旦離去，托之誰人。未知健常意若何？

八月十一號星期三

理書畫。到聖陶處，留飯。

到緝熙夫人處，并晤其子女。聖陶來，同至際唐處，并晤其父母。

與又曾子女談話。看《列子》。

　緝熙子女：長女安貞　次女順東　三女慧真　四女美真　長子伏生　次子鄂生

八月十二號星期四

爲繼母三周年忌辰，延僧在家拜大悲懺一天。將《丙子叢編》一部翻看訖。

嚴舜欽來。

與又曾及其四子同到公園，茗于西亭。九時半歸。遇崇年。

　今午同席：九嬸母　誦虞　九妹　餘妹　德峻　又曾　毓蘊　毓芬　智駿　毓綺（以上客）　予（主）

八月十三號星期五

到潘宅，晤景桓，承彬。到吳岳母處，并晤小毛內弟及內侄等。到皮市街購物。歸，看《丁丑叢編》。

小眠。郭魯卿丈來。翻看《丁丑叢編》。與又曾同到吳苑品茗，晤章亞夫。

看仇圖本《列女傳》。

今日上海戰事發矣，蘇州遷至鄉間及上海人家頗多，予決在家讀書。

又曾夫人今日到戲院，觀劇者乃不及百人。

八月十四號星期六

臨趙子昂草書千文二頁。訪王欣夫，遇之。訪佩諍，欣伯，俱未遇。到觀前購物。到嬬母處過節祀先，吃飯。讀循序英文讀本一課。

點讀呂思勉《中國民族演進史》訖。佩諍來，階平伯母來。青侖之妻來，未見。

到嬬母處吃飯。鈔呂氏《民族史》千餘言。

近年出紙囑予寫字者日多，而予寫字實無根柢，徒增慚恧。念其既爲社會需要，不如索性練好這門本領。故以後每日臨池。所以寫草書者，以予書字速，適于此體也。

十餘年來，屢讀英文，終于無結果，非予之惰，事冗不許讀也。今幸家居，仍自修，不求急進，不鶩高深，期于讀熟，一年後根柢既築好，再讀歷史書。

八月十五號星期日

臨草書二頁。王以中，姜亮夫來。蔣司務來。讀英文一課。理書。

小眠。理書。青侖之妻又來，給以十元。鈔呂氏《民族史》二千言。大雨奔衝，庭中爲沼。

讀《莊子》。

昨接健常信，悉其家已于十一日啓程返湘。渠已遷居碑亭巷女青年會。函中甚贊同我編中國通史之計劃，謂可陶鑄中國之新國魂。

昨日爲正式工作之第一天，而夜即失眠，至今早三時頃始得睡，痼疾困人一至于斯，傷哉傷哉！

上海戰事，中國甚勝利，我飛機與日機戰，且炸毀日艦。真破天荒之舉也。

八月十六號星期一

讀英文一課。寫字兩頁。欣伯來。理書。蔣司務偕其弟來丈量。
鈔呂氏《民族史》第一章訖。搬留存又曾屋內之書籍至方廳。與又曾到嬬母處，安慰之。毓芬來談。

今日兩次飛機來，一次下午三時半，一次下午六時半。敵機第一次來二十餘架，第二次來九架。第一次轟炸聲不巨，第二次則先兩下，次五下，又次一下，均甚巨。

囑蔣司務開一地窖，以爲避難之用。

嬬母及餘妹等初次聽炸彈聲，嚇得哭出來。

八月十七號星期二

讀英文一課。寫字兩頁。到嬬母處商進止。蔣司務來。與又曾到觀前看情形。

耀曾來避難，住一宿。佘貽澤來。楊氏順姑母來。小眠。鈔呂氏《民族史》千餘言。

看《元詩選》二集。

昨日之炸，閶門外老五團營房，盤門外飛機場，胥門內高等法院及大中旅社均遭破壞，而以胥門內爲最烈，即晚間所投五彈也，死傷者大約五十人，房塌不少。猜想起來，大約本想炸吳縣之政府，誤偏西耳。

到觀前街，家家閉門，若元旦然。

耀曾來，知其衣莊亦中敵機機關槍子彈，故全家離店。

八月十八號星期三

讀英文一課。寫字兩頁。到楊氏順姑母處，并見祝伯祺母子。欲到西匯午姑母處，走至北寺折回。道遇時卿及佩書。佩書來。

鈔呂氏《民族史》二千餘言。理書。爲張毓蘊，毓芬及誦虞弟改作文。

與又曾及九嬸談話。看《元詩選》三集。

今日接履安所寄航空快信，本月六日所發，已走十二天了。家中均安，物件已裝包，待車通南歸。

予到西匯，雇人力車，索價兩元。

蘇州城中本來已搬移不少，自前日炸後，搬家者更多，聞鄉下頗有搶者。

蔣司務來云：匠人一到街，即爲兵士抓去作腳夫，故不敢出，不能來挖地窖。

八月十九號星期四

讀英文一課。寫字兩頁。理書。麟詩來。寫履安信。

佘貽澤來，爲寫傅主席，王淡久，日蔚一非信。鈔呂氏《民族史》第二章訖。理書。將方廳大略布置就緒。理《四部叢刊縮本》。

與又曾及九嬸談話。看《元詩選》癸集。

今日接魯弟來快信，尚係十三日所寄，一星期矣。蘇滬百餘里，乃遲至如此，亂世交通困難可見。

近日中國得大勝利，上海日軍既悉數驅入租界，南口又斃敵數千，商都，張北又經晉軍收復，日本的紙老虎戳穿了！

自滬戰以來，日轟炸機爲我擊下者已卅六架，每架須三十萬至五十萬元。

八月二十號星期五

記日記四天。讀英文一課。寫字兩頁。順姑母偕祝伯祺夫婦來。理《叢書集成》一二兩期所出書畢。

冬侄偕其嚴氏表弟來。鈔《民族史》第三章。

與又曾等談話。看秀野草堂所刻它種書。

城中常拉伕，充擡傷兵等役，以是成年男子多不敢上街。即出亦多繞小巷。此實擾亂後方，非計也。

八月廿一號星期六

讀英文一課。寫字兩頁。自琛來。理書（入書箱），未畢。

景春伯母之女僕來。

與又曾等談話。看依園所刻書。

今日得杭立武來電，囑往青甘寧三省考察，頗喜有此長征機會，是亦求學也。擬應之。

今日下午一時，日機又來轟炸葑門外，投彈十一枚，僅炸空地而已，我方無損失。

八月廿二號星期日

寫杭立武信。郭際唐來。終日理書房（入書箱），仍未畢。

楊氏順姑母來，爲之代寫其婿陳廷元信。耀曾來，留宿。

與又曾等談話。

爲欲早日將家中物件理畢，故日常功課暫停。

以飛機恒以下午來，上午交通管制較少，故上午街上尚有行人，下午絕無市面矣。

我父所藏書，以詩文集爲最多，得九箱。金石書次之，得兩大櫃。藝術書及目録書各一櫃。經史子等約八箱。叢書約六架，又廿三史箱一列。筆記兩箱，秀野草堂及依園所刻書兩箱。此外則類書，吳中掌故等亦略有若干。總計約萬册，價約五六千元，合諸予所藏，除地方志及釋道兩藏外，所需用之書亦大略備矣。

八月廿三號星期一

理書房略訖（理雜紙）。

看康媛日記。冬侄來問《古文觀止》中疑義。

聽又曾談鬼。

冬侄頗好讀文言文，對于古籍亦略有見解，可喜也。

日來每夜必有飛機來，警報笛聲時作，或一夜至四五次，膽小者至不敢睡。

八月廿四號星期二

終日看康媛日記。吳岳母遣女僕送食物來。

耀曾來，留宿。舜欽來。

與又曾閑談。

康媛爲人，個性甚强，意志甚弱，處處感情用事，見解無定，是己非人，在其日記中暴露無遺。此兒將來終當氣死，蓋彼日日自己尋氣也。彼與廣順之不合，實由于在杭兩年，廣順去函不多，無以控制其心，而滬杭聾啞界頗多才幹勝于廣順者，遂致婚事中變，使彼在杭少住一年尚可不爾。

八月廿五號星期三

看康媛日記訖。理書房訖。取出碑帖表册付曬。記日記六天。九妹來。爲九餘兩妹改作文。

理碑帖。

與又曾等談話。

自十八日來，每日出一題，令弟侄輩作而己爲改之，加入者有張毓蘊，毓芬，毓綺三侄及誦虞弟，今日九妹，餘妹亦加入，則六人矣。此亦亂離中之餘興也。

今日得父大人與又曾航空信，係本月九日發出者，已十七日矣。函中謂候售船票回蘇，北平存款八千餘元寄回。康又發熱，艮則考北平大學。

八月廿六號星期四

竟日理父大人所藏古物。騰出衣服櫥一口，備放書畫。

吳其玉來。

與又曾等談話。

得自珍來書，悉平寓已移至黃化門內簾子庫甲十三號，不豫備南行矣。此甚好，省得到了南方又要避難。

父大人所藏古物，可分爲下列數類：1. 書畫，2. 金，3. 石，4. 玉，5. 甆，陶，6. 竹木，7. 印章，8. 墨，9. 碑帖。

如一件件登録，當有三千件以上。明年有暇，當試爲之。將來最好辦一"貞白文物館"，公開展覽。

八月廿七號星期五

寫父大人信。竟日理父大人所藏古物。

潘承彬來。

看承彬見假之上海，南京，杭州各報，至十時。

得上海信，魯弟又得一子，真是多子爲累。

八月廿八號星期六

承彬來，同出，到打綫巷訪吳其玉夫婦。又到東小橋訪羅無念，游其花園。出，欲訪聖陶，不果歸。到嬭母處，見彭枕霞。

寫王天木，傅安華信。蔣司務來。鈔《大公報》社論一篇。

看歷史教科書。略看《老殘游記》。

日前耀曾來，談及予祖母在時，曾爲彼弟兄及予算命，謂彼弟兄命運關聯，好則同好，壞則同壞。謂予只有三十三歲至三十七歲五年之運，此後則不過承此五年之運而已，説得頗有些對。予在社會上之地位，實在此五年中打出來的，現在則停滯了。每作一事，恒有若干人破壞，雖打不倒予之地位，然而予亦做不出矣。

八月廿九號星期日

寫承彬信。寫惕吾，履安，自珍，樸山，侃嬑，萬章，聖陶，西山，成鏞，禮海，貢珍，謝海澄，誠安，伯明，誦唐，淑度信。緝熙夫人偕安真來。吳家珏來。

與又曾等談話。

八月三十號星期一

終日理内書房古董書畫，略訖。蔣司務來。荥葭巷人來捐款。

得南京英庚會電，決明日即行。

到嬭母處。整理室内物件。爲弟侄等改作文至十一時。

南口及張家口已入敵軍之手，此對綏遠，山西極爲不利，不知傅主席準備得如何。

南京來的電報還是廿六日發出，五日始到，比郵信尚慢。

八月卅一號星期二

　　理兩書房略訖，上鎖。理行李。九時，與冬侄同到站。知尚無車，即偕到友佩表姑母家，見表姑丈及廣仲姑丈，午姑母，姚景範夫婦等，留飯。

　　二時，與冬侄同上站，待半小時許車來。擠上四等車，四時車開。車中擠甚。以待兵車，行甚緩。然此乃特快車也。

　　終夜在黑暗中，到常州已近十二時矣。

　　友佩表姑額上有縐紋矣，返想幼年同游之事，嘆我們都老了！

　　西行之車所以擁擠，只因江北人之到江南謀生者都回老家了。

［剪報］廿六，九，二《中央日報》

婦女文化促進會工作緊張

救護人員昨出發

　　婦女文化促進會，日來工作極為緊張。第一隊救護人員麥洪如，傅偉，陳曼蘭，許斌等，業已于本月一日出發赴軍政部主辦第二十四後方醫院工作。該會負責人譚惕吾，黃湘，并往下關車站送行。又該會所派製之裹傷包，為數極夥，惟過去募集之紗布藥棉業已用罄，極盼各方繼續捐助淺色舊布帳被單舊衣襪藥棉（普通棉用鹼水去脂）等，以便趕製大量裹傷包。茲將該會經收物品地址探志如下，實業部曹孟君，天竺路五號張群範，山西路法官訓練所內黃湘收。

一九三七年九月

九月一號星期三

　　到和平門聞雞聲。停一小時到下關，天已大明，即雇車入城，到東亞飯店。休息一小時許，寫又曾信。到中英庚款會，晤立武，孟真。到孟和先生處談。出，回旅社吃飯。

小眠。擬西北之行的計劃。寫傅安華信。到下關車站，鈔京滬路現在行車時刻。到民生公司，問船期。剃頭。乘四路車進城，在薛家巷站遇煥達湘鳳兄妹，同到內政部訪健常。

到美麗川吃飯。歸旅社，早眠。

自江邊乘四路車進城，予初不知其不過二郎廟，及購票，車司謂須換站。予初亦不知應何處換，有一同乘車者謂須于薛家巷換。如其言，乃晤湘鳳，蓋彼乘一路車來，至此換乘四路車也。會遇之巧，幾如戲劇。詢悉健常已移住內政部，而彼即偕兄往訪者，乃同往。則見健常面容憔悴，扶病而出，知其胃病復發，今日連喝水亦嘔，而後方救護慰勞之事又不肯不作，爲之惆悵不止。其家已回長沙，其兄明日去徐州，其妹明日去蕪湖，獨身臥疾，無一陪伴之人，奈何奈何！

湘鳳，年廿六，今年畢業于中央大學農學院，即至蕪湖省立農業專門學校任教員，月薪八十元，亦不弱也。

九月二號星期四

寫張姑丈信。記日記四天。到教育部，未見人，步至中央研究院，并號房而無之。悵然歸。寫健常信。

看《青海風土記》，畢。到孟和先生處商調查事，并晤錢端升等。到北平路中英文化協會，并晤滄波等。

在會吃飯。歸寓，看《蒙古問題》。

今日同會：杭立武　陶孟和　王文俊　孟真　予

今晚同席：適之先生父子　孟真　枚孫　予

上月十九日南京之被炸至烈，考試院墻坍壁倒，中研院玻窗俱碎，因此嚇得成賢街的居民都跑了。祚茞亦已歸湖南。二十六日又炸，更烈。太平路的店關得整齊極了，交通部職員走了三分之二，他機關亦當類此。

今晚爲念健常之病，憂悲不能眠，一夜未落聰。函勸其到蘇静養，未知見允否。

九月三號星期五

到郭有守處，未晤。到志希處，長談。又同到孟和先生處談。王文俊來，商旅行事。到適之先生處。取名片，向教育部領出行李。歸店午飯。

到健常處，晤之。到正中書局訪溯中，未遇，留條而出。到英款會，晤立武，文俊，孟真，蓀禮等。出，到孟和先生處。

歸寓，算賬，看《蒙古問題》。

健常已吃粥，每頓一碗，每日三頓，容顏已較前日大佳。爲後方救護工作，不肯離京。

今日見健常，頗有不豫之色，或我昨函嫌唐突耶？然或因彼病中疲憊，或因我神經過敏，皆未可知。

九月四號星期六

五時起，六時乘汽車到下關。七時半車開。在車看謝彬所作《蒙古問題》，略畢。

一時三刻到蘇，即雇車歸家。洗浴。到嬸母處。

與又曾等談話。早眠。

到西北去，英款董事會中規定四人，一戴樂仁，一陶孟和，一王文俊，及予凡四人。日期定三個月，旅費定五千元。二十號在西安取齊。此次歸來係準備一切。

申報館中譯報員説：“予任譯事三十年，從未見《字林西報》稱譽中國如今日者。”此可見全國一心，國格已提高不少。天下事不犧牲而得成功者，未之有也。

九月五號星期日

理南京帶歸行李。與又曾同到牛角浜配牙，到玄妙觀買書，到宮巷印旅行表，到觀前刻印，及買皮鞋，又定製中山裝。

張姑丈偕珍妹來。潤縉之弟潤孫來。理物。寫天木信。承彬來。與珍妹談話。

理信札，未畢。

自民國以來，予未穿過西裝與學生裝。近來每到南京，見各機關公務人員皆短衣，恒自愧老朽。今將作西北之行，恐彼處公務員皆不穿長衣，未便獨異，因定製中山裝一襲及西裝大衣一件。此亦可紀念事也。

予下門牙脫去已六七年，久欲鑲補而無暇，今日乃往配之。予亦注意自己形容之修飾，未免可哂矣。

本年五月十二夕已偕履安在北平吃冰激凌，今百餘日矣，天氣猶至九十六度，可詫也。

九月六號星期一

騰出方廳後軒什物，備挖地窟。博山來。承彬，無念來。

理繼母衣箱等。仁妹來。裁縫來量製皮衣。其玉來。

與又曾等談話。寫伯祥，健常信。

自昨夜起，誦虞弟來予室睡，因珍妹住其家也。

九月七號星期二

寫履安，誠安信。蔣司務來。到觀前購物。寫師儀，張法祖，聖陶，楊廷賢，郭敬輝信。

理碑帖入大櫃。理叢書入大櫃。理衣箱。承彬來。

與又曾等談話。八時許即眠。

今日匠人來開地窟，約一丈五尺見方，價約一千元左右。父大人之重要書物當放入以避危險，又急難時全家均可匿入。

寶山縣城，失而復得。

九月八號星期三

寫樹幟，陝西考古會信。佩書來。終日理物。

到觀前買物，鑲牙。理信札。

聽留聲片。

在京聞孟和先生言，日人名捕之單，張申府列第一，予列第二。謝謝日本人，把我擢了高第！

九月九號星期四

寫劉曾若信，寫履安信，寫余貽澤信。聖陶來，同到觀前取物，吃點。歸，企孼叔來，姚氏姻姑母來。

理父大人碑帖書畫入皮箱，以備存入地窟。今日裝滿三箱。

與又曾等談話。

今日始涼，精神一爽。

開明被焚，雪村僅以身免，伯祥月支薪五十元，全給房金剛够，真不了也。

九月十號星期五

寫張西山信。承彬來。枕霞來。張姑丈來。理書畫入箱，未畢。

吳岳母偕承祜來。盧芷芬來。顧雍如來。吳麟詩來。青侖夫婦來，未見，渠等宿吾家大門口。

理對聯，至十時。

得師儀來書，悉北平研究院同人照常辦公，而經費無着。大約因副院長避去，無人負責之故。

九月十一號星期六

理書畫古物入箱訖，凡十一箱。理放在外面之古物入櫃中。

潘景鄭，承彬來，偕承彬同到其玉處，并晤潘酉生先生。寫梅貽寶信，托其玉帶去。

整理行裝。

與貽寶信，請其與司徒先生相商，能否給我半薪，使我北平家庭菽水無虧。倘此事能成，則我心一定矣。

九月十二號星期日

盛霞飛丈來。理自己室內什物。張姑丈來。吳麟詩來取錢。

到潘宅，晤承彬，景鄭。回家，寫自珍，聖陶，緝熙夫人信。到觀買物贈諸弟姪。

與又曾飲酒，談至九時眠。

九月十三號星期一

寫谷馨，起潛叔，德坤信。理房內什物訖。到兩嬸母處。

承彬來。寫君樸信。青侖又來，出見之，以父大人所作《周氏遺孤傳》與覽。到吳岳母家，晤舅嫂及受之姪。到盛霞飛先生處，并晤其夫人。寫南揚信。

兩嬸母全家來道別。到承彬處，并晤景鄭，取行李送去。寫吳受之信。失眠，看《義山集》。

寫健常函已一星期矣，而不得其覆書，心中忐忑不安。

九月十四號星期二

四時半起，整理訖。五時十分出門，時天甫明。到潘宅。五時五十分乘車赴站，譜孫叔送行。六時五十五分車開。到常州始得座位。

下午二時半抵南京，落宿下關大馬路招商大旅館。三時半，雇車入城，到內政部訪健常，交與捐贈飾物衣服等。

健常邀宴于太平洋酒家，同到傅厚崗訪高君珊，談至九時許出，雇汽車送歸。

今日健常態度甚好，予心中一塊石頭落地矣。在汽車中，彼謂予，以前在平相見時甚胖，何近忽瘦也？噫，此數月中，余流離飄蕩，不自知運命之所屆，家人盡散，無以自寧，予又安得不瘦耶！

今晚健常請吃飯及雇汽車約用六元餘，在此國難期間，薪水減發，猶勞招待，不安之至。

健常身體已好，部中已辦全日工。編審處本有十人，今僅留三人，彼其一也。後援工作甚緊張。

九月十五號星期三

與承彬叔同到永利公司楊中孚處購票。寫又曾兩信，父大人信。到英款會，晤立武及蘇君。歸寓，寫羅秀貞信。

與承彬叔到玄武湖，雇舟轉一圈。回旅館。五時上船，六時船開。

站船頭看風景。

予久欲乘長江輪船，至今日乃償此願，可見一事實現之不易。

所乘係江順輪，招商局者。

九月十六號星期四

上午九時，到大通。下午二時半，到安慶。四時三刻，船開。看薛桂輪《視察西北日記》，畢。

早眠。半夜過小孤山，一時許抵九江。

看安慶報，知大同失矣！劉汝明等之罪真通于天！

九月十七號星期五

上午八時許，到武穴。下午二時，到黃州。到大餐間與毛以亨談話兩次。

晚九時，抵漢口，由以亨之安排，寄宿揚子江飯店。寫王渭珍，又曾，健常信。洗浴。十二時就眠。

以亨自杭州至九江，上江輪，驀然相見，別已三四年矣。彼謂由報上見日人欲捕張申府，顧頡剛教授語，然則孟和先生所言爲不虛。

九月十八號星期六

整理物件。佘貽澤來，以亨來，與同過江。與承彬，貽澤同游黃鶴樓。乘汽車到武漢大學。飯于合作社。

參觀武大，訪安真，與同到通伯處。由通伯伴至王撫五，周鯁生處。遇沈士遠。更到子馨，欣庵，雪林處，并晤黃孝徵。

在招待所吃飯。子馨欣庵送至江干。九時半歸。

今晚同席：趙太侔　丁緒賢父子　子馨　欣庵　宗君　予（以上客）　陳通伯（主）

晤丁緒賢，知青鏗乃住漢口黃陂路女青年會，且曾向之問起我之行踪，奇哉，經年不通音問，乃于此遇之耶！

九月十九號星期日（中秋）

訪青鏗，遇之。訪以亨，亦遇之。歸寓，汪伯烈來，王渭珍來。蘇雪林偕張惠文來。裘開明偕馮君來。黃孝徵來。欣庵偕朱伯奇，章雪舟來。舒澄宇偕以亨來。

在胡林翼路魁興園吃飯。飯後到書肆買書。五時，別子馨欣庵，獨步蛇山公園而歸。寫履安信。訪伯烈，伯奇，未遇。以亨來。青鏗來。

燕大學生劉淑珍等來。爲寫證明書備轉學。

今午同席：朱伯奇　予（以上客）　　子馨　欣庵（主）

今晚來訪之燕大學生：王九如　張郁廉　余麥燕　李聲簧
麥俊曾　劉淑珍　張天民

九月二十號星期一

洗浴。陳容來，爲寫證明書。寫鄭體强信，問侃嬓行迹。汪震
來。與貽澤承彬同到街上買應用什物。遇董榮昌。結束行裝。

在廣州酒家吃飯。飯後偕承彬叔訪章雪舟，遇之。訪以亨，不
遇。到中山公園，游覽一小時。回旅館。吳子馨來。朱伯奇來。

九時半，赴平漢路大智門站。十時五十分，車開。過江岸後
就眠。

今晚到站送行者：董榮昌　張天民　劉淑珍

子馨勸予將家屬接至武昌，由子臧伴行，暫住珞珈山，予頗
然之。

九月廿一號星期二

六時三刻起身，時車已過武勝關。八時四十分過駐馬店。十二
時五十分過許昌。脫車一小時許矣。

三時半到鄭州，時隴海車已過，只得住中國旅行社之招待所。
與同行諸君游隴海花園，品茗于松林中。

到小有天吃飯。在市街（大同路）散步。

九月廿二號星期三

晨二時起，結束已畢，而知隴海脫車，須七時到，因復睡。至
七時，又謂撞車，須十二時到。遂留招待所中未出。寫父大人，植
新，通伯信。劉克讓來長談，并送行。

十二時半上隴海車，即吃飯。遇于斌主教，及李耕硯。到耕硯處談，彼亦來。看《御香縹緲録》。

九時眠。

今日熱甚，在站候車時更甚，至九十餘度。

九月廿三號星期四

晨七時至西安，下車後由中國旅行社接客送至西京招待所，晤孟和。談一小時，彼即往飛機場飛甘矣。出外吃點。到陝西考古會，晤旭生，樂夫，趙純，傅安華。到公路局，見袁科長。到碑林，晤仲良，同觀碑林工程。仲良邀至蓮湖公園，在蓮湖食堂吃西餐。

飯畢在公園中散步一周。到歐亞航空公司訪問。回招待所。發英款會及孟和兩電，寫立武信。魏江楓來。上街吃夜飯。理物。

陸君毅來。旭生，趙純，安華來。仲良來。寫又曾信。

戴樂仁急欲上寧夏，孟和先生今日飛甘，予等本欲乘公路車，而近日在雨季中，道路時沖斷，到達之期無定，只得乘飛機行矣。票價每人一百八十元，行李許帶十五公斤。因將行李分開，除自帶之件外，交貽澤由汽車攜往。

九月廿四號星期五

與承彬叔到車站，上西行慢車。九時開車，下午二時到武功。看《日本的透視》。

訪辛校長，楊亦周，到招待所暫息。石聲漢來。小眠。王恭睦來。

八時，到大禮堂講通俗讀物。由辛校長介紹。

終日雨。到武功後赴農林專校，道路泥濘，兼以上陂，幾不能步。天氣驟寒，至六十餘度，所帶衣服亦不够矣。氣候變動太快，身體非常疲倦。

樹幟欲將禹貢學會遷農校辦理，此事大佳，當與西山商之。

漢口被炸，毀屋七百餘間，死傷五百餘人。

九月廿五號星期六

晤張之□。亦周，恭睦來。樹幟來，導游學校各部及印刷所。到齊堅如處。回招待所，堅如來。十一時，上馬車離校。

十二時車到，在車上看靳君《青海鱗爪》一稿。四時半，到長安。回旅社，白寶瑾來。到長樂樓吃飯。

與旭生同到招待所。到耕硯處。孫燕翼來。黃希濂來。一非來。左明及章輯生來。王樹民來。

今晚同席：張扶萬　臧啓芳　李雲亭　童冠賢　黨部五人
予　旭生（以上客）　　寶瑾　劉西亭等（以上主，西北論衡社）

今日日機飛至南京，前後六次，共百餘架，擲彈二百餘枚，甚爲健常憂之。彼如不幸，我心將何所寄乎！思之酸楚。

九月廿六號星期日

天未明即起，理行裝。寫健常，青鋙，自珍，維華信。寶瑾來，同到飛機場，終以不開退出，入西北飯店。寫弟妹書，未畢。沈子韶來。陳廷璠來。寶瑾偕劉西亭，冷存忠來。到江蘇飯莊吃飯。

與渭珍同到周教廳長住宅，未晤。到寶瑾處，并晤劉煜兄弟及其伯父。與渭珍同到招待所，晤燕翼弟兄及耕硯，戴愧生等，同出，游化覺清真寺。出，飯于西大街天錫樓。回旅館，燕翼來談。安華來。仲良來。

一非來，與同往車站送旭生行。十二時歸。

今晚同席：戴愧生　渭珍　李耕硯　燕翼　常子春　予（以上客）　馬煥文（主）

前日購飛機票，今日上站，滿心以爲可得一新經驗矣，乃失望而歸。蓋中央在蘭州有軍事工作，而駕駛飛機者爲德人，殊不欲彼見之以泄漏于日人也。

九月廿七號星期一

與承彬叔到洪宅，晤洪光焜夫人及其二女晶晶，盈盈。到隴海路局，晤洪光焜，還旅館，與渭珍訪教廳長周伯敏及梁午峰。到歐亞航空公司。

到孫宅吃飯。回旅館。到龔賢明處。到考古會，晤扶萬，趙純，安華，一非。回館，記日記三天。

與一非至寶瑾處，又到董子祠看房屋。到長樂樓吃飯。

今午同席：蘇連元（建三）　白端麟（建民）　戴愧生
馬煥文　常子椿　予（以上客）　孫燕翼　章若（以上主）

天色陰霾，使人愁絕，飛機既停，汽車亦不可開，飄蕩異鄉，毫無着落，加以憂家念國，更覺難堪。

九月廿八號星期二

與貽澤送承彬，一非，寶瑾上車站。予獨赴東關訪陳昆山，并晤党橋山，陳夫人。吃飯。

游八仙庵，遇郭春濤，陳建晨。又游罔極寺，洪福寺，山西會館（染布廠），東嶽廟。在土坡上作小發掘。還旅社，周教廳長來。

與渭珍，貽澤同到汪旭初，劉英士處。歸寓，獨到常子春處，并晤燕翼兄弟。寫履安信。得航空公司信。理物。

日來看報及聽北平逃出人談，彼地實不可居，決請松亭將我家屬送津，請父大人等來西安作寓公，以徐州來此毫不周折也。然離開平津終是難題，不知安全否，心又懸之也。

昨晚同席：臧啓芳　李雲亭　李耕硯　張貽惠　楊聚五　劉泛弛　李一非　王渭珍　梁午峰　戴愧生　童冠賢（凡兩桌）

周伯敏（主）

九月廿九號星期三

四時半起，理物，寫張扶萬，周伯敏，孫燕翼信。上飛機場，晤孫蔚如主席，郭春濤等。與渭珍回城，到考古會，晤樂夫，子彝等。到省政府謁主席，未見。到教廳訪伯敏。到西北飯店，吃飯。

到考古會取物件上飛機場，一時半起飛，四時半到蘭州。進城，至舊教廳，晤戴陶諸先生，又晤楊守紳。同出，至金城樂園吃飯。

與渭珍到田雲青廳長處談話。理物。

上午因天氣不佳，改下午開，三小時中行一千三百餘里，尚非甚速，而在我生經驗中已爲破天荒之速矣。

自在西安患瀉，至今五六日矣，每日須下便四五次，甚則水瀉，疑是痢疾。

九月三十號星期四

理物。與王渭珍，李銳才同參觀省立圖書館，女子師範，到省政府。予偕李君到齊魯大旅社訪二白。宴二白及李君于一天津館。

萬秀岳來。與渭珍同到衛生實驗處，訪韓立民，同參觀助產學校及省立醫院。診病。游黃河鐵橋。回廳。

壽彝來。楊鍾哲來。寫家信，又曾，張鴻濟信。寫周伯敏信。寫青海教廳長信。

在省立醫院又腹痛下便，經檢查，知無病，心中一定，此蓋水土不服也。

蘭州物價之貴，甚于京滬。試以人力車爲例：同樣程途，北平僅五分，蘇州則一角，西安則二角，蘭州則四角矣。洗短衫褲一身，亦兩角。

予自九一八事變後，始悟帝國主義者之侵略吾疆土，其下手處實緣我國內各民族之不能融合，授人以挑撥離間之隙，而以武力隨其後，遂至于潰爛不可收拾之地步，故于《禹貢半月刊》中着力于邊疆地理及民族歷史之論述，期以喚起國人注意，爲亡羊補牢計也。蘆溝橋炮聲作，自知將不爲日寇所容，予身離北平返蘇州，欲讀書充實知識，更好地爲人民服務，而滬戰旋起，吳人惶惶，勢不可安居，適中英庚款董事會見招爲補助西北教育設計委員，喜其可以實踐充實書本知識，乃不辭我父與妻，予身飛往。不意當地人士鶩我虛名，宴會演講接疊而至，既招致國民黨當局之疑忌，又引起同去諸人之嫉妒，相將媒孽于武漢、重慶之流亡政府，凡予所實心實意之設計皆不與討論施行，且迫予離去西北，凡予所許爲當地所辦之事皆成虛諾，可不痛哉！今事隔四十年，予已爲衰病老翁，而邊區各族在毛主席正確路線指導下，咸屏去舊農奴主之壓迫，取得自由生活，提高文化程度，致力于工、農、牧諸種工作，將昔日之猜忌、侵奪化爲融洽合作，不易其俗而團結其心，吾國真統一矣，快哉快哉！　　　一九七六，五，三，頡剛記。

[剪報] 廿六，九，十五《中央日報》

各地婦女組織婦女慰勞分會
已成立者有陝甘豫等十八處
馬相伯捐紀念章及金質飾物

中國婦女慰勞自衛抗戰將士總會，自成立後，國內外即紛紛響應。茲聞各地成立分會者，已有陝西，甘肅，河南，浙江，上海，廣州，南京，漢口，安慶，泗縣，蕪湖，郎溪，徐縣，蚌埠，廬山，蕭縣，東海，菲律賓等十八處。又該會頃又收到各方捐輸款物一批，茲志如下：孫院長夫人捐五百元，四川鹽務局管理處繆局長夫人文琴捐四百元，陳吳慕墀捐三百元，馬相伯八十歲福壽紀念章一個，金牙一只，馬玉章九成金扣鈕六粒，戒子底二只，金鈕扣一粒，紅石金戒一只。

婦女文化會派員慰勞戰士
縫製裹傷包運送前方

婦女文化促進會國難工作委員會，前日午前十時，假瞻園路一二七號舉行第三次會議。到張浣英，曹孟君，黃湘，傅岩，張群範等七人，由譚惕吾主席，王立文紀錄，議決要案如下：（一）推譚惕吾，曹孟君，王立文，張群範四人慰勞空軍戰士，（二）推黃湘，張浣英等六人慰勞陸軍戰士，（三）救護部正主任白玉潔離京，改推副主任黃湘繼任，并推張群範爲副主任，（四）組織總務兩部正主任王楓，談社英離京，改推曹孟君任組織部正主任，并推總務部副主任王立文爲正主任，陳琴仙爲副主任，（五）宣傳部副主任鮑冷雪離京，改推胡彤繼任，（六）慰勞部正主任李世平離京，改推張浣英繼任，（七）徵募部副主任陳令儀離京，改推王德箴繼任，（八）救護部所製裹傷包，除已送出者外，現存一千二百個，即送教育部醫學教育委員消毒，轉送前方備用，（九）定本月十九日午後四時，在漢口路三十三號托兒所歡宴曹孟君同志，并討論慰勞工作，（十）救護宣傳兩部工作與京婦女慰勞會聯合進行。

京婦女慰勞會組織募捐隊
黃亮懷等分任隊長

京婦女慰勞會徵募委員會，昨日開會決議要案如下：（一）通過工作計劃及辦事細則，（二）通過募捐隊組織辦法，計二十總隊，每總隊分五分隊，即日起開始工作，（三）

推定主任委員王立文，副主任委員傅伯群，張啓凡，總
務組主任易蕾，募捐組主任馮雲仙，第一募捐總隊長黃
亮懷，第二總隊長朱綸，第三總隊長傅伯群，第四總隊
長易蕾，第五總隊長張啓凡，第六總隊長張浣英，第七
總隊長黃湘，第八總隊長譚惕吾，第九總隊長傅巖，第
十總隊長黎劍虹，第十一總隊長謝蘭郁，第十二總隊長
王立文，第十三總隊長黃山農，第十四總隊長費俠，第
十五總隊長曹孟君，第十六總隊長任培道，第十七總隊
長張群範，第十八總隊長童素秋，第十九總隊長鄧季惺，
第二十總隊長易世英，（四）本委員會與宣傳勞作兩委員
會聯合進行工作，（五）定"九一八"舉行擴大宣傳徵募
工作。

一九三七年十月

十月一號星期五

重寫家信，寫承彬叔，劉淑度信。田廳長來。與渭珍到蘭州中
學及師範學校參觀，晤其校長張作謀等。

郭縣長來。與渭珍到甘肅學院參觀。由朱院長引導。并觀黃河
邊水車。出，到齊魯大旅社訪孟愚及壽彝。

到楊守紳家吃飯。歸，壽彝與銳才來。

今晚同席：戴樂仁　陶孟和　韓立民　孫友農　田雲青　王
渭珍　予（以上客）　　楊守紳（主）

徐博仁（師範秘書）

李恭（師範教務主任）

武三多（甘肅學院教育系主任）

王景槐（上校，醫學專修科主任）

王治民（上校，文史系主任）

十月二號星期六

五時起，整理行裝。寫張香冰信。張雪賓來。八時四十五分，登車，出西關，經卧橋，步至西津橋又上轎車。

一時半，到西果園吃飯。三時，啓行，遇雨。五時五十分，到武家溝，不能更前，投宿張姓民家。晤魏炳章。

與同人談話，九時即睡。看《經學史論》。

今日同行者：戴樂仁，李銳才（實業公司），楊鍾哲（合作社），丁璽（教廳督學），石應磐（工友），武裝警察三人。

十月三號星期日

七時起，以天雨初霽，遲至十時十五分始登車。十一時二十分，到七道子嶺，稍息，即行。

三時至中鋪，以前行須四十里始有客店，已趕不及，即宿小店。游涌泉堡及關帝廟小學，晤其教員龔德三。

八時三十分即眠。

昨夜夢見健常，時旁另有一女子，謂余曰：健常有五十首詠懷詩，實即憶其情人之作，君其一也。試嬲其歌之。健常果如余請，于廣場中歌之，予乃不得審其字句，悵然而醒。既而又夢予握健常之臂而謂之曰：待我一年不來而後嫁。渠頷之。醒後頗思履安，不知其在北平如何，此夢讖與彼甚不利也。

十月四號星期一

四時三十分起身，六時出發，過巴下寺，李家灣，沙楞，俱未停。十一時三刻，到洮沙縣，金伯滔縣長招待留飯。并晤張月汀科長。

二時出發，三時過辛店未停，四時十分到康家窪，稍息。六時半，到新添鋪，宿馬家小店。

看思慕所作《邊疆問題講話》。九時許眠。

前昨兩日共走九十里，今日趕了一天亦走九十里。

途中詠

車走黃沙白石間，天低雲壓馬頭山。江南河北知何似，癡對層巒不囀顏。

以憶履安，昨晚得夢，履安艷裝自外游玩歸來。不知此夢兆如何？報載李達逃去，日人捕其妻以索其夫。不知余家要演此慘劇否。彼一日不出，予終不能釋念也。

十月五號星期二

六時四十五分起。九時進早餐，與楊君等到楊家村楊自昌家訪問合作社情形，出至一製烟場參觀。還旅舍飯。

飯後將行李遷至區公所。游覽市集。參觀區立小學。又至市集散步。到洮河沿遠望。回至區公所，由師建臣，賀子明兩君招待留飯。與賀子明，師建臣談話。

記日記五天。寫九妹等信。

洮河東岸爲漢民，西岸爲回民，兩方仇視至深，漢民常被回民所殺，屋宇被焚。一水之間，遂成敵國，可慨也！

十月六號星期三

寫又曾，質庭信。步行至嘴頭村合作社長杜兆林家訪問。經一村，看跳神。見龍雨若于新民書社。龍孟澤來。

二時許回村，到廟南飯館吃飯。到龍雨若家。看《邊疆問題》畢，續看《經學史論》。

龍雨若來談。

　　昨夜又夢乘車回北平，接眷屬南旋。近日予之心境甚不安，蓋慮日人捕予家屬以招索予。前在西安，知所獲漢奸多東北青年，拷問之，則謂日人捕其家屬，勒逼其作偵探，每月向家通信報告，如此則全家得生，否則處死。如日人以此手段對我，我惟有取"綁票不贖"之一法耳。

十月七號星期四

　　寫健常，聖陶伯祥信。到龍雨若家吃飯。十時，車來，予與戴先生步行一半路程。

　　二時許，抵臨洮北門外，政界學界來接者四五百人，城中商鋪為挂國旗。入友華客棧，姜縣長等十餘人來訪。教育會劉君等邀飯。到福音堂訪牟牧師。到縣署及督察專員署。

　　丁組青，王尚仁來。李林漫來。記日記。

　　今日到城外見接及來訪問者：

張振武（柏森，湖南寧鄉，行政督察專員）

丁慕陶（督察專員公署第二科科長）

姜洽（服疇，湖南新化，臨洮縣縣長）

毛仲陽（臨洮人，縣政府第三科科長）

張鵬雲（起華，河南汜水，地方法院院長）

章燦（星五，地方法院檢察官）

謝國基（臨洮人，黨務指導委員）

張正則（定西，壯丁訓練督察員）

王景範（烟酒稽徵分局長）

劉尚一（臨洮人，教育會常務幹事）

馬常（世珍，短期義務教育委員會委員）

鄭瑞青（臨洮人，款產委員會委員長）

馮文昭（商會主席）

魏華天（隴上人，救濟院院長）

王尚仁（宇之，臨洮人，省立師範學校校長）

王巨鏞（季笙，臨洮人，師範學校教導主任）

何通經（穆若，臨洮人，師範學校教員）

何守道（純吾，臨洮人，師範附屬小學校校長）

潘琇瑩（榕石，臨洮人，女子師範校長）

王巨麟（樹人，臨洮人，省立女子師範教導主任）

袁印安（雲亭，臨洮人，初級中學校長）

蕭劍琴（臨洮人，初級中學英文教員）

劉天德（好生，臨洮人，縣立初級職業學校校長）

閻永禄（心田，臨洮人，區立北街小學校校長）

張齡遐（率天，臨洮人，區立南街小學校校長）

王竹庵（臨洮人，民衆教育館館長，圖書館主任）

李林曼（臨洮人，新臨洮日報社記者）

十月八號星期五

上街吃羊肉泡饃，遇張正則。參觀師範學校，女師範學校。督察專員張柏森來。丁慕陶來。朱建功來。劉好生，張廷秀來。遇司瑞如，同歸吃飯。

參觀初級中學，職業學校，養正小學，師範附屬小學各校。

司瑞如來，邀至八千春觀劇（《龍鳳山》，《醉寫》，《走雪》）。十時許歸。

十月九號星期六

王力仁來。李沛銘，陳銘鼎來。馬廷標，孫尚德來。張齡遐，趙沛發來。蕭劍琴來。到城隍廟，被歡迎，到會者千餘人。予與同來者皆作短講。

到法院，縣黨部等處答拜。出東門，游東山上椒山祠，道統祠，天齊廟諸處，下東山，觀東峪溝。四時回城，受教育界公宴。

丁慕陶嚴廉方來。曹燕翼，祁毓德來。

十月十號星期日

寫丁慕陶，李林漫信。朱建功，蔣廥煒來。與銳才同到福音堂，知戴先生臥疾。坐騾車到南鄉，參觀白塔小學，唐泉小學，農業職業學校。在校留飯。正宗學校及四甲堡學校師生皆出接。

過午天即雨，因趕歸，四時到旅舍。即到專員公署赴宴。六時歸。

丁慕陶來。與銳才，鍾哲談話。劉承舜來。

昨晚同席：戴樂仁　丁綏青　張柏森　姜服疇　李銳才　楊鍾哲　王咸一（以上客）　王尚仁　潘琇瑩　袁印安　劉尚一　王竹安　劉天德　劉培德　張齡遐　馬常　何守道　閻永禄　趙丕發　閻耀祖（以上主）

今午同席：予　銳才　鍾哲　尚一　馬世珍（以上客）　楊明堂　岳維泰　康紹庭　劉培德　劉星若　曹燕翼　祁毓杰（以上主）

今晚同席：予　銳才　鍾哲　王咸一　王尚仁　袁印安　李沛銘　劉尚一（以上客）　張柏森　姜服疇（以上主）

十月十一號星期一

記日記三天。到馬世珍處，為此間人士寫字約卅件。與穎孫，銳才到南街小學，東街小學參觀，遇朱建功。到劉尚一家午飯。

訪王旅長，未晤。到專員公署，與丁慕陶同出，參觀西街小學。出西門，游洮水浮橋，上山遠望。下山，遇楊瑞五先生，同游洮水東堤，入北門，參觀北街小學。到瑞五家小坐。

到慕陶處晚餐。世珍來。題黃可莊《聖教序集聯》。

今午同席：戴樂仁　穎孫　鋭才　王尚仁　丁綏青　馬世珍　予（以上客）　劉尚一（主）

洮水浮橋，以十船貫鐵索，上鋪木筏，通車輛，水流奇急，的是佳景。

今晚同席：張柏森　穎孫　鋭才　嚴廉方　陳銘鼎　李沛銘　張祖録　予（以上客）　丁慕陶（主）

今晨甚寒，華氏表只五十度耳。二十日之間，乃相差四十餘度。臨洮山上已下雪矣。

十月十二號星期二（重九）

楊明堂，楊瑞五來。姜縣長來。朱貫三來。與穎孫，鋭才到戴先生處，重晤兩楊先生。與黃，宋兩牧師談番子事。與穎孫同到司瑞如處。王竹庵來。楊景周來。

嚴廉方來，同到烟酒局吃飯。到八千春看女師演國難劇。到世珍處寫字兩小時，約寫三十份。

到楊景周家吃飯。歸，丁綏青來。

今午同席：張柏森　丁慕陶　鋭才　穎孫　予　陳銘鼎　李沛銘　張祖録　烟酒局員二人（以上客）　嚴廉方（主）

今晚同席：戴樂仁　穎孫　鋭才　司瑞如　王力仁　予（以上客）　楊景周（主）

臨洮好紳士肯管事，能將壞勢力壓服，故能以少數之錢辦多量之事，可佩也。

十月十三號星期三

丁慕陶來。李林漫來。與尚一，穎孫同往看哥舒碑。到世珍處寫字，約二十件。理髮。黃可莊來。王尚仁來。

朱建功來。作《編印通俗讀物之經過》一文畢，約四千言。廉方來。劉好生來。到教育會，向中小學教員演講，約四十五分。聽講者約八十人。

　　王季笙來。司瑞如來，同到世珍處寫聯屏，又約三十件。歸，修改所作文。林漫來，爲改其所記演講詞。

　　臨洮教育經費，縣中供給衹二萬元，其餘賴存款，田産，學費。一初中，月領縣費衹二百元。一西街小學，年領縣費衹一百五十元。教員月薪最大者，衹四十元。北街小學有一教員，每周任課十二小時而又不支薪。有此苦干的精神，乃得于此不充裕之環境辦有中小學一百三十餘處。聞天水教育經費多于臨洮倍蓰，而質與量俱不若。其他各地更難與之比擬矣。

十月十四號星期四

　　六時起，結束行裝。姜縣長，丁科長，王校長，丁督學等來。八時半，上汽車站。八點三刻車開。十二時半，過七道子嶺，車陷泥淖中，旋遇雨。

　　冒雨步行約三四里，上車，三時二十分抵蘭州南關大旅社。雇車到舊教廳，晤貽澤。蕭科長來。看各處來信。

　　與戴先生及貽澤到金城食堂吃飯。到田廳長處。鋭才來。與貽澤談話。

　　今日送行者：姜服疇　丁慕陶　楊景周　劉尚一　馬世珍王尚仁　莫牧師　嚴廉方（以上在汽車站）　男師校　女師校初中校　職業學校　北關小學等師生（以上在北關）

　　昨夜半雨，以爲今天行不成矣，早起天晴，遂得啓行。車過七道子嶺，雲氣集于山頂，初以爲摩雲關之常態耳，乃漸及山腰，浸及山足，至數尺外不辨人物，雨雜雪珠而下，車道危險，不得不起而步行矣。氣候寒甚，至爲戰顫。

十月十五號星期五

《甘肅民國日報》王固亭君來訪問。寫履安，自珍，德輝信。寫王丕忠，王撫五函。發王撫五電。與戴陶諸先生商量行止。

到齊魯旅社訪鋭才未遇。進西門，游民衆教育館。訪郭縣長，未遇。歸，段永泰來。

與鋭才，貽澤到新舞臺觀劇，十一時半散。

去年十二月廿二日與父大人及履安等同觀郝壽臣等之《借東風》。今日在蘭州新舞臺重觀孫盛輔等演是劇，上場人物猶是，而我之心境已非。桓子野每聞清歌，輒云欲哭，其斯之謂乎！

歸來看信，履安多至四封，究竟天地間彼最愛我。

吾父吾妻甚不贊成我作西北之游，虧得我未接家書就出來了。

十月十六號星期六

寫侃嬿，申報館，陳夢家信。與渭珍，鋭才同買皮服。與渭珍，孟和先生同到中山市場購帽履襪等。到農民銀行取款，晤段君。

郭縣長來長談。與鋭才同到軍衣莊做大氅。遇貢三及建功。到監察使署，訪戴愧生，未晤。到民衆教育館及國貨陳列館游覽。王近仁來，留飯。

德胡兩牧師來談。看澤宣《隴蜀之游》。

此間戲園，捧角者以紅綢擲臺上，司事者以此圍于演劇者之身，終場不去，猶有古代"纏頭"遺意。又劇場無天幕（臨洮如此，蘭州則已加布幕），亦古制也。

十月十七號星期日

寫劉淑度，劉佩韋信。張雪賓聶□□來，同到省教育會，開我等四人歡迎會。會畢攝影。歸寓，馬焕文，丁正熙來。王固亭來。

爲《甘肅民國日報》寫今日演講詞。寫劉克讓，李雲亭信。到教育廳宴會。到山子石福音堂。段永泰來，長談。與鋭才，貽澤到馬鳳圖（健翊）處長談。

到新興學社看秦腔劇（黃新芳《斷橋會》等劇），十一時歸。

今午同席：戴樂仁　陶孟和　王渭珍　予　陳端（財廳長）羅黃華（民廳長）　張維（鴻汀，省委）　田昆山（省委）周介裪（筠翹，長沙）（以上客）　田雲青（主）

履安前屢謂予，對家庭只上飯館，借住夜而已，蓋彼邀予出游，而予事冗不能應，無以慰其心也。自離北平，我空閑些了，可以看戲，而彼我又有異域隔絶之悲，思之悵甚。

十月十八號星期一

段永泰來。寫張西山，傅安華，趙純信。到省教育會，赴縣教育會之歡迎會。到井兒街忠信園赴宴。

王覲辰來。段永泰來。寫貽寶，旭生信。到縣政府赴宴。

寫立武，樹幟，又曾信。到馥蘭泉洗浴。理行裝。

今午同席：戴樂仁　陶孟和　王渭珍　予（以上客）　朱銘心　水楠　楊廷楨　張作謀　龍慶鳳　蒲敏政　王爾驫　台和中（以上主，皆省立學校校長）

今晚同席：牟鼎同（鑄九，甘院教務長）　鄭元濟（洧橋，農會指導員）　王爾驫（文卿，農業職業校校長）　陳耀三（禁烟醫院院長）　魏炳章（縣署科長）　田雲青　予等四人……（以上客）　郭維屏（子藩，皋蘭縣長）（主）

十月十九號星期二

結束行裝，忽報汽車已全徵發作軍用，不可去，即由鋭才等分頭接洽。張雪賓來。王固亭來。到省黨部訪焕文，正熙，俱未晤。

參觀省黨部所辦圖書館。與貽澤游中山商場，購物，參觀普照寺。

與孟和先生及渭珍貽澤步行至五泉山，游至半而回（因上面係防空司令部，不容上也）。茗于山麓。步回，參觀教會所辦醫院，清真小學，曹家廳女子小學，文廟碑林等。

與孟和先生及渭珍同到西北大戲院，看晋南丑等演《龍鳳旗》等劇，十時歸。

李宜生（曹家廳女子小學校長）。

十月二十號星期三

與渭珍同到省政府訪周秘書長，未晤。訪教廳聶秘書，晤之。訪萬秀岳，亦晤之。訪張鴻汀，未遇。參觀五泉圖書館，國貨陳列所而歸。到一條龍吃飯。張鴻汀，水梓（楚琴）來。

爲分配補助西北教育經費事，與孟和先生及渭珍到戴先生福音堂寓所，開會商量半天。

到西北飯莊吃飯。張雪賓來。周克明來，長談至十一時始去。

回蘭州七日矣，此七日中未得一家信，不勝焦慮。

十月廿一號星期四

在學院街吃羊肉泡饃。看劉文海《西行見聞記》及《皋蘭縣志》。清華大學生孫永慶來，談甘肅教育。到一條龍吃飯。

段永泰來，與同到東教場公務人員訓練班，向合作班談通俗讀物事。由孫友農主席。到農民銀行合作部參觀。回寓，爲張貞等寫屏聯三十件。寫朱貫三，王雲五，孫永慶信。

到林盛居吃飯。買車票手續辦好。與李銳才談話。

今晨夢見履安穿紅衣紅裙而睡。此夢大不祥，得非我書函去後，爲日人所發覺，乃逮捕我之妻孥乎？醒來悲思紛如，鬱抑之甚。

今日得運輸處與汽車總隊函，持往交涉，乃得包車一輛，計價三百三十一元（內汽油價二百四十餘元，租車價七十餘元，機器油價九元），明日成行矣。

十月廿二號星期五

六時半起，結束行裝。出街吃羊肉泡饃。八時到東關隴秦旅社，晤陸軍運輸處汽車總隊長李伍挺。八時四十五分車開。王固亭來送行。十時五十分抵俞家灣，十一時三十分抵通遠橋，十二時抵哈家嘴。

二時四十分抵紅城堡。四時半，抵滿城。五時，抵永登（平番）。入城，晤青雲小學康校長，借宿校內。

與康校長同到城內北街天慶園吃飯。看《到青海去》，九時半眠。

由皋蘭至西寧道里：

皋蘭——俞家灣 70	俞家灣——紅城堡 70
紅城堡——永登 70	永登——馬蓮灘 120
馬蓮灘——窰街 15	窰街——享堂 30
享堂——高廟 50	高廟——樂都 30
樂都——張家鎮 60	張家鎮——西寧 70

共五百八十五里

青雲小學：主任，康清熙（和軒）。教員，張承孔，慕積善。

附車行者：楊玉亭（子蘭，山東招遠），呂守之，皆西寧共和街同興福號皮貨商人。

十月廿三號星期六

六時起，在校早點，即出城上汽車。康慕二君送行。八時車行，九時半，抵新店。十時四十五分，抵馬蓮灘。車輪忽裂，停車修理，在一小館吃飯。

至三點四十分，車輪始換上，即開。四時二十分，抵窑街。下車，赴窑街小學求宿，晤教員劉約三，校長石真如，談話。

由劉君備晚餐，談至八時就寢。

本定今日可到西寧，而車輪裂後，欲下其轂，易裝新者，不幸鐵銹甚堅，無法拆卸，延至四小時始得裝就。車夫竟日未吃飯，而我輩亦無聊甚矣。

窑街小學：校長，石蘊璞（真如）。教員，劉約三（河南沁陽），高小鴻（永登）。

十月廿四號星期日

六時起，在校早餐。即上站，劉君送行。七時半車開。沿大通河行，風景佳絕亦險絕。八時四十分過橋。十一時五十分抵樂都。在樂都福勝園吃飯，飯後進城游覽。

一時車開。二時過張家鎮。三時半抵西寧，下榻西街昆侖大旅社。到六味齋吃飯。

到海清池洗浴。二軍交際處長蔣有俊來。九時許眠。

自窑街西行上山，左循危厓，右瀕深流（大通河），而道途甚狹，寬處僅丈餘，狹處則七八尺耳。車迴路轉，稍一不慎，便將投入十丈之淵。加以此爲甘青大道，騾馬經行甚多，見汽車來，不識是何巨物，相率駁奔。驢性尚馴，圉人按之即止，而騾馬力強，逃竄之際，足使人畜俱倒，或斷繮遠馳。車中見之，爲其捏汗，轉忘己身所處地位之亦險也。

十月廿五號星期一

記日記四天。發蘇州電報。到蔣琇珊處。爲陶王二位病，獨到教廳謁楊子高廳長，并晤姚民廳長。與楊廳長同到旅社，叙談。劉承琛（幼卿）來。郭也生（葉聲），姚佑生（啓民）來。由教廳科員安秉仁招待，到北街林泉川館吃飯。

馬潔誠，馬霄石來。劉承琛來，與同至李土司家，見李雨臣夫人。出游大佛寺。到青海日報社，晤陳秉淵（子鈞）。到省府訪霄石，并晤秘書長。到照相館挑選相片。陳秉淵來長談。

到華美園吃飯。歸寓，寫元胎，又曾，健常函，以是入眠頗遲。

不敢多寫家信，致啓日人猜疑，故今晨發電與又曾，今晚又致函元胎，托其向吾家轉達。亡國之痛，至于不敢報告行程，可憐哉！

李賞哥，元代授爲此地土司，歷十九傳，至李霈霖（雨臣），入民國，而終襲。今日往訪，其家多匾額，屋宇堂皇，雕鏤甚精，宛然閥閱也。因想春秋時代國君，當亦不過如斯。

十月廿六號星期二

到陳秉淵家吃早飯。到省府，謁馬勛臣主席，未遇。訪楊廳長。同出，到軍部，謁馬軍長，亦未遇。晤馬潔誠，馬驥（德庵，參謀長），馬璞（副師長）。

參觀男師範，女師範，蒙藏師範，蒙藏小學，由教廳王科長，秦秘書陪伴。到六味齋吃飯。

訪楊玉亭，并晤郵務局長郭君，聽其長談。

十月廿七號星期三

天明即起，由趙盛如伴至林泉居吃飯。早飯畢，即乘汽車游塔爾寺，出城西門轉南，行四十五里，至魯沙爾鎮，至“二老爺”之衙門，受其招待，飲奶茶，食炒麵。參觀大小金瓦寺，喇嘛之家，由馬潔誠，霄石兩位指導説明。三時歸。

由安秉仁陪同參觀省立圖書館。到林泉居吃飯。

看靳君所作《青海鱗爪》。

"二老爺"名穆丹巴，其辦公處稱衙門。

十月廿八號星期四

到天主堂參觀培英小學，并晤海神父國春。教廳王科長來，伴同參觀第一中學，回教中學，職業學校。姚右生來，同到其家吃飯。熊錡來。

到軍部，赴馬軍長宴。到一百師政訓處，晤李曉鐘處長及龔君。

到衛生實驗處，晤馬明德，王梓圃，朱質章等。到楊玉亭處，晤陳尊泉，談青海政治情形。

今午同席：我等四人　彭贊湯（守三，長沙，甘肅特貨統制處長）　楊廳長（以上客）　姚廳長及其子佑生（主）

今日下午同席：我等三人（貽澤未往）　馬霄石　馬壽昌（參謀處長）　邵鴻恩（回教中學副校長）　馬丕烈（副官處長）（以上客）　馬子香軍長（主）

今晚得樹幟轉來履安信，悉元胎已南行，予前日去函將無法由彼轉達吾家，只得另寫一函，直接寄去。

十月廿九號星期五

寫履安信。王守鈞來。王祝三來，同到試院，赴教育廳歡迎會，十二時歸。姚佑生來。張元彬來。趙長年，韓璋，張生珠，楊生沼，祁靜庭來。

到馬潔誠家，遇陳秉淵，爲霄石等寫屏聯約十件。三時，客齊入席。五時，到楊廳長家吃飯。游其屋後之覺園。飯畢，談此間教育辦法。

架窩行來議價，未諧。同人談至十一時睡。

今日上午赴歡迎會者約二千人。

今日下午同席：我等四人　姚廳長　魏秘書長　李德淵　李耀廷（獻丞）　哈珊（以上客）　馬霄石　潔誠（主）

又同席：我等四人　教廳秦秘書　王科長　趙科長（以上客）楊廳長（主）

十月三十號星期六

看《西寧新志》。李得賢來談青海政學界情形。到回教促進會立高中吃飯，飯後作短講。

到西門外中政校蒙藏學校參觀，袁希吾君偕行，晤周覺生主任。馬潔誠來。赴省立各校長招待宴。

與友蘭夫人到其家，爲其夫婦寫屏聯約十事。呂守之來。

今午同席：我等三人（貽澤未往）　袁希吾　王詩璋　馬品三　馬耀如　葛濱渭　馬吉軒(以上客)　邵鴻恩(主)　在回中校。

今晚同席：我等四人　楊廳長（以上客）　王祝三　吳世珍　汪友蘭　王守鈞　張繼訓（以上主）　在新街福義元。

十月卅一號星期日

邵鴻恩來。趙長年來。姚佑生來。八時，到教育廳，與楊廳長同到省主席處吃飯。九時半到天成店上車。午刻在樂都西門外吃飯。

車行頗速，下午六時到窰街，仍宿窰街小學，由劉約三招待。校董四人來談。

八時半眠。

今早同席：我等四人　楊廳長（以上客）　張總參謀　馬廳長（步雲）（以上代主）　馬勛臣主席因念經未出。

到站送行者：楊廳長　趙科長　安科員　王詩璋　袁希吾　汪友蘭　陳秉淵　馬潔誠　馬霄石

窰街小學董事：韋舒齋　高松亭　齊明齋　高小鴻

馬麟（省府主席，勛臣，臨夏）

馬步芳（陸軍第一百師師長，兼軍長，子香，臨夏）

魏敷滋（省府秘書長，南芳，皋蘭）

姚鈞（民政廳長，衡甫，天水）

楊希堯（教育廳長，子高，循化）

馬步雲（建設廳長，馬麟子）

張學仁（省府總參議，樂山，臨夏）

馬璞（副師長，懷庵）

馬驥（陸軍第一百師參謀長，德庵，青海）現任建設廳長

馬丕烈（一百師副官長，臨夏）

馬師融（高等法院院長，餘三，循化）

李曉鐘（一百師政訓處處長）

陳尊泉（蒙藏委員會派駐西寧調查組組長，成都）

秦志任（教育廳秘書，景伊，臨洮）

趙煜（教育廳第一科科長，盛如，同仁）

王聘良（教育廳第二科科長，伯安，臨洮）

安秉仁（教育廳科員，靜山，安陽）

蔣有俊（一百師交際處處長，琇珊，臨夏）

馬霄石（省政府秘書廳第三科科長，徽縣）

馬潔誠（師部秘書，民和）

陳秉淵（一百師司令部參議，青海日報社社長，子淵，西寧）

郭也生（青海民國日報記者，葉聲，安陽）

劉承琛（青海日報記者，幼卿，西寧）

龔潯（一百師政訓處秘書，碧峰，四川）

王祝三（省立西寧第一中學校校長，樂都）

馬紹武（省立西寧簡易師範學校校長）此人未見

王守鈞（簡易師範教導主任，劍萍）

吳世珍（省立蒙藏師範學校校長，韞山，湟源）

汪友蘭（省立西寧簡易女子師範學校校長，桂琴，西寧）

張繼訓（省立西寧初級工科職業學校校長，船父，安陽）

邵鴻恩（回教促進會附設西寧高級中學校副校長，西寧）

陳覺生（中央政治分校附設西寧蒙藏學校主任，福建）

袁希吾（回中教員，天津）

王詩璋（回中教員）

馬品三（回中訓育員）

馬耀如（回中阿訇）

葛濱渭（回中訓育員，天水）

馬吉軒（回中教務員）

李作楨（子才，民和）

牛湞（簡師教員，南京蒙藏學校畢業，亞平，化隆）

李得賢（同上，同上，文實，化隆）回中教員

張元彬（前在資源委員會服務，文伯，青海湟源）

馬師孟（陸軍大學第三期特別班學員，賢如，青海）

洛桑香趣（蒙藏文化促進會理事兼總務科主任，西寧蒙藏兩級小學
　　　校校長）

韓璋（清華大學經濟系畢業，弼民，貴德）

趙長年（北平大學農學院農業經濟系畢業，青海）

祁靜廷（北平蒙藏學校學生，安軒，青海）

張生珠（同上，西寧）

楊生沼（同上，月潭，西寧）

姚佑生（北京大學國文系學生，啓民，天水）

王梓圃（振務委員會青海監放委員，北平）

馬明德（同上，萬國道德總會幹事，曉東，山東海陽）

朱質璋（同上，道德總會理事，北平東四三條十二號）

楊玉亭（子蘭，山東招遠，皮貨商）

呂守之（同上，同上）

劉鈞（青海同興和記經理，秉丞，忻縣）

熊錡（中國農民銀行西寧支行籌備主任，木土，江西）

穆丹巴（大喇嘛銜總管寺族番務塔爾寺僧綱司正司，班禪大師教下
　　堪布，慧卿，西寧）

海國春（天主教司鐸，P. Matthias Hermanns Sud，德國，號子光）

姚佑生（西寧馬坊口六十二號）

郭也生（北大街 168 號）

汪友蘭夫婦（飲馬街 19 號）

馬潔誠（東關革命巷三號）

馬霄石（東關和平巷十四號）

陳尊泉（民享街 49 號）

韓璋（福安巷三號）

楊玉亭（共和街同興福）

楊子高（縣門街 36 號）

譚志敏（縣門街 112 號）

馬遇乾（民享街 50 號）

石殿峰（自新巷 28 號）

馬帥孔（禮讓街 90 號）

　　廿七年八月來續記：

謝剛杰（慈舟，華陽，衛生實驗處長）

鄒國柱（磐安，青海，回中教員）

黃協中（中央政校西北服務生，西寧，擬到夏河職校）

穆成功（少峰，青海，回中教員）

陳顯榮（耀棠，青海，省府委員兼秘書長）

譚克敏（時欽，貴州，財政廳長）

唐綏（晚舟，貴州，財廳第一科長）

祁寶賢（楚卿，西寧，青海民國日報記者）

談明義（映川，湟源，西寧簡易師範教導主任）

祁秀清（鏡如，西寧，西寧女子簡易師範教導主任）

戴芝瑞（時中，青海）

師道明（溯洛，西寧，青海圖書館館員）

石殿峰（蓉九，湟源，前任亹源縣長，現任省府秘書）

馬師孔（循化，省府秘書）

楊煥（子文，互助，蒙藏簡易師範學校校長）

馬遇乾（亞雄，循化，師大勞作科學生）

蒲涵文（養天，湟源，軍部秘書，省府秘書處蒙藏股主任）

史久清（溧陽，衛生實驗處大夫）

方秋民（一百師政訓處處員，江蘇）

魏國楨（周丞，貴德，中央政校包頭分校隊長）

英巴（凱軍，青海綽北中旗，包頭分校事務員）

哈世昌（南昌，原籍南京，一百師政治部主任）

鄧毓鼎（孔如，河北大城，所得稅青海分處主任）

一九三七年十一月

十一月一號星期一

早五時起，進點後，六時半到站。六時四十五分開車。十時四十五分到永登，在西門外義成飯館吃飯。十一時卅五分又上車，下午一時抵紅城子。此後土質鬆薄，行車縈難，屢上下拉挽。六時半抵蘭州，即回教育廳，晤銳才，與同到林盛居吃飯。

看各處來信。到新隴池洗浴。

半夜下雪，今晨頗大，自馬蓮灘而下，沾染衣褥，至永登而漸霽，至蘭州則成微雨矣。路中氣候甚寒，尤以兩手為甚。

同行之中央大學學生：牟松年（國文）　李鴻璋（畜牧）魏經邦（史學）　郭統孝（教育）　李仲連（畜牧）

十一月二號星期二

出外吃豆腐漿。王固亭來兩次，到固亭處。記日記三天。出外看報。將西寧所見人名寫出。

寫父大人，履安，傅成鏞，季陶先生，唐柯三函。寫仁之，士升侃嬡夫婦，肖甫信。

到一條龍吃飯。

得子臧書，謂日人在北平揚言，如顧某在外面再作抗日宣傳，即將逮捕其家屬。因此投鼠忌器，予不能不隱晦己名矣。

十一月三號星期三

寫吳達人，郭從龍，趙志宣，王龍寶，朱燾譜，白子瑜，劉熹亭，復旦大夏聯合大學信。

我等四人開會，討論補助西北教育計劃。到南門外看屋，由東關歸。

到禁烟委員會訪葛建時，并晤潘贊化，周連寶，馬敬之。

十一月四號星期四

朱銘心，王景槐來。田雲青來。終日討論明後年西北教育計劃。到王近仁家吃飯。

續寫弟妹信。

到院前街吃飯，晤武功農校周君。

今午同席：我等四人　貽澤　銳才　韓立民（以上客）　近仁（主）

十一月五號星期五

繼續討論明年豫算。周服之，李啓源來。馬煥文來。

嚴廉方與王景範來，同到其隍廟街寓所。記日記四天。明仲祺，周昌蕓，李正毅來。馬明德，馬玉田來。葛建時，潘贊化來。

到監察使署吃飯。到新隴池洗浴。

今晚同席：予等四人　田廳長　孟高等法院長（昭侗）　馬志超警察局長（以上客）　王秘書覲仁（楓階）　原科長佑仁（以上代主）

十一月六號星期六

寫弟妹信畢。寫又曾，雨亭，子魁，張誠孫信。上街買郵票。嚴廉方來。韓立民來。到王景範家吃飯。

寫叔信，子馨，子臧，伯祥，劉克讓信。寫一非，壽彝信。寫夏瞿禪，徐貢珍信。

段永泰，袁和璧來。楊守紳來。

今午同席：予　李少陵　劉參謀（以上客）　王景範　嚴廉方（主）

寫弟妹書四天方竟，告以西寧見聞，得二十一紙，約七八千字，當得一篇游記矣。

計此函到蘇時，地方已不堪問，此函或亦付劫火矣。倘能以不達而退歸乎？廿六，十二，八，記。

十一月七號星期日

豫備講演稿。到回教促進會，爲伊斯蘭學會講演。講畢攝影。十一時歸。

萬秀岳，周服之來長談。寫誠安，淑度，西山信。到城隍廟散步。

周昌蕓，李正毅來，與本團五人同到新舞臺看孫盛輔《連營寨》等劇。遇錢孟揚。十一時許歸。

覽《大公報》，悉上月六日，山西崞縣全城被燬，更無完椽。憶本年七月廿九日，與同行者飯于崞縣城外，且至城中一游，孰知兩月之後即爲焦土乎！天若有意使我壞車，留此最後之一訣者，悲夫！

十一月八號星期一

寫植新，承彬信。將昨日演講詞重寫一過，題爲《怎樣把中華民族團結起來》，約三千餘言。

到田廳長處開會討論。楊君來取稿。

嚴廉方來。王固亭來。王近仁來。寫徐旭生，白壽彝，王若蘭信。

十一月九號星期二

到王固亭處。整理行裝，遷至賢侯街 45 號楊寓。王志梁，李少陵來。看《開發西北之先決問題》（馬霄石作）。到楚漢第一樓吃飯。

整理雜物。楊毅之夫人來。點讀《易經通論》兩章。寫毛以享，聖陶信。

與孟和先生同到李少陵家赴宴。

今晚同席：周秘書長　朱樂三（省府科長）　王昭謨（省府主任）　李武信（機要秘書）　簡健夫（省府科員）　董公羽　嚴廉方　王景範　孟和　予（以上客）　李少陵（主）

皮錫瑞《經學通論》，爲經學史中較有系統之作。予有志爲《經學史講話》，不可不先將彼書細讀一過，因定自今日起，每日點讀兩章，此亦不忘本行之舉也。

十一月十號星期三

與戴陶二先生及渭珍商議補助計劃。上街看報。韓立民來。到河北飯莊，赴北大同學宴。

讀《易經通論》兩章。嚴廉方來。周昌雲，李正毅來。

到教育廳看教部所製電影片，晤諸校長及張雪賓等。

今午同席：萬幼璞　鄧春膏　唐綬（晚舟）　劉兼青　郝夢九　趙元貞（正卿）　范恕（心如）　蒲敏政　岳躋山　明仲祺　彭啓周　毛士蓮　王冲天　池澤匯　田雲青　聶振軒　周服之　李啓源（以上主）　予等四人　王友松（客）　主人未至者：鄧春蘭　張廷贊　王作才

敵兵已薄太原，一切公務機關俱遷臨汾，太原城中由傅宜生死守，行涿州故事。平時閻對傅如此忌刻，今有緩急仍不得不用彼，可嘆！

十一月十一號星期四

樊止淵（景潤）來。唐晚舟來。彭啓周，毛士蓮夫婦來。周秘書長來。壽天章來。周克明來。

寫劉尚一信，丁慕陶，楊明堂片，爲周昌雲等介紹游洮。寫又曾航快信。讀《易經通論》兩章。李武信，王景範來談。寫履安信未畢。

到韓立民處吃飯。到新舞臺聽義務戲，孫盛輔《一捧雪》等，十二時歸。楊毅之來談。一時眠。

今晚同席：予等五人（缺渭珍）　劉大夫　金護士　高護士長（静）　楊毅之（以上客）　韓立民（主）

今日報載昨日敵機飛蘇，自半夜零時至中午十二時，轟炸城內外，共投百餘彈。不知吾家尚存否。自上海作戰，蘇州成爲軍事中心，日機屢來投彈，每日數次至十數次，然未有如昨日之烈者。

十一月十二號星期五

重寫致履安信，托孟和先生帶至南京寄。蕭張二科長來。旅外學生會三人來。送孟和先生上歐亞航空汽車。甘院二主任來。

寫貽寶，安宅，文藻，煨蓮，其田，侃如，其玉信，豫備托戴先生帶平。讀《易經通論》兩章。錢孟揚來。夏光學會三人來。

與貽澤到馥蘭池洗浴。歸，與渭珍，銳才等談。

旅外學生會來者：魯玲（省立圖書館）　秦崇模（官溝沿廿二號）　谷苞（甘肅學院）

夏光學會來者：秦興憲（臨夏）　汪紹俊（同上）　朱亮（和政）　均蘭州中學

我父太無計劃，一任境遇之自然變化。既耽北平一時之苟安，對于蘇州之財産人物，亦絶無布置，真氣死人。今日作履安書，作計劃數事，未知吾父能見聽否。唉，我父子性情太不同了！

十一月十三號星期六

寫馮世五信。讀《易經通論》兩章。記日記五天。將孟和先生所擬補助計劃重鈔一過，略有增删。

寫僑思信。寫葛啓揚，樂植新信。與渭珍出剃頭，到中華書局。與渭珍到省府赴宴。

寫侃嬾信，一舒積鬱。

上海我軍昨日全部退出矣。自發動至今，整整三個月，中央軍之精銳盡矣。此後日軍自必更向西展，京滬路沿綫其將悉成焦土乎？

今晚同席：黎明（伯豪，挺進軍副司令）　蘇天民（一六五師駐京主任）　魏紹武　謝君如（參議）　馬又君（秘書）　陳秉瑋

渭珍　予（以上客）　賀耀祖（主）

十一月十四號星期日

讀《易經通論》二章。丁慕陶偕于棟材來。王鴻翱來。何生瑾，王從中來。將渭珍意見并入補助計劃。

到省黨部，出席副刊編輯會，演講"三十年來之副刊"。與馬愚忱等談。又與王德生等同到甘肅學院，出席留外學生抗戰團，演講"五年來之通俗讀物"。

與渭珍同到慶馨樓（東關）赴宴。訪慕陶，未遇。于舒存來。

今晚同席：馬愚忱　楊曉舟　李少陵　王清蘭　席聘儒　丁正熙　劉芹堂　和保萃　楊挺秀　王德生　田雲青　王渭珍　予（以上客）　馬煥文（主）

十一月十五號星期一

讀《易經通論》二章。與渭珍同到西門吃油茶包子。八時，到甘肅學院演講，予講"北平的歷史材料"。到院長室與三主任談話，并吃哈密瓜。十一時出。寫章雪舟，陳通伯，子臧，承彬，趙純，一非，壽彝，又曾，履安，師儀，西堂信。

到戴先生處談。到省黨部，向中上學校生徒演講，講畢彼等即出游行。予至閱報所看報。歸，與戴先生及銳才到農民銀行。葛建時來，爲彼題手冊。

飯後訪建時，未晤。歸，王樹民來。寫田廳長信，訪之，未晤。歸，于君來。寫王若蘭信。

今日吃哈密瓜，係飛機從新疆帶來者，在新疆買須該地紙幣三千兩，折合法幣亦須一元七角四分，何其貴也？其味如香瓜，似無奇特處。

朱銘心（鏡堂，甘肅靖遠），甘肅學院院長

牟鼎同（鑄九，皋蘭），甘肅學院教務長

高文蔚（抱誠，臨洮），甘院秘書

王德生（洽民，遼寧），甘院文史系主任

王景槐（遼寧），甘院醫科主任

武三多（祝唐，寧夏），甘院教育系主任

馬愚忱（遼寧遼陽），省黨部特派員

趙毅民（同上）

王清蘭（本固，河南修武），中央通訊社旅行記者

蘇芝暢（甘肅靖遠），甘肅民國日報編輯主任

馬效蘭，皋蘭縣黨部

十一月十六號星期二

到汽車站送建時貽澤等行，以無車退回。點《易經通論》二篇。

貽澤教予照相，因同到黃河邊照風景及皮筏。到民衆教育館看報。到商務書館買書。

到江蘇旅館訪慕陶，由彼邀至西北飯莊吃飯。同座有建時。飯畢同至季子峰處談話，并晤姚錫三。

夜餐時，建時談及健常爲到百靈廟之第一女子，因謂德王當時有意于彼，欲娶之，健常頗有野心，欲允之，而黃紹竑不贊成，誦前人詩曰：“和戎自有策，昭君千古恨。”事遂不諧。建時因謂此事而成，德王當無投日之事。又謂健常參加百靈廟之行，乃出自己請求。予因述五卅運動時健常奮不顧身之事。因神經太緊張，頭痛大作，終夜不能成眠。噫，自我西行，健常無一札貽我，殆絕我矣，彼何由知我爲彼苦痛至此乎！

十一月十七號星期三

寫司徒雷登先生信。點《易經通論》二篇。寫丁慕陶，葛建時函。季子峰來。

寫陳念中，健常，郭有守，陳禮江信，托葛建時帶京。王景槐來。到雅園洗澡。

到河北飯莊宴客。段永泰，袁和璧來。

　　今晚同席：周連寬　潘贊化　葛建時　丁慕陶（以上客）戴樂仁　王渭珍　李鋭才　佘貽澤　予（以上主）

　　昨夜失眠，今日精神疲憊，勉作一函，交建時轉健常，以其同在内政部，必可相見也。如此函去後再不得覆，予亦不復寄書矣。

十一月十八號星期四

寫驪先信。到汽車站，送建時，貽澤，慕陶等行。張鴻汀來。尹以瑩從漢口至。到季子峰處吃飯。

點讀《易經通論》十一篇，本書讀畢，凡歷十日。與渭珍同訪唐晚舟，未遇。

到於舒存處吃飯。

　　今午同席：許顯時廳長（成謀）　常蔭集（建設廳技正）　楊燦（炳辰，前敦煌縣長）　周志拯（前金塔縣長）　冀廣亮（省府參議）　鄭學林（孝儒，拉卜楞稅局長）　予（以上客）　季雲（子峰，植棉指導所長）（主）

　　今晚同席：戴樂仁　王渭珍　李鋭才　予　陳祥貽（燕昌，西北鹽務收稅總局幫辦）　陳文瑗（上局科長）　馮之爽（上局會計）唐文彬（上局科長）　許克文（上局統計員，蘇州人）（以上客）　于舒存（主）

十一月十九號星期五

寫履安信，并附自珍與德輝信。雨雪，客少，乃得工作。收集作報告與計劃之材料。

王景槐來。點讀《書經通論》六篇。

到王樹民處。

上海戰事失利，我軍遂退至陽城湖岸，南面又退至吳江，蘇州遂在夾攻之中，不知我家已成瓦礫場否。我父一生心血悉在蘇州老家，今若此，不知其痛苦將何如也。

履安信最多，每一郵筒至，必有其函，多則兩函。天地間洵彼最愛我矣。以父親之故，不得離平，我二人遂不得相見。今日聞膠濟路已斷，則函札往來須經香港，今後信息更緩慢矣。

十一月二十號星期六

寫杭立武信。寫致彥堂，中舒，厚宣，槃庵公信。記日記四天。周志拯來，談額濟納陰謀事。馬明德偕馬守仁，張子祥，張飛鵬來。

續作報告及計劃。點讀《書經通論》六篇。

與渭珍到省府赴宴。

今晚同席：孔令恂軍長　楊德亮（師長）　張廷孟（航空司令）　陳體誠（經委會公路處長）　馬煥文　秦省三（第七區保安副司令）　易塘仿　馬志超　李武信　李少陵等（以上客）　羅貢華　周介禰（以上主）

履安十一月一日來書，憂慮我之失眠，寧犧牲自己，囑我納妾，勿再自苦。并謂我家人口太少，渠不能爲我生子，引爲終生之恨。魯弟生子，父親爲之高興，可見對于我之納妾必甚贊成。其盛意可感。總之，父親狃北平一時之安逸，不肯離平，既害我擔心，復致我失眠，什麽事情都以敷衍對之，毫無計劃，真使我不耐也。

十一月廿一號星期日

與渭珍到戴先生處談補習計劃。續作報告。樊止淵來。武三多來。

與戴先生，渭珍，李銳才同到縣政府，參加皋蘭縣生產教育會，五時出。到大公報分館定報。

點讀《書經通論》十篇。

今日同會：郭維屏（縣長）　朱朝元（縣府秘書）　王叔平　楊承德（科長）　郭延年（主任）　王文軒　水枏　柴仲圭　朱銘心　武三多　朱紫秀　李更生　明仲祺　季子峰　予等四人

十一月廿二號星期一

與以瑩到唐晚舟處，未晤。寫佟晶心，徐舟生信。爲人寫屏條多幅。續撰報告及計劃。

周昌蕓，李正毅來，歸自臨洮。與渭珍同到電報局，訪壽天章及萬幼璞。點讀《書經通論》十篇，本書讀畢，凡歷四日。

伊斯蘭學會聘予與楊德亮，馬煥文，馬鳳圖，馬繼周，吳鴻年爲指導員。省外留學生抗戰團，省婦女慰勞會，及青年抗戰團三團體聯合劇社團又聘予爲顧問。甘肅學院聘予爲特約講座，人事日集，予其將復度北平之生活乎？是所慮也。

十一月廿三號星期二

寫父大人，又曾，魯弟信，詢蘇州情形。周昌蕓李正毅來，長談，留飯。嚴廉方來。王樹民來。

徐盈來。與渭珍以瑩到彭啓周，明仲祺家，均晤其夫人。鈔出《書經通論》目録。

點讀《詩經通論》七篇。彭啓周夫婦來。田廳長來。周克明來。

今日報載十四十五兩日，日機在蘇州城廂內外擲下炸彈千餘枚，并擲燒夷彈多枚，致全城燒去三分之一，平民死傷無算。我軍爲避免犧牲計，于二十日由正儀西撤至蘇州城西郊新陣地，當時敵人尚不敢前進，聞至二十一日方進蘇城。噫，我之老家又爲虜陷矣。不知我家老屋尚存在否，家人尚活着否。甚欲打電詢問而電局已不收無錫以東電報。發信則又至遲緩。不知何日始得一確訊也。書此悲甚。我父一生心血具在于斯，聞此訊又不知將如何悲憤也。

接又曾九日來書，悉家人雖日聽彈聲，而甚鎮定，不作遷移之計。

十一月廿四號星期三

明仲祺來。王固亭來。點讀《詩經通論》四篇。記日記五天。以璽赴天水，與唐晚舟偕行。寫李武信函。

爲人寫兩聯。王景範偕姜種因，董寄虛來。丁慕陶來。與渭珍同訪鄧春膏于下溝亦園，又訪周志拯于下東關，均未遇。

蕭椒石來。鍾哲，永泰來。周克明來。

戴先生本欲乘飛機離蘭，而近以軍事關係，歐亞公司之航空已停止。欲由軍用機行，賀主席已允之，前數日以雨雪不開，昨日又爲張司令所拒（以其爲外國人故），只得由汽車行，高年不堪辛苦，故予勸渭珍伴送之。

十一月廿五號星期四

送戴先生及渭珍上汽車站，并晤站長趙叔藩及蕭椒石，樹民。九時三刻，車開。與銳才同到館子吃點。

點讀《詩經通論》八篇。訪張鴻汀，未遇。景範與武信，種因同來。理物入南屋。

與銳才到西北大戲院觀《黛玉焚稿》等劇，遇周文臺，李正毅。十時半出，失眠。

近日牙甚酸痛，尤其吃梨吃糖時不好過。噫，老態紛呈，如何是好？眼亦不行了，脫下眼鏡，簡直模糊，且恐犯沙眼。

十一月廿六號星期五

點讀《詩經通論》十九篇，本書讀畢，凡歷四日，即將目錄鈔出。張令琦來。

鄧春膏來。谷苞與郭君來。永泰，和璧來。

看《先秦天道觀之進展》，未畢。飲酒而眠，得眠。

昨夜失眠甚劇，幾于終夜未睡，豈看《焚稿》劇受刺戟過甚耶？

失眠中屢思照履安之言，納一妾，然一轉念間又覺不妥。蓋娶一鄉村女子，什麼不懂，沒法談話；若娶一城市女子，又恐其耽逸樂，非我所能駕馭。且予最怕半夜叫醒，若妾而有子，則予睡不寧矣，本欲避失眠，而反增加失眠，殊不值也。唉，總是父親害我，不然履安已早至矣。

十一月廿七號星期六

爲留外學生會所辦《老百姓》作《開場小唱》，七百餘言，畢。張貞，魏璉來。周志拯來。

讀《禮經通論》十篇。王景槐，范繼增來。

看《天道觀之進展》畢。與銳才到西固小學袁校長處。又失眠。

今日起，遷入南屋（即戴先生原住者），屋有三間，頗寬敞。

十一月廿八號星期日

點讀《三禮通論》十篇。李金坡來長談。

與銳才同上街及市場買書物。爲魏廉卿，馬作人寫單條四幅。

谷苞等三人來。

看《學術世界》雜志。

《學術世界》係前年出版之月刊，陳柱等編輯，今日在世界書局見之，購數册歸。繙之，其中載陳柱，張爾田，葉長青等罵我的話不少，然皆空談，無損于我也。我想不到竟有這些人反對我！

數日來屢失眠，今日到藥房購還爾童服之，未知有效否也。

十一月廿九號星期一

讀《左傳》一年。寫友佩表姑夫婦信。李明新來。擬《中國古代文化史講義》目錄。秦崇模偕聶君來。點讀《三禮通論》十九篇。

谷苞偕郭君來。看長江《塞上行》。失眠，起寫履安信。

自今日起，每日讀《左傳》，至少一年，多則不計，大約三個月可讀訖。

友佩表姑處，二十年不通信矣，今日寫一信去，請其打聽蘇州消息。彼家與我家都是新建之屋，如竟被炸，太可惜了！

十一月三十號星期二

讀《左傳》二年。點讀《三禮通論》十三篇，本書畢，凡讀四日。樹民來。

與銳才到農民銀行，又到南關外照相，到馥蘭池洗浴。

鈔《左傳》二頁。點讀《甲骨學文字編》一卷。

昨夜又失眠，苦甚。因念晚上看書大有關係。昨看《塞上行》，太痛快，精神不免受刺戟。欲求無刺戟者，莫如文字學，且爲予所不愛而又不得不習者，故自今夜起，讀此類書。

康有爲欲將《左傳》改編爲《國語》原本，其事未就。自今夜起，予試爲之，一來可以熟記春秋史事，二來可以完成劉康崔諸先生之志願，三則此間晚上頗清净，借此安定心神，亦大佳事也。

　　甘肅留外學生抗戰團：徐莃生　孫永慶（于立，清華）　秦崇模　張令琦　安信（會誠）　王真誼（子端，皋蘭，清華）　魯玲（省立圖書館）　谷苞（甘院附小教員）　虎尚彬（質文，皋蘭，興文社經理，貢水圖書館館員）　柴若愚（甘肅，省立民衆教育館館長）
　　蘭州中上各校學生抗戰團幹事：何生瑾　王從中
　　楊希珍（鐵鳳），蘭中三年生，伊斯蘭學會會員
　　馬精武，甘肅全省回教教育促進會常務委員
　　馬明德
　　馬玉田
　　王鴻翱（凌霄，吳縣），甘肅財政廳秘書主任
　　于棟材（江蘇泰興），財廳
　　于舒存（北平），鹽務局會計主任
　　賀越生（湖南），省府秘書
　　周介裪（筠翹，長沙），省府秘書長
　　周服之（天水），財廳第一科副科長兼總務股主任
　　陳耀三（光世，皋蘭），禁烟醫院院長
　　池澤匯（師周，安陸），民政廳秘書主任
　　明仲祺，建設廳秘書兼農村合作委員
　　周克明（山東安邱），省府秘書處統計室主任

　　這一册日程，今天記畢矣。在此十六個月中，予真苦痛極矣。事務如此忙，受攻擊如此烈，父子兄弟不相見，老家已成焦土與否不可知，我精神所寄托之健常亦與我斷絶音信，在北平創設之各種機關全呈樹倒猢猻散之情况，三四十年來所搜集之圖書，所撰著之

稿本不知能尚爲我有與否，孑身飄流，不知所屆，人生慘酷，紛至沓來，直欲逼我走上死道。但我的生命力是強烈至極的，我一定不順受環境的壓迫，我一定要用自己的力量打出一個天下來。即使家業盡毀，家人盡死，好友盡散，數十年的努力盡棄，亦必重新造起我的學問，事業，重新結合我的家人，朋友。

廿六年，十二月一日，頡剛記，時寓蘭州賢後街四十五號。

[剪報] 廿六，十一，十一——十四《甘肅民國日報》
如何可使中華民族團結起來
顧頡剛先生在伊斯蘭學會的講演詞(一)～(四)
（下略，見《全集·寶樹園文存》）

爲了我在北平創立邊疆學會，與回教中人聯繫，并在《禹貢》上兩次出版《回教回族專號》，在《大公報》上又發表回民教育問題之論文，故西北回教徒皆知我是他們的朋友，而且是惟一的朋友，一到蘭州，即來邀請演講，這裏貼的就是其中的一篇。可是就在這種活動上觸怒了陶孟和，他對王文俊説了我許多壞話，他到武漢後又在各處散布了流言，弄得中英庚款會主持人杭立武不許我在西北做一點事了！

一九七六，六，三，頡剛記。

[子虬公照片]（略）
此爲我父六十前所攝。

我父少歲家貧，刻苦力學，對經，史，文學各方面都有些成就，故應學古堂月課時總在超、特等之列，賴獎金補助，一年約有百金，與教館工資相等，勉强維持一家用度。然困于場屋，屢應鄉試不售，至醉後欲舉刀自殺。直至科舉廢後，始以優貢得雋，分發安徽爲科員，一家生活始有保障。一九一三年，爲兩浙鹽運使張㭕任爲文牘科長，月有百八十元之收入，滿足需要，乃漸收羅文物，且日點古書，日挾一卷入署，除辦公事外皆其讀書時間。積二十餘年之辛勤，所讀書不下三千卷，顧性不好名，無所述作；亦不好利，不受賄賂，至一九三六年老病乞休，僅積四萬元耳。是歲秋，就養北平，而翌年日寇侵襲平津，予遂離去。至一九三八年，父亦歸蘇，而予赴滇南，父子遂永訣；所存銀行現款，以通貨膨脹，竟變廢紙。

一九七六，六，三，又記。

予生，後吾父二十三年，父子性情有同有不同。其同者爲工作之黽勉。吾父讀書及應書院課，工作常至深夜，兩足寒冷麻木而不顧。及爲鹽署科長，所派工作悉于當日辦完。又恃體强，有病不肯服藥，一生從未住院；與友人打牌，亦輒終夜不息，及曉則又赴辦公廳矣。其不同者則人生觀有別。吾父視家庭爲其最終目的，恒以不抱孫兒爲無以對祖宗，雖過繼德輝爲我子，仍歉然不足，嘗囑繼母告我，履安既不能生育，便可納妾，否則亦可擇一女子與通，生子則抱以歸，雇乳母撫育之，然予不敢從也。父知予好讀書治學，期以一生從事寫作，丞贊其事，惟不願我捨棄教學之收入，蓋渠積資良苦，不欲我輕靡其財，故但曰："俟汝五十五歲，當以財畀汝，俾得安心在家鑽研。"蓋彼時父年已七十八，度已不能生存也。我在三四十歲時精力旺盛，友朋之辦期刊者恒向予索稿，撰稿既多，浮名日盛，或譽或毀，紛至沓來，予丞欲擺脫此是非窩，故自匿于燕京大學。孰意才去二年，九一八事變已作，蔣政權不敢抵抗，而人民則寧願玉碎，燕大教職員組織抗日會，推予爲宣傳部主任，予遂集中精力爲之，學術工作所不暇爲。其後播遷西北、西南，不遑寧處，通貨膨脹，首求衣食。解放後固較安定，而此體日衰，少年志願無一能成矣。吾父在平，見予日事社會活動，斥爲多事，不知此即其預定計劃所結之苦果也，不可痛乎！

　　　　　　　　　　一九七六年六月三日，頡剛又記。

[照片]（略）

　　此爲予家及起潛叔一家合攝于成府寓所者。

　　起潛與我同出一族，而彼爲大來公支，我爲松交公支，其爲兄弟已歷十世，凡三百年矣。明萬曆中，吾族始自唯亭遷郡城，及清初而文化大盛，或著書或刻書，或築園亭，皆于藝術、文學方面有所表現。及我之生而衰微已甚，惟起潛與我兩房爲讀書種子留一線之傳。起潛爲王栩緣老人之外孫，老人傳吳愙齋之學，研究古文字，善篆書，故起潛亦長此道。此爲四十年前所攝，亡者三人矣，誦詩没于抗戰初期，履安没于抗戰後期，承玉没于六十年代之末。

　　　　　　　　　　一九七六，六，三，頡剛記。

[剪報] 民廿六年十二月一日《秦風日報》
　　　　　　　介紹通俗讀物編刊社　　　　　劉克讓

　　全面抗戰發動以來，動員民衆成爲各界的一致呼聲。然而由于智識階級，民運分子過去的趣味，語言文字，與大衆格格不入，隔離太遠，所以宣傳組織民衆，必須借重于通俗化工具的運用。通俗讀物編刊社，不但在創造通俗理論技巧方面，有特殊成功，而且隨着國難的深重，更擔負起前方宣傳組織民衆，後方推廣民教的兩重任務，所以他們的一套具體精密的作法，極有注意的價值。現在將通社的過去歷史，現在狀況，介紹于下，以供文化工作者及從事民運者的參考。

國土喪失，人民流落，是民二十年九一八的贈禮，同時抗日團體如雨後春筍般的產生，也是九一八發放出的火花。這些團體中，有許多步伐嚴整，態度沉着，堅定的走上艱苦的救國途徑，刻苦奮鬥，頗能作出些基本抗戰的工作，通俗讀物編刊社的前身"三户書店"也在此時由北平燕京大學抗日會中一部分教授學生成立了。"楚雖三户，亡秦必楚"，他們抱定了中國必勝的信念，開始討論設計以後應采取的救亡方略，顧頡剛，容庚，吳世昌，王日蔚等君，都是三户書店中的主要人物。

最後他們認爲喚起民衆，仍爲達到抗日圖存的基本工作，所以注意到灌輸民衆救亡思想，提高民衆的民族意識，以及激動民衆抗日情緒等項工作，在民間，"十杯茶"的權威，勝過洋洋萬言的《資本論》，他們采用了通俗的工具，將新的內容完全用通俗的文字，語言，表現出來。把合乎時代的需要的材料，用民歌俚曲，舊小説的體裁寫出，既使大衆易懂，易領會；又能説能唱，自然傳播廣遠，影響一定巨大了。在民國廿一年三月一日，通俗讀物編刊社，正式成立，經過數度改組，公推顧頡剛爲正社長，徐炳昶爲副社長，王日蔚爲總編輯，李一非爲總務主任。

通俗社已往工作，分編刊，訓練兩種。因爲目的在使救亡思想廣布民間，所以編輯刊物與訓練歌曲戲劇人材，同時并重，現在將已往工作概況，簡要叙述如下：

編刊方面，編輯《民衆周報》，《大衆知識》，通俗論壇，叢書，畫刊，等類。

第一爲《民衆周報》係每周發行之刊物，由上海開明書店代爲印刷發行，該刊物在北平出版界，爲有數短小精悍之小型周刊，包括中外時事分析，傳記，社會科學，自然科學講話，民衆生活通訊，文字通俗正確，引人入勝，所以讀者不僅有北平外省的學生，教員，民教機關；而且深入廿九軍的部隊，不少廿九軍將士并爲《民衆周報》撰稿，所以内容更趨充實更趨大衆化。

第二爲《大衆知識》，《大衆知識》爲大型刊物，專載政治，經濟，史地，論著，不少名教授的著作，李達，崔敬伯，都是經常的撰稿者，在大中學生中銷路，亦盛極一時。

第三是在北平各報，《包頭日報》，《綏遠日報》中的通俗論壇，專介紹通俗理論技巧，以期普遍。

叢書分甲乙兩種，甲種以舊小說體裁編寫民族英雄故事亡國慘痛歷史，已有文天祥，岳飛的傳記，傅作義，馬占山的抗戰記。乙種叢書是以大鼓詞，歌曲的形式，介紹自然科學常識，名人傳記，抗戰紀聞等内容，快板書，大鼓詞寫成了不少毒氣傳，武訓興學的作品。甲乙兩種叢書出版的已各一百五十餘種。在河南，河北，山東，綏遠，不少民教館，用通俗社叢書，作爲民教的課本。

畫刊方面，分年畫，連環圖畫兩種，民間一年一度的年畫購買，碓是民運者應當抓住的宣傳機會，用改善農工待遇活生生的事實，足能代替"霸王莊"呆板的傳說，所以在五原段承澤氏所辦的河北村，村民極度歡迎通俗社的年畫，在河北新村舉行盛大的移民集團結婚典禮時，新的"武訓興學"的年畫，鮮美明快的色調，和幾十對新人士的布禮服，愉快面貌相映成趣，筆者至今仍在記憶之中。連環圖畫是企圖代替舊日荒謬怪誕的小人書，這兩種已出到五十餘種。

最後戰時國民讀本，也是通俗社編刊工作之一，通俗社在綏遠曾代綏省教育廳編輯戰時國民讀本。

編刊工作，約如上述，通俗社爲了使大衆直接聽自編的大鼓歌曲，幷改變一般人對藝術的蔑視觀念起見，組織了大鼓表演團，訓練幹事，又能現身説法，粉墨登場，頗變更了一般人對大鼓舊劇的不良觀念，提高了藝術的價值。通俗社在綏遠工作時期，和省府教廳合作，成立戲劇促進會，電化教育播音教導團，今年綏遠七九誓師紀念的大會中，傅主席親自款待綏東抗戰受傷將士，儀式隆重，意義深遠，通俗社訓練幹事孫慰君女士，也在當場貢獻了關東大鼓《百靈廟》的一段節目，音調高亢淒美，辭句婉麗動人，全場沉默諦聽，回味着收復百靈廟的豪壯。

通俗社在盧溝橋事件發生後，加入北平民族抗敵後援會的活動，北平陷落，日本軍隊給了一個“抗日最力團體”的頭銜。

通俗社和河北移民協會，西北移墾促進會，也發生了密切的連繫，河北移民協會在綏遠辦出的成績，頗爲一班研究西北問題人士所注意。

平綏相繼失陷，通俗社工作人員，集中西安，國難嚴重，戰事勝利端賴廣大民衆出錢出力，堅持耐久，所以通俗社目前任務，在後方是編刊印行讀物期刊，推廣民衆教育，在前方是宣傳組織民衆。工作的方式是由後方推向前方，他們的責任，愈趨重大，社會對抗敵的通俗讀物的需要也愈加迫切。

編刊方面，通俗社仍然編輯戰時國民讀本，戰時民衆周報刊行在即。如年畫的編印，也正在積極準備。推廣民教方面，和本省民衆教育館已取得合作，首先由戲劇運動入手。通俗社中如李一非君曾擔任民教工作多年，又曾親自編劇親自導演，推廣民衆教育的工作，當有良好收獲。在前方宣傳組織民衆工作，也有很好表現，鄭州，開封，新鄉甚至前綫大名，都推行出通俗社的讀物。幾位通俗社老社員，更發動起武裝民衆，在大名附近作着游擊戰。

現下通俗社工作人員，已大批到陝。副社長北平研究院史學研究所主任徐炳昶君，總務主任李一非君，楊荏甫，王澤民等君均來長安，除李一非君爲文化界聞人，不必介紹外，王君楊君一爲鄉村工作人員，一爲畫家，其他工作人員，朝氣勃勃，意識前進，有這樣嚴整的行列，筆者希望他們工作的開展更與時并進。

通俗社自成立以來備受文化界的贊助，廿三年通俗社正式在教部立案。廿四年，得到教部補助，廿五年，中央研究院與以經濟協助，廿六年，中山文化教育館與通俗社合作，每月撥給協助費。中央早已發給證狀，認爲合法團體，由此可見社會對通俗社注意之一斑，現在已與本省民教館文化團體取得呼應開始工作。

一九三七年十二月

十二月一號星期三

讀《左傳》二年。作王凌霄《燕詒園》題記約二百言，即書之。明仲祺夫婦來，爲《婦女旬刊》題詞。

到甘肅學院，由武三多伴往圖書館看書，到院中爲我豫備之室工作。始讀《春秋通論》，二篇。景槐，洽民，牟鑄九來談。五時，歸。

點讀《甲骨文字編》第二卷，未畢。鈔《左傳》二頁。

夢與履安攜手行，自北池子赴沙灘。噫，履安待我至厚，徒以我父之故，不得與我團聚，自今以往，不知何日更有此樂也！

又夢歸蘇州家，見祖母康强猶昔，導予入室觀炸彈痕，僅于屋頂穿一孔而未炸，屋內桌椅猶在，而不見一人。此固明知境由心造，但望其尚能如此耳。

十二月二號星期四

讀《左傳》二年，鈔三頁。讀《春秋通論》三篇。洪謹載自西安來，談戰事。牟宜之來，留飯。

與洪牟二君及銳才同出北門，步至金城關西口，返進北關，至甘院，晤朱院長。渠等別去，予留點所借書。寫立武信。鈔《春秋分紀》目錄。周志拯，王景槐來，同擬致驪先先生電報。

寫履安長信。點讀《甲骨學文字編》第二卷畢。

此二日睡眠較好，或係服還爾童之藥力。聞謹載言，近日路途難行至極，故囑履安勿行。唉，我二人不知于何日始得相見也！

今日接健常來信，告隨內政部遷渝事，謂久欲作書，以事忙未成。爲之喜甚，渠究竟不欲斷絕我。

十二月三號星期五

讀《春秋通論》十二篇。寫劉尚一信。樹民來。

到甘院，續鈔《春秋分紀》目錄，仍未畢。景槐偕吳憲及趙其芳來談。

看《中央日報》。宴客。討論燕大校友會西北分會組織。

自今日起，王樹民君包飯于我寓厨司，同吃飯。今日接健常寄來《中央日報》一束，以我在西寧時寄彼函中曾云欲看《中央日報》而不得也。

今晚同席：楊鍾哲　段永泰　于舒存　周克明　張雪賓　洪謹載　王樹民（以上客）　銳才　予（主）

十二月四號星期六

看《中央日報》，略訖。讀《左傳》三年。點讀《春秋通論》十篇。牟君來，欲借宿，拒絕之。

到甘院，將《春秋分紀》目錄鈔畢。并算頁數。三多，景槐來。老百姓編刊社同人來商議進行辦法。

今日上午十一時敵機來蘭州，在飛機場擲數彈，凡來十架。此第一次也。蘭人鬆懈，得此使其精神作一緊張，其事大佳，較之作救國演講者功效大得多矣。

今晚同會：谷苞　郭普　程景皓（月亭）　秦崇模　羅偉　李瑞徵

今日得健常寄來《婦女抗戰》，彼所主編者也。渠作事真有勁。

十二月五號星期日

鈔《左傳》。到孟揚處，未遇。到財政廳訪王凌霄未遇而晤孟揚，與久談。寫德輝信。

與銳才樹民步出西關，到握橋照相，到小西湖游覽。參觀同生火柴廠，訪楊毅之夫人。到西北防疫處參觀。進城吃湯團。到商務書館買書。

點讀《春秋通論》四篇。

小西湖有一二分像杭州西湖，故聯額亦專就西湖景色立説。實則金山之下，黃河之岸，景物豪邁，原不必依傍脂粉西子也。

此間青年甚想作事，而苦無領袖可推。適值我來，乃群集于門。《老百姓旬刊》，即爲通俗讀物之移植，予不知將在甘肅過哪種生活。

十二月六號星期一

寫牛奎信。寫吳秋白信。明仲祺來。點讀《春秋通論》廿五篇，本書畢，共讀五天。

圖書館顏永楨陸沛霖君來。到李若蘭處。

民國日報社張篤生來。寫青鋌信。鈔《春秋通論》目録，未畢。

今日敵機到甘草店，距蘭州百二十里，以我有備未來。以發警報，故市民又吃一驚。

皮氏《經學通論》，自上月九日讀起，至今日始畢，還是極潦草的，誠哉作一事之不易。

青鋌以我久無書去，又寄一書來，真使我爲難。健常不棄我，我決不當泛用其情。

夜夢入門，見健常正在洗濯，濡其兩手，因思彼公務够忙，社會活動够忙，乃猶有工夫任家庭操作乎。

十二月七號星期二

寫碩輔姨丈信，寫健常信。許顯時來。到錢孟揚處。孟揚來。

到省立醫院，視謹載疾。到甘院，翻看常乃悳《中國文化小史》，鈔出其有心得者，略翻《食貨半月刊》。圖書館送書來。朱銘心來。

谷苞，郭普來。宴客。記日記六天。

今晚同席：明仲祺夫婦及其子白之　彭啓周夫婦　樹民（以上客）　鋭才　予（主）

予太性急，自服還爾童之後，已能眠矣，前日游小西湖更當能眠矣，徒以急功，郊外遷寓，喘息未定，已點讀書，而又希望多讀，心中一急，心臟即跳動呈異象，兩夜來又不安眠。噫，予體如破汽車，不當速行而偏欲速，遂致汽缸爆裂，橡輪泄氣，須費大勁修理矣。予怎能按住予之事業心，使之得有蕭散之樂，有一分力做一分事乎！

十二月八號星期三

讀《左傳》三年。鈔《左傳》數頁。牛奎來。鈔《春秋通論》目錄畢。

到甘院，看《梁任公演講集》，及《國語》，《淮南》等書，鈔出應用材料。景槐偕甘院事務主任蘇振甲來。

讀《甲骨文字》第三卷，未畢。鈔《春秋經》及《左傳》釋經語，作對照。

又夢歸蘇州家，家人咸在，物亦無損，告之曰：日本人遲早來查，汝等勿以我名字告之也。適接孟和先生南京來信，謂蘇州住宅區聞未大炸，但願其真如此耳。甘肅省恐將與沿海諸省受同一命運，聞日方將由寧夏攻皋蘭，軍已至額濟納，恐不日涼州有變。屆時予等只得到臨洮矣。

十二月九號星期四

讀《左傳》三年。鈔《春秋經》。中央政治學校包頭分校諸人來。寫孟和先生，拱辰，丕繩信。

到省立醫院訪洪謹載疾。到甘院，爲包頭分校師生略作演講。看《任公演講集》，鈔出應用材料。王國賓（興之），王居仁（靜宇）來。讀《五帝本紀》。銘心，景槐來。

谷苞，郭普來。鈔《左傳》數頁。

張鎮臨（菠莊，包頭分校中學部簡易師範部主任）嘉興人　周發岐（鳳亭，樂都）　薛恭五（寄白，萬全）　王治新（又軒，樂都）

岑學恭(子敬,歸綏)　　嚴培章(養天,西寧)　　許輯五(禹廷,集寧)

自今日起,每日讀《史記》一篇。

十二月十號星期五

讀《左傳》三年,鈔《左傳》數頁。趙國俊來。爲《老百姓十日刊》請款作呈省府文。寫杭立武,劉克讓信。謹載出院。

到甘院,鈔梁任公《先秦政治思想講辭》,未畢。遇于舒存。寫谷苞信。讀《夏本紀》。

點讀《甲骨文字》第三卷畢。鈔《左傳》數頁及《春秋經》。

聞定遠營已失,日本人計劃,擬於本月底到蘭州。又聞俄兵已有八萬到迪化,將到河西保護國際交通路綫。甘肅亦將成戰場,我輩未知將稅駕何所耳。

十二月十一號星期六

讀《左傳》三年。鈔《左傳》。記筆記千餘言。寫履安,肖甫,樂夫信。張鴻汀來。

武信,志梁來。到甘院,鈔《任公講演集》及專著中之中國民族史。顏剛甫來。寫蘇振甲信。與包頭分校諸人作別。

看《回教回族專號》,豫備作文。

履安之信久不至,何也?前日夢彼來蘭,乃係老蔣司務送來者,予只有一行軍床,彼同我眠,擠甚。予往常出門,嚮不夢履安,今乃屢夢,亦可憐矣。

日來南京打得激烈,今日報載,日軍已死九千,甚望其更死九萬也。

十二月十二號星期日

寫李行之信。到甘院,開《老百姓》刊行會議,到者三十餘人。到縣署，訪孫燕翼，并晤金鼎銘。

李化方來。讀《左傳》三年。鈔《左傳》。讀《周本紀》。寫以亨長信。

與銳才，樹民，謹載到新舞臺看新舊劇，遇楊周二縣長。

昨得以亨來信，雲南大學校長熊迪之擬聘予爲該校講座。今日覆之，謂須俟燕大來信及此間有人接替時方可去。去後甚望少教課，少見客，多任研究工作。"以監禁方式施之于研究室，以充軍方式施之于旅行考察"。倘能如此，則胸中幾個大問題可以解決，而擬作之系統著作亦可完成，予生亦無憾矣。

十二月十三號星期一

讀《左傳》三年（桓訖）。鈔《左傳》。草《回民應有之覺悟及其責任》一文，未竟。與利查遜，姚歸耕君談話。趙國俊來。李發涵來。韓立民來。

到甘院續作文。寫趙積義信。朱銘心來。王洽民，羅偉，邢華來，商戰時婦女訓練班事。爲蘇振甲之母寫壽聯壽幛。到李武信處，未遇，晤嚴君等。

段永泰，袁和璧，楊復，季甲忠來。與姚歸耕君等談至十時。

婦女慰勞分會係賀耀祖夫人創辦，而省立女師女職兩校校長竟不許學生參加，參加即開除，遂使會中有婦而無女。邢華女士要辦戰時婦女訓練班，遂來拉我作班長，可嘆也。

日來讀《左傳》，分鈔經傳，研究興趣又甚濃，怕做一切事矣。辦事與研究，究竟兩方面事，合攏不來。不幸予之一生，竟合而爲之也。

十二月十四號星期二

續作回民一文。回永和來談。李發涵來。李行之來，同到西北飯莊吃飯。同座爲郭縣長。途遇李武信。

到甘院續作回民文，寫清二千餘言。一非自西安來，長談。

李發涵來。讀《秦本紀》。寫履安，自明信。谷苞來。

今日覽報，南京失矣，這樣一個大城，竟未守幾天，詫甚。大家猜想，恐是怕日海軍衝來包圍，至無出路，爲避免犧牲計也。然而漢口從此危矣！

十二月十五號星期三

讀《左傳》三年（莊一——三）。寫孫燕翼，邵鴻恩信。一非來談民衆教育計劃。徐盈來。李發涵來。記日記三天。王爾繡來。彭嘉隆，謝覺哉來。

到甘院，續寫《西北回民之應有覺悟及其責任》上半篇畢，携歸修正，即偕一非送至武信處，晤少陵。寫聖陶信，托徐盈帶去。

于舒存來。段永泰偕田濟民，馬如鳳來。

八路軍方面人來，使予一詫。適農校校長王爾繡在，其將爲我造謠言乎？然民衆教育惟彼方能識之，亦惟彼方敢爲之也。

得履安書，知存在北平寓中之信札，兩月前埋在土中，及今取出，業已腐爛。按，健常在十餘年中給我一百數十封信，如今遭厄運，則大可惜矣。

勝利後知此項信札連同政治性質之書籍雜志，皆爲履安送至禹貢學會所焚者。至存燕京之文件則爲起潛叔送至鍋爐間所焚，有數大車之多。

謝覺哉，解放後任內政部長。

一九五二年七月記。

十二月十六號星期四

讀《左傳》（莊四—六）。鈔《左傳》。寫韓立民信。看臨洮合作報告。豫備下午講詞。

與銳才，一非，謹載同到省黨部，參加合作學會成立會。晤顧祖德，孫友農，羅貢華，趙清正，和保萃等。訪馬煥文，并晤少陵。伴一非等到城隍廟游覽。爲趙盛如寫橫幅。

赴慶馨樓宴客。爲永和寫西寧諸介紹片。讀《史記·秦始皇本紀》。

今晚同席：孫燕翼　金鼎銘　馬健翊　郭子藩　回永和　姚歸耕　李仲九　洪謹載　王樹民　李銳才（以上客）　予（主）

又馬煥文與丁正熙二人因事未來。

報載北平漢奸們已另造一個"中華民國政府"，以湯爾和，王克敏等爲之長。鼠竊狗偷，一至于是！

十二月十七號星期五

讀《左傳》（莊七—九）。鈔《左傳》。寫郭子藩縣長信。讀《史記·項羽本紀》。寫婦女慰勞會信。記筆記。臨洮邊君來。

到甘院，看《禹貢·回教專號》，搜集作文材料。到省黨部，開戰時婦女訓練班第二次會。予本不去，羅偉到甘院來拉走。

周克明來。鈔《春秋經》桓公卷，畢。寫嚴廉方信。

前夜夢全家團聚，昨夜又夢與履安雜作各事。予近日以多讀書，白天已不思家，而下意識中又復懷家如此，可見家庭生活之安慰我精神者實多也。

今日同會：王洽民　范繼曾　王景槐　武三多　李一非　趙清正　吳瑞芳　邢華　羅偉等約二十人

十二月十八號星期六

讀《左傳》（莊十一—十二）。鈔《左傳》。寫履安信。趙國俊來。季子峰來。

打英庚款會電及誠安電。到甘院，看《禹貢·回教專號》，搜集文材。程月亭來。讀《高祖本紀》。

于舒存來，長談，遂未工作。

政府一部分移漢，遂使漢口陡增其金迷紙醉，花天酒地之程度。而一般難民，挾北方鈔票至則市上不用，公安局且出布告，限期離境，否則將出以斷然之手段。噫，政界中無心肝至此！聞重慶岸上置機關槍，難民上岸則開槍掃射，真不知是何世界。此皆舒存所告者。

十二月十九號星期日

讀《左傳》（莊十三—十五）。鈔《左傳》。與一非同訪彭嘉隆，談通俗讀物事。訪馬健翊，未晤，晤王清蘭等。訪武信，談通俗讀物事。

馬汝楫，劉大庸，佟迪功來談。鈔《春秋經》莊公卷畢。寫履安信。谷苞，郭普，李瑞徵來。

訪舒存，未遇。與一非到李少陵家吃飯。訪李化方于中海旅社。歸，讀《呂后本紀》。

今晚同席：左紀彰　郭釋愚　董仲笉　一非　予（以上客）少陵武信兄弟　王志梁　嚴廉方　姜種因（以上主）

得司徒先生來電及履安來電，囑我回北平。此時何時，此事何事，乃可貿然耶？因與履安書曰：“我自信小事甚隨便，而大事不糊塗。我不幸為世知名，非受人拉即受人打，無閉門讀書之可能。今茲若來平，受拉則見污，受打即見殺。見殺必非你們所願，見污亦決非我所願。近日有夢必家，可見思家之甚，然家雖可愛，而與己之人格較則猶在其次。甚望彼此珍重，使他日會面之際猶留得清白之身也！”

十二月二十號星期一

讀《左傳》（莊十六—廿一）。鈔《左傳》。董仲笆來。寫劉尚一，李林漫，梅貽寶，父大人信。

到甘院，雜覽中國文化史叢書。整理庚款會文件。續寫報告千餘言。楊毅之來。

與歸耕，一非，謹載等談話。李化方來。讀《孝文本紀》。

昨晚起咳嗽，今日似有寒熱，滿身疲軟，又思履安不置。要打電與司徒先生，平津兩處都不通，想津電局已給日人強接收矣。

十二月廿一號星期二

讀《左傳》（莊廿一—廿四）。鈔《左傳》。重寫父大人信。寫司徒先生信。魏炳章來，留飯。

午後體不能支，因眠。洗足。

李姚王諸君來視疾。

日機六架來投彈，猛甚，雖所炸者爲飛機場，而寓中窗櫺皆大震。知炸量之多也。

不舒服已數日，今日病倒了。孤身在異鄉，一病更增悲思矣。

十二月廿二號星期三

李武信來。口述致以瑩電稿，銳才書之。在床校《回民責任》一文。

看健常爲《婦女抗戰》所作文。

周身疼痛，小便短赤，痰涕俱多。

十二月廿三號星期四

韋叢蕪，臺和中，及女職教務主任李君來。口述致立武電稿，爲寒假兩講習班事。一非書之。

趙國俊來。

于舒存，王清蘭，羅偉來。

　量熱度計一度餘。絕不思飲食。

十二月廿四號星期五

今晨眼睛忽不能張。一非爲寫齊璧亭信。權少文來。

郭子藩來。韓立民來，爲配藥。

　今日吃些挂麵，胃口尚好。想吃糖食，可惜此間無買處。做了江蘇人，住慣北平市，真引壞了。

十二月廿五號星期六

在床修面。李武信來。看《史記》第一册。

姚歸耕偕利查遜來，問訊一切。看孫友農論《保甲制之腐敗》一文。

楊毅之來。

十二月廿六號星期日

寫履安信。重寫劉尚一信。爲姚利洪三君寫臨洮介紹片。張少庸來。看長江《塞上行》。李化方來。

錢孟養來。看陳汝衡《說書小史》及阿英《彈詞小說評考》。

　今日起床，然依然疲乏甚，不能做事。不做事之難過，有甚于病者。

　今日利查遜，姚歸耕，洪謹載三君到臨洮去考查，洪君兼往籌備講習班事。

十二月廿七號星期一

寫吳春晗信。開支票數事。寫紹虞，拱辰，之屏信。

看《塞上行》略畢。舒存來。王志梁來。

早眠。

聞我空軍在長江炸毀敵艦二十餘艘，價值數萬萬元。又聞蕪湖南京間日本軍隊，爲我軍殲滅一師團，快甚。

十二月廿八號星期二

寫杭立武信。姜種因，嚴廉方來。楊毅之來。

寫履安，自珍信。仍不舒服，服午時茶。記日記八天。

彭啓周來。李化方來，談皋蘭縣訓練班事，至十時。

今日始出外吃飯。體力依然疲乏。手足俱冷，病仍未清也。服午時茶一劑。

昨日看報，杭州失了。今日看報，濟南失了。如此蹙地，如何得了！

十二月廿九號星期三

又寫自珍信。作《邊疆教育與邊疆文化》一文，千餘言，爲《民國日報·新年刊》作。

國醫分館長柯與參來診視。權少文來。到女師範赴宴。

與尹以瑩等談話。看《史記》列傳。

得魯弟來電，云：“滬安，蘇不明。”蘇州失陷已四十日，而上海猶不能知家人音耗，苦哉！

今晚同席：田雲青　聶振軒　郭子藩及其二子南海,北海　周祜甫　馬汝楫　賈昭明(文卿)　楊慶生　予(以上客)　龍慶風(主)

十二月三十號星期四

終日看《史記》列傳約二十篇。

偕以瑩回永和訪啓周夫婦。姚利二君自臨洮歸，與之同到林順居吃飯。

病後無力，不能工作，只得把《史記》列傳當小說看。

歸耕帶來謹載信，知其在臨洮籌備寒假小學教師訓練事甚順利，予決往觀。皋蘭縣訓練班則由一非與化方主之，婦女訓練班亦由一非代主之。

十二月卅一號星期五

到國醫館柯與參處診病。到植棉所，訪權少文，季子峰。出，到省政府前剃頭。歸，看《匈奴列傳》。

到省立醫院及炭市街訪韓立民，并晤楊毅之。寫陶孟和，王文俊，杭立武信。

在家宴客。

昨夜服藥後半夜居然得汗，今日精神略爲鬆爽，然痰吐仍不少也。以前生病，雖身體痛苦，而因履安之看護周到，精神上反得安慰。且予終年忙冗，惟有病中得以休息。今則既無女性之溫存，又無休息之必要，乃呈精神與身體俱憊之相矣，悲夫！

今晚同席：韋叢蕪　李口口　李化方　張少庸　一非　以瑩　歸耕　樹民　國俊　銳才（以上客）　　予（主）

得葛建時君來函，知健常已離部，行踪不詳。彼其爲新任何部長所裁耶？抑爲安置家屬他去耶？抑由南京動身猝遇患難耶？不知究竟，心爲鬱塞。甚望天佐斯人，使彼能繼續擔負救國之工作，他日有相見之緣耳。

　一年來之飄流生活
廿六年七月廿一離平
　　　　廿二日至廿七日在綏遠
　　　　廿八日至八月二日在同蒲、正太、隴海、津通途中

八月三日至七日在南京

　　八日至卅一日在蘇州

九月一日至三日在南京

　　四日至十三日在蘇州

　　十四日至廿二日在京滬、京漢、平漢、隴海途中

　　廿三日至廿九日在西安、武功

　　三十日至十月一日在蘭州

十月二日至十四日在蘭洮途中及臨洮

　　十五日至廿一日在蘭州

　　廿二日至十一月一日在甘青途中及西寧

十一月二日至廿七年一月三日在蘭州

廿七年一月四日至二月九日在臨洮

二月十日至廿五日在洮渭途中及渭源

　　廿六日至廿七日在臨洮

　　廿八日至三月六日在康樂

三月七日至四月二十日在臨洮

四月廿一日至廿四日，在洮、渭、隴西途中

　　廿五日至三十日在隴西

五月一日至二日在漳縣

　　三日至十日在途中及岷縣

　　十一日至六月十四日在臨潭及卓尼

六月十五日至廿三日在臨潭夏河間之番地中

　　廿四日至七月十二日在夏河

七月十三日至十五日在夏河臨夏間途中

　　十六日至廿六日在臨夏及永靖

　　廿七日在和政

　　廿八日至廿九日在寧定

三十日至卅一日在洮沙

八月一日至十六日在蘭州

　　十七日至十九日在蘭州西寧途中

　　二十日至廿六日在西寧

　　廿七日至三十日在西寧蘭州途中

　　卅一日至九月八日在蘭州

九月九日在西安

　　十日至廿二日在成都

　　廿三日至廿四日在成都重慶途中

　　廿五日至十月廿一日在重慶

十月廿二日以後在昆明

經歷之省：綏遠　山西　河南　江蘇　湖北　陝西　甘肅　青海

　　　　　四川　雲南